A . E . JOHANN
Jenseits der Wälder

A. E. JOHANN
Jenseits der Wälder

DIE KANADA-TRILOGIE

Roman

Bechtermünz Verlag

Überarbeitete und gekürzte Neuausgabe
der Kanada-Triologie:
Ans dunkle Ufer
Wälder jenseits der Wälder
Hinter den Bergen das Meer

Genehmigte Lizenzausgabe für
Weltbild Verlag GmbH, Augsburg 1999
Copyright © 1986 by Autor und AVA GmbH,
München – Breitbrunn (Germany)
Umschlaggestaltung: DYADEsign, Düsseldorf
Umschlagmotiv: Mauritius, Mittenwald
Gesamtherstellung: Wiener Verlag, Himberg bei Wien
Printed in Austria
ISBN 3-8289-0204-9

There is the land
where the mountains are nameless
and the rivers
all run God knows where

Robert W. Service
»Songs of a Sourdough«,
Toronto 1907

Ans dunkle Ufer

1

Um ein Haar hätte ich ihn totgeschlagen, dachte er. Er stolperte über eine der Kiefernwurzeln, die quer zum Pfad durch den sandigen Boden zogen. Er hatte das Hindernis kaum wahrgenommen, fing sich wieder und hastete weiter.

Es wäre fürchterlich gewesen, wenn ich ihm etwas angetan hätte! Mein Bruder bleibt Hartwig doch, wenn ich auch nichts mit ihm gemein habe, gar nichts gemein haben will.

Jetzt ist alles vorbei. Ich gehe fort. Ich komme nie mehr zurück – und wenn ich wieder irgendwo Sold nehmen muß! Dies ist das letzte Mal, daß ich diesen Weg gehe. Das letzte Mal!

Um den unerträglichen Jammer zu überwinden – als begänne sein Auszug aus der Heimat erst jetzt –, fing er an, sein Bündel, einen Kornsack, der seine Habe enthielt, aufzuschnüren und den Inhalt umzupacken, damit sich die Last besser tragen ließ – auf beiden Schultern und nicht nur auf einer. Sein Sonntagsrock, aus grauschwarzem, grobem Wollstoff, kam zum Vorschein, ein prächtiges, unverwüstliches Stück. Damit wollte er sich noch viele Jahre wohl herausstaffieren, vielleicht solange er lebte; man mußte es nur ein wenig pflegen und vor den Motten schützen. Und dann die gute lederne Hose dazu; sie stammte aus seiner Soldatenzeit und war mit ihm bei Fontenay am 11. Mai 1745 in französische Gefangenschaft geraten. Er hatte sie sehr geschont und sich mit altem Drillichzeug beholfen, wo immer es ging. Schließlich hatte er sie nach Hause, in das heimatliche Dövenbostel an der Wilpe, mitgebracht; sie war nicht mehr neu, aber sie würde ihm noch lange dienen.

Die Gamaschen, die er dazu trug, wenn er sich feiertags fein machte, verrieten ebenfalls ihre Herkunft von der englischen Infanterie, zu der er sich von den kurfürstlich-hannoverschen Werbern hatte anwerben lassen, als die im Sommer 1742 ins Dorf gefahren kamen mit Trommelklang und dem Gequiek der Querpfeifen. Der Vater war damals erst seit wenigen Wochen unter der Erde, und der Hoferbe, der um zehn Jahre ältere Bruder Hartwig, ein Hüne an Gestalt und Kraft, hatte ihn geschlagen, um ihn ›Mores zu lehren‹ und ihm zu zeigen, wer Herr auf dem Corss-Hof wäre. Die Werber hatten Walther Corssen angenommen, obgleich er eigentlich noch zu jung war. Sie nahmen es nicht sehr genau mit dem Alter, und Walther war kräftig und geschickt; man konnte ihn nicht einen ›Bauernflegel‹ nennen wie die meisten anderen Rekruten. Denn er hatte beim Lehrer und Kantor Wiedenholt lesen und schreiben und sogar das kleine und das große Einmaleins gelernt. Ja, dieser junge Walther Corssen hatte gewiß kein Stroh im Kopf.

Die Werber hatten ihn liebend gern für die Royal Fusiliers, die Infanterie Georgs II., des Königs von England und Kurfürsten von Hannover, angenommen und ihm sein Handgeld ausgezahlt – und der böse Bruder Hartwig hatte das Nachsehen gehabt und seinen besten Knecht eingebüßt. Gegen die kurfürstlich-hannoverschen, königlich-englischen Werber kam er nicht an. Die Mutter allerdings hatte geweint.

Dann holte er aus dem Sack Arbeitskleider aus grobem Zwillich, einige Paar warme Wollsocken, schweres Unterzeug für den Winter, einen wollenen Schal, zwei Unterwesten und einiges andere, ein Paar grobe Halbschuhe mit Schnallen für den Sonntag, ein Rasiermesser, einen Pinsel und einen großen Riegel Seife, wie sie seit alters auf dem Corss-Hof aus Hammelfett und Holzasche herausgekocht wurde.

Aus der untersten Ecke des Sackes aber förderte der Mann schließlich ein kleines, schweres Beutelchen aus Hirschleder zutage, das mit einer festen Lederschnur verschlossen war. Walther Corssen hob das Säckchen an sein Ohr und schüttelte es ein wenig. Ein leises, metallisches Scheppern wurde vernehmbar. Ein grimmiges Lächeln überzog sein Gesicht.

Mein Erbteil! Ich habe es endlich! Er hat es herausrücken müssen. Von Vater und Mutter mir zugedacht, da ja Hartwig als der Ältere den Hof geerbt hat mit allem, was dazugehört. Zweiundfünfzig Dukaten aus gutem Gold; sie waren sein!

Mutters Mitgift war ungeschmälert in dieser Summe enthalten. Vater hatte nie etwas davon fortgenommen, sondern immer nur hinzugetan, jedes Jahr ein paar Dukaten, je nachdem, was die Hammel, der Torf, der Buchweizen, die Gerste und der Hafer eingebracht hatten. Aber Walther Corssen hatte nie recht glauben wollen, daß das Geld, das er ererbt und endlich auch bekommen hatte, Dukaten zu Dukaten im Schweiß des Angesichts mühsam zusammengespart worden war.

Die Existenz des Säckchens war in der Familie kein Geheimnis, wenn man auch selbstverständlich allen Außenstehenden, selbst dem altgedienten Großknecht und der Großmagd gegenüber nie auch nur ein Sterbenswörtchen davon verlauten ließ. Der Hof, das war Hartwigs Teil, das schwere kleine Säckchen, das fast von Jahr zu Jahr ein wenig schwerer wurde, das war unbezweifelbar für Walther bestimmt.

Der Vater war allzufrüh gestorben. Walther hatte damals erst siebzehn Jahre gezählt – und zunächst war die Welt für ihn untergegangen. Er konnte sie sich ohne den Vater kaum vorstellen. Der geheime, bis dahin stets verdeckt gehaltene Zwist, der in ihren Naturen angelegte Gegensatz zwischen den Brüdern, flammte offen auf. Hartwig saß gut im Sattel und würde ein gewissenhafter, ja geiziger Haushalter werden; der Hof sollte dabei florieren. Was aber wurde aus Walther?

Hartwig war viel zu steif und ungelenk, auch im Grunde geistig zu träge, um dem manchmal hitzköpfigen und voreiligen jüngeren Bruder das, was er dachte oder vorhatte, auf sanfte und schonende Weise beizubringen.

Auf dem Scheunenflur polterte er eines Abends heraus – Walther hatte ihn wieder einmal dringlich befragt: »Was mit dir wird, Walther? Was ist da lange drüber zu reden! Du wirst der Großknecht. Deinen Platz auf dem Hof wird dir keiner streitig machen. Dein Erbteil geht in den Hof. Wir kaufen Bohns Hof dazu, denn der läuft aus, wenn der alte Bohn stirbt. Der Sohn ist Pfarrer bei Minden und will den Hof nicht haben. Wir bewirtschaften beide Höfe zusammen. Du wirst auf beiden der Großknecht. Aber du kannst nicht heiraten. Damit der Besitz beisammen bleibt. So ist das immer gehalten worden, und so soll es bleiben. Was willst du also? Es ist alles schon vorbestimmt. Es braucht nichts geändert zu werden.«

Der jüngere Bruder hatte dagestanden wie vom Donner gerührt. Dann war es aus ihm herausgebrochen, zornig und maßlos: »Ich? Knecht bei dir? Niemals! Ich gehe fort!«

Hartwig hatte nur mit den Achseln gezuckt: »Du wirst es dir noch überlegen. Sprich nur erst mit der Mutter!«

Aber auch die hatte ihm nicht helfen können.

Walther Corssen war also der Trommel der Soldatenwerber gefolgt. Daß die Mutter ihm sein Säcklein mit den Dukaten, sein Erbteil, sicher verwahren würde, daran zweifelte er nicht. Die Kurfürsten von Hannover waren auf den verschlungenen Wegen dynastischer Erbfolge Könige von England geworden und suchten Soldaten, sowohl für ihre hannoverschen wie für ihre englischen Regimenter. Mehr aus Zufall als mit Absicht war Walther in Gifhorn auf die englischen Werber gestoßen und merkte zu spät, daß er nicht in ein hannoversches, sondern in ein englisches Regiment Georgs II. geraten war. Er war nicht der einzige, dem es so ergangen war, und es stellte sich auch schnell heraus, daß sich das Plattdeutsch, das Walther zu sprechen gewohnt war, von dem einfachen Soldaten-Englisch nicht allzusehr unterschied. Da er einen hellen Kopf hatte und der Drill und Dienst wenig Gnade kannten, blieb ihm gar nichts anderes übrig, als die neue Sprache zu lernen.

In der Schlacht bei Dettingen zwischen Aschaffenburg und Hanau erhielt der junge Soldat aus der Lüneburger Heide seine Feuertaufe. Die Schlacht wurde unter schweren Verlusten auf beiden Seiten von den englisch-hannoverschen und österreichischen Truppen gewonnen; die Franzosen, die sich in wilder Flucht befanden, warf man über den Main.

Aus dem hübschen, geschickten und gescheiten Knaben Walther Corssen hatte die Einsicht, wie bitter blutig mit Menschen Schindluder getrieben wurde, einen Mann werden lassen.

Allerdings mußte er die fünf Jahre, zu denen er sich verpflichtet hatte, nicht ganz abdienen. Das englisch-hannoverisch-österreichische Heer, anstatt den Sieg über die Franzosen auszunutzen, hatte in den österreichischen Niederlanden Winterquartiere bezogen. Die Franzosen erklärten nun auch England in aller Form den Krieg. Louis XV. ließ ein Heer von hunderttausend Mann in die österreichischen Niederlande vordringen. Der französische Marschall Moritz Graf von Sachsen stellte die Verbündeten zur Schlacht und errang dank seiner starken Überlegenheit am 11. Mai 1745 bei Fontenay einen vollständigen Sieg. Tausende von Engländern, Hannoveranern, Österreichern und Holländern – und gewiß auch viele Franzosen – blieben als Leichen auf dem Schlachtfeld zurück. Allein über zweitausend Hannoveraner fielen verwundet in französische Gefangenschaft.

Unter ihnen war auch Walther Corssen, dem ein Bajonettstich die linke Schulter durchstoßen hatte und ein Granatsplitter in den linken Oberschenkel geprallt war. Er konnte von großem Glück sagen, daß er am Tage darauf gefunden wurde, als der Sieger die nicht allzu schwer verwundeten Gegner einsammelte, da sie sich vielleicht zurechtflicken und dann in das französische Heer einreihen ließen.

Des jungen Corssen Schulterwunde heilte schnell. Aber das faustgroße Loch im linken Oberschenkel wollte sich nicht schließen. Die Wunde eiterte hartnäckig; wildes Fleisch mußte mehrfach weggeschnitten werden. Der französische Feldscher verlor schließlich die Geduld und jagte den englischen Infanteristen, der als solcher kaum mehr zu erkennen war, davon: »Scher dich, Kerl! Bist nicht zu gebrauchen. Wirst ewig humpeln. Weg mit dir!«

Der abgemagerte Bursche ließ sich das nicht zweimal sagen und machte sich noch am gleichen Tage davon. Er wollte nichts weiter als nach Hause, nach Hause. So humpelte er aus der Gegend von Roubaix, wo man ihn entlassen hatte, ostwärts davon.

Merkwürdigerweise begann die Beinwunde unterwegs von selber zu heilen. Vielleicht tat es dem verletzten Bein wohl, sich trotz aller Schmerzen ständig bewegen zu müssen. Walthers zähe Natur trug schließlich den Sieg über die schwere Verletzung davon. Die Wunde eiterte zwar immer noch, begann aber von den Rändern her langsam zu vernarben. Doch behielt Walther Corssen das schwere Humpeln bei, mit dem er aus Flandern abgezogen war. Es bewahrte ihn vor Werbern, vor Konstablern und Gendarmen – und auch vor Räubern. Wer wollte einem als unbrauchbar davongejagten Soldaten mit schwärender Wunde den Weg in den einzigen Hafen verwehren, der sich ihm noch bot: nach Hause.

Bis dann kurz vor dem Ziel das Schicksal abermals zuschlug, wenn auch auf eine ganz andere Art.

Der Mann auf dem Wege nach der Stadt Celle, der eigentlich seinen Reisesack hatte umpacken wollen und dabei schließlich auf das Beutelchen mit Goldstücken gestoßen war, hatte sich lang ins frische Gras und Kraut gestreckt im Schatten eines Busches – ach, er brauchte nicht zu hetzen, er würde Celle allemal am Nachmittag erreichen. Was bedeutete eine Stunde mehr oder weniger! Bisher war es nur darauf angekommen, sich mit Anstand und unter Wahrung des Seinigen vom heimatlichen Hof zu lösen. Das war geschafft. Was nun weiter? Wohin?

Hinter den festgeschlossenen, zitternden Lidern des Mannes, der im Grase lag wie gefällt, tanzten die Bilder.

War das überhaupt noch er selbst gewesen, der in namenloser Wut dem Bruder gegenübergestanden und zwischen zusammengebissenen Zähnen hervorgeknurrt hatte wie eine bedrängte Raubkatze kurz vor dem tödlichen Ansprung: »Du willst mir mein Erbteil, Vaters und Mutters Dukaten, vorenthalten, damit der Hof, dein Hof, größer wird. Und was bietest du mir dafür? Arbeit tagein, tagaus, jahrein, jahraus – und wenn ich keinen Forkenstiel mehr halten kann: ein schäbiges Gnadenbrot noch hinter deinen Kindern am Tisch und eine kalte Kammer im Gesindehaus. Nein, nichts da, Hartwig, und wenn es zehnmal hier in der Gegend so üblich ist! Lieber verzichte ich auf mein Heimatrecht. Gib mir mein Erbe heraus – und du wirst mich niemals wiedersehen!«

Sie hatten sich neben dem riesigen Eichentisch in der Deele gegenübergestanden. Hartwig stand dem um eine Handbreit kleineren Bruder mit halbgesenktem Kopf gegenüber, hatte nur einmal den Kopf geschüttelt und gemurrt: »Das Geld bleibt, und du bleibst. Ich bin der Bauer. Ich allein habe zu sagen!«

»Das werden wir sehen!« hatte Walther gezischt und den anderen im gleichen Augenblick wie ein Tiger angesprungen. Hartwig, ohnehin langsam und schwer, hatte der urplötzlichen Attacke nichts entgegenzusetzen gehabt, war zu Boden gestürzt wie ein Mehlsack. Sein Hinterkopf schlug auf die harte Tenne der Deele. Die Sinne schwanden ihm.

Als er wieder zu sich kam, mit dröhnendem Schädel und stechenden Schmerzen in den Eingeweiden, hatte der Bruder hoch über ihm gestanden, das Messer gezückt. Die Füße des Gefällten waren mit einem Strick an das Tischbein gefesselt.

Hartwig spürte: Diesmal habe ich den kürzeren gezogen. Er stößt zu, wenn ich mich wehre – so wie ich zustoßen würde! Er hörte den Bruder fragen, mit einer Stimme, wie er sie noch nie von ihm gehört hatte: »Zum letztenmal, Hartwig: Wo ist der Beutel mit meinem Erbteil? Her damit! Und ich gehe fort, heute nacht – und wir sind quitt! Oder du bist des Todes, das schwöre ich dir!«

Der Sieger hatte noch gar nicht verstanden, daß er gewonnen hatte, so schnell gab Hartwig Bescheid: »Über dem zweiten Balken, rechts vom Herd, ist ein Ziegel lose. Dahinter ist der Beutel. Geh du nur! Kannst alle deine Sachen mitnehmen. Aber komm nie wieder!«

Walther hatte das Beutelchen schnell gefunden. Es war prall und erstaunlich schwer. In fliegender Hast hatte er seine Kleider und was ihm sonst noch wichtig erschien in einen Hafersack gestopft, hatte nach einer Sekunde des Zögerns auch noch Gesangbuch und Katechismus dazugetan; sie hatten ihn auch in seinen Soldatenjahren begleitet. Er hatte nicht mehr nachgesehen, ob der Bruder sich von seiner Fußfessel befreite. Er hatte das große Haus mit dem hohen riedgedeckten Giebel und den gekreuzten Pferdeköpfen durch den Stall verlassen.

Walther richtete sich verwirrt auf.

Der Schlaf hatte ihn so leise und plötzlich angefallen, wie die Katze die Maus anfällt. Laut sprach er aus, was ihm im Schlaf, im Unbewußten, zum Entschluß geworden war: »Ich nehme sie mit! Ich nehme meine Anke mit!«

Sie hatte ihm damals das Leben neu geschenkt. Ohne sie gäbe es Walther Corssen gar nicht mehr!
Was war damals geschehen, spät im November 1746?

Im Dorfe Hope hatten die Leute dem Soldaten, der nach Hause wollte, gesagt:
»Halte dich nur an die am tiefsten ausgefahrene Spur und immer ostwärts, dann kannst du nicht fehlgehen!«
Das war leicht zu befolgen. – War es das wirklich?
Der Weg senkte sich, verließ Wald und Heide und trat in das Bruch hinaus: weite, verwachsene Wildwiesen mit grobem Kraut, Schilfinseln hier und da, Tümpeln mit schwarzbraunem Wasser, Sumpfstrecken, wo dicke, runde Blüten aus storrem Gras auf dem Morast zu treiben schienen.
Walther Corssen geriet trotz der feuchtkalten Luft ins Schwitzen. Er war nun schon manche Stunde unterwegs. Der Mittag hatte sich unmerklich ins Grau des lastenden Himmels davongestohlen. Eigentlich hätten nun die ersten Höfe von Wietze auftauchen müssen. Hatte er eine falsche Richtung eingeschlagen?
Das unsichere Wetter trieb ihn voran: zu seiner Rechten, über feuchteren Niederungen, lagerte mit silbernem Grau, heller als das des Himmels, eine Nebelbank und verhüllte die Landschaft vollkommen.
Walther schickte ein Stoßgebet zum Himmel: O Gott, keinen Nebel! Es wird bald dunkel! O Herr im Himmel, bewahre mich vor Nebel! Laß mich nicht den Weg verlieren!
Und plötzlich hatte ihn der Nebel überwältigt. Er verschluckte jede Ferne, jede Richtung, jedes Merkmal, verdunkelte den ohnehin nicht mehr sehr hellen Tag, verwandelte jeden Busch und jede sich an den Wegrand duckende Weide zu blassen Schemen.
Wenn jetzt die Nacht mich einholt, bin ich verloren, kann die Spur nicht halten, gerate – verhüte das Gott! – ins Moor. Am besten lasse ich mich dann an einer leidlich trockenen Stelle nieder und warte den Morgen ab. Aber vierzehn Stunden in dieser Dunkelheit und Nässe! Das halte ich nicht aus.

Unmerklich langsam, doch mit erbarmungsloser Beharrlichkeit senkte sich die Nacht durch den sachte ziehenden Nebel und verschluckte schließlich auch die blasseste Linie. Der Wanderer fühlte den Weg nur noch, sehen konnte er ihn nicht mehr. Oben, unten, rechts, links, nichts war mehr wahr und wirklich. Er hatte die Augen weit aufgerissen, aber das half ihm nichts.

Der Mann, der nach Hause wollte, gab nicht auf. Die tief in den Boden geklüfteten Radspuren waren der einzige Hinweis, wie der Weg sich fortsetzte.

In der vollkommenen Dunkelheit, die sich dicht wie schwarze, feuchte Watte um den mit schmerzenden Füßen und Beinen durch formloses Nichts hinkenden Wanderer legte, wurden Zeit und Raum nach und nach ganz unwirklich. Angestrengt überlegte der Verirrte, ob eine, drei oder fünf Stunden vergangen waren, seit der Tag erloschen war.

Bis er zum erstenmal wirklich stolperte. Sein linker Fuß verfing sich hinter einer Wurzel, an einem Stein, oder was sonst es gewesen sein mochte. Er versuchte verzweifelt für ein paar Sekunden, sein Gleichgewicht zu wahren mit wild fuchtelnden Armen – dann stürzte er doch der Länge nach zu Boden, während sein linker Fuß noch immer gefangensaß, mit schmerzhaft überdehnten Sehnen. Er war platschend in ein unsichtbares Wasser gefallen. Stöhnend stelle er sich wieder auf die Beine. Er schwankte, die Finsternis machte es ihm schwer, das Gleichgewicht zu gewinnen. Sein linker Fuß schmerzte.

In der Radfurche humpelte er weiter. Er war nun nicht mehr fest auf den Beinen. Er taumelte zum zweitenmal, konnte sich nicht fangen und landete in ganzer Länge in einem grundlosen Moorloch. Zu Tode erschrocken versuchte er, sich freizuzerren. Aber wenn er sich auf ein Bein stützen wollte, um das andere aus dem saugenden Schlamm zu ziehen, so sank er nur noch tiefer.

Schon hatte der Schlamm seine Lenden erreicht. In der fruchtlosen, wütenden Anstrengung fiel er vornüber. Die Arme, die ihn stützen wollten, sanken ins Weiche, tiefer und tiefer...

Endlich stießen die Hände auf etwas Hartes. Eine Wurzel, ein vergessenes Brett, ein Pfahl? Was es auch sein mochte, es war endlich ein Halt. Er griff zu, zog und brachte das Holz an die Oberfläche. Bemüht, die Planke aus dem Schlamm zu lösen, war er noch tiefer gesunken, nun schon bis über die Hüften. Mit einer Anstrengung, die ihn fast zerriß, schwenkte er den Knüppel in die Richtung, aus der er nach seiner Erinnerung gefallen war, zum Weg also, der ihn bis dahin notdürftig getragen hatte. Als er sich mit den abgespreizten Ellenbogen auf den Pfahl stützte, überkam ihn ein Gefühl unsagbarer Erleichterung, als sei er bereits gerettet. Der Pfahl hielt stand, er trug.

Aber Walther Corssen hatte begriffen, daß jede gewaltsame Bewegung ihn nur tiefer sinken ließ, daß er sich mit eigener Kraft aus der Umschlingung des Sumpfes nicht zu lösen vermochte, daß ihm nichts weiter übrigblieb, als sich so breit wie möglich auf seinen rettenden Pfahl zu stützen. Deshalb verhielt er sich jetzt ganz still. Die Kälte des nächtlichen Moors drang von allen Seiten in ihn ein, trübte ihm das Bewußtsein, machte den zu Tode erschöpften Mann schläfrig. Aber wenn die Muskeln der Arme erlahmten, dann sank er sofort wieder tiefer – und schreckte jählings auf.

Ins Unendliche dehnte sich die lichtlose Nacht, ohne oben und unten, ohne vorher und nachher. Er nahm nicht wahr, daß er ständig matter wurde, daß er sich gar nicht mehr auf den Pfahl stützte, daß er nur noch über ihm hing.

Jenseits der Mitternacht ereignete sich das Wunder, das im späten Herbst über dem Moor zuweilen geschieht. Ein Wind kam auf, brachte Wallung in die Nebelschwaden. Sie zerrissen, verwehten, vergingen, als hätte es sie nie gegeben.

Und dann sah er die Sterne! Das entsetzliche Gefängnis absoluter Finsternis war zerbrochen. Der furchtbare Alpdruck, keine Augen mehr zu haben, war von ihm genommen. Es war, als werde dem Mann im Sumpf ein Zeichen des Lebens gegeben. Er kehrte aus der verzehrenden Kälte für ein paar Herzschläge lang in die Wirklichkeit zurück. Er sah: Da war der Damm des Weges, von dem er in dies gar nicht sehr große Moorloch hinabgetaumelt war. Und der rettende Pfahl war wohl ein Heubaum, der einem Bauern vom Wagen gerutscht sein mochte, als er die Ernte von den sauren Wildwiesen im Moor einbrachte. Und dort vor ihm, was war das?

Dort stieg der schmale Karrenweg plötzlich an und schwang sich zu einer hölzernen Brücke auf. Dort mußte der Weg also ein Gewässer kreuzen.

Bald darauf übermannte ihn die bleierne Müdigkeit. Er nahm nichts mehr wahr, er verlor das Bewußtsein.

Doch ein heller, gellender Schreckensschrei von der Brücke her weckte ihn aus der Ohnmacht. Er riß die verkrusteten Augen auf:

Dort auf der Brücke stand sie, scharf gegen die Morgensonne abgezeichnet, hatte die Hände entsetzt vor den Mund gehoben und im ersten Schrecken laut aufgeschrien. Ein Toter aufrecht im Sumpf?! Nein, er lebt noch, hebt den Kopf, winkt und versucht zu rufen, bringt aber keinen Laut heraus. Sie erkennt sofort, was geschehen ist und daß sie Hilfe braucht, um helfen zu können, daß sie allein nichts auszurichten vermag.

Sie schreit, so laut sie kann: »Halte noch aus! Ich hole meinen Vater! Und ein Pferd. Und Stricke!« — —

Es dauerte Tage und Wochen, bis Walther Corssen seinen Rettern Auskunft darüber geben konnte, wer er wäre. Bei den verzweifelten Versuchen, ihm einen Strick unter den Armen um die Brust zu schlingen und ihn von einem Pferd vorsichtig aus dem Sumpf ziehen zu lassen, waren die beiden kaum vernarbten Wunden wieder aufgeplatzt, und er hatte viel Blut verloren. Dazu kam eine schwere Lungenentzündung. Es war ein Wunder, daß er mit dem Leben davonkam. Seine Rettung verdankte er einzig und allein dem jungen Mädchen, das ihn auf der Suche nach zwei verlaufenen Kälbern entdeckt hatte.

Dies Mädchen war die ältere der beiden Töchter des Bauern Karl Hörblacher, der auf dem abgelegenen Hof am Rand des Bruchs saß. Der Bauer hatte nicht daran geglaubt, daß der zu Tode erschöpfte Mann aus dem Moor am Leben bleiben würde.

Er hatte der Tochter schon am Abend des Tages, an dem Walther Corssen gerettet worden war, auf seine harte, aber nicht unfreundliche Art bedeutet: »Er wird nicht mit dem Leben davonkommen, Anke. Aber er gehört dir, und ich werde dem lieben Gott nicht ins Handwerk pfuschen. Wenn du willst, kannst du versuchen, ihn gesund zu pflegen. Aber ins Haus kommt er uns nicht.

Man weiß nicht, wer er ist und wo er hingehört. Hier im Kuhstall ist es warm, da kann er liegen und in Frieden sterben.«

Die Tochter hatte den Vater angeschaut und geflüstert: »Er wird nicht sterben. Er hat ja ausgehalten, bis ich kam!«

Die achtzehnjährige Anke, viel zierlicher gewachsen als sonst die Weiblichkeit in Niedersachsen, ein Mädchen ›bräunlich und schön‹, aber zugleich durch frühe und harte Arbeit gekräftigt und so zäh wie echte Seide, diese Anke hatte aus den Worten des verehrten, aber auch gefürchteten Vaters nur einen einzigen Satz herausgehört, nämlich:

»Er gehört dir!«

Anke war wie von einem elektrischen Schlag getroffen worden.

»Er gehört mir! Er darf nicht sterben!«

So fanden sowohl Anke als auch der alte Hörblacher keinen Widerspruch darin, daß sie sich, als gelte es ihr eigenes Leben, abmühte, dies fremde, erschöpfte Leben zu bewahren.

Es kam, wie es kommen mußte. Bald gehörte Walther nicht mehr Anke, sondern das erwachende Mädchen gehörte ihm. Sie hatte ihm das Leben zum zweitenmal geschenkt. Sie war dieses Leben! Weder der Bauer noch Anke merkten zunächst, was sich ereignen wollte. Als Walther Corssen endlich genas und den Mut fand, in einer verschwiegenen Minute auszusprechen, was er empfand, überfiel Anke die Erkenntnis, daß er recht hatte. Und alles war entschieden!

Walter Corssen zögerte nicht, sich dem alten Hörblacher zu erklären. Was aber darauf geschah, bestürzte ihn so sehr, daß er gar nicht darauf verfiel, Widerstand zu leisten.

Mit den Hunden jagte ihn der Bauer am gleichen Tage vom Hofe. Die rasende Wut des Bauern über den Kerl, der ›sich eingeschlichen‹ hatte, ihm seine Älteste abspenstig zu machen, tobte so urplötzlich los, daß Walther Corssen sich sagen mußte: Vorbei! Alles verloren! Nie wird er nachgeben!

Nicht einmal ein Abschied wurde ihm gegönnt. Seine Anke war in ihre Kammer eingesperrt worden. Mehr wußte er nicht, als er sich auf den Weg nach Osten machte und schließlich nach zwei weiteren Tagen die Heimat erreichte.

Erst als der Bruder das Ansinnen an ihn stellte, als Großknecht auf dem väterlichen Hof zu bleiben und nach der Sitte des Landes auf Frau und Kinder, das heißt auf Erben zu verzichten – es gab ja Mägde und Kätnerstöchter genug –, erst da erwachte er aus der tiefen Betäubung seines Herzens. Er nahm den Kampf um sein Recht und seine Unabhängigkeit mit dem Bruder auf und gewann. Er schüttelte die letzten alten Bindungen ab. Er hatte sich entschlossen, nur noch er selber zu sein.

Und während er in der Frühlingsheide rastete, kam es über ihn: Was er getan hatte, war nur der erste Schritt gewesen. Der zweite, wichtigere, hatte darin zu bestehen, auch Anke aus ihren Fesseln zu lösen, sie mitzunehmen. Ohne sie würde ihm nie ein volles Leben gewährt sein; das wußte er so genau, als wäre es ihm verbrieft und versiegelt worden.

Ehe er jedoch das Mädchen ihrer Welt entreißen konnte, mußte er selbst wissen, was er unternehmen wollte, wohin er sich wenden konnte. Weit weg mußte er sie bringen, vor dem Zugriff des Vaters mußte sie sicher sein.

Er schulterte seinen Hafersack, in dem ein Beutelchen voller Goldstücke verwahrt war, und nahm den Weg wieder unter seine Füße. Bunkenburg konnte nicht mehr fern sein, und dann waren es durch die Allerheide nur noch drei bis vier Stunden bis nach Celle, der Stadt mit dem gewaltigen Schloß und den hohen, stolzen Fachwerkhäusern.

Unterdessen stand Anke vor ihrem Vater mit hängenden Armen. Aus ihrem Gesicht war alles Blut gewichen. Seit Monaten schon hatte sie sich vor dieser Aussprache gefürchtet – manchmal so von dieser Furcht geschüttelt, daß der Schlaf sie floh. Sie war dem Verhängnis immer noch ausgewichen.

Ja, wie ein Verhängnis fühlte sie den Streit mit dem scheu respektierten Vater herannahen. Mit ein wenig List konnte sie ihn wohl noch für eine Weile vermeiden, aber entgehen konnte sie ihm nicht.

Es kam darauf an, Farbe zu bekennen an diesem Sonntag des

Erntedanks im Jahre 1747, und dies an einem Ort, der eigentlich zu einem so entscheidenden Gespräch nicht recht geeignet war. Für den Bauern Hörblacher war ein ordentlich gehaltener, sauber aufgeräumter Kuhstall allerdings ebenso wohl geeignet für eine ernsthafte Auseinandersetzung wie die Deele oder die Wohnstube. Der Bauer stand auf seinen Forkenstiel gestützt und blickte in eine ferne Ecke des fast schon nachtdunklen Stalles. Zuweilen schnaufte eine Kuh satt, zufrieden. Eine Halskette klirrte. Der Bauer sagte:»Du hast den Landstreicher von damals nicht vergessen, Anke?«

Anke hatte keine Wahl mehr. Sie blieb bei dem, was für sie Wahrheit war:»Er war kein Landstreicher. Er kommt von einem Hof, ähnlich dem unseren. Du hast mir verboten, Vater, an ihn zu denken. Es geht nicht. Ich werde ihn ja nicht wiedersehen, den Mann, den ich hier im Kuhstall gesundpflegen mußte, weil du ihn nicht einmal im Gesindehaus haben wolltest.«

Der Bauer stieß den Stiel der Forke beiseite, so daß das Gerät an die Wand prallte und zu Boden polterte. Anke fuhr zusammen.

Der Alte trat auf das Mädchen zu, packte sie an beiden Schultern, schüttelte sie.»Wenn du lieber Magd sein willst auf diesem Hof, wo du Bäuerin sein könntest, gut! Du warst mir lieb. Das ist vorbei. Komm mir so wenig wie möglich unter die Augen! Bis du dich besonnen hast! Ich weiß sonst nicht, was ich tun werde.«

Er schlug ihr den Handrücken so hart ins Gesicht, daß sie zur Seite taumelte. Die Tür fiel hinter ihm knallend ins Schloß. Anke bedeckte die Augen. Ihr Gesicht brannte, die Tränen quollen. Allmählich aber wogte ein Gefühl namenloser Erleichterung in ihr auf. Endlich hatte sie bekannt, was ihr längst Wahrheit war. Der Vater hätte mich nicht hier im Kuhstall fragen dürfen, nicht hier. Dort in der Ecke hat *er* gelegen. Dort habe ich *ihn* gewaschen, verbunden, gepflegt, gefüttert wie eine Mutter ihr Kind. So genau kenne ich seinen geschundenen Leib. Dort hat er mich zum erstenmal angesehen, wie mich noch keiner angesehen hat. Ich sehe es vor mir: das abgemagerte Gesicht, die braunen Haare, den schwachen elenden Leib. Er gehört mir, hat der Vater am Anfang gesagt. Was schlägt er mich nun?

Der Schlag ins Gesicht hatte besiegelt, was bislang noch nicht endgültig entschieden war.

Der Winter 1747/48 dehnte sich für Anke endlos lang. Ganz so, als habe sich eine eiserne Klammer um ihre Brust, ihr Herz gelegt. Und jede Nacht zog sie sich unerbittlich ein wenig enger zusammen. Würde er sich wieder melden? Wann forderst du mich endlich ein, du mein Eigentum...?

2 Erst als er der Heimat abgerungen hatte, was sein war, erst als er sich die vielen feinen Widerhaken aus der Haut gerissen hatte, mit welchen die Heimat in ihn verklammert gewesen war, erst als er seinen Packsack im kalten Morgengrauen geschultert und sich auf den Weg nach Celle gemacht hatte, erst seit dieser bösen und traurigen Stunde wußte Walther Corssen in aller Deutlichkeit, daß er das Mädchen, das ihn vom Tode gerettet hatte, nicht vergessen konnte. Ihr Bild war in ihm verhaftet, als wäre es eingebrannt. Schließlich hatte ihn die Erinnerung überwältigt; er mußte sie gewinnen, koste es, was es wolle.

Die Erfahrungen, die er sich als Soldat auf dem Drillplatz, in der Schlacht und in der Gefangenschaft und während der mühevollen armseligen Heimkehr erworben hatte, sie machten sich jetzt bezahlt. Er gab sich nicht der blassen Hoffnung hin, daß Ankes Vater ihn noch einmal anhören würde, nachdem ihn der Bauer in unbegreiflich wildem Zorn vertrieben hatte. Auch durfte er Anke nicht gefährden. Unter gar keinen Umständen durfte offenbar werden, daß er sich ihr wieder nähern wollte. Wo Leute auch nur zu vermuten waren, die ihn kannten und vielleicht dem Hörblacher verraten konnten, daß er wieder in der Gegend wäre, dort durfte er sich nicht sehen lassen. Am ehesten würde Ankes Wohnsitz von der gleichen Richtung anzupirschen sein, aus der er Ende 1745 gekommen war – und um ein Haar das Leben verloren hatte.

Walther hielt sich nur wenige Tage bei Verwandten seiner Mutter in Celle auf, verriet nur, daß er dem Corss-Hof Lebewohl gesagt habe und weiter im Westen, im Westfälischen vielleicht, sich Arbeit und Unterkunft suchen wollte.

In Schwarmstedt hörte er, daß es am Westrand des Bruchs drei große einsame Höfe gäbe, die in der Hauptarbeitszeit des Jahres gewöhnlich um gute Arbeiter verlegen wären, da so weit entfernt von jeder größeren Siedlung außer den dort Ansässigen niemand gern verweilte: den Eek-Hof, den Reet-Hof und den Peer-Hof. Dort würde man einen kräftigen Helfer, der sich auf alle Arbeit in Feld, Wald, Wiese und Moor verstand, sicherlich gern bis zum Herbst einstellen.

So war es. Gleich auf dem ersten Hof, auf dem Walther es versuchte, dem Eek-Hof, ließ der Bauer nur einen kurzen prüfenden Blick über den sehnigen jungen Mann mit dem dichten braunen Haar gleiten, das im Nacken, immer noch nach Soldatenweise, zu einem festen Zopf geflochten war. Das genügte ihm. Dies war ein ordentlicher und brauchbarer Mann.

»Ja, du kannst bleiben. Morgen früh, sowie der Tau abgetrocknet ist, fangen wir mit dem Grasmähen an. Ich werde dem Großknecht Bescheid sagen, und die Bäuerin wird dir eine Schlafkammer im Insthaus zurechtmachen. Ich kann dir einen Taler im Monat zahlen.«

Walther stellte eine Bedingung: »Das ist gut und recht, Bauer, und ich verstehe mich auf jede Art Arbeit. Aber eines will ich gleich vorweg sagen: Am Sonntag bin ich für nichts zu haben. Da lieg' ich im Wald herum oder im Moor. Das ist so mein Spaß. Spätestens Montag früh vor Sonnenaufgang bin ich wieder da.«

Der Bauer blickte ein wenig verwundert. Aber in diesem Land der Querköpfe und Spintisierer läßt man jeden gewähren, solange er niemandem zu nahe tritt; und man hält Neugier nicht für eine Tugend.

Schon am nächsten Sonntag, einem strahlenden Junitag des Jahres 1748, fand Walther nach wenigen Stunden des Marschierens die Stelle wieder, wo er zweieinhalb Jahre zuvor den Weg verloren und ins Moor getaumelt war. Da streckte sich auch fünfzig Schritte weiter die grobe Brücke über die Wietze. Und in der Ferne, am Rande des Sichtkreises, wo das Land sich aus dem Moor erhob, dort waren einige spitze Giebel zu erkennen. Dort lebte, wenn nicht alles anders geworden war, Anke. Ein wildes Heer von Zweifeln stürmte plötzlich auf den einsamen Beobachter ein. Er hatte es bis dahin für selbstverständlich gehalten, daß sie dort noch zu finden wäre wie früher, daß sie auf ihn gewartet hatte.

Aber konnte das überhaupt wahr sein? War es nicht gegen alle Vernunft, solches zu erwarten?

Er war nun hier. Er wollte jeden Sonntag des Sommers hierherkommen, bis er sich Gewißheit verschafft hatte. Vielleicht kam sie manchmal zur Brücke, um den Ort zu sehen, von dem ihre Gemeinsamkeit – sollte man es gemeinsames Schicksal nennen? – seinen Ausgang genommen hatte.

Er vermochte nicht, sich vorzustellen, daß Anke viel unerbittlicher gezwungen worden war, sich zu dieser Gemeinsamkeit zu bekennen, als er...

Sie ertrug es kaum noch. Mit allerletzter Kraft hielt sie ihren Stolz und ihre Selbstbeherrschung aufrecht. Nichts wollte sich ändern. Woche für Woche, Monat für Monat war vergangen. Die Menschen in der weiten, wegearmen Heide sind genauso geartet wie das Land, in dem sie wurzeln: wortkarg, sehr geduldig, ernst, von schier unheimlicher Zähigkeit, Beharrlichkeit. Der Vater sprach kein einziges vertrauliches Wort. Die Schwester hielt sich hochmütig abseits, nahm es Anke übel, daß der Vater sie nicht wie selbstverständlich an Ankes Stelle rücken ließ.

Es kam ein Sonntag, an dem Anke langsam den zerfahrenen Weg zum Bruch entlangwanderte. Sie hob den Blick, ihn über die vertraute Landschaft schweifen zu lassen, das weite Ödland, das Moor, durch das die Wietze sich schlängelte, als könnte sie sich niemals schlüssig darüber werden, welche Himmelsrichtung sie bevorzugte. Da unten schob sich auch die grobe Holzbrücke über das Flüßchen, über welche der Weg zu den Torfstichen des Dorfes und weiter zu den fernen Dörfern Hope und Esperke führte, nach

Vesbeck und Mandelsloh. Aber das waren nur Namen für Anke. Wann fuhr man schon jemals quer durchs ganze Moor!

Ankes Herz wollte stocken – und schlug dann ein paar Sekunden lang wie rasend. Sie hatte stehenbleiben müssen, von einer jähen Schwäche angewandelt. Sie kannte ja den Anblick vor sich genau, war hundertmal schon zur Brücke hinuntergewandert, zu jeder Tageszeit, zu jeder Zeit des Jahres.

Irgend etwas war dort heute anders. Da bei den Weiden! Hinter dem Stamm der ersten Weide verbarg sich ein Mensch, hatte sich eben dahinter zurückgezogen, war jedoch immer noch zu erkennen. Man mußte nur zuvor die Bewegung wahrgenommen haben.

O mein Gott, er ist es! Walther! Er ist gekommen! Wer sonst sollte da unten bei der Brücke an den Weiden warten, nur wenige Schritte von der Stelle entfernt, wo jener fürchterliche Abschnitt unergründlicher Sumpflöcher begann, wo der Weg auf eine Bohlenlage hatte aufgeschüttet werden müssen. Dort, dort war es ja geschehen, daß Walther...

Herr im Himmel, es konnte nur Walther sein, der an der Stelle wartete, wohin sie, wie er wohl glauben mochte, manchmal zurückkehrte.

Walther – sie hätte den Namen schreien können vor würgender Freude. Sie hätte die hundert oder zweihundert Schritt, die sie noch von der geländerlosen Plankenbrücke trennten, wie im Sturm durcheilen mögen, um ihn vor sich zu haben, ihn berühren zu können, in seinen Augen zu erforschen, ob er...

Doch sie war Anke, Anke war kein dummes Ding. Obgleich eine Woge des Glücks sie umbrandete, befahl sie sich: Nicht laufen, nicht rufen! Es könnte mich einer beobachten vom Hofe her. Er darf nicht gesehen werden. Wird er erkannt, so ist es aus mit ihm und mit mir. O mein Gott, ich danke dir! Er ist also gekommen.

Gezwungen langsam wanderte Anke weiter. In ihrem Herzen schrie es: Bleib, wo du bist, Walther! Halte dich verborgen, Walther! Ach, daß du endlich gekommen bist, mein Walther, meiner!

Auf der Brücke blieb sie stehen und wendete sich wie unabsichtlich flußab. Sie war nun keine zehn Schritte mehr von der ersten Weide entfernt. Sie rief leise: »Walther?«

»Ja, Anke, ich bin es«, kam es ebenso verhalten zurück.
»Niemand darf es merken, daß wir uns getroffen haben. Alle sind gegen uns!«
»Aber wir sind für uns, Anke, meine Anke!«
»Ja, ja, mein Walther! Wo kommst du her?«
»Von meinen Leuten bin ich fort, für immer. Und ich wollte erkunden, ob du noch zu mir hältst. Und ob du mit mir kommst, wenn ich fortgehe, weit fort.«
»Ich komme mit dir, Walther, jederzeit. Wir dürfen uns nie mehr allein lassen. Sie haben mich beinahe zerbrochen. Es war höchste Zeit, daß du kamst. Was tust du jetzt?«
»Ich habe Arbeit auf dem Eek-Hof, eine Stunde von Elze, drei Stunden von hier.«
»Walther, ich muß jetzt umkehren. Sonst werden sie mißtrauisch. Kannst du nächsten Sonntag wiederkommen?«
»Kannst du es, Anke, ohne daß jemand Verdacht schöpft?«
»Ich hoffe es. Aber wir wissen jetzt, daß wir für uns da sind. Keiner sonst darf das wissen, sonst gefährden wir alles. Mache dich heute erst bei Dämmerung fort. Von hier eine halbe Stunde weiter ist Mattes' sein Torfstich, rechts vom Wege. Dahinter nicht weit ein Erlengebüsch. Dort kann man sich gut verbergen. Am nächsten Sonntag, Walther. Aber erst kurz vor der Dunkelheit! Wir haben dann ungefähr Vollmond.«
»Gut! Und wenn einer von uns nicht kommen kann, ohne Verdacht zu erwecken, dann nächsten Sonntag, und übernächsten. Ich werde immer auf dich warten, Anke. Wir müssen Geduld haben. Aber jetzt trennt uns keiner mehr, Anke!«
»Nein, keiner. Geduld, gewiß! Und Vorsicht! Klug wie die Schlangen und ohne Falsch wie die Tauben!«
Sie hörte ihn leise lachen. Er rief: »Anke, ich liebe dich!«
»Auf nächsten Sonntag, Walther, Lieber!«
Eine andere Anke, als vom Hof zum Fluß hinuntergeschritten war, wanderte wieder dorthin zurück.

Es wurde ein regnerischer Herbst. Der November, der Nebelmond, kündigte sich an mit dichten Nebeln. Manchmal wollten die kalten, feuchten Schleier tagelang nicht weichen. Bei so schlechtem Wetter fiel es Anke schwer, an den Sonntagen zu erklären, wo und warum sie unterwegs gewesen war. Daß gar in mondlosen Nächten das Nebelmoor zur Todesfalle werden konnte, das brauchten beide nicht zu erörtern.

Walther sah ein, daß es so nicht weiterging. Fünf- oder sechsmal hatten sie sich für Viertel-, höchstens für halbe Stunden gesehen, stets wie gehetzt, geduckt, ins Unrecht gesetzt. Er sagte an einem triefendnassen Abend, während ihnen der Regen aus dem Haar in den Hals rann: »Ich muß den Eek-Hof aufgeben, Anke, obgleich der Bauer mich behalten möchte. Ich muß mich auf die Wanderschaft machen, uns irgendwo, aber nicht im Hannoverschen, etwas Bleibendes suchen. Im Winter ist das Moor sowieso nicht zu begehen. Willst du noch einmal warten, vielleicht bis zum nächsten April?«

Anke umarmte ihn. Sie flüsterte: »Ja, ich will.«

Ihre nassen, kalten Lippen fanden sich. Was scherte sie der Regen! Ihre Leiber und Herzen waren warm. Anke löste sich aus der Umarmung. Wenn er mich jetzt fragen oder bitten würde, ich würde nicht widerstehen. Sie wandte sich und stolperte schnell davon, als müßte sie fliehen.

3 Walther hatte keine rechte Vorstellung davon, was er eigentlich finden wollte in diesem Winter, der das Jahr 1749 einleitete. Gewiß, er besaß ein schönes Geld, und es hätte wohl gereicht, ein bescheidenes Höfchen irgendwo zu erwerben, im Hessischen oder im Fränkischen, wohin er sich aus dem heimatlichen Niedersachsen langsam hatte treiben lassen.

Aber die kleinen Anwesen weiter im Süden behagten ihm nicht. Sie paßten nicht zu Anke und sie paßten nicht zu ihm. Immer stand ihm Anke vor Augen, die Tochter eines großen Hofes, die alles für ihn aufs Spiel gesetzt hatte. Sie war stolz und schön. Dort auf den abgelegenen Höfen in der niedersächsischen Heide war man frei, kannte nur den fernen Landesherrn über sich. Anke brauchte Raum um sich her. Alles Kleinliche war ihr nicht gemäß. Kein Wunder also, daß Walther in den hessischen Ländern und erst recht in der ›Pfaffengasse‹ zwischen Würzburg und Bamberg keinen Ort zu entdecken vermochte, der seiner Anke zusagen würde.

Allmählich bemächtigte sich seiner eine gelinde Verzweiflung. Schon taute der Schnee, und die Straßen wurden zu Sümpfen. Er wandte sich niedergeschlagen und ratlos wieder den heimatlichen Gefilden zu.

Man schrieb den 15. März 1749. Walther hatte sich verdrossen in die Stadt Celle treiben lassen. Er wollte erfragen, ob und wann vielleicht eine Pferdepost nach Hamburg ginge. Dorthin zu marschieren fehlte ihm die Zeit, wenn er Anke nicht warten lassen wollte.

Er wanderte von der Neustadt durch die Mauernstraße und die Poststraße zum Rathaus. Dort wurden die Neuigkeiten und Erlasse angeschlagen, die das Schloß und der Rat den Bürgern bekanntzugeben hatten.

Walther versäumte nie, die Anschläge zu lesen. Sie enthielten oft genug gerade für ihn, der nicht recht wußte, wohin, mancherlei Wissenswertes, seltener Brauchbares. Er las, daß die Aller-Deiche oberhalb der Stadt auf Befehl der herzoglichen Residenz erhöht werden müßten und daß die anliegenden Dörfer zu Hand- und Gespanndiensten herangezogen würden; nur Wienhausen mit dem Kloster wäre ausgenommen, da die adligen Damen im Stift es selbst übernommen hätten, Kloster, Park und Klostergut zuverlässiger als bisher gegen die Aller-Hochwässer zu sichern.

Walther hatte das reichlich verschnörkelte und umständliche Handschreiben, das da unter der Holzlaube am Nagel hing, ausstudiert. Er wollte sich gelangweilt abwenden, als ihm jemand kräftig auf die Schulter schlug. Er fuhr herum.

»Da soll dich doch dieser und jener! Das ist doch der Walther Corssen aus meinem Regiment. Kerl, ich dachte, du wärest längst vermodert, damals bei Fontenay oder nachher in der Gefangenschaft bei den verdammten Franzosen.«

Walther erkannte den Mann unter dem Dreispitz, im blauen Rock mit Silberknöpfen, hellen Lederhosen und ausgiebigen Stulpenstiefeln auf der Stelle wieder. Das war der Herr von Hestergart, Jonas von Hestergart, seinerzeit Leutnant in der englischen Infanterie, doch nicht in Walther Corssens, sondern in einer benachbarten Kompanie. Walther hatte ihn fallen sehen, gleich am Anfang der Schlacht, und es war ihm ein Stich ins Herz gewesen, denn dieser Offizier, so hatte er gehört, sei immer menschlich mit seinen Leuten umgegangen, habe die schlimmsten Drillmeister und Feldwebel in Schach gehalten und auch den gemeinen Mann zu seinem Recht kommen lassen.

Mit einem Schlage war die vergessen geglaubte Soldatenzeit wieder da; böse und hart war sie gewesen, aber oft genug auch unbekümmert und lustig. In der Truppe wäre Walther wohl kaum so kameradschaftlich von einem Offizier begrüßt worden. Aber der Herr von Hestergart hatte offenbar ebenfalls die Uniform an den Nagel gehängt. Walther, überrascht und auch erfreut, rief: »Oh, Lieutenant Hestergart, Sir, glad to see you alive! I thought you were killed at Fontenay!«

Unwillkürlich war Walther ins Englische gefallen, wie er es in den gut zweieinhalb Jahren seines aktiven Dienstes gelernt hatte. Er wunderte sich im gleichen Augenblick, daß ihm das noch so leicht von der Zunge ging. Aber was ihm damals eingeprägt, ja eingehämmert worden war, das saß für alle Zeiten fest: Ob er den Kolben der Flinte fest an Schulter und Kinn zu ziehen hatte, wenn er zielen und abdrücken wollte, oder ob es der Zwang war, englisch zu verstehen und zu antworten und das respektvolle »Sir« hinter der Anrede nicht zu vergessen, wenn man an einen Offizier das Wort zu richten hatte.

Der breitschultrige, wohlgebaute Mann – er mochte zwei, drei Jahre älter sein als Walther Corssen – ließ ein vergnügliches Lachen hören, antwortete aber auf deutsch: »Sieh einer an, Kerl, das sitzt dir ja noch mächtig in den Knochen! Er hat sein Englisch nicht vergessen. Aber wir können deutsch reden. Unser gnädigster Kurfürst, der König von England, redet auch lieber deutsch als englisch. Bin jedoch noch zum Captain, also Hauptmann, avanciert, bevor ich mit halbem Sold entlassen wurde, weil der Frieden ausbrach. Der wird wohl nicht lange vorhalten. Aber was ist mit dir, Corssen? Du bist wohl ein vornehmer Mann geworden, studierst hier am hellen Vormittag, wenn alle anderen braven Leute arbeiten, die Anschläge eines hochwohllöblichen Rats der Stadt Celle? Bist du damals in Gefangenschaft geraten, oder hast du deine fünf Jahre abgedient? Hab' nie wieder was von dir gehört nach dem verdammten Fontenay, wo uns die elenden Franzosen in die Pfanne gehauen haben. Es kommt auch wieder anders herum!«

»Ich bin damals verwundet in französische Gefangenschaft geraten, Euer Gnaden, und auf dem Nachhauseweg nochmals verunglückt. Zu Hause konnte ich nicht länger bleiben. Ich habe mich so umgetrieben, wie es gerade kam.«

Die Heiterkeit war plötzlich vom Antlitz des schmucken jungen Herrn gewichen. Unnachsichtig fragte er weiter: »So, so, umgetrieben, wie es gerade kam? Hast gar nicht daran gedacht, dich wieder bei deinem Regiment zu melden, wie?«

»Nein, Euer Gnaden, die Wunde hat lange nicht heilen wollen. Ich war sehr schwach. Der französische Feldarzt hat mich fortgejagt und mir gesagt, ich wäre zum Soldatsein verdorben.«

»Die Franzosen hatten das nicht zu entscheiden, Kerl. Aber lassen wir das vorderhand. Du mußt mir noch ein bißchen mehr von dir erzählen. Hier können wir nicht auf die Dauer herumstehen. Wollen wir einen Schoppen Bier miteinander trinken?«

Die Gaststube im Wirtshaus ›Zum Fischerdeich‹ war voller Rauch und Lärm. Es roch nach nassen Sachen, nach billigem Tabak, nach Suurkohl und Pökelfleisch, nach vergossenem Bier und Doppelkorn. Der Wirt erkannte sofort, daß ihm ein ungewöhnlich vornehmer Gast ins Haus geschneit war. Eilfertig machte er einen kleinen Tisch in der Fensterecke frei. Der Herr Jonas von Hestergart wartete, bis der Wirt den Tisch und die eichenen Stühle mit seiner nicht eben blütenweißen Schürze abgewischt hatte, bestellte dann zwei Krüge Wittinger Starkbiers, Brot und Rauchschinken. Der Wirt eilte davon.

»Setz dich, Walther! Wir wollen uns ein wenig stärken. Weißt du, mir scheint, als wäre es kein bloßer Zufall, daß wir uns getroffen haben, beide noch lebendig und den französischen Kugeln entgangen. Ich glaube, die Vorsehung ist gerade wieder dabei, die Karten neu zu mischen!«

Walther hatte keine Ahnung, wo der andere hinauswollte, begriff es schließlich nur zögernd, blieb zunächst ungläubig. Es war ihm nie so recht bewußt geworden, daß das ferne, große England jetzt hannoversch regiert wurde. Jetzt in dieser wie vom Himmel gefallenen Stunde wurde es ihm deutlich.

Allmählich rückte Hestergart mit der Sprache heraus: Er sei eigentlich auf der Suche nach einem oder zwei tüchtigen Burschen, die ihm zur Hand gehen könnten. Denn er habe den Wehrdienst satt. Man könnte dabei nicht viel verdienen, käme zu nichts, vielleicht zwar von Zeit zu Zeit zu einem höheren Rang, sei aber immer in Gefahr, Leib und Leben zu verlieren oder gar als elender Krüppel bei jämmerlichem Gnadengeld darben zu müssen.

Hestergarts Familie war in der schönen Gegend von Gandersheim begütert, wovon dieser Jonas nicht viel hatte, denn er war, genau wie Walther, der jüngere von zwei Brüdern und hatte außer einer standesgemäßen Erziehung und notfalls untadeligen Kavaliersmanieren nicht eben viel aufzuweisen. Aber als Hannoveraner sollte man endlich begreifen, daß man eigentlich halb und halb Engländer geworden war, denn das gleiche Fürstenhaus regierte hier und da; man brauchte also nur in den Dienst des Kurfürsten zu treten, der jenseits des Ärmel-Kanals zum König aufgerückt war, um sich der besten Möglichkeiten in beiden Bereichen zu vergewissern. England sei ja in Wahrheit viel größer, als sich das die unkundigen und engstirnigen Leute in den hannoverschen Bereichen vorstellten. Da sei das ferne Indien, wo es sagenhafte Reichtümer, Elefanten und haarige Wundermänner gäbe. Aber auch auf dem amerikanischen Kontinent hätten sich die Engländer festgesetzt und der Wildnis und den Indianern wunderbare Länder abgerungen. Leider sei England in Nordamerika keineswegs allein. Natürlich, was sonst, wieder die verdammten Franzosen, die ihnen hier in die Quere kämen!

Die Franzosen, bei all ihrer Eitelkeit und Überheblichkeit doch auch wieder erstaunliche Leute, hätten sich schon seit hundert Jahren und mehr im Nordosten des großen Erdteils angesiedelt. Sie wären einen großen Strom, den Sankt Lorenz, aufwärts ins Innere vorgedrungen und hätten offenbar vor, die englischen Kolonien an der Ostküste im Westen zu überflügeln und eine breite französische Barriere von Nordosten, der Mündung des Sankt Lorenz, bis nach Südwesten zum mexikanischen Golf, am riesigen Mississippi entlang, den Engländern sozusagen von hinten her vor die Nase zu bauen. Das natürlich müßte ihnen versalzen werden. Darüber sei man sich im Rate des Königs in London einig.

Walther hatte Bier und Schinkenbrot vergessen beim Zuhören. Da hatte er sich im Hessischen und Fränkischen und auch im Westfälischen umgetan, während draußen jenseits der Meere unerhört großartige Gebiete nur darauf warteten, von Männern, die sich nicht fürchteten, in Besitz genommen zu werden! Aus dem, was der Captain ihm erzählt hatte, schien ihn eine freie, frische Luft anzuwehen, wie er sie noch nie verspürt hatte. Warum nur war er nicht selbst darauf verfallen, seine Englischkenntnisse zu nutzen, um außerhalb des Bereichs der deutschen Zunge sein Glück zu versuchen? All die Ängste, Bedenken und Schranken, die sich hier in der Heimat vor ihm, und erst recht vor Anke, aufrichteten, die würde es in den fernen Ländern unter königlich englischer Flagge sicherlich nicht geben.

Der junge Herr von Hestergart hatte den ersten Krug schon geleert und schlürfte bereits den Schaum vom zweiten. Dieser offenbar in ungeordneten Verhältnissen lebende Walther Corssen kam ihm gerade recht. Aber zu zwingen war er nicht; er war unabhängig. Man mußte versuchen, ihn sich zu verpflichten. Er hatte ihm ganz offensichtlich den Mund wässerig gemacht.

Jonas von Hestergart setzte den Krug ab und wischte sich den Schaum von den Lippen. Dann schoß er aus eben noch so heiterem Himmel die Frage ab: »Weißt du auch, mein Bester, daß ich den nächsten Büttel von der Ecke oder die Stadtwache rufen könnte, um dich verhaften und in Eisen legen zu lassen? Du hast dich nämlich nach deiner Gefangenschaft nicht wieder bei deinem Regiment gemeldet, obgleich deine Dienstzeit noch nicht um war. Du würdest durch die Spießruten geschickt – und mit deinem Rücken könntest du hinterher keinen Staat mehr machen. Und natürlich müßtest du danach die ganze Dienstzeit wieder von vorn anfangen. Du solltest deshalb aus dieser Gegend, wo man dich kennt, verschwinden. Mal kommst du doch an den Unrechten!«

»Das will ich schon lange! Wenn ich nur wüßte, wie ich es anstellen soll. Und wohin?«

Hestergart verfiel wieder in den Ton des alten Kriegskameraden und Vorgesetzten: »Ich glaube, ich kann dir raten, wie du alle Fliegen mit einer Klappe schlagen kannst. Ich gehe schon bald über das große Wasser, und zwar unter meinem alten Kommandeur, der auch bei Fontenay gefochten hat, Cornwallis heißt er, Edward Cornwallis, hat den Rang eines Colonel, also Oberst. Ich bin herübergekommen, um für meinen Freund Richard Bulkeley, der auch zum Stabe von Cornwallis gehören wird, und auch für mich einen oder zwei Pferdepfleger und Leibdiener anzuwerben. Ich will nur Deutsche dazu haben, und auch Richard Bulkeley, der Captain bei den Dragonern gewesen ist, hat im Felde die Deutschen schätzengelernt. Wenn du dich entschließen könntest, mitzukommen, Walther, dann würdest du, erstens, dieses gefährliche Pflaster hier weit hinter dir lassen, du würdest, zweitens, in ein Land kommen, wo für einen fixen Kerl mehr zu holen ist als hier, und, drittens, könntest du dich gewissermaßen wieder ehrlich machen, wenn du dich für zwei Jahre dem Stab des Cornwallis verpflichtest, wobei du aber nur für mich und Bulkeley oder für Cornwallis persönlich abgestellt sein würdest. Damit du siehst, worum es sich im einzelnen handelt, will ich dir aus einem Erlaß vorlesen, der am 7. März bekanntgegeben und in der Londoner ›Gazette‹ veröffentlicht worden ist.«

Hestergart hatte in seine Rocktasche gegriffen und entfaltete ein großes Blatt beschriebenen Papiers.

Walther hatte atemlos zugehört, saß ganz still. Es war ein bißchen viel auf einmal, was da auf ihn einstürmte. Hatte er überhaupt in vollem Umfang begriffen, was ihm angeboten wurde? Wurde ihm überhaupt etwas angeboten?

Hestergart fragte: »Kannst du lesen, Walther? Oder soll ich dir die Geschichte vorlesen?«

»Bei uns lernt jedes Kind von den alten Höfen lesen und schreiben; sonst könnten wir Bibel und Gesangbuch nicht lesen. Und rechnen lernen wir auch, Euer Gnaden!«

Hestergart war überrascht und zögerte. Er hätte wohl gern vorgelesen. Das hätte seine Überlegenheit noch vermehrt. Damit war es nun nichts. Er rief: »Sieh mal einer an! Na, um so besser! Hier, lies selbst und mach dir deinen Vers darauf! Ich will inzwischen sehen, ob ich hier herum Tabak erstehen kann. Meiner ist ausgegangen. Ich bin bald wieder da.«

Er stülpte seinen Dreispitz auf den Kopf, erhob sich, befragte sich beim Wirt und verließ die Schenke.

Walther hatte einen englischen Text erwartet. Aber am Kopf der Seite standen die Worte: ›Übersetzung einer Proklamation des Amtes für Handel und Pflanzungen, Präsident Lord Halifax, London, Whitehall.‹

Walther begann mit dem Studium des Textes.

»Seiner Majestät ist ein Vorschlag unterbreitet worden, in der Provinz Neu-Schottland in Nord-Amerika eine Zivil-Regierung einzurichten, wie auch besagte Provinz besser zu bevölkern und aufzusiedeln, dazu dort die Fischerei auszudehnen und zu verbessern. Zu diesem Ziel soll in selbiger Provinz Land vergeben werden. Auch soll den Offizieren und dem gemeinen Mann, soweit letzthin entlassen aus dem Dienst Seiner Majestät zu Lande und zur See, noch andere Ermutigung gegeben werden, solche Zuweisungen von Land anzunehmen und darauf allein oder mit Familie in Neu-Schottland ansässig zu werden...«

Walther hatte die Sätze einigermaßen mühsam entziffert. Der Federkiel, mit dem die Übersetzung niedergeschrieben war, schien nicht besonders sorgfältig geschnitten gewesen zu sein. Er hob den Blick von dem gelblichen Papier, bedeckte es mit seiner flachen Hand. Ob er es wollte oder nicht, ein Gedanke war nicht abzuweisen: Offiziere und Soldaten Seiner Majestät, dazu würde ich auch gehören – und wenn Hestergart irgendwie die noch nicht abgedienten zwei Jahre ausgleichen könnte, dann...

Und schon las er weiter. Heiß wurde ihm dabei. Es war nicht ganz einfach, den Sinn der verschachtelten Sätze zu erfassen. Aber dies wurde klar:

Jedem gewöhnlichen Siedler wurden fünfzig Morgen Land und dazu zehn weitere Morgen für jedes Glied seiner Familie zugesagt. Er und Anke würden also zunächst sechzig Morgen bekommen – und wenn Kinder kämen – er merkte gar nicht, wie kühn es war, überhaupt schon an Kinder zu denken – jeweils zehn Morgen mehr!

Aber auch Waffen und Munition wurden zugesagt. Warum das? Gegen wen sollten sie benutzt werden? Gegen die wilden Tiere, gegen die Indianer, gegen die Franzosen? Walther hatte in der Armee, aber auch danach hier und da, manches davon läuten hören, wie es in den amerikanischen Kolonien Englands zuging, hatte auch Namen wie Virginia, New York, Massachusetts gelegentlich gehört und gerade wegen ihrer Fremdartigkeit behalten, aber Neu-Schottland – das war ihm neu. Wahrscheinlich lag es im Norden von den Neu-England-Kolonien, wie Schottland auch im Norden von England lag. Waffen und Munition, das sollte zu denken geben. Vor allem wird man sie wohl wegen der wilden Tiere in den Wäldern, der Bären und Luchse und Wölfe, nicht entbehren können. – Es hieß weiter:

»Zugesagt werden fernerhin Materialien und Utensilien für den Ackerbau, für das Roden und Bestellen der Felder, für den Bau von Behausungen, für das Betreiben des Fischfangs und was sonst noch notwendig ist, damit die Siedler ihren Unterhalt finden.«

Und weiter las Walther, daß jeder Siedler für ein Jahr nach seiner Ankunft in Neu-Schottland auf Regierungskosten gespeist und getränkt werden würde. Und dann:

»Es wird jedermann zugesagt eine zivile Regierung, unter welcher sich die Bürger besagter Provinz Neu-Schottland der gleichen Freiheiten, Vorrechte und Steuervorzüge erfreuen werden wie die Untertanen Seiner Majestät in allen anderen amerikanischen Kolonien und Siedelgebieten unter der Regierung Seiner Majestät, auch angemessene Vorkehrungen für ihren Schutz und ihre Sicherheit.«

Dies alles war den Neusiedlern feierlich von Amts wegen versprochen, den Bauern also, aber nicht nur ihnen, sondern auch »Tischlern, Bootsbauern, Schmieden, Maurern, Zimmerleuten, Ziegelbäckern und Ziegellegern sowie allen anderen Handwerkern, die für Hausbau und Landwirtschaft vonnöten sind.«

Am 20. April schon sollten die Schiffe mit den Auswanderern sich auf die große Reise machen, hieß es am Schluß des Dokuments.

Jonas von Hestergart tauchte wieder auf, als Walther Corssen das Studium des Schriftstückes bereits beendet und das Papier sorgfältig wieder zusammengefaltet hatte. O mein Herr und Gott, wenn das alles stimmt, was da geschrieben steht, und wenn Anke nicht inzwischen den Mut verloren hat – grundgütiger Heiland, wir brauchten nicht mehr weiter zu suchen und zu sorgen! Neu-Schottland – wie mag es da wohl aussehen? Aber schließlich gab es schon andere Menschen dort, Christenmenschen, wie es sich gehört. Und der Hauptmann von Hestergart wollte ja auch hingehen!

Hestergart fragte: »Nun, Walther, was sagst du zu der Sache?«

»Ja, Euer Gnaden, das klingt alles viel großartiger, als man glauben möchte. Aber gilt das ganze Angebot nicht nur für englische Untertanen? Würde denn ein Deutscher überhaupt angenommen werden?«

Hestergart erwiderte: »Mit Vergnügen werden Deutsche genommen. Der englische König ist ja auch ein Deutscher. Ich bin es auch. Cornwallis, der Kommandeur des ganzen Siedelwerks, hat nicht ein einziges Wort darüber verloren, als er mich mit Bulkeley, Gates und anderen in seinen Stab aufnahm. Es kommt nur darauf an, daß man protestantisch ist, auf keinen Fall katholisch, denn die Franzosen sind alle katholisch. Und das ganze Unternehmen ist dazu bestimmt, den Franzosen Widerpart zu leisten, damit sie die englischen Kolonien in Amerika von Boston über New York bis nach Virginia hinunter nicht weiter von Norden bedrohen.«

»Mit den Franzosen habe ich nichts im Sinn, nach allem, was ich bei ihnen erlebt habe. Und lutherisch bin ich auch.«

»Also! Hör zu, ich mache dir einen Vorschlag, Walther, und du kannst ihn dir überlegen, hast zwei Tage Zeit. So lange bin ich noch hier. Dann muß ich nach London und mich bei Cornwallis zum Dienst melden. Ich will zwei gute Pferde mitnehmen nach drüben. Bulkeley nimmt sogar drei mit. Dafür brauche ich einen verständigen Pfleger und Bereiter, der mir auch sonst zur Hand geht, notfalls auch dem Kommandeur auszuhelfen hat. Du verpflichtest dich für zwei Jahre. Damit machst du dich erstens als ehemaliger Füsilier Seiner Majestät wieder ehrlich, und zweitens gewinnst du Zeit, dich im Land umzusehen und mit den Umständen vertraut zu machen, bist auch während dieser Zeit vor allen Brotsorgen geschützt. Wenn die zwei Jahre um sind, kannst du dich entscheiden, ob du weiter im Dienst bei mir und Cornwallis bleiben willst. Ich zahle dir eine Guinee im Vierteljahr. Ich sorge für angemessene Kleidung und dein Essen und Trinken. Das ist mein Vorschlag, und er ist nicht schlecht, wie du zugeben wirst, wenn du mit den Verhältnissen einigermaßen vertraut bist.«

Daran vermochte Walther nicht zu zweifeln.

Konnte er überhaupt noch ablehnen? Walther fühlte sich umstellt von lauter verlockenden Möglichkeiten. Es ging ihm nur alles zu schnell. Und außerdem: »Da ist noch etwas, Euer Gnaden, was mir wichtiger ist als alles andere. Ich bin nicht allein. Ich bin mit einem Mädchen versprochen. Wenn ich sie nicht mitnehmen kann, dann wird nichts mit Neu-Schottland.«

»Sicherlich kannst du sie mitbringen. Einige der Herren sind verheiratet und nehmen ihre Damen mit. Die werden wahrscheinlich erfreut sien, wenn ich ihnen sage, ich hätte eine zuverlässige Kammerfrau für sie. Aber ich gebe dir den guten Rat, Walther, heirate sie mit Brief und Siegel, noch vor der Ausreise! Es werden mehr unverheiratete Männer mit von der Partie sein als verheiratete. Und wenn sie noch keinen Ring am Finger trägt, dann sehe ich schwarz, sehr schwarz sogar, mein Bester!«

Walther kreuzte die Arme und sah den Captain mit Augen an, aus denen der letzte Rest von Unterwürfigkeit verschwunden war.

»Für dergleichen ist meine zukünftige Frau nicht zu haben, das lassen sich Euer Gnaden nur gesagt sein. Außerdem bin ich nicht einer, der sich die Butter vom Brot nehmen läßt. Dann – wegen der zwei Jahre, die ich noch abdienen müßte, Euer Gnaden: Ich habe mich zerstechen und zerschießen lassen und bin nachher beinahe doch noch zu Tode gekommen. Ich glaube, ich habe damit meine Schuldigkeit getan. Und wenn dennoch jemand mehr von mir verlangt – ich weiß, wie man über die Grenzen kommt –, und es findet mich keiner wieder, wenn ich nicht will. Wäre ich nur allein für mich verantwortlich, so würde ich wohl gleich nach London mitreisen. Das bin ich aber nicht. Anke muß erst ihre Zustimmung geben. Anke, Euer Gnaden, so heißt das Mädchen – und sie ist nicht irgendwer, den man einfach kommandiert. Wenn Euer Gnaden nicht noch ein paar Tage warten mögen...?«

»Das kann ich nicht. Aber ich habe noch einiges in Rotterdam zu erledigen, was etwa eine Woche in Anspruch nehmen wird. Ich wohne im ›König von Schweden‹. Das Gasthaus ist leicht zu finden. Wann kannst du deine Anke um ihre Zustimmung bitten?«

»Am kommenden Sonntag!«

»Also übermorgen! Gut, dann wird keine Zeit verloren. Ich glaube, Walther, wenn ihr euch einig seid, wird sie ›ja‹ sagen. Habt ihr genug Geld für die Reise nach Rotterdam?«

»Das haben wir allemal, Euer Gnaden!«

Erschreckend fast war es, wie bedenken- und bedingungslos Anke ›ja‹ sagte, als Walther sie am Sonntag darauf bei den Erlen im Bruch wiedersah. Sie schien ohne jeden Zweifel damit gerechnet zu haben, daß Walther am ersten verabredeten Tage auftauchen, daß er einen fertigen Plan und ein festes Ziel mitbringen würde.

Sie hatte im geheimen ihr Bündel schon geschnürt. Sie war bereit, mit Walther auf und davon zu gehen, bei Tag oder bei Nacht, jederzeit.

»Nicht warten, nicht warten, Walther!« drängte sie. »Hier hält mich nichts mehr. Ich kann es nicht mehr ertragen.«

Die Liebenden hatten vereinbart, sich noch am gleichen Abend bei den Erlen im Bruch zu treffen.

Anke schlief nicht mehr im Haupthaus, sondern im Anbau, wo das Gesinde wohnte. Immerhin besaß sie eine Schlafkammer für sich allein. Die Tür öffnete sich unmittelbar ins Freie, auf den Hof. Anke wartete, bis sich nichts mehr regte im Gesindehaus.

Sie nahm die beiden Bündel auf, in denen sie ihre Habseligkeiten verpackt hatte, schlich über den Hof. Der Hund schlug nicht an, er kannte sie ja.

Fort jetzt, nur fort!

Die Würfel waren gefallen. Eine wilde, atemlose Begeisterung trug die Fliehenden fort. Sie wanderten die Nacht hindurch und weit in den nächsten Tag hinein. Walther kannte sich aus, ganz genau! Er ging nicht fehl. Gegen Mittag des nächsten Tages kreuzten sie ungesehen die Grenze gegen Schaumburg-Lippe. Ein Bauer gab ihnen Quartier, glaubte ihnen, daß sie in Minden Arbeit suchen wollten. Dies waren keine Landstreicher, das war leicht zu erkennen. Sie schliefen sich aus.

Von Minden aus, rechnete Walther, würden sie mit der Post weiterkommen, wenn ihnen das Glück treu blieb.

Es blieb ihnen treu.

In einem Städtchen unterwegs, dessen Namen ihnen nichts besagte – die Post war verspätet in regnerischer Nacht dort angekommen –, wies ihnen der verschlafene Wirt, der sie für Eheleute hielt, eine gemeinsame Schlafkammer an.

»Anke, meine Anke!«

»Du...!«

In Rotterdam fanden sie den ›König von Schweden‹ und im Gasthof Jonas von Hestergart, der gar nicht verbarg, wie erleichtert er war, die beiden zu sehen.

In der großen Hafenstadt, wo die meisten Leute Calvinisten waren, fand sich auch ein lutherischer Pastor, und der gab schon am nächsten Tag in einer kleinen Kapelle Anke Hörblacher und Walther Corssen als Mann und Frau zusammen. Jonas von Hestergart und Hans Haubolt, einer der beiden Bedienten, die der Captain ebenfalls in Celle angeworben hatte, waren die Zeugen.

Zwei Tage danach warf der Segler, der sie alle und eine Anzahl weiterer Passagiere zur Themse-Mündung und nach London bringen sollte, die Halteleinen los und legte ab. Drei Stunden später überfiel die Seekrankheit die vier Männer und die Frau aus dem Hannoverschen; nur Hestergart hielt sich einigermaßen wacker.

4 Am 14. Mai 1749 hatte die ›Sphinx‹, eine wohlbestückte Korvette Seiner Majestät des Königs von England, in der Themse vor London die Anker gelichtet, und nach genau einem Monat hob sich im Westen ein feiner, schwarzblauer Streif über die Kimm, der keine Wolkenbank sein konnte. Land, Land! Aber die Küste Neu-Schottlands war es noch nicht, was sich da zeigte, sondern Cape Race, die Südost-Ecke Neufundlands, jener einsame Punkt im Nordatlantik, der von England aus gewöhnlich angesteuert wurde. Der Kapitän der ›Sphinx‹ freute sich über die genaue Navigation und veränderte den Kurs des Schiffes um einige Grad weiter nach Süden, und schon zwei Tage später drängte von neuem ein schmales dunkles Band an Steuerbord des Schiffes zart und zunächst beinahe unglaubhaft über der Wasserweite hoch: Neu-Schottland! Nichts anderes konnte es sein!

Niemand an Bord des guten, sich sachte in einer südwestlichen Dünung wiegenden Schiffes hatte diese Küste je zu Gesicht bekommen. Der Kapitän und auch Cornwallis, der Kommandant der Expedition, wußten wohl, daß sie die geschützte und sichere Bucht von Chebucto anlaufen sollten.

Aber wo lag Chebucto? Keine Karte verriet, woran man den Eingang in diesen natürlichen Hafen erkennen konnte. Zuverlässige Beschreibungen dieser Küste, nach denen sich der Kapitän hätte richten können, gab es noch nicht.

Das Glück, das die einer neuen, noch rätselschweren Welt entgegenstrebenden Reisenden bis dahin einigermaßen begünstigt und vor zerstörerischen, sie weit aus der Bahn treibenden Winden bewahrt hatte, blieb ihnen auch hold, als jetzt die ersehnte Küste an Steuerbord ferne vorüberzog.

Ein Segel schob sich über den Horizont. Die ›Sphinx‹ wendete darauf zu und hatte den fremden Segler bald seitab. Die Schaluppe drehte bei. Es stellte sich heraus, daß das Schiff aus den englischen Kolonien weiter im Süden, aus Boston kam, um zwei mit der Küste einigermaßen vertraute Lotsen nach Louisbourg zu bringen. Louisbourg – das war die gewaltige, von den Franzosen erbaute Seefestung auf der ›Insel des Bretonischen Kaps‹ – ›Cape Breton Island‹ –, die sich nordöstlich unmittelbar an die große Halbinsel Nova Scotia anschließt, nur durch die schmale Meeres-Straße von Canso vom neuschottländischen Festland getrennt.

Jonas von Hestergart stand neben Walther Corssen an der sich leise in der Dünung hebenden und senkenden Verschanzung der ›Sphinx‹. Sie verfolgten das langsame Nahen des Beiboots; es brachte zwei fremde Männer von dem kleineren Schiff herüber. Die beiden kletterten ohne Mühe an Bord und wurden sofort nach achtern zum Kapitän geleitet. Bald verbreitete sich die erfreuliche Kunde, daß die Yankee-Schaluppe zwei Lotsen, eben die beiden Männer, die über das Schanzkleid gestiegen waren, an Bord gehabt hatte.

Herr von Hestergart war hinter den Lotsen aufs Kapitänsdeck am Achterende des Schiffes emporgestiegen. Das Kapitänsdeck stand nur den Herren offen. Ihren Bedienten und Helfern nur, wenn sie dort oben gebraucht wurden.

Den an Walthers Seite leer gewordenen Platz hatte Anke eingenommen. Auch sie wollte wissen, was sich ereignete. Sie drängte sich ein wenig an Walther heran. Er spürte, wie ihr Arm durch das Tuch seiner Jacke den seinen wärmte. Seine Hand stahl sich über die ihre, die sich an der Verschanzung festhielt. Es war selten geworden, daß sie sich so nahe kamen. Eine große Scheu hielt vor allem Anke davon ab, andere Leute merken zu lassen, daß sie ihrem Mann eng verbunden war. Sie hatte sich noch nicht daran gewöhnt – und wußte bereits, daß sie sich nie daran gewöhnen würde –, mit fremden Frauen, die ihr nichts besagten, oder mit Männern, groben, gierigen, wie den Matrosen, oder glatten, hochmütigen, aber nicht minder lüsternen, wie den Herren vom Stabe, auf alltägliche, gleichgültige Weise umzugehen. Die peinliche

Notwendigkeit, selbst intime Verrichtungen nicht ohne, zumindest weibliche Zeugen, erledigen zu können, erfüllte sie mit Ärger und Scham. Ihre Wangen waren schmal geworden. Die Augen blickten groß und dunkel, sie schienen das Lachen verlernt zu haben. Aber ihre Lippen blühten voll und farbig, verrieten das warme, sehnsüchtige Leben, das sich in diesem Leibe verbarg. Eine dunkle Anmut zeichnete sie aus – nur sehr grobe Naturen konnten davon unberührt bleiben.

Oberst Cornwallis war während der Seereise eines Tages, als leidliches Wetter auch den Frauen den Aufenthalt an Deck erlaubte, bei Anke stehengeblieben, hatte sie angesehen, als sähe er sie zum erstenmal, und hatte gefragt: »Wer bist denn du? Habe ich dich überhaupt schon kennengelernt?«

Cornwallis war ein stattlicher Junggeselle von sechsunddreißig Jahren. Auch er hatte bei Fontenay, der unglückseligen Schlacht, gefochten, später im schottischen Hochland ein Regiment befehligt, dann aber mit Begeisterung nach dem Kommando zur Verteidigung und Besiedlung der Kolonie Nova Scotia gegriffen. Er hatte sich tüchtige, meist im Krieg erprobte Adjutanten und Stabsoffiziere, wie Bulkeley und Hestergart, ausgesucht, dazu aber auch eine Anzahl vornehmer junger Tunichtgute wie den liederlichen John Salisbury, auch den unzuverlässigen Horatio Gates mitnehmen müssen, die von ihren einflußreichen Eltern und Gönnern fortgelobt waren, um sich in Fremde und Wildnis zu bewähren und ein Vermögen zu erwerben. Cornwallis war Aristokrat, ein Gentleman, wie er im Buche steht. Er war unbestechlich, tapfer, besonnen und von außerordentlicher Beharrlichkeit. Er gab sich kühl, oft förmlich und steif. Auch auf das peinlich enge Beisammensein der gut einhundertfünfzig Menschen an Bord der ›Sphinx‹ hatte er schon nach wenigen Tagen einen guten Einfluß ausgeübt. Jedermann war bemüht, ›sich zu benehmen‹. In Cornwallis' Gegenwart war nichts anderes denkbar. Konnte er doch, wenn ihm etwas gegen den Strich ging, von rasendem Zorn gepackt werden. Er war mit außerordentlichen Vollmachten ausgestattet; es empfahl sich, seinen Unwillen nicht zu erregen.

Cornwallis also sah die sich selten an Deck zeigende Anke in einem windgeschützten Winkel hinter dem Schanzkleid stehen und auf die gleichmütig rollende See hinausstarren; er hatte sie erstaunt gefragt, wer sie denn sei, er könne sich nicht erinnern, sie schon kennengelernt zu haben.

Ankes Englisch steckte noch in den Kinderschuhen. Aber sie hatte doch erfaßt, daß sie nach ihrem Namen gefragt worden war. Ein leichtes Rot stieg ihr ins Gesicht: Der mächtige Cornwallis hatte sie noch nicht ›kennengelernt‹ – so, als gehörte sie zu den ›Damen‹ und nicht ins Zwischendeck. Sie nahm ihre mageren Kenntnisse zusammen und stotterte: »I am Anke, Walther Corssen's wife. My husband, he is groom of Herr von Hestergart.«

»I am Edward Cornwallis, as you know. You are serving one of the ladies on the upper deck?«

Ob sie zu der Bedienung einer Dame des Oberdecks gehörte, hatte er gefragt. Daß er sich ihr tatsächlich vorgestellt hatte, obgleich sie keine Dame war, nahm sie als selbstverständlich hin.

Die Frage hatte sie verstanden, aber die Antwort fiel ihr schwer. Sie vermochte nur den Kopf zu schütteln und stammelte: »No, only wife of Walther.«

»Only wife of Walther, only...?« wiederholte der große Kavalier. Er war gerührt. Eine sonderbare Wärme beschlich sein Herz. Er dachte: Auch für dieses liebenswerte Geschöpf bin ich also verantwortlich. »Should you ever get into difficulties, Anke, you may have recourse to me directly and don't forget it! Good luck to you and Walther!«

Sie versuchte einen Knicks, da diese Worte offenbar der Abschied waren. Verstanden hatte sie nichts. Der Knicks mit leicht abgespreizten Armen und um eine Spur abgewinkelten Händen fiel ein wenig ungeschickt aus und war doch entzückend. Cornwallis lächelte, deutete eine Verbeugung an, tippte mit zwei Fingern an den Dreispitz und wandte sich zum Gehen. Mit Absicht hatte er die letzten Worte lauter als notwendig gesprochen. Aber er hatte aus den Augenwinkeln wahrgenommen, daß zwei der anderen Frauen in der Nähe standen und der Szene mit Neugier gefolgt waren. Sie sollten seine Worte hören, würden sie auf dem Schiff verbreiten, würden sie auch Anke übersetzen.

In der Tat wurde Anke auf der langen Reise von niemandem belästigt. Cornwallis' Angebot, sich in Schwierigkeiten direkt an ihn zu wenden, hatte die Runde gemacht. Allerdings hatte Ankes scheue Zurückhaltung auch keinen Menschen ermutigt, ihr zu nahe zu kommen.

Jetzt waren die vielen Beschwerden der Reise vergessen. Land, endlich Land schimmerte aus Westen herüber: Neu-Schottland. Ankes Blicke hatten sich an dieser unbekannten Küste festgesogen.

Sie flüsterte: »Daß die lange Reise sich dem Ende nähert, Gott sei Dank, Walther! Ob man uns ein Dach über dem Kopf anbieten wird, wenn wir erst an Land kommen?«

»Das glaube ich nicht, Anke. Das Dach werden wir uns erst selber zimmern müssen. Und das ist wahrscheinlich gut so. Dann ist es unser Dach.«

»Wenn ich nur mit verdienen könnte, dann kämen wir schneller voran, Walther!«

»Das sollte dich nicht bekümmern. Wenn sich nichts für dich findet – ich bin Manns genug, uns beide zu versorgen.«

Die Pfeife des Bootsmanns schrillte über das Deck. Die Matrosen der Wache holten die Segel des Schiffes dichter an den Wind. Die beiden Lotsen, die der Kapitän von der Yankee-Schaluppe übernommen hatte (das kleine Schiff schwenkte ins Kielwasser der Korvette ein), hatten dem Schiffsführer Bescheid gegeben. Die ›Sphinx‹ hatte Nordkurs genommen, hielt auf das Land zu. Bald begann die Küste über den Horizont heraufzuwachsen, immer höher und dunkler.

5   Der Kapitän des Schiffes sagte zu Cornwallis: »Es wird Zeit, daß wir unser Ziel erreichen, Sir! Keiner ist mehr seekrank. Wenn Sie Ihre Leute in Chebucto an Land gesetzt haben, wird es viel zu tun geben. Wenn nur die Transporter mit der Hauptmasse der Neusiedler nicht allzulange auf sich warten lassen!«

Cornwallis erwiderte nachdenklich: »Sie haben recht, Kapitän. Es werden an die dreitausend Leute sein auf den dreizehn Transportschiffen. Die habe ich in den vier Monaten, die mir vor der Kälte noch verbleiben, unter Dach und Fach zu bringen, eine nicht sehr aussichtsvolle Aufgabe.« Er seufzte und sah in diesem Augenblick viel älter aus, als er war.

Es war aber von London aus gut vorgesorgt worden. Man würde in Chebucto nicht ohne militärischen Schutz bleiben, würde den Indianern oder brandschatzenden Piraten nicht hilflos ausgeliefert sein. Weder Anke noch Walther, noch eigentlich alle anderen an Bord, Cornwallis eingeschlossen, vermochten sich von den ›Indianern‹ eine lebendige Vorstellung zu machen. Nur eines war bekannt: Die Indianer standen alle auf der Seite der Franzosen; jedes nicht französische, nicht katholische Bleichgesicht schlugen sie tot, wo sie seiner habhaft werden konnten, und schnitten ihm, ob Mann, ob Weib, ob Kind, die Kopfhaut samt den Haaren vom Schädel. Die Franzosen, so hieß es, zahlten den Indianern für jeden ›Skalp‹ eines Engländers fünf blanke Louisdor!

Die ›Sphinx‹ war, wenn sie die ›Chebucto‹ genannte Bucht erreichen wollte, schon zu weit nach Süden vorgedrungen.

Die Lotsen brachten das Schiff zunächst dicht unter Land, um zu sehen, wo man sich befand. Eine Bucht öffnete sich, von Inseln und Landzungen vorzüglich gegen die hohe See geschützt. Vorsichtig tastete sich die ›Sphinx‹ hinein. Der Kapitän ließ den Anker fallen. Die Lotsen waren sich nicht darüber im klaren, ob dies schon die gesuchte Bucht von Chebucto wäre. Während sie sich noch mit Cornwallis und dem Kapitän im Kartenraum des Schiffes berieten, bat Herr von Hestergart um die Erlaubnis, eintreten zu dürfen. Er meldete – und die Erregung war ihm anzumerken –, daß sein Mann, der dienstverpflichtete Walther Corssen, über dem Südufer des Hafens Rauch in der Luft beobachtet habe, wie von einem Herdfeuer. Auch seien für kurze Zeit zwei Kühe aus dem Wald am Südufer hervorgetreten, hätten das Wunder des Schiffes für eine Weile angeglotzt und seien dann wieder im Unterholz verschwunden.

»Die andern haben meinen Mann ausgelacht! Wo sollten hier Kühe herkommen! Wahrscheinlich habe er Kühe mit Hirschen verwechselt. Aber Walther ist kein Dummkopf und erzählt keine Märchen. Er kommt aus der Heide und hat scharfe Augen. Wenn er Rauch eines Herdfeuers und Kühe gesehen hat, dann stimmt das!«

»Ist das der Mann jener jungen Frau mit dem dunklen Haar vom unteren Deck, die, wenn ich mich recht erinnere, Anke heißt?«

Hestergart blickte erstaunt und erwiderte: »Ja, Sir, Walther ist Ankes Ehemann.«

»Nun, wenn ein Mann eine solche Frau zu gewinnen weiß, ist er sicherlich nicht irgendwer. Darin stimme ich Ihnen durchaus bei, Hestergart. Ich schlage vor, daß der Kapitän Sie sogleich mit einem Beiboot an Land setzt, damit Sie der Sache auf den Grund gehen. Jedoch: Vorsicht! Nehmen Sie vier bewaffnete Seeleute außer den beiden Ruderern mit. Zwei davon bleiben bei dem Boot, das jederzeit fahrfertig zu sein hat. Die beiden anderen lassen Sie unterwegs an geeigneter Stelle zurück, wenn Sie Ihr Ziel gesichtet haben, damit Sie und Ihr Walther, den Sie natürlich mitnehmen, von fern und unauffällig gedeckt werden. Dann sehen Sie zu, wer da an jenem Herdfeuer wohnt.«

Als Walther festen Boden unter den Füßen fühlte, fuhr ihm der Gedanke durchs Hirn: Erde von Neu-Schottland, dies ist sie also, unter meinen Sohlen, gut, unsere Erde! Er half seinem Herrn durchs seichte Uferwasser an Land. Wo hatte er die Kühe gesehen? Dort etwa, zwanzig Schritte weiter. Hestergart wies zwei der Seeleute an, beim Boot zu bleiben. Kurz darauf wurde Walther bestätigt. Ein deutlich erkennbarer Fußpfad trat aus dem Waldrand, schlängelte sich zum Wasser hinunter und folgte dann der sichtbar abgezeichneten Hochwasserlinie – wohin, das war nicht zu erkennen. Die Kühe hatten diesen Weg benutzt. Die unverkennbaren Anzeichen ihrer Anwesenheit waren noch frisch.

Hestergart und Walther folgten dem Pfad in den Wald hinein: dichter, dunkler Fichtenwald mit wirrem, stellenweise undurchdringlich scheinendem Unterholz. Doch wurde der Pfad offensichtlich freigehalten; er war gut zu passieren.

Ohne jeden Übergang trat der Pfad aus dem dichten Wald ins Freie. Walther war überrascht stehengeblieben – und die anderen folgten seinem Beispiel. In den dunklen Fichtenwald bettete sich hier eine weite, feuchte Wildwiese. An ihrem Rande zur Rechten, leicht erhöht, war der Wald gerodet worden. Einige Felder breiteten sich dort aus, trugen Gerste, grün und so hoch schon, daß ein Hase sich darin verstecken konnte. Daneben sproßten in geraden Reihen kräftig die Stauden von Kartoffeln. Ein Acker mit vielfältigem Grün schloß sich an, Bohnen und Erbsen wahrscheinlich, Kohl vielleicht und Karotten. Im fernen Hintergrund duckte sich unter den Schirm mächtiger Fichten ein niedriges, langgestrecktes Blockhaus mit einem Dach, das mit groben Schindeln gedeckt zu sein schien, soweit es sich aus der Ferne erkennen ließ. Darüber hinaus ragte ein Schornstein. Bläulicher Rauch kringelte ins Gezweige der Fichten empor. Die Kühe grasten am fernen Rand der Wiese.

Frieden, Stille, Geborgenheit teilte sich den vier Männern mit, die staunend innegehalten hatten. Selbst den beiden Seeleuten, rauhen Burschen, die von Gefühlen nicht viel hielten, weil sie ihnen längst ausgetrieben waren, verschlug der Anblick die Sprache. Auch ihre Augen tranken sich satt.

Eine überwältigende Gewißheit bemächtigte sich des Mannes Walther Corssen aus der Lüneburger Heide: Ein Werk wie dieses hier wird auch uns gelingen, Anke und mir! Dazu sind wir hergekommen! Hier werden wir das alte Land vergessen, das nichts von uns wissen wollte!

Hestergart besann sich darauf, daß er der Anführer war, daß er einen Befehl auszuführen hatte. Er wies die beiden Matrosen an: »Ihr bleibt hier, unauffällig, versteckt, haltet Ausschau, was mit uns geschieht. Wenn wir schießen oder rufen, kommt zu Hilfe. Du gehst mit mir, Walther! Wir wandern offen über die Lichtung, aber mit umgehängter Waffe.

Die beiden Matrosen kletterten mit erstaunlicher Gewandtheit in einen hohen, vielverzweigten Ahorn neben dem Austritt des Pfades aus dem Walde, von wo aus sie sicherlich die gesamte Rodung mühelos überblicken konnten. Walther und Hestergart verließen den Waldrand und schritten auf die Lichtung hinaus. Hestergart nahm das Wort. Er sprach deutsch, wie es sich zwischen den beiden jungen Männern allmählich eingebürgert hatte, wenn sie vertraulich und persönlich miteinander reden wollten.

»Ist das nicht beinahe wie bei uns zu Hause, Walther?«

»Ja, Euer Gnaden.«

»Weißt du, Walther, vergiß das ›Euer Gnaden‹. Wir stehen beide allein, und uns gegenüber ist die Wildnis. Wenn wir deutsch miteinander reden, sollst du ›Jonas‹ zu mir sagen.«

Walther kam nicht dazu zu antworten. Die beiden jungen Männer hatten die Breite der feuchten Wildwiese durchmessen und schritten nun zwischen den Äckern dahin. Jetzt erst waren sie vom Blockhaus her wahrgenommen worden. Ein hochgewachsener Mann war, vom Gebell eines Hundes hervorgelockt, aus der niedrigen Tür des Blockhauses getreten. Er schirmte die Augen mit der Hand. Dann kam er den beiden auf dem Fußpfad entgegen. Der Mann trug eine grobgewebte, rauhe Hose aus ungefärbter dunkler Wolle, ein bauschiges, grobes Leinenhemd und an den nackten Füßen Schuhe aus dem hellen Holz der Birke, mit denen er mühelos und schnell ausschritt. Auf dem harten Gesicht zeigte sich weder Scheu noch Überraschung. Der Mann war seiner sicher. Er begrüßte die Besucher, als wäre es ganz selbstverständlich: »Bon jour, messieurs! Soyez les bien venus!«

Ein Franzose also! Ein Franzose, der die Besucher, als müßte es so sein, ebenfalls für Franzosen hielt. Walther war es, der sich schneller faßte. In den langen Monaten seiner Gefangenschaft bei den Franzosen hatte er mehr als nur ein paar Brocken der fremden Sprache aufnehmen müssen. Er erwiderte: »Bon jour, monsieur! Mais nous ne sommes pas français. Nous sommes anglais.«

Das war zwar kein besonders vorzügliches Französisch, aber es wurde verstanden. Es war, als senke sich ein feiner Schleier über das Antlitz des Mannes, der Walther und Jonas soeben willkommen geheißen hatte. Die beiden Deutschen, die als Engländer hatten auftreten müssen, bemerkten diese plötzlich aufkommende Reserve wohl und empfanden ein unbestimmtes Bedauern. Sie waren glücklich gewesen beim unerwarteten Anblick dieser Heimstatt auf dem fremden Boden, den auch sie sich erwählt hatten, der aber zunächst nichts weiter als unermeßliche Einöde anzubieten schien. Und dieser Mann hatte sogleich ihr Vertrauen erweckt, schien kein Wildfremder, sondern irgendwie von ihrem Schlage zu sein.

Der Franzose hatte sich schnell gefaßt. In einem stockenden Englisch, als hätte er die Sprache lange nicht gesprochen, sagte er: »Ja, ich war einige Jahre auf der Westseite der Halbinsel bei Annapolis Royal unter dem Gouverneur Paul Mascarene, aber dann haben wir lieber hier Land aufgenommen. Ich hatte geheiratet, und wir wollten in der Nähe unserer Familie bleiben. Die siedelt schon lange in La Have, eine Stunde zu Fuß westlich von hier und dann über den Fluß.«

Sie waren inzwischen auf das Haus zugeschritten. Eine zierlich gebaute Frau mit schwarzem Haar trat aus der Tür des Blockhauses.

»Das ist meine Frau Jeanne«, sagte der Franzose und fügte hinzu: »Mein Name ist Charles Maillet.«

Das wurde mit natürlichem Anstand vorgebracht. Jonas von Hestergart stellte sich und seinen Gefährten ebenfalls vor und erklärte mit einigen Worten, daß ihr Schiff nur der Vorläufer von mehr als einem Dutzend weiterer Schiffe wäre, die eine Schar von Siedlern übers Meer brächten, um eine Stadt zu gründen und in diesem Lande Nova Scotia heimisch zu werden. Sie beide wären zwar Untertanen des Königs von England, aber der Nation nach wären sie Deutsche. Dies erwähnten sie nur, damit die Maillets genau wüßten, wen sie vor sich hätten. Ihr Schiff, die ›Sphinx‹, mit dem künftigen Gouverneur von Nova Scotia an Bord, hätte die Bucht von Chebucto suchen sollen. Aber nun wäre dieser vorzügliche Hafen erreicht und man sei sich nicht sicher, ob nicht er schon die gesuchte Landestelle darstellte.

Die beiden Maillets hatten sich kein Wort dieser mit liebenswürdiger Breite vorgetragenen Erklärung entgehen lassen. Was ihnen eröffnet worden war, mußte für sie eine ganz außerordentliche Neuigkeit bedeuten. Jeanne Maillet rief: »Mehr Menschen hier in unserem Land? Das ist gut! Wir sind ja nur sehr wenige hier, wir und die Nachbarn jenseits des Hügels, und dann unsere Leute in La Have jenseits des Flusses und in Petite Rivière, das ist alles!«

Charles Maillet gab sich Mühe, auseinanderzusetzen, daß die ›Sphinx‹ gar nicht in die Bucht von Chebucto eingelaufen, sondern in der Bucht von Merliguesche vor Anker gegangen sei. Chebucto liege weiter im Nordosten an der gleichen Küste, um das Kap Sambro herum. Wenn man guten Wind hätte, wäre das wohl an einem Segeltage zu schaffen. – Man hatte sich aneinander heran und auch warm geredet. Jonas von Hestergart bestritt im wesentlichen die Unterhaltung von seiten der Besucher; er wurde sich seines dienstlichen Auftrags wieder bewußt und wollte vor allem eine Frage beantwortet haben.

»Als was betrachtet Ihr euch nun, Maillet? Als Untertanen des Königs von Frankreich oder als Untertanen Seiner Majestät des Königs von England?«

Maillet warf dem Frager einen schnellen Blick zu, als wollte er feststellen, ob die Frage einen Hintersinn enthielt. Er zögerte nicht mit der Antwort.

»Wir sind englische Untertanen, Sir! Paul Mascarene in Annapolis ist unser Gouverneur im Namen des englischen Königs schon seit vierzig Jahren. Wir kommen gut miteinander aus. Er achtet darauf, daß wir unseren Treueid geschworen haben mit zwei uns gewährten Vergünstigungen: erstens, bei unserer katholischen Religion bleiben zu dürfen und Priester aus Frankreich zu haben, und, zweitens, nicht gegen Frankreich mit der Waffe kämpfen zu müssen.«

Sowohl Jonas wie Walther hatten genau zugehört. Jonas erwiderte ein wenig gedehnt: »So, so? Das sind sehr wichtige Vergünstigungen. Cornwallis wird sich ganz gewiß sehr dafür interessieren.«

Die Frau mischte sich ein. Ihre großen dunklen Augen beherrschten das hübsche Gesicht. »Sehen Sie, Herr, niemand hat uns geholfen, dieses Land urbar zu machen. Sie sollten einmal unsere schönen Dörfer anschauen auf der Westseite der Halbinsel am Minas-Becken und im Annapolis-Tal. Die Deiche gegen das Salzwasser, die Obstgärten, die Kornfelder und Flachsfelder und die Viehweiden. Das alles ist unser Werk. Wir sind nur ein kleines Völkchen, Acadier, und wir wollen mit jedermann in Frieden leben. Die Engländer haben uns einen guten Gouverneur geschickt, das sagen alle, eben Mascarene – und er spricht ja auch französisch, man kann ihn für einen Franzosen halten. Wir Acadier kamen aus Frankreich, manche auch aus Irland, wir sprechen französisch. Wie könnten wir gegen die Franzosen kämpfen! Wir wünschen uns nichts weiter, als unserer Arbeit nachzugehen und in Frieden unsere Kinder großzuziehen.«

Und ihr Mann fügte hinzu: »So ist es wirklich, Sir! Es ist so viel Platz im Lande! Warum sollte man sich bekriegen!«

Dies alles, einfach und eindringlich vorgetragen, verfehlte seine Wirkung auf die beiden Fremden nicht, wenn auch in sehr verschiedener Weise. Jonas von Hestergart hatte nicht vergessen, daß er zum Stabe des Cornwallis gehörte. Er war noch allzu befangen in der Vorstellung, daß ›Untertanen‹ ihrem ›Souverän‹, dem Landesherrn, Gehorsam schulden, ohne Bedingungen zu stellen oder Begünstigungen beanspruchen zu dürfen. So ruhig und bescheiden die Maillets auch zu Gehör gebracht hatten, was nach ihrer Meinung erwähnt zu werden verdiente – es schmeckte dem jungen Adligen und Offizier ein wenig nach Unbotmäßigkeit, nach Eigensinn, beinahe schon nach Rebellion. Dergleichen aber – Hestergart hatte nie etwas anderes vernommen – war beim ›Volke‹ unbedingt verwerflich und durfte nicht geduldet werden.

»Lassen wir das, Maillet!« sagte Hestergart mißmutig. »Bevor wir zum Schiff zurückkehren – Er soll mitkommen, damit ich Ihn dem Gouverneur vorstelle –, möchte ich ganz gern Sein Anwesen und was dazu gehört, genauer gezeigt und erklärt haben.«

Hestergart war aufgestanden und verließ die Hütte. Er hielt es für selbstverständlich, daß Maillet ihm folgte und wohl auch Walther. Maillet konnte den selbstsicheren Fremden nicht allein gehen lassen. Walther Corssen jedoch blieb in der Hütte zurück, allein mit der schwarzhaarigen Frau in weißem Leinenhemd und rotem Rock aus grober Wolle. Befangenheit fiel die beiden an. Um sie zu überwinden, redete Walther eifriger und schneller, als es seine Art war.

»Meine Frau und ich, wir sind nun über das große Meer gekommen – und gleich am Anfang finde ich Sie hier und Ihren Mann und diese Heimstatt, Felder, Wiesen und Vieh, alles das, was wir uns vorgestellt haben. Wir wissen ganz genau, wieviel Arbeit und Mühe es kostet, bis dergleichen unter Dach und Fach ist. Aber wenn Sie und die Ihren es geschafft haben, warum sollten wir es nicht auch schaffen – wenn uns keiner dazwischenredet. Aber Ihnen hat ja auch niemand dazwischengeredet. Sie haben sich Ihre Religion und das Recht, nicht gegen Ihren Willen Waffen tragen zu müssen, bewahrt. Das, was Sie gerodet und bestellt haben, macht Ihnen keiner streitig!«

Zum erstenmal hatte Walther klar auszudrücken vermocht, was ihm und Anke in all den Jahren auf dem Herzen gelegen hatte. Er war erregt wie noch nie. Sein Herz klopfte schneller. Dieser junge Boden, dieser neue Erdteil, diese fremde Frau mit fremder Sprache hatten ihn wie mit einem Zauberschlag begreifen lassen, was eigentlich der Antrieb war, der ihn und Anke bewogen hatte, die angestammte Heimat zu verlassen.

Walther hatte nicht überlegt, ob die junge Frau, mit der Hestergart ihn alleingelassen hatte, überhaupt genug Englisch verstand, um seinen Worten folgen zu können. Vielleicht hatte sie nicht jede Einzelheit begriffen, aber der Ausdruck auf dem Gesicht des Besuchers hatte genügt, um ihr klarzumachen, daß dieser fremde Mann darum warb, in ihre Welt aufgenommen zu werden.

Jeanne Maillet wußte daher nichts Besseres zu antworten als: »Ich sagte es Ihnen schon, Herr: Wir würden uns freuen, wenn sich hier Leute ansiedelten, auf die wir uns verlassen können. Ist Ihre Frau nicht mit an Land gekommen? Haben Sie Kinder?«

»Nein, wir haben noch keine Kinder. Sie auch nicht?«

»Doch, wir haben zwei Söhne, zehn und elf Jahre alt. Die beiden sind bei meinen Eltern in La Have. Dort gibt es eine Kirche und einen guten Abbé. Er lehrt die Kinder lesen und schreiben und die Wahrheiten des katholischen Glaubens. Unser drittes Kind, eine Tochter, ist nach der Geburt gestorben. Ich war sehr lange krank und schwach. Aber wir hoffen sehr, daß uns noch weitere Kinder geschenkt werden. Im Spätsommer und Herbst kommen unsere beiden Jungen nach Hause, um uns bei der Ernte zu helfen. Nach Neujahr können sie dann wieder zu den Großeltern wandern, um sich dort nützlich zu machen und noch mehr zu lernen.«

Walthers Herz war weit geworden bei diesem einfachen Bericht. Es wäre schön, wenn Anke und er zu diesen Menschen ein herzliches Verhältnis gewinnen könnten.

Er spürte es in jeder Faser: Hier, auf diesem Boden, in diesen Wäldern, unter diesen Menschen könnten wir heimisch und glücklich werden. Hier würden sie nicht abgelehnt, nicht beargwöhnt werden, hier wären sie willkommen, und es würde ein leichtes sein, sich einzufügen. Er hätte dies übermächtige Empfinden gern mitgeteilt. Aber dazu reichte weder sein Englisch noch gar sein Französisch. Allerdings hätte er das wohl auch auf deutsch kaum ausdrücken können. So sagte er nur: »Wenn meine Frau hier wäre, sie würde wohl am liebsten gleich bleiben. Was wollten wir Besseres suchen! Hier ist alles, was wir uns vorgestellt haben.«

Unmittelbar nach diesen Worten hörte Walther sich von draußen gerufen: »Walther, wo bist du. Wir müssen aufbrechen!«

Fast konnte man meinen, Hestergart hätte sich nur so lange im Freien umgetan, bis Walther sein Gespräch mit der Französin beendet hatte. Französin... sollte er sie nicht besser ›Acadierin‹ nennen – mit dem Namen, mit dem sie sich selbst bezeichnete? Was war Acadia? Und woher stammte die Bezeichnung?

Aber auch Hestergart wußte keine rechte Antwort darauf. Man hatte sich verabschiedet und auf den Rückweg gemacht. Maillet, der die Männer der ›Sphinx‹ über das Wasser begleitete, wußte nur zu sagen, daß das Land eben von jeher Acadia oder L'Acadie geheißen hatte.

An Bord der ›Sphinx‹ hatte man schon daran gedacht, ein verstärktes Suchkommando dem Landetrupp hinterherzuschicken und war nun sehr befriedigt zu hören, wie friedlich das so mißtrauisch begonnene Unternehmen verlaufen war. Cornwallis beschloß sofort, am Tage darauf selbst an Land zu gehen. Maillet sollte die weiteren Nachbarn an der Bucht von Merliguesche zusammenrufen, Cornwallis wollte mit ihnen sprechen.

Es ergab sich dann, daß Cornwallis auch Walther Corssen mit an Land haben wollte; er habe sich gut mit den Maillets verstanden und könnte vielleicht nützlich sein.

Maillet hatte tatsächlich die fünf acadischen, also die französischsprachigen Siedler, die weit verstreut auf der nördlichen Seite der La Have-Mündung saßen, zusammengerufen. Die Männer begrüßten Cornwallis ehrerbietig, gaben bereitwillig jede Auskunft und zeigten sich allesamt von der Aussicht erfreut, daß in ihrer weiteren Nachbarschaft ein Zustrom neuer Ansiedler und sogar der Bau einer Stadt bevorstand.

Walther Corssen fand keine rechte Gelegenheit mehr, das Gespräch mit den Maillets fortzusetzen und die Bekanntschaft, die, wie er meinte, eine Freundschaft werden konnte, zu vertiefen. Doch kam Charles Maillet neben Walther zu stehen, als man schon zum Ufer zurückgekehrt war, um die Beiboote zu besteigen, in denen Cornwallis und seine Begleiter von der ›Sphinx‹ herübergebracht worden waren. Er wandte sich halblaut an Walther: »Wir sagen es dir nochmals: Kommt hierher in unsere Gegend! Du wirst bald französisch sprechen wie wir. Ihr seid uns willkommen, wenn ihr den Frieden liebt und die Unabhängigkeit.«

Indépendance, er hatte das französische Wort gebraucht in dem englischen Satz, aber im Englischen lautete es fast genauso. Walther hatte geantwortet: »Das werden wir nicht vergessen, Charles!«

6

Am 21. Juni 1749 hatte die ›Sphinx‹ das Kap Sambro umrundet, hatte auf Nord gewendet und war zwischen dem dunkel bewaldeten Festland und einer größeren Insel (die später den Namen McNabs-Insel erhielt) in die weite, wunderbare Bucht von Chebucto eingelaufen, die im Osten wie im Westen zu zwei eng werdenden Zipfeln auslief.

Wer an Bord der ›Sphinx‹ nicht durch dringende Aufgaben abgehalten wurde, der war an Deck und blickte zu den waldigen Ufern hinüber, an denen man nun – so Gott es zuließ – Fuß fassen sollte. Die weite Wasserfläche der Bucht war leer, von leichtem Wind kaum gekräuselt, als hätte noch nie der Kiel eines Schiffes sie durchfurcht. Die ›Sphinx‹ machte bei der spärlichen Luftbewegung nur geringe Fahrt. Ganz sachte, kaum merklich, rückten die Ufer näher, dunkle Ufer wahrlich, von unabsehbaren Wäldern wie mit schwärzlichgrünem Samt verhüllt.

Anke flüsterte, als wäre es nötig, leise zu sprechen in dieser überhellen Einsamkeit: »In der Bucht von Merliguesche hattest du gleich die beiden Kühe entdeckt, Walther. Und dann trafst du die Maillets, von denen du mir so viel erzählt hast. Aber hier ist gar nichts, nur Wald!«

Walther stand neben seiner Frau am Rande des Decks. Er mußte sich Mühe geben, sich nicht von Ankes leiser Furcht vor diesem dunklen Ufer anstecken zu lassen.

»Zu sehen ist nichts, du hast recht. Aber es ist viel Platz, und es gibt Holz in Hülle und Fülle. Und Fische im Wasser und sicherlich viel Wild in den Wäldern. Wenn wir uns an die Arbeit machen, werden wir nicht zu hungern brauchen und zu frieren auch nicht. Wenn wir nur erst an Land gehen könnten, ich glaube, alles wird anders aussehen, wenn wir erst wieder festen Boden unter den Füßen fühlen.«

Aber an diesem ersten Tage in der Bucht von Chebucto kam noch niemand von Bord. Der Abend sank. Die beiden Beiboote des Schiffes waren unterwegs gewesen, um die Wassertiefe voraus zu loten. Schließlich glaubte der Kapitän, eine sichere Stelle gefunden zu haben, wo das Schiff festen Ankergrund hatte.

Anke lag lange wach. Walther erging es nicht anders. Die Stille rings um das Schiff stand wie eine Mauer aus Glas. Die meisten Menschen an Bord vermochten vor lauter Stille – und ungewisser Erwartung – nicht zu schlafen.

Mehr noch als alle anderen Wesen an Bord der ›Sphinx‹ schienen es die Pferde zu empfinden, daß man nun nicht länger zögern sollte, wieder festen Boden unter die Füße zu bekommen. Sie hatten Land gerochen, frische Waldweide. Sie trampelten, verstreuten ihr Heu, verschütteten den Hafer und zerrten an ihren Ketten. Es kostete Walther nicht viel Worte, seinen Dienstherrn Jonas von Hestergart zu überzeugen, daß die Pferde so schnell wie möglich an Land geschafft werden müßten. Die Tiere hatten unter der langen Seereise, während welcher sie ihren Stand an Deck nie hatten verlassen können, sehr gelitten, und wenn Bulkeley und Hestergart sie nicht verlieren wollten, so mußten sie endlich Bewegung haben, mußte ihnen grünes, frisches Futter angeboten werden.

Doch konnten die Tiere keinesfalls an Land allein gelassen werden. Es ergab sich also ganz von selbst, daß Walther und damit auch Anke, die nicht an Bord zurückbleiben wollte, zu den allerersten Leuten gehörten, für die an Land ein Unterkommen bereitet werden mußte. Das konnte zunächst nur ein Zelt sein, wenn Walther auch ohne jeden Verzug daran gehen wollte, eine erste kleine Hütte aus Baumstämmen zusammenzuzimmern. Bäume in jeder Höhe gab es ja genug.

Während der Schiffszimmermann ein Gestell baute, in welchem das Pferd einem der Beiboote anvertraut werden sollte, trug Walther Werkzeuge, Leinwand, Schnüre, alles, was für ein Zelt nötig war, zur Bordwand, dazu einigen Proviant und die Schlafdecken, die ihnen zu Beginn der Reise geliefert worden waren.

Endlich war alles im Boot. Der Vormittag war weit vorgeschritten. Wie schon an den Tagen zuvor schien warm die Sonne. Im leuchtendblauen Himmel schwebten ein paar Wolken, so weiß und leicht, als wären sie geträumt. Noch hatte niemand an Bord der ›Sphinx‹ Augen für diese Pracht. Jeder war voller Neugier und Sorge, ob die Pferde sicher an Land gelangen würden.

Der enge Käfig hob sich vom Deck, die Matrosen legten sich kräftig ins knarrende Spill, das Pferd schwebte über die Bordwand und senkte sich dann in das Beiboot, aus dem einige Ruderbänke entfernt worden waren. Als das Beiboot vom Schiff ablegte, stieß das Tier ein helles, schmetterndes Wiehern aus, was eine höchst unerwartete Folge hatte. Das zweite Tier, mit dem das an Land fahrende während der ganzen Reise beisammen gestanden und sicherlich Freundschaft geschlossen hatte, riß sich an Deck der ›Sphinx‹ mit einem gewaltigen Bäumen von seinem Haltering, brach ihn aus dem Holz und setzte mit einem mächtigen Satz über Bord, um dem Gefährten an Land zu folgen.

Nach dem ersten Schrecken sagte sich Walther: Gut, das erleichtert die Sache. Ich bringe gleich alle beide an Land. Die Tiere wollen beieinander bleiben.

Die hundert Meter bis zum Ufer wurden glücklich überwunden.

Die Tiere schienen ganz närrisch vor Freude, daß nicht mehr hohles Holz unter ihren Hufen hallte, sondern warme, gute Erde sie sicher trug. Sie drängten sich aneinander, rieben auch ihren Kopf an Walthers Schulter, wieherten, daß es hallte, tänzelten und schlugen sich sausend die Flanken mit den langen, schönen Schweifen. Aber bald senkten sich ihre Mäuler ins duftende Kraut und Gras und ließen sich die Gaben des neuen Erdteils schmecken.

Es war unmöglich, sich von diesem Vergnügen der Kreatur nicht anstecken zu lassen.

»Wo stellen wir unser Zelt auf, Anke? Fürs erste! Wenn wir noch ein paar Tage gutes Wetter behalten, dann bringe ich uns richtig unter Dach und Fach. Holz gibt es hier genug.«

Anke, lachend, strahlend plötzlich, wie das Leben selbst: »Abseits, Walther, möglichst weit abseits! Damit wir endlich allein sind.«

Wer hätte einem solchen Vorschlag widerstehen können! Walther ganz gewiß nicht! Er band die Köpfe der Pferde zwei Ellen voneinander entfernt aneinander und legte dann Foxys Halfter an die lange Leine. So blieben die Tiere dicht zusammen und hatten zugleich Auslauf genug, sich nach Herzenslust satt zu fressen. Gerade kamen Bulkeleys Pferde an Land. Auch da hatte man nur eines der Tiere in das Gatter zu zwängen brauchen. Doch hatte man den beiden anderen die Halfter gleich von den Ringen gelöst; auch sie hatten nicht gezögert, über das Schanzkleid zu setzen und dem eingeschifften Gefährten an Land zu folgen.

Walther und Anke hatten nun Zeit, sich um ihr Lager zu kümmern. Denn die Herren und Damen des Stabes wollten zunächst noch an Bord wohnen, bis Cornwallis sich entschieden hatte, wo mit dem Bau der Stadt begonnen werden sollte. Da die Pferde an Land nicht ohne Aufsicht gelassen werden konnten, war Walther nicht zu den Leuten eingeteilt worden, die unter der Führung von Cornwallis, Bulkeley, Hestergart und Gates die Ufer der Chebucto-Bucht auf ihre Eignung, die geplante Siedlung zu tragen, erforschen sollten. Welch ein Geschenk des Himmels für Walther und Anke, sich endlich nur mit sich selber beschäftigen zu können.

Gerade jetzt, um die Zeit des Sommeranfangs, stand das Land in voller Blüte – und es gibt kaum ein anderes Land unter der Sonne, das sich dann an Schönheit mit Nova Scotia vergleichen ließe. Anke war glücklich. Dieses Land war viel herrlicher und wunderbarer, als sie in ihren kühnsten Träumen erwartet hatte. Die Schiffsreise war ein quälendes Fegefeuer gewesen. Aber nun war sie vorbei; Anke hatte sie bestanden.

Sie hielt inne, nachdem sie mit Walther, auf zwei großen sonnenwarmen Steinen hockend, behaglich ihr erstes eigenes Mahl auf dem Boden des ersehnten Landes verzehrt hatte.

»Walther, unsere Heide war arm. Dies ist ein reiches Land, und es ist sehr schön. Wenn man uns nichts in den Weg legt, Walther, hier wollte ich wohl mit dir bleiben. Und wir werden glücklich sein, so Gott will!«

Eine lange Minute schwiegen sie beide. Ihre Blicke hatten sich lächelnd getroffen; aber dann wichen sie sich aus, beinahe scheu.

Walther raffte sich auf: »Ich muß noch nach den Pferden sehen, werde sie näher heranholen, damit wir sie des Nachts bei uns haben. Dann sollten wir noch ein wenig am Ufer entlanggehen. Es wird warm bleiben über Nacht. Aber das Zelt müssen wir dicht halten, damit wir nicht von Schnaken belästigt werden.«

»Sieh nur!« rief Anke. Wo der Wald neben dem Bachtal zurücktrat, war der grasige Boden übersät von abertausend weißen Blüten wilder Erdbeeren.

»Hier wird man bald Körbe voll sammeln können und braucht wirklich nicht zu suchen!« meinte Walther. Und sie fanden Büsche, die ihnen ganz wie Heidelbeer- und Preißelbeer-Kraut vorkamen, von zu Hause her wohlbekannt. Auch sie waren überzuckert mit unzähligen winzigen Blüten und versprachen reiche Ernte.

Das Wasser der großen Bucht schien viele Fische zu bergen. Überraschend oft warf sich ein blitzender schlanker Leib aus dem blanken Spiegel hoch und fiel, Tropfen versprühend, mit lautem Klatschen wieder zurück. Walther lachte. »Morgen werden wir frischen Fisch zum Abendessen haben. Das kann ich dir versprechen, Anke.«

Sie entfachten ein Feuer vor dem Eingang zu ihrem Zelt. So wärmte es das Innere ein wenig und hielt mit seiner Glut und seinem Rauch die Schnaken fern.

Manchmal zersprang eines der Fichtenscheite und sprühte ihnen dabei mit leichtem Knall ein paar Funken vor die Füße. Sie waren beide müde und sehnsüchtig. Es waltete eine feierliche Stille ringsumher. Anke saß auf einem gestürzten Baum, hatte die Hände um die Knie geschlungen und blickte versonnen in die langsam zusammensinkenden Flammen. Walther konnte die Augen nicht von ihr lassen. Die Flackerlichter des Feuers lockten kupfernen Glanz aus dem straff an den Kopf gezogenen Haar, das sich über Tag ein wenig gelockert hatte und nun in leisen Wellen ihr Gesicht umspielte. Walther wußte nun: Dies ist die schönste Frau, die ich je gesehen habe, und nie werde ich einer schöneren begegnen. Und sie geht in diese Einöde, weil sie mich liebt.

Sie flüsterte: »Es ist spät geworden, Walther. Wer weiß, was uns morgen erwartet. Wir sollten schlafen gehen.«

Als Walther sich gegen Morgen vorsichtig, um sie nicht zu wecken, von ihrem tannenduftenden Lager erhoben hatte, mußte das Feuer abermals entfacht werden; der Morgen wurde sehr kühl, fast kalt. Als er sich dann wieder ins Zelt zurückbeugte, blickte sie ihm mit weitoffenen Augen entgegen, die aber doch noch nicht wach zu sein, sondern in ein jenseitiges Land zu blicken schienen. Sie flüsterte: »In dieser Nacht, Walther – unser erstes Kind. Du darfst mich nie im Stich lassen, Walther!«

Die Worte trafen ihn. Er entgegnete, ebenso leise, als verrate er ein Geheimnis: »Niemals, Anke, niemals! Du solltest jetzt weiterschlafen, Anke. Es ist noch viel zu früh zum Aufstehen. Ich werde dich schon rechtzeitig wecken.«

Sie murmelte, während ihr die Augen wieder zufielen: »Ja! Aber auch du! Lege dich wieder neben mich und wärme mich. Dann weiß ich, daß du da bist.«

Er folgte ihr. Schon nach wenigen Sekunden verrieten ihre gleichmäßig wehenden Atemzüge, daß sie noch einmal in tiefen Schlaf gesunken war.

7 Walther und Anke waren nicht mehr auf das Schiff zurückgekehrt. Wie ein Berserker hatte Walther die nächsten geeigneten Bäume – und an solchen war kein Mangel – angefallen, hatte sie entästet und entrindet, hatte Säge, Axt und Beil aus der Schiffsausrüstung gewaltig werken lassen – und schon am vierten Tag nach der Landung auf der freigeschlagenen Lichtung in einer Falte des Hügelhanges über dem Ufer ein kleines Blockhaus errichtet, wenn auch nicht mehr als eine armselige Blockhütte von kaum mehr als einem Dutzend Fuß in der Länge und Breite.

Am Abend des vierten Tages nach der Ankunft, also am 25. Juni 1749, hatten Walther und Anke den Arbeitstag schon beendet und saßen müde nach vielen Stunden angestrengter Mühe bei ihrem Feuer, müde – und glücklich, denn in der bevorstehenden Nacht würden sie zum ersten Mal nicht mehr im Zelt zu schlafen brauchen, sondern, wie Anke lächelnd sagte, ›die eigenen vier

Wände‹ um sich haben. Das Feuer flackerte im Freien ein wenig abseits vom Eingang zu der neuen Blockhütte.

Walther und Anke hatten die Frage erwogen, die ausgesprochen oder unausgesprochen alle bewegte, die mit der ›Sphinx‹ in Chebucto eingetroffen waren: Alle waren froh, daß sie ihr Ziel erreicht hatten, aber noch zögerten sie, die vertraut gewordenen Planken des Schiffes aufzugeben und sich an einem Ufer niederzulassen, an dem die Fluten hier und da menschliches Gebein ans Licht gewaschen hatten. Und so fragten sie sich: Wann werden die Transporter mit der Menge der Auswanderer endlich auftauchen? Haben sie die Reise ebenso wie wir ohne Verluste überstanden? Solange dies nicht beantwortet war, blieb alles, was hier getan wurde, nur vorläufig. – Das Gespräch nahm eine andere Wendung, als eines der beiden Pferde, die ganz in der Nähe noch einmal zu weiden begonnen hatten, die Fuchsstute nämlich, den Kopf aufwarf und leise durch die Nüstern schnaubte.

»Was hat Foxy?« fragte Anke.

»Ich muß mit den Pferden etwas unternehmen. Sie sind schon zu lange nicht mehr unter dem Sattel gegangen oder im Geschirr. Jonas kommt nicht zum Reiten. Wahrscheinlich war es überhaupt verkehrt, die Pferde mitgenommen zu haben. Dies ist kein Land zum Reiten.«

»Ohne Pferde wird es auch hier auf die Dauer nicht gehen, Walther. Aber es stimmt schon, was du sagst. Von Spazierreiten kann hier keine Rede sein. Und für schwere Arbeit sind diese Pferde zu leicht.«

Es war nicht das erste Mal, daß Anke in Worte faßte, was Walther nur empfand. Walther fuhr fort: »Wenn erst die vielen Leute von den Transportschiffen an Land gekommen sind, wird sowieso hier alles anders werden. Dann können die Pferde hier nicht bleiben, meine ich. Sieh – da kommen vier Männer den Strand entlang. Sie wollen sicherlich zu uns. Wenn ich mich nicht täusche, sind das Hestergart, Cornwallis, Basford und Gates.«

Sie waren es.

Walther erhob sich und ging ihnen entgegen, blieb dann in respektvoller Haltung am Wege stehen, um den Captain-General zu erwarten. Auch Anke war aufgestanden und hatte sich neben die Tür des Blockhauses zurückgezogen; vorläufig war es keine richtige Tür mit Angel und Schloß, sondern nur ein Stück alten Segeltuchs.

Cornwallis blieb vor Walther stehen. »Guten Abend, Walther. Hestergart hat mir erzählt, daß ihr schon ein Haus fertig habt, daß ihr Leute aus der Heide euch auf alle Werkzeuge gut versteht. Ich wollte mir das Haus ansehen. Du warst es doch, der in der Merliguesche-Bucht den Rauch über dem Ufer als Herdrauch erkannte?«

»Yes, Sir!«

»Das ist also deine Hütte, Walther? Die erste auf diesem Boden. Guten Abend, Anke!«

Anke trat einen Schritt vor, deutete einen Knicks an und sagte: »Willkommen, Sir!«

Cornwallis blickte überrascht. Er lachte: »Willkommen sagst du, Anke? Ja, natürlich, ich verstehe. Willkommen in eurer neuen Behausung, meinst du. Du bist die erste, die mich in diesem Lande willkommen heißt. Das freut mich!«

Anke lächelte und nickte leicht mit dem Kopf.

Cornwallis sah sich das Werk des jungen Paares genau an, ließ sich ausführlich erklären, wie Walther sich den Kamin vorstellte, wie er auf die Blasenhaut eines Hirsches hoffte, um das vorgesehene, aber noch nicht ausgeschnittene Fenster luftdicht zwar, aber lichtdurchlässig zu verschließen, wie er die Ritzen zwischen den aufrecht in die Erde gerammten Stämmen mit Moos oder Werg und darüber mit Lehm oder Teer abzudichten gedachte, wie er die Dachschindeln aus Birkenrinde dem Franzosen Maillet abgesehen hatte, wie er aber noch eine Zimmerdecke in den Raum einziehen wollte, damit die Wärme nicht in den Giebel stiege, sondern weiter unten beisammengehalten würde, auch daß er den moosigen Boden noch zwei Fuß tief ausheben und mit trockenem Sand vom Strande auffüllen wollte.

Cornwallis hatte genau zugehört. Zuletzt meinte er: »Aber die Tür, Walther! Dies Stück Leinwand mag jetzt noch genügen; im Winter wird es nicht zu gebrauchen sein.«

Walther erwiderte: »Den Rahmen habe ich schon fertig, Sir. Einen einfachen hölzernen Riegel kann ich auch schnitzen. Aber ich habe keine eisernen Angeln. Zwei, drei Streifen derben Leders würde für einige Zeit als Angeln genügen.«

»Wenn erst die Transporter kommen, dann kannst du eiserne Angeln haben, Walther. Unsere Ausrüstung ist sorgfältig zusammengestellt worden.«

Cornwallis verließ das Haus und winkte Hestergart heran. Walther blieb etwas im Hintergrund.

»Hestergart, es geht einfach nicht, daß ein vielfältig brauchbarer Mensch wie Ihr Walther Corssen sich lediglich um zwei Pferde zu kümmern hat. Ab morgen wird Bulkeleys Groom, Frank heißt er wohl, Ihre Pferde mit übernehmen, und Walther wird mir ständig zur Verfügung stehen. Ich setze Ihre Zustimmung voraus, Hestergart. Wie lange ist Walther noch im Soldateneid?«

»Bis Ende 1751, Sir!«

»Gut! Also Walther tritt ab sofort zu meinem Stab, sagen wir als Kurier, damit das Kind einen Namen hat. Hast du verstanden, Walther?«

»Yes, Sir!«

»Und Anke muß ebenfalls sinnvoll eingesetzt werden. Sie ist zu schade dafür, ›only wife of Walther‹ zu spielen.« Er blickte mit einem Lächeln zu Anke hinüber. Sie stand in der Tür, um sich nichts entgehen zu lassen. Auch sie mußte lächeln, als sie vernahm, daß der Captain-General ihre Worte wiederholte. Er hatte also die erste Begegnung mit ihr nicht vergessen.

Cornwallis fuhr fort: »Die Wäsche meiner Herren, auch meine eigene, Anke – ja, im Laufe der letzten Wochen ist das zu einem Problem geworden. Einige von uns, Bulkeley, Hestergart, Salisbury, ich selbst, haben einen Diener mitgenommen, der für unsere Leib-, Bett- und Tischwäsche sorgt. Andere haben keine persönliche Bedienung. Das führt zu unerfreulichen Rivalitäten. Die drei Weibspersonen an Bord haben viel zuwenig zu tun, hatten nicht einmal Gelegenheit, richtig für ihre Männer zu sorgen. Wir haben jetzt an Land keinen Mangel mehr an Süßwasser. Der Bach da unten führt sehr weiches Wasser. Ich will die ganze Wäscherei zusammenfassen und dafür sorgen, daß alle Herren, ich eingeschlossen, gleichmäßig versorgt werden. Dadurch werden Kräfte gespart und man braucht nicht mehr darüber nachzudenken, wie oft man es sich leisten kann, das Hemd zu wechseln. Die Leitung dieses ganzen Unternehmens möchte ich dir übertragen, Anke. Du bist fähig, sie zu übernehmen. Mit der genügenden Autorität werde ich dich ausstatten. Wir sind hier ganz auf uns selbst angewiesen. Jeder hat sich der Aufgabe zu widmen, für die ich ihn geeignet halte. Falls dir, von wem auch immer, Schwierigkeiten gemacht werden, wende dich direkt oder über deinen Mann oder Herrn von Hestergart an mich.«

Cornwallis blickte Anke fragend an, noch immer lächelnd. Anke zögerte aber so lange mit der Antwort, daß das Lächeln auf dem Gesicht Cornwallis' schon verging. Walther und Hestergart spürten seine Unruhe. Endlich erwiderte sie mit klarer Stimme: »Ich werde mein Bestes versuchen, Sir! Ich werde mir Mühe geben, Sie nicht zu enttäuschen, Sir!«

Ihr Englisch klang echt und war beinahe fehlerlos. Sie hatte viel gelernt in den vergangenen Wochen, hatte jeder englischen Unterhaltung angespannt zugehört. Nun waren die beiden einfachen Sätze plötzlich zur Hand gewesen. Sie wunderte sich nicht einmal darüber.

Cornwallis atmete auf nach dieser Antwort. Anke gefiel ihm, er wollte sich nicht in ihr getäuscht haben.

»Gehen wir also, meine Herren! Ich glaube, es gibt keine weiteren Fragen. Ich finde dich morgen früh bei der Anlegestelle des Beibootes, Walther. Versieh dich mit Proviant für den ganzen Tag.«

»Yes, Sir! Good night, Sir!« lautete Walthers Antwort.

Als die Besucher fortgegangen und in der langsam über das Wasser gleitenden Jolle wieder zu dem still vor Anker liegenden Schiff gegondelt waren, schwiegen die Eheleute, unter der Wand ihrer Hütte am Feuer sitzend, lange einander an. So war Cornwallis: Nach Zustimmung oder Ablehnung seiner Untergebenen fragte er nicht viel. Doch war bei einigem guten Willen die Vernunft seiner Anordnungen stets ohne weiteres einzusehen. Er nahm auch wenig Rücksicht auf den vermeintlichen Rang einer Person. Der Ernst, mit welchem er seinen in der Tat kaum zu bewältigenden Auftrag zu verwirklichen suchte, leuchtete ein, auch wenn er Wünsche oder Vorstellungen anderer mit einer knappen Handbewegung beiseite wischte.

Walther fand endlich ein paar Worte: »Vielleicht ist dies unser letzter Abend allein. Sehr viele von dieser Art sind uns bisher nicht erlaubt worden.«

Sie erörterten eine halbe Stunde lang, was alles erforderlich sein mochte, die Ober- und Unterwäsche von etwa dreißig Herren – und wahrscheinlich auch der wenigen dazugehörigen Damen – zu besorgen. Anke würde das meiste aus dem Stegreif einzurichten haben. Dann wandten sich die beiden der Frage zu, was Cornwallis wohl von Walther erwartete. Sicherlich hatte der Captain-General nicht an einen weiteren Diener gedacht, als er Walther in seine Nähe befahl.

Sie unterhielten sich noch, als etwas völlig Unerwartetes sie zusammenzucken ließ und alle ihre Sinne aufstörte:

Mit kurzem, knirschendem Geräusch war zwei Schritte zu ihrer Linken ein gefiederter Pfeil in den Sand gefahren, zitterte nach und stak still. Walther bückte sich, zog den Pfeil heraus und bemerkte sofort, daß er eine stumpfe, gerundete ›Spitze‹ hatte, ihn also nur ganz oberflächlich, wenn überhaupt, hätte verwunden können.

Unmittelbar danach sirrte aus dem Nichts, als zischte er aus dem Himmel herab, ein zweiter Pfeil neben Walther ins Gras und blieb aufrecht stecken. Walther riß ihn heraus. Auch hier das Gleiche: das Vorderende war stumpf.

Anke war neben ihm; sie hatte wahrgenommen, daß ein längliches Etwas neben Walther zu Boden gefallen war. Sie erschrak heftig, als sie die Pfeile in seiner Hand sah. Sie preßte die Hand auf die Brust; ihr Herz schlug wie ein Hammer.

»O Gott, was ist das, Walther?«

»Wüßte ich das, Anke, ich wäre froh.«

»Was sollen wir tun?«

»Wir können nicht viel tun. Meine einzige Waffe ist mein Beil.

Es wäre sinnlos zu versuchen, sich zu verstecken. Wir schüren das Feuer. In der Tür der Hütte kann ich uns vielleicht verteidigen.« Walther wies sie an: »Geh ins Haus und beobachte nach hinten. In der Mitte ist eine Ritze etwa in Augenhöhe. Ich schüre das Feuer.«

Trockenes Holz lag reichlich bereit. Das Feuer flammte hell auf, drei Schritte links abseits der Tür. Er wußte: Jeden Augenblick konnte ein neuer Pfeil... Aber er schichtete die Scheite so hoch, daß sie noch für zwanzig oder dreißig Minuten den Platz vor der Hütte hell erleuchten würden. Niemand hinderte ihn bei seiner hastigen Bemühung. Endlich war alles getan. Er griff nach seinem Zimmermannsbeil, sprang zu Anke in die Hütte und ließ die Bahn aus Segeltuch, die vorläufig als Tür diente, niederrollen. Zwischen Pfosten und Tuch blieb ein Spalt, durch den man ins Freie schauen konnte. Was würde geschehen? Denn daß etwas geschehen würde, schien beiden ganz selbstverständlich.

Walther verlor die Geduld. Er murmelte, mehr zu sich selbst, als zu Anke: »Wenn sie etwas von uns wollen, warum melden sie sich nicht?«

Anke flüsterte: »Vielleicht fürchten sie uns ebenso wie wir sie!«

›Sie‹ – Anke und Walther brauchten sich nicht darüber zu verständigen, daß dieses ›sie‹ die Indianer meinte. Indianer schienen sich wirklich so leise, unfaßbar, schwer begreiflich zu verhalten, wie es immer berichtet wurde.

Gleich darauf, völlig überraschend, erscholl der Liebesruf einer Waldtaube. Anke und Walther hatten ihn schon einigemal gehört und sich darüber gefreut. Der Ruf klang nur um eine Kadenz anders, als die wilde Taube in der Heimat gerufen hatte, friedlich und lockend auch hier. Aber was sollte dieser Ruf mitten in der Nacht? War eine schlafende Taube vom hellen Schein des Feuers geweckt worden und hatte sich den anbrechenden Morgen vortäuschen lassen? Das war wenig wahrscheinlich. Walther und Anke waren aufs äußerste gespannt. Sie starrten jetzt beide durch die schmalen Schlitze neben den Eingangspfosten.

Wieder der gleiche Ruf – und gleich darauf zum drittenmal. Ganz friedlich und sorglos beruhigend erscholl die Stimme des

Vogels aus der Dunkelheit herüber. Doch zu sehen war nichts. Ankes Herz wurde leichter. Nein, dies konnte nichts Böses bedeuten.

Der Ruf war von jener Seite des Vorplatzes her erklungen, die Anke am besten überblicken konnte.

Und dann sah sie ihn – oder irrte sie sich?

Sie flüsterte: »Walther, dort blickt jemand zu uns herüber!« Sofort war Walther an ihrer Seite. Unter den Bäumen des Waldes war eine Gestalt zu erkennen. Wieder der Taubenruf von dorther, friedlich, freundlich. In plötzlichem Entschluß schob Walther die Zeltleinwand beiseite und trat offen in den vollen Schein des Feuers vor die Hütte. Mit betonter Deutlichkeit warf er das Beil, das er bis dahin in der Faust gehalten hatte, vor sich auf den Boden.

Vom Walde her schritt eine hohe Gestalt in das Licht des Feuers: straff nach hinten gezerrtes schwarzes Haar, aus dem eine schwarzweiße Feder ragte. Eine weite Decke um die Schultern – oder war es ein Leder? – verhüllte den Mann mit dem hohen, schmalen Gesicht bis zu den Unterschenkeln. Ein nackter Arm löste sich aus der Umhüllung, eine hochgestreckte Hand gab das Zeichen des Friedens. Walther hob, wie unter einem Zwang, ebenfalls seine geöffnete Rechte: Friede, Fremdling!

Fünf Schritte vor Walther neben dem Feuer blieb der Indianer stehen. Er zeigte mit der Hand auf sich, berührte mit den Fingern seine Brust: »Moi – ami!« und nochmals: »Moi – ami!«

Sprach also Französisch und war ein Freund. Fuhr fort mit fragender Stimme, nun auf sein Gegenüber weisend: »Vous – ami?«

»Oui – ami!« erwiderte Walther. Der Fremde aus der Tiefe der Waldnacht führte nichts Böses im Sinn – und er, Walther, ganz gewiß ebenfalls nicht.

Der Indianer fuhr fort: »Où – femme?« Wo die Frau geblieben wäre, wollte er wissen.

Walther rief verhalten, ohne jedoch den nächtlichen Besucher aus den Augen zu lassen: »Anke, er fragt, ob du noch da bist. Zeig dich ruhig. Er sei ein Freund, sagt er.«

Anke überwand ihre Furcht. Sie trat aus der Tür und blieb neben dem Eingang der Blockhütte stehen. Sie glaubte zu erkennen, daß ein Hauch der Erleichterung über das kantige dunkle Gesicht des nächtlichen Besuchers huschte.

Ohne Übergang trat gleich darauf der Indianer aus seiner bisherigen feierlichen Zurückhaltung heraus, als hätte das Erscheinen Ankes eine Schranke beiseite geräumt. Seine Worte überstürzten sich, ein hartes, holperndes Französisch. Walther mußte sich große Mühe geben, dem erregten Gestammel einen Sinn zu entnehmen. Seltsamer... nein, eigentlich begreiflicherweise verstand er dies wortarme, ungeschickte, stockende Französisch besser – es ähnelte seinem eigenen –, als wenn der Mann ein reguläres Französisch gesprochen hätte. Der Indianer wiederholte sich unermüdlich, und schließlich gelang es Walther zu begreifen, was der nächtliche Besucher mitzuteilen hatte. Er stellte Gegenfragen, um sicherzugehen. Aus diesen aufgerissenen dunklen Augen sprachen Not und Sorge. Anke verstand kein Wort von dem, was die beiden Männer in steigender Erregung miteinander verhandelten, aber daß der Mann sich in Bedrängnis befand und etwas von ihnen wollte, das wurde ihr unmittelbar deutlich.

Endlich schienen die beiden Männer ins reine gekommen zu sein. Aus dem Antlitz des fremden Kriegers war die besorgte Spannung gewichen. Er nickte ein paarmal eifrig. Er war verstanden worden.

Walther wandte sich Anke zu. Reichlich ungeordnet versuchte er, wiederzugeben, was er soeben mühsam erfahren hatte: »Dieser Mann, Anke, stammt von den Leuten, deren alte Heimat an dieser Bucht gelegen ist. Weiter landein nach Westen gibt es eine Kette von Süßwasserseen; über die hinweg und dann auf Flüssen führt eine alte Straße für Boote bis hinüber an die Westseite dieser großen Halbinsel. Am ersten dieser Seen lag das Dorf des Mannes. Vor drei Jahren wurden die Leute des Dorfes von der schrecklichen Krankheit überfallen, welche französische Schiffe eingeschleppt hatten. Das Dorf starb fast ganz und gar leer. Der Rest der Leute flüchtete zu einem befreundeten Stamm weiter im Innern an die Ufer eines anderen sehr großen Sees. Der See heißt Ponhook, wenn ich den Namen richtig verstanden habe. Dieser Mann und seine Frau gehören zu den Überlebenden. Aber ihre beiden Kinder sind ihnen damals hier gestorben. Nun sind diese zwei Leute mit den Maillets bekannt, die ich an der Bucht von Merliguesche getroffen habe, die uns einluden, bei ihnen zu siedeln, die mit uns Freundschaft schlossen. Dieser Indianer ist von seinen Leuten ausgeschickt worden, um zu erkunden, ob der Stamm nicht wieder an seinen alten Platz zu den Gräbern seiner Vorfahren zurückkehren könnte. Auf dem Weg hierher hat er einen Abstecher zu den Maillets gemacht. Das war ihm aufgetragen worden, denn die Indianer tauschen anscheinend schon seit langem mit den Maillets Nachrichten aus, wohl auch Pelze gegen Wolltuch und Blei – aber das vermute ich nur. Die Maillets sind offenbar Zwischenträger oder halten die Verbindung zwischen den französischen Akadiern dieser Küste und den Micmac-Stämmen. Ihre Wohnung ist am weitesten in die Wildnis vorgeschoben. Maillet wird von ihnen besonders geachtet als ein Mann, der sie gern über die Sitten und Künste des weißen Mannes belehrt und ihnen stets behilflich ist.

Maillet hat ihm erzählt, was wir hier vorhaben. Einen zweiten Mann, der mit ihm unterwegs war, hat er sofort wieder zum Ponhook-See zurückgeschickt, um dem Häuptling zu melden, daß wir uns hier in ihrem alten Stammesgebiet niederlassen wollen. Er hat mir ziemlich deutlich zu erkennen gegeben, daß sein Stamm uns hier nicht dulden wird, daß aber seine Leute kaum die Kraft haben werden, es mit Gewalt durchzusetzen, denn die große Krankheit hat den Stamm auf ein paar Dutzend Leute zusammenschrumpfen lassen. Die Indianer werden versuchen, uns Schaden zu tun, wo sie nur können. Doch hat Maillet verlangt, daß wir, du und ich, ausgenommen bleiben. Wir wären Maillets gute Freunde und außerdem keine Engländer.«

Anke hatte sich kein Wort von Walthers Erklärungen entgehen lassen. Ihr heller Verstand hatte sofort die Zusammenhänge begriffen, zugleich aber auch die Lücke erkannt, die Walthers bisheriger Bericht trotz vieler Worte nicht geschlossen hatte. Die angstvoll zwischen ihr und Walther hin und her gleitenden Augen des nächtlichen Besuchers offenbarten ihr, daß sie die volle Wahrheit noch nicht erfahren hatte. »Das kann nicht alles sein, Walther! Warum ist er so aufgeregt? Er will doch etwas von uns?«

»Ja, das ist so. Er will etwas von uns, von dir ganz besonders. Es betrifft seine Frau. Sie hat nämlich ihren Mann auf dieser Kundschafter-Fahrt begleitet, hält sich auch jetzt gar nicht sehr weit von hier auf, hier am Hang, wo früher die Wohnstatt seiner Sippe gelegen hat. Sie ist schwanger, und er hofft, daß sie wieder einen Sohn gebärt, nachdem die Krankheit ihn kinderlos gemacht hat. Die Frau hat das Kind nicht im Gebiet eines fremden Stammes bekommen wollen. Sie hat darauf bestanden, daß es dort geboren wird, wo die Voreltern begraben liegen. Auch er selber glaubt daran, wie es bei ihnen überliefert ist, daß der Sohn, den er sich erhofft, ewig ein heimatloser Flüchtling bleiben wird, wenn er nicht im Bereich der heimatlichen Ahnen auf dem angestammten Boden der Sippe geboren wird. Die Frau hat den Marsch durch die Wälder gut überstanden. Sie ist stark und gesund, sagt er, und die Tochter eines großen Kriegers. Er will einen Sohn von ihr. Es ist, als ob sein Leben davon abhängt. Nun ist heute vormittag ein Unglück geschehen: Die Frau ist beim Wasserholen von einem angriffslustigen Elch erschreckt worden, ist davongelaufen und gestürzt. Dabei muß irgend etwas in ihrem Leib gerissen sein. Sie blutet und windet sich vor Schmerzen. In seiner Sorge und Ratlosigkeit ist ihm nichts anderes eingefallen, als sich mir als Freund eines Freundes, wie er sagt, zu erkennen zu geben und die Hilfe einer Frau für seine Frau zu erbitten, deine Hilfe, Anke!«

Anke hatte atemlos zugehört und war wie erstarrt. Es war zuviel, was da auf einmal zu begreifen gewesen war. Der erste klare Gedanke, der ihr durch den Kopf schoß, war dies: Eine Frau ist am Verbluten. Dieser halbnackte Mann weiß sich keinen Rat, sucht meine Hilfe.

Sie rief, auf einmal wie atemlos: »Wo ist die Frau? Es ist keine Zeit zu verlieren. Wir brauchen den Kessel und die Schüssel, damit wir warmes Wasser machen können, und Leinen und zwei warme Tücher. Und der Indianer soll einen kienigen Scheit entfachen, damit er uns leuchten kann. Und gleich an seinem Lagerplatz ein Feuer entzünden! Schnell! Ich rolle unsere Decken zusammen und mache mich fertig.«

Nach wenigen Minuten waren sie auf dem Marsch, der langsam

aufwärts durch den Wald führte. Der Indianer leuchtete mit der Kienfackel dicht vor Anke her, wenn der Boden schwierig wurde. Walther ging als letzter. Anke, vor ihm, wurde von Zeit zu Zeit vom rötlichen, wabernden Licht der Fackel wie von einem Saum feiner Strahlung umrissen, wenn der Indianer – wie hatte doch sein Name geklungen? Kokwee, richtig! – die Fackel tief zur Erde neigte, um Anke auf eine grobe Stelle des Weges aufmerksam zu machen. Anke drängte ständig voran. Sie war eine Frau. Die Not einer anderen Frau hatte sie gerufen. Sie hatte auf Böses gefaßt zu sein.

Schließlich öffnete sich eine Lichtung, ein kleiner, stiller See, fast nur ein Teich. Der Mond gab genügend Licht, um erkennen zu lassen, daß hier Menschen gewohnt hatten. Alte Feuerstellen zeigten sich. Am Rande der Lichtung erkannte man ein Obdach aus spitz zusammengestellten Stangen, mit Birkenrinde und Fichtenzweigen bedeckt. Der Indianer blieb so plötzlich stehen, als hätte ihn ein Stein vor die Stirn getroffen. Still! Sie lauschten. Auch Anke und Walther vernahmen es jetzt: ein dünnes Quäken wie von einem kleinen Tier des Waldes. Anke rief: »Da schreit ein Kind!« und hastete zu dem Obdach hinüber. Der Indianer überholte sie in langen Sätzen, leuchtete in das Birkenzelt hinein.

Dann war Anke neben ihm, und auch Walther vermochte durch die gespitzte Eingangsöffnung einen Blick ins Innere der dürftigen Behausung zu werfen.

Zwischen den weit gespreizten, blutigen Beinen einer Frau lag ein winziges Wesen, ein kleiner Mensch, ein Knabe. Seine Füßchen steckten noch im mütterlichen Leibe. Das Körperchen war mit Blut, dem Blut der Mutter, über und über bedeckt. Um die Mutter her zeigte sich der Boden feucht und schwarz. Das Leben der Mutter war fortgeströmt und hatte die Erde getränkt.

Aber das Kind lebte. Ein Knabe!
Die Mutter war tot.

Als der Indianer dies begriff, lehnte er den Kopf weit zurück und schickte einen langgedehnten, das Ohr beinahe spaltenden Schrei der Klage in die schweigende Nacht.

Walther hatte sich abgekehrt. Schwäche wollte ihn anwandeln.

So entsetzlich viel Blut. Dieser grausige Schrei! Die große Leere der fremden Nacht...
Dann vernahm er die Stimme seiner Frau. Anke rief: »Ich muß das Kind baden. Mache Feuer und stelle den Kessel mit Wasser auf! Es darf nicht sterben!«

8 Sie waren beide noch nicht zur Ruhe gekommen, als der Morgen graute. Aber sie hatten die harte Probe, die ihnen auferlegt worden war, bestanden. Eine dumpfe Zufriedenheit erfüllte sie beide. Sie hatten Schritt für Schritt das jeweils Nächstliegende getan. Zum Nachdenken waren sie noch nicht gekommen.

Anke hatte das Kind gewaschen, in ein Leinentuch und dann in ihren Schal gehüllt. Währenddessen hatten Kokwee und Walther ein flaches Grab ausgewühlt, hatten die tote Mutter darein gebettet, mit Erde und abgehobenem Moos bedeckt, und dann große Steine über die Stätte getürmt, damit die Tiere des Waldes den Leichnam nicht wieder aus dem Boden zerrten und seine Ruhe störten. Das hatte bis weit nach Mitternacht gedauert. Als das traurige und auch mühevolle Werk beendet war, hatte der Indianer noch einmal die Totenklage seines Volkes angestimmt, ein gellendes, bis ins Mark dringendes Geheul der Qual.

Anke zog das Bündelchen in ihren Armen, auf denen sie das Kind in den Schlaf gewiegt hatte, fester an sich. Dabei erwachte das Kind und schlug ihr, zum erstenmal so unmittelbar, die Augen auf, zwei seltsam große, dunkle Sterne, leer noch und ohne einen erkennbaren Ausdruck, aber doch stille Signale eines kleinen Lebens, das erhalten werden wollte. Anke hob das Bündelchen an die Lippen und hauchte einen Kuß auf den Flaum schwarzen Haares, der das winzige, noch ein wenig faltige Köpfchen krönte. »Ich bin deine Mutter«, flüsterte Anke. »Ich lasse dich nicht im Stich, mein Kleines!«

Eine nie gekannte, überwältigende Zärtlichkeit schlug über ihr zusammen. Gleich darauf aber fuhr ihr die Sorge ins Herz: Wie nähre ich dich, Kind? Was soll ich dir zu trinken geben? Ich muß es gleich versuchen. Du wirst bald Hunger haben. Haferschleim ist alles, was ich dir geben kann, ein Krümchen Salz dazu. Aber süßen kann ich's dir nicht. Wo soll ich Honig hernehmen? Ob ich dich so am Leben erhalte?

Der Schein des Feuers, das Walther entfacht hatte, damit das Wasser warm wurde, verriet Anke, daß das Indianer-Knäblein wieder eingeschlafen war. Sie bettete das Bündel ins Moos und machte sich daran, die Dinge einzusammeln, die sie und Walther mitgebracht hatten. Bald würde der Kleine Hunger bekommen. Sie mußte die eigene Hütte und ihre geringen Vorräte erreichen, ehe sie dem Kind ein Süppchen bereiten konnte.

Als Walther und der Indianer endlich auftauchten, wartete Anke schon ungeduldig auf den Rückmarsch. Der Indianer hatte sich in seinen Umhang gehüllt. Sein dunkles, hageres Antlitz verriet keine Bewegung mehr. Anke nahm das schlafende Kind vorsichtig, um es nicht zu wecken, vom Boden auf und hielt es dem Indianer entgegen:

»Dein Sohn, Kokwee!« sagte sie. All der Trost, den eine Frau gewähren kann, war in ihrer Stimme.

»Ton fils, Kokwee!« übersetzte Walther.

»Mon fils, il mourit, comme sa mère.«

»Mein Sohn – er wird sterben – wie seine Mutter«, übersetzte Walther.

»Nein!« beharrte Anke und drückte das Bündel an sich. »Nein! Ich werde Mittel und Wege finden, ihn durchzubringen. Du mußt ihn mir überlassen, vorläufig. Vielleicht gelingt es mir. Vielleicht erhalte ich ihn für dich, Kokwee. Du mußt mir nur vertrauen. Und wenn du kannst, beschaffe mir Honig. Mit Honig bringe ich ihn über den Anfang hinweg. Und dann muß man weitersehen.«

Walther gab sich Mühe, zu verdolmetschen, was Anke gesagt hatte. Der hochgewachsene Mann begriff schließlich, daß nicht alles verloren war, daß von ihm zunächst nichts weiter gefordert war, als Honig zu beschaffen.

Er leuchtete sorgfältig vor den beiden her, als sich Walther und Anke, die das Kind nicht aus ihren Armen ließ, durch das tiefe Dunkel des Waldes wieder zum Ufer der Chebucto-Bucht zurücktasteten. Anke durfte nicht stolpern, und sie stolperte nicht.

Sie erreichten ihr kleines Blockhaus am Rande des Wassers ohne Zwischenfall. Der Indianer benutzte die Fackel, mit welcher er Ankes Weg erhellt hatte, um das Feuer vor der Hütte erneut zu entzünden. Anke kramte das Hafermehl hervor, mischte es mit Wasser und hing den kleinen Kessel über das Feuer, um das Ganze aufwallen zu lassen. Aber wie sollte sie die Suppe dem Kinde einflößen? Sie riß ein Klümpchen frischen Mooses von der Wetterseite eines großen Uferfelsens, umwand es mit dem Zipfel eines Leinentuchs, so daß eine kleine weiche Kugel entstand. Die würde sie in die Hafersuppe tauchen und dann dem Kinde an die Lippen drücken, damit es die Suppe absaugte. Es würde Geduld erfordern, aber vielleicht ließ sich so dem Kinde fürs erste Nahrung zuführen.

Walther hatte sich darauf besonnen, daß er in wenigen Stunden Hestergart und Cornwallis würde melden müssen, was sich in dieser Nacht ereignet hatte. Also versuchte er noch zu guter Letzt, aus dem Indianer herauszuhören, was er oder seine Leute vorhätten, ob sie sich mit der Ansiedlung der Weißen abfinden würden oder nicht, was überhaupt genau der Auftrag gewesen sei, der Kokwee hierher in das von der großen Seuche leergefegte alte Gebiet des Stammes geführt hatte. Aber Walther erhielt nur ausweichende Antworten. Auch gab der Indianer vor, nicht zu verstehen, was Walther allzu eindringlich zu erfahren suchte. Was Kokwee zu sagen hatte, war immer nur dies:

Ihr seid meine Freunde.

Erhaltet mir meinen Sohn.

Ich werde Honig beschaffen.

Ich werde niemals sehr weit sein.

Ich werde von Zeit zu Zeit mich bemerkbar machen.

Das holprige französische Gespräch hatte sich länger hingezogen, als wohl erforderlich gewesen wäre. Aber beide Männer vermochten den Blick nicht von Anke abzuwenden, die selbstvergessen auf dem Baumstumpf am Feuer saß, mit dem Kind im Schoß und mit unendlicher Geduld den gerundeten Leinenzipfel in die laue Hafersuppe tauchte und dem Kleinen an die Lippen legte.

Gierig saugte es seine erste Nahrung ein und quäkte ungeduldig, wenn es einen Augenblick lang auf das nächste Schlückchen warten mußte. Anke schien die Welt vergessen zu haben. Nur diesen winzigen Funken von Leben gab es, den die Mondnacht ihr anvertraut hatte.

Es war nichts mehr zu besprechen.

Der Indianer hob die Hand zu einem wortlosen Gruß, wandte sich ab und war nach wenigen Augenblicken im Walde verschwunden. Walther spürte plötzlich eine schwere, bleierne Müdigkeit. Im Osten schwebte schon das allererste Grau des Morgens über dem stillen Wasserspiegel der Bucht.

Er sagte: »Komm, Anke, vielleicht finden wir noch eine oder zwei Stunden Schlaf, bevor der neue Tag da ist.«

Cornwallis schien bester Laune zu sein, als er das Ufer betrat. Auch seine Begleiter an diesem Morgen, Bulkeley, Hestergart und Basford, fanden offenbar die helle Morgensonne höchst erfreulich. Walther Corssen hatte die Herren, wie der Kommandeur am Tag zuvor befohlen hatte, an der Landestelle der Boote erwartet.

Mit ungewohnter Leutseligkeit wandte sich Cornwallis an Walther, der militärisch respektvoll Haltung angenommen hatte: »Da bist du, Walther! Gut! Es wird auch dich freuen zu hören, daß die Transporter vollzählig heute nacht vor der Küste angekommen sind. Wir können sie vom Schiff aus schon sehen. Wir müssen uns jetzt also entscheiden, wo unsere neue Stadt angelegt werden soll. Hast du dir vielleicht ein Urteil gebildet? Wenn ja, dann lasse es hören, Walther.«

Walther zögerte nicht, seine Meinung zu sagen: »Man braucht nicht lange zu suchen, Sir. Dies hier ist ein günstiger Ort. Das Wasser ist tief und vollkommen abgeschirmt gegen die hohe See. Auf dem steilen Hügel hinter uns wären ein Ausguck und eine Befestigung sicherlich am Platze. Die Siedlung müßte also zwischen dem Hügel und der Bucht entstehen. Der Bach gibt reichlich süßes Wasser, und gutes Holz zum Häuserbau ist im Überfluß vorhanden.«

Cornwallis wandte sich lachend an Hestergart: »Sehen Sie, Hestergart, Sie wollten Ihren Burschen nicht hergeben. Ich brauche ihn für wichtigere Dinge. Er ist genauso schlau wie wir. Wir haben uns jetzt fast eine Woche gemüht und sind zu keinem anderen Ergebnis gekommen als er. Was ich nur nicht verstehe, ist dies: Allen früheren Berichten ist zu entnehmen, daß es hier nicht wenige Indianer gegeben hat. Viele werden an der Seuche gestorben sein. Wo aber sind die anderen geblieben, die von der Seuche verschont wurden?«

Das war das Stichwort für Walther: »Sir, darf ich eine Meldung machen?«

»Wenn es wichtig ist, heraus damit!«

»Die Indianer haben uns ständig beobachtet, ohne daß wir etwas merkten. Mit einem von ihnen haben wir heute nacht Bekanntschaft geschlossen. Ich glaube nicht, daß wir auf die Dauer unbelästigt bleiben werden. Meine Frau hat ein neugeborenes indianisches Kind in Pflege genommen. Sie fürchtet aber, es nicht am Leben erhalten zu können, weil sie es nicht ernähren kann.«

Cornwallis war einen Schritt näher herangetreten. Die anderen umringten Walther. Cornwallis rief: »Was erzählst du da, Walther? Erkläre dich genauer!«

Walther berichtete und schloß mit den Worten: »Wir wissen nicht, ob wir das Kind behalten dürfen, Sir. Das hängt von Ihrer Entscheidung ab, Sir!«

Cornwallis starrte eine Weile vor sich zu Boden. Dann richtete er sich auf: »Die ›Wilmington‹ draußen bei den Transportern hat zwei Kühe an Bord. Wenn die Tiere die Reise überstanden haben, kann Anke Milch anfordern für das Kind. Ich glaube auch, daß einige Frauen mit Säuglingen auf den Transportern zu finden sind. Vielleicht hat eine von ihnen Muttermilch genug, den kleinen Indianer mitzuernähren. Walther, du scheinst Geschick dazu zu haben, dich mit den Leuten dieses Landes zu verständigen. Ich muß sobald wie möglich mit den maßgebenden Eingeborenen zusammentreffen. Inzwischen sind wir vielleicht bedroht. Ich brauche die Truppe aus Annapolis. Deshalb, Basford, lassen Sie sich zum Schiff zurückrudern und segeln Sie mit der Jolle vor die Einfahrt der Bucht. Viel Wind ist heute nicht zu erwarten; es wird möglich sein. Gehen Sie auf See dann an Bord der ›Wilmington‹. Das große Schiff hat eine seegängige Schaluppe an Bord, die sofort zu Wasser gebracht und bemannt werden soll. Damit segeln Sie um Kap Sable nach Annapolis, holen den dortigen Kommandanten Mascarene, Captain How vom Philipps' Regiment und Captain John Gorham von den ›Rangers‹ aus den Betten und schaffen die drei mit ihren wichtigsten Stabsoffizieren schleunigst hierher. Ein Drittel des Philipps' Regiments und die Rangers sind sofort hierher über Land in Marsch zu setzen. Alles verstanden, Basford? Wiederholen Sie!« Basford wiederholte korrekt und schnell. Dann wieder Cornwallis: »Bulkeley, schreiben Sie einen kurzen entsprechenden Befehl aus, den ich Basford mitgeben kann. Gleich hier. Wir haben keine Zeit zu verlieren.«

Der Tag ging hin – schön und strahlend wie seine Vorgänger. In Körben war die Wäsche vom Schiff geschafft worden, und die Frauen hatten sich an die Arbeit gemacht. Die Männer hatten den Arbeitsplatz am Bach nach Ankes Anweisungen hergerichtet. Anke hatte darauf geachtet, daß der Ort, wo die Frauen am Wasser zu knien hätten, um die Wäsche auf einer flachen Gesteinsbank zu schlagen und zu kneten, nicht allzu weit von der Hütte entfernt war, in welcher der Säugling die Zeit des Tages verschlief. Das Kind nahm den Haferschleim gierig an, schien auch davon gesättigt zu werden, aber Anke war überzeugt, daß ohne die Beimischung von Honig diese Speise auf die Dauer nicht kräftig genug sein würde, das bisher zufrieden glimmende Leben des Kindes zu erhalten.

Am späten Nachmittag hing die Wäsche, die über Tag gewaschen worden war, an langer Leine von den Pfählen und flatterte lustig im warmen Wind. Die Männer hatten die Wäschepfähle im Walde schlagen müssen. Sie kehrten bei sinkender Sonne nach vollbrachtem Werk wieder auf das Schiff zurück – nicht ohne daß eine der Frauen der am Ufer zurückbleibenden Anke anvertraute: »Ich würde ja nicht gern so allein zwischen Wald und Wasser hokken müssen. Womöglich kommt ein Wilder und will das Kind wiederhaben.«

Anke hatte müde dazu gelächelt. Sie fütterte noch einmal das Kind und legte sich nieder: Ich will mich nur ein bißchen ausruhen, bis Walther wieder da ist. Im nächsten Augenblick war sie fest eingeschlafen.

Es wollte Walther kaum gelingen, seine Frau zu wecken, als er bei anbrechender Dunkelheit endlich heimkehrte. Die in der abendlichen Windstille reglos an langen Leinen aufgereihte Wäsche hatte ihn schon von weitem wie helle Signale einer friedlichen und vertrauten Welt gegrüßt. Anke hat es geschafft, Gott sei Dank! war ihm durch den Kopf geschossen.

Walther Corssen hatte dem Captain-General den Ort zeigen müssen, wo das Dorf des Indianers Kokwee, nun leer und verlassen, zu finden war. Die Männer waren für eine Minute lang nachdenklich geworden, als ihnen Walther das Grab der Indianerin mit den frisch darüber gehäuften Steinen zeigte. Von Hestergart zeigte sich besonders betroffen. Er verstieg sich, während sich die Männer schon wieder abwandten, zu der Bemerkung: »Verlassene Dörfer, gestorbene Indianer – wir scheinen diesem Lande nicht besonders gut zu bekommen – hoffentlich bekommt es uns.«

Walther war angewiesen worden, die Führung der Eskorte der drei Herren zu übernehmen, der drei bewaffneten Seeleute also, die mit dem Beiboot vom Schiff herübergekommen waren. Walther verstand: Cornwallis wollte probieren, ob er, Walther, der ehemalige englische Soldat, zu einem solchen Kommando fähig wäre. Die durch den Wald hügelan ziehende Gruppe des Captain-Generals und seiner beiden Stabsoffiziere Bulkeley und von Hestergart gegen Überraschungen abzusichern, das war kein großes Kunststück. Zwei Männer rechts und links in mehr als Pfeilschußweite voraus, einer davon er selber, die beiden anderen an den Flügeln genügend abseits. So konnte nicht viel passieren. Und es passierte nichts.

Cornwallis fand keinen Anlaß, den Burschen aus der Lüneburger Heide zu tadeln. Er stand nicht an, seinen Adjutanten Bulkeley und von Hestergart gegen Abend zu bekennen: »Der Kerl hat Schick zum Soldaten, kein Zweifel!«

Walther hatte geschlafen wie ein Toter. Aber jetzt war er hellwach. Anke? Ja, ihre Atemzüge wehten sachte und gleichmäßig. Sie schlief noch tief. Vom Schlafplatz des Kindes her kein Laut. Walther erhob sich vorsichtig, schlüpfte in die Hose, band den Gürtel fest, trat barfuß vor die Hütte. Er hatte, ohne sich dessen bewußt zu werden, wie unter einem Befehl gehandelt. Doch als ein Lockruf der Waldtaube vom Waldrande aufklang, begriff er, daß ihn ein solcher Ruf geweckt hatte.

Kokwee tauchte aus dem Schatten.

»Kokwee grüßt dich und die Frau! Hier ist Honig für das Kind. Und Beeren! Gebt ihm den Saft davon. Dann bleibt mein Sohn gesund. Euer Häuptling hat unseren Dorfplatz gesehen, und er hat ihm gefallen. Ich muß es berichten bei meinen Leuten. Dort liegen unsere Ahnen begraben. Du bleibe dort fort! Wohne dort nicht. Du wirst mich einige Tage nicht sehen. Ihr bleibt unsere Freunde. Ihr habt nichts zu fürchten. Lebe wohl!«

Kokwee wartete nicht auf Antwort. Lautlos und eilig wanderte er ins Dunkel fort.

In dem Gefäß, das der Indianer zurückgelassen hatte, fand Walther eine Anzahl von gelblichen Waben, gefüllt mit Wildhonig. Ein zu einer Tüte gedrehtes Blatt enthielt zwei, drei Handvoll schwarzroter Beeren, etwas kleiner als reife Kirschen.

Plötzlich war Anke neben Walther.

»Es wird wieder Zeit, das Kind zu füttern. Kokwee war hier. Ich habe mich nicht verhört.«

»Ja. Ein Mensch aus diesem Lande, Anke. Er vertraut uns, dir vor allem! Wir sind nicht mehr ganz fremd hier.«

9   Alle Transporter, dreizehn an der Zahl, hatten sich der gemächlich um ihren Anker schwoienden ›Sphinx‹ hinzugesellt. Cornwallis hatte sein Hauptquartier auf die wesentlich größere ›Beaufort‹ verlegt, ohne indessen auf die ›Sphinx‹ ganz zu verzichten; sie stand ihm für seine persönlichen Bedürfnisse weiter zur Verfügung.

Die Transport-Schiffe hatten auf der langen Reise über den Atlantik keinen Seemann, keinen Passagier durch Unfall oder Krankheit verloren.

Das große Unternehmen, an der atlantischen Küste der Halbinsel Nova Scotia oder Acadia – wenn man sich der französischen Bezeichnung bedienen wollte – eine wehrhafte Siedlung aus dem Boden zu stampfen, war mit Sorgfalt vorbereitet worden.

So war Cornwallis eine reichhaltige Ausrüstung gewährt und verladen worden. Vor allem war für Pulver und Blei, Musketen, Pistolen, leichtes und schweres Geschütz gesorgt, aber auch für ein Feld-Hospital, für Instrumente und Arzneimittel. Auch einige Ärzte wurden angeworben; selbst an einen Apotheker und an eine Hebamme hatte man gedacht. In beträchtlichen Mengen wurden Ziegel und Saatgut, Fischereibedarf und Feuerlöschgeräte, Stiefel und Wolldecken, Werkzeuge für alle Handwerke, Nägel, Tauwerk, Türangeln, Stabeisen und noch vielerlei mehr in die Laderäume der Schiffe gepackt, dazu gewaltige Mengen an Pökelfleisch, Speck, Schinken und lang haltbarem, steinhartem Schiffsbrot. Sogar eine Kiste voll französischer Bibeln hatte man an Bord genommen – vielleicht ließen sich die Akadier, könnte man sie bewegen, eifrig die Heilige Schrift in ihrer Sprache zu studieren, vom papistischen Glauben abbringen. Schließlich hatten die Schiffsausrüster auch an die Indianer gedacht, hatten viel bunten Trödel für sie mitgegeben, auch eine Anzahl von Beilen, Messern und Scheren, die, wie es hieß, bei den Rothäuten besonders hoch im Kurse standen.

All dies war dem Captain-General Edward Cornwallis anvertraut worden. Doch gerade das Allerwichtigste, dessen der große Auszug nach Neu-Schottland dringlicher noch als des täglichen

Brots bedurfte, war dem blinden Zufall überlassen worden, auf dessen Gunst man keinesfalls hätte vertrauen dürfen. Denn das Wichtigste an dem ganzen Unternehmen waren zweifellos die Menschen. Es wandert ohnehin niemand aus, der mit seiner Heimat und seinem Dasein einverstanden ist. Gemeinhin wandert einer aus, wenn ihm nichts weiter mehr übrigbleibt, als in einem neuen Land ein neues Leben zu beginnen.

England hatte deshalb schon mehrmals zur Besiedelung seiner Kolonien, die ihm bald der Zufall, bald die Gewalt in die Hände gespielt hatten, den Abschaum der Londoner Vorstädte herangezogen. Wer schwach, dumm und faul war, ging an den entlegenen Küsten schnell zugrunde. Wer aber die fürchterlichen Entbehrungen des Anfangs überstand, der wußte sich bald jene fremden Länder untertan zu machen – mit eben der Härte und Rücksichtslosigkeit, der man einst selber schutzlos ausgeliefert war.

Die amerikanischen Kolonien erfreuten sich damals in England keines allzu guten Rufes. Die strengen Winter, die ständige Gefahr, die von den Indianern drohte, der nie abreißende Kleinkrieg mit den Franzosen in den unermeßlichen Wäldern des Hinterlandes, auch die gnadenlose Härte, mit der, oft genug, arme Einwanderer aus dem Mutterland über viele Jahre, manchmal noch bis ins zweite Glied, von den reichen Pflanzern in den südlichen, oder von den reicheren Gewerbeherren in den nördlichen Kolonien ausgebeutet wurden – dies alles hatte dem kleinen Mann und braven Bürger die Wanderung nach Amerika als ein zumeist übel ausgehendes Abenteuer erscheinen lassen.

Schon wenige Tage, nachdem die Transportschiffe das bunte Volk aus Londons Hinterhöfen am Strand von Chebucto an Land gesetzt hatte, erließ Cornwallis den Befehl, ein jeder, Frau, Mann und Kind, habe mit anzupacken, damit in den drei, vier Monaten, in denen noch mit freundlichem Wetter gerechnet werden konnte, Wälder gerodet, Häuser errichtet, Straßen gebahnt, Felder abgesteckt und geebnet, Feuerholz für den Winter geschlagen und ein paar erste grobe Möbel gezimmert wurden. Von heute auf morgen schieden sich da die Geister.

Drei Wochen schon nach der Ankunft der Auswanderer schrieb Cornwallis an das ›Amt für Handel und Siedlung‹ – und man hört seine Enttäuschung und Verzweiflung heraus:

»Ich bitte, Euren Lordschaften mitteilen zu dürfen, daß unter den Leuten, die ich mitbekommen habe, die Zahl der fleißigen, tatkräftigen Männer, die geeignet wären, eine neue Siedlung aufzubauen, sehr klein ist. An ehemaligen Soldaten, mit denen man etwas anfangen könnte, habe ich nur etwa einhundert, an Handwerkern, ehemaligen Seeleuten und anderen, die willens und fähig wären zu arbeiten, nur etwa zweihundert.«

In der Tat: alles in allem ließ sich kaum eine Auswahl von Menschen denken, die weniger geeignet gewesen wäre, ein so urwildes Land wie Nova Scotia bewohnbar zu machen, als diese Ärmsten aus Londons Elendsvierteln, die nichts gelernt hatten und nie in ihrem trüben Dasein an regelmäßige, gewinnbringende Arbeit gewöhnt worden waren. Sie träumten nur davon, ein Jahr lang frei Essen und Trinken zu haben, in der Sonne zu dösen und soviel Taschengeld zu bekommen, daß man sich seinen geliebten Gin oder Rum leisten konnte – und für alles übrige den Vater im Himmel, beziehungsweise Seine Exzellenz, den Herrn Gouverneur Cornwallis, sorgen zu lassen. Aber Cornwallis konnte nicht zaubern.

Jedoch auch die wenigen, die ernsthaft willens waren, sich ein Bauerngütchen oder auch einen herrschaftlichen Besitz in der Wildnis zu erobern, sahen sich enttäuscht. Die Gebiete an der atlantischen Seite der Halbinsel Neu-Schottland waren keineswegs Paradiese der Üppigkeit und Fruchtbarkeit.

Cornwallis hatte keine andere Wahl, als die arbeitsunwillige Menge der Siedler in Gruppen einzuteilen, jede Gruppe ihren Vormann wählen zu lassen, oder einen Soldaten als Aufseher zu bestellen, und jeder Gruppe ihre Arbeit zuzuweisen.

Die Siedler erhielten das ihnen versprochene Land zugewiesen: eine Anzahl Morgen draußen am Hang, im Wald, – eine Wildnis voll blutgieriger Insekten und vielleicht auch blutgieriger Indianer, eine Ödnis aus himmelhohen Bäumen, undurchsichtigem Unterholz, dicht besät mit Felsbrocken in allen Größen.

»Nichts weiter als wertloses Unland!« hatte Walther Corssen

festgestellt, als er nach langem Suchen am abschüssigen Hang endlich das Waldstück gefunden hatte, das ihm zugesprochen worden war. Er machte sich kaum noch Illusionen. Er war Bauer genug und hatte genug gesehen, nicht nur hier an der Bucht von Chebucto, sondern in seinem ganzen bisherigen Leben, das ihn rücksichtslos angepackt hatte, um zu wissen: Es stimmt meist nur die Hälfte von dem, was die Oberen versprechen, und manchmal nicht einmal ein Zehntel davon. Und wenn man sich darauf verläßt, dann sitzt man als Dummkopf in der Patsche. Am besten ist, man verläßt sich darauf, daß man sich nur auf sich selber verlassen kann.

Anke und Walther beschlossen, an dieses Stück Land, das ihnen zugewiesen worden war, überhaupt nicht mehr zu denken. Die Hütte im Stadtbereich – der Bach, unweit dessen sie sich niedergelassen hatten, verlief mitten durch die geplante Stadt –, diese Hütte machte den beiden niemand streitig, sie war gleichsam das erste Haus von Halifax. Um sie herum hatten Charles Morris und John Bruce, die aus London angereisten Landmesser, zweimal sechs sich rechtwinklig kreuzende Straßen angelegt.

Wie der Teufel hinter der armen Seele her, hatten Cornwallis und seine Offiziere ständig darauf zu drängen, daß die vermaledeiten Cockneys aus London die ihnen zugeteilten Arbeiten auch tatsächlich verrichteten, Bäume fällten, Stämme zurechtschlugen für den Hüttenbau, Birken entrindeten, Schindeln spalteten, Hausplätze ebneten, Straßen planierten, Ausrüstung und Vorräte unter Dach brachten. Und daß sie sich möglichst nur jeden zweiten Tag sinnlos betranken...

Befestigte Blockhäuser waren in weiterem Abstand so vorzuschieben, daß ihre Behausungen jeden Angriff auf die werdende Stadt, bevor er sie noch in ihrem Kern erreichte, aufhalten, melden und abwehren konnten.

Die nach und nach eintreffenden Regimenter trugen wenig dazu bei, die Verhältnisse in Halifax zu verbessern. Ein Schwarm von Rum-Verkäufern, Trödlern und Dirnen folgte ihnen und machte sich an der zerstampften Straße, die am Strand entlangführte, lärmend und unverschämt breit. Schlägereien um die

Mädchen waren an der Tagesordnung. Cornwallis vermochte sie kaum einzudämmen, obgleich er nicht zögerte, drakonische Strafen zu verhängen.

Der ganze abstoßende Betrieb war dazu angetan, Anke den Platz, an dem sie arbeiten mußte und auch ihre Blockhütte, in welcher das Indianerkind die längste Zeit der Tage und Nächte friedlich verschlief, zu verleiden. Ohnedies hatte Anke dem Jonas von Hestergart bei der wöchentlichen Kontrolle der Wäscherei schon nachdrücklich klargemacht: »Seit hier Hunderte von Leuten die Gegend unsicher machen und der Bach den größten Teil des Drecks aufzunehmen hat, den dieses Volk von den Schiffen loswerden will, können wir hier kaum noch waschen, Euer Gnaden. Das Wasser ist zu schmutzig geworden. Ich bitte Euer Gnaden, dies dem Herrn Gouverneur vorzustellen. Warum können wir den Waschplatz nicht nach oben in den Wald verlegen, dorthin, wo das neue Blockhaus entsteht, also weit vor der Stadt? Da trauen sich die Leute nicht hin, Euer Gnaden. Es ist mir nur recht, daß sie sich vor den Indianern fürchten. Und ich und meine Frauen – wir haben wieder klares Wasser.«

»Du hast recht, Anke. Ich sehe es: Im Bach schwimmt allerhand vorbei, was nicht hineingehört. Und was man nicht sieht, ist wahrscheinlich noch schlimmer. Ich werde dafür sorgen, daß die Wäscherei aus dem Trubel hier nach oben an den Berg verlegt wird. Wir haben jetzt genug Leute, die beim Tragen helfen können. Ich werde mit dem Gouverneur darüber sprechen. Er wird bestimmt nichts einzuwenden haben. Er weiß, daß du nichts Unvernünftiges verlangst. Aber dann müßt ihr eure Wohnung ebenfalls verlegen. Ob Walther dazu Zeit haben wird. Wo ist er?«

»Ich habe ihn zwei Tage lang nicht gesehen, Euer Gnaden. Der Gouverneur hat ihn Captain Gorham und seinen Rangers überstellt. Die sind irgendwo weit im Westen unterwegs, um eine Schutzlinie abzustecken, auf der anderen Seite des Berges. Ich weiß nicht wo. Aber vielleicht kommt er bald wieder.«

»Ich werde auch mit Gorham sprechen, Anke, daß er Walther für zwei, drei Tage freigibt. Fürchtest du dich nicht, allein hier mit dem Kind, in eurem kleinen Haus, das nicht zu verschließen ist? Es ist zum Teil sehr übles Gesindel, was da aus den Schiffen an Land gesetzt wurde.«

»Mit denen werde ich schon fertig, Euer Gnaden. Es sind ja noch die ehemaligen Leibdiener da, die der Gouverneur mir beigegeben hat.«

Sie blickte starr vor sich in den Sand, als wollte sie noch etwas sagen. Hestergart fragte vorsichtig: »Mit dem Pack wirst du fertig. Das glaube ich wohl. Gesindel wird nur gefährlich, wenn man Angst hat und sie merken läßt. Und sonst?«

Anke gab sich einen Stoß. Hestergart nahm es deutlich wahr. »Basford belästigt mich, Euer Gnaden. Vor ihm bin ich nicht sicher. Tag und Nacht nicht. Vor ihm können mich meine Leute nicht schützen, denn er ist Offizier. Ich fürchte mich, Euer Gnaden. Bis jetzt hat das Kind ihn abgehalten. Aber wie lange noch?«

Hestergart begriff den Zusammenhang nicht. »Das Kind, Anke? Was nützt dir da das Kind?«

Sie lächelte bitter. »Ach, wenn er kommt, mache ich mir mit dem Kind zu schaffen, füttere es, wasche es, lege es trocken, kehre dem Basford das schmutzige Moos vor die Füße. Dann wird er wütend, ekelt sich und geht weg. Und jedesmal fängt das Kind an zu schreien, wenn er da ist. Es schreit jetzt schon ganz tüchtig. Es merkt meine Unruhe und schreit wie am Spieß. Das kann er nicht aushalten.«

Jetzt blickten sie sich in die Augen, verstanden sich, lachten sich an. Lachend fragte er weiter: »Stimmt, Anke! Du lernst anscheinend schnell. Für Männer, die auf handgreifliche Poussaden aus sind, bilden Säuglinge die zuverlässigste Ernüchterung. Dem Kind geht es also gut?«

»Ja, der kleine Kerl gedeiht. Macht mir viel Mühe nebenbei. Ich glaube, er kann sogar schon lachen. Aber so klein, wie er ist, hat er mich schon in Verruf gebracht.«

»In Verruf gebracht? Wie kann das sein?«

»Irgendwer hat das Gerücht in die Welt gesetzt, das Kind sei gar kein fremdes Kind, sondern ich hätte es geboren, wäre seine leibliche Mutter. Das wird hin und her getuschelt. Manchmal bleiben die Leute stehen, wenn sie an unserem Wäscheplatz vorbeikommen, machen sich auf mich aufmerksam und lachen. Ich habe mich also mit einem schmutzigen Indianer eingelassen. Was wäre von einer ›bloody German‹ auch Besseres zu erwarten! So wird geredet, ich weiß es. Was da jetzt an Land gekommen ist, dieses Volk ist mir so widerlich, daß ich nichts mit ihm zu tun haben will. Entweder sind sie betrunken, auch die Weiber, oft sogar schon die Kinder, oder sie faulenzen und schweinigeln herum.«

Unversehens hatte sie ein zitternder Zorn übermannt und sie Worte finden lassen, die ihr sonst nicht zu Gebote standen. Hestergart war bestürzt. Er mußte sich räuspern und brachte mit gewolltem Gleichmut heraus:

»Natürlich hast du recht: das meiste ist Gesindel, was man uns da in London auf die Schiffe gepackt hat. Cornwallis ist genauso verzweifelt und zornig wie du. Wie will er die vielen Leute unter Dach und Fach bringen vor dem Winter! Sie machen nicht mit, liegen ihm in den Ohren mit hundert Klagen und Beschwerden. Deshalb kann er auch die Transporter nicht aus der Charter entlassen, wie es die Admiralität verlangt, denn die Leute werden im Winter sicherlich zu einem großen Teil immer noch auf die Schiffe angewiesen sein. Aber das alles wird dir nicht sehr wesentlich sein. Du bist nicht glücklich, Anke?«

Ihre Augen irrten ab. Die Frage kam sehr unerwartet. Aber sie zögerte nicht, zu bekennen: »Nein, wir sind nicht glücklich. Solange wir allein waren und nur mit den Herren und Leuten von der ›Sphinx‹ zu tun hatten, waren wir glücklich, Euer Gnaden. Jetzt wird alles zertreten und zertrampelt. Lärm und Geschrei, Gestank und betrunkenes Elend hören den ganzen Tag nicht auf, und die halbe Nacht dazu. Früher, in der Stille, fühlten wir uns sicher. Jetzt, mit nur einem Fetzen Segeltuch vor der Tür... Und Walther ist ständig unterwegs auf Kommando. Basford...«

Sie stockte. Sie wandte sich ab. Ihm war, als mache sie ihm Vorwürfe, während er doch nur den Wunsch hatte, diese Frau zu beschützen. Aber so war es eben: für sie gehörte er zu Basfords Schicht, und es war auch nicht vorzustellen, daß er sich daraus lösen könnte. Wirklich nicht? Er suchte nach Worten:

»Ich habe Basford schon gewarnt, Anke. Ich werde es nochmals

tun. Und euer neues Haus oben am Bach wird Tür und Schloß haben. Dafür werde ich sorgen. Schließlich mußt du die Wäsche verschließen können. Und Walther sollte dich nie in der Nacht allein lassen. Du mußt ernsthaft mit ihm reden.«
»Nein, das geht nicht. Er wäre unklug und brächte sich in Gefahr. Er würde den kürzeren ziehen. Sie könnten mich schützen, Herr von Hestergart, Euer Gnaden. Aber ich bin keine Dame, das weiß ich. Und ich habe jetzt keine Zeit mehr. Ich muß mich um meine Arbeit kümmern, sonst werden wir heute nicht fertig.«
Sie ließ ihn einfach stehen. Er wollte, so kurzerhand abgefertigt, aufbrausen, aber das hätte ihn nur noch kläglicher erscheinen lassen. Er zuckte die Achseln und ging ohne ein Wort davon.

Daß der Strand der Chebucto-Bucht unterhalb des Hügels von tausend und mehr Leuten überlaufen wurde, dort, wo aus sperrigen Barrieren geschlagener Bäume die Stadt entstehen sollte, deren Name Halifax schon feststand, davon hatte Walther viel weniger gemerkt als Anke. Walther war als Zaungast dabeigewesen, als am 13. Juli Cornwallis in Gegenwart der aus Annapolis herbeizitierten Herren Mascarene, How und Gorham höchst feierlich seine Bestallung zum Gouverneur und General-Kapitän entrollt und vor Mascarene, der bisher als Gouverneur fungiert hatte, den Diensteid geleistet hatte. Das hatte in der großen Staatskabine auf der ›Beaufort‹ stattgefunden, an einem riesigen Eichentisch, und in Anwesenheit sämtlicher Herren des Stabes und einiger Zivilisten aus Louisbourg, wie zum Beispiel eines gewissen Benjamin Green, der in Harvard die Rechte studiert hatte. Ein paar der geringen Leute, darunter Walther Corssen, hatten, an die Wände und Türen gepreßt, an dem Staatsakt teilnehmen dürfen – eine hohe Ehre!
Einer der Herren nötigte ihm Respekt ab, ja, er gefiel ihm sogar, weil er sich ganz anders gab als die übrigen. Schon sein Äußeres wollte gar nicht in den Rahmen passen: Captain John Gorham, Anführer der Rangers. ›Rangers‹ – Walther hatte es bald gelernt – nannte man in Amerika die mit den Wäldern und der Wildnis ver-

trauten Pfadfinder, Buschläufer, Männer, die sich auf den Einzelkampf verstanden, eine Truppe, die aus dem Zwang der Verhältnisse an der bald hier, bald da aufbrennenden Indianergrenze hervorgegangen war. Dort kam alles darauf an, dem lautlosen, kühnen, aber oft auch unvorstellbar grausamen Gegner auf seine Weise mit gleichen Waffen und Listen zu begegnen, ihn möglichst zu übertreffen. Der Führer einer solchen Truppe konnte nur ein ›Erster unter Gleichen‹ sein; er vermochte wohl die allgemeine Richtung, das Endziel eines Unternehmens anzugeben; dann aber mußte er jeden seiner Ranger sich selbst überlassen, um sie vielleicht erst wieder zum Schluß der Aktion zu sammeln.

Ein günstiger Zufall fügte es, daß Gorhams Rangers sich oberhalb der entstehenden Siedlung in einem sehr unauffälligen Lager niederließen, nur einen Steinwurf weit von dem neuen Waschplatz entfernt, den Anke ausgewählt hatte.

Walther hatte dort für Anke, für sich und das Kind in wenig mehr als zwei Tagen ein neues kleines Blockhaus errichtet.

Hestergart war es, der dafür gesorgt hatte, daß diesmal Walther aus den wohlsortierten Vorräten der Schiffe Türangeln, dazu ein eisernes Schloß und Riegel geliefert bekam, damit er seine neue Hütte mit einer standhaften Tür versehen konnte. Schließlich mußte, wenn schon nichts anderes, so doch die Wäsche der Herren vor Diebstählen gesichert werden.

Captain Gorham war unversehens dazugekommen, gerade als Walther die Tür in die Angeln hob. Fast erschrocken war Walther herumgefahren, als hinter ihm eine tiefe Stimme aufklang: »Paßt auf den ersten Anhieb, wie? Gut geschneidert! Du verstehst dich auf Axt und Beil, scheint mir.«

Hager und nur mittelgroß war die Gestalt, die hinter Walther aufgetaucht war. Walther erkannte den Mann sofort wieder. Gorham hatte bei der feierlichen Zeremonie in der Hauptkajüte auf der ›Beaufort‹ die gleiche abgewetzte Kleidung getragen – eine Uniform konnte man es gewiß nicht nennen – wie die, in der er jetzt vor Walther stand, der sich schnell faßte und sagte: »Bei uns zu Hause muß jedermann mit Axt und Beil, Säge und Hammer zurechtkommen. Sonst gehört er da nicht hin, Sir!«

»Hierher erst recht nicht. Das hast du wohl gemerkt. Übrigens: Bei uns Rangers hält man nicht viel von dem ewigen ›Sir‹-Geblase. Du kannst ›Captain‹ zu mir sagen.«

Unwillkürlich fuhr es Walther heraus: »Ich bin nicht bei den Rangers, Sir!«

Gorham trat dicht an Walther heran, legte ihm die Hand auf die Schulter, lachte und ließ zwei Reihen tadelloser, wenn auch gelblicher Zähne blinken: »Doch, Walther, von heute an! Oder sagen wir lieber: von morgen. Der Gouverneur will uns Rangers nicht in seiner werdenden Residenzstadt haben. Ich kann mir vorstellen, daß wir ihm und seinen schmucken Adjutanten und sonstigen feudalen Herren auf die Nerven fallen. Wir schlampen so dahin, kommen und gehen, wann wir wollen, reden uns mit ›du‹ an, kennen keine Uniformen oder Rangabzeichen und nehmen auch von denen anderer Truppen keine Notiz. Andererseits muß der Gouverneur anerkennen, daß wir die einzigen sind, die sich mit den Wäldern und den Indianern auskennen. Wir sind also nicht zu entbehren. Freilich sollen wir ihm und seinen feinen Herren und Damen möglichst wenig unter die Augen kommen. Kurz und gut: Die Rangers sind ans ferne Ende der Bedford-Bucht beordert worden, um dort ein Fort anzulegen, vor allem auch, um mit den indianischen Stämmen im Innern Fühlung aufzunehmen – wovon ich mir übrigens nicht viel verspreche. Den Indianern sind die zahllosen, lärmenden, Bäume umhackenden Leute ein ständiges Ärgernis. Sie haben keine Veranlassung, den Herrschaften aus London Ehrenpforten zu errichten. Du kannst hoffentlich schießen, Walther?«

»Ja, ich bin mit Muskete und Bajonett ausgebildet. Ich schieße gut, Sir.«

»Captain, meinst du. Nun gut, wirst dich schon noch an ›Captain‹ gewöhnen. Cornwallis also sagte mir, daß du dich bisher geschickt gezeigt hast beim Umgang mit den Einheimischen und daß du überhaupt ein brauchbarer Bursche bist. Der Gouverneur will dich mir beigeben, damit er ständig einen verläßlichen Kurier für den Verkehr zwischen ihm und mir im äußersten Außenposten hat. Und trotzdem, obwohl es sich um einen Befehl vom Gouverneur handelt, möchte ich von dir wissen, ob du einverstanden bist.«

Walther zögerte mit der Antwort nicht.

»Bis Ende 1751 bin ich noch zu ›Yes, Sir‹ verpflichtet, Captain. Wenn sich das vorzeitig ändern ließe – ich wäre nur froh! Und je weiter ich und meine Frau von dem schmutzigen Trubel entfernt sind, der sich jeden Tag mehr in der Siedlung und Rodung breitmacht, desto besser!«

»Aber sei dir darüber im klaren, daß deine Frau hier viel allein bleiben wird. Du kannst sie nicht mitnehmen. Bei uns wird niemand danach gefragt, ob er verheiratet ist – und wenn er es ist, wird keine Rücksicht darauf genommen.«

Das war wie ein Schlag vor die Stirn. Doch ein Zurück gab es nicht. Indessen zögerte Walther mit der Antwort. Schließlich sagte er stockend: »Ich kann es mir denken. Frei bin ich erst von 52 an. Bis dahin müssen wir uns bescheiden. Anke, meine Frau, weiß das auch.«

Es war so viel Kummer im Ton dieser Worte, daß Gorham gerührt wurde. »Es wird bei uns nicht wichtig genommen, wenn dieser oder jener einmal für zwei, drei Tage verschwindet. Das kommt bei uns häufig vor. Wir sind keine Kaserne und kein Exerzierplatz. Wir sind Amerikaner.«

Walther war überrascht. ›Amerikaner‹ – das Wort war plötzlich von Bedeutung. Er hätte nicht sagen können, woran das lag. Aber es ging ihm ein, leicht, angenehm, verführerisch – und leise aufrührerisch...

Einige Tage später erfuhr Walther, daß John Gorham nicht aus England stammte, sondern in den amerikanischen Kolonien Englands weiter im Süden geboren, am oberen Hudson unweit der ewig brennenden Indianergrenze aufgewachsen war, daß er die Franzosen ingrimmig haßte, sich mit den Indianern aber so vorzüglich zu stellen wußte, als wäre er selbst ein Sohn dieser Erde. Und das war er ja auch – wie Walther mit einemmal begriff: ein Amerikaner! Zum erstenmal hatte Walther einen Anhauch jenes Geistes gespürt, der fünfundzwanzig Jahre später die amerikanischen Kolonien Englands im Süden von Neu-Schottland dazu anfeuern würde, sich vom Mutterlande, von ›bungling London‹, der ewig stümpernden und wurstelnden fernen Hauptstadt, unabhängig zu erklären. Aber noch standen Gorhams Rangers unter englischem Oberkommando. Gorham war englischer Offizier, wenn er auch verzweifelt wenig danach aussah.

10
Für Walther Corssen öffnete sich bei den Rangers eine neue Welt menschlicher, männlicher Bestätigung, nachdem er sich erst einmal von der grenzenlosen Verwunderung erholt hatte, daß eine solche Truppe von lauter prächtigen – und hoch entlöhnten – Einzelräubern überhaupt existierte und sogar mit zuweilen unheimlich anmutender Wirkungskraft funktionierte. Jener blinde und eigentlich entmenschende soldatische Gehorsam, der ihm bis dahin als gottgewollte Selbstverständlichkeit abverlangt worden war, hier galt er nichts, gar nichts. Hier galt allein der eigene Verstand, die eigene Leistung, der eigene Mut. Wer da versagte, konnte sich keinen Tag länger unter diesen Männern halten, wurde abgeschoben.

Gorham hatte den ihm zugeteilten ›Kurier‹ zweien seiner Männer besonders anvertraut, damit Walther wußte, wo und von wem er stets Auskunft und Belehrung erhalten konnte. Von ihnen sollte er aber auch, wie er bald merkte, geprüft werden, ob er notfalls hart im Nehmen und hart im Geben wäre, ob er sich anstellig, schlau und ohne Furcht zeigte. Der eine der Lehrmeister war ein stets ernster, ja finsterer Indianer vom Stamme der Cayuga, namens Niscayu, der andere ein drahtiger, beinahe zierlich zu nennender Ranger unbestimmten Alters mit grauem Haar und grauem Bart, aber mit einem jungen Gesicht – soweit es hinter der Bartwildnis zu erkennen war. Er hieß Patrick O'Gilcock, war ein stets vergnügter Mann aus Maryland, von irischer Herkunft, dem der Spaß am Dasein aus den grünlich hellen Augen lachte, ein Mann, listig und gefährlich wie ein Wiesel, gewandt wie ein Wildkater, auftrumpfend furchtlos und angriffslustig wie ein Kampfhahn, was ihm auch seinen Spitznamen, Cock, eingetragen hatte.

Walther hatte beim Bau des Urwaldforts am fernen Nordwest-Ende des Bedford-Beckens kräftig mitgeholfen und den andern gezeigt, daß er ihnen an Fleiß, Geschick und Umsicht keineswegs nachstand. Er war von den Männern, insbesondere seinen beiden Lehrmeistern, in aller Ruhe und Unauffälligkeit beobachtet worden und hatte die Probe bestanden. Gegen Ende August sagte Gorham im Vorbeigehen:

»Also gut, Walther! Du gehörst zu uns. Du mußt dich gleich auf den Weg machen. Hier ist die Meldung, daß die Befestigung fertig ist, daß die Späher keine Bewegung im Hinterland feststellen können, daß man sich aber nicht darauf verlassen sollte. Wie steht es mit Vorschuß?«

»Brauche ich nicht, Captain. Ich muß nur bei meiner Frau kurz Station machen – auf dem Hinweg. Ich nehme das Kanu bis zur Fairview Cove und wandere von dort über den Berg nach Halifax. In den Narrows käme ich vielleicht mit dem Kanu nicht gegen die Flut an. Auf dem Rückweg bleibe ich über Nacht bei meiner Frau und bin morgen am halben Vormittag wieder hier.«

»Falls Cornwallis keinen eiligen Auftrag für dich oder mich hat, Walther – einverstanden! Du stehst fortan bei uns auf der Soldliste. Das habe ich auch an Cornwallis geschrieben.«

Das war wie ein Ritterschlag. Walther war nicht ganz damit einverstanden: »Danke, Captain! Aber nur bis Ende 1751. Ich bin nicht nach Nova Scotia gefahren, um Soldat zu bleiben. Ich komme vom Bauernhof und will wieder Bauer sein, früher oder später, am besten früher und gleich nach 1751. Und meine Frau auch.«

Gorham nickte nachdenklich. »So habe ich auch die Deutschen am Hudson erlebt, am Susquehanna und am Shenandoah; sind anscheinend alle gleich. Überlassen wir das der Zeit!«

Walther war entlassen. Er wanderte den Indianerpfad, über den hinweg das Fort errichtet worden war, zum Ufer der Bedford-Bucht hinunter. Der Pfad bildete den letzten Abschnitt der alten Kanu-Route, die vom Minas-Becken an der Westseite der Nova-

Scotia-Halbinsel (über Sackville) zur Chebucto-Bucht führte. Das von den Rangers angelegte Fort sollte diesen Bootsweg nach dem neuen Halifax kontrollieren, notfalls blockieren.

Die Sonne leuchtete aus seidenem Blau. Der leichte Wind duftete würzig nach Wald und See. Zwei Fischadler kreisten im Himmel, und wenn Walther zu ihnen hochblickte, schienen sie stets von neuem in den weißen Feuerschlund der Sonne hineinzuzielen. Ich bin ein Ranger! Wie ein Nachhall klang dazu Gorhams: Ich bin ein Amerikaner!

Weiß der liebe Himmel, es ist eine Lust zu leben! Und was ich alles zu erzählen habe – Anke wird sich freuen!

Und Anke freute sich! Es war, als wolle sie vor Vergnügen die Hände über dem Kopf zusammenschlagen. Da Sonntag war, lag der Wäscheplatz am Bach leer und ruhig, ohne die Menschen, die sonst dort tätig waren. Allmählich hatte sich in Halifax der aus der Heimat mitgebrachte Rhythmus wieder durchgesetzt: der Sonntag blieb, bis auf unumgängliche Tätigkeiten, arbeitsfrei.

Anke saß neben der Hütte auf einer Bank, die ihre Helfer gezimmert hatten. Sie hatte das Kind gespeist. Nun lag es neben ihr im Gras und schlief selig und tief. Es hatte sich erstaunlich entwikkelt; seine bräunlich dunkle Haut, sein kräftig sprießendes schwarzes Haar ließen über seine Herkunft keine Zweifel aufkommen. Anke war dem Kleinen sehr zugetan und sagte sich manchmal: Er zwingt mich dazu, mich für mein eigenes Kind üben. Wenn ich ihn behalten darf, will ich ihm weiter gut sein wie meinem eigenen. Selbst ein Name für das Kind hatte sich ihr wie unter der Hand angeboten: Sie nannte ihn, und nicht mehr nur bei sich, sondern auch vor fremden Ohren ›Indo‹ und freute sich daran, wie schön die beiden Silben sich aussprechen ließen. Nun hatte sie ihm ein dünnes Tuch über das Köpfchen gebreitet, damit das mit geballten Fäustchen schlummernde Kind nicht von den Fliegen und Schnaken belästigt wurde.

Anke sprang auf und lief Walther ein paar Schritte entgegen. Er breitete die Arme aus, und sie flog hinein. Sie lernten es immer besser, sich zu lieben und bekamen nie genug davon, sich diese Liebe auch zu zeigen. Und da er sich immer wieder von ihr so weit entfernen mußte, wurde das Verlangen nach dem Liebsten stets von neuem gespannt, wie der Bogen für den Pfeil. Ja, es war eine Lust zu leben – und die Lust nahm nie ein Ende. Und dazu war es Sonntag.

Sie saßen gemeinsam auf der Bank. Walther raffte sich zusammen: »Ich kann mich nicht lange aufhalten, habe Kurierpost für den Gouverneur abzuliefern.« Er schlug leicht auf die Brusttasche seines Rockes. Der Bogen harten Papiers knisterte. »Ich bin am Nachmittag wieder da, bleibe über Nacht, bis morgen in der Frühe.« Er erzählte, was zu erzählen war.

Jedesmal, wenn Walther die junge Siedlung Halifax wieder zu Gesicht bekam, wunderte er sich, wie zügig das Unternehmen vorankam. An die fünfzig Blockhäuser mochten schon errichtet sein.

Für den Gouverneur war ein stattliches Haus unweit der Landestelle im Bau, dicht neben der Hütte, die Walther als erste für Anke und sich errichtet hatte.

Eine Viertelstunde später stand Walther vor Cornwallis, der es eilig hatte und sagte: »Gorham hat dich also akzeptiert? Das ist es, was ich erreichen wollte. Dir ist klar, daß die Ranger mir, dem Captain-General, unterstellt sind, daß ich der Vorgesetzte Gorhams bin?«

»Yes, Sir!«

»Gut. Ich habe Captain How zu den Indianern gesandt. Ich brauche unbedingt Frieden. Die Häuptlinge sollen kommen und mir den Frieden bestätigen. Wenn sie kommen, sollst du dabeisein. Vielleicht nutzt dein Französisch und deine Beziehung zu dem Indianer, dessen Kind deine Anke pflegt.«

»Yes, Sir. Bei den Rangers gibt es einige, die mit der Micmac-Sprache vertraut sind. Auch Captain How...«

Cornwallis unterbrach ihn: »Weiß ich, weiß ich. Aber bei der Zusammenkunft mit den Indianern will ich niemanden dabei haben, von dem die Indianer wissen, daß er schon lange im Lande ist. Sie sollen begreifen, daß eine neue Zeit angebrochen ist, daß die Autorität jetzt ausschließlich hier liegt und nirgendwo sonst. Mit den Rangers im Wald umherlaufen, das ist ein überholter Spaß. Mascarene hat sich nicht rühren können. Seine Soldaten unter

How sind verwildert, haben sich mit den Akadiern und den Indianern gemein gemacht und angebiedert. Das hat vorbei zu sein.«
»Yes, Sir!«
Walther hatte keine Miene verzogen. Cornwallis wandte sich ab. »Gut, Walther! Du bist für heute entlassen!«

Es war ein nachdenklicherer Walther, der gegen Abend aus dem Gedränge des werdenden Städtchens Halifax zurückkehrte, als jener, der Anke ein paar Stunden zuvor verlassen hatte, um sich bei dem Gouverneur zu melden.

Der Sonntag war strahlend dahingegangen. Stille war eingekehrt um Ankes Hütte und Arbeitsplatz. Die wenigen Besucher, die über Tag aus der Stadt heraufgestiegen waren, aus Neugier, wie es weiter oben am Berg aussehen mochte, oder auch nur deshalb, um dem auch sonntags kaum nachlassenden Trubel von geräuschvoller Arbeit und lärmendem Vergnügen in den zertretenen Straßen der Stadt zu entgehen, diese Leute, die Anke mit aufdringlichen Fragen bedrängten, wieso sie hier im Wald allein wohne – und nicht, wie alle anderen, in der Stadt oder auf den Schiffen – all diese wißbegierigen Eindringlinge hatten sich endlich davongemacht.

Walther hatte sich nach seiner Rückkehr auf der Bank an der Hütte niedergelassen, von der aus man die kleine Lichtung am Bach, wo Anke mit ihren Leuten die Woche über tätig war, überblicken konnte.

Sie hatte das Kind versehen. Das ging jetzt leichter als am Anfang; Anke konnte einen ledernen Saugpfropfen über den Hals einer zinnernen Feldflasche stülpen, die Frank, Walthers Nachfolger bei den Pferden, ihr beschafft hatte. Den Pfropfen aber hatte Kokwee, der Vater des kleinen Indo, eines Nachts bei Anke abgeliefert.

Anke wußte nie, wann Kokwee auftauchte. Doch stellte sich der Micmac-Indianer immer wieder ein, heimlich, lautlos, stets des Nachts, hockte sich für eine Viertelstunde stumm neben seinen schlafenden Sohn, lauschte auf die sanften Atemzüge des Kindes, hinterließ irgend etwas, das Anke für das Kind gebrauchen konnte, was sie andeuten, kaum erbitten mußte, und war wieder verschwunden – lautlos wie er gekommen war.

Anke hatte sich neben Walther auf die Bank gesetzt. Sie sprachen nicht miteinander. Aber ihre auf das Holz gestützten Hände berührten sich leicht und leiteten die feine Strömung tiefen Einverständnisses von einem zum anderen.

Licht zündeten sie nicht mehr an. Jetzt, da der Sommer sich neigte, war die schlimme Plage der Schwarzfliegen und Stechmücken allmählich vergangen, zumal es lange nicht geregnet hatte. So konnte also die feste Tür, die Walther für die Hütte gezimmert hatte, weit offenstehen bleiben, als sie sich auf ihrem duftenden, federnden Lager aus Fichtenzweigen niedergelassen hatten. Der Schimmer der klaren Sternennacht reichte bis auf ihre Bettstatt, gab den Augen Ankes ein zartes Leuchten, als käme es aus ihrem Innern, spiegelte sich in mattem Glanz auf ihren Schultern, ihren Hüften. Ihre Augen schlossen sich. Ihr Antlitz lag vor ihm, ganz hingegeben, wie dem Tode nahe – und doch ganz erfüllt von der bebenden Lust am Leben.

Ohne Übergang war sie in den Schlaf geglitten, unendlich müde, hatte alle ihre Glut und Zärtlichkeit verströmt, unendlich gestillt. Walther bettete die Geliebte sachte aus seinen Armen auf das Lager neben sich und streckte sich aus. Er fühlte ihre warmen Glieder und rührte sich kaum, sie nicht zu stören. Seine Augen fielen zu.

Wie lange er geschlafen hatte, wußte er nicht. Die Nacht regierte noch immer unumschränkt. Er war hellwach, schlug die Decke zurück, schnell, aber auch vorsichtig. Noch wollte er Anke nicht wecken. Seine Bewegungen waren wie vom Unbewußten geleitet. Mit ein paar Handgriffen war er in den Kleidern. Nur leise! Anke soll weiterschlafen! Er trat vor die Tür. Gleich danach drang der Taubenruf, der ihn geweckt hatte, zum zweitenmal an sein Ohr.

Walther schritt auf den Vorplatz der Hütte hinaus. Mit ihm zugleich fast näherte sich vom Waldrand eine lautlose Gestalt.

»Sei gegrüßt, Kokwee. Gut, daß ich gerade hier bin. Soll ich meine Frau wecken?«

»Nein, nicht wecken! Ich wollte mit dir sprechen. Aber nicht hier auf diesem offenen Platz. Komm mit mir!«
Die beiden Männer schritten lautlos zum Waldrand hinüber und ließen sich im tiefen Schatten nieder.
»Um was geht es, Kokwee? Meine Frau wird früher oder später merken, daß ich nicht mehr da bin und wird beunruhigt sein.«
»Hör zu! Dies ist es, was ich dir sagen wollte: Euer Captain How aus Annapolis ist bei unseren Häuptlingen gewesen, um sie zu einem Gespräch zu laden – in die Stadt, die dort entsteht, wo meine Leute wohnten, ehe die große Seuche die meisten von ihnen tötete und den Rest, auch mich und meine Frau, vertrieb. Der neue Gouverneur will mit den Häuptlingen verhandeln, mit denen von der anderen Seite der Halbinsel, aber auch mit uns, die wir nichts mehr ausrichten können. Auch mit den Häuptlingen von der Westseite der großen Bucht will er sprechen, den Häuptlingen der Maleciten, die mit uns Micmacs verwandt sind. Er will sich bestätigen lassen, daß Frieden herrscht. Er beruft sich auf ein altes Abkommen, das vor fünf mal fünf Jahren in eurer großen Stadt weiter im Süden geschlossen worden ist. Dies Abkommen will er bekräftigt haben. Unsere Häuptlinge fragen, ob der Gouverneur denn gar nicht begreift, was er da verlangt. Ihr seid hierhergekommen mit vielen Soldaten, ihr habt euch mitten in unserem Lande niedergelassen, ohne zu fragen. Das bedeutet Krieg, nicht nur mit uns, auch mit den anderen Stämmen weiter im Lande. Wir sind die Freunde der Franzosen, nicht der Engländer. Der Gouverneur müßte uns einen neuen Vertrag, müßte Sühne und Entgelt anbieten, um den von euch gebrochenen Frieden wiederherzustellen. Unsere Häuptlinge werden kommen. Auch ich werde dabeisein, um zu hören, was der Gouverneur als Ausgleich gewähren will. Wenn er das nicht tut, werden sie das Kriegsbeil nicht begraben. Ich fürchte, daß es so kommen wird, Walther. Ich fürchte, daß mein Sohn und seine Pflegemutter in Gefahr geraten. Ich bin gekommen, euch alle drei mit mir zu nehmen, in den Schutz des Inneren, den Schutz meiner Leute, zu den Franzosen, unseren Freunden, zu den Maillets vielleicht. Ihr seid keine Engländer. Warum wollt ihr bei unseren Feinden bleiben?«

Walther hatte sich einige Sekunden fassen müssen. Dann entgegnete er: »Wir sind nicht englisch, das ist richtig, Kokwee. Aber noch zwei Jahre lang bin ich verpflichtet, die Befehle auszuführen, die man mir gibt. Und ginge ich jetzt schon fort, könnte ich mich nie wieder blicken lassen. Würde ich irgendwo aufgegriffen, strafte man mich sicherlich an Leib und Leben. Vorläufig also muß ich hierbleiben. Sei unbesorgt! Anke und dem Kind passiert nichts. Der Gouverneur selbst ist meiner Frau wohlgesonnen. Sie kann sich jederzeit mit dem Kind in seinen Schutz begeben. Und könnte es nicht auch sein, daß deine Leute und der Gouverneur sich doch einigen und daß wir schließlich in Frieden miteinander leben?«

Der Indianer zog den weiten Umhang fester um die Schultern und schien nachdenklich zu werden.

»Ich glaube es nicht. Ich habe eure Schiffe gesehen vor Chebucto und wie sie Menschen und immer noch mehr Menschen an Land setzten. Und Soldaten, immer noch mehr Soldaten. Und jeden Tag kommen andere Schiffe, kleine und große – und in jedem Schiff sind mehr Menschen als in zehn oder zwanzig unserer Kanus. Warum fragt uns der Gouverneur nicht, ob wir damit einverstanden sind? Seit Menschengedenken haben unsere Vorväter hier auf dieser Erde gewohnt. Jetzt sollen unsere Gesetze nicht mehr gelten?«

»Wer stark ist, hat recht, Kokwee. Das wird bei euch nicht anders sein als bei uns. Die Cayugas und Oneidas unter den Rangers haben mir erzählt, daß es Kriege unter euch gegeben hat, in denen ihr euch nahezu ausgerottet habt.«

»Ja, Kriege gibt es immer. Aber auch Friede muß geschlossen und gehalten werden, und Kriege müssen angezeigt werden, damit ein ehrlicher Kampf geführt werden kann. Ihr habt einfach unser Land genommen, habt die Gräber unserer Vorfahren zerstört – und zugleich den Captain How zu uns geschickt, damit wir euch den Frieden bestätigen. Was sollen wir solchem Verhalten entnehmen? Noch ist kein Blut geflossen. Aber eure Taten meinen Krieg. Unsere Häuptlinge werden im Kleid des Krieges zu euch kommen. Eure Sache wird es sein, euch auf den bislang von euch nicht geachteten Frieden zu verpflichten. Erst dann können unsere Häuptlinge die Zeichen des Friedens geben, die wirklich bindend sind.«

»Ich glaube dich nun zu verstehen, Kokwee. Ich bin kein Engländer, nein, und ich habe nicht nötig, mich unbesehen auf ihre Seite zu schlagen. Anke hat es mir vor einigen Tagen erst gesagt: Was würden wir wohl sagen, wenn wir Indianer wären, und es kämen plötzlich Tausende von lärmenden Fremden in unser Land, ohne uns um Erlaubnis zu fragen, und ließen sich darin nieder, als gehörte es ihnen? Das wäre der Krieg, und er braucht dann nicht erst erklärt zu werden. Aber verrate mir, Kokwee, auf welche Zeichen muß ich achten, um zu wissen, daß deine Leute den Frieden meinen und nicht den Krieg?«

»Die Gesichter der Häuptlinge werden die Farbe des Krieges tragen. Sollten sie erkennen, daß euer Oberster wirklich Frieden haben und halten will, so werden sie in seiner Gegenwart die Farben des Krieges feierlich abwaschen; sie werden mit ihm gemeinsam ein Beil begraben. Sollten aber unsere Häuptlinge nicht von eurem Friedenswillen überzeugt werden, so werden sie euch zeigen, daß sie euch nicht fürchten. Dann könnt ihr das große Töten haben, wenn ihr es so wollt, sie werden euch verachten und unter euren Augen, mit allen Farben des Krieges angetan, den Kriegstanz tanzen. Geschieht das, Walther, dann solltet ihr fliehen, alle drei! Dann ist hier keiner mehr sicher, der das Lager verläßt. Dir dies schon jetzt zu raten, bin ich gekommen.«

Walther hatte in steigender Erregung zugehört. Was ihm da anvertraut worden war – er mußte sich klarmachen, daß er außerordentlich Wichtiges, ja Entscheidendes erfahren hatte. Doch Kokwee war nicht erschienen, damit Walther den Gouverneur Cornwallis aufklärte, sondern um seinen kostbaren Sohn einer unaufhaltsam steigenden Gefahr zu entziehen.

Walthers Gedanken überstürzten sich – und kamen doch nicht voran. Ihm blieb zunächst nur übrig, auszuweichen: »Ich sagte dir schon, Kokwee, daß ich gebunden bin. In zwei Jahren erst bin ich frei. Dann wollen wir leben wie die französischen Akadier und mit euch befreundet sein. Bis dahin muß ich mich durchwinden.«

Der Micmac schüttelte den Kopf: »Es möge dir gelingen, Walther! Meiner Freundschaft und auch der meiner Sippe – soweit sie von der großen Seuche verschont blieb – kannst du sicher sein. Ich habe dir dies hier mitgebracht. Zeige es vor, wenn du in Gefangenschaft gerätst oder mit Indianern zusammenstößt. Es wird dich und die Deinen schützen. Trage es ständig bei dir!«

Er reichte Walther einen kleinen Beutel, der anscheinend aus der Schwimmblase eines Fisches gefertigt war. Darin waren einige harte Stäbchen zu ertasten. An den beiden Enden der Leinenschnur, mit welcher das Beutelchen fest verschlossen war, hingen eine Vogelkralle und eine durchbohrte rötliche Nuß, die Walther nicht kannte. Dieses war gewiß ein ›Wampun‹ – soviel hatte er bei den Rangers schon gelernt –, ein Mittel der Verständigung unter den Indianern, in mancher Hinsicht auch dem Geld vergleichbar. Walther bemühte sich, keine Überraschung zu zeigen. Er sagte: »Ich danke dir, Kokwee. Ich werde dein Zeichen stets bei mir tragen. Aber sollte nicht auch Anke, meine Frau, ein solches Zeichen nötig haben, vielleicht nötiger noch als ich?«

»Auch dafür habe ich gesorgt. Ich will sie sprechen. Sie schläft sehr fest?«

Die beiden Männer schritten durch die Nacht zu der Hütte hinüber. Aber Anke war längst wach und hatte sich angekleidet. Aus dem Dunkel hatte sie nach den Männern Ausschau gehalten, hatte sie zwar im tiefen Schatten unter den Bäumen nicht auszumachen vermocht, doch mit feinem Ohr das Gemurmel ihrer Stimmen vernommen. Jetzt hob sie vorsichtig das Kind von seinem Lager und trat, den Kleinen im Arm, vor die Hütte.

Mit beiden Händen griff Kokwee nach dem in eine Decke gebetteten Kind, ungeschickt, aber mit rührender Vorsicht. Der große Umhang glitt ihm von den Schultern. Es zeigte sich, daß der Indianer unter dem Mantel bis auf einen Hüftschurz und die Mokassins nackt war: ein athletischer, glatter Leib. Eine breite Narbe zog sich von der rechten Schulter zur Brust.

Das fremde Gesicht mit dem Haarschopf und der schwarzen Feder darin mochte das Kind überraschen. Es blickte mit weit aufgeschlagenen Augen empor in die Augen seines Vaters. Plötzlich huschte etwas wie ein Lächeln über die kindlichen Züge. Man hätte es für ein Zeichen des Erkennens halten können.

Schon kündigte sich im Osten mit lilagrauen Tönen der Morgen an. Anke und Walther bemerkten, wie die sonst von starrem Ernst beherrschten Züge des Indianers sich entspannten und von echter Freude verwandelt wurden. Alle Härte war fortgewischt. Unter der eingelernten Würde kam der Mensch zum Vorschein: der Vater, der, zum erstenmal von seinem Kind angelacht, von einem Sturm des Glücks erfaßt wurde. Kokwees Erschütterung übertrug sich auch auf Walther und Anke. Der Indianer flüsterte ein paar zärtliche Worte in seiner Sprache zu dem Köpfchen hinunter, wiegte das Bündelchen träumerisch hin und her, faßte sich dann, nahm sich wieder zurück. Die Furchen in seinem Gesicht wurden wieder sichtbar.

Kokwee legte das Kind wieder in Ankes Arme. Er rührte mit den Fingern seiner rechten Hand an ihre Schulter und stammelte: »Merci, Anke, merci, merci! Moi ne oublier jamais!«

Anke verstand den Dank und das ›ich nicht vergessen jemals‹ auch ohne Walthers Übersetzung. Kokwee hatte sich wieder in seinen weiten Umhang gehüllt, war wieder der unnahbare Indianer.

Walther wandte sich an ihn: »Ich muß mich bald auf den Weg machen. Gorham erwartet mich am frühen Vormittag.«

»Leb wohl, Walther. Und vergiß nicht: Ich selbst oder einer von uns ist Anke und dem Kind stets nahe, wenn es auch niemand merkt oder vermutet.«

Dann wanderte Kokwee mit weit ausholenden Schritten davon und war nach einer knappen Minute zwischen den Stämmen des Waldes verschwunden.

Anke bereitete das Frühstück. Walther erzählte, was er von dem Indianer vernommen hatte, und verpflichtete Anke zur Verschwiegenheit. Bald machte sich Walther auf den Weg, den schon deutlich ausgetretenen Pfad zur Bedford-Bucht hinüber.

Walther merkte es gleich, daß die beiden Parteien, die englische und die indianische, auf groteske Weise aneinander vorbeiredeten. Walther hatte sich auf der ›Beaufort‹ einfinden müssen, wo Cornwallis die Häuptlinge zur Audienz zu empfangen gedachte. Audienz, so muß man es wohl nennen, denn Cornwallis wollte deutlich machen, daß er die Häuptlinge als berufener Vertreter und Beauftragter des Souveräns, des Königs von England, empfing, daß es also eine Gnade und Huld war, wenn er sich herabließ, sich mit den indianischen Häuptlingen zu besprechen und sie zu einem Schutzvertrag zu ermuntern.

Den Häuptlingen lagen solche Vorstellungen weltenfern. Sie befanden sich ja in ihrem Land, in ihren ureigenen Jagdgründen, die sie seit Menschengedenken gegen jeden verteidigt hatten, der sie ihnen streitig machen wollte. Daß irgendwer plötzlich behauptete, diese Küsten und Wälder seien sein Herrschaftsbereich und gegen diesen Anspruch gebe es keine Berufung, das mußte ihnen schlechterdings absurd erscheinen. Aber wenn die Fremden so großen Wert auf die Bucht von Chebucto legten – nun gut, die ansässigen Stämme waren ohnehin von der französischen Seuche so gut wie vernichtet, unendlich viel Platz und Raum war überall vorhanden, warum sollte man die Einladung des sicherlich mächtigen Mannes Cornwallis nicht annehmen? Vielleicht hatte er günstigen Handel, einen laufenden Tribut, vielleicht hatte er Pulver, Blei und Musketen, dazu Rum und Gin anzubieten, um den scheinbar unvermeidlichen Krieg durch einen brauchbaren Frieden noch rechtzeitig abzufangen.

Cornwallis aber, der hochmütige, gebildete Offizier und Aristokrat aus der etablierten Gesellschaft Londons, wiegte sich in der naiven Überzeugung, daß er und sein Stab nur in all dem Glanz und der pfauenbunten Pracht königlich englischer Offiziere und Kavaliere aufzutreten brauchten, um den Indianern klarzumachen, daß sie sich glücklich schätzen müßten, fortan als gehorsame Untertanen Seiner Britannischen Majestät Georgs II. ein frommes und braves Leben führen zu dürfen.

Die Indianer dagegen nahmen die zu ihrem Empfang veranstalteten Feierlichkeiten von Anfang an nicht ernst, weder die Salutschüsse von den Schiffen noch die steif wie Holzpuppen exerzierenden und präsentierenden Musketiere, die sich nur auf barsch gebellte Kommandos bewegten, als wären sie nicht Menschen, sondern Aufziehpuppen. Die drei Häuptlinge und neun weitere Krieger, die als Vertreter aller Stämme des Hinterlandes bis über die Bay of Fundy hinaus erschienen waren (unter ihnen Kokwee für die bis auf einen traurigen Rest vernichteten Stämme, die weit um die Chebucto-Gegend gewohnt hatten), diese zwölf mit allen Schlichen und Tücken der Wildnis vertrauten roten Männer wußten mit dem Drill der knallrot berockten englischen Soldaten nicht das geringste anzufangen. Das sollten Krieger sein?

Der indianischen Abgesandten bemächtigte sich eine heimliche Ausgelassenheit, die sie nur mit Mühe hinter ihrer von der strengen Sitte vorgeschriebenen Würde verbergen konnten. Sie waren ja nicht gekommen, Frieden zu schließen oder gar ihre Unterwerfung zu bekunden, sich demütig dem Wohlwollen des großen Königs von jenseits der Meere anzuvertrauen, sondern um sich den ohne ehrliche Kriegserklärung längst gebrochenen Frieden so teuer wie möglich abkaufen zu lassen oder – wenn kein überzeugendes Angebot gemacht wurde – den Kriegszustand in aller Form zu bestätigen.

Walther erschrak, als er die zwölf Indianer an der Landestelle unterhalb der Stadt aus ihren Kanus steigen sah. Er hatte Hestergart, der mit Bulkeley das Empfangskomitee anführte, zugeflüstert: »Sie kommen in voller Kriegsbemalung, Jonas. Sie wollen den Krieg. Sie sind schon mit uns im Krieg. Sie haben Rot und Schwarz auf den Gesichtern!«

So war es. Eine zinnoberrote Schicht war über die Gesichter gebreitet wie eine Maske, quer über die Nase und die Stirn war fingerbreit ein schwarzer Strich gezogen. Hestergart flüsterte zurück, nervös und ungeduldig:

»Behalte deiner Ranger-Weisheit für dich, Walther! Diese Hanswurste und Krieg – lächerlich!«

Hanswurste? Ja, wenn Walther nicht längst bei den Rangers gelernt gehabt hätte, ein wie fürchterlicher Gegner der Indianer sein konnte – auch er hätte sich täuschen lassen.

Die Kanonen von den Schiffen donnerten Salut. Die rotberockte Ehrenkompanie vom Regiment Warburton präsentierte das Gewehr. Die indianischen Abgesandten ließen sich am Ufer zu einem Festmahl aus Salzfleisch, Kohl, Brot und Bier nieder. Dann kam der Rum – und bald ging die bunt behängte und bemalte Würde in die Brüche.

Bulkeley jedoch, Hestergart und Walther Corssen hatten den Befehl, die Abordnung in den Barkassen der Schiffe zur ›Beaufort‹ hinüberzubringen, ehe sie sich vollständig um den Verstand getrunken hatte. Walther und Kokwee hatten, ohne es verabredet zu haben, mit keinem Wort oder Blick verraten, daß sie sich kannten.

Wenn Walther in späteren Jahren an die Szene zurückdachte, deren Zeuge er an Bord der ›Beaufort‹ geworden war – in der gleichen Gala-Kajüte, in welcher sich Cornwallis zum Gouverneur und Captain-General hatte einschwören lassen –, so konnte er sich niemals einer sonderbar schmerzenden Mischung von verzweifelter Belustigung und kopfschüttelndem Unverständnis erwehren. Cornwallis empfing die Indianer in der vollen Pracht seines Amtes, mit Orden geschmückt, in wallender Allonge-Perücke, den Galanterie-Degen an der Seite in silbernem Gehänge, in veilchenblauem Frack mit goldenen Borten, in schwarzen Atlashosen, weißseidenen Strümpfen und blanken Schuhen mit breiten Silberschnallen.

Die Indianer waren sicherlich sehr angetan und auch überwältigt von dem Glanz und dem steifnackigen Stolz des Gouverneurs und seines Stabes, aber sie waren schon zu betrunken, als daß dieser Eindruck sie lange hätte bändigen können.

Nachdem sich die beiden Gruppen, die indianische und die englische, einander gegenüber aufgestellt hatten, entrollte Cornwallis ein steifes Papier und las: »Mir ist von Seiner Majestät die Anweisung gegeben worden, mit den Indianern Freundschaft und gutes Einvernehmen zu erhalten und ihnen, soweit sie in diesen Provinzen wohnen, durchaus jede Art von Schutz angedeihen zu lassen.«

Weiter bezog das Dokument sich auf einen früheren Vertrag ähnlichen Inhalts aus dem Jahre 1725, den die Indianer damals mit ihren Totemzeichen versehen hatten und der jetzt neu bekräftigt werden mußte, indem sie abermals ihre Totems unter den Text malten. Geschähe das, so würden die indianischen Untertanen des Königs von England, Georgs des Zweiten, sich fortan des größten Wohlwollens Seiner Majestät erfreuen.

Die Indianer schwankten ein wenig bei dieser feierlichen Eröffnung, räusperten sich vernehmlich und rülpsten, traten von einem Fuß auf den anderen, verstanden offenbar gar nichts. ›Freundschaft und gutes Einvernehmen‹ –? Nachdem die Engländer ins Land gefallen waren, ohne um Erlaubnis zu fragen? ›Jede Art von Schutz‹? Vor wem? Vor anderen Indianern? Vor denen wußten sie sich selbst zu schützen. Verträge? Was sind Verträge? Krieg herrschte! Die Engländer hatten ihn ins Land getragen – und Kriege fanden erst ein Ende, wenn die Gegner gemeinsam die Farben des Krieges von den Gesichtern gewaschen, das Kriegsbeil in die Erde gegraben und die Friedenspfeife geraucht hatten. Erst wenn alle diese Voraussetzungen erfüllt waren, durfte ein Friedensschluß als gültig und verbindlich angesehen werden.

Walther Corssen war nicht der einzige in der weiten, niedrigen Gala-Kajüte der ›Beaufort‹, der die bestürzende Albernheit der feierlichen Szene durchschaute. Auch Hestergart, so schien es Walther, machte bald ein betretenes Gesicht. Auf den Gesichtern der Häuptlinge hatte sich eine ungläubig staunende Heiterkeit verbreitet – der Alkohol hatte die Maske des unbewegten Ernstes zerstört. Vom Schnaps ermuntert, setzten die Häuptlinge wiederum ihre Totemzeichen auf das Dokument. Nach ihrem Verständnis bedeutete das keine Anerkennung, sondern lediglich, daß sie dagewesen waren und ihre Meinung kundgetan hatten.

Allein diejenigen, auf die es am meisten ankam, Cornwallis nämlich und sein engerer Stab, befangen in der Würde des historischen Augenblicks, merkten nicht, daß die feierliche Zeremonie ins Leere stieß, daß sie eigentlich nur wert war, mit einem schallenden Hohngelächter beantwortet zu werden.

Um die lange und tragikomische Geschichte kurz zu machen: Der Gouverneur und seine Leute glaubten, nun sei alles in bester Ordnung. Hatten die Indianer doch ›unterschrieben‹!

Walther hatte aus dem Hintergrund dem Staatsakt mit unguten Gefühlen beigewohnt. Er war nicht nach seiner Meinung gefragt worden, hatte sich auch gehütet, ihr irgendwie Ausdruck zu verleihen.

Auf dem Deck der ›Sphinx‹, unter der Nase der Gegner, veranstalteten die Indianer mit wildem Geheul, in ungelenken, von Gin und Rum wahrlich nicht beflügelten Sprüngen ihren Kriegstanz, schwangen die Beile, stampften das Deck, besudelten die makellos gescheuerten Planken Seiner Majestät. Und die Engländer nahmen es hin, behaupteten mühsam die Pose des geehrten Gastgebers. Walther Corssen allerdings und Jonas von Hestergart spürten die Verachtung, mit welcher die Indianer auf englischem Boden, befeuert von englischem Rum, den Engländern den Beginn des Krieges vortanzten. – Und so betrunken waren sie nicht, daß sie am Schluß nicht doch noch aus eigener Kraft in ihre Kanus klettern und sich mit einigen schrillen Kampfrufen der hereindrängenden Flut anvertrauen konnten, die sie bald landein in die sinkende Nacht durch die Narrows ins weite, stille Bedford-Becken entführte.

Ganz am Schluß war Kokwee, sicherlich nicht ohne Absicht, neben Walther an der Verschanzung der ›Sphinx‹ zu stehen gekommen, hatte sich lallend, aber unmißverständlich vernehmen lassen: »C'est la guerre, Walther. Prudence maintenant, prudence!«
»Das ist der Krieg, Walther! Vorsicht jetzt, Vorsicht!«

11 Cornwallis mußte sich eingestehen, daß das ganze Unternehmen Nova Scotia/Halifax früher oder später wie eine Seifenblase platzen würde, wenn es nicht gelänge, verläßliche Siedler bäuerlicher Herkunft – keine Fischer, Händler, Soldaten, Geschäftemacher, Ecksteher, Gelegenheitsarbeiter, sondern ruhige, arbeitsame Leute mit ihren Familien aufzutreiben. Schon im Herbst des ersten Jahres schrieb Cornwallis an die ihm vorgesetzten ›Lords of Trade and Plantations‹, man solle ihm deutsche Siedler schicken – wobei die Erfahrungen, die er mit Leuten wie Jonas von Hestergart, Hans Haubolt aus Celle, Walther und Anke Corssen, lauter Reisegefährten von der ›Sphinx‹, gemacht hatte, eine Rolle gespielt haben mögen.

Cornwallis vermochte allerdings nicht zu warten, bis die Campagne der ›Lord of Trade and Plantations‹ ihm neue, bessere Siedler zuführte. Mit Schaudern dachte er an den bevorstehenden Winter. Die Blockhäuser und die Quartiere auf den Schiffen mußten mit Brettern verkleidet werden, damit sie der Zugluft nicht überall Durchlaß gewährten. Aber Bretter und Planken aus Boston oder Portsmouth heranzuschaffen, das nahm auf die Dauer zuviel Zeit in Anspruch und war vor allem zu kostspielig. Also erbot sich Basford, der endlich Geld verdienen wollte, auf der anderen Seite der Meeresstraße, zu der sich bis zu den Narrows die Chebucto-Bucht landein verengt, auf eigene Kosten einen Sägeplatz anzulegen, um Halifax noch vor dem Winter mit Brettern, Balken und Planken zu versorgen. Drüben, über der hübschen Dartmouth-Bucht, stand eine besonders reiche Auswahl an prächtigen Schwarzfichten, Ulmen, Ahorn und Eichen zur Verfügung.

Tatsächlich war schon nach wenigen Wochen die Sägearbeit mit einem halben Dutzend Arbeitern voll im Gange. Die blanken, frischen Hölzer, nach Wald und Harz duftend, schwammen in schweren Stößen von der Dartmouth- zur Halifax-Seite der Bucht hinüber.

Wieder aber hatte Kokwee eines Nachts seine Freunde Walther und Anke Corssen ins Vertrauen gezogen und ihnen gesagt, daß die Indianer den Bau der Sägestätte am Dartmouth-Flüßchen nicht dulden würden. Walther hatte ohne besondere Absicht den Namen Basfords als den des eigentlichen Urhebers und Besitzers erwähnt. Er war erstaunt und horchte auf, als Kokwee in seinem mageren, aber nicht mißzuverstehenden Französisch zur Antwort gab:»Basford, ich weiß, das ist der schlechte Mann, der Anke belästigt.«

Walther erwiderte betroffen:»Das ist dir bekannt, Kokwee? Woher?«

Aber der Indianer zog den ledernen Umhang fester um die Schultern und wich der Frage aus: »Deine Leute sind laut und wissen nichts von Vorsicht. Meine Leute sind leise und bleiben unsichtbar, aber ihre Augen und Ohren sind immer offen. Wir wissen nicht alles, was bei euch vorgeht. Aber das, was wir über euch wissen müssen, das wissen wir.«

Wenige Tage nach jener Warnung Kokwees begann es zu regnen. Der Himmel hatte sich schon seit Tagen eingetrübt. Das Gold der Birken und Espen, das leuchtende Purpur des Ahorns und der Eschen, all die starken Farben, die der Herbst über Berg und Tal verschüttet hatte, ermatteten über Nacht. Die Blätter sanken, ihr Glanz war erloschen, Girlanden und Wimpel eines längst gefeierten Festes. Als der Regen versiegte: Nebel!

Anke hatte nie für möglich gehalten, daß es solchen Nebel überhaupt geben könne. Gewiß, auch in der alten Heimat, in der Heide, hatte sie Nebeltage erlebt. Der Morgen nach einer mondlosen Nacht und allerdichtestem Nebel war es ja gewesen, der ihr den schon so gut wie verlorenen Walther zugeführt hatte.

Dieser Nebel war anders. Von der See her wälzte er sich unaufhaltsam heran, wie eine riesige, schwärzlichgraue Wand des Unheils, begrub das Licht und alle Farben unter sich, verwandelte den Tag in eine lähmend lastende Dämmerung. Alle Dinge vergingen in diesem Nebel, die Wälder, die Felsen.

Anke trat in ihre feste Hütte, zog die Tür hinter sich zu und schob die beiden schweren Riegel vor; sie waren so stark, daß ein Eindringling schon Tür und Haus hätte zerstören müssen, um sich Zugang zu verschaffen. Jeden Abend, wenn Anke allein war und die groben Eisen vorlegte, dachte sie das gleiche: Wie gut, daß Walther uns so gesichert hat – wieviel besser wäre es, er wäre bei uns!

Anke beugte sich über das Körbchen, in welchem auf lockeren Fichtenzweigen und weichem, trockenem Moos unter einem warmen Umschlagtuch aus grober Heidschnuckenwolle der kleine Indo auf seine Pflegemutter wartete. Der Kleine war, wie Anke meinte, ›aus dem Gröbsten heraus‹, und sie war stolz darauf, daß sie dies kleine Wesen dem Tode entrissen hatte. Längst sagte sie sich: Ich liebe dies Kind, wie ich mein eigenes lieben werde. Wieder einmal rechnete sie nach. Dreieinhalb Monate ist es jetzt her, daß Indo geboren und mir anvertraut wurde – und genau ebenso lange, daß ich mein eigenes Kind empfing. Gerade jetzt ist mein Monatliches zum viertenmal ausgeblieben. Noch merke ich so gut wie nichts. Aber du wirst bald einen kleinen Bruder oder eine kleine Schwester bekommen, Indo. Ach, hoffentlich kann ich dich für immer behalten, mein Kleiner! Ohne mich wärst du gar nicht am Leben. Wie artig du bist! Komm, ich will dich trockenlegen. Was mache ich ohne dich! Wie allein wäre ich dann! Ach, Walther, warum läßt du mich so viel allein? Ich weiß ja, daß dir keine andere Wahl bleibt, ich weiß. Hestergart sieht am Tage jetzt beinahe öfter nach mir als du. Des Nachts, Walther, bin ich zu oft allein.

Sie wusch sich, nachdem sie das Kind für die Nacht versorgt hatte, und legte sich auf das breite Lager an der Schmalseite der Hütte. Walther hatte die Bettstatt sorgfältig ausgepolstert mit Zweigen, Moos und trockenem Waldgras.

Die Fackel war gelöscht. Was von ihr noch übrig war, lag griffbereit auf der Herdstatt neben der sorgsam behüteten Glut. Nach Mitternacht würde das Kind sie wecken. Anke würde aufstehen und dem Kind die fällige Mahlzeit bereiten. Das Süppchen brauchte nur gewärmt zu werden.

Anke lag lange wach, obgleich ihre Glieder schmerzten vor Müdigkeit. So ungeheuer lastete die Stille der Nebelnacht, daß es war, als dröhnte sie in den Ohren; doch vernahm sie nichts anderes als den eigenen Herzschlag. Eine Last lag auf Ankes Brust. Was ist das, fragte sie sich. Warum kann ich nicht einschlafen? Irgend etwas geschieht in dieser Nacht. Ist Walther ein Unheil zugestoßen?

Sie faltete die Hände.

Bis dann der Schlaf sie so plötzlich übermannte, als zöge ein schwerer Stein sie in die tiefste Tiefe des Vergessens.

So vernahm sie nicht den Ruf der wilden Taube vor der Hütte, vernahm nicht Kokwees leises Kratzen am Holz der Tür, nahm auch nicht wahr, daß der vertraute Ruf noch ein zweites Mal hörbar wurde. Ihr Körper ließ sich nicht hindern, Kraft für den kommenden Tag zu sammeln. Ihre Sinne blieben für die Warnung verschlossen. Sie schlief.

Die fünf Männer, die Basford auf seinem Sägeplatz an der anderen Seite der Chebucto-Bucht, Halifax gerade gegenüber, oberhalb der Dartmouth-Bucht, beschäftigte, hatten diesen Abend eigentlich in Halifax verbringen wollen, um einmal wieder andere Gesichter zu sehen und sich einen Abend lustig zu machen. Denn sehr kurzweilig ging es unter Basfords harter Fuchtel nicht zu. Aston Basford, Sir, sah darauf, daß stramm gearbeitet wurde. Wer nicht parierte, war die Stellung schnell wieder los. Jeden Tag ein oder zweimal tauchte er, stets ohne Vorwarnung, bei der Sägemühle auf und überzeugte sich von den Fortschritten der Arbeit. Bald hatte er in einem gewissen Jim Carp einen Vormann gefunden, der noch besser antreiben konnte als er selber. Den Lohn zahlte Basford pünktlich aus – und den Lohn hatten die Männer, mit Ausnahme von Jim Carp, der auf dem Platz zu bleiben hatte, an jenem Abend verjubeln wollen, an dem sich, zum erstenmal in diesem Jahr, der Seenebel hereinwälzte.

Trotz des Nebels war das Boot mit den vier Männern vom Ufer abgestoßen, um den Weg nach Halifax hinüber zu nehmen. Der Vormann Carp war ärgerlich, daß er auf dem Sägeplatz bleiben mußte; er hätte seine Männer gern von dieser Fahrt in die Stadt abgehalten.

Dunkel, von mächtigen Wolken verhangen war der Himmel, an dem sich kein Stern funkelnd zeigen wollte. Carp war mit zum Landeplatz gestiefelt, da er der Meinung war, bei solchem Nebel ließe sich die Wasserstraße von Chebucto nicht überqueren; die Männer täten also besser, bei der Sägemühle auf der Dartmouth-Seite zu bleiben. Doch die vier Arbeiter, die den Vormann und Antreiber Carp haßten, verlangten danach, wenigstens für einen Abend seinen ewig gespitzten Ohren und seiner Klugschnackerei zu entgehen.

Carp blieb am Ufer zurück, hilflos und voller Wut darüber, daß die Männer seine Warnung nicht respektiert, ihm sogar ihre Verachtung vor die Stiefel gespuckt hatten.

Verärgert wollte er sich auf den Rückweg machen, als ihm plötzlich der Triumph geschenkt wurde, ein viel schnöderer noch, als wenn die Männer ihm gefolgt wären. Er blieb stehen und lauschte: Vom Wasser her klangen Rufe, kaum vernehmbar, als wären sie halb erstickt: »Carp! Carp! Wo bist du? Carp!«

Carp begriff sofort, was sich ereignet hatte: Die Männer hatten jede Richtung verloren und wollten verängstigt ans Ufer zurückkehren. Wenn Carp nicht antwortete und ihnen mit seiner Stimme den Rückweg zum Ufer wies, dann mochte die Strömung sie – wenn die Ebbe zu laufen begann – auf die hohe See hinaustreiben.

Carp kämpfte mit sich: Ich sollte sie krepieren lassen, sie haben mich geärgert. Aber schließlich: Jetzt hatte er handfesten Grund, den Burschen ihre Dummheit in die Haut zu reiben. Das würde Spaß machen und ihm Genugtuung verschaffen. Also wölbte er die Hände um den Mund und brüllte in den Nebel: »Hier bin ich, hier bin ich! Hört ihr mich?«

»Ja, wir hören dich. Wir kommen. Rufe nur weiter!« klang es matt zurück.

Es dauerte geraume Zeit, ehe Carps Stimme die Männer wieder zum Landeplatz gelotst hatte. Auf den Gesichtern der vier stand der überstandene Schrecken zu lesen. Einer bekannte: »Wir waren kaum unterwegs, da wußten wir schon nicht mehr, wo Nord oder Süd, West oder Ost ist. Ganz verdammt war das. Konnten bloß noch rufen.«

»Ihr habt's ja nicht glauben wollen, ihr Dummköpfe. Ihr könnt von Glück sagen, daß ich noch etwas länger hiergeblieben bin. Aber umsonst ist das nicht. Die Rettung kostet euch mindestens eine Buddel Schnaps!«

»Auf den Schreck hin, Carp, müssen wir sowieso einen trinken. Ich habe noch eine Flasche Rum.«

»Und ich Gin.«

»Ich auch! Klar, feiern wir eben hier!«

»Schade bloß, daß wir hier keine Weiber haben, mit so viel Geld in der Tasche!«

»Ach was! Saufen wir eben alles aus, was wir haben. Dann merken wir gar nicht mehr, daß die Weiber fehlen.«

Die Männer merkten auch anderes nicht. Die Furcht war ihnen auf dem Nebelstrom so heftig in die Glieder gefahren, daß es einer Menge Alkohol bedurfte, sie wieder zu ersäufen. Nur Carp hielt sich zurück. Er wußte, was er sich und seiner Stellung schuldig war.

Deshalb zog er auch noch vor Mitternacht aus der Hütte aus, in welcher die fünf Männer sonst gemeinsam schliefen. Die vier waren schon zwei Stunden später so randvoll betrunken, daß sie lallend und grölend ihre Pritschen nur noch mit Mühe erreichen konnten. Sie fielen sofort in einen bleiernen Schlaf, aus dem sie nicht einmal die Trompete des Jüngsten Gerichts geweckt hätte. Zwei hatten sich übergeben; ein durchdringender Gestank wie nach säuerlich fauligem Schnaps verbreitete sich in der Hütte. Carp vermochte den eklen Geruch nicht zu ertragen. Auch er war nicht mehr ganz nüchtern, aber er wußte noch sehr genau, was er tat und was um ihn her geschah. Er raffte seine Decken zusammen und stolperte durch die Nacht zu dem überdachten Schuppen hinüber, in dem die zugeschnittenen Bretter trockneten, zu Stapeln getürmt. Die Gänge zwischen den Stapeln waren mit Sägemehl angeschüttet, um den Pflanzenwuchs zu unterdrücken.

Zwischen den Bretterstapeln lag man zwar windgeschützt. Auch an frischer Luft war kein Mangel. Aber über allzuviel Wärme konnte man sich in der feuchten Nebelnacht des beginnenden Oktobers nicht beklagen.

Carp war gerade wieder wachgeworden, als ihn ein unwirklich schauriger Laut erstarren machte. Die Hütte, in der die vier Betrunkenen schliefen, stand kaum weiter als zehn Schritte von Carps Lager zwischen den Bretterstapeln entfernt. Einer der Betrunkenen hatte geschnarcht, als wollte er es der Säge, an welche die Männer tagsüber gefesselt waren, nachtun. Diese Töne hatten Carp nicht gestört; er hatte sie kaum noch wahrgenommen.

Der neue Ton aber, mitten in der Nacht, laut und grausig, ein

stöhnender Schrei, der zu einem dumpfen Gurgeln verging...
Carp hatte sich aufgesetzt, als habe ihn eine grobe Faust hochgestoßen. Um alles in der Welt: Was war das? Noch nie in seinem Leben hatte ein so fürchterlicher Laut sein Ohr erreicht. In der Hütte ging irgend etwas Entsetzliches vor!

Auf allen vieren kroch er davon, wählte, ohne zu überlegen, die Richtung, die ihn zum Rande des Waldes führen mußte. Der fürchterliche Schrei hatte ihn wie ein Peitschenhieb getroffen und trieb ihn an: fort, fort!

Er stieß mit dem Kopf an einen Baum. Er hatte den Wald erreicht. Schon wollte er sich beruhigen: Was ist denn ich mich gefahren, daß ich wie besessen losgekrochen bin? Habe ich nur schlecht geträumt?

Jetzt aber hörte er von der Hütte her durch die schweigende Nacht herausfordernd und gellend ein unbeschreiblich wildes Geheul, keinen Laut der Klage diesmal, sondern die Stimme eines maßlosen Triumphes, einen Schrei der Rache und des Sieges. Dem armseligen Carp stockte der Herzschlag. Das Siegesgeheul klang noch dreimal auf, dann wurde es durch unbekümmerte laute Stimmen abgelöst.

Englisch war es nicht, was da geredet, gerufen wurde, auch nicht französisch. Es waren rauhe, ganz und gar fremde Worte. Indianer also! All die nur halb geglaubten, oft belachten Schauergeschichten, die Carp auf dem Schiff und in der Stadt vernommen hatte, fielen ihm wieder ein – und steigerten sein Entsetzen.

Ein großes, zunächst rötliches, dann gelbes Licht flammte auf, schien den Nebel anzusaugen, die Schwaden flossen hinein, schnell und schneller. Carp hob den Kopf aus seinem Versteck: Soll doch die Hölle... Die Teufel haben unsere Hütte angesteckt! Alles verbrennt mit! Was haben sie mit Pat und Joe, mit John und Bob gemacht? Ich kann hier nicht bleiben. Wenn sie mich finden... Es wird wohl schon hell?

Gehetzt kroch er weiter, schließlich erhob er sich und lief immer tiefer in den Wald hinein.

Plötzlich stand er am Ufer der Bucht. Im dichten Wald hatte er einen weiten Halbkreis geschlagen. Es war sehr viel heller geworden. Ein Wind hatte sich erhoben. Der Nebel war in Bewegung geraten, trieb in dicht gepreßten Schwaden, dann wieder so aufgelockert an ihm vorüber, daß er hundert Schritte und weiter das Ufer der Bucht zu überblicken vermochte.

Ich kann nicht allzuweit von der Landestelle entfernt sein! Vielleicht erreiche ich das Boot und fliehe damit.

Der Nebel verwehte. Von Minute zu Minute wurde es lichter. Vorsichtig, ohne die Deckung der Bäume zu verlassen, schob sich Carp der Landestelle zu. Er hatte vor, das letzte Stück des Strandes, das ihn noch von dem Boot trennte, in schnellem Anlauf zu überwinden, sich in das Boot zu werfen und davonzurudern. Er zitterte vor Aufregung. Er war kein Held. Das rettete ihm das Leben. Er stand im Schutz des Unterholzes und bebte davor zurück, auf den freien Strand hinauszutreten und zum Boot zu springen, zögerte, zögerte – und wäre den Indianern in die Hände gelaufen, wenn er nicht gezögert hätte.

Denn auf einmal waren fünf Gestalten am Ufer, halbnackt bis zum Gürtel; ihre Oberkörper und Gesichter waren mit hellroten und schwarzen Streifen bemalt. Ihr schwarzes Haar war am Hinterkopf zu einem Knoten gebunden. Eine Feder schwankte darin. Sie sprachen unbekümmert laut; sie fühlten sich vollkommen sicher. Carp erkannte aus dem Versteck, in das er sich drückte, daß die Indianer die Äxte und Beile vom Sägeplatz in das Boot hinuntertrugen, Decken und Kleider, den Wasserkrug, die eisernen Töpfe und Pfannen, dazu das Zinngeschirr. Mit der langen Zweimann-Säge wußten sie offenbar nichts anzufangen. Die Säge konnte Carp unter der Beute nicht entdecken. Was aber hing den Kerlen am Gürtel? Waren es Beutel, waren es Lappen? Carp gelang es nicht, sich darüber klarzuwerden.

Endlich waren die Indianer fertig. Sie stiegen in das kräftige Boot, das von einem der Transportschiffe stammte, und waren bald in der diesigen Morgenluft verschwunden.

Jetzt bin ich hier gefangen, sagte sich Carp, muß warten, bis jemand von Halifax mit einem anderen Boot herüberkommt.

Ob ich mich ins Lager zurücktraue?

Er wagte nicht, den kurzen, breit gebahnten Pfad zum Sägeplatz zu benutzen, wand sich seitab durch die Büsche, lugte auf die Lichtung hinaus, auf welcher am Dartmouth-Flüßchen die Hütte und das hohe Gerüst für die Brettersäge errichtet waren. Die Reste der Hütte qualmten noch. Carp hielt sich eine Weile im Versteck und starrte, wartete. Aber es regte sich nichts. Der Platz blieb tot und verlassen. Er durfte sich ins Freie trauen.

Wo waren Joe und Bob, Pat und John? Carp entdeckte sie nicht gleich. Aber dann fand er sie. Quer über den hintersten Bretterstapeln lagen sie aufgereiht, mit verdrehten Gliedmaßen. Ihre Gesichter waren durch fürchterliche Axthiebe bis zur Unkenntlichkeit entstellt. Carp vermochte die vier nur noch an ihren blutbesudelten Kleidern zu unterscheiden. Die Schädel sahen aus, als habe man ihnen eine blutrote enganliegende Kappe aufgestülpt. Kreisrund um Stirn und Hinterkopf war mit scharfem Messer ein Schnitt gezogen, das Haar ergriffen und mit hartem Ruck samt der Kopfhaut vom Schädel gerissen worden. Danach hatte das hervorstürzende Blut eine rote Kappe um den Kopf geklebt.

Carp taumelte zum Landeplatz hinunter, hockte sich abseits auf einen Stein. Wann würde einer kommen, ihn von diesem grausigen Ort abzuholen? Wann, wann? Wie lange muß ich warten? Alles war verloren. Die ganze Habe geraubt, verbrannt. Hätte ich heute nicht woanders geschlafen, läge auch ich auf den Stapeln – mit blutrot kahlem Schädel. Er fror bis ins Mark.

Das Gegenufer war nun zu ahnen. Der Wind hatte sich verstärkt. Ein Schemen? Nein, ein Segel! Es hielt auf die Landestelle zu. Das konnte nur der Master sein, Basford. Ein Seufzer der Erleichterung entrang sich der Brust des geängsteten Mannes.

Anke war damit beschäftigt, mit einer zweiten Frau Wäsche aufzuhängen. Über Nacht wäre sie in dem nässenden Nebel keinesfalls getrocknet. Doch jetzt hatten sich die Schwaden gehoben, verhüllten zwar noch den Himmel, aber der kühle Wind, der von der Kuppe des Berges das Bachtal entlang herniederwehte, würde die Hemden, die Laken, die Mund- und Schnupftücher der Herren Offiziere und Beamten wohl in wenigen Stunden trocknen.

Eine der Frauen entfachte unter dem großen eisernen Kessel ein kräftiges Feuer. Die am Tag zuvor eingeweichte Wäsche sollte darin gekocht werden. Am Bach hockten zwei Frauen auf den Knien und spülten im klaren Wasser schon gewaschenes Leinen. Anke hob den Kopf. Was bedeutete das? Von der Stadt her war ein wirres Geräusch hörbar geworden, schien langsam lauter zu werden, sich zu nähern. Es klang, als schrien viele Stimmen aufgeregt durcheinander. War etwas Schreckliches geschehen in der Stadt? Was mochte es sein? Es hatte schon mehr als einmal Auflauf und Schlägerei gegeben. Die Wache hatte beinahe jeden Tag irgendwo einzuschreiten, um Ruhe und Frieden zu stiften. Seit einigen Wochen war Jonas von Hestergart für die öffentliche Ordnung in der Stadt mit ihren wohl schon fünftausend Soldaten und Zivilisten verantwortlich und hatte der Obrigkeit Respekt zu verschaffen – womit er sich nicht besonders beliebt machte, wie Anke von ihren Helfern erfahren hatte.

Kein Zweifel, das wütende Geschrei kam den Berg herauf. Was konnte die Leute hier auf dem Wäscheplatz erzürnt haben? Nasse Wäsche und siedende Kochkessel erregen keinen Haß. Und doch – so wüst war das Gebrüll, als sei die Hölle los!

Sie kommen! Am Rand der Lichtung weiter unterhalb waren einige Leute aufgetaucht, fuchtelten mit den Armen, brüllten, immer mehr Menschen wälzten sich heran, langsam, denn der Berg unterhalb des Trockenplatzes war ziemlich steil. Was schreien sie! Revenge, revenge!

Revenge? Anke stand hoch aufgerichtet, erstarrt. Revenge? Das heißt Rache. Wofür? Was wollen die Leute bei mir? Haben sie es auf meine Frauen abgesehen, auf mich – oder, o Gott, etwa auf das Kind? Ihr Herz krampfte sich zusammen: Das Kind, der kleine Indo! Immer wieder haben sie nach dem ›Indianerbalg‹ gefragt und mich dabei verächtlich angeschaut. Wollen sie dem Kind etwas antun? Wie ein elektrischer Schlag fuhr es ihr durch die Glieder. Sie ließ fallen, was sie in der Hand hielt, schrie die Frau an, die mit ihr Wäsche gehängt hatte: »Bleib hier, Dilly, und paß auf die Stücke auf!« und hastete zur Hütte hinüber. Das Kind war wach, lag auf dem Rücken, zappelte mit den Händchen, ließ ab und zu ein leises Krähen und Juchzen hören und war offenbar bester Stimmung. Der Kleine bot so deutlich ein Bild munteren Glücks, daß Ankes Furcht zunächst verging. So drollig-unschuldiger Anmut konnte niemand etwas Böses wollen.

»Revenge, revenge!«

Das Gebrüll rollte heran, eine schmutzige, tobende Flut. Dutzende, nein Hunderte von Menschen, eine schreckliche Rotte! Sie zielte nicht auf den Wäscheplatz, auch nicht weiter den Berg hinauf, nein, sie bogen vom Wege zu Ankes Hütte hinunter. Außer sich schien das Volk. Zwei Männer voran, mit erhobenen Fäusten, einer in schlotterndem Arbeitskleid. Anke wußte nicht, wer das war. Der andere aber war ein Herr. Basford! Fast hätte Anke ihn nicht erkannt, so verzerrt war sein Gesicht.

»Revenge, revenge!«

Zu spät dachte sie daran, die Tür zu verriegeln. Basford und der andere hatten den Eingang schon erreicht; sie drängten sich zwischen die Pfosten. Draußen tobte die Menge.

»Was wollt ihr von mir?«

Basford schien seiner Sache vollkommen sicher. Im Befehlston wandte er sich an seinen Begleiter: »Da ist das Kind, Carp! Nimm es dir und macht mit ihm, was ihr wollt. Dann raus mit dir und Tür zu, bis ich sie selber wieder öffne!«

Mit einem Sprung war Carp bei dem Lager des Kindes, faßte es an beiden Beinen, riß es hoch und war im Nu aus der Hütte.

Im ersten Augenblick war Anke wie gelähmt. Dann schrie sie: »Mein Kind!« und wollte hinterher. Doch Basford hatte die Tür hinter Carp zugeworfen. Breitbeinig stand er davor. Das Grinsen auf seinem Gesicht entsetzte Anke. Fast von Sinnen schrie sie: »Was wollt ihr mit dem Kind?«

Das höhnische Grinsen auf Basfords Gesicht vertiefte sich noch: »Das Kind werden sie draußen ein bißchen aufschneiden, zur Vergeltung, Anke! Letzte Nacht haben die Indianer vier meiner Leute im Schlaf gemetzelt und bis zur Unkenntlichkeit verstümmelt. Haben ihnen die Kopfhaut abgezogen, haben sie skalpiert, während sie noch lebten. Vielleicht war der Vater dieses Wurms unter den Tätern. Die Leute haben die haarlosen Leichen gesehen und rasen. Sie wollen wenigstens einen Indianer umbringen. Du hast einen großgepäppelt. Also her damit, damit sie Rache nehmen können! Und dich werden sie ebenfalls zerreißen, weil du mit den Indianern unter einer Decke steckst. Ich brauche nur ein Wort zu sagen, und auch du bist des Todes. Aber dazu bist du mir zu schade. Was ich von dir will? Was ich schon immer gewollt habe: Dich. Und das sofort!«

Er hatte immer langsamer gesprochen, immer leiser. Aus seinen Augen glühten der Wahnsinn, der Alkohol, die Gier. Das Blut, die zerschmetterten Gesichter, die er hatte sehen müssen, hatten ihn aller Hemmungen beraubt. Mit schreckensweiten Augen wich Anke einige Schritte zurück. Ihr Mund klaffte, doch brachte sie keinen Schrei heraus. In der Ecke stand die Bettstatt. Mit den Kniekehlen stieß sie an den Rand. Weiter zurück konnte sie nicht ausweichen. In diesem Augenblick sprang Basford sie an und warf sie rücklings aufs Lager, warf sich über sie.

Keuchend rangen sie miteinander. Basford war im Vorteil. Schließlich war er der Stärkere.

Sie fühlte sich schon erlahmen, stützte sich aber noch auf die aufgestemmten Ellenbogen.

Basford lastete mit seinem ganzen Gewicht auf ihrem Leib, bekam eine Hand frei, griff in den Halsausschnitt und riß ihr Kleid bis zu den Brüsten auf. Es war, als hätte das knirschende Geräusch ihre Kraft urplötzlich verdoppelt. Es gelang ihr, sich höher aufzurichten.

Aber auch Basfords Wut war durch das vor ihm aufleuchtende Fleisch aufs äußerste entfacht. Er gewann die Oberhand. Die Wurzel der rechten Hand schob er unter Ankes Kinn und drückte mit aller Gewalt ihren Kopf langsam nach hinten. Schon drohte sie, der erbarmungslosen Gewalt zu erliegen, als die Hand abrutschte und ihr zwischen die Zähne geriet.

Es war der Instinkt des vom Tode bedrohten Tieres, der sie zubeißen ließ. Sie biß mit solcher Gewalt in die Handkante, daß ihre scharfen Zähne das Fleisch aus der Hand fetzten. Sofort stürzte das Blut nach, wie aus einer platzenden Blase, besudelte Anke im Gesicht, am Hals, an den Schultern.

Basford hatte mit einem wilden Schrei des Schmerzes von ihr abgelassen, war beiseite gerollt, versuchte, mit der linken Hand den Blutstrom abzudämmen. Auf seiner Zunge lag ein fahler, ekler Geschmack. Er war jäh ernüchtert. Ich muß den Verstand verloren haben...

Anke war befreit, riß die Tür auf, stürzte nach draußen. Mit einem einzigen Blick erfaßte sie, was die aufgewiegelte Menge vorhatte. Carp stand auf einem kniehohen Baumstumpf abseits der Hütte, hielt das braune nackte Indianerkind an einem Bein in die Höhe wie einen toten Hasen und schrie über die johlenden Menschen hin: »Hier, seht das indianische Ferkel! Wir werden ihm die Beine und die Arme ausreißen – für jeden, den sie von uns umgebracht haben, ein Glied! Seht es euch an! Noch lebt es! Bald wird es nicht mehr leben! Dann ist einer weniger von dieser Brut! Rache! Rache!«

Wie eine Tigerin fuhr Anke dazwischen. Ihre blutbeschmierte Gestalt, ihr zerrissenes Kleid brachten Carp aus dem Konzept. Und schon hatte sie ihm das Kind entrissen und barg es in ihren Armen. Es hatte keinen Laut von sich gegeben, starrte aber mit weit geöffneten Augen.

Die Leute im inneren Kreis des großen Haufens schwiegen überrumpelt, während die Menge fortfuhr zu lärmen. Längs der Hütte war eine schmale Gasse frei – sie rannte wie besessen, das Kind im Arm, aber sie wäre nicht weit gekommen, denn Carp hatte sich schnell gefaßt. Er schrie: »Haltet sie! Festhal...«

Der Rest war ein Gurgeln. Mit einem erstaunten Gesichtsausdruck griff Carp an seinen Hals. Über die Köpfe der Menge hinweg, vom nahen Wald her, war er angezischt: ein gefiederter Pfeil. Wie aus dem Nichts war er gekommen, hatte Carps Hals durchbohrt, von einer Seite zur anderen, er hatte die Schlagader durchschlagen, die Spitze ragte heraus. In rhythmischen Stößen quoll hellrot das Blut hervor. Carps Augen weiteten sich, als wollten sie aus den Höhlen springen. Die Sinne schwanden ihm. Er schwankte und stürzte zu Boden. Das Ende des Pfeils bohrte sich in die Erde, brach aber nicht, sondern drehte den Kopf windschief ab, die Wunde schrecklich erweiternd.

Alle hatten es mitangesehen. Alle standen erstarrt. Allen hatte der furchtbare Anblick die Mäuler gestopft. Auch Anke hatte aus den Augenwinkeln wahrgenommen, was sich ereignet hatte. Als sie begriff, daß sie keiner beachtete, hetzte sie um die Hütte herum, umging den Menschenauflauf und gewann den Weg bergab zur Stadt. Da erschienen, vom Rande der Lichtung her, Soldaten. Sie bewegten sich im Laufschritt bergan, geführt von einem Offizier mit entblößtem Degen in der Faust. Der Führer verhielt für einen Augenblick. Seine Stimme donnerte über die Lichtung: »Halt! Hier kommt die Wache. Keiner rührt sich. Oder ich lasse schießen!«

Anke erkannte die Stimme sofort.

Jonas von Hestergart hatte die Wache ins Gewehr gerufen und war der tobenden Menge mit den Bewaffneten in höchster Eile gefolgt. Die Leute hatten die verstümmelten Leichname zu Gesicht bekommen; Basford hatte die Toten in seinem Boot nach Halifax gebracht. Die Leute waren außer sich geraten vor Zorn und Grausen. »Rache!« hatte Carp geschrien, und Basford hatte der Wut die Richtung gewiesen: »Da oben bei der Wäscherei, das indianische Kind!«

Anke flog Jonas entgegen. Wie sah sie aus! Blutete sie oder war es fremdes Blut? Aber sie lebte, Gott sei Dank! Und barg das Kind im Arm.

»Jonas, sie wollten das Kind zerreißen. Basford hat mir Gewalt antun wollen. Ich habe ihn gebissen. Ein Mann ist erschossen. Mit einem Pfeil quer durch den Hals. Die Indianer...«

»Indianer, Indianer!« gellte eine Stimme aus dem Menschenhaufen, dem Anke entronnen war. Jetzt erst hatte einer begriffen, was geschehen war. Indianer! – Aber wo?

Hestergart faßte sich: »Bist du verletzt, Anke? Oder das Kind?«

»Nein, das ist Basfords Blut.«

»Wo ist er?«

»Noch in der Hütte. Vielleicht. Ich weiß es nicht.«

»Der Gouverneur muß sofort benachrichtigt werden.« Er wies auf einen der Soldaten: »Du bringst diese Frau zum Gouverneur. Ohne Aufenthalt! Du bist für ihren Schutz verantwortlich.«

Er wandte sich an Anke: »Berichte dem Gouverneur alles genau. Du sagst, Basford hat dir Gewalt antun wollen?«

»Ja, Jonas. Er überließ das Kind dem Mann, den der Pfeil getroffen hat. Das Kind sollte sterben als Vergeltung für den Tod von vier Männern. Dann fiel Basford über mich her. In meiner Hütte, hinter geschlossener Tür. Aber ich konnte mich befreien und das Kind retten, bevor es zerrissen wurde.«

Hestergart knirschte: »So, das genügt! Beeile dich! Laß dich beim Gouverneur nicht abweisen. Ich löse den Haufen auf und werde dann den Wald durchkämmen nach Indianern. Basford wird verhaftet, das kannst du dem Gouverneur gleich sagen.«

Anke vernahm noch mit halbem Ohr, wie Jonas – ich habe ihn ›Jonas‹ genannt, fiel ihr ein, zum erstenmal! – die Soldaten ausschwärmen ließ, und dann hörte sie noch einmal seine Stimme, hart und laut: »Keiner rührt sich vom Platz. Sie eingeschlossen, Basford. Der Tote bleibt liegen, wie er liegt. Basford, Sie sind unter Arrest!«

Als fliege sie, war Anke die George-Straße hinuntergeeilt. Kaum vermochte der baumlange Soldat, das Gewehr mit aufgepflanztem Bajonett im Arm, mit seiner Schutzbefohlenen Schritt zu halten. Anke hielt das Kind an sich gepreßt, als sollte es ihr noch einmal geraubt werden.

Sie stürmte in das mit Brettern verkleidete Blockhaus, das, größer als die anderen Hütten und Häuser der Stadt, den vorläufigen Amtssitz des Gouverneurs darstellte.

Cornwallis erhob sich erschrocken, als er die Besucherin sah, die er nie anders als mit sorgsam gekämmtem Haar und streng geordneten, sauberen Kleidern erlebt hatte. Er kam hinter seinem Tisch hervor und ließ einen schnellen Blick über Ankes Gestalt gleiten, von den wirren dunklen Haaren bis zu den Holzschuhen.

»Anke, was ist passiert? Du siehst fürchterlich aus.« Und als sie nicht gleich antwortete, fügte er hinzu: »Du bist sehr aufgeregt. Was hat sich bei dir ereignet? Kannst du zusammenhängend berichten?«

»Yes, Sir, das kann ich.«

Sie berichtete, wie es von ihr erwartet wurde. Sie schloß: »Die Soldaten suchen jetzt den Waldrand ab nach Indianern. Aber sie werden niemand finden. Das könnten nur die Rangers. Hestergart hat den Basford verhaftet und wird ihn einbringen. Der Mann, der das Kind unter die Leute werfen wollte, ist tot.« Sie stockte.

Cornwallis bedeckte seine Augen mit der Hand, als sei er sehr müde. Dann wandte er sich an sie: »Was verlangst du jetzt von mir?« Er sagte es leise und sehr mild.

Sie begann zögernd, doch dann fuhr sie ruhig und entschlossen fort: »Mein Mann hat es mir vorausgesagt, daß der Krieg beginnen wird. Die Indianer haben den Frieden nicht bestätigt, als sie auf die ›Beaufort‹ gekommen waren. Nun hat das Töten angefangen. Die Wäscherei kann dort oben nicht bleiben, Sir. Mir selbst wird nichts passieren. Aber die anderen...«

»Du hast sicher recht. Die Arbeit muß hinter die Wälle der Stadt verlegt werden. Du könntest wieder die Hütte beziehen, die Walther und du am Anfang gebaut haben, ganz hier in der Nähe.«

»Ich nicht mehr, Sir. Ich wollte dies sagen: Es sind jetzt viele Menschen in der Stadt. Es kann sich jemand anders um die Arbeit kümmern. Ich will es nicht mehr tun. Ich will diese Stadt verlassen. Wir sind nicht über das Meer gekommen, um uns von dieser abscheulichen Stadt festhalten zu lassen, wo man mich und das Kind bedroht.«

»Wo willst du hin, Anke? Hier kann ich dir Schutz gewähren. Außerhalb der Stadt nicht. Das hat sich ja erwiesen. Die Indianer werden dich überfallen und umbringen.«

Anke blickte auf das Kind. Sie erwiderte leise, aber bestimmt: »Mich nicht, Sir. Die Akadier wohnen unangefochten in den Wäldern, drüben auf der anderen Seite im Annapolis-Tal. Und auch hier in der Gegend von Merliguesche, wo Walther sie zuerst gefunden hat. Warum sollte uns das nicht ebenso gelingen, Sir?«

Die Brauen des Gouverneurs zogen sich zusammen. »Ich kann dich nicht halten, Anke. Wenn du glaubst, daß du im Wald besser aufgehoben bist als in meiner Nähe – gut, das ist deine Sache. Die Zahlmeisterei wird mit dir abrechnen, was du noch an Lohn zu bekommen hast.«

»Wo kann ich bleiben, Sir, bis ich mich mit Walther besprochen habe? Ich habe Angst um das Kind. Ich will in der Hütte oben nicht weiter wohnen. Die Leute könnten kommen und es noch einmal versuchen...«

Sie blickte auf den kleinen Indo hinunter, der in ihren Armen schlief. Die Stimme des Gouverneurs klang weniger hart: »Hier in diesem Haus bist du ganz sicher, Anke. Es steht immer eine Wache vor der Tür. Die Bedientenzimmer sind frei, du kannst dich dort auch waschen. Du siehst schrecklich aus. Weißt du das gar nicht?«

Sie erschrak, erblaßte, sah an sich hinunter, fuhr sich mit der Hand übers Gesicht: »Himmel, ja, ich muß mich waschen!«

Walther und Anke saßen spät am Abend des gleichen Tages vor der Rückwand des Blockhauses, in dem über Tag der Gouverneur residierte. Anke hatte im Haus eine Kammer bezogen. Hestergart hatte dafür gesorgt, daß ihre Habe von der Hütte am Berg heruntergeschafft worden war.

Walther flüsterte: »Die Maillets werden dich gern aufnehmen, Anke, und das Kind auch. Du kannst ihnen auf der Farm helfen. Und wenn nicht anders, dann holen wir einen Dukaten aus unserem Beutelchen.«

Anke flüsterte zurück: »Wie komme ich von hier zu den Maillets?«

»Niscayu oder Kokwee werden einen Weg wissen, sicherlich im Kanu. Gorham gibt mir Urlaub. Ich bringe dich hin. Kokwee wird uns führen.«

Sie saßen aneinandergelehnt und spürten ihre Wärme und schwiegen lange. Dann sagte Anke, sehr verhalten: »Ende März nächsten Jahres kommt unser Kind, Walther. Ich bin froh, daß es nicht in dieser Stadt geboren wird. Wirst du dann bei mir sein, Walther?«

»Und wenn die Welt untergeht, ich werde bei dir sein.«

Genau um die gleiche Stunde war der Rat des Gouverneurs auf der ›Beaufort‹ zusammengetreten, darunter Gorham und Hestergart.

Die Herren schwiegen betreten. Der Gouverneur hatte sich böse getäuscht. Die Indianer hatten ihm den Kriegstanz auf das Deck der ›Sphinx‹ gestampft, die Kriegserklärung. Sollte man sich auf neue Verhandlungen einlassen? Unsinn, das hätte dem Ansehen der Krone von England nur geschadet. Sollte man den Stämmen also in aller Form den Krieg erklären? Cornwallis schnitt schließlich jede Debatte ab: »Den Indianern offiziell den Krieg zu erklären, Gentlemen, das würde die Wilden lediglich über ihren Zustand täuschen. Wir haben die Eingeborenen nie als Eigentümer dieser Gebiete anerkannt. Die Indianer bilden kein freies Volk. Sie sind vom Tage der Inbesitznahme dieses Landes durch uns Untertanen Seiner Majestät. Lassen sie sich zu feindlichen Handlungen hinreißen, erheben sie sogar die Waffen gegen unsere Außenposten wie in den letzten vierundzwanzig Stunden, so führen sie nicht Krieg, sondern begehen ein schweres Verbrechen. Sie sind keine Gegner in einem Krieg, sondern erklären sich damit selbst zu Aufrührern, Räubern, Mördern, Wegelagerern, die nach den Gesetzen der Krone verfolgt und bestraft werden müssen. Ich darf Sie bitten, Gentlemen, sich fortan dieser Auffassung der Situation vorbehaltlos anzuschließen.«

Die Gentlemen schlossen sich dieser Auffassung an. Es ergab sich danach beinahe von selbst, daß der Beschluß gefaßt wurde, die Indianer zu ›zerstören‹, wo immer man ihrer habhaft würde. Indianer seien nicht frei, sie seien vogelfrei. In dem Erlaß, der sodann formuliert wurde, hieß es, daß für jeden Indianer, ob lebendig oder tot eingebracht, zehn Guineen gleich zweihundertundzehn Schillingen, ein Haufen Geld also, von Amts wegen gezahlt werden würde. »Oder auch nur für einen Skalp, wie es in Amerika Sitte ist«, so hieß es wörtlich.

Gegen Schluß der langen, weinbeflügelten Ratssitzung warf Gorham die Frage auf, was, erstens, mit dem Indianerkind zu geschehen habe, das von Anke Corssen versorgt werde, und wie, zweitens, mit Basford zu verfahren sei, der sich doch zweifellos der Anstiftung eines Aufruhrs schuldig gemacht habe.

Der Gouverneur fertigte den Frager ab, nicht ohne Ungeduld: »Anke und das Kind verschwinden aus der Stadt, auf Ankes eigenen Wunsch übrigens. Das ist die beste Lösung, denn auf jeden Indianer stehen ja fortab zehn Guineen, und das Kind ist ein Indianer. Was Basford anbelangt: Von außen droht uns Gefahr. Um so strenger muß im Innern Zucht gewahrt werden. Aufruhr können wir uns nicht leisten. Da Basford jedoch zu den Herren gehört, kann ich ihn an Leib und Leben nicht strafen. Ich kann ihn nur öffentlich bloßstellen und dann ausweisen. Das wird geschehen. Noch etwas?«

Nein, keiner hatte noch etwas zu fragen. Die Herren des Rats waren sehr betroffen, befriedigt nur wenige, darunter Gorham und Hestergart. Doch nahmen sie die Entscheidung hin, ohne Zustimmung oder Ablehnung laut werden zu lassen.

Walther Corssen brachte es nicht über sich, Anke und das Kind zu den Maillets zu bringen, ohne vorher bei den akadischen Freunden um Erlaubnis gefragt zu haben. Gorham allerdings zweifelte keinen Augenblick daran, daß die Maillets ihr Haus öffnen würden; er kannte die Akadier und ihre Gastlichkeit.

Unter den Rangers war erörtert worden, ob es sich nicht lohnte, den Dienst zu quittieren und sich lieber auf die Indianerjagd zu verlegen. Zehn Guineen für einen Micmac-Skalp – bei einigem Glück und Geschick mußte eine Menge Geld zu verdienen sein. Gorham hatte es vorausgesehen, daß sich eine Anzahl seiner wilden Männer würde verlocken lassen, den Micmacs nachzustellen. Er gab bekannt: »Ich halte niemand, der Skalpe jagen will; er kann gehen. Wer bei mir und den Rangers bleibt, nimmt Skalpe nur, wenn der Gegner in einem militärisch notwendigen und ehrlichen Kampf gefallen ist.«

Unter den wenigen Männern, die danach die Truppe verließen, befand sich auch Pat O'Gilcock, genannt ›Cock‹, einer der Lehrmeister Walthers. Er verabschiedete sich von Walther mit den Worten: »Du wirst das schon noch lernen, Walther – sie oder wir! Was anderes gibt es nicht. Ich bin für wir. Und je schneller es dahin kommt, um so besser! Doch wir sehen uns wieder, Walther, irgendwann. Du hättest dir auch die zwei Jahre bis Ende 51 sparen sollen!«

In der Nacht, die dem Tag der Trennung von ›Cock‹, dem Iren, folgte, empfing Walther die Nachricht, daß die Maillets sich freuen würden, Anke aufzunehmen und daß sie den Corssens behilflich sein wollten, sich in ihrer Gegend niederzulassen.

Als Walther am Morgen darauf in seinem hirschledernen Rangerrock mit langen Schritten vom Berg her die George-Street hinuntereilte, um Anke zu unterrichten und ihre Abreise vorzubereiten, kam ihm ein Zug von Menschen entgegen, der die ganze Breite der schlammigen Straße füllte. An der Spitze des Auflaufs schritt zwischen zwei eifrig ihre Schlegel schwingenden Trommlerbuben in roten Röcken ein barhäuptiger Mann in Zivil. Ein Sergeant mit achtunggebietender Hellebarde wanderte gewichtig einige Schritte voraus. Drei Soldaten mit blankem Bajonett an den gefällten Gewehren folgten dem Gefangenen dicht auf dem Fuße. Der Mann war nicht gefesselt. Doch trug er ein großes Schild um den Hals.

Walther drückte sich an den Straßenrand und ließ die langsam rasselnden Trommeln heranrücken. Herr im Himmel, das ist Basford! Walthers scharfen Augen gelang es, den mit Teer auf die Tafel gepinselten Text zu entziffern. Er las:

»Dieser Mann, Aston Basford, ehemaliger Hauptmann im Zweiten Dragoner-Regiment Seiner Majestät, ist für schuldig befunden worden, gegebenem Befehl nicht gehorcht, einen Aufruhr angezettelt, zur Ermordung eines Kindes aufgehetzt, einer verheirateten Frau Gewalt angetan zu haben. Dieser Mann wird deshalb für alle und jeden an den Pranger gestellt und verurteilt, den Umkreis dieser Stadt Halifax innerhalb 24 Stunden hiernach zu verlassen. Andernfalls ihm die Strafe sofortigen Erschießens angedroht wird.

Auf Befehl des Gouverneurs von Nova Scotia.«

Es fiel Walther nicht leicht, Anke zu berichten, was er auf dem Weg zu ihr mitangesehen hatte. Bitter fügte er hinzu: »Einen von uns, aus dem ›gemeinen Volk‹, hätten sie an den Galgen gehängt.«

Bei regnerisch kaltem, aber beinahe windlosem Wetter geleiteten Walther und Kokwee die zuweilen schon von Schwangerschaftsbeschwerden geplagte Anke und den stets stillvergnügten kleinen Indo über herbstliche Hügel, gleichmütig rauschende Flüsse, verhangene Seen, an nur lässig atmenden Meeresküsten entlang um die Bucht von St. Margareten und um die von Mahone hinüber ins Land hinter die Bucht von Merliguesche.

Jeanne Maillet schloß Anke in ihre Arme: »Sois la bien venue, Anké!« und küßte sie.

Die beiden dunkelhaarigen, feinknochigen Frauen mit der pfirsichsamtenen bräunlichen Haut hätten Schwestern sein können.

12 Vor dem viergeteilten einzigen Fensterchen des weiten, niedrigen Raums mit den Wänden aus entrindeten Fichtenstämmen hing lichtlos die Nacht. Keine Kerze brannte, kein Kienspan. Doch war es nicht dunkel um den Kamin her. Das Herdfeuer verbreitete ein warmes, goldenes, wenn auch unsicheres Licht. In den Ecken des Raums behauptete sich das Dunkel, umdämmerte dort zwei Kinderbetten mit hohen Flanken.

Walther saß auf einem Schemel an der rechten Seite des Kamins. Er hatte einige fingerstarke Weidenruten neben sich auf den flachen Steinen liegen, die den Vorplatz des Kamins bildeten. Er schnitzte an den Zinken für einen neuen Heurechen. Als ein besonders wilder, wie Donner rollender Sturmstoß ein blaues Wölkchen herb duftenden Holzrauchs in die Stube drückte, sagte Walther: »Frühlingsanfang ist heute, Anke. Es hört sich nicht danach an. Welch ein Sturm! Es ist zwar nicht sehr kalt. Aber der Schnee wird morgen früh wieder drei Fuß hoch vor der Tür liegen.«

Anke erwiderte mit leisem Lächeln von der anderen Flanke des Kamins her: »Was macht es schon aus, Walther! Wir sind beisammen! Der Winter spielt sich noch einmal auf. Aber im Frühling wirst du merken, wie schön es bei uns ist. Du hast es bisher nie richtig erlebt. Ach, Walther, solche Abende wie dieser! Ich bin allen Heiligen dankbar, daß wir für uns sind, endlich, und keiner kann uns stören. Ich bin glücklich.«

»Allen Heiligen bist du dankbar, daß wir allein sind? Anke, was würde wohl der gute Pastor Burmeester aus Haselgönne sagen, wenn er hören müßte, daß seine brave Lutheranerin aus seiner Gemeinde die katholischen Heiligen anruft! Anke, Anke, was soll daraus werden!«

»Sehr brave Lutheraner sind wir ohnehin nicht mehr«, sagte Anke. »Die Katholiken haben immer irgendeinen freundlichen Heiligen zur Hand, der sich helfend ins Mittel legen kann oder soll, wenn Not am Mann ist. Jeanne Maillet hat die Heiligen jeden Tag ein paarmal bemüht. Zuerst habe ich mich ein bißchen darüber geärgert, dann habe ich lachen müssen, und schließlich habe ich's mir selber angewöhnt, mich nach Möglichkeit mit den Heiligen gutzustellen. Man kann nie wissen! Hilft es nicht, so schadet es auch nicht.«

Und dann erinnerte sie sich an den gütigen Pfarrer Bosson, Père Bosson aus La Have. Sie hatte Walther schon viel von ihm erzählt. Als der kleine William geboren war und Charles Maillet sich aufgemacht hatte, Père Bosson zu Boot und zu Pferd heranzuholen, damit das Kind getauft würde – als Père Bosson erfuhr, daß noch nicht einmal der kleine Indo die Taufe empfangen hatte, wurde er zornig und betrübt zugleich. Also taufte man Indo und William zur gleichen Zeit, katholisch natürlich.

Anke dachte sich: Es wird dem lieben Gott wohl gleich sein, wenn es nur ehrlich und ernst gemeint ist. Père Bosson, die Maillets und noch einige andere hier, das sind gute Menschen und Nachbarn. Es kümmert mich längst nicht mehr, daß sie katholisch sind. Ich kann nicht glauben, daß das so wichtig ist. Wie ernst sie es meinen, das ist mir wichtiger!

Sie sprachen es nicht aus, aber sie empfanden diese Nacht und die Einsamkeit mit jeder Faser. Grenzenlos erstreckten sich die Barrikaden der Wälder hinter der Lichtung, die sie mit der Hilfe der Nachbarn gerodet hatten. Auch die Nächsten, die Familie Maillet, zu der man bei gutem Wetter nur eine halbe Stunde brauchte, waren in solcher Nacht so unerreichbar, als wohnten sie auf einem anderen Stern.

Nur mit Mühe löste Anke sich aus der Verzauberung. »Ich glaube, Walther, du mußt Holz nachlegen. Sonst wird es zu dunkel und kalt.«

Er kümmerte sich um das Feuer. An der Kaminwand türmten sich ein Stapel festen Kernholzes. Das Feuer flackerte von neuem hoch, erfüllte den Raum bis in den hintersten Winkel mit waberndem rotgelbem Licht. Bald verstrahlte es solche Hitze, daß Anke in den Hintergrund der Stube ausweichen mußte.

Sie lachte dabei: »Du meinst es zu gut, Walther, sei sparsam mit dem Brennholz, du mußt es selber hauen! Aber im Grunde habe ich nichts dagegen, daß du es so gut meinst. Seit zwei Monaten bist du jetzt zu Hause. Und in dieser Zeit hatten wir nichts als Eis,

Schnee oder Regen und grundlosen Morast. Es ist kaum zu glauben, wie schnell das Wetter hier umschlägt. Aber mir setzt das alles nicht mehr so zu wie im ersten Winter, als ich mit dem Kind ging, mich bei den Maillets erst eingewöhnen mußte und mir fast ständig übel war. Und du warst weit weg, irgendwo unterwegs. Ich wußte nicht, wo ich dich mit meinen Gedanken suche sollte. Vielleicht wird dir das Haus schon eng nach diesen zwei Monaten? Das Wetter war auch zu schlecht. Du konntest draußen so gut wie nichts verrichten. Aber bald werden wir mehr zu tun haben, als uns lieb ist. Und immer bist du frei, Walther. Seit wir uns kennen zum erstenmal: Frei nur für uns! Niemand kann uns etwas vorschreiben. Du bist endlich bei mir, bei uns, und bist gesund geblieben. Wir wollen dankbar dafür sein, Walther!«

»Ich bin es, Anke. Wenn ich es recht bedenke, wir haben eigentlich viel Glück gehabt in diesem neuen Land, mehr, als wir je im alten gehabt haben. Und haben Haus und Hof. Viel Staat ist zwar noch nicht damit zu machen. Aber wenn das Wetter besser wird – du wirst dich wundern, Anke, was wir hier noch alles auf die Beine stellen werden!«

»Wenn wir nur gesund bleiben«, antwortete Anke leise. »Allein wäre ich hier verloren mit den Kindern. Damit du es gleich weißt: Der kleine William wird in acht oder neun Monaten ein Geschwisterchen bekommen.«

Walther richtete sich auf. Große Heiterkeit erfüllte ihn plötzlich. Seine Augen lachten. Aber er brachte nichts weiter heraus als: »Ach, Anke!«

Und erst nach weiteren Sekunden: »Anke, ich verspreche dir: Dieses Jahr gehört nur unserem Hof – und wenn ich zwanzig Stunden am Tag für ihn arbeiten muß. Ich habe keine Angst vor der Zukunft, gar keine! Dies Land ist jung. Wer da der erste ist, der erntet viel.«

13

Anke hatte ihrem Walther nicht zuviel versprochen an jenem Sturmabend um die Tagundnachtgleiche im Frühling des Jahres 1752. Die Landschaft, in der sich die Corssens niedergelassen hatten, war von großartig einfacher, oftmals strahlender Schönheit. Die Corssens hatten sich, beraten von den ihnen getreulich beistehenden Maillets, einen Platz gesucht, von dem aus der Mailletsche Hof und die übrigen fünf akadischen Höfe auf der Westseite der Merliguesche-Bucht leicht zu erreichen waren. Hier mußte man zuverlässige Nachbarschaft halten; davon hing Erfolg oder Mißerfolg solcher Einöd-Siedlung in hohem Maße ab.

Walther hatte in den Jahren 50 und 51 seinen neuen Hof jeweils nur dann besuchen können, wenn Gorham ihn von den Rangers auf Kundschaft oder als Kurier zu den Akadiern oder ins Indianerland sandte. Stets auch hatte Walther eine verwertbare Nachricht mitzubringen, um Gorhams militärisches Gewissen zu beruhigen.

In den letzten Jahren seiner Dienstpflicht hatte Walther also den neuen Hof jedesmal wieder verlassen müssen, ehe er richtig warm geworden war. Schnell verrann jedesmal Walthers Zeit; eilig mußte er sich wieder auf den Weg machen, nachdem er sich vielleicht noch vor Morgengrauen bemüht hatte, mit der Angel eine oder zwei Mahlzeiten aus dem Wasser der Bucht zu fangen. Die Fische bissen dort leicht und schmeckten herrlich. – Walthers ersparte Löhnung hatte ausgereicht, von den Nachbarn einige Schafe und Schweine, dazu Enten, Gänse, Hühner zu kaufen. In das geheime Beutelchen aber hatte er greifen müssen, um in Halifax zwei kräftige Jersey-Kühe zu erwerben. Die Kühe waren gewohnt, im Joch zu gehen. Sie ließen sich anspannen, machten sich beim Pflügen und Eggen, beim Roden und Frachten nützlich, spendeten Milch für die Kinder, weiterhin Butter und Käse und würden, da es in La Have einen prächtigen Stier gab, irgendwann auch für den Nachwuchs an Kälbern sorgen.

Mit einem Wort: die Corssens hatten sich nach akadischen Maßstäben schon innerhalb der ersten zwei Jahre als ein höchst ansehnlicher Zuwachs der kleinen Urwaldgemeinde zwischen La Have River und der Merliguesche-Bucht erwiesen. Sie bemühten sich, akadisches Französisch zu sprechen und würden es bald ganz beherrschen. Die Maillets waren nach Bauernart sogar stolz darauf, daß sie es gewesen waren, die einen so offenbar weltläufigen Mann wie Walther Corssen und eine so tüchtige und kluge Person wie Anke in ihre Gegend geladen hatten.

Walther hatte keineswegs gezögert, sich ein gehöriges Stück jungfräulicher Erde zuschreiben zu lassen. Erst nachträglich begriff er, daß man auf der Regierung froh gewesen war, einem Hannoveraner unter den Akadiern Siedelrecht zu gewähren, hielt man doch ihn, einen Protestanten, der im alten Land zweifelsfrei Untertan Seiner Majestät Georgs II. gewesen war, für einen zuverlässigen Verfechter der englischen Sache.

Was die Beamten und Militärs in Halifax nicht ahnen konnten, was sie auch gar nicht begriffen hätten, war, daß Anke – Anké, wie die Maillets den Namen aussprachen – in diesen beiden Jahren mit fliegenden Fahnen zu den Akadiern übergegangen war.

Diese wiederum – begabt mit der Zähigkeit, Schläue und Nüchternheit, die alle echten Bauern auszeichnet – rechneten sich früh die Vorteile aus, die es mit sich bringen mochte, wenn jemand aus ihrer Mitte, der sich ihnen verpflichtet fühlte, sie über alles auf dem laufenden hielt, was bei der fernen, nicht unbedingt wohlwollenden Regierung in Halifax vorging. Sie begriffen schnell, daß Walther, wollte er seine Rolle als ›Kurier‹, als ›Rapporteur‹, wie sie verständnisinnig sagten, bei den Rangers, bei Gorham und dem Gouverneur Cornwallis weiter spielen, immer wieder etwas zu berichten haben mußte. Deshalb sorgten sie dafür, daß die Quellen der ›richtigen‹ und ›wünschenswerten‹ Neuigkeiten nicht versiegten. Anke lebte ja in ihrer Mitte, und Anke bot Gewähr dafür, daß Walther das Wohl und Wehe der akadischen Nachbarn nie aus den Augen verlor.

Also vergaßen die Maillets nicht, Kokwee zu ermuntern, dies und das von der indianischen Seite mitzuteilen, was sich zur Weitergabe an die englischen Oberen verwenden ließ. Kokwees Leute hatten die Hoffnung aufgegeben, jemals wieder an ihre alten Zeltplätze im Bereich der Bucht von Chebucto, wofür nun schon der fremde Name Halifax stand, zurückzukehren. Sie wollten es nicht und wagten es auch nicht mehr. Kokwee war in das Niemandsland zwischen Weiß und Rot geraten, dort wanderte er nun hin und her. Anke, die nach der Weise der Weißen seinen Sohn pflegte und erzog, war für Kokwee mit der Zeit zu einer ›Großen Mutter‹ geworden, der er heimlich und scheu, aber mit bedingungsloser Ergebenheit anhing. Er sorgte dafür, daß Walther wenigstens in großen Zügen erfuhr, was bei den Stämmen geschah, insbesondere, was der finster-gefährliche Häuptling Cope vom Shubenacadie im Schilde führte. Die Indianer von Chebucto – der letzte ihres Häuptlingsgeschlechtes war Kokwee – wurden von den übrigen Stämmen nicht mehr für voll genommen, hatten sie doch ihre Stammessitze verloren und waren auf ein schmales Häuflein zusammengeschrumpft. Manchmal wußte Kokwee nicht, wen er heftiger haßte: die anderen Häuptlinge, Cope voran, die ihn und die Seinen nicht mehr anerkannten, oder die Engländer in Halifax...

Als der Winter vergangen und der Frühling seine bunten Wimpel über dem Land von Merliguesche gehißt hatte, war es Walther, als würde er von einem leichten Rausch überwältigt; willenlos und dankbar gab er sich ihm hin.

Wenn Anke morgens aus der Tür trat, ihn von fern grüßte mit einem Wink der Hand und diese verhaltene Bewegung ihm ihre Zuneigung, auch ihre nur selten versiegende Heiterkeit anzeigte, dann wurde das klare Morgenlicht noch heller.

Rings um das langgestreckte Blockhaus der Corssens mit seinen stattlichen Räumen, einem für Kochen, Essen, Werken und Wirtschaften, dem anderen für Wohnen und Schlafen, um die festen Wände aus sorgsam entrindeten und geglätteten Fichtenstämmen dehnte sich die Lichtung in sattestem Grün. Üppiges Wildgras und die Wildkräuter, die sofort aufkamen, wenn der Wald geschlagen war, machten, daß Kühe und Schafe prächtig gediehen.

Jetzt erst erfuhr Walther die volle Freiheit an Leib und Seele, die dieses junge Land zu schenken vermochte. Er war nicht nur frei geworden von alten Verkettungen, sondern frei für eine bessere Zukunft. Schon der Sonnenaufgang fand ihn beim Werken.

Wenn Anke, nachdem sie die Kühe gemolken und die Kinder gewaschen und angezogen hatte, Walther zum Frühstück an den schweren Tisch neben der Herdstatt rief, wenn sie sich dann zum kräftig duftenden Mahle niederließen – nicht ohne die Kinder, den schon dreijährigen Indo und den zweieinhalb Jahre alten William, dann spürte Walther manchmal eine so überwältigende Einigkeit mit sich, mit Anke und den Umständen, in denen sie nun heimisch geworden waren, daß er mitten im Essen zum Staunen der Kleinen den Löffel beiseite legte, sich den Mund abwischte, um den Tisch kam, sich zu Anke niederbeugte, den Arm auf ihre Schulter legte und ihr einen herzhaften Kuß auf den roten Mund setzte.

Dann, als sei Unaufschiebbares nun zu voller Zufriedenheit erledigt worden, verfügte er sich wieder an seinen Platz, als habe er sich nur die Salzbüchse vom Bord geholt.

Anke, ein wenig durcheinander: »Nanu, Walther! Warum denn das?«

Walther kratzte eifrig seinen Holzteller aus – mit unnötig viel Geräusch. »Ach, nur so, Anke. Nur so...«

Die beiden Kinder waren Walthers Freude. In den Wintermonaten hatte er Zeit gehabt, sich mit den beiden Purzeln zu befreunden. Sie waren ganz verschieden geartet, ergänzten sich aber gerade deshalb vorzüglich und waren ein Herz und eine Seele. Der Jüngere, William, zeigte sich stürmisch und eigenwillig. Indo ließ sich von ihm geduldig herumkommandieren. Trieb William es gar zu grob oder toll, so wurde Indo urplötzlich böse und schlug hart zu. Gewöhnlich war William dann so verdutzt und erschrocken, daß er ein wildes Geheul erhob und zur Mutter lief, um sich zu beklagen. Aber die kluge Anke kannte ihren Sprößling, sie zuckte mit den Achseln und meinte ungerührt: »Du wirst schon wissen, womit du's verdient hast. Geh hin und vertrag dich!«

Nach und nach war Walther auch mit jenen Nachbarn, die jenseits von den Maillets wohnten – das waren sechs Familien – und auch mit einigen Leuten aus den schon seit drei oder vier Generationen bestehenden Siedlungen La Have und Petite Rivière bekannt geworden. Sie hatten stets auf eine neugierig-freundliche Art wissen wollen, wo er und Anke herstammten. Völlig begriffen hatten sie es wohl nie, denn ihre geographischen Vorstellungen gingen, was Europa anbetraf, über Bretagne, Normandie, Flandern, Paris, London und natürlich Rom nicht wesentlich hinaus. Es genügte ihnen zu erfahren, daß sie Freunde von Charles und Jeanne Maillet vor sich hatten, die sich bemühten, akadisches Französisch zu sprechen. Entscheidend war, daß der von ihnen liebevoll verehrte Père Bosson, der Leutepriester von La Have, die Corssens für ›bon gens‹, für ›gute Leute‹ hielt. Dieser alte Vater Bosson, ein zarter, zierlicher Mann, der aber eine unheimlich anmutende Zähigkeit entwickeln konnte, hatte sein ganzes erwachsenes Dasein unter den Akadiern an der atlantischen Küste verbracht. Nichts war ihm dabei fremd geblieben, er hatte eine untrügliche Menschenkenntnis entwickelt.

Père Bossons Urteil über Walther und Anke stammte aus verschiedenen Quellen. Der kluge alte Mann hatte sich zunächst auf den Augenschein verlassen: Dieser Walther war offenbar ein ehrlicher, sauberer Bursche, tapfer, geschickt und mit klarem Verstand begabt. Man traute ihm allerdings auch zu, daß er jederzeit aus dem gewohnten Geleise ausbrechen und der eigenen Nase in eine ganz andere Richtung folgen konnte. Und Anke? Das war eine gefährlich schöne Frau, der es aber offenbar überhaupt nicht einfiel, ihre Schönheit als Waffe oder Lockmittel zu nutzen. Anke, noch klarer und nüchterner im Denken als ihr Mann, war ebenso fähig zu unwandelbarer Treue wie zu sich verschwendender Leidenschaft. – Das glaubte der erfahrene Menschenkenner Bosson aus den Gesichtern der beiden ›Deutschen‹ zu lesen, aus dem Klang ihrer Stimmen, aus ihrem Verhalten zu erkennen, als die Maillets die Corssens zum erstenmal in die Messe mitgenommen und danach dem Geistlichen vorgestellt hatten. Was sein Urteil weiter bestimmte, war der Umstand, daß Anke sich des verlorenen Indianerkindes angenommen hatte, als sei es ihr eigenes. Denn Père Bosson betrachtete nicht nur die Akadier vom La Have River und von der Merliguesche-Bucht als seine geistlichen Kinder, sondern auch die Ureinwohner dieser Gebiete. Zu ihnen aber hatten auch Kokwee und seine Leute gehört. Er hatte Kokwee und manchen inzwischen längst der Seuche erlegenen Angehörigen der

Chebucto-Micmacs getauft und war nach wie vor bemüht, die dünnen Fäden zu den Resten des Stammes nicht abreißen zu lassen. Das Beichtkind Kokwee aber hatte seinem mit schier grenzenlosem Respekt verehrten Beichtiger, eben dem Pater Bosson, nur Gutes über Walther und Anke Corssen berichtet, hatte ihm sogar, sehr scheu und verlegen, nahegelegt, die beiden in seine Gebete einzuschließen – was Père Bosson, mit leisem Lächeln in einem Antlitz wie aus gefälteltem Seidenpapier, zugesagt hatte.

Père Bosson sagte sich also: Ein Mann wie dieser ehrliche, aber deshalb keineswegs begriffsstutzige ›Allemand‹ kommt uns gerade recht. Je schneller seine Familie mit unserem Kreis verwächst, desto zuverlässiger wird er uns über alles ins Bild setzen, was im Zentrum der örtlichen Macht, in Halifax, vorgeht und für uns wichtig ist. Und um so überzeugter wird er sich zu unserem Anwalt machen, wenn er über uns befragt wird.

Anke und Walther hatten einen inneren Widerstand zu überwinden gehabt, als sie zum erstenmal – und es blieb nicht bei einem Mal – an einem katholischen Hochamt teilnahmen.

»Gewiß«, gestand Walther seiner Anke, »wäre ein lutherischer Pastor hier, der würde uns haargenau auseinandersetzen, was Vater Bosson in seiner Predigt alles falsch und verkehrt gesagt hat. Und daß der Papst der Antichrist ist und die Patres und die Katholiken überhaupt allesamt Götzendiener, da sie die Heilige Jungfrau anbeten und den Sankt Michael um Beistand bitten. Aber es ist kein lutherischer Pastor hier und auch keiner in Aussicht. Und als gottloses Volk fühlen wir uns nicht wohl, und unsere Kinder sollen erst recht nicht aufwachsen wie die Heiden. Außerdem, so freundlich wie hier sind wir noch nirgendwo aufgenommen worden. Jedermann freut sich, wenn wir mit den Maillets zur Messe erscheinen.« Anke erwiderte: »Ich denke darüber nicht nach, Walther. Dies ist unser Land und unser Hof. Hier gehören wir her. Wir wollen nicht anders sein als die guten Leute, die uns hier als Nachbarn beschert sind.«

Walther schritt langsam und gleichmäßig hinter dem Pfluge her. Er brauchte kaum zu lenken. Es gab keine Steine in diesem sandiglehmigen Boden, die die Pflugschar aus der Richtung werfen konnten. Dies ist mein Acker, dachte Walther. Er hatte schon im ersten Jahr eine so gute Ernte an Buchweizen gebracht, daß Anke und Walther den von daheim so vertrauten ›Hirsebrei‹ das ganze Jahr über nicht zu entbehren brauchten. Sie hatten sogar einen beträchtlichen Überschuß an einen akadischen Aufkäufer in La Have losschlagen können. Im zweiten Jahr hatte das Feld Kartoffeln getragen. Im dritten, das sich eben jetzt dem letzten Viertel zuneigte, hatte Walther eine wunderbare rotgoldene Gerste geerntet, die nicht nur reichlich Grütze und Brot für die Familie spenden, sondern auch noch in vielen prallen Säcken an Monsieur Quenneville, den akadischen Händler in La Have, zu verkaufen sein würde.

Zunächst hatte sich Walther nicht den Kopf zerbrochen, für wen wohl Monsieur Quenneville die Produkte der akadischen Bauern am unteren La Have Fluß und im Hinterland von Merliguesche aufkaufte und wohin er sie weiterlieferte. Für ihn war es selbstverständlich, daß die nahrhaften Sachen in das nur einige Dutzend Meilen entfernte Halifax gesegelt wurden, in dessen näherer Umgebung längst noch nicht genug an Lebensmitteln erzeugt wurde, um die ständig wachsende Garnison und das zivile Volk satt zu machen. Ein Zufall hatte ihn schließlich darüber aufgeklärt, daß Monsieur Quenneville alles nach Louisbourg an die große französische Garnison lieferte!

Die Sonne neigte sich zum dunklen Saum der Wälder. Vielleicht noch zehnmal auf und ab, schätzte Walther, dann ist das Stoppel geschält. Ich komme früher nach Hause, als ich gerechnet habe, kann Anke gleich beim Füttern helfen. Wir haben rechtzeitig Feierabend, wenn sie sich nichts Besonderes vorgenommen hat.

Der Rand des Ackers war wieder einmal erreicht. Walther hob den Pflug aus der Erde, warf ihn zur Seite, konnte sich zwischen die hölzernen Griffe lehnen und die Gedanken ein wenig schweifen lassen:

Jenseits des Hügels steht mein Haus, steht auf einem Grund, der Anke gehört und mir und den Kindern. Dövenbostel an der Wilze und Haselgönne an der Wietze – gab es je Orte, die so geheißen hatten? Anke, so heißt die wunderbare Wirklichkeit, und William und Indo und auch Charles und Jeanne und Père Bosson gehören dazu, und diese meine Farm, mein Hof, wird wachsen jedes Jahr, und die Kinder werden nichts anderes mehr kennen als diese Wälder und Gewässer und werden glücklich sein in diesem freien Land, wo jedermann Platz hat. Und meine eigenen Tage werden ablaufen, wie ich es mir gewünscht habe: Arbeit am Tage für mich und die Meinen, und Freude am Abend, und ein wenig Ärger und Kummer als Gewürz, und des Nachts Ankes Schulter an der meinen. Ist das nun das Glück?

Walther hatte die Arme übereinandergeschlagen und blickte zu dem Hügel hinüber, der ihm den Blick auf seinen Hof verwehrte. Und plötzlich war ihm, als habe jemand eine schwere Hand drückend auf seine Schulter gelegt. Durfte man so kühne Fragen stellen?

Der Atem stockte ihm. Er sah es unheimlich klar: Immer, ein Leben lang, an diesem Platz in den Wäldern über der See? Gab es nicht tausend andere Plätze, vielleicht bessere, reichere? Ich weiß es nicht. Dies ist mein Platz, meiner! Das ist das Entscheidende. Ja, aber bleibt nicht doch etwas leer? Ist dies wirklich meine Erde? Wer vermag sie mir rechtens zu schenken? Oder durfte ich sie einfach nehmen? Ich weiß auch das nicht genau. Es bleibt in der Schwebe.

Walther seufzte. Nie durfte Anke etwas von diesen Zweifeln erfahren. Er faßte die Griffe des Pfluges und wollte die Tiere gerade mit einem Peitschenknall zur letzten Arbeitsrunde anfeuern, ließ noch einmal den Blick zu dem Hügel schweifen, der das Feld von der Farm trennte. Und hielt inne:

Der Mann, der mit wehendem Umhang über den Hügel stiefelte und mit hoch erhobener Hand winkte, war kein anderer als Jonas von Hestergart. Walther erkannte ihn an seinen weit ausholenden Schritten und den beim Gehen leicht abgewinkelten Ellenbogen. Jonas... Was will der hier bei mir? Haben wir uns noch immer nicht weit genug abgesetzt? Mag dies hier auch wohl unsere letzte Station sein – mit dem, wofür Jonas von Hestergart stand und sicherlich noch steht, will ich nichts mehr zu tun haben. Warum läßt man uns nicht in Ruhe!

Jonas war so nahe herangekommen, daß Walther erkennen konnte, wie er gekleidet war. Und das war wahrlich kaum zu glauben: Hestergart trug nicht mehr den langen Rock aus Tuch mit den silbernen Knöpfen, den Tressen und den breiten Umschlägen an den Ärmeln, nicht mehr den Dreispitz und die blanken hohen Stiefel. Er war vielmehr in weiches Leder gekleidet, mit ein paar Fransen längs der Nähte und Taschen. Die Unterschenkel und Füße steckten in Mokassins und ledernen Leggings. War Jonas unter die Rangers geraten? Sieh da – der Jonas von Hestergart! Ein Ranger?

»He, Walther, kennst mich nicht mehr? Freust dich wohl gar nicht, mich wiederzusehen?«

Es war die gleiche Stimme wie früher, herrisch, zupackend, aber nicht unfreundlich. Ob Walther es wollte oder nicht – er fühlte sich von dieser Stimme angerührt. Er mußte lachen, als er antwortete: »Doch, Jonas!« Sie schüttelten sich die Hände. »Aber ich ahnte nicht, daß du zu den Rangers gegangen bist. Hat der Gouverneur dich aus seinem Stab entlassen?«

»Ja und nein, Walther!« Auch Jonas lachte, und die Freude in seinen Augen war ehrlich. »Du bist an allem schuld, Walther – und weißt es nicht einmal! Ich habe damals erlebt, wie du dich bei den Rangers verwandelt hast. Das hat mir schwer zu denken gegeben. Als du dann darauf bestandest, Ende 51 aus der Truppe auszuscheiden und Cornwallis mir anvertraute, daß er niemand habe, der Verbindung zu den Rangers halten könnte, war mir das ein Wink des Himmels, und ich erbot mich, in deine Fußstapfen zu treten. Dem Gouverneur war das erst gar nicht recht; er meinte, ich hätte den Verstand verloren. Er gab erst nach, als er merkte, daß ich ihn wirklich verloren hatte. Aber er zwang mich, mein Offizierspatent nicht aufzugeben. Ich komme mit Gorham ausgezeichnet aus und mit den anderen auch. Gorham vermeidet es, mich gegen die Indianer einzusetzen, und Cornwallis ist damit einverstanden. Ich bin froh, daß ich den inzwischen sehr aufgeblasenen Pomp und Zauber um den Gouverneur, die Beamtenschaft und die reichen Geldmacher hinter mich gebracht habe und die längste Zeit in den Wäldern stecke, wo keine Dienstordnung und keine Kavalierssitten gelten.«

Das war als Bekenntnis gemeint, und Walther begriff es auf der Stelle.

»Du bist also ein Amerikaner geworden!«

»Ja!« erwiderte Jonas. »Dieser Erdteil ist groß. Wenn man schon hier ist, kann man auch gleich Amerikaner werden.«

»Stimmt, Jonas, aber hör mal, als ich dich hier auftauchen sah, bekam ich zuerst einen Schrecken. Ich dachte, man könnte wieder etwas von mir wollen und mich von hier wegrufen.«

Jonas wurde ernst. Ruhig sah er Walther in die Augen: »Der Gouverneur will auch etwas von dir. Aber wegholen will ich dich nicht.«

»Also, was ist es?«

»Hör zu, ich setze dir die Sache auseinander. Seit 1750 wird nicht nur im Hannoverschen für die Auswanderung nach Nova Scotia geworben, sondern auch weiter im deutschen Südwesten unter Protestanten. Viele haben die große Reise gewagt. Cornwallis hat graue Haare bekommen, da er dafür sorgen mußte, die Leute unterzubringen und vernünftig einzusetzen. Aber ich muß sagen, die Lüneburger haben sich gut bewährt. Sie warteten nicht erst darauf, daß einer kam und ihnen sagte, was sie tun sollten. Als sie erst einmal das richtige Werkzeug in der Hand hatten, ließen sie sich über dem Südufer der Narrows nieder – du kennst sie ja, die Wasserenge von der Chebucto-Bucht zum Bedford-Becken – und fingen an, sich Häuser zu bauen, damit sie erst einmal ein Dach über den Kopf bekamen. Sie rodeten den Wald, legten Felder und Gärten an und ernteten schon im ersten Jahr so reichlich, daß sie einen Teil der Ernte verkaufen konnten.

Mittlerweile müssen schon weit über anderthalbtausend Deutsche eingetroffen sein. Und es kommen immer noch Deutsche nach, und die allermeisten nehmen gleich am Rande von Halifax Land auf und fangen an, sich nützlich zu machen. Es bleibt ihnen gar nichts weiter übrig. Sie hätten sich längst auch auf der Dartmouth-Seite ausgebreitet, wo Basfords Sägemühle lag. Alles schön und gut – aber vielleicht hast du schon gemerkt, Walther, wohin der Hase in Wahrheit läuft?«

Die Sonne hatte sich hinter den Wald gesenkt und war in einem Aufruhr aus Gold, Purpur und Orange vergangen. Die Zugtiere standen geduldig unter ihrem Joch, sie verkörperten den Gleichmut, der alles Rindvieh, solange es nicht erzürnt wird, auszeichnet. Nach wie vor waren die letzten Furchen nicht gezogen, deren der Acker noch bedurfte. Es wurde dunkel. Walther nahm es plötzlich wahr; die alarmierende Frage des Besuchers hatte ihn in seinen Alltag zurückgerufen. Er hob den Pflug aus der Furche, legte ihn auf die Seite, klatschte der Leitkuh die Leine auf die Flanke und rief die Tiere an. Sie setzten sich gemächlich in Bewegung; sie wußten, daß es heimwärts ging.

»Bald ist es Nacht, Jonas. Ich werde mit dem Feld nicht mehr fertig, muß machen, daß ich auf den Hof komme, um Anke beim Füttern zu helfen. Du bleibst über Nacht! Erzähle ruhig weiter, Jonas. Ich weiß zwar nicht, wohin dein Hase läuft. Aber ich würde es schon erfahren.«

»Ja nun, ich habe den Eindruck, daß die Deutschen in Halifax mit ihrer ständig steigenden Zahl und ihrer Emsigkeit den Engländern unheimlich werden. Ich verstehe das ganz gut. Die französisch sprechenden Akadier machen den Engländern Sorgen genug, besonders, wenn es wieder zum offenen Krieg zwischen England und Frankreich kommen sollte. Es sind viel mehr Akadier im Land als Engländer, wenn man vom englischen Militär absieht. Und nun sind auch schon mehr Deutsche im Lande als Engländer. Mit einem Wort: Cornwallis, Bulkeley, Hopson und Lawrence sind übereingekommen, mehrere Fliegen mit einer Klappe zu schlagen. Erstens müssen die Deutschen aus Halifax wieder hinausgeschafft werden, damit die Hauptstadt der Kolonie den englischen Yankees aus dem Süden, den englischen Beamten und Militärs, den entlassenen englischen Soldaten und ihren Familien und weiteren Einwanderern aus Schottland und Irland vorbehalten bleibt. Zweitens muß eine weitere feste Ansiedlung an der gleichen Küste, jedoch südlicher gelegen, gegründet werden, um für Halifax Rückendeckung zu schaffen. Drittens haben die Lüneburger und die übrigen deutschsprachigen Protestanten bewiesen, daß sie aus der Wildnis etwas Brauchbares zu machen imstande sind. Also wird man die Deutschen im kommenden Jahr aus Halifax abschieben und sie hier an der Merliguesche-Bucht der Wildnis überantworten – man kann auch sagen: Der Wildnis in den Rachen werfen.«

Walther war so bestürzt, daß er stehenblieb. Die Kühe zogen von allein weiter. Sie verlangten nach dem Platz neben dem Wohnhaus, wo ihnen das Joch abgenommen wurde, wo ihnen Anke auch gleich die Milch aus den ziehenden Eutern molk.

»Hier in Merliguesche? Bei uns? Wie viele denn?«

»Die erste Ladung ist schon ausgesucht: etwa vierhundertundfünfzig gesunde Leute, die auch mit der Waffe vertraut sind. Aber insgesamt sollen an die vierzehnhundert hierher verladen werden im Laufe des Jahres 53. Sie sollen gut versorgt und auch reichlich mit Vieh versehen werden. Dafür verbürgt sich Cornwallis. Aber noch wissen die Deutschen nichts von ihrem Glück. Es wird ihnen nichts verraten, damit sie nicht etwa irgendwie Widerstand organisieren. Nun weißt du also Bescheid, Walther – und kannst dir alles Übrige denken.«

Walther beeilte sich; er durfte die Kühe unter dem Joch nicht sich selber überlassen. Eine Woge von Sorge und Unmut wälzte sich über ihn und preßte seine Brust.

»So viele Menschen, Jonas? Mit den Soldaten, die sie mitschikken werden, vielleicht zweitausend Seelen! Der Friede, der jetzt hier herrscht, wird dann vorbei sein. Ob die hiesigen Akadier damit einverstanden sein werden, sich plötzlich mit einer großen Mehrheit von Deutschen abfinden zu müssen, das weiß ich nicht. Und wie werden sich die Indianer verhalten? Bisher waren wir wenigen Siedler mit ihnen gut Freund. Und der alte Pater Bosson in La Have betrachtet sie als seine Kinder. Aber werden sie zulassen, daß ein so großer Schwarm von Neusiedlern sie von der Merliguesche-Bucht verdrängt? Sie werden sich rächen und den Deutschen Schaden tun, wo immer sie können. Hast du mit Anke schon über die Sache gesprochen? Du kamst doch über unseren Hof?«

»Ja, sie war entsetzt.«
»Das kann ich mir denken. Sieh, Jonas, es ist noch nicht viel, was wir geschafft haben. Aber es ist ein guter Anfang. Anke hat ihr ganzes Herz daran gehängt. Wir wollen dabeibleiben. Und nun kommst du und bringst solche Nachrichten. Es braucht dich kaum zu verwundern, daß wir nicht sehr glücklich darüber sind.«
»Walther, ihr nehmt die Sache zu ernst. Von Anfang an standen für die Besiedlung an dieser Küste zwei Plätze zur engeren Wahl: Chebucto und Merliguesche. In Chebucto ist Halifax entstanden. Nun will man dort die Deutschen loswerden und sich gleichzeitig einen zweiten guten Hafen sichern, der sich vielleicht auch zur Festung ausbauen läßt. Dafür kommt also Merliguesche in Frage. Ich bin hergeschickt worden, um mit dir, der du diese Gegend kennst, den geeigneten Platz auszusuchen, wo im nächsten Jahr, 1753 also, die Deutschen an Land gesetzt werden können. Und zugleich läßt dir Cornwallis noch sagen, er erwarte von dir, daß du den Neusiedlern Hilfe leistest, daß du deine Beziehungen zu den Indianern ausnutzt, um für die Sicherheit der Leute zu sorgen, daß du die Akadier freundlich stimmst und daß du gemeinsam mit mir und einem Dutzend anderer Rangers im weiteren Vorfeld der neuen Stadt für die Sicherheit der Siedler und ihrer Familien sorgst. Du siehst: Cornwallis traut dir viel zu!«

Sie näherten sich dem Hof. Anke war aus der Tür des Wohnhauses getreten.

»Kommt herein, das Abendbrot ist fertig.«

Walther sprach einen einfachen Segen nach lutherischer Art, wie sie auch Jonas von Jugend an vertraut war. Dann griffen sie alle drei hungrig zu. Die Kinder hatte Anke schon zuvor in der Schlafkammer zur Ruhe gelegt. Milchsuppe gab es mit Grütze, Gerstenbrot, Butter, dazu eine Scheibe durchwachsenen Speck. Das Mahl behagte Jonas; sie beschlossen es mit einer Danksagung. Anke räumte ab. Jonas folgte ihr mit den Augen. Täuschte er sich? Nein, es stimmte: Ihr Leib war ein wenig vorgewölbt. Sie ging mit einem Kind.

Jonas stand auf und begann, vor dem offenen Kamin auf und ab zu schreiten.

»Ich kann verstehen, daß euch meine Nachricht nicht willkommen ist. Aber ihr wißt, daß ich dazu befohlen worden bin. Mich braucht ihr nicht abzulehnen. Ich war immer euer Freund, und bin es auch jetzt noch.«

Anke nahm das Wort – leise; sie wollte den alten Freund gewiß nicht verletzen: »Wir lehnen dich nicht ab, Jonas. Aber mit dem, was du uns gebracht hast, reißt du uns wieder dorthin zurück, woher wir gekommen sind. Ich möchte dir eine Frage stellen, Jonas, und du mußt sie mir ganz ehrlich beantworten: Was würde geschehen, wenn Walther sich weigerte, der Anweisung des Gouverneurs zu gehorchen? Wenn er einfach erklärte: Ich will mit der Ansiedlung der Deutschen aus Halifax an dieser Bucht von Merliguesche nichts zu tun haben? Ich bin Bauer in der akadischen Siedlung Ost-La Have und habe mit meinem Hof übergenug zu tun. Ich kann und will also den Auftrag des Gouverneurs nicht ausführen?«

Jonas lehnte sich an den aus groben Felsbrocken gemauerten Seitenpfeiler des Kamins und blickte in die glühende Asche. So, halb abgewendet, als wage er nicht, den beiden Corssens ins Gesicht zu sehen, begann er zögernd: »Mußt du es so auf die Spitze treiben, Anke? Warum wollt ihr nicht die Dinge sich entwickeln lassen? Vielleicht läßt sich später erträglicher an, was euch jetzt noch Sorge macht. Aber ich soll dir ehrlich auf deine Frage antworten. Nun gut: Wenn Walther den Auftrag ablehnt – es ist ja ein ehrenvoller Auftrag –, dann wird die Regierung ihn verhaften, wegen Rebellion zu Zwangsarbeit verurteilen oder ihn, wenn sie Gnade vor Recht ergehen läßt, aus der Kolonie verbannen und Gott weiß wohin verschicken, ohne daß du, Anke, überhaupt erfährst, wohin man ihn verfrachtet hat. Ihr dürft nicht vergessen: Wir leben hier im Krieg, im Krieg gegen die Indianer, die im Hinterland von Halifax jedem den Skalp abziehen, dessen sie habhaft werden. Wir sollen auf dieser wilden Erde eine neue Kolonie aufbauen, haben uns die Erlaubis dazu einfach genommen. Das hat schon Blut und Jammer genug gekostet und wird noch mehr kosten. Und im Hintergrund warten die Franzosen nur darauf, uns früher oder später an dieser Küste den Hals umzudrehen. Dem

Namen nach haben wir Frieden mit ihnen. Aber wie lange noch? Dreißig Guineen werden jetzt schon in Halifax für einen indianischen oder französischen Skalp gezahlt. Im Krieg aber darf es keine privaten Wünsche geben, weil alles auf dem Spiel steht, das private ebenso wie das gemeine Wohl. Wer da widerstrebt, der wird gebrochen. So ist es im Krieg – und ich weiß auch nichts Besseres!«

Jonas hatte gespürt, wie Ankes Augen auf ihm brannten, und hatte sich in eine Erregung hineingeredet, die ihn selbst bestürzte. Hatte er allzu harte Worte gebraucht? Das hatte er nicht gewollt. Wenn er zu irgend jemand unter der Sonne freundlich sein wollte, dann zu Anke.

Ehe einer der drei Menschen seine Gedanken wieder in Worte zu fassen vermochte, unterbrach ein winziges Geräusch die lastende Stille. Nur Walther hörte es. Er öffnete die Haustür weit. Jetzt hörten auch Jonas ihn und Anke: den Lockruf der großen Waldtaube.

»Kokwee!« sagte Anke.

Seit Wochen hatte er sich nicht gezeigt.

In dieser Nacht knüpften sich viele Fäden. Auch Kokwee war gekommen, um seine Freunde davon zu unterrichten, daß geplant war, irgendwo in der Gegend von Merliguesche nach Halifax einen zweiten befestigten Posten zu errichten und von Anfang an mit vielen hundert neuen Siedlern, überwiegend solchen mit deutscher Muttersprache, auszustatten.

Als Kokwee seinen kurzen Bericht beendet hatte, konnte sich Jonas nicht enthalten zu fragen: »Woher weißt du das alles? Auch ich kam hierher, um Walther davon zu erzählen. In Halifax ahnen nicht einmal die Deutschen, die es am meisten betrifft, daß sie hierher verpflanzt werden sollen. Wie kommen die Indianer zu diesem Wissen?«

Der Indianer streckte seine Rechte gegen das Feuer, als wolle er sie wärmen. Er starrte in die Flammen, kein Muskel regte sich in seinem Gesicht. Aber im Ton seiner Antwort waren Hohn und Hochmut nicht zu überhören.

»Die Weißen sind laut, verbergen nichts, streiten sich vor fremden Ohren. Du bist ein Ranger. Ich kenne dich. Du warst früher einer der Helfer des Gouverneurs. Du bist zu den Rangers gegangen, weil du die Gesichter und die Künste meines Landes kennenlernen willst. Du bist ein Ranger und weißt, daß die Deutschen hier angesiedelt werden sollen. Aber was die Rangers wissen, das wissen wir Indianer auch. Alles, was die Rangers vor den dummen Soldaten und den hartherzigen Offizieren auszeichnet, das haben sie von uns, den Indianern gelernt. Seit wann weiß der Schüler mehr als der Lehrmeister?«

Jonas gab keine Antwort. Er war zurechtgewiesen und steckte es ein. – Walther hatte längst vorausgedacht. Es mußte zur Sache geredet werden. Kokwee würde nicht lange bleiben, und man wußte nie vorauszusagen, wann er wiederauftauchen mochte.

»Was werden deine Leute tun, Kokwee, wenn tausend oder zweitausend Menschen, die nicht gefragt haben, ob es erlaubt ist, und die ihr nicht gerufen habt, sich hier in eurem Lande niederlassen?«

Der Indianer hob den Kopf und blickte zu Walther und Anke hinüber. Es wurde deutlich, daß er Jonas nicht mehr einbeziehen wollte. Er erwiderte: »Was sollen wir tun, Walther? Ihr zählt eure Leute nach Hunderten, und alle sind mit Feuerwaffen ausgerüstet und mit Pulver und Blei, soviel sie haben wollen. Von uns sind nur noch zwei, drei Dutzend Männer übrig. Ihre Waffen sind Bogen und Pfeil und die Streitaxt. Mit Flinten wissen sie nicht gut umzugehen. Und vor dem Donner der Kanonen fürchten sie sich. Wir können also die Übermacht nicht angreifen. So werden wir, wie bei Halifax, der neuen Siedlung nur Abbruch tun können – vom Rande her. Wer den Umkreis der Siedlung verläßt, den werden wir auf unsere Weise zu Tode bringen.«

Kokwee hatte gemessen, mit verhaltener Stimme gesprochen, als hätte er Alltägliches mitzuteilen. Walther gab ebenso zur Antwort: »Ich werde dazu befohlen, Kokwee, mit diesem meinem Gefährten Jonas« – er wies mit einer Handbewegung auf den Mann an der anderen Kante des Kamins, als gehöre Jonas selbstverständlich dazu – »für die Sicherheit der Leute in der neuen Siedlung besorgt zu sein. Dir brauche ich nicht zu erklären, mein Freund Kokwee, Vater unseres Indo, den wir lieben, als wäre er unser eigener Sohn, daß ich dem Befehl gehorchen muß. Wenn deine Leute, Kokwee, mich und einige der Ansiedler, um die ich mich werde kümmern müssen, auf der Jagd antreffen oder beim Fischen, fern von der Stadt, werdet ihr uns dann vom Leben zum Tode bringen?« – »Nein!« erwiderte Kokwee ohne Zögern. »Dich betrachten wir als einen von uns, und wer mit dir ist, der ist gleich dir geschützt. Alle anderen sind unsere Feinde. Wir werden sie verfolgen und vernichten, wo immer wir Gelegenheit dazu finden.«

»Es sind meine Landsleute. Es sind Stammesbrüder von mir, Kokwee!« gab Walther zu bedenken, wenn auch nur mit verhaltener Stimme, beinahe zaghaft.

Auch der Indianer senkte seine Stimme, als er zögernd antwortete:

»Deine Stammesbrüder, Walther? Für uns sind es Fremde, die wir nicht eingeladen haben. Deine Stammesbrüder – warum bist du dann nicht mit ihnen gemeinsam gekommen? Warum habt ihr euch hier bei den Akadiern niedergelassen, die von jeher unsere Freunde sind? Nein, für uns bist du einer von uns. Ich und meine Leute, wir bieten euch und den Kindern abermals an: Kommt zu uns in die Tiefe der Wälder. Wir zeigen euch herrliches Land, wo ihr ackern könnt nach eurer Weise und uns lehren sollt, wie ihr der Erde Nahrung abgewinnt. Und wir werden euch so fern und heimlich verbergen im tiefen Inneren Akadiens, daß weder ihr noch eure Kindeskinder je wieder zu entdecken wären.«

Eine lange Stille folgte den Worten des Indianers. Keiner mochte sich regen. An Walther richtete sich das Schweigen der übrigen, fragend. Er saß vorgeneigt auf seinem Schemel, hatte die Hände zwischen den Knien verschränkt. Schließlich räusperte er sich, richtete sich auf, blickte aber an allen vorbei.

»Es ist so, Kokwee, mein Freund, wie es schon einmal zwischen uns war vor Jahren. Du wirst es nicht vergessen haben. Ich entgehe dem Zugriff meiner Oberen nicht, damals nicht – und heute auch nicht. Was du vorschlägst, würde nur einen Aufschub bedeuten. Früher oder später würden sie uns wieder einfangen. Wir ge-

hören zu euch, Kokwee – und das ist, als hätte ich ein zweites Leben geschenkt bekommen. Deshalb meine ich, ich kann dir und deinen Leuten, und das heißt ja auch Anke, den Kindern und mir, viel besser dienlich sein, wenn ich die Bande, die mich an jene fesseln, die die Macht haben, nicht zerreiße. Dann werde ich fortlaufend und rechtzeitig erfahren, was sie vorhaben.«
Er erhob sich langsam, griff nach ein paar Scheiten und brachte das Herdfeuer abermals in Gang. Der Kienspan im Eisenring war abgebrannt und erloschen. Walther war zum Herrn dieser Stunde geworden. Die anderen drei spürten es. Er wandte sich an Jonas: »Morgen zeige ich dir einen steilen Höhenrücken auf der anderen, der Nordseite der Bucht, auf einer Landenge, mit geschütztem Wasser an beiden Ufern. Für eine befestigte Siedlung gibt es keinen günstigeren Platz weit und breit.« Ein Lächeln breitete sich plötzlich über sein Gesicht. Er blickte zu Anke hinüber: »Außerdem liegt der Platz so weit über See und erst recht über Land von uns hier entfernt, einige Stunden weit, daß wir und unsere Nachbarn von der neuen Siedlung nichts sehen und nichts hören werden, es sei denn, wir legten Wert darauf!«

Am 15. Dezember des gleichen Jahres 1752 gebar Anke ihr zweites Kind, ein Mädchen. Père Bosson kam trotz Schnee und Eis von La Have herüber und taufte das gesunde kleine Wesen auf den Namen Anna. Es hatte der Mutter kaum Schwierigkeiten und Schmerzen bereitet. Die beiden Maillets standen Pate. Walther war selig, daß ihm eine Tochter geschenkt war. Die Eheleute sagten sich: Gut, daß unsere Anna im Winter gekommen ist, wenn die Arbeit nicht so drängt wie im Sommer. Jetzt haben wir mehr Zeit für die offenbar sehr leutselig geartete kleine Dame.

14 Die Deutschen, die aus Halifax entfernt und weiter nach Süden an die Küste verschifft werden sollten, wurden am 28. Mai 1753 auf vierzehn Transporter verladen, von denen der größte eine Tragfähigkeit von 98 Tonnen aufwies, winzige Schiffchen also, auf welchen nicht nur die Deutschen, eintausendvierhundertdreiundfünfzig an der Zahl, sondern auch noch zweiundneunzig Soldaten und sechsundsechzig Ranger (unter ihnen Jonas Hestergart), dazu die Beatzungen der Schiffe, sich fürchterlich drängten. Viel Federlesens wurde nicht gemacht. Jeder hatte sich, ob es ihm paßte oder nicht, in die Enge, die Kälte, die schlechte Luft, das Spritzwasser auf Deck, die Seekrankheit, die eigene wie die der Nachbarn, zu schicken.

Die Deutschen atmeten daher erleichtert auf, als sie schließlich in stillem Wasser in einer von allen Seiten gegen die offene See geschützten Bucht landeten und mit Sack und Pack wieder festen Boden unter den Füßen gewannen. Es hatte unterwegs trotz starken Seegangs und widrigen Wetters keinen Todesfall, nicht einmal ein Unglück gegeben.

Zum Befehlshaber des ganzen Landeunternehmens hatte Gouverneur Hopson (nachdem Cornwallis als ein kranker Mann nach London zurückgekehrt war) einen groben Haudegen, den Oberst Charles Lawrence, bestimmt. Ein Jahr später wurde er Gouverneur der Kolonie und sollte bald darauf (1755) seinen Namen mit einer der übelsten Gewaltaktionen der englischen Kolonialgeschichte beflecken.

Lawrence hatte den Auftrag, die Stadt an der vorbestimmten Stelle, auf dem kräftig erhöhten Landrücken, der Landenge zwischen einem geräumigen Seitenarm der Mahone-Bucht im Nordosten und einem noch zuverlässiger gegen die offene See abgeschirmten Zipfel der Merliguesche-Bucht im Südwesten, gleichmäßig auszulegen. Unter dem unerbittlichen Lawrence begann schon am Tage der Landung die Arbeit des Rodens, auch eine Anzahl von starken Blockhäusern wurde errichtet, welche die werdende Siedlung gegen das Inland abschirmten. In kürzester Frist entstanden dreizehn solcher Urwaldforts, aus schweren Stämmen des Waldes gefügt, doppelgeschossig, um eine weite Sicht zu gewähren, mit dicken Wänden, die nur durch Schießscharten unterbrochen wurden, und umgeben von doppelten Palisaden mit zugespitzten Enden.

Jedermann unter den Siedlern wie unter den im Vorfeld verteilten Soldaten und Rangers war sich im klaren: Je schneller wir wehrhaft werden, je fester wir uns in diese Erde eingraben, desto geringere Lust werden die Indianer verspüren, uns anzugreifen.

Anke nahm die neue Stadt, die ihren Walther und auch den Jonas von Hestergart in Dienst genommen hatte und einen großen Teil ihrer Zeit mit Beschlag belegte, gleichsam nicht zur Kenntnis. Sie hatte sich entschieden, eine unabhängige Akadierin zu werden. Dabei blieb sie, keinem Einwand zugänglich, starr, unbelehrbar – und sie hatte auch begonnen, Walther zu bedrängen, mit ihr und den Kindern katholisch zu werden, um sich akadischem Wesen völlig anzupassen. Die Einsicht, daß Anke nicht mehr vorbehaltlos an seiner Seite wanderte, bedrückte Walther und beunruhigte sein Herz.

In diesen Jahren 1753 und 1754 gruben sich tiefere Falten in sein Gesicht. Er stand in seinem dreißigsten Jahr. Nichts Jünglinghaftes war mehr an ihm. Das Bewußtsein, daß die geliebte Frau in einer Grundfrage der gemeinsam angelegten Existenz mit ihm nicht mehr einig schien, machte ihn hart und verbittert.

Ankes Antlitz aber wurde von einem kühlen Stolz gezeichnet, der Fremden gegenüber zu wortkargem Hochmut werden konnte. Da sie fast so hart wie ein Mann zu arbeiten gezwungen war – die Umstände und die häufige Abwesenheit Walthers ließen ihr gar keine andere Wahl –, verlor auch ihr Körper die weichen Umrisse, die ihn früher so zärtlich umschrieben hatten. Walther nahm es von Zeit zu Zeit wahr. Trauer fiel ihn dann an und Sehnsucht nach einem unwiederbringlich verlorenen Anfang.

Es wurmte Walther mit der Zeit bitter, daß Anke ihren ständigen stummen, nur selten deutlich ausgesprochenen Vorwurf durchaus nicht einschlafen ließ, er habe ohne Not der Anforderung des

Gouverneurs nachgegeben, er hätte bei einigem Mut und Trotz auf dem schwer genug errungenen Dasein, das nur ihm und ihr gehörte, bestehen müssen. Gegen seinen Willen hätte man ihn schließlich nicht abermals zum ›Kurier‹, zum Laufjungen der Oberen, machen dürfen. Beständen nicht auch die Akadier auf ihrem Recht und kämen damit durch? Behaupteten sie nicht furchtlos ihr Französisch? Blieben sie nicht bei ihrer Weigerung, gegen Frankreich Waffen zu tragen? Und seien sie, Walther und Anke und die Kinder, nicht durchaus entschlossen gewesen, ebenfalls Akadier zu werden, seien sie es nicht schon geworden? Und seien sie deshalb nicht schon aus purem Anstand gehalten, die ruhige und bestimmte Zurückhaltung der Akadier – bei aller gebotenen Loyalität – auch zu ihrer eigenen zu machen?

Walther war und blieb also uneins mit sich und seiner Umwelt. Er tat zwar, was ihm nach wie vor als das einzig Richtige und Vernünftige erschien: Er stellte seine bei den Rangers und den Akadiern erworbenen Kenntnisse und Erfahrungen den Neusiedlern zur Verfügung – aber die Dienste, die er leistete, befriedigten ihn keineswegs. Bedeuteten sie doch, daß er sich in der dafür aufzuwendenden Zeit nicht mit seinem Hof, mit seiner und der Seinen Zukunft befassen konnte, und, was verhängnisvoller als alles andere war: daß Ankes geheimer Widerstand nicht nachließ, sondern sich eher verstärkte.

Seit Charles Lawrence zum Gouverneur von Nova Scotia bestellt worden war – die Franzosen und alle anderen, die Französisch sprachen, fuhren, sehr zu Lawrences Ärger, fort, die Kolonie ›L'Acadie‹ zu nennen –, wehte im Lande ein schärferer Wind. Lawrence war kein Diplomat und Beamter wie Cornwallis, Lawrence war eigentlich nur eins: Soldat.

Von jeher hatte er gegen die Franzosen gefochten, war in der großen Schlacht von Fontenay verwundet worden und trug die Narbe mit Stolz. Lawrence neigte nicht zu freundlich-friedlichen Illusionen. Ebenso wie seine vorgesetzte Behörde, die ›Lords of Trade and Plantations‹ in London, war er sich darüber im klaren, daß früher oder später zwischen Frankreich und England wieder der offene Krieg ausbrechen mußte.

Die Franzosen sorgten dafür, daß trotz des offiziellen Friedens Akadien nicht zur Ruhe kam. Die Landenge, die verhältnismäßig schmale Verbindung zwischen der großen Halbinsel Neu-Schottland und dem eigentlichen Festland, der Isthmus von Chignecto, war von den Franzosen durch geschickt angelegte kleine Festungen verbarrikadiert worden. Louisbourg wurde mit großem Nachdruck ausgebaut. Die Festung lag auf der mächtigen Cape-Breton-Insel, der Insel des Bretonischen Kaps, die nur durch einen schmalen Meeresarm von der Halbinsel Nova Scotia getrennt war.

Lawrence verstand Nova Scotia nicht als eine pfleglich zu entwickelnde Siedlungs-Kolonie wie die älteren englischen Besitzungen weiter im Süden, Massachusetts oder Virginia, sondern in erster Linie als ein strategisches Bollwerk gegen Louisbourg, den südlichen Eckpfeiler der französischen Verteidigung der Sankt-Lorenz-Mündung. Halifax war für ihn eine vorgeschobene Bastion des englischen Kolonialbesitzes um Boston, New York, Philadelphia.

Wenn aber Neu-Schottland bei dem mit Sicherheit zu erwartenden neuen Konflikt mit Frankreich zugleich für die Verteidigung wie für den Angriff so bedeutsam werden würde, dann mußte vor allem seine innere Standfestigkeit zweifelsfrei gewährleistet sein. Das bedeutete: Es mußte weiterhin versucht werden, die Landplage der Indianer auszuräumen, oder, falls dazu die Machtmittel nicht ausreichten, die Indianer zu beruhigen, zu neutralisieren. Weiterhin mußten die nichtenglischen Elemente in der Kolonie streng kontrolliert und zugleich nach Möglichkeit auf die englische Seite hinübergezogen werden.

Da waren vor allem die Deutschen, die, so hieß es in jedem Bericht, überaus fleißig seien, auch besonders erfinderisch. Sie hätten im Jahr 1754 schon mehr als dreihundert Häuser unter Dach und Fach gebracht, hielten unermüdlich Wache in den wehrhaften Außenforts, machten ihre Patrouillen im Vorgelände, wagten sich auch in groben Booten auf die See hinaus, um zu fischen, und das mit Erfolg. Sie seien, was mehrfach hervorgehoben wurde, mit einem Mut, der eher tollkühn sei, überall drauf und dran, das Ackerland in die Wälder vorzuschieben, was bedeutete, daß sie stets die schußbereite Büchse über der Schulter haben mußten, wenn sie den Pflug durch die jungfräuliche Erde einer neuen Rodung lenkten. Nein, mit den Deutschen, meinte Lawrence, hatte man gewiß keinen schlechten Griff getan. Wenn sie nur ihre Felder, Ställe und Scheunen wachsen sahen, so war ihnen die Politik herzlich gleichgültig. Außerdem waren sie ja – und konnten es sich gar nicht anders vorstellen – zweifelsfrei nach Recht und Gesetz von jeher Untertanen Georgs des Zweiten aus seinen hannoverschen und lüneburgischen Stammlanden. Sie würden also, wenn man sie nur richtig, das heißt mit einer Mischung von Strenge und Wohlwollen behandelte, im Kriegsfall brav und bieder für England kämpfen, weil das ihren eigenen Interessen entsprach.

Ganz anders lagen die Dinge bei den Akadiern. Die waren schon lange vor den Engländern im Lande ansässig gewesen, hatten – das mußte man zugeben, wenn man sie in ihrer vorsichtigen Zurückhaltung verstehen wollte – die politische Herrschaft im Lande Akadien (besser: nur den Anspruch darauf) im Laufe der letzten hundert Jahre nicht weniger als vierzehnmal zwischen England und Frankreich wechseln sehen. Was war ihnen anderes übriggeblieben, als dahin zu streben, es niemals, weder mit der einen noch der anderen Macht, ganz zu verderben, unverbindlich zu bleiben und sich aus den Händeln der Großen soweit nur menschenmöglich herauszuhalten?

Solange sie mehr oder weniger die einzigen weißen Siedler in Neu-Schottland/Akadien gewesen waren, solange auch die strategische Bedeutung des Landes, dieser weit in den Atlantischen Ozean vorgereckten Halbinsel, weder in London noch in Paris richtig begriffen war, solange war dem hinter den dunklen Küsten verlorenen Häuflein der Akadier sozusagen Narrenfreiheit gewährt worden.

Jetzt aber, 1754/55, stand, für alle Unterrichteten klar voraussehbar, der Entscheidungskampf um Nordamerika zwischen England und Frankreich unmittelbar bevor. Der nüchterne, harte Soldat Lawrence glaubte, von Woche zu Woche, von Monat zu Monat deutlicher zu erkennen, daß zehn- bis zwanzigtausend ›neutrale‹ Akadier (es hatte sie bisher niemand gezählt) inmitten seines ohnehin von feindlichen Indianern durchstreiften Aufmarschgebietes keinesfalls länger geduldet werden durften.

Walther Corssen spürte deutlich, wie im Laufe des Jahres 1754, und erst recht seit 1755, der Wind sich drehte. Offenbar war bei den englischen Oberen die militärische und politische Verläßlichkeit seiner unmittelbaren Nachbarn, wie der Maillets, Dauphinés, Biencourts, ins Zwielicht geraten. Sie alle hatten, ohne allerdings jemals aufzutrumpfen, genau wie ihre Verwandten und Glaubensgenossen im Annapolis-Tal und am Minas-Becken, an die Gültigkeit ihrer seit vielen Jahrzehnten bestehenden Vorrechte geglaubt. Im übrigen hatten sie den Kopf eingezogen und sich bei den erfreulicherweise ziemlich weit entfernten englischen Behörden nicht mausig gemacht.

Wenn Anke nicht gewesen wäre, hätte Walther seine Doppelrolle als ehrlicher Freund und Gefährte der Akadier sowohl wie auch als Beauftragter der englischen Behörde für den Ausgleich mit den Akadiern und Indianern in der Gegend von Merliguesche wohl kaum unangefochten weiterspielen können. Anke bot den akadischen Nachbarn die Garantie, daß Walther die akadischen Belange niemals verraten würde.

Jonas war es, von dem Walther im Frühling 1755 die Nachricht empfing, daß England und Frankreich die weitere Vorspiegelung eines ohnehin nie recht geglaubten Friedens aufgegeben und sich nun wieder zum offenen Krieg entschlossen hätten. Eine französische Flotte mit viertausend Soldaten an Bord sei bereits auf dem Wege nach Louisbourg. Neu-Schottland sollte von dieser starken Streitmacht noch im gleichen Sommer angegriffen werden. Walther Corssen habe sich ohne Verzug nach La Have zu verfügen und sofort zu berichten, falls die dortigen Akadier etwa Miene machen sollten, sich zu erheben.

Walther wußte sehr genau, daß seine akadischen Nachbarn weder Aufruhr- noch Aufwiegelungs-Gelüste hegten, aber es war ihm sehr recht, daß Jonas ihn nach La Have zu den Nachbarn und den Seinen beordert hatte.

Es traf sich gut, daß Walther sein Kanu in der dicht verwachsenen Mündung eines Baches, der in die Merliguesche-Bucht floß, verborgen hatte, ein gutes und schnelles Kanu aus Birkenrinde, das Walther ans Herz gewachsen war und das er mit großer Sorgfalt pflegte. Er hatte es zusammen mit Charles Maillet und Kokwee nach allen Regeln der bootskundigen Micmacs und der Akadier selbst gebaut. Das Kanu ersparte Walther an diesem blauleuchtenden Frühlingstag den weiten Umweg über Land am Ufer der Bucht entlang zu seinem Hof, der ihn gewöhnlich, wenn alles gutging, drei Stunden kostete. Mit dem Kanu erreichte er die Landestelle seiner ›Ferme Corssen‹ in einer einzigen knappen Stunde, wenn ihn Wind und Wellengang nicht allzusehr behinderten.

Walther erlaubte sich nicht, nachdem er an Land gesprungen war, zuerst zu Anke hinaufzueilen und sie zu begrüßen. Statt dessen nahm er sofort den Pfad zu den Maillets unter die Füße. Er traf Charles und Jeanne Maillet beim Heumachen.

Charles erkannte Walther schon von fern und ließ die Sense ruhen. Der hastig heranschreitende Besucher schien seine Erregung weit vorauszuschicken; sie sprang sofort auf die beiden Maillets über.

Jeanne brach das Schweigen, noch ehe Walther die beiden erreicht hatte: »Was ist, Walther? Du kommst so unerwartet. Bei allen Heiligen, bringst du schlechte Nachricht?«

»Ja, Jeanne, Charles, böse Nachrichten! Es ist Krieg zwischen England und Frankreich!«

Jeanne faßte mit ihrer freien Hand nach dem Herzen, der anderen entglitt die Harke: »Krieg, oh, mon Dieu, Krieg! Sie werden uns nicht mehr trauen! Was werden sie mit uns machen?«

»Sie« – damit waren die Englischen gemeint. Das bedurfte keiner Erläuterung. Charles blickte finster zu Boden, war wie erstarrt. Walther mochte keine Zeit verlieren. Er kam sofort zum Eigentlichen: »Charles, hör genau zu! Ich habe Befehl, die Leute von La Have und Petite Rivière zu beobachten und alles Ungewöhnliche, was sich unter ihnen ereignet hat, sofort zu melden. Die Engländer mißtrauen allen Akadiern, auch euch, obgleich ich nie etwas Verdächtiges zu berichten hatte. Ich meine, du solltest alles

stehen- und liegenlassen und dich zu Pater Bosson auf den Weg machen. Auf dem Weg dorthin fordere gleich die anderen Nachbarn auf, heute abend nach Sonnenuntergang in La Have in der Kirche zu sein. Die Frauen sollen möglichst mitkommen.«
Charles Maillet hatte diese schnelle, dringliche Rede angehört, ohne sich zu regen. Er stützte sich auf seine Sense. Er hatte auf Walthers Füße gestarrt, als gäbe es dort etwas Besonderes zu sehen. Jetzt hob er langsam den Blick.
»Walther. Warum willst du dich mit uns verbinden? Das brauchst du doch nicht. Vielleicht wärt ihr jetzt viel besser dran, wenn ihr euch nicht zu uns Französischen zähltet.«
Die Worte trafen ins Schwarze. Aber Walther Corssen brauchte nicht nachzudenken. Die Sache war längst entschieden, hatte sich ganz leise, aber unwiderruflich im Laufe der letzten fünf Jahre geklärt:
»Du hast ›zu uns Französischen‹ gesagt, Charles. Das stimmt nicht. Akadier seid ihr, seit drei oder vier Generationen. Ihr habt uns aufgenommen, und wir sind auch Akadier geworden, weil wir nur noch in dieses Land gehören wollen, Anke und ich! Wir gehören hierher wie ihr. Das Französische ist nur ein Zufall. Ich dachte, das wäre längst klar. Père Bosson weiß, daß es so ist. Ich dachte, du wüßtest das auch.«
»Ich weiß es auch, Walther, ich wollte es nur von dir ausgesprochen hören. Gut also, ich breche sofort auf. Jeanne kann sich euch anschließen, wenn sie die Kinder versorgt hat.«

Das Kirchlein von La Have war bis zur letzten harten Holzbank gefüllt. In den Seitengängen standen einige Männer, die zu spät gekommen und keinen Platz mehr gefunden hatten.
Walther hatte nicht selbst das Wort ergriffen. In der Kirche stand das Wort nur dem von jedermann verehrten und respektierten Abbé zu, dem Père André Bosson, einem wahrhaften Vater seiner Gemeinde, dem selbst die gröbsten Bauern und Jäger unter seinen Beichtkindern gehorchten, gerade weil der zarte, zierliche alte Mann niemals zu befehlen schien, sondern immer nur bat und sich für jeden Gehorsam so überaus dankbar zeigte, als wäre ihm

damit eine ganz besondere Gunst erwiesen worden. Der Geistliche hatte nicht von der Kanzel, sondern vom Altar-Vorraum her gesprochen.

Vater Bosson schloß: »Man wird uns also fragen, liebe Kinder, ob wir den vollen Treueid auf den englischen König schwören wollen oder ob wir nach wie vor auf unserem alten Eid beharren, der uns zwar bindet, der englischen Verwaltung zu gehorchen, uns aber unseren katholischen Glauben und unsere französische Sprache, auch französische Seelsorger beläßt, uns insbesondere von jedem Kriegsdienst gegen Frankreich freistellt. Im Krieg gibt es keine Gnade und keine Nachsicht. Die Kriegführenden sagen, wie es auch in der Heiligen Schrift heißt: Wer nicht für mich ist, der ist wider mich. Wenn einer von euch hierzu etwas zu fragen oder zu erklären hat, so möge er sich jetzt melden.«

Die Versammlung verharrte in Schweigen, keiner rührte sich. Der Seelsorger wußte, daß es jetzt in den Hirnen und Herzen seiner Leute arbeitete. Man mußte ihnen Zeit lassen. Aber als er bemerkte, daß der alte Yves Picquingy den Kopf hob, mit seinen Gedanken also ins reine gekommen zu sein schien, faßte er sofort zu: »Yves, du hast etwas beizutragen?«

Dem Abbé kam dieser Yves Picquingy gerade recht. Der saß mit seiner Frau allein auf seinem großen Hof, hatte, was unter Akadiern höchst ungewöhnlich war, keine Kinder und genoß wegen seiner Umsicht und Tüchtigkeit, auch wegen seiner unnachgiebigen Härte allgemeines Ansehen.

Picquingy hob seinen riesigen, breitschultrigen Leib, an dem die schwere Hof- und Feldarbeit keine Unze überflüssigen Fetts bestehen ließ, aus der für ihn viel zu kleinen Bank, den weißhaarigen Kopf wie immer steil im Nacken: »Man kann uns nicht vorwerfen, je gegen England agiert zu haben. Aber man soll uns nicht zwingen, gegen Frankreich zu agieren. Wir brauchen weder England, noch brauchen wir Frankreich. Wir sind uns selbst genug. Darum keinen neuen Eid!«

Die letzten Worte hatte er mit starker Stimme über die Versammlung hinweggerufen. Père Bosson allerdings wollte bei der Vernunft und Sachlichkeit bleiben: »Im Herzen stimmen wir alle, meine Kinder, mit Yves Picquingy überein. Wir müssen aber prüfen, welche praktischen Folgen solche Hartnäckigkeit für uns haben könnte. Ich habe das schon vor Beginn dieser Versammlung mit Walther Corssen erörtert. Wiederhole es nochmals, Walther, und beschönige nichts.«

Walther zögerte mit der Antwort. Warum gerade er? Konnte Père Bosson das nicht selbst besorgen? Oder wollte der Pater sich das letzte Wort vorbehalten? Da Walther nicht sofort Bescheid gab, wandten sich alle Köpfe zu ihm um. Schließlich sagte er nüchtern und bestimmt: »Wer sich dem Eid widersetzt, begeht nach englischer Auffassung von heute Hochverrat. Darauf steht unter Umständen der Tod. Doch würde es nichts nutzen, die Anführer hinzurichten. Die Übrigbleibenden wären erst recht unzuverlässig. Einsperren kann man sie auch nicht. Dazu sind es zu viele. Also bleibt nur übrig, sie aus dem Lande auszuweisen, um Platz zu machen für verläßliche Untertanen Seiner Majestät Georgs des Zweiten.«

Eine bleierne Stille breitete sich über die Versammlung. Vor den schmalen, hohen Kirchenfenstern stand blauschwarz die Sommernacht. Père Bosson hatte sich dem Altar zugewendet, sein Käppchen abgezogen und schien zu beten. Auch andere hatten die Augen geschlossen und beteten. Nicht alle. In vielen bohrte der Widerstand.

Ein jüngerer Mann in der vordersten Bank sprang plötzlich auf, wandte sich nach hinten und schrie über alle hinweg – der junge Pierre Callac von Ober-La Have, ein Hitzkopf: »Was soll dies Gerede! Dies ist unser Land! Wir haben es zu dem gemacht, was es ist. Keiner hat uns geholfen. Wir bleiben hier und schwören auch keine Eide, weder solche noch solche. Sollen sie nur kommen und was von uns wollen!«

Habe ich es falsch angefangen? fragte sich Pater Bosson. Ich hätte Walther nicht zur nackten Wahrheit herausfordern sollen. Die geht meinen Leuten nicht ein. Sie dürfen nicht verrückt spielen.

Hilfe kam dem tiefbesorgten Geistlichen aus einer Ecke, aus der er sie nicht erwartet hatte. Er bemerkte, daß sich im Hintergrund ein Arm erhoben hatte. Niemand kümmerte sich darum. Man redete durcheinander. Anke war es, die sich meldete. Frauen redeten sonst nicht in solchen Versammlungen. Aber Anke spielte eine besondere Rolle unter den Frauen. Sie klatschte nie und schwatzte ungern, aber sie war immer da, wenn guter Rat und schnelle Tat gebraucht wurden.

Père Bosson rief in den Wirrwarr: »Gebt Ruhe! Anke Corssen will etwas sagen.«

Der Lärm erstarb allmählich. Anke, zuerst noch leise und stokkend, redete: »Freunde und Nachbarn! Unser Freund, der Häuptling Kokwee von den Chebucto-Micmacs, die seinerzeit von der Seuche fast ausgerottet wurden, hat uns schon immer angeboten, uns Siedelgebiete tief im Innern Akadiens zu zeigen, wo wir wohnen und arbeiten könnten, ohne daß uns ein Engländer oder ein Franzose jemals wieder aufspürt. Warum nehmen wir diesen Ratschlag nicht an? Kokwee und seine Leute werden uns nie verraten. Er gab uns seinen Sohn, den letzten aus der Häuptlingssippe, zum Pfand. Und wir hätten, solange wir leben, alle Abhängigkeiten von uns abgeschüttelt.«

Es war, als begriffen die Leute erst nach diesen Worten, welches Verhängnis sich vor ihnen aufhob, wie eine schwarze Gewitterwand. Es wurden keine weiteren Beschlüsse gefaßt. Père Bosson brauchte die Versammlung nicht aufzulösen. Keiner zeigte mehr Lust, viel zu reden oder sich gar zu streiten. Jeder dachte an sich und die Seinen und den eigenen Hof. Jeder machte sich ohne viel Aufhebens durch die sternklare Nacht davon. Und jeder ahnte, daß das Morgen niemals mehr so sein würde, wie das Gestern gewesen war.

Père Bosson lag in seiner Kammer auf den Knien und betete bis über die Mitternacht hinaus, und immer nur das eine: Herr im Himmel, laß mich noch so lange am Leben, bis ich mit deiner Hilfe meine Kinder in einer anderen Wildnis abermals heimisch gemacht habe.

15 Der Tag trat aus den leichten Frühnebeln über dem Land von Merliguesche in das goldene Licht. Ein wolkenloser, tief blauender Himmel überwölbte die Weite. Es war der 20. Juli des Jahres 1755. Der makellose Sommertag mußte genutzt werden. Walther mähte, Anke nahm dicht hinter dem Mäher das Korn auf und band es zu Garben, die Kinder aber, Indo und William, zwei gelenkige Bürschlein von nun schon sechs und fünf Jahren, hatten den Auftrag, die allzu aufdringlichen Möwen fernzuhalten. Die Vögel haschten hinter dem Mäher gern nach aufgestörten Insekten oder pickten die Körner auf, die sich hier und da aus den reifen Ähren lösten. Hinter den Möwen herzujagen, das war ganz und gar nach dem Geschmack der beiden Knaben. Beide waren von Sonne, von See- und Wälderluft dunkel gebrannt, so war kaum an ihrer Hautfarbe, sondern nur an der Farbe des Haares, jettschwarz hier, kastanienbraun dort, und am Schnitt der Augen zu erkennen, daß sie nicht von der gleichen Mutter stammten. Die kleine Anna mit ihren gut zweieinhalb Jahren auf den rundlichen Schultern trudelte aufgeregt und vergnügt hinter den eifrig ihr Wächteramt betreibenden Brüdern her, mit spitzen hellen Jauchzern – die dem gleichmäßig mähenden Vater immer wieder ein heiteres Lächeln entlockten.

Gestern erst war Charles Maillet zu seinem Freund Walther gekommen, um ihm vorzuschlagen, sich gegenseitig beim Dreschen der Gerste zu helfen, die Garben also gar nicht erst in der Scheune zu stapeln. Und dabei hatte er gesagt: »Vielleicht war alles nur falscher Alarm. Es regt sich nichts. Wieviel Menschen sind wir schon am unteren La Have? Vielleicht hundert Erwachsene. Mit den Kindern zweihundert. Wir sind keine Gefahr, selbst wenn wir eine sein wollten. Man wird uns in Ruhe lassen, man vergißt uns vielleicht ganz und gar.«

Ja, vielleicht hat Charles damit recht. Gebe es Gott! Wir könnten es gebrauchen. Wir kommen gut voran. Unsere Gegend liegt abseits, viel mehr noch als Lunenburg. Sollen sich die Engländer in Louisbourg oder in Québec mit den Franzosen herumschlagen.

Bis hierher braucht niemand zu kommen. Und ich kann meinen Dienst langsam ganz einschlafen lassen. Eine Verpflichtung bin ich sowieso nicht eingegangen. Man hat mich nur immer wieder herangezogen. Vielleicht wird das dann vergessen! Doch war es noch nicht soweit! Ein Mann tauchte über dem Hügel auf, kam schnell heran. Walther erkannte ihn schon von fern: Es war ein Meldegänger des Kommandanten Sutherland, ein Vollmatrose von der leichten Regierungs-Schaluppe. Dieser Mike Donnell hatte schon mehr als einmal als Bote gedient, wenn der Kommandant seinen Vorfeldspäher Walther Corssen heranzitieren wollte.

Walther hatte die Sense sinken lassen und streckte dem Seemann mit dem steif nach hinten abstehenden geteerten Zöpfchen unter der bepommelten Wollkappe die Hand entgegen: »Guten Tag, Mike! Was bringst du?«

Mike war wie gewöhnlich sauertöpfischer Stimmung. Er lüftete seine Kappe um einen knappen Zoll: »Guten Nachmittag, Missis! Guten Nachmittag, Walther! Du sollst dich ohne Aufenthalt zum Kommandanten verfügen. Noch heute, auch wenn es spät wird. Du sollst dich darauf einrichten, eine Woche von zu Hause wegzubleiben, auch wenn es dir nicht in den Kram paßt. Du sollst gleich mit mir in der Schaluppe zurücksegeln. Wir haben leidlichen Wind, das heißt, wenn er am Abend nicht einschläft.«

Walther hatte den Wetzstein aus der kurzen Lederscheide gezogen, die ihm am Gürtel hing, und begann, seine Sense mit langen, knirschenden Strichen erneut zu schärfen. Zwischendurch erklärte er mißmutig: »Ich hab's vernommen, Mike! Aber das laß dir gesagt sein, so dringlich ist nichts auf der Kommandantur, als daß mir meine schöne Gerste nicht noch dringlicher wäre. Da hinten steht unser Futterkorb. Anke, du solltest Mike ein wenig entschädigen für seine eilige Reise. Es wird noch Buttermilch dasein, Brot und Käse. Und ein Schluck Rum wird auch noch in der Flasche sein. Zuerst will ich mit unserer Gerste fertig werden. Das dauert nicht mehr lange. Danach werden wir weitersehen. Der Herr Kommandant kann auch nicht hexen.«

Mike grinste, hatte sich wieder aus dem Gras erhoben und ließ sich die herzhafte Speise munden, die Anke ihm reichte. Das Rumfläschchen leerte er mit einem prächtigen Zug, was ihn, seinem strahlenden Gesicht nach zu urteilen, höchlichst befriedigte.

Walther ging dem Rest seiner Gerste mit mächtigen Schwüngen der Sense zu Leibe. Anke blieb ihm dicht auf den Fersen. Eine ungewisse Furcht beengte ihr Herz. Walther muß uns allein lassen für eine Woche. Es werden zehn Tage daraus werden, wie meistens, wenn der Kommandant von ›einer Woche‹ spricht. Und was kommt danach? Rückt sie näher, die dunkle Wolkenwand? Unsere Gerste muß bis dahin gedroschen sein – und wenn ich mich dabei zerreiße!

Die Wache ließ Walther passieren. Er wurde erwartet.

Er wurde erwartet von Sutherland, dem Stadtkommandanten, und von Jonas Hestergart, dem Ranger.

»Zur Stelle, Sir!« grüßte Walther.

Der Kommandant ging sofort zur Sache über: »Ich habe mich sobald wie möglich zu einer kriegswichtigen Beratung einzufinden. Ich soll jedoch zwei Leute mitbringen, die über die Stimmung unter den hiesigen Deutschen und über die bei den Akadiern und möglichst auch den Indianern aus eigener Anschauung informiert sind. Für das zweite kommst du in Frage. Wie steht es in La Have und Petite Rivière?«

»Alles ruhig wie immer, Sir. Die Leute wissen von nichts. Wir haben seit Wochen kein Schiff mehr gehabt in der La Have-Mündung. Ich habe keine Anzeichen dafür, daß die Akadier den Krieg ernst nehmen. Ich glaube, sie halten ihn nur wieder für eins der üblichen Gerüchte.«

»Gut. Du hast also den La Have-Akadiern nicht mitgeteilt, daß es sich diesmal bei der Nachricht vom Kriege nicht um ein Gerücht handelt?«

»Nein, Sir. Es schien mir ratsamer, ihnen den Kriegszustand nicht ausdrücklich zu bestätigen. Das könnte sie zu unerwünschten Abenteuern verführen, ehe wir Zeit gefunden haben, dergleichen abzufangen. In La Have und in Petite Rivière läuft alles wie immer.«

Sutherlands finsteres Gesicht hatte sich bei dieser Erklärung entspannt. Er erhob sich: »Mir scheint, daß ich mich auf deine Umsicht verlassen kann. Nun ja, das war bisher nie anders. Heben wir die Sitzung auf! Wo wirst du schlafen, Walther? Du kannst hier bei der Wache bleiben, wenn du willst.«

Ehe noch Walther antworten konnte, fiel Jonas Hestergart ein: »Er könnte mit mir kommen, Sir.«

Sutherland war damit einverstanden.

Im geräumigen Amtsraum des Gouverneurs hatten sich unter der niedrigen Decke etwa ein Dutzend Männer in englischer Uniform, in Zivil oder auch in verschabtem Leder zu einem Halbkreis geordnet. Mit einigen Schritten Zwischenraum standen sie alle in dienstlicher Haltung vor dem Schreibtisch des höchsten Befehlshabers der Kolonie Nova Scotia, des unbeugsamen Charles Lawrence. Der Gouverneur hatte seinen Stuhl unter den Schreibtisch geschoben, hatte sich dahinter aufgebaut und stützte sich mit beiden Händen auf die Lehne des zierlichen Möbels, dessen Standhaftigkeit von dem vierschrötigen, bis zum Hals in seinen roten Uniformrock gezwängten Mann einiges zugemutet wurde.

Der Gouverneur hatte seinen Zuhörern – eine kleine Gruppe bestehend aus Sutherland, Hestergart und Corssen hatte sich etwas abseits am linken Flügel des Halbkreises aufgestellt – soeben mit dürren Worten erklärt, warum, um der inneren Sicherheit der Kolonie willen, den Akadiern mit der nötigen Strenge zur Kenntnis gebracht werde, daß dies Land Nova Scotia fortab für sie verschlossen sei und daß man sie allesamt, Mann, Weib und Kind, außer Landes schaffen werde.

»Hierzu noch irgendwelche Fragen?« Mit diesen Worten schloß der Gouverneur den ersten Teil seiner Instruktionen ab.

Walther stand wie erstarrt. Sein Hirn war leer. Ein lautloser Sturm umfegte ihn und machte ihn schwanken. Was hätte er fragen sollen! Die Würfel waren gefallen.

Ein Captain Murray, den Walther vom Sehen kannte, erhob die Stimme: »Wenn Widerstand geleistet werden sollte, Exzellenz, wie weit darf gegangen werden, ihn zu brechen?«

Der Gouverneur: »Jeder Widerstand ist sofort und mit jedem geeignet erscheinenden Mittel zu brechen. Wir sind im Kriege. Zimperlichkeit ist fehl am Platze. Den Leuten darf keine Zeit gelassen werden, sich zu besinnen. Notfalls sind ihnen die Häuser über dem Kopf anzustecken, ihre Gärten und Vorräte zu vernichten, ihre Frauen und Kinder gesondert abzutransportieren. Es hängt alles davon ab, daß die Aktion schnell und gründlich, vor allen Dingen gründlich, ins Werk gesetzt und abgeschlossen wird.«

Sutherland ließ sich vernehmen: »Für mich erhebt sich die Frage, ob die Deportationen an bestimmte Termine gebunden sind.«

Lawrence wandte sich der Gruppe der drei am linken Flügel des Halbkreises zu: »Ihre Frage ist berechtigt, Sutherland. Ich habe sie vorausgesehen. Alle Siedlungen der Akadier lassen sich auf dem Landweg erreichen. Es gibt Wege oder wenigstens Pfade, über die ich Truppen in Marsch setzen kann. Ich bin damit schon beim zweiten Teil dessen, was ich Ihnen zu sagen habe, meine Herren. Es kostet natürlich einige Vorbereitungen, genügend Transportschiffe und Kriegsschiffe als Bewacher bereitzustellen und nach Annapolis und Minas in Marsch zu setzen. Die Kommandanten der Garnisonen an der Westseite brauchen Verstärkung, um jeden Aufruhr sofort unterdrücken zu können. Die Akadier werden meinen, daß wir ihnen ein paar Monate Zeit geben, daß das Ganze vielleicht noch abgeblasen wird. Wenn wir ihnen keine Zeit lassen, sich zu besinnen, geben wir erstens den Franzosen in Louisbourg keine Chance, gewaltsam einzudringen, und zweitens den Akadiern keine Möglichkeit, sich unseren Truppen zu entziehen. Als erstes müssen die Männer von den Frauen getrennt, zusammengesperrt und unter Kontrolle und strenge Bewachung gestellt werden. Das gesamte Vieh und die Vorräte an Korn sind zu Gunsten der Krone zu beschlagnahmen. Nach dem Ratsbeschluß ist das Eigentum am gesamten Inventar der Farmen erloschen. Die Erlöse daraus sind dazu bestimmt, die Kosten des Abtransports der Akadier zu decken. Die Akadier dürfen nur ihr Bargeld mitnehmen und von ihrem Haushalt nur, was den Transportraum auf den Schiffen nicht einengt.«

Er unterbrach sich für einen Augenblick und wandte sich abermals an Sutherland: »In Ihrem Bezirk, Sutherland, liegen die Verhältnisse etwas anders. Die Zahl der dortigen Akadier ist gering. Die Akadier von Petite Rivière und La Have sind obendrein von der Masse der Akadier in der Annapolis- und Minas-Region durch die ganze Breite der Halbinsel getrennt. Ich vermute, daß sie von ihrem Glück nichts ahnen. Sie brauchen auch vorläufig nichts von der Deportation zu erfahren. Selbstverständlich müssen auch sie noch vor dem Herbst das Land verlassen haben. Wie sieht es jetzt dort aus, Sutherland?«

Sutherland wies auf Walther: »Walther Corssen kann darüber zuverlässig Auskunft geben, Exzellenz!«

Walther richtete sich auf. »In Petite Rivière und La Have alles ruhig, Exzellenz. Die Leute haben jetzt alle Hände voll mit der Ernte zu tun und haben gar keine Zeit für andere Gedanken.«

»Gut. Ich habe jetzt ohnehin kein Schiff frei, sie abzuholen. Das wird erst in drei bis vier Wochen der Fall sein. Sorgen Sie dafür, daß sie weiter in Unkenntnis über ihr Schicksal bleiben. Übrigens sollen die akadischen Farmen am Atlantik umgehend mit verläßlichen Siedlern besetzt werden, vor allem mit Deutschen. Andere, die wir abkommandieren könnten, stehen uns nicht zur Verfügung. Wir haben bereits eine Liste angefertigt, an wen die freiwerdenden Farmen nach Möglichkeit zu vergeben sind. Mein Sekretär wird sie Ihnen nachher aushändigen, Sutherland. Sie sind nun entlassen, meine Herren. Die genauen Anweisungen werden jetzt für jeden Posten an der Westküste abgestimmt und abgeschlossen. Spätestens in drei Tagen werden Sie sich auf den Weg machen können. Ihnen, Sutherland, empfehle ich, hier ebenfalls Ihre Anweisungen abzuwarten, obgleich in Ihrem Fall keine besondere Eile geboten ist. Corssen allerdings sollte auf alle Fälle seinen Beobachtungsposten im La Have-Gebiet schleunigst wieder beziehen. Und Sie, Hestergart, behalten weiter die Indianer im Auge. Guten Tag, meine Herren!«

Der Gouverneur wartete keine weitere Äußerung ab und verließ den Raum durch eine Seitentür.

Sutherland wies seine drei Gefährten an, auf ihn zu warten; er würde sich im Sekretariat die Liste der Neusiedler geben lassen, von welcher der Gouverneur gesprochen hatte. Dann sollte man sich in Sutherlands Quartier zusammensetzen.

Eine Stunde später waren alle Einzelheiten geklärt. Sutherland schloß:»Also alles klar! Du machst dich zu Fuß auf, Corssen. Wann willst du abmarschieren?«
»Heute abend, Kommandant. Es ist lange hell. Ich könnte noch einige Meilen hinter mich bringen.«
»Das ist richtig. Ich selbst habe hierzubleiben, bis die Deportationsbefehle und -termine für La Have und Petite Rivière ausgefertigt sind. Jetzt wollen wir noch einen Blick in die Liste der Neusiedler werfen, die mir auf dem Sekretariat ausgehändigt worden ist – für den Fall, daß sich daraus vielleicht für einen von uns Weiterungen ergeben.«

Er zog aus der breiten Seitentasche seines Rocks ein Papier hervor, entfaltete es und strich es auf dem Tisch glatt. Die vier Männer beugten sich über die mit klarer Kanzleischrift beschriebenen Seiten.

Die Liste trug die Überschrift ›Resettlement of Petite Rivière and La Have after deportation of Acadians‹ – ›Wiederbesiedlung von Petite Rivière und La Have nach Abtransport der Akadier‹. In einer ersten Spalte links waren die Namen der bisherigen Besitzer aufgeführt, in einer nächsten die Größe der einzelnen Farmen. Eine dritte Spalte trug die Kennzeichnung ›to be taken over by:‹. Hierunter waren also die Namen der Leute zu finden, welche die Regierung zur Übernahme der akadischen Farmen ausgesucht hatte.

Im ganzen waren auf den beiden Innenseiten des großen Kanzleibogens zweiunddreißig Farmen angegeben, die auf Weisung der Regierung den Besitzer zu wechseln hatten.

Die Liste begann mit den Betrieben von Petite Rivière und endete auf der rechten Seite unten mit den Farmen von Ost-La Have (zu denen auch die ›Ferme Corssen‹ zu rechnen war).

Walther hatte den ranghöheren Gefährten den Vortritt gelassen. Doch bald rief ihn ein lautes »Sieh da!« Sutherlands vor das

Papier. Der Engländer zeigte auf die beiden Namen ›Charles Maillet‹ und ›Jacques Dauphiné‹, also Walthers und Ankes unmittelbare Nachbarn. Die beiden Namen waren in der Spalte rechts ›to be taken by‹: (›Ist zu übernehmen von‹) durch eine Klammer zusammengefaßt, neben die der Name des Neubesitzers gesetzt war. Er lautete ›Walther Corssen‹.

Walther begriff nicht gleich und starrte ungläubig auf das Papier hinunter. Endlich dämmerte ihm, daß er von der englischen Regierung der Kolonie für würdig befunden war, die Farmen seiner guten Freunde und Nachbarn Charles und Jacques zu übernehmen, das hieß: sich anzueignen.

Man wollte ihn also mit dem Eigentum anderer Leute für die von ihm geleisteten Dienste belohnen, wollte ihn damit zur Dankbarkeit verpflichten. Sehr geschickt – und sehr billig obendrein. Man nahm an, daß er mit Freude und Dank einverstanden sein würde, wenn man ihm erlaubte, auf Kosten der ›Deportierten‹ den eigenen Besitz zu verdreifachen. Eine Stimme in seinem Innern warnte ihn plötzlich unüberhörbar: Vorsicht, Walther! Vorsicht, verrate dich nicht! Vielleicht sollst du aufs Glatteis geführt werden.

Sutherland fragte:»Scheint dir keinen Eindruck zu machen, Walther. Du freust dich gar nicht, einen so großen Besitz einzuheimsen?«

Walther riß sich zusammen.»Well, ich weiß nicht! Ich bin vollkommen überrascht. Ich muß mich erst an diese Vorstellung gewöhnen.«

Sutherland schien befriedigt. Er lachte:»Nun ja, kann ich mir denken.«

16 Walther taumelte vor Müdigkeit, als er zwei Tage später auf die Lichtung hinaustrat. In der Ferne zeichneten sich die Giebel seiner Farm gegen den dunklen Waldrand ab. Regenschwaden wanderten windschief über die Rodung. Bald würde die Nacht einfallen. Walther war bis auf die Haut durchnäßt. Der Lederrock klebte ihm am Leibe. Obgleich er vor Überanstrengung ächzte, hob ihm doch ein Gefühl des Triumphes das Herz: Er hatte es geschafft – in zwei Tagen!

Also verbleiben uns am La Have mindestens einige Tage, um der Deportation zuvorzukommen, zu fliehen, der Gewalt auszuweichen, dorthin, wohin wir wollen, wir selbst, um uns nicht einsperren zu lassen wie Vieh, um nicht irgendwo in der Fremde an Land getrieben zu werden. Gott im Himmel, ich danke dir!

Nun, als er sein Haus vor sich sah, war ihm plötzlich, als wollten ihn im letzten Augenblick die Kräfte verlassen. Der Pfad um die Mahone-Bucht, den Kokwee mir vor Jahren gezeigt hat – ohne ihn hätte ich den Gewaltmarsch hierher nicht bestanden! Aber jetzt erst fängt das Eigentliche an: Wie benachrichtige ich die anderen? Wenn nur Kokwee da wäre!

Walther lehnte sich an den Türpfosten. Fast wäre er dicht vor dem Ziel gestürzt. Mit letzter Kraft klopfte er an die verschlossene Tür. Er mochte Anke nicht erschrecken. »Ich bin es, Walther!« rief er. Der Riegel wurde zurückgeschoben... Knarrend öffnete sich die Tür. Im Innern brannte der Kienspan am Kamin. Kokwee stand in der Tür! Er hatte sie geöffnet. Walther taumelte ins Zimmer und sank auf die Bank an der Wand. »Kokwee, Kokwee, gut, daß du da bist!«

Er schloß die Augen und lehnte den Kopf an die Wand. Bald brachte ihn ein leiser Schreckensruf wieder zu sich. Anke hatte vom rückwärtigen Eingang her den Raum betreten. Sie hatte gerade das Vieh versorgt.

»Walther, was ist? Wie siehst du aus?«

Ankes Stimme wieder zu hören, das war wie ein wundertätiger Balsam. Walther richtete sich auf. »Nur naß und müde, Anke. Kam in zwei Tagen von Halifax über Kokwees Pfad um die Mahone-Bucht. Überall Wasser! Anke, Maillet muß sofort her! Er muß noch heute abend zu Père Bosson. Alle müssen zusammengetrommelt werden, für morgen früh, in der Kirche! Holst du mir Maillet herüber, Anke? Oder Kokwee, du?«

Er hatte französisch gesprochen, um von Kokwee verstanden zu werden.

»Ich bringe Maillet her, sogleich!« sagte der Indianer und zog die Tür hinter sich zu.

Anke hatte sich nach dem ersten Schrecken schnell gefaßt. Sie rief: »Ihr Kinder, schnell ins Bett mit euch! Gegessen habt ihr schon. Indo, du sorgst mir dafür, daß Anna nicht mehr lange umhertanzt. Ich sehe nachher noch einmal nach euch.«

Die drei Kleinen verschwanden ohne ein Wort des Widerspruchs in den Nebenraum des Blockhauses, in dem sie schliefen: Indo und William gemeinsam auf einer Pritsche und die kleine Anna in einem vom Vater gezimmerten Gitterbettchen.

»Die Kinder sind aus dem Wege, Walther. Du mußt das nasse Leder von der Haut schälen, dich waschen. Warmes Wasser ist genug da. Und dann einen heißen Grog. Das hilft dir wieder auf.«

Sie goß heißes Wasser in die große Schüssel, half ihm, das schmierige Leder vom Leibe zu zerren, mischte in einem Krug Rum und heißes Wasser, tat einen Löffel Honig hinzu. Wie seit langem nicht, waren sich die Eheleute einig ohne jede verstohlene Einschränkung. Die große Gemeinsamkeit, die sie aus dem alten in dies neue Land getragen hatte, sie war wieder aufgeblüht, lautlos, wie ein Wunder. Sie spürten es. Alles war wieder einfach und klar in ihnen, zwischen ihnen, um sie her. Es gab nichts mehr, was sie trennte. Ankes Wahrheit hatte sich als die stärkere erwiesen, stärker als Walthers Wahrheit.

Eine Viertelstunde später hatte Walther ein trockenes Hemd und trockene Hosen auf dem Leibe; er fühlte sich durch und durch erfrischt – Ankes Gegenwart war wie eine stärkende Arznei. Jetzt fiel es ihm leicht, in beinahe alltäglichem Ton zu berichten, was sie vor allem anderen wissen mußte: »Anke, es ist entschieden. Alle Akadier werden mit Gewalt außer Landes gebracht. Sobald wie möglich, damit sie keine Zeit finden, sich zu sammeln und zu wehren. La Have und Petite Rivière kommen auch an die Reihe. Die Schiffe werden mit Menschen vollgestopft. Hunderte werden sterben. Irgendwo in Carolina, oder Gott weiß wo, wird man die Deportierten an Land setzen, aussetzen! Wir haben drei bis fünf Tage Zeit, dem Abtransport zuvorzukommen. Wir lassen uns nicht verladen wie eine Herde Vieh. Wir müssen uns einen Platz suchen, wo uns keiner mehr aufspürt, wo uns keiner mehr dreinredet. Wir haben den schweren Anfang in Halifax bestanden, Anke, dann den zweiten Anfang hier. Wir werden ihn auch zum drittenmal bestehen. Kein einziger hat uns hier geholfen, außer den Nachbarn, denen es genauso gegangen ist wie uns. Die Regierung behandelt uns wie Vieh. Das ging im alten Land. Hier geht es nicht. Es ist ungeheuer viel Platz vorhanden. Das macht uns frei.«

Sie antwortete nicht. Aber ihre Augen senkten sich für ein paar Herzschläge in die seinen. Sie lächelte, wie er sie noch nie lächeln gesehen hatte, triumphierend fast: Dieses Lächeln verriet einen ruhigen, durch nichts mehr zu verwirrenden Stolz.

»Es ist uns wohl bestimmt, Walther. Packen wir also abermals unsere Sachen und ziehen wir weiter! Vielleicht gehört das zu diesem Land. Es ist leer und groß, man kann hier sein, kann dort sein; es bleibt sich gleich, wo.«

Schon besann sie sich auf ihre Pflichten: »Du hast nichts gegessen. Aber es dauert nicht lange. Bald steht etwas auf dem Tisch.« – Walther legte die Glut unter der Herdasche bloß, packte Holz auf, blies ein wenig, schon flackerte das Feuer hoch. Anke bereitete das verspätete Abendbrot. Kokwee und Maillet mußten bald erscheinen, falls sich Maillet dem Indianer für den Rückweg zur Ferme Corssen angeschlossen hatte.

Immerhin saß Walther schon zu Tisch und löffelte die heiße Gerstensuppe – reichlich Wildfleisch war hineingeschnitten und mitgesotten –, als die Tür aufgestoßen wurde, und der Indianer mit Charles Maillet den Raum betrat.

»Endlich!« sagte Anke. »Wir haben schon auf euch gewartet! Laßt Walther essen. Ich weiß über alles Bescheid. Charles, höre genau zu. Du mußt noch heute abend – es wird ja Nacht werden – Pater Bosson in La Have alarmieren. Wir müssen uns alle, wir hier und die Leute von La Have und Petite Rivière, in der Kirche versammeln, um zu beschließen, was wir tun wollen. Die Leute von Petite Rivière werden die Nachricht vielleicht erst morgen früh bekommen. Aber dann können sie immer noch lange vor Mittag in La Have erscheinen. Was du Père Bosson zu sagen hast, ist dies...«

In knappen Worten erläuterte sie, daß die Austreibung aller Akadier aus Neu-Schottland beschlossene Sache sei, daß das Schicksalsrad sich bereits knarrend in Gang gesetzt habe, daß aber die Umstände und Walthers Gewaltmarsch den Leuten von La Have eine Frist gewährt hätten, die es ihnen ermögliche, der Deportation zuvorzukommen.

Sie schloß:»Ich weiß nicht, ob wir einfach von hier in die Wälder gehen oder ob wir erst mit den Kanus den La Have aufwärtsziehen wollen, um dann auf der Höhe des Landes nach Westen zu biegen. Das müssen die Männer morgen in der Kirche beraten und beschließen. Kokwee kennt jeden Fluß und jeden See im Inneren. Er wird uns helfen!«

Walther hatte den geleerten Teller beiseite geschoben. »Charles«, sagte er, »Flausen und gutgläubige Hoffnungen nutzen uns jetzt nichts mehr. Wenn wir uns nicht aufraffen und unser Schicksal selbst in die Hand nehmen, werden wir vernichtet und verlieren alles. Wenn wir aber – es ist gerade noch Zeit dazu! – kühne und schnelle Entschlüsse fassen, retten wir nicht nur unsere Freiheit, sondern sicherlich weit mehr. Mach das Père Bosson ganz deutlich.«

Maillet war einen Schritt zurückgewichen; diese Nachrichten hatten ihn wie Faustschläge getroffen. Er stammelte:»Deportieren? Mich nicht! Sie werden nicht dazu kommen, Hand an uns...« Er unterbrach sich plötzlich, trat an den Tisch, hinter dem Walther saß, stützte sich schwer auf.»Walther, wir dürfen nicht in dieser Gegend bleiben. Hier findet man uns über kurz oder lang. Wir müssen viel weiter fortgehen, müssen die Spuren hinter uns verwischen. Ich weiß etwas Besseres. Seit mehr als zehn Tagen liegt Quenneville, der akadische Händler, der uns immer unsere Produkte abgenommen hat, mit zwei kleinen Schiffen bei Petite Rivière und kann nicht weiter wegen des schlechten Wetters. Er muß uns an Bord nehmen und irgendwohin bringen, wo man uns nicht wiederfindet.«

Walther erwiderte: »Das ist es, was mir die meiste Sorge macht: ›Wo man uns nicht wiederfindet.‹ Wo ist das?«

Kokwee, der sich sonst niemals in die Gespräche der Weißen mischte, lehnte noch immer an der Hüttenwand. Auf seinem nackten Oberkörper perlten Regentropfen. Obwohl er leise sprach, füllte seine Stimme den Raum: »Meine Leute werden mit euch kommen. Wir sind vier Familien. Wir wollen nicht allein bleiben oder nur geduldet sein bei den Mius-Leuten. Ihr seid unsere Freunde und die Pflegeeltern meines Sohnes. Wenn wir zwei Schiffe haben, und wenn der Sturm nachläßt, können wir zu einem Platz an der Küste weiter im Westen fahren. Von dort führt ein alter Pfad ins Innere des Landes zu einem großen See namens Kagetoksa, den außer meinen Leuten noch nie ein Mensch gesehen hat. Und doch ist die nordwestliche Küste der Fundy-Bay von dort nur zwei Tage entfernt.«

Alle blickten auf Kokwee. Walther war aufgesprungen: »Kokwee, wenn du und die Deinen sich uns anschlössen, das wäre der halbe Erfolg! Willkommen seid ihr uns, willkommen! Damit ist alles entschieden! Charles, verliere keine Zeit weiter! Es wird schon dunkel. Mache dich auf den Weg zu Père Bosson! Du, Kokwee, brauchst nicht zu zögern oder zu fragen. Bringe deine Leute her, so schnell wie möglich. Ihr gehört zu uns!«

Wenige Minuten später waren Charles Maillet und Kokwee im Regen, im Sturm, in der einbrechenden Dunkelheit verschwunden, der eine nach Norden, der andere nach Süden.

17

Hätten die akadischen Siedlungen am Petite Rivière, dem ›Flüßchen‹, und am großen La Have-Fluß nicht das Glück gehabt, in ihrem Père Bosson einen ebenso tatkräftigen wie weitblickenden geistlichen und geistigen Führer zu besitzen – sie wären wahrscheinlich ebenso in den Strudel der Ereignisse gerissen und von ihm verschlungen worden wie die Mehrzahl der akadischen Dörfer und Städtchen auf dem Boden der englischen Kolonie Nova Scotia. Es ging in die harten Bauernköpfe der Akadier nicht hinein, daß der Gouverneur eines fremden Staates, eines noch fremderen als es selbst Frankreich schon für sie war, ihnen, die seit Generationen die Wildnis in blühende Gefilde verwandelt hatten, befehlen wollte, ihr Land zu verlassen. Konnte man denn diese unglaubliche Anmaßung eines Beamten aus einer ganz anderen Welt überhaupt ernst nehmen? Man war beunruhigt, gewiß. Aber wer würde sich schließlich getrauen, sie, die selbstgenügsamen Herren und Diener dieser Erde, die nur in Ruhe und Frieden leben und arbeiten wollten, gleichsam mit den Wurzeln aus ihrem ureigenen Boden auszureißen?!

Sie warteten, bis es zu spät war.

Sie warteten, bis die rotröckigen Soldaten des englischen Königs anrückten, zunächst die jüngeren Männer, dann die Frauen, die Alten und die Kinder, zusammentrieben und einhürdeten wie die Schafe. Wer Widerstand leistete, wurde geschlagen, notfalls erschlagen. Wer sich nicht beeilte, wer halsstarrig blieb, dem wurde das Dach über dem Kopf angezündet.

Die Schiffe erschienen, nach sorgfältig vorbereitetem Plan, vor der Küste der Bay of Fundy. Mit dem Verladen der Akadier wurde sofort begonnen. Waren die Schiffe bis zum letzten Platz gefüllt, so lichteten sie sofort die Anker und nahmen Kurs auf die offene See, auch wenn die zu den Männern gehörigen Frauen und Kinder noch längst nicht verladen waren. Viele Familien wurden so zerrissen. Eltern fanden ihre Kinder, Frauen ihre Männer, Familien ihre Anverwandten niemals wieder.

Der Gouverneur von Nova Scotia, Charles Lawrence, hatte die Kapitäne der Transporter mit Handschreiben an die Gouverneure der weiter im Süden längs der amerikanischen Ostküste sich aufreihenden älteren Kolonien, von Massachusetts über Connecticut, Rhode Island, New York und andere, bis hinunter nach Carolina und Georgia versehen. In diesen Begleitbriefen wurden die Gouverneure der südlichen Kolonien darüber ins Bild gesetzt, daß die Deportierten um der militärischen Sicherheit der neuen Kolonie Nova Scotia willen hätten vertrieben werden müssen, daß man sie aber auch den Franzosen nicht habe überstellen dürfen, da sie von diesen wahrscheinlich sofort bewaffnet und gegen England eingesetzt worden wären.

Die Gouverneure im Süden waren nicht entzückt, als die Schiffe in ihren Häfen erschienen, die Kapitäne die Schreiben ablieferten und ihre menschliche Fracht an Land setzten, und das möglichst ohne Aufenthalt. Wollten und mußten sie doch die nur gecharterten Schiffe schleunigst wieder freibekommen! Was fragten die Gouverneure nach den unglückseligen Akadiern! Was war nur mit diesen so gut wie mittellosen, total verelendeten Menschen anzufangen? Die ohnehin überfüllten Armenhäuser würden vollends gesprengt werden!

Einige Gouverneure schickten die für ihre Kolonie bestimmten Transporter gleich weiter nach England, mit der Begründung, die Akadier seien zwar Rebellen, auf alle Fälle aber Untertanen des Königs von England. Die Kolonien hätten schon genug fremdes Pack zu verdauen. Mochte also das Mutterland sich dieses groben Volks, das Englisch nicht einmal radebrechen konnte, nach Belieben annehmen.

Massachusetts, Connecticut, New York und Pennsylvania versuchten, die ihnen ausgelieferten Akadier anzusiedeln – mit nur geringem Erfolg. Denn da beinahe jede Familie bei der gewaltsamen Vertreibung auseinandergerissen war, mochte kein Akadier auf der ihm zugewiesenen neuen Heimstatt bleiben. Viele wanderten ziellos von Kolonie zu Kolonie, wurden von der vagen Hoffnung, die Frau oder die verlorenen Kinder wiederzufinden, endlos weitergelockt, verkamen und gingen zugrunde.

Die Masse jener Akadier, deren die Engländer hatten habhaft werden können, wurde in der zweiten Hälfte des Jahres 1755 aus der Heimat vertrieben. Doch ging der Abtransport in den anschließenden Jahren weiter, je nachdem, ob hier ein verlorenes Trüppchen aufgestöbert, dort ein Versteck verraten wurde.

Unter den Leuten von La Have und Petite Rivière überwog die Auffassung, daß es doch ›wohl so schlimm nicht kommen werde‹, daß man ›sitzenbleiben sollte, wo man saß‹, daß ›mit den Engländern schon irgendwie zu reden sein würde‹, hätten sie sich doch bisher kaum um die abgelegenen akadischen Siedlungen gekümmert und außerdem, wann hätten die Bauern an den beiden Flüssen jemals der englischen Krone Anlaß gegeben, die akadische Harmlosigkeit zu bezweifeln!?

Indessen kamen die Vertrauensseligen gegen die ernsten, bald auch erbitterten und zornigen Einreden des geistlichen Hirten der Gemeinde, des Père Bosson, und des immer wieder von ihm als Zeugen aufgerufenen Walther Corssen nicht an. Vater Bosson stand auf den Stufen vor dem Altar, Walther Corssen hatte ganz im Hintergrund des Kirchenraums mit Anke und den Maillets Platz gefunden. So konnten die Leute sozusagen von vorn und vom Rücken her ins Kreuzfeuer genommen werden. Der alte Mann im Silberhaar mit den klugen Augen und der, wenn er wollte, keineswegs sehr sanften, vielmehr starken, ja dröhnenden Stimme hatte den ganzen Ernst der Stunde schonungslos deutlich gemacht: Diese eure angestammte Heimat ist schon verloren; euer Eigentum ist nicht mehr euer eigen; ihr werdet, wir werden ausgestoßen wie Adam und Eva aus dem Paradiese, und es gibt keine Berufung und keine Gnade. Wir haben nur die Wahl, uns wie Vieh eintreiben und verschicken zu lassen – Gott allein weiß, in welche feindliche Fremde – oder der Deportation zuvorzukommen und irgendwo in einem verborgenen Winkel, aber auf dem Boden der geliebten Heimat, einen neuen Anfang zu versuchen.

Walther Corssen war von Père Bosson aufgefordert worden, sich zu äußern. Er hatte es erwartet und war darauf vorbereitet. Eher gedämpft als laut begann Walther:

»Glaubt mir doch, Freunde und Nachbarn! Wenn wir uns freiwillig eine neue Heimat suchen, aber immer noch auf der Erde Akadiens, dann können wir wenigstens einen Teil unseres Besitzes retten und mitnehmen. Vor allem aber bleiben unsere Familien beieinander, die Männer bei ihren Frauen, die Eltern bei ihren Kindern, und die Großeltern brauchen nicht zu fürchten, verlassen zurückzustehen. Ich weiß, daß zuerst die Männer eingetrieben und verschickt werden sollen. Wohin aber? Das wird uns keiner verraten. Kokwee, der Indianer, will uns zu einer fruchtbaren Gegend im Innern führen, wo kein Fremder uns findet. Freunde und Nachbarn, der Himmel ist auf unserer Seite: Darauf deutet der Umstand, daß Freund Quenneville, der Händler, mit seinen zwei Schiffen bei uns im Hafen liegt. Das beweist mir, daß wir davonkommen können, wenn wir nur wollen – und das auf eine Weise, die keine Spuren hinterläßt. Aber wir haben keine Zeit zu verlieren. Vielleicht bringt Quenneville mit seinen Schiffen nicht alle auf einmal weg. Dann muß uns eine Frist bleiben, die es ihm erlaubt, zweimal zu fahren. Kokwee sagt mir, daß wir bei leidlichem Wind nur einen Segeltag brauchen, um den Ort zu erreichen, den er im Auge hat. Quenneville ist unter uns. Was habt Ihr uns zu sagen, Quenneville?«

Der allen Versammelten wohlbekannte Händler, ein schwerer, breiter Mann mit rundem, kahlem Kopf, um den sich wie ein Reif eine Krause schwarzen, schon mit Grau vermischten Haares kringelte, erhob sich langsam von einer Seitenbank. Alle Köpfe wandten sich ihm zu.

Der Händler räusperte sich umständlich, wohl auch verlegen, ein großer Redner war er nicht. »Ja, liebe Leute, der Sturm hat mich hergetrieben, daß meine beiden Segler ihn hier im Schutz der Bucht abreiten. Liebe Leute, ihr seid mir alle lieb und wert. Aber vier Segeltage – und die Kaperschiffe der Engländer lauern vielleicht schon! Wer bezahlt mir das alles? Ich habe nichts zu verschenken. Bei diesen unsicheren Zeiten noch viel weniger als sonst!«

Lähmung bereitete sich aus, Schweigen. Bargeld gab es nicht viel in den Truhen der Bauern. Aber jeder hatte seit Jahr und Tag einen Notgroschen nach dem anderen beiseite getan; die meisten davon stammten von Quenneville, dem Händler. Nun sollte die Heimat Hals über Kopf verlassen werden. War nicht das kleine Säckchen mit den Silbermünzen der einzige Besitz, den man sich auf alle Fälle auf den Leib binden und mitnehmen konnte?

Die Stimme des Yves Picquingy durchbrach die Starre: »Wieviel Geld verlangst du, Quenneville, um uns sechzig oder hundert Meilen an der Küste weiterzubringen, zweimal hin und her mit deinen Schiffen?«

Der Händler blieb sitzen, murmelte vor sich hin, rechnete ohne Verlegenheit an den Fingern. Schließlich sagte er mit rauher Stimme: »Achtzig Pfund Sterling in Silber. Billiger kann ich es nicht machen. Ich verdiene so gut wie nichts daran.«

Achtzig Pfund Sterling! Eine riesige Summe, so erschien es den Bauern. Ein Stöhnen ging durch die Reihen.

Picquingy wieder: »Ruhe, Leute! Es sind gute Schiffe, und wir können Vieh und Werkzeuge und Vorräte mitnehmen, die wir sonst zurücklassen müßten. Achtzig Pfund – lassen wir uns davon nicht schrecken. Wenn jeder Hof drei Pfund beisteuert, dann haben wir die Passage bezahlt. Wer kann die drei Pfund je Hof nicht aufbringen?«

Zögernd erhoben sich drei Hände. Es waren die des Brian Maccarthy, des Joseph Aumale und des Philippe Quillebœuf.

Nun ja, wie sollte es anders sein! Es wußte jeder, daß den dreien von jeher das Wasser bis zum Halse stand. Sie hatten ewig Pech mit den Kindern, mit dem Vieh und mit den Feldern, waren auch den Nachbarn eine Last, da sie nur allzugern um Hilfe bettelten, Geräte ausborgten, aber auch gern vergaßen, sie zurückzugeben. Auch hatten sie, das stand fest, die Arbeit nicht erfunden und schlampten dahin, so gut es eben ging – und das war nicht sehr gut.

Aber sie gehörten dazu. Waren nicht wegzudenken. Man brauchte jemand, dem man ab und zu etwas Gutes antun konnte. Es verstand sich von selbst, daß die Maccarthys, die Aumales, die Quillebœufs dabeizusein hatten, wenn sich das Volk von Petite Rivière und La Have auf Wanderschaft begab.

Anke Corssen in der hintersten Reihe hatte sich plötzlich erhoben.

»Ich muß einmal etwas für uns Frauen sagen. Ich weiß, daß Jeanne Maillet und Thérèse Biencourt auf meiner Seite sind und gewiß viele der anderen Frauen auch. Es wird zuviel geredet. Die Zeit drängt. Keiner bleibt zurück. Für die drei, die ihren Anteil nicht aufbringen können, gibt es ein Dutzend andere, die sind in der Lage, mehr als das Doppelte aufzubringen. Wir müssen weiterkommen. Wir Frauen haben noch viele Stunden zu sortieren und zu packen, und die Männer werden auch alle Hände voll zu tun haben. Wir sagen jetzt und hier Quenneville zu: Du bekommst deine achtzig Pfund – und was fehlt, dafür bürgen zunächst einmal mein Mann und ich – und legen es aus, wenn nötig. Das ist also erledigt. Und nun muß ich auch einige Fragen stellen, damit wir uns entsprechend einrichten können. Wie lange werden wir unterwegs sein? Wer soll unser Führer sein? Was müssen und was dürfen wir mitnehmen – und was nicht? Und das eine will ich auch noch sagen: Von uns Frauen hängt es ebenso ab wie von den Männern, ob es uns gelingen wird, in den Wäldern ein neues Petite Rivière und La Have zu bauen. Also soll man uns in Zukunft mitreden lassen oder uns wenigstens anhören.«

Père Bosson, mit dem Auf und Ab in menschlichen Seelen wohl vertraut, hatte sofort erfaßt, daß die entscheidende Wende in der Versammlung bevorstand. Und das nutzte er aus, ehe sich ein anderer melden konnte. Die mächtige Stimme des zierlichen Mannes duldete keinen Widerspruch: »Wer wollte etwas gegen Anke vorbringen?! Sie hat uns gesagt, worauf alles ankommt: daß wir keine Zeit zu verlieren haben. Also können wir im Handumdrehen zum Schluß kommen: Wer kann mir sagen, wie lange wir unterwegs sein werden?«

»Ich!« Walther hatte sich erhoben. »Mein Freund Kokwee, der mit den Seinen mit uns ziehen will, sagte mir, einen Tag zu Wasser bei richtigem Wind, danach sieben bis zehn Tage zu Land. Rechnen wir also, um sicherzugehen, mit vierzehn Tagen, ehe wir an Ort und Stelle sind.«

»Das ist also klar«, sagte Père Bosson. »Wer soll fortan und später unser Führer sein?« Eine Weile Schweigen. Dann erhob sich Charles Maillet: »Ich denke, jeder hat denselben im Sinn: Yves

Picquingy. Jeder achtet ihn. Er ist besonnen und fürchtet sich doch vor nichts und niemand. Er braucht Berater, mit denen er sich bereden kann. Der eine davon, meine ich, muß Père Bosson sein, der uns durch und durch kennt und der auch weiß, was jedem von uns zugemutet werden kann. Der andere sollte der sein, dem wir es verdanken, daß man uns nicht einfach von heut auf morgen hier austreibt wie Verbrecher, sondern daß wir unsere eigenen Wege ziehen: Walther Corssen.«

Charles Maillet setzte sich nicht nach diesen Worten, so, als wäre er bereit, mit jedem, der ihm widersprechen wollte, den Streit aufzunehmen. Doch kam der Widerspruch von einer Seite, von der er ihn sicherlich nicht erwartet hatte.

Von seiner Bank her rief Jeanne Maillet, seine Frau: »Warum Walther? Warum wählen wir nicht Anke Corssen? Anke hat einen klaren Verstand. Das hat sie eben erst wieder gezeigt. Auf sie kann man sich verlassen. Sie verliert so schnell nicht den Kopf. Dafür ist sie unter ihren Nachbarn in Ost-La Have bekannt. Und dann: Vor uns liegt eine schwere Zeit. Wir Frauen müssen alles mittragen. Wir wollen, daß unsere Stimme im Rat gehört wird.«

Père Bosson las in den Gemütern seiner Gemeinde wie in einem großgedruckten Buch. Keiner würde jetzt ja oder nein sagen. Also war es an Vater Bosson, die Entscheidung auszusprechen, die im Grunde von allen gutgeheißen wurde.

Als verstünde es sich ganz von selbst, sagte er: »Yves Picquingy, Anke Corsson und ich selbst – ist irgendwer nicht einverstanden? – Das ist also beschlossen! Und sicherlich: Wer sonst guten Rat zu geben hat, der soll damit nicht hinterm Berge halten. Das war schon immer so. Darüber ist kein Wort zu verlieren. – Anke hat weiter danach gefragt, was ein jeder mitnehmen darf und soll. Meine Kinder, eins ist wohl jedem klar: Das allermeiste müssen wir zurücklassen. Worauf wir nicht verzichten können, ist Saatgut für den nächsten Frühling und so viel Vieh, daß wir uns mit der Zeit wieder einen Bestand heranzüchten können. Vorräte, die uns über den ersten Winter bringen, alle Acker-, Garten- und Hausgeräte, Kleidung. Nachher, vor der Kirche, sollen Anke Corssen und Jeanne Maillet ansagen, was die Frauen und Kinder zu verrichten und mitzunehmen haben. Yves Picquingy und Walther Corssen werden angeben, wofür die Männer zu sorgen haben. Wer fertig ist, bricht auf und verfügt sich mit Sack und Pack zur Schiffslände hier unter der Kirche. Alles Vieh, das wir nicht mitnehmen können, kommt ins Freie, damit es sich selbst sein Futter sucht. Der Wind scheint seit heute früh schwächer werden zu wollen und allmählich von Ost auf Süd zu drehen. Vielleicht können wir schon morgen abend den ersten Transport auf den Weg bringen. Das werden wohl die Leute von La Have sein. Die haben den kürzesten Weg zur Schiffslände. – Nun bleibt noch eine Frage übrig: Quenneville, sind deine Seeleute vertrauenswürdig? Oder werden sie den Engländern verraten, wo ihr uns an Land gesetzt habt?«

Der Händler erhob sich. »Auf jedem Segler habe ich fünf Leute, außer den beiden Schiffern. Sie sind alle Akadier und sprechen nur Französisch; die Schiffer können sich zur Not auch auf englisch verständigen. Alle meine Leute stammen aus Annapolis oder aus Lequille, wo ich und meine Frau herstammen – und alle sind mit mir oder meiner Frau verwandt. Keiner soll sich Sorge machen, Leute. Wenn wir nur unsere Frauen und Kinder rechtzeitig an Bord nehmen könnten, wir würden mit euch kommen. Und vielleicht ist es nicht zu spät dazu!«

Man mußte ihm Glauben schenken. Quenneville war ein gewitzter Händler. Das hatten die Leute oft genug erfahren, manchmal zu ihrem Schaden. Aber jetzt meinte er es ernst. Jetzt war auch er nur noch Akadier.

Walther Corssen wurde neben Anke, deren gespannte Aufmerksamkeit keinen Augenblick nachließ, von dem sonderbaren, ein wenig quälenden Gefühl beherrscht, als sei die Versammlung ihm –, nein, als sei er der Versammlung entglitten, als stehe er daneben. Er raffte sich auf und meldete sich nochmals zum Wort: »Quenneville, gewiß werden wir eure Familien aufnehmen, wenn ihr sie uns bringen könnt. Du und deine Segler aber – ihr solltet, wenn irgend möglich, unterwegs bleiben und weiter euren Geschäften nachgehen, soweit es der Krieg erlaubt. Du sprichst Englisch, ihr seid britische Untertanen und habt den vollen Eid geschworen. Vielleicht kommt ihr damit durch. Wir wissen dann, daß jemand, der verläßlich ist, weiß, wohin wir verschwunden sind. Aus dieser Welt können wir nicht hinaus. Kriege können Jahre dauern – ewig währen sie nicht. Und unsere Kinder werden irgendwann wissen wollen, wie es anderswo auf der Welt aussieht. Das gebe ich zu bedenken, dir, Quenneville, und uns allen!«

Das waren harte Worte. Ihr Schicksal stand auf des Messers Schneide. Das wußten sie alle.

Walther hatte aus seiner Bank treten wollen, um die Kirche zu verlassen. Er meinte, es sei nun genug geredet worden. Aber Père Bossons Stimme hielt ihn zurück: »Bevor wir, meine Kinder, hier unsere Zelte abbrechen, unstet wie alle Menschen auf dieser Erde seit Adams Fall, wollen wir beten. In der Stille jeder für sich und die Seinen, und jeder für uns alle und für mich, euren Hirten!«

Es rumpelte in den Bänken, als Männer und Frauen an ihren Pulten auf die Knie sanken.

Die Zeit hielt für eine Weile den Atem an. Dann erhob sich Père Bosson von den Stufen des Altars und wandte sich wieder seiner Gemeinde zu. Seine starke Stimme setzte den Schlußpunkt: »Dona nobis pacem, Domine! Ite, missa est!«

»Gib uns Frieden, Herr! Geht nun, ihr seid entlassen.« Er hob die Hände zum Segen.

Es gelang. Aber es gelang nur unter unsäglichen Mühen und unter schmerzlichen, bitteren Verzichten. Am zweiten Abend nach jener Morgenversammlung in der Kirche gingen die beiden Quennevilleschen Segler in See, bis in den letzten Winkel angefüllt mit Hausgerät, Vieh, Vorräten, Kindern und einigen Dutzend Männern und Frauen, dazu einer Gruppe von etwa zwanzig Indianern, vorwiegend Frauen und Kindern, die sich scheu und wortkarg abseits hielten.

Kokwee und die Seinen hatten auf die Weisung des Yves Picquigny den Segler bestiegen, der als erster fertig wurde, den Anker hievte und sich seewärts in den Wind legte. Das Wetter hatte sich so weit beruhigt, daß der Schiffer keine Bedenken trug, als die

Sonne sank, die Reise anzutreten. Er hatte lange mit Kokwee und dem Skipper des zweiten Seglers hin und her geredet, auch ein erfahrener Fischer aus La Have, Bernard Anessac, war hinzugezogen worden, um aus Kokwee herauszufragen, an welcher Stelle der Küste, weiter im Südwesten, die Flüchtlinge gelandet werden sollten. Kokwee redete von einem ›Spacieuse Rivière‹, einem ›geräumigen‹, einem breiten Fluß, und Bernard Anessac glaubte zu wissen, welche Flußmündung der Indianer meinte. Der Platz trage, so Bernard Anessac, bei den Fischern den Namen ›Hammelhafen‹, weil dort ein leckgeschlagenes Schiff vor Jahren seine Ladung lebender Hammel an Land gebracht hatte. Die Männer beschlossen, diesen Hafen als Ziel der Seereise anzusteuern.

Es war vorauszusehen gewesen, daß die Verschiffung so vieler Menschen, Tiere und Sachen in so knapper Zeit nicht ohne Zank und Streit abgehen würde.

Jeder Hof war der Meinung, daß seine Kühe und Schafe auf keinen Fall zurückbleiben durften. Aber ebenso klar lag auf der Hand, daß nur ein geringer Teil des Viehbestandes mitgenommen werden konnte.

Ohne die Autorität des Yves Picquingy und des Père Bosson hätte sich wohl niemand überzeugen lassen, daß gerade seine Kühe oder Schafe nicht mit auf die Reise gehen sollten. Nur kräftige junge Muttertiere und ein Stier, ein Schafbock, ein Eber durften an Bord geschafft werden – eine schwierige, auch gefährliche Arbeit.

Zwischenfälle hatte es genug gegeben in den zwei Nächten und drei Tagen, an denen die Leute aus La Have und Petite Rivière ihr Hab und Gut den zwei Schiffen Quennevilles anvertrauten, um nach Südwesten zu segeln und die Mündung des Spacieuse zu erreichen. Doch keiner dieser Zwischenfälle hatte das große Unternehmen ernsthaft bedroht.

Erst ganz am Schluß, bei Anbruch des dritten Abends nach der Versammlung in der Kirche, passierte etwas, was den Erfolg des Auszugs der Akadier vom La Have und Petite Rivière in Frage stellen konnte.

Walther hatte Anke, die Kinder und das restliche Gepäck an

Bord des Seglers geschafft – der andere hatte sich bereits auf die Reise begeben –, war aber ans Ufer zurückgekehrt, um sich bereit zu halten, falls er noch gebraucht wurde.

Picquingy hatte vier junge Männer angewiesen, noch einmal auszuschwärmen und den grünen, nun arg zertretenen Hügel zwischen La Have und dem Strand abzustreifen, ob etwas Wichtiges vergessen worden war.

Als Walther sich gerade auf einem großen Stein ein wenig hangauf niedergelassen hatte, kehrten die vier von ihrer Uferstreife nach Osten zurück, hielten sich nicht auf, sondern fächerten sofort nach Westen aus.

Plötzlich sah er die vier Männer in der Ferne zueinanderlaufen. Da war, wie aus dem Nichts, eine fünfte Gestalt aufgetaucht! Wer konnte das sein? Alle Leute aus La Have und Petite Rivière waren entweder schon abgefahren oder bereits an Bord gegangen.

Wer also war dort erschienen? Die vier Männer hatten sich anscheinend ohne viel Federlesens seiner bemächtigt. Etwa ein Bote aus Halifax? Ein Späher?

Habe ich mich in der Zeit verkalkuliert, fragte sich Walther aufs äußerste beunruhigt. Ein Späher, vielleicht von Lawrence oder Sutherland ihm hinterhergehetzt? Das würde übel ausgehen!

Es konnte doch nicht Jonas Hestergart sein? Nein, Jonas, dem Walther nichts Übles wollte, Jonas konnte es nicht sein, der da von ferne inmitten seiner ›Häscher‹ eilig heranmarschierte.

Es war Jonas Hestergart!

Sie erkannten einander zur gleichen Zeit. Jonas rief dem Freund entgegen: »Walther, was soll das! Die vier wilden Männer haben mich verhaftet. Habt ihr hier alle den Verstand verloren? Was ist hier im Gange? Kann man nicht einmal mehr alte Freunde besuchen?«

Die vier Burschen ließen von ihm ab. Der Verhaftete sprach Französisch! Und, unüberhörbar, ein besseres als sie. Was hatte das auf sich?

In dieser Minute stiegen Père Bosson, Picquingy und Walthers ehemaliger Nachbar Jean Dauphiné den Hang herunter.

Yves Picquingy machte ein ernstes, Vater Bosson sogar ein entsetztes Gesicht, als Walther bekennen mußte, daß ein Fremder, ein Außenstehender, Zeuge ihres Auszugs aus der bisherigen vertrauten Heimat und damit aus dem Machtbereich der britischen Verwaltung geworden war.

Walther hatte zu erklären, daß er zwar mit Jonas verabredet gewesen war, aber seinen Besuch erst in einigen Tagen erwartet hatte. Dann wäre also Jonas auf ein leeres Nest gestoßen und hätte nach Halifax melden müssen, daß sich diese akadische Siedlung verflüchtigt hatte, daß die Bewohner spurlos verschwunden waren. Walther hatte damit gerechnet, daß auf eine solche Nachricht hin eine Suche gar nicht erst eingeleitet werden würde. Hatte man doch sicherlich in Halifax genug damit zu tun, die Masse der Akadier außer Landes zu schaffen. Die Leute von La Have hatten sich, so würde man dort gewiß denken, auf eigene Faust davongemacht und die Corssens mitgehen heißen, sicherlich mit Gewalt.

Jonas merkte, daß Walther gegenüber den beiden Akadiern in eine Bedrängnis geraten war, die auch ihm, Jonas, schaden konnte.

Die Zusammenhänge lagen völlig klar und leuchteten ein. Was nun?

Picquingy meinte: »Es kann uns eigentlich gleich sein, ob die Engländer einen Tag früher oder später erfahren, daß wir ihnen zuvorgekommen sind. Wir sollten Jonas Hestergart laufenlassen.«

Ruhig und klar wandte Père Bosson ein: »Ich stimme dir nicht zu, Yves Picquingy. Wenn wir Hestergart laufenlassen, erfährt Sutherland noch heute nacht, daß wir fortgegangen sind. Dann könnte er sofort ein bewaffnetes Schiff ausschicken, uns wieder einzufangen. Wir dürfen hier nichts anderes hinterlassen als ein großes, unlösbares Fragezeichen. Wir sollten nicht riskieren, Jonas Hestergart zu den Engländern zurückkehren zu lassen. Das ist meine Meinung.«

Die vier Männer blickten zu Boden. Jonas zu verhaften, ihn in Fesseln zu legen, ihn ständig zu bewachen, das war nicht in ihrem Sinne. Sie wollten ihre Welt und ihre Freiheit retten; sie wollten keinem anderen seine Freiheit nehmen. Die Wende kam unerwartet. Jonas räusperte sich.

»Das ist auch meine Meinung! Aber ihr braucht mich nicht zu zwingen. Ich komme freiwillig mit euch, wenn ihr mich haben wollt. Vielleicht kann ich euch von Nutzen sein. Seit nicht mehr zu bezweifeln ist, daß gegen die Akadier erbarmungslos vorgegangen wird, seit ich hier gesehen habe, was das selbst für die bedeutet, die sich nicht von den Soldaten eintreiben lassen, kann ich nicht mehr auf der englischen Seite bleiben. Jetzt bietet sich mir die Gelegenheit abzuspringen. Nehmt mich mit! Als Helfer und Späher!«

Walther lächelte in sich hinein. Es ist schon so: Jonas trifft stets ein paar Tage später als ich an meinen Stationen ein. Laut sagte er: »Ich kenne Jonas seit vielen Jahren. Wenn ihr mir glaubt, könnt ihr ihm auch glauben. Ich übernehme für ihn die Bürgschaft. Bricht Jonas das Vertrauen, so könnt ihr euch an mir schadlos halten!«

Die Sache war entschieden. Sie hatten einen ersten echten Bundesgenossen von draußen! Vielleicht lief alles viel besser aus, als man gedacht hatte!

Die bittersten Prüfungen wurden den Flüchtenden erst abverlangt, als sie nach der Landung im ›Hammelhafen‹ den Spacieuse-Fluß aufwärts ihren Zug ins Innere des Landes antraten.

Auf Vorschlag des Jonas Hestergart war mit Quenneville verabredet worden, daß man sich einen Monat nach der Frühlings-Tagundnachtgleiche, also am 21. April 1756, wieder an der Mündung des Spacieuse treffen wollte.

Quenneville hatte hinzugefügt: »Ich will's versuchen, aber es weiß natürlich niemand, wie es dann hier und an der Küste überhaupt aussehen wird. Ob ich unbehelligt bleibe, weiß ich auch nicht. Sagen wir gleich: Sollte ich bis Ende April nicht erschienen sein, so werde ich mein Bestes tun, nächstes Jahr um die Herbst-Tagundnachtgleiche hier aufzukreuzen.«

Damit hatte man sich getrennt. Als die Segel der beiden Quennevilleschen Schiffe um die ferne ›Hammelinsel‹ herum außer Sicht gerieten, verschlug es den zehn Menschen, die den nassen

Strand über dem schmalen Schaumstreifen des Meeresufers entlangschritten, die Sprache. Nun gab es kein Zurück mehr. Nun waren sie in unerhörter Weise auf sich selbst gestellt. Die übrige Welt tauchte hinter den Horizont. Die Leute vom La Have trieben hinaus auf einen Ozean des Nirgendwann und Nirgendwo. Ihnen allen war das Herz sehr schwer.

Es dauerte nicht zehn, es dauerte zwanzig Tage, ehe die Wanderer ihr Ziel auf der Höhe des Landrückens im Westen der Halbinsel Neu-Schottland erreichten, jenen See tief in den Wäldern, der, wie Kokwee sagte, von jeher den Namen Kagetoksa getragen hatte. Dieser See öffnete sich den Blicken weit wie ein Meer; aber sein Wasser schmeckte süß. Der indianische Name, den Kokwee dem See zuordnete, war für eine ans Französische gewohnte Zunge kaum aussprechbar. Aber hatten die Wandernden nicht gleich an seinem Ufer eine Fülle wohlklingender Vogelstimmen vernommen, was für die vorgeschrittene Jahreszeit ganz ungewöhnlich war? Jeanne Maillet kam darauf, den See »Rossignol« zu nennen – und gleich blieb der schöne Name haften: Nachtigallen-See!

Endlich der Kagetoksa, in wilde Wälder gebettet: sein Wasser war so klar, daß noch in dreißig Fuß Tiefe jeder Stein am Boden zu erkennen war!

Das Wetter hatte die Wandernden mit goldenen Tagen begünstigt. Die zweite Hälfte des August ist in jenen Gefilden eine der zuverlässigsten Jahreszeiten.

Als Kokwee endlich dorthin weisen konnte, wo zwischen den Bäumen und Büschen ein großes Wasser aufblitzte:

»Voilà, le Lac Kagetoksa!« – da war es allen, als hätten sie das Leben noch einmal geschenkt bekommen.

Zu spät war es, um in diesem Jahr noch irgend etwas anzupflanzen. Aber um mit dem Roden zu beginnen und gut zwei Dutzend Blockhütten unter Dach und Fach zu bringen, dazu war noch reichlich Zeit.

Jonas Hestergart griff überall zu, wo Hilfe gebraucht wurde. Die Leute merkten kaum, wie schnell er sich in ihren Bund hineinstahl. Er hatte zwar nicht zu den Akadiern am La Have-Strom gehört, aber zu denen am Kagetoksa-See gehörte er vom ersten Tage an, als wäre es das Selbstverständlichste von der Welt.

Noch ehe der erste Schnee die Wälder in glitzerndes Weiß hüllte, noch ehe sich auf dem See die Eisdecke schloß, sagte Walther eines Abends: »Wir schaffen es. Wir werden den ersten Winter bestehen – und der dürfte der schwerste sein. Père Bosson weiß es, und Picquingy weiß es, eigentlich wissen es alle: Kagetoksa ist unsere neue Heimstatt und wird es bleiben.«

18

Die ersten Jahre waren die schwersten – und sie waren auch die leichtesten. Die schwersten, weil Häuser, Felder, Scheunen, Gärten aus dem Urwald herauszuschlagen waren, weil Boote, Krippen, Schlitten, Tische, Bänke gezimmert werden mußten, und zwar aus Brettern, die man aus hoch über dem Erdboden aufgebockten Stämmen sägte. Und das alles wurde eigentlich sofort gebraucht, man konnte nicht darauf warten. Denn wo sollte man sitzen, schlafen, spinnen, weben, das Korn mahlen und die Butter stampfen?

Die ersten Jahre waren aber auch die leichtesten, weil es niemals zweifelhaft war, was getan werden mußte. Weil die Anweisungen oder Ratschläge von Yves Picquingy oder Père Bosson, weil das Beispiel und Vorbild von Anke Corssen oder Jeanne Maillet, auch wohl von Walther, Jonas und Kokwee jedermann einleuchtete. Und wurde nicht den Leuten von Kagetoksa in diesen Jahren die herrlichste Genugtuung, die schönste Befriedigung zuteil, die dem Menschen auf Erden geschenkt werden kann? – Auf dieser Erde, die sich nie wieder in einen Garten Eden zurückverwandeln läßt, die mit Schweiß gedüngt werden muß, sonst gibt sie nichts her? Die Leute von Kagetoksa sahen ihr Werk wachsen, langsam zwar, von bösen Rückschlägen nicht verschont – aber doch von Monat zu Monat, von Jahr zu Jahr sich entfaltend.

Père Bosson hatte anfangs die Messe im Freien gelesen, später im Wohnraum des Blockhauses von Picquingy, das dieser, ganz nach seiner Art, sehr behäbig und weiträumig errichtet hatte.

Außer einem guten Dutzend junger Männer und ebenso vieler Mädchen in der Gemeinde, die zwar schon miteinander plänkelten, aber noch nicht recht die Zustimmung und den Segen der Eltern für eine Verbindung hatten erwirken können, gab es unter den älteren Erwachsenen nur zwei, die nicht verheiratet waren – und deren Ehelosigkeit auch jedermann sonst respektierte. Ein sehr ungleiches Paar: Père Bosson, der geistliche Vater der Gemeinde, und der unerwartet zugelaufene Jonas Hestergart. Diese beiden Männer entdeckten mit der Zeit, daß sie unter all den anderen die einzigen waren, die sich auf europäisch gebildete Weise miteinander verständigen konnten.

Jonas gewann allmählich großen Respekt vor dem Wissen und der Gelehrsamkeit dieses an der Sorbonne gebildeten alten Mannes. Dem alten Franzosen andererseits bereitete es großes Vergnügen, mit einem Menschen, der die Bildung einer fremden, wenn auch nach französischer Meinung nur halbwegs gleichwertigen Kultur genossen hatte, Einsichten und Erkenntnisse auszutauschen, ohne sich dem Aufnahmevermögen einfacher Bauerngehirne anpassen zu müssen.

Père Bosson hatte es nur zu natürlich gefunden, daß die Familienväter sich zunächst darum bemühten, für Frau und Kind und Vieh ein Obdach zu errichten. Er hatte sich in seiner großen Bescheidenheit damit abgefunden, irgendwo nebenbei unterzukommen. Bis dann eines Tages Jonas Hestergart feststellte: »Mon Père, so geht das nicht weiter! Sie mühen sich von früh bis spät und sogar mit leidlichem Erfolg, in dieser Horde arbeitswütiger Bauern die Fahne des menschlichen Anstands hochzuhalten – und haben selber nicht einmal ein Dach über dem Kopf! Wenn Sie nichts dagegen haben, werde ich mir einige Helfer beschaffen und Ihnen eine eigene Hütte bauen, damit Sie die Tür hinter sich abschließen können, wenn Sie wollen. Und vielleicht wäre es sogar gut, wenn ich mich Wand an Wand mit Ihnen niederließe. Ich werde Sie nur stören, wenn Sie mich dazu auffordern, stünde Ihnen aber jederzeit zur Verfügung.«

Père Bosson hatte mit einem liebenswürdigen Lächeln auf dem schmalen Greisengesicht geantwortet: »Mit Vergnügen werde ich Wand an Wand mit Ihnen hausen, und bei jedem neuen philosophischen Gedanken werde ich dreimal anklopfen, damit Sie herüberkommen und wir der Sache auf den Grund gehen können. Aber vordringlicher erscheint mir, daß Sie, lieber Jonas, mit ein paar tüchtigen Gefährten uns eine kleine Kapelle bauen.«

Jetzt mußte Jonas lächeln. »Eins nach dem andern, mon Père! Da Sie schon mehr als einmal festgestellt haben, daß ich ein lutherischer, völlig hoffnungsloser Höllenbraten bin, beharre ich darauf, zunächst Ihrem alten Adam eine warme Unterkunft zu verschaffen. Dann trommle ich mir unsere besten Männer zusammen, und wir bauen eine Kirche mit hundert oder mehr Sitzen, damit die Leute von Kagetoksa wissen, daß sie nun wirklich in Kagetoksa am Kagetoksa daheim sind.«

Nur wenn sie unter sich waren, sprachen Père Bosson und Jonas Hestergart auf diese lockere Weise miteinander.

Im fünften Jahr nach der Ankunft in der Einsamkeit vereinte das Kirchlein zum erstenmal die ganze Gemeinde beim Hochamt.

Als der Gottesdienst beendet war, hörten viele, wie der alte Picquingy zu seiner Frau Marianne und den Nachbarn Anessac und Caengens sagte, geradezu auftrumpfend, wie man es von ihm gar nicht gewohnt war: »Jetzt haben wir die Kirche von Kagetoksa eingeweiht. Jetzt sind wir die Leute von Kagetoksa vor Gott und der Welt.«

Bernard Anessac war zeit seines Lebens ein Fischer gewesen und übte sein Handwerk natürlich auch am Kagetoksa-See aus. Die Lachse und Forellen aus diesem süßen Wasser schmeckten besser noch als die Fische aus dem Meer. Die hohe See jedoch hatte Anessac früh darüber belehrt, daß man ihr niemals trauen durfte, auch dann nicht, wenn sie sich wunderbar friedlich gab. Zurückhaltung, ja, eine Neigung zu Zweifelsucht und Schwarzseherei, waren dem Bernard Anessac zur zweiten Natur geworden. Die Leute schätzten ihn nicht sehr in seiner Rolle als männliche Kassandra, aber sie hörten doch hin, wenn er etwas zu sagen hatte. Wo hat es je Bauern und Fischer unter der Sonne gegeben, die Vorsicht und Mißtrauen nicht für den besseren Teil der Tapferkeit halten?

Doch von Anfang an war sich die kleine Gruppe der Anführer – stillschweigend erweitert um Charles Maillet, Walther Corssen, Bernard Anessac und bald auch Jonas Hestergart – darüber im klaren, daß man zwar aus der Welt war, aber doch auf die Dauer nicht gänzlich ohne die Außenwelt würde bestehen können. Was geschieht, fragten sich Picquingy und Maillet, wenn unsere Sensen schartig werden und nicht mehr zu schleifen sind? Wenn eine Axt zerspringt oder ein verborgener Felsbrocken in den jungen Feldern die Pflugschar verbiegt? Einige Jahre würden die Geräte vorhalten, aber irgendwann mußten sie durch neue ersetzt werden. Und gerade die harte Arbeit des Rodens und des Hausbaus spielte den Werkzeugen übel mit.

Walther und Jonas waren sich im geheimen darüber einig, und auch der kluge Père Bosson zweifelte nicht daran, daß Fortbestand und Erfolg von Kagetoksa davon abhingen, ob sich ein wenn auch noch so schmales und geheimes Schlupfloch zur Außenwelt offenhalten ließ, durch das sich die Leute von Kagetoksa wenigstens die allerwichtigsten, von ihnen selber nicht herzustellenden Dinge beschaffen konnten.

Groß war deshalb die Enttäuschung, ja, Furcht regte sich in einigen Herzen – wenn sie auch niemand zugegeben hätte –, als das für den Frühling 1756 verabredete Treffen mit dem Händler Quenneville nicht zustande kam. Die drei unruhigsten unter den Männern von Kagetoksa waren Pierre Callac, Walther Corssen und Jonas Hestergart. Sie hatten sich, geführt von Kokwee, der sich mit seinen Leuten am äußersten Westrand der neuen Siedlung, an Corssens Rodung dicht anschließend, niedergelassen hatte, geradezu vorgedrängt, als es galt, mit Quenneville an der Meeresküste beim ›Hammelhafen‹ bei Port Mouton, Verbindung aufzunehmen.

Seinerzeit hatte man zwanzig Tage gebraucht, um sich mit Sack und Pack und Vieh von der Küste ins Innere zum Kagetoksa durchzuschlagen. Die vier Männer, die keine nennenswerte Last mit sich führten, legten die gleiche Strecke in umgekehrter Richtung in drei Tagen zurück.

Quenneville ließ nichts von sich hören. Die Männer schlugen am Waldrand über den hohen Uferfelsen, an denen Quennevilles Segler mit den Umsiedlern damals längsseit gegangen waren, ein Lager auf, versteckt zwar, aber so gelegen, daß sie die große Bucht bis auf die offene See hinaus überblicken konnten. Doch das Wasser blieb leer Tag um Tag. Kein Segel wollte über die Kimm tauchen, wollte den Boten ankündigen, der ihnen hätte erzählen können, was inzwischen in der fernen Welt passiert war.

So hockten die vier am Waldrand über rauchlosem Feuer und warteten. Lässige Gespräche gingen her und hin, und die Gedanken wanderten noch viel weiter fort ins Ungewisse.

Der hitzige Pierre Callac, der auf Quenneville nie sehr gut zu sprechen gewesen war, meinte eines Abends: »So wie ich Quenneville kenne, könnte ich mir denken, daß er sich sagt: Was soll ich wieder nach Port Mouton fahren? Die Leute werden dasein und auf mich warten. Aber was könnten sie zum Verkauf anzubieten haben – nach dem ersten Winter! –, falls sie nicht überhaupt verhungert oder sonstwie umgekommen sind? Sie werden etwas von mir haben wollen, und sicherlich auf Kredit. Da fahre ich lieber erst gar nicht hin. Ich glaube also, wir werden umsonst hierhergekommen sein. Quenneville erscheint frühestens im Herbst – wenn er überhaupt kommt.«

Walther nahm das Wort: »Pierre, du magst recht haben. Auf Quenneville werden wir uns erst dann verlassen können, wenn wir ihm etwas anbieten, das Gewinn verspricht. Aber was sollte das sein? Unsere Vorräte sind so gut wie verbraucht. Und was wir in diesem Sommer ernten werden – ich meine, wir sollten froh sein, wenn es uns mit Wildfleisch und Wildbeeren über den nächsten Winter bringt. Ich glaube, ich weiß eine Lösung. Wir müßten Pelztiere fangen und Quenneville die Pelze anbieten. Sicherlich würde ihn das locken, wiederzukommen.«

Nach einer Pause ließ sich Jonas vernehmen: »Es bleibt die Frage, ob wir in der weiteren Umgebung von Kagetoksa genügend Pelztiere vorfinden.«

Das ging Kokwee an. Der Indianer hatte aufmerksam zugehört. »Pelze genug! Biber, Flußotter, Füchse, Bären, Marder. Ich weiß sie auch zu finden – und wie man sie fängt.«

Walther sagte: »Gut, Kokwee, du bist mit von der Partie. Ich habe einige Fallen mitgebracht.«

Pierre Callac fuhr fort: »Ich auch. Aber es ist harte und gefährliche Arbeit. Nur gut, daß uns keiner nach unseren Waffen gefragt hatte, ehe wir vom La Have abzogen. Ohne Waffen auf der Trapplinie – das wäre nicht mein Fall. Ich verstehe sowieso nichts von Trappen, lasse lieber die Finger davon. René Plouaret, der hat schon immer getrappt. Der wäre sicherlich gern dabei, wenn ihr es versucht. Aber was haben die anderen, die nicht trappen, von euren Fängen? Das Geld, das aus ihnen zu erlösen ist, wird nur den Fängern zugute kommen.«

Walther Corssen schien auf diesen Einwand gewartet zu haben. Er sagte sehr ernst, sagte es scheinbar nur vor sich hin, aber in Wahrheit sagte er es allen in Kagetoksa, obgleich außer den drei Gefährten am Feuer ihn keiner hören konnte: »Pierre, ich glaube, wir müssen uns allmählich darüber klarwerden, daß wir wenigen Leute tief im Wald, wo uns keiner finden darf, anders denken müssen, als uns das früher selbstverständlich war. Entweder kommen wir alle durch, oder wir gehen alle unter. Ich habe mit Anke besprochen, mehr als einmal – und sie hat es vertraulich mit den meisten anderen Frauen besprochen, auch mit deiner, Pierre. Und die Frauen sind sich darin einig, daß jedem geholfen werden muß, der mit seiner Familie in Bedrängnis gerät. Das bedeutet aber, daß jeder, der zu besonderen Vorteilen oder Gewinnen kommt, den größten Teil davon den weniger Begünstigten oder Notleidenden abtritt. Der Rat muß entscheiden, also Picquingy, Père Bosson und Anke, wem jeweils unter die Arme gegriffen werden muß.«

Jetzt ließ sich Kokwee aus dem Hintergrund mit leiser Stimme vernehmen: »Bei uns ist es immer so gewesen: Im Krieg oder in Zeiten großen Hungers darf einer nicht mehr haben als der andere, oder, wie man bei uns sagt, dann sind wir alle gleiche Kinder des gleichen Vaters.«

»Die Kinder, ja!« Pierre Callac hatte mit großer Spannung zugehört. »Unsere Kinder – was soll aus ihnen werden? Père Bosson wird immer älter und ganz gewiß nicht kräftiger. Er muß sich vor allem um die Alten und Kranken kümmern. Die kommen ohnehin schlecht weg, da die Erwachsenen alle Hände voll zu tun haben. Wer kümmert sich also um die Kinder? Wer bringt ihnen das Schreiben und Lesen bei und ein bißchen Rechnen, und die Furcht des Herrn? Père Bosson vermag es nicht mehr.«

Fast war es Nacht. Das Feuer war zusammengesunken, es glühte nur noch dunkelrot. Jonas stocherte in der Glut, als gehe ihn das Gespräch nichts an. In Wahrheit kämpfte er mit sich, ob er aussprechen sollte, was er zu sagen hatte. So faßte er sich ein Herz und bekannte:

»Père Bosson hat schon mit mir darüber gesprochen. Ich sehe allmählich ein, daß ich mich seinen Bitten nicht verschließen darf, weil, soweit ich weiß, ich allein sie erfüllen kann. Wir wollen, wenn der kommende Sommer und die Hauptarbeit vorbei ist, für die Kinder über sechs oder sieben Jahre eine Schule einrichten. Das Klassenzimmer für zwanzig Schüler bauen wir gleich hinter die Kirche. Und ich werde der Lehrer in dieser Schule sein und werde euren Kindern Lesen, Schreiben und Rechnen beibringen.«

Pierre Callac dachte weiter voraus. Geduld gehörte nicht zu seinen hervorstechenden Eigenschaften. »Aber wir haben keine Bücher und keine Tafeln. Wie willst du da die Kinder unterrichten?«

»Für den Anfang können wir uns behelfen. Wir haben Holzkohle und Birkenrinde. Père Bosson hat die alten Fibeln aus La Have herübergerettet. Und später muß uns Quenneville das Nötige beschaffen!«

Quenneville – da war der Name wieder! Quenneville! Die einzige schwanke, schmale Brücke zur Welt! Würde Kagetoksa zu halten sein, wenn diese Brücke Hoffnung und Einbildung blieb und niemals Wirklichkeit wurde? Schwer legte sich den Männern die Ungewißheit auf die Seele. Zehn Tage warteten sie schon. Sie wollten noch vier weitere warten.

Sie verwarteten auch diese vier vergeblich, machten sich dann, müde und widerwillig, auf den Heimweg.

Sie hatten in langatmigen Gesprächen an den verwarteten Tagen so viele Fragen geklärt, hatten in der erzwungenen Muße so viele Einsichten gewonnen, hatten Beschlüsse gefaßt, die sich erst in Monaten, vielleicht Jahren auswirken würden, daß sie die Tage der vergeblichen Reise an die Küste keineswegs für nutzlos vertan anzusehen brauchten.

Walther sprach es aus, als der Rat nach der Rückkehr der vier die Zukunft der ›Nation Kagetoksa‹ erörterte: »Er wird schon kommen, der Quenneville. Wenn nicht jetzt, dann im Herbst oder im nächsten Frühjahr. Er ist ein Händler, wie er sein muß. Die Neugier wird ihn treiben, die Aussicht auf Gewinn. Ich bin der Meinung, wir sollten uns so einrichten, als ob es sicher ist, daß Quenneville wieder mit uns Verbindung aufnimmt. Bis wir Genaueres von der Außenwelt erfahren, muß unsere Siedlung unter allen Umständen geheimgehalten werden.«

Für den Herbst des Jahres 1756 bereitete Walther die Reise zur Küste sorgfältig, ja mit beinahe umständlicher Genauigkeit vor. Es hatte niemand in Kagetoksa zu fragen für nötig befunden, ob es wiederum wie schon bei der ergebnislosen Frühjahrsfahrt Walther Corssen sein sollte, dem die Führung des Unternehmens anzuvertrauen wäre.

Walther hatte den Leuten, besonders aber dem Rat von Kagetoksa, auseinandergesetzt, daß man sich des Händlers Quenneville nur versichern konnte, wenn man ihm, wie in früherer Zeit, Produkte anzubieten hatte, die sich mit Gewinn anderswo weiterverkaufen ließen. Walther hatte sich mit Hilfe der drei gewählten Ratsmitglieder Picquingy, Père Bosson und Anke auch durchgesetzt. So stapelte er also in sein Kanu einige Ballen jenes groben Tweed aus ungefärbter Wolle, aus dem die Akadier ihre warmen und kräftigen Kleider, Jacken, Hosen verfertigten. Was die schmalen Webstühle der Akadier hergaben, war dazu bestimmt, Quennevilles Begehrlichkeit und Gewinnlust wachzurufen.

An Korn gab es noch längst keine Überschüsse, die man hätte entbehren können. Wohl aber ließen sich einige Säcke mit getrockneten Wildbeeren, vor allem mit Krannbeeren füllen, einige andere mit luftgetrocknetem Wildfleisch. Walther machte sich keine falschen Hoffnungen. Wenn er für sein Kagetoksa Baumwolle einkaufen wollte, vor allem aber Pulver und Blei und Pelztierfallen, wenn er ein paar gebrochene Sägeblätter und Sensen ersetzen wollte, so würden die kümmerlichen Erzeugnisse von Kagetoksa, die er Quenneville zu liefern vermochte, auch nicht annähernd als Gegenleistung ausreichen. Deshalb hatte er sich auch mit Bargeld versehen. Picquingy, Charles Maillet, Jonas Hestergart und er selbst hatten jeder ein halbes Dutzend goldene Sovereigns oder Louisdors beigesteuert. Die vier hatten es für aussichtslos angesehen, von den Bauern, etwa von Guiclan oder den Caengens, Bargeld zu erhalten. Die gaben nichts für das Vielleicht und die Zukunft. Die würden sehen und fühlen wollen, was sie einhandelten. Also mußte man sie bevorschussen.

Maillet hatte gemeint: »Warum allein wir vier? Wir sollten dann wenigstens ein bißchen Gewinn dabei haben.«

Aber Walther hatte wiederum abgewinkt. Ihm kam es zunächst auf wichtigere Dinge an. »Vielleicht, Charles. Aber darüber kann nur im Rat entschieden werden. Wir von uns aus dürfen nichts aufschlagen.«

Quenneville lag schon an den großen Felsen, über welche die Leute von Kagetoksa ein gutes Jahr zuvor an Land gestiegen waren. Kokwee war diesmal nicht mit auf die Bootsreise gegangen. Seine Leute brauchten einen Vormann, der ihnen beim Fangen und Trocknen der Lachse beistand und das Einsammeln des Beerenvorrats für den Winter überwachte. Auch Pierre Callac hatte abgelehnt. Der launische Mann, ebenso schnell entflammt wie entmutigt, wollte »nicht zum zweitenmal vergeblich unterwegs sein, wenn auf dem Hof noch soviel zu verrichten ist«. Doch Charles Maillet war gern mitgefahren – und natürlich der andere »Ranger«, Jonas Hestergart (der den Sommer über mit jedem, der ein paar Stunden erübrigen konnte, die neue Schule bei der Kirche aufgebaut und, so gut es ging, eingerichtet hatte).

Quenneville hatte nicht viel zu erzählen. Der Krieg schleppte sich hin. Kaperschiffe seien unterwegs. Doch von irgendeiner Entscheidung sei keine Rede. Er selbst sei bisher leidlich durchgekommen. Den Franzosen gäbe er sich als Akadier und Franzose. Das war kein Kunststück. Sie ließen sich sowieso auf hoher See kaum blicken. Nein, Ärger hätte man nur mit den Engländern, und mehr noch mit den Yankees. Aber er hütete sich, Waren an Bord zu haben, die auf französische Herkunft schließen ließen. Im übrigen wären seine Leute verschwiegen – und die blaue See sei es ebenfalls.

Als Quenneville merkte, daß die drei Männer von Kagetoksa nicht mit leeren Händen gekommen waren, auch keinen Kredit erwarteten, blühte er sichtlich auf. Und als ihm Walther für das Frühjahr 1757 – und jedes weitere danach – versprach, ihm einen tüchtigen Posten von edlen Fellen anzudienen, brauchten die Männer von Kagetoksa nicht mehr daran zu zweifeln, daß der Händler sich mit Vergnügen wieder einfinden würde.

19

Gegen Ende der fünfziger Jahre hatte sich das Zusammenwirken der Leute von Kagetoksa und des Seehändlers Quenneville längst eingespielt.

Fünf Jahre schon wohnten die Leute in der Tiefe der unermeßlich leeren Wälder. Kein neugieriger Besucher hatte den Frieden und die Sicherheit der Siedlung gestört. Und die Bauern sagten sich, was Bauern immer sagen: Wir sitzen hier und sitzen fest. Ewig kann der Krieg nicht dauern. Dann kommen wieder andere Zeiten – und man wird weitersehen. Inzwischen richten wir uns ein, als gingen wir nie wieder fort.

Warum sollten wir das auch wollen? Die Felder geben Frucht, reichere als jene kargeren Äcker am La Have und Petite Rivière mit ihren harten Stürmen von See her und ihrer dünnen Ackerkrume. Unser Vieh gedeiht, und längst hat jeder so viel Kühe auf der Weide, wie er früher besessen hat. Das Wasser ist frisch und gesund. Der See spendet so viel an Fischen, daß wir allein von ihnen leben könnten. Die jungen Leute wollen die schönen Forellen und Hechte gar nicht mehr auf dem Tische sehen, so selbstverständlich ist ihnen dieser Reichtum geworden. Ja, sagten die Leute von Kagetoksa manchmal voller Übermut, die Engländer haben uns mit der Vertreibung einen Gefallen getan. Hier leben wir fetter als zuvor!

Am meisten aber brachten die Pelze ein, die ringsum im leeren Land zur Winterszeit ›geerntet‹ wurden. Nur wenige der Bauern waren dem Beispiel des Charles Maillet, Walther Corssen, Jonas Hestergart und des Indianers Kokwee gefolgt. Im tiefen Schnee bei eisiger Kälte die Trappstrecken durch die wildesten Dickichte auszulegen, sie jeden zweiten Tag abzuwandern, die gefangenen Tiere aus den Fallen zu lösen, nach verschneiten oder verschleppten Fallen zu suchen – Vorsicht, Vorsicht! Daß man nicht selber in sie hineintappt!... Die Fallen zu spannen, neue Köder anzubringen, die Witterung der eigenen Schuhe und Hände mit Blut und Fleisch zu verwischen, die Felle abzuziehen, zu spannen, zu trocknen – in der Tat, das war eine beschwerliche und gewiß auch gefährliche Arbeit, und den richtigen Bauern behagte sie keineswegs. Bauer und Jäger – das geht schlecht Hand in Hand. Lieber half man dem knappen halben Dutzend Trapper auf dem Hof, in den Ställen und Scheunen, als daß man den Kampf mit den eisig schweigenden Wäldern aufnahm.

Über Quenneville ließen sich nicht nur Gegenstände des täglichen Bedarfs bestellen, wie Messer, Äxte oder Schießpulver, sondern auch Dinge, die das Leben angenehmer und freundlicher machten, wie etwa Indigo oder ein seidenes Halstuch oder – natürlich – ein Fäßchen mit achtzigprozentigem Jamaica-Rum, damit man sich winters von innen her erwärmen konnte.

Es starben die Menschen, und neue wurden geboren. Die alte Madame Dauphiné, die sich oft genug der Kinder Ankes und der Mailletschen Kinder angenommen hatte, war die erste, welche die

Leute von Kagetoksa zwang, sich über die Anlage eines Friedhofes Gedanken zu machen.

Sehr verspätet erfuhren die Leute von Kagetoksa, daß die französische Feste Louisbourg erobert und geschleift worden war und daß die Engländer sogar das ferne Québec und damit schließlich das ganze französische Canada in ihren Besitz gebracht hatten. Auch sollten die Indianer Akadiens im Sommer 1760 mit den Engländern Frieden geschlossen und das Kriegsbeil begraben haben.

Ob die Engländer Sieger blieben oder die Franzosen – die Leute von Kagetoksa waren beiden gleich weit entrückt. Mochten sich die Großen streiten – bei uns hier in Kagetoksa herrscht Frieden und Ruhe. Und wenn sich wirklich wer nicht einigen kann mit seinem Nachbarn oder aus anderem Grund unzufrieden ist, dann gab es ja den Rat, bestehend aus so unantastbar gerechten und klugen Menschen wie dem alten Picquingy, ihrem Père Bosson und der Vertreterin aller Frauen, Anke Corssen. Der Rat hatte bisher noch jeden Streit geschlichtet, hatte, wenn er sich überfordert fühlte, Beisitzer herangezogen und sogar schon zweimal eine allgemeine Volksversammlung einberufen, um der Gesamtheit der Erwachsenen eine besonders wichtige Frage zur Entscheidung vorzulegen, der sich niemand entziehen durfte. Sie drohte, schon nach den ersten fünf Jahren die Gemeinschaft zu sprengen. Die allgemeine Angst, entdeckt und deportiert zu werden, hatte sich mit den Jahren gelegt.

Zwei Parteien bildeten sich, zunächst ganz unmerklich, in Kagetoksa. Die Trennlinie verlief quer durch manche Familie, spaltete manche alte Freundschaft. Ohne es zu wollen war Père Bosson zum Sprecher der einen Partei geworden.

Wie hat es denn begonnen, pflegte Père Bosson zu fragen, wenn er einer Debatte nicht mehr ausweichen konnte. Seien sie nicht alle vor dem gleichen bösen Schicksal aus der alten Heimat am La Have und Petite Rivière geflohen? Hätten sie nicht alle gleich gelitten, die gleiche Angst ausgestanden, hätten sie nicht alle aus dem Nichts neu anfangen müssen? Hätte nicht jeder das Menschenmögliche vollbringen müssen, ein jeder dem andern helfend, wo immer die Kraft des einzelnen nicht ausreiche?

Und wie war es mit dem Vieh gewesen und mit den Vorräten? Jede Familie hatte nur das Allernotwendigste mit auf die lange Reise nehmen können. Es hatte, wie jeder sich erinnerte, unglaubliche Mühe gekostet, von jeder Art ein männliches und einige weibliche Tiere mitzuführen, und es war mehr oder weniger Zufall gewesen, ob man sich für Corssens oder Guiclans Kühe, für Picquingys oder O'Duffys Hengst entschied. Also wäre, nachdem der große Umzug mit Gottes Hilfe geglückt war, alles Eigentum an dieser Kuh oder jenem Eber aufgehoben – und alle Familien müßten ungefähr den gleichen Anteil an dem langsam wieder nachwachsenden Viehbestand erhalten.

Es gehe nicht an – diesen Standpunkt vertrat Père Bosson von Jahr zu Jahr eindringlicher und schließlich sogar mit einer bei ihm ganz ungewöhnlichen Heftigkeit –, daß zum Beispiel die Einnahmen aus dem Pelzfang den Trappern, also nur einem halben Dutzend geschickter, furchtloser Männer, ausschließlich zu eigener Verfügung verblieben. Alle hätten teil an dem gleichen Schicksal, hätten also mit allen zu teilen.

Und wer früher fünf Kühe besessen habe, der dürfe nicht erwarten, wieder fünf Kühe sein eigen zu nennen, bevor nicht Plélot und Quillebœuf wenigstens zwei auf ihrer Wiese stehen hätten.

Vor allem aber – so Père Bosson – sollte von Anfang an verhindert werden, daß sich in der kleinen ›Nation‹ Kagetoksa nennenswerte Unterschiede des Besitzes und der Lebensweise entwickelten.

So spielte sich die von Père Bosson erdachte neue Ordnung sachte ein – so wollte es wenigstens scheinen.

Allerdings, wenn Walther und Charles Maillet mit einigen besonders unternehmungslustigen Gefährten auf dem Wege zur Küste waren, zweimal im Jahr, und dann die Männer oftmals noch Tage auf das Erscheinen von Quennevilles schnellem Segler warten mußten, ja, dann fiel es Walther nicht schwer, herauszuspüren, daß Père Bosson durchaus nicht überall so vorbehaltlos auf Zustimmung und Gehorsam rechnen durfte, wie es in Kagetoksa den Anschein hatte.

Charles Maillet hatte es eines Abends am Feuer ausgesprochen vor den Ohren der acht wahrscheinlich verwegensten Männer, die Kagetoksa aufzubieten hatte (es waren diesmal schon vier Kanus, mit denen sie sich zur Küste auf den Weg gemacht hatten): »Solange noch uns allen das Messer an der Kehle saß und wir nicht wußten, ob wir es schaffen, da war es richtig, daß niemand sich eine Extrawurst braten durfte. Aber jetzt? Was Père Bosson immer predigt, daß wir alle Kinder Gottes sind und deshalb keiner sich über den andern erheben soll, das stimmt ja gar nicht. Das kann nur jemand sagen, der selber nie Kinder gehabt hat. Meine sind alle so verschieden von Geburt an, daß man, wie Jeanne immer sagt, gar nicht glauben möchte, sie stammten alle von ihr ab, von der gleichen Mutter. Kinder sind sie alle, aber gleich sind sie nicht, weiß Gott nicht! Der eine faul und der andere fleißig, der eine langsam und der andere schnell, der eine anstellig und der andere kläglich. Es macht auf die Dauer einfach keinen Spaß, es verdirbt die Freude an dem, was man geschafft hat, wenn immerwährend andere davon zehren, die nichts dazu beigetragen haben. Nein, das macht keinen Spaß!«

Die Partei der Zweifler meldete sich öffentlich zu Wort, als Quenneville die Nachricht mitbrachte, nach Louisbourg sei nun auch die Stadt Québec, das Kernstück der französischen Kolonien in Amerika, in englische Hände gefallen – am 18. September 1759. Nach Kagetoksa drang diese Kunde erst im Frühling des Jahres darauf.

Wiederum war es Charles Maillet, der die Dinge unverblümt beim Namen nannte. Er hatte sich in diesem Frühjahr geweigert, die von ihm im vergangenen Winter eingebrachten Felle mit der Beute der übrigen Jäger zusammenzuwerfen und im großen sortieren und bündeln zu lassen. Dazu hatte er erklärt, und jeder hatte es hören können: »Die Franzosen sind erledigt auf diesem Kontinent, und wir werden nie mehr in die Verlegenheit kommen, gegen sie kämpfen zu müssen. Es hat also gar keinen Sinn mehr, den Engländern den Treueid zu verweigern. Dann brauchten wir uns auch nicht mehr in der Wildnis zu verstecken. Natürlich müssen wir noch eine Zeit verstreichen lassen, bis der Friede geschlossen ist. Danach aber sollten wir wieder leben wie andere Menschen auch. Ich sage es ganz offen: Ich habe es satt, jeden Winter bei jedem Wetter durch den Schnee zu kraucheln, mir von dem kalten Eisen der Fallen die Haut von den Fingern reißen zu lassen, nach verschleppten Fallen im Schnee zu wühlen, immer mit der Angst im Gebein, daß sie plötzlich über dem eigenen Unterarm zuschnappen – und schließlich hierher zurückzukommen, den Fang abzuliefern und mitanzusehen, wie andere, die den ganzen Winter lang am warmen Kamin gehockt und keine größere Gefahr erlebt haben, als von einem Schneeball getroffen zu werden, wie die dann von dem Erlös meiner Arbeit und Mühe miterhalten werden – nur damit keiner von uns mehr hat als der andere! Davon will ich nichts mehr wissen. Jeder soll das verzehren, was er selbst erworben hat. Und wer nichts erwirbt, der soll hungern. Diesmal verkaufe ich meine Pelze auf eigene Faust und auf eigene Rechnung – und ich möchte einmal wissen, wer mich daran hindern könnte.«

»Niemand, Charles!« hatte Walther sehr ruhig geantwortet. »Soviel ich weiß, ist bei uns noch niemand zu irgend etwas gezwungen worden. Vielmehr haben wir die Dinge besprochen, haben uns geeinigt, und dann hat jeder freiwillig seinen Anteil geleistet. Wenn du meinst, daß das nicht mehr nötig ist, gut! Aber du mußt wissen: Kagetoksa ist damit schon aufgegeben!«

Es war, als hätte Charles Maillet einen Damm zerstört. Picquingy stellte fest: »Es geht uns schon wieder zu gut!«

Innerhalb des Jahres 1760/61 veränderte sich die menschliche Landschaft von Kagetoksa von Grund auf.

Der Krieg neigte sich seinem Ende zu, noch mußte man im Verborgenen bleiben, aber bald, vielleicht im nächsten oder übernächsten Jahr, durften Brücken zur Welt geschlagen werden. Die erneute Gefahr war bestanden, die Herausforderung bewältigt. Jeder war nun frei und berechtigt zu nutzen, was sich dem Tüchtigen überall und überreichlich anbot. Innerhalb eines einzigen Jahres also hatte sich die Szene verwandelt. Es gab wieder Reiche und Arme, es gab Bescheidene und Anspruchsvolle, es gab unruhig Unzufriedene und gemächlich Zufriedene.

Père Bosson sah einen Traum verwelken, den Traum, in dem alle für einen und einer für alle stehen. Der hatte nur solange Bestand gehabt, wie Angst und Sorge die Leute von Kagetoksa zusammengehalten hatten. Und er zersplitterte, als Angst und Sorge von ihnen gewichen waren.

Père Bosson war sehr, sehr müde geworden.

Auch Anke Corssen fühlte sich zuweilen seltsam matt und müde, als zehre an ihr eine geheime Krankheit. Da niemand sich Mühe gab, noch groß an Kagetoksa zu denken, dachte auch sie nicht mehr daran. Sie begann sogar, eine seltsam zweiflerische Freude zu spüren, wenn Walther mit anscheinend ständig wachsender Leidenschaft für sich und die Seinen tätig war, auf dem Feld, im Wald und an der Küste. Die neue ›Ferme Corssen‹ wuchs von Sommer zu Sommer, und im Jahre des Friedensschlusses, 1763, bot sie sich bereits schmucker und weitläufiger dar als die alte Ferme in East La Have. Das Beutelchen mit den Dukaten war nicht nur wieder aufgefüllt; es floß schon über in einen zweiten.

Walther arbeitete, werkte, jagte, handelte, als gälte es sein Leben, bis er schließlich merkte: Ich will mich nur ablenken, um nicht eingestehen zu müssen, daß zwar nicht mein eigenes, wohl aber Ankes Leben immer tiefer verschattet wird.

20 Und dann starb Père Bosson.

Père Bosson hatte in der erzwungenen Flucht etwas wie einen Auszug der Kinder Israel aus Ägypten gesehen und sich selbst, mit einer ganz verborgenen und zugleich – wie Jonas meinte – unendlich liebenswerten geistlichen Eitelkeit, als Moses, dem aufgetragen war, sein Volk, seine ›Nation‹, nach Kanaan zu führen.

Ganz plötzlich war Père Bossons schmales Antlitz welk geworden. Die großen Augen blickten matt. Manche hatten diese Augen gefürchtet; man glaubte, sie könnten tief in die Herzen blicken. Er las die Messe noch am Tage vor seinem Tode. Aber von den Menschen hatte er sich zurückgezogen, er verkehrte mit ihnen nur noch wie durch eine Glasscheibe. Lediglich Jonas Hestergart machte da eine Ausnahme. Der gehörte nicht dazu, war kein Katholik, verwuchs niemals vollständig mit dieser Gemeinde von klugen und dummen, geschickten und ungeschickten Bauern, blieb ein, wenn auch sehr geschätzter, Außenseiter, nicht viel anders als Père Bosson selbst. Und das empfanden beide – aber sie sprachen es niemals aus.

Jonas war es auch, der als erster entdeckte, daß Vater Bosson von dem Mann mit der Sense eingeholt worden war. Er pflegte in der Frühe hinüberzugehen und dem alten Freund zur Hand zu sein, wenn er sich zur Kirche aufmachte. Kein Wort sprach er dabei, um den Geistlichen nicht bei der inneren Vorbereitung zur Meßfeier zu stören.

An jenem Morgen fand ihn Jonas auf seinem schmalen Schragen und wußte sofort: Mein Freund, mein wunderbarer Freund, ist tot. Der Alte lag lang ausgestreckt auf dem Rücken, als habe er sich selber aufgebahrt. In den fest auf der Brust gefalteten Händen steckte sein kleines silbernes Kruzifix. Er war angekleidet, hatte die Alba und die Stola angelegt, als wollte er sich zur Messe bereiten.

Père Bosson war tot. Père Bosson war fortgegangen, um niemals wiederzukehren.

Solange Vater Bosson noch über der Erde war, wagte niemand in Kagetoksa laut zu sprechen. Die Kinder vergaßen ihre Spiele und schlichen mit scheuen Blicken an ihren Kameraden vorbei. Die Schule blieb geschlossen.

Es war, als faßte eine harte Faust die Leute von Kagetoksa beim Kragen und schüttelte sie. Gewiß, Père Bosson war schon sehr alt und hinfällig gewesen, und mancher hatte gewußt, daß ›er es nicht mehr lange machen‹ würde. Doch jetzt hatte er seine ›Kinder‹ einfach über Nacht verlassen, ohne Abschied, ohne sich noch einmal nach ihnen umzublicken.

Und nun? Wer sollte den Leichnam einsegnen, wer sollte die

Totenmesse lesen, die Exequien halten? Kein anderer Geistlicher weit und breit im Umkreis!

Sie legten ihn in den Sarg, wie er war. Hatte er nicht selbst angedeutet, wie er bestattet werden wollte?

Yves Picquingy las aus dem Brevier des Geistlichen einiges vor; aber er stockte häufig. Die lateinischen Worte bereiteten ihm Schwierigkeiten. Er gab nicht nach, kam schlecht und recht damit zu Ende. Dann beteten sie alle mit lauter Stimme, während der Sarg in das Grab gesenkt wurde und die ersten Erdbrocken mit dumpfem Kollern auf den Sargdeckel schlugen. Sie beteten ein Paternoster und ein Ave Maria.

Das geschah an einem Nachmittag im Herbst des Jahres 1762.

Eine Stunde später mußten die Kühe gefüttert, die kleinen Kinder zu Bett gebracht werden, war auf den Höfen das Abendbrot zu richten. Bald sollte auch die Reise zur Küste angetreten werden – diesmal mit fünf Kanus. Vieles war noch zu besorgen und zu besprechen.

Das Leben ging weiter.

Es war das alte Leben nicht mehr. Es hatte seine Mitte verloren, diese stille, freundliche Zone, in der immer Friede geherrscht hatte und ein sie alle umgreifender guter Wille. Die meisten spürten es dunkel. Hier und da versuchte einer auszudrücken, was er empfand, und murrte: »Ist nicht mehr so wie früher in Kagetoksa!«

Für einige Wochen versammelten sich die Leute zur gewohnten Stunde des Hochamts in der Kirche, rumpelten in die Bänke, knieten, schwiegen, beteten ein paar Vaterunser, und was sie sonst noch auf dem Herzen hatten. Aber das ließ allmählich nach, versickerte wie ein Bach im Sande, den in der Dürre kein Wasser von der Höhe her mehr füllt. Es hörte schließlich ganz auf.

Ein neues Kapitel des Buches Kagetoksa wurde aufgeschlagen, als Joseph Aumale dem Drängen seines großmächtigen Nachbarn Picquingy nachgab, ihm sein Anwesen, das nicht recht vorankommen wollte, verkaufte und gleichzeitig mit seiner Frau und zwei halbwüchsigen Töchtern in seine Dienste trat. Auch hatte Picquingy bereits ein Auge auf den Hof an der anderen Flanke seines Besitzes geworfen und machte den Plélots verlockende Angebote.

Nach und nach hatte sich in Kagetoksa die Meinung durchgesetzt, daß sich Picquingy zwar zum reichsten und größten Bauern aufgeschwungen, daß er aber all sein Geld in seine Höfe gesteckt hatte. Handelte es sich darum, wer das meiste Bargeld zusammengebracht hatte, so war niemand mit Charles Maillet und Walther Corssen zu vergleichen. Walther und Anke hatten ihren Landbesitz nicht vermehrt. Der Hof war gerade so groß, daß Anke ihn mit dem kräftig heranwachsenden, oftmals unbändigen, aber gutherzigen William und mit tatkräftiger Hilfe der auch schon zwölf Jahre zählenden Anna einigermaßen auch ohne Walthers ständige Unterstützung bewältigen konnte. Denn Walther war viel unterwegs, betrieb den Pelztierfang, kaufte aber auch kleineren Leuten Felle und Tweed ab und gondelte zwischen der Küste und Kagetoksa hin und her, nun schon dreimal im Jahr; es lohnte sich auch für Quenneville.

Indo hatte Schwierigkeiten in der Schule. Mit Lesen und Schreiben und Auswendiglernen kam er gut zurecht. Aber mit dem Rechnen wurde es nichts. Die indianischen Künste in Wald und Wildnis verlockten ihn viel stärker als das Rechnen und Stillsitzen in der Schule. Er entschied sich, ohne sich dessen recht bewußt zu werden, allmählich für die Welt seines Vaters, und die Corssens hatten sich damit abzufinden. Dies fiel ihnen auch nicht allzu schwer, denn Indo war nicht kleinlich und gab alles, was er bei seinem Vater lernte, gern an William weiter – und William, der einen hellen Kopf hatte, verstand sich mit der Zeit ebenso auf Wald und Wildnis wie sein Pflegebruder. Walther kümmerte sich außerdem darum, daß William ein tüchtiger Bauer wurde.

Anke litt darunter, daß Indo sich anscheinend unaufhaltsam von dem Lebenskreis der Pflegeeltern abwandte. Dies trug dazu bei, ihr die helle Freude am Werk und an den Ihren zu trüben, von der sie in früheren Jahren so sicher getragen worden war. Manchmal kam sie sich vor wie gelähmt.

Was mochte dahinterstecken? Walther fragte sich oft genug danach, fand aber keine überzeugende Antwort. Es war unter den

Eheleuten nicht üblich, nach dem inneren Zustand des anderen zu fragen. Man begriff sich ohne Worte und Fragen – oder man begriff sich nicht.

Als Walther beim übernächsten Mal von der Küste nach Kagetoksa wiederkehrte – im Herbst des Jahres 1764 –, brachte er eine Nachricht mit, die eine tiefgreifende Wende einleitete.

Die Nachricht lautete – und sie ließ die Leute zusammenlaufen: Nach dem Siege Englands über Frankreich und nachdem in Paris der Friede geschlossen war, sollte nun die weitere Besiedlung und Entwicklung Nova Scotias tatkräftig vorangetrieben werden. Den Akadiern sei die Rückkehr nach Neu-Schottland erlaubt. Doch würde nach wie vor von ihnen verlangt, den Treueid auf Seine Majestät Georg den Dritten, König von England aus dem Hause Hannover, ohne jede Einschränkung zu schwören. Doch dürften die Akadier – soweit sie den Wunsch hatten zurückzukehren, nicht damit rechnen, ihre früheren Besitzungen wiederzubekommen. Denn die waren inzwischen an andere Siedler gefallen.

So lautete die Kunde, und es gab niemand in Kagetoksa, der von ihr nicht in helle Aufregung versetzt wurde. Aber hatte sie jetzt überhaupt noch eine ernsthafte Bedeutung? Die Leute von Kagetoksa hatten ja nie aufgehört, auf dem Boden von Nova Scotia zu siedeln. Sie waren also nicht imstande zurückzukehren. Als Versteck jedoch brauchte Kagetoksa nicht mehr zu dienen. Es durfte sich in eine Siedlung wandeln von gleicher Art, wie La Have eine gewesen war oder Petite Rivière oder eine solche wie Halifax. Aber würde das ohne weiteres möglich sein? Empfahl es sich, das Geheimnis zu lüften – oder sollte man abwarten, bis die englische Verwaltung selbst dahinterkam? Sollte man sich fortan allein, wie bisher, auf Quenneville verlassen? Wäre es nicht besser, daß Kagetoksa sich bekannt machte, damit auch andere Händler die Verbindung aufnähmen? Denn sicherlich hatte Quenneville sein Alleinrecht im Hammelhafen bedenkenlos genutzt und den Leuten von Kagetoksa die Preise diktiert!

Hundert Fragen – und weder Corssen noch Picquingy oder Maillet wußten zunächst eine Antwort.

21

Die Leute von Kagetoksa vermochten sich lange Zeit nicht recht schlüssig darüber zu werden, ob sie aus ihrer selbstgewählten und, aufs Ganze gesehen, schon längst erträglich gewordenen Verbannung hervortreten sollten oder nicht. Man saß so warm und sicher in Kagetoksa, war wieder arm und reich, wie es sich seit jeher gehört hatte, und überließ es gern den wenigen unruhigen Geistern wie Walther Corssen, Charles Maillet und zwei, drei anderen, die schmalen Brücken zur Außenwelt begehbar zu halten und mit dem Fang von Pelztieren, den anstrengenden Reisen zur Küste und dem leider unvermeidlichen Zwischenhandel mehr Geld zu verdienen, als es einem Bauern möglich war.

Der alte Picquingy stand immer noch dem Rat der Siedlung vor. Sein Haar war schneeweiß, aber unverändert dicht und buschig. Er besaß das schönste Vieh, sein Hof war der beste, dort lief alles wie am Schnürchen. Keiner hätte auch nur davon geträumt, ihm seinen Vorrang streitig zu machen. Dem stets besonnenen Mann wagte niemand zu widersprechen.

An die Stelle des verstorbenen Père Bosson im Rat war Charles Maillet getreten, worüber es kaum eine Debatte gegeben hatte. Charles war unbestritten tüchtig und hatte es weit gebracht.

Anke war nicht mehr Mitglied des Rates. Sie war müde geworden. Der Hof und die Kinder nahmen sie allzusehr in Anspruch, da Walther häufig und lange abwesend zu sein hatte.

Daß Indo sich von ihr lossagte, bewegte sie viel stärker als die Wandlung von Kagetoksa. Sie hatte dieses Kind geliebt – beinahe mehr noch als die eigenen, wie sie manchmal meinte. Anke kehrte in ihre eigene, engere Welt zurück. Die öffentlichen Angelegenheiten wurden ihr weniger wichtig. Sie trat in den Hintergrund.

Bernard Anessac, der Fischer, wurde Ankes Nachfolger im Rat. Die Menge der Siedler und kleinen Leute hatte sich zusammengetan und ihm Eintritt in den Rat verschafft – gegen den Willen der kleinen Gruppe der Erfolg- und Einflußreichen.

Ehe die Leute von Kagetoksa mit sich ins reine gekommen waren, ob es sich lohnte, die Tür nach draußen aufzustoßen, brach der Winter an, mit einem Schneesturm, der fünf Tage lang nicht aufhören wollte, der Wehen auftürmte wie Gebirge und die Wildnis unpassierbar machte.

Kagetoksa hatte sich auf die Wintermonate einzurichten, in denen es auf sich allein angewiesen war. Die Leute bekamen Zeit zum Nachdenken.

In den langen, bedächtigen Gesprächen, zu denen die Nachbarn in den schneeverwehten Häusern sich zusammenfanden, drängte sich in diesen stillen, eingezogenen Monaten eine Sorge in den Vordergrund, die sich in der Geschäftigkeit des Sommers nur am Rande bemerkbar gemacht hatte.

Seit Père Bosson das Zeitliche gesegnet hatte, waren in Kagetoksa vier Kinder geboren worden – und keines war bisher getauft.

Die alte Madame Pernette war gestorben und ganz plötzlich der noch gar nicht so alte Mounot. Der Henry Langille war verunglückt; ein gefällter Baum war beim Stürzen vom Wurzelstock abgefedert und hatte ihm das Rückgrat gebrochen. Und sie alle hatten begraben werden müssen, ohne daß ihnen die letzte Ölung gespendet, ohne daß die Totenmesse für sie gelesen war.

Und da waren Jacques und Doucette, Pasquale und Bernadette, der schon überfällige Frédéric Delong und seine schüchterne Louise – die wollten heiraten – und wie sie das wollten! – und es war niemand da, der sie vor dem Altar und der ganzen Gemeinde zusammengab. Die Leute von Kagetoksa nahmen es ›vorneherum‹ sehr genau mit Männlein und Weiblein, wenn sie auch ›hintenherum‹ gern fünf gerade sein ließen, solange das junge Volk wirklich die Ehe ansteuerte und sich nicht ins Gerede brachte, wenigstens nicht allzusehr – denn die Leute reden immer.

Unaufhaltsam setzte sich während des Winters die Überzeugung durch, daß nicht länger ohne einen neuen Verwalter des geistlichen Amtes auszukommen war. Es mußte etwas unternommen werden, einen solchen zu gewinnen, auch auf die Gefahr hin – das gestanden sich die Leute mit Sorge –, daß Kagetoksa dadurch aus seiner Verborgenheit hervortreten mußte.

Noch ehe der Winter sich verabschiedet hatte, war man übereingekommen, daß die Tür nach draußen nicht mehr länger verschlossen zu halten war. Im kommenden Frühjahr sollte der Händler Quenneville eine Abordnung der Leute von Kagetoksa nach Halifax bringen. Die sollte sich dort bei der englischen Verwaltung vorstellen und um die Zulassung eines neuen katholischen Geistlichen einkommen. Dieser würde dann vom katholischen Bischof von Québec zu entsenden sein – wenn es den überhaupt noch gab, wie sich nachdenkliche Leute heimlich fragten. Niemand wußte, wie gründlich die Engländer nach ihrem Siege mit den Franzosen und dem ganzen französischen Wesen, und dazu gehörte auch das Katholische, ›aufgeräumt‹ hatten.

Als mildere Lüfte einfielen und den Schnee vergehen ließen, da machte sich die Abordnung auf den Weg zur Küste, um Quenneville nicht zu verpassen, wenn er zum erstenmal in diesem Jahr 1765 in der Hammelbucht aufkreuzen würde.

Es hatte sich beinahe von selbst verstanden, daß die drei Männer des Rates, Yves Picquingy, Charles Maillet und Bernard Anessac, bevollmächtigt wurden, den Fall Kagetoksa vor der kolonialen Behörde der Engländer in Halifax darzulegen.

Mitte April machten sich die Männer auf den Weg. Erst zwei Monate später kehrten sie wieder zurück. Alles, was die Leute von Kagetoksa inzwischen verrichtet hatten, machte einen seltsam vorläufigen, unfertigen Eindruck. Hätte man nicht doch lieber warten sollen, bis die Engländer von sich aus gewahr wurden, daß da auf der Höhe des Landes eine unbekannte Siedlung Fuß gefaßt hatte? Hätte man nicht, da kein Krieg mehr war, einen Boten direkt nach Québec zum Bischof schicken können, um einen neuen Priester zu erbitten? Die Engländer hätten vielleicht gar nichts davon erfahren.

Dutzendfach wurde hin und her geredet, und keinem war wohl dabei. Statt dessen wuchs die Beklommenheit wie ein im Verborgenen schwelender Brand.

Anke hatte, als sie ihre ersten zwei Kinder austrug, kaum Beschwerden gekannt. Ihre dritte Leibesfrucht machte sie leiden, so daß sie für Tage und Wochen ihre Arbeit nicht mehr bewältigte.

Aber sie hatte gute Kinder. William und auch die kleine Anna, die ins zwölfte Jahr ging, sprangen ein.

Walther zerbrach sich den Kopf, wie Anke zu helfen wäre. Er erhielt mancherlei Ratschläge von anderen Frauen, die sich um Anke bemühten. Aber keine Arznei, keine Kur wollte helfen.

»Laß nur, Walther!« sagte Anke. »Ich komme schon durch, irgendwie. Wir wissen ja, wann alles vorüber sein wird. Ich gebe nicht nach.«

Nein, sie gab nicht nach. Das hätte nicht zu ihr gepaßt.

Um die Mittagszeit des 16. Juni trafen Picquingy, Maillet und Anessac überraschend wieder in Kagetoksa ein. Nur wenige hatten ihre Ankunft wahrgenommen. Trotzdem verbreitete sich die Kunde davon wie ein Lauffeuer. Picquingy hatte alle erwachsenen Männer und Frauen für den Nachmittag auf den Platz vor der Kirche zusammengerufen. Sollte es wieder ein Gewitter geben, wie schon an den vorherigen Nachmittagen, so würde man sich in der Kirche behelfen müssen, so gut es ging.

Wenn der Rat gute Nachrichten mitgebracht hätte, sagten sich die Leute, dann hätte er gleich etwas verlauten lassen. Was werden unsere drei Männer zu berichten haben? Oh, mon Dieu, mach es gnädig!

Als Walther Anke aufforderte, ihn zur Versammlung zu begleiten, hatte Anke sich gerade gelegt.

»Anke, hast du Schmerzen?«

»Ja, es geht mir schlecht. Aber das ist nicht das erste Mal. Du mußt allein hingehen, Walther. Ich kann nicht mitkommen. Halte dich nicht auf. Laß mich nicht lange allein! Und wenn es möglich ist, bringe Jeanne Maillet mit oder die alte Quillebœuf. Es scheint mir so, als wollte unser Kind früher auf die Welt kommen, als wir erwarten.«

Sie versuchte ein Lächeln. Walthers Herz krampfte sich zusammen. »Soll ich nicht lieber zu Hause bleiben, Anke?«

»Nein, nein, gehe nur. Ich will wissen, was die drei mitgebracht haben. Komm nur bald zurück.«

»Ich werde die Kinder hereinschicken. Sie sollen in deiner Nähe bleiben. Indo ist auch draußen.«
»Schicke nur Anna zu mir, Walther. Die hat am meisten Geduld. Es genügt, wenn William und Indo sich in der Nähe des Hauses halten. Sie könnten weiter Holz hacken.«
»Ja, Anke. Ich bin bald wieder da.«

Yves Picquingy hatte die drei Stufen erstiegen, die zur Eingangstür der Kirche hinaufführten, und sich auf dem Podest vor der zweiflügeligen Pforte aufgebaut. Keiner fehlte in der dichtgedrängten Versammlung. Er konnte beginnen. Er hob die Hand. Das Gemurmel in der Menge erstarb. Aller Augen waren auf den riesigen, schweren Mann mit dem buschigen weißen Haar gerichtet. Des Alten Stimme fuhr hart über die Menge hin, und manche duckten unwillkürlich die Köpfe:
»Freunde und Nachbarn! Wir sind beim Gouverneur in Halifax gewesen. Man hat uns zuerst lange warten lassen. Dann haben sie zuerst gar nicht hören wollen, daß wir nur gekommen waren, um einen neuen Geistlichen zu erbitten. Wir wurden ins Verhör genommen, wie wir es damals geschafft hätten, der Deportation auszuweichen, wer uns dabei geholfen habe und auf welche Weise wir die lange Abgeschiedenheit überstanden hätten. Wir haben die Wahrheit gesagt, denn sie können alles nachprüfen. Darauf wurden wir in Gewahrsam genommen. Der Gouverneur wollte sich erst schlüssig darüber werden, wie mit uns zu verfahren wäre. Schließlich wurde uns eröffnet, wie über uns entschieden worden ist. Wir sollten diesen Entscheid zur Kenntnis nehmen und wieder nach Hause reisen. In etwa einem Monat würde ein Offizier mit einer Abteilung von Soldaten bei uns ankommen und uns den Befehl des Gouverneurs auch schriftlich überbringen. Wir haben die Soldaten zu ernähren, bis alle Anordnungen von uns befolgt sind.«

Die Leute, die Picquingy am nächsten standen, merkten, wie aufgewühlt und erregt der sonst so ruhige und bedächtige Mann war. Der Alte hatte innegehalten, als müßte er Atem schöpfen. Wenn er Schlimmes zu berichten hatte, so heraus damit! Er trug die Schuld dafür nicht! Einer schrie: »Was für Anordnungen sind das?«

Der Alte hatte sich wieder aufgerafft, stellte sich breitbeinig hin, als bereite er sich auf einen Angriff vor. Und doch war nicht zu überhören, daß seine Stimme bebte, ja, daß er sich zusammennehmen mußte, damit sie ihm nicht brach.

»Anordnungen – die regieren die Welt! Wir sind sie nicht mehr gewohnt. Also, Freunde, ich muß es nun sagen: Wir dürfen in Kagetoksa nicht bleiben. Wir müssen hier wieder fort. Bis zum Herbst haben wir Zeit, abzuernten und unsere Sachen zu packen. Wir haben uns – so heißt es – hier ohne Erlaubnis auf Kronland niedergelassen. Und die Erlaubnis wird auch nachträglich nicht erteilt. Die einzigen, die hier bleiben dürfen, sind Kokwee und seine Leute. Wir sollen an der Küste zusammengefaßt werden, damit man uns besser unter Kontrolle halten kann. Und natürlich müssen wir zuvor den vollen Treueid auf den König von England schwören. Das können wir auch tun, denn die Franzosen haben hier oder in Kanada nichts mehr zu vermelden. Man hat uns in Halifax gesagt, die Regierung würde Gnade vor Recht ergehen lassen und davon absehen, uns zu bestrafen, denn wir hätten nicht gegen England gekämpft und wären niemand zur Last gefallen. Wenn wir also weiter keine Schwierigkeiten machten, so könnten wir mit wohlwollender Behandlung rechnen. Einen Nachfolger für Père Bosson könnte der römisch-katholische Bischof von Québec uns zuweisen, jedoch erst dann, wenn wir uns an unserem neuen Platz an der Bay of Fundy-Küste eingerichtet hätten. Denn, noch einmal: Hier in Kagetoksa befinden wir uns auf Kronland, das uns nicht gehört. Auf gestohlenem Land braucht man auch keinen Geistlichen, hieß es. Und wir müßten auch Steuern und Abgaben nachzahlen.«

Ein Stöhnen ging durch die Versammlung, als begriffen die Leute erst jetzt, da ›Steuern und Abgaben‹ erwähnt wurden, in vollem Umfang, was ihnen zugemutet wurde. Picquingy ließ sich nur ein paar Atemzüge lang unterbrechen. Mit seltsam drohender Stimme fuhr er fort:

»Im Herbst werden zwei größere Schiffe im Port Mouton erscheinen, um uns und unsere Habe auf die andere Seite, an die Bay of Fundy-Küste, zu frachten. Den Transport müssen wir bezahlen. Und was die zwei Schiffe nicht aufnehmen können, das muß zurückbleiben.«

»Müssen wir wieder ganz von vorn anfangen, oder ist an dem neuen Platz irgend etwas vorbereitet?« wollte einer wissen.

»Nichts ist vorbereitet, was wir nicht selber vorbereiten.«

»Dürfen wir was vorbereiten?« wollte der gleiche Frager wissen. Es war René Plouaret, der auf seine fixe, forsche Art den anderen weit vorausdachte.

»René, wir dürfen gar nichts mehr! Wir müssen abwarten, bis der Offizier mit den Soldaten kommt. Der hat dann das Sagen!« erwiderte Picquingy. »Daran müssen wir uns gewöhnen. Je weniger wir künftig von der Regierung wollen, desto weniger will sie vielleicht von uns. Und dann noch etwas, Leute. Wir mußten eine Liste aufstellen mit sämtlichen Bewohnern von Kagetoksa. Dabei stießen sie dann auf zwei Namen, die sie stutzig machten, auf Walther Corssen und Jonas Hestergart. Wir wurden ausgefragt. Was sollten wir anders tun als die Wahrheit sagen? Wir erhielten den strengen Befehl, die beiden hier festzuhalten. Sie würden sich noch verantworten müssen. – Leute! Ohne Walther wären wir der Deportation nicht entgangen! Und Lehrer Jonas hat unseren Kindern viel Gutes und Nützliches beigebracht. Wir drei vom Rat, ich und Maillet und Anessac, waren uns einig, daß wir Walther und Jonas nicht festhalten werden. Wir sind in all den zehn Jahren ohne ein Gefängnis ausgekommen, und wir werden erst recht keines bauen, um Jonas und Walther darin einzusperren. Die Verantwortung dafür übernehme ich allein. Walther und Jonas bleiben, was sie waren, Leute von Kagetoksa, ebenso wie wir. Wer dagegen etwas zu sagen hat, der sage es jetzt!«

Schweigen senkte sich über die Menge, so tiefes Schweigen, daß man aus der Ferne den Whip-poor-will, den Ziegenmelker, rufen hörte. Jeder kannte den Vogelruf. Keiner sagte etwas.

Picquingy stand mit übereinandergeschlagenen Armen und blickte vor sich auf den Boden. Er wartete. Es regte sich kein Widerspruch. Er wartete länger, als es der stets ungeduldige Pierre

Callac ertragen konnte. Seine Stimme hallte über die Versammlung, hart wie Peitschenknall: »Was zögern wir, Leute! Die Sache liegt klar! Jonas, Walther und Anke gehören zu uns! Ohne sie wären wir nicht die Leute von Kagetoksa. Wenn sie jetzt der Wut der Engländer weichen müssen, so müssen wir den drei helfen, so wie sie uns geholfen haben, als wir vom La Have weichen mußten. Und wenn wir das später verantworten müssen, so werden wir es alle zusammen verantworten und nicht Picquingy allein.«

Eine ungewisse Heiterkeit, halblaute Zustimmung breitete sich aus. Der Pierre! Das war ein Kerl! Der traf den Nagel auf den Kopf.

Picquingy hob die Hand, um sich wieder Gehör zu verschaffen und den Beschluß zu bekräftigen.

Aber ehe er noch zu Wort kam, wurde es am Rand der Versammlung unruhig. Die Leute drehten die Köpfe.

Plötzlich hörte man die Stimme Walther Corssens, nüchtern und erregt zugleich: »Leute, soeben ist mein Sohn William gekommen! Anke geht es sehr schlecht, die Kinder wußten sich nicht mehr zu helfen. Ich muß sofort nach Hause. Und wenn Jeanne Maillet hier ist und Madame Quillebœuf, so bitte ich sie, sofort mitzukommen, damit sie uns helfen!«

Mit einem Schlage verging vor der unmittelbaren Not der Schwangeren, die man selber nie vergeblich um Hilfe gebeten hatte, die Sorge um die Zukunft des Gemeinwesens. Anke quälte sich und war in Gefahr. Wichtiger als alles andere war es nun, Anke zu retten, die Frau, die Mutter, stellvertretend für alle Frauen und Mütter von Kagetoksa!

Was war jetzt noch viel zu reden? Es war alles beschlossen. Die Versammlung löste sich auf. Walther, William, Jeanne Maillet und Madame Quillebœuf waren längst auf dem Wege zur Corssenschen Farm, so schnell Madame Quillebœuf nur vorankommen konnte – sie war eine schon etwas behäbige Frau.

22 Anke gebar ein totes Kind. Die Leibesfrucht mußte schon seit einiger Zeit kein Leben mehr besessen haben. Sie hatte den mütterlichen Leib vergiftet. Anke starb zwei Tage später, ohne das Bewußtsein wiederzuerlangen.

Was sollte aus der kleinen Anna werden? Das brauchte nicht lange überlegt zu werden. Walther konnte das dreizehnjährige Mädchen nicht in eine ungewisse und sicherlich harte Zukunft entführen. Die Maillets hatten am Tage von Ankes Tod die kleine Anna zu sich genommen. Anna war mit der gleichaltrigen Danielle Maillet zusammen aufgewachsen. Eine enge Kinderfreundschaft hatte von jeher die beiden verbunden. Nun würden sie erst recht wie Schwestern zueinander gehören.

Jonas, Walther und der in der Wildnis längst wie ein Mann umsichtige, kräftige und kluge fünfzehnjährige William hielten es für wenig ratsam, Nova Scotia über den Hammelhafen zu verlassen. Aber man konnte Quenneville auf der Nordwestseite der Halbinsel Nova Scotia, auf der Annapolis-Seite also, erwischen, wenn man die Sache vorsichtig anfing und Geduld walten ließ. Quenneville hatte sich im vergangenen Jahrzehnt als ein Mann erwiesen, der zwar jeden geschäftlichen Vorteil listig und bedenkenlos wahrnahm, aber im Grunde seines Herzens auf der Seite seiner akadischen Väter geblieben war. Außerdem waren Walther und Jonas keine armen Leute mehr; sie konnten jede Passage bezahlen.

Jonas Hestergart gelangte in die Kolonie New York und geriet bald in Berührung mit der sich schon gar nicht mehr sehr heimlich entfaltenden Unabhängigkeitsbewegung der älteren englischen Kolonien in Nordamerika. Jonas ist später zur Armee des George Washington gestoßen und hat schließlich im Stabe des ›Drillmeisters‹ der amerikanischen Armee, des ›Barons‹ von Steuben aus Preußen, der werdenden Freiheit der United States gedient. Zum Dank dafür wurde er, wie Steuben, nach dem Kriege mit prächtigem Landbesitz im Norden des Staates New York ausgestattet.

Walther Corssen und sein Sohn William allerdings nahmen ganz andere Wege unter ihre Füße.

Der Abschied von den Freunden und Nachbarn ist ihnen schwer geworden. Aber der schwerste Abschied, das war der von Kokwee, dem Indianer, und seinem Sohn, Williams Bruder, Indo.

Walther sagte: »Du warst es, Kokwee, der uns diesen Ort gezeigt hat. Ich wollte, ich könnte hierbleiben, nahe dem kleinen Hügel, unter dem Anke begraben liegt.«

»Wir bleiben hier als die einzigen – bei Ankes Grab. Vielleicht sollten auch wir fortziehen. Bald werden Fremde kommen, die wir nicht kennen. Dann werden wir verlassen sein und ohne Rat.«

Das war der Abschied.

Walther und William schlugen sich durch nach Montréal. Die Wälder und wilden Ströme besaßen für sie längst keine Schrecken mehr.

Wälder jenseits der Wälder

1 William Corssen stieg vom Bug aus ins flache Wasser, noch ehe das Boot der Uferkante nahekam und den kieseligen Flußgrund berührte. Die Außenhaut des Kanus war genauso empfindlich wie die aller mit Birkenrinde überspannten indianischen Kanus, und die beiden Männer, der blutjunge und der gereifte, wollten und durften ihr Fahrzeug unter keinen Umständen gefährden.

Vierzehn Tage lang waren sie jetzt von der Nordküste der gewaltigen Fundy-Bucht her nord- und nordwestwärts unterwegs, immer ankämpfend gegen die nur mäßig starke Strömung des Saint-John, und nicht ein einziges Mal hatten sie die weißliche Rindenhaut ihres Gefährtes zu flicken brauchen. Das wäre zwar nicht schwierig gewesen. Das Töpfchen mit Fichtenharz stand im Heck des Bootes stets bereit. Aber es hätte sie aufgehalten. Walther Corssen war ein gelehriger Schüler seiner indianischen Freunde gewesen; sein Sohn William gab sich Mühe, es ihm gleichzutun.

William war barfuß ins Wasser gestiegen, hatte sich die Hosen hochgekrempelt. Der Bursche war nur mittelgroß. Aber unter dem ledernen Hemd wölbten sich kräftige Schultern, und die Hände, die den Bug des Bootes umklammerten, waren braun und hart wie die eines Mannes. Seinem merkwürdig schmalen, von dunklen Augen und dunklem wirrem Haar beherrschten Gesicht waren die nur fünfzehn Lenze, die er zählte, nicht abzulesen; die Züge waren von einem frühen Ernst geprägt, der ihn älter erscheinen ließ, als er war.

William hob den Bug des Bootes auf die dick bemooste Uferkante und zog das Kanu einen Schritt weit aus dem Wasser.

Walther Corssen sprang an Land und blickte sich um. Er wies auf den Ansatz der bewaldeten Landzunge, die stromauf weit in den hier aus Norden heranziehenden Strom vorstieß: »Da ist er wieder, der Rauch!«

Über der dunklen Zeile des fernen Waldes stieg ein milchiges Wölkchen in die blaue Luft, sehr zart, aber deutlich erkennbar. Weitere folgten ihm nach – wie von einem kräftig genährten Feuer aus nicht ganz trockenem Holz gespeist. William faßte in Worte, was der Ältere dachte:

»Indianer sind das nicht. Die machen kein Feuer, dessen Rauch zu sehen ist, es sei denn, sie wollen ein Signal geben. Aber das da ist kein Signal. Ob wir die Siedlung, die wir suchen, endlich erreicht haben, Vater?«

»Ich denke, so ist es, William. Aber wir müssen uns vorsichtig heranmachen. Vielleicht sind die Leute mißtrauisch. Sie dürfen uns nicht für Feinde halten. Das könnte gefährlich werden. Sie werden sicherlich erfahren haben, daß der Krieg zu Ende ist und daß der König von Frankreich ihn verloren hat. Die akadischen Franzosen hatten mit dem König von Frankreich nie viel im Sinn. Aber den König von England lieben sie erst recht nicht – und das mit gutem Grund, weiß Gott! Komm, wir wollen uns vorerst etwas zu essen machen. Dies ist ein guter Platz. Wir müssen überlegen, wie wir es am besten anfangen, uns mit den Leuten jenseits der Landzunge bekannt zu machen. Gebe Gott, daß es die Akadier sind, die wir suchen!«

Bald brannte ihr kleines Feuer. In der Pfanne brutzelten weiße Bohnen mit Speck; beide kauten schon an kräftigen Stücken schieren Wildfleischs, das – an der Luft getrocknet – fast wie kräftiges altes Brot zu essen war und auch ähnlich schmeckte.

Kaum wurden sie noch von Mücken, Fliegen oder anderem Geschmeiß belästigt. Das Jahr 1765 neigte sich in die zweite Hälfte des August.

Der Sommer begann bereits, müde zu werden – und mit ihm die Angriffslust der Insekten. Doch leuchtete das wilde Land weit umher im warmen Licht des Nachmittags. Ein sanfter Wind kräuselte die von leisen, aus der Tiefe dringenden Wallungen überwanderte Oberfläche des großen Stromes, des St. John.

Das Feuer war gelöscht und seine Spur getilgt. Die Pfanne und der Proviant wurden wieder im Heck des Kanus verstaut. William schien mit sich ins reine gekommen zu sein.

»Soll ich es nicht zuerst allein versuchen, Vater? Wenn ich heute nicht mehr zurückkommen kann, dann komme ich morgen, du brauchst dich nicht zu beunruhigen. Ist dies der Platz nicht, den wir suchen, kehre ich noch heute nacht zurück. Ich werde sehr vorsichtig sein.«

»Vielleicht hast du recht, geh also! Ich werde hier auf dich warten. Aber nur bis morgen mittag. Dann werde ich dich suchen. Und nochmals: riskiere nichts! Versprich mir äußerste Vorsicht, William!«

»Ich verspreche es, Vater!«

William war mit einem leichten Schlag auf die Schulter entlassen und wenige Augenblicke später im Unterholz verschwunden.

William hielt lauschend inne. Er hatte sich vorsichtig durch dichtes Gestrüpp geschoben, hatte auch einige Lichtungen umschritten.

Wenn er sich nicht in der Entfernung verschätzt hatte, mußte er den Waldriegel, der die Landzunge deckte, bald durchquert haben. Er hielt inne, regte sich nicht. Sonderbare Töne waren an sein Ohr geweht. Er lauschte angestrengt.

Ohne daß er es wußte, stahl sich ein Lächeln auf sein Gesicht. Freundlichere Klänge ließen sich kaum denken, ihn zu begrüßen. Er kannte das Liedchen, das da gesungen wurde. Er hatte es mehr als einmal mitgesungen, als die alte Heimat Kagetoksa auf der Höhe der großen Halbinsel Neu-Schottland noch so sicher wie in Abrahams Schoß inmitten der unermeßlichen Wälder, der Seen, Flüsse, Ströme und Felsenhügel zu ruhen schien.

Die Stimme im Walde, eines Mädchens Stimme, kein Zweifel, setzte noch einmal an, begann wieder von vorn. William hatte sich ihr genähert, immer noch lautlos.

»Mon père et ma mère
n'ont que moi d'enfant.
Encore ils m'ont fait faire

> un bon cotillon blanc
> Je n'aimerai jamais
> qu' à l'âge de quinze ans.«*

»Quinze ans«, sieh einer an, fünfzehn Jahre also, ja, das war William auch! Er schob sich sachte vorwärts, hielt sich aber im Schutz der Gebüsche, überblickte die mit hohem Gras und Kraut bestandene moorige Lichtung. An ihrem Rande bückte sich die Sängerin nach rechts, nach links, sammelte Beeren in einen aus Rohr geflochtenen Korb, der ihr am linken Arme hing – und sang, daß es schallte, ganz unbekümmert um Wildnis, Stille und Einsamkeit: »Je n'aimerai jamais qu'à l'âge de quinze ans.« War sie erst vierzehn?

William, vergnügt und heiter wie seit vielen Wochen nicht mehr, vermochte der Versuchung nicht zu widerstehen und stimmte lauthals in die Stille hinein ein anderes Liedchen an.

> »Quand j'étais chez mon père,
> petite et jeunetton,
> m'envoie à la fontaine
> pour pêcher du poisson.«**

Die Beerensammlerin schien gute Nerven zu haben. Sie erschrak nicht, als die fremde Stimme vom Waldrand zu ihr hinüberscholl. Sie drehte sich langsam nach dem Sänger um. Sie wußte nicht, daß sie ein Bild bot, das sich in seiner kunstlosen Anmut dem jungen Burschen unverwischbar einprägte.

William schritt auf das Mädchen zu. »Du singst hier im Wald, als wärst du allein auf der Welt.«

Sein Lächeln weckte das ihre. »So kann man sich täuschen. Aber wer bist du? Ich habe dich noch nie gesehen.«

---

* In freier Übersetzung:
»Mein Vater und meine Mutter haben nur mich als Kind. Überdies haben sie mich einen schönen weißen Unterrock machen lassen. Ich werde mich keineswegs verlieben, ehe ich nicht fünfzehn Jahre alt bin.«
** Als ich bei meinem Vater war, klein noch und blutjung, schickt' er mich zum Bach hinunter, einen schönen Fisch zu fangen.

»Das glaube ich gern. Ich bin zum erstenmal in dieser Gegend. Aber ich bin froh, dich getroffen zu haben. Und daß wir dieselben Lieder kennen!«

»Ja, das gefällt mir auch! Wie heißt du?«

»Ich heiße William Corssen und komme aus der akadischen Siedlung Kagetoksa im innersten Neu-Schottland. Mein Vater und ich mußten fliehen, da sich mein Vater schon vor mehreren Jahren dem Kommando der Engländer entzogen hat.«

Sie blickten sich an, als wollten sie sich bis auf den Grund durchdringen. Das Mädchen hielt es schließlich nicht mehr aus, ihre Augen glitten ab. Halb geistesabwesend begann sie wiederum Beeren in ihren Korb zu sammeln.

William regte sich: »Ich helfe dir! Damit du schneller fertig wirst und den Korb voll bekommst.«

Sie war in ihren Gedanken nicht beim Beerenpflücken, sondern noch bei dem, was der Fremdling mitgeteilt hatte. Sie stellte fest, immer noch ein wenig scheu: »Wir stammen auch aus Akadien, das du Neu-Schottland nennst. Ich weiß, so heißt es jetzt, seit die Engländer uns vertrieben haben – vor zehn Jahren. Ich war damals ein kleines Kind, kann mich nur noch an lauter Angst und Not erinnern. Meine beiden kleineren Geschwister, ein und zwei Jahre alt, starben auf See und wurden in das brausende Wasser geworfen. Das war das Allerschrecklichste! – Schließlich blieben wir hier bei dem Grande Chute, dem Großen Wasserfall. Und da sind wir noch heute.«

William erfuhr bald, daß sie Martine hieß, Martine Leblois, und keine Eltern mehr hatte – die seien kurz hintereinander vor einem halben Jahr an einem »Gehirnfieber« gestorben; es gebe ja keinen Arzt in Grande Chute. Sie habe nur noch einen älteren Bruder, Justin sei sein Name – und sie hausten nun beide allein auf dem elterlichen Hof.

Martine brauchte nicht erst zu fragen, ob der Junge, den sie da aufgelesen hatte, sie ins heimatliche Dorf bei dem Grande Chute, dem »Großen Wasserfall«, begleiten wollte. Sie fuhr nach einer Weile – als hätte sie nicht gleich gewagt, es auszusprechen – mit unsicher gewordener Stimme fort, legte ein fast beschämtes Geständnis ab vor diesem dunkeläugigen Fremden, der ihr so merkwürdig vertraut vorkam:

»Wir sind gar nicht gut daran, Justin und ich, unter den Leuten von Grande Chute. Wir werden mit dem Hof nicht fertig. Justin hat nie Lust gehabt, Bauer zu werden. Wir haben keinen einzigen Blutsverwandten mehr im ganzen Dorf, seit Vater und Mutter tot sind. Die sind alle unterwegs gestorben nach der Austreibung – auf dem Schiff. Und wenn man keine Verwandten hat weit und breit – du weißt vielleicht, William, wie es dann geht!«

William berichtete vom Schicksal seiner jüngeren Schwester Anna, die noch zu jung gewesen war, auf die weite Reise, die heimliche Flucht mitgenommen zu werden. Auch sie besitze keinen einzigen Blutsverwandten unter den Leuten von Kagetoksa. Aber Anna sei schon als kleines Kind in die Familie ihrer Busenfreundin, der gleichaltrigen Danielle Maillet, aufgenommen worden. Dort werde sie es gut haben, sicherlich – wenn sie auch die Mutter ganz gewiß entbehrte. Aber die liege seit sechs Wochen schon unter der kühlen Erde.

Die beiden wanderten an einem schnellen Bach entlang, der sicherlich zum großen St. John-Fluß hinunterstrebte; so daß sie zuweilen auf längere Strecken nebeneinander im feuchten Sand des Bachufers zwischen felsigen Kanten dahinschreiten konnten. Im Gespräch gerieten sie bald in ein sich immer dichter knüpfendes Netz von Traurigkeiten, Ängsten, auch Hoffnungen und Sehnsüchten, als hätten sie aufeinander gewartet.

Bedrückt erörterten sie die böse Zeit, in die sie ohne ihr Zutun geworfen waren und die ihnen Schuld und Verantwortung aufbürdete, obwohl sie ganz gewiß nicht danach verlangten. Doch wurde die Stunde auch von einem ungewissen Glück durchweht. Sie waren nicht mehr allein; sie gingen nebeneinander her, und ihre Hände streiften sich manchmal, unabsichtlich.

Der Bach trat aus den Wäldern. Eine Flußebene öffnete sich, im Norden von einer felsigen Riffkante eingegrenzt. Über diese Kante wälzte sich schimmernd gewölbt der große Strom, stürzte in breiter Front die mächtige Stufe hinunter, schäumte silbern, mit donnerndem Rauschen im Aufprall, schleiernden Staub versprühend, überstürzte sich in hoch aufspringenden Schwällen, tobte weiter talwärts, den aus der Höhe ständig nachdrängenden Fluten so eilig wie möglich Raum gewährend: les grandes chutes, die großen Fälle!

»Du solltest sie sehen, William, wenn im Frühling das Eis bricht und das Hochwasser niederkommt. Es ist fast zum Grausen, und man kann sein eigenes Wort nicht verstehen vor fürchterlichem Getöse. Jetzt läuft der Strom nur mit halber Kraft. Hier war es unseren Leuten zu laut und auch zu naß vor ewigem Gischt in der Luft. Wir haben noch eine Weile zu gehen. Um die nächste Biegung, dann kommen die ersten Häuser in Sicht. Gleich eines der ersten ist unser Haus. Justin wird vielleicht schon da sein. Er hat dem Nachbarn beim Pflügen geholfen mit unseren zwei Ochsen. Es wird ja schon Abend.«

Justin war schon heimgekehrt, hob gerade den Ochsen das Joch von den Nacken und schickte die braunbunten Tiere erst zur Tränke, ehe er sie auf die Weide hinter dem Hof zum Wald hinauf entließ. Justin Leblois sah seiner Schwester ähnlich, mochte aber drei oder vier Jahre älter sein als sie und William. Er zeigte sich zunächst mißtrauisch und hörte sich aufmerksam an, was William über Woher und Wohin berichtete. Doch vermochte er offenbar keine Widersprüche zu entdecken, und so erschloß auch er sich allmählich: »Ich bringe dich zu unserem Bürgermeister, zu Albin Tronçon. Der mag entscheiden, ob wir dich und deinen Vater beherbergen dürfen; ich kann es natürlich nicht.«

Martine mischte sich ein: »Was redest du, Justin! William und sein Vater sind Akadier wie wir. Sie sollten sich erst einmal ausruhen nach der langen Flucht und Reise. Dann wird man weitersehen. Und warum sollten sie nicht erst einmal bei uns wohnen? Wir haben Platz genug.«

Doch Justin gab keine Antwort. Wortlos griff er nach seiner Mütze und winkte William: Komm mit!

Justin hielt sich abseits in dem langgestreckten Raum mit den Wänden aus entrindeten Fichtenstämmen. Er wollte nichts weiter sein als ein stummer Zeuge der Verhandlung mit dem Bürgermeister. Er hatte diesen Fremdling eingebracht, der seiner Schwester im Walde zugelaufen war. Er würde auch dafür verantwortlich sein, ihn wieder aus der Gemarkung fortzuschaffen, sollten er und sein Vater in Grande Chute nicht erwünscht sein.

William hatte sein Sprüchlein aufgesagt in dem dunkelnden Raum, hatte dem Blick des schweren Mannes standgehalten.

Nachdem der Alte alles erfragt hatte, was ihm zu wissen notwendig schien, schwieg er eine Zeitlang, starrte mit über der Brust gekreuzten Armen vor sich hin. Die Sonne war untergegangen. Der Bürgermeister sprach schließlich das Urteil mit rauher, keine Spur von Freundlichkeit verratender Stimme: »Ihr seid Akadier, ja, aber nicht französischer Herkunft. Dein Vater ist als Untertan des Königs von England auf unserer Seite gewesen, muß also Verfolgung befürchten. Wir haben dasselbe getan wie eure Leute, sind der Deportation durch die Engländer ausgewichen. Uns hat man noch nicht zur Rechenschaft gezogen. Wir wissen nicht, ob und wann dies geschehen wird. Wir werden alles daransetzen, hierzubleiben, damit man uns nicht auch zum zweitenmal vertreibt wie euch. Ihr müßt es einsehen: Wir können uns keine weitere Verantwortung aufladen. Eures Bleibens ist hier also nicht. Aber es wird keiner etwas dagegen haben, wenn ihr ein paar Tage verweilt, um euch etwas auszuruhen und mit neuem Proviant zu versehen.«

William entgegnete mit gepreßter Stimme: »Danke, Bürgermeister. Das ist genug fürs erste. Mein Vater hat nicht daran gedacht, sich hier auf die Dauer niederzulassen. Aber er hofft, jemand zu finden, der über die Wege oder die Kanurouten Bescheid weiß, die weiter ins Innere führen.«

Der Bürgermeister erwiderte, nun beinahe freundlich: »Wir haben die Routen längst erkundet, brauchten ja wie ihr, Anschluß zur Außenwelt. Der Mann, der dich hergebracht hat, Justin Leblois, der hat die Routen nach Rivière du Loup und Trois Pistoles, nach Québec und Montréal mehr als einmal befahren.«

»Ich werde also morgen meinen Vater hierherbringen. Unser Kanu ist gut in Stand.«

»Gut, gut, ihr seid uns willkommen.«

Justin ließ sich jetzt zum erstenmal vernehmen, seit er den Fremdling vorgestellt hatte: »Martine meint, die beiden könnten bei uns wohnen. Ich bin einverstanden. Unser Haus liegt weit draußen, und der Wald ist nicht fern. Sollte sich etwas Unerwünschtes ereignen, so können sie schnell im Walde untertauchen. Ihr Kanu müßten sie allerdings vorher versteckt haben.«

Die beiden jungen Männer stolperten auf dem zerfahrenen Karrenweg heimwärts. Das Haus des Bürgermeisters lag gut eine halbe Stunde Weges, groben und holprigen Weges, von dem Anwesen der Geschwister Leblois entfernt.

Martine hatte einen Teil der am Nachmittag gesammelten Wildbeeren gekocht und mit Honig gesüßt. Dazu gab es eine sämige Gerstengrütze, die leicht gesalzen war. Zusammen ergab das eine Speise von ungemein kräftigem und ermunterndem Geschmack. Dann briet sie noch ein paar gekochte Kartoffeln mit einigen Scheiben durchwachsenen Specks, bis der Speck rösch und beinahe trocken geworden war. Der hungrige William bekannte, so Wohlschmeckendes noch nie gegessen zu haben. Aber Martine meinte, er müsse sich wohl täuschen; er habe zu lange mit der eintönigen Kost auf der Kanureise vorliebnehmen müssen. Deshalb allein komme ihm die süße Beerengrütze wie ein Festmahl vor.

Nach einer Weile räusperte sich Justin und fragte: »Was habt ihr überhaupt vor? Wißt ihr schon Genaueres? Dein Vater will hier in Grande Chute nicht bleiben, wie du dem Bürgermeister erklärt hast?«

William hatte bis dahin aus den Augenwinkeln Gesicht und Hände des Mädchens beobachtet, hatte den Blick auf ihrem Haar, dem der Widerschein des Herdfeuers manchmal ein messingfarbenes Flimmern entlockte, ruhen lassen. Ein kleiner Seufzer schlüpfte ihm über die Lippen. Dann war er wieder gegenwärtig: »Mein Vater spricht nicht viel. Wir waren auch zu sehr damit beschäftigt, erst einmal eine gehörige Strecke Weges zwischen uns und die alte Heimat zu legen. Grande Chute ist für uns nur eine Zwischenstation auf dem langen Weg in den Westen, weit über Montréal hinaus, wo nur die Franzosen Bescheid wissen. Mein

Vater versteht sich auf den Fang von Pelztieren und auch darauf, wie die Felle aufbereitet werden müssen, ehe man sie auf dem Markt anbieten kann. Am wichtigsten ist ihm wohl, einen Ort zu finden, wo ihm keine Offiziere und Beamten, keine Verordnungen, Auflagen und Vorschriften das Dasein verbauen, wo er selber beschließen kann, was er machen will, solange er keinem anderen in die Quere kommt. Und ich bin der gleichen Meinung, lasse mir auch nicht gern was vorschreiben.«

Justin meinte, als spräche er zu sich selbst: »Wenn ich könnte, wie ich wollte, würde ich mit euch in den fernen Westen gehen. Ich finde keinen Spaß an der Bauernwirtschaft. Aber was wird dann aus Martine?«

Martine, mit plötzlichem Trotz in der Stimme: »Das wäre sehr einfach. Ich ziehe mir Männerhosen an und komme mit.«

Die beiden jungen Männer starrten sie an, als hätten sie nicht recht begriffen. Martine stand neben dem Herdfeuer, voll vom roten Flackerlicht beglänzt. William trank ihr Bild in sich hinein. So etwas gab es also: Mädchen, die kühn waren, ohne Angst vor der Fremde, dem Unbekannten! Das erfuhr er hier und jetzt zum erstenmal, und es riß ihn fort. Er war zu keiner Antwort fähig.

Justin dagegen hatte seinen anfänglichen Schreck schnell überwunden und stellte mit gut brüderlicher Grobheit fest: »Du bist verrückt, Martine! Ein Mädchen – und endlose Reisen im Kanu, ins Ferne und Wilde? Gewiß, du weißt mit einem Paddel umzugehen – aber bestehst du das auch zehn Stunden am Tag und länger? Bei Regen, Kälte, Hitze, bei Tag und Nacht – und immer im Freien? Du weißt nicht, was du redest, Martine. Und außerdem: Glaubst du etwa, daß Williams Vater sich mit einem Mädchen belasten würde, auf weiter Fahrt und ungewisser Route? Das halte ich für ausgeschlossen. Was ist deine Meinung, William?«

Der Aufgerufene hätte lieber nichts gesagt. Aber Justin ließ nicht locker. William hatte schließlich zu bekennen: »Ich glaube, mein Vater würde nein sagen. Ein Mädchen am Paddel im Kanu, das würde er wohl für unmöglich halten.« Er wagte nicht aufzusehen nach diesen Worten, saß da in lauter Unglück getaucht, hilflos, fühlte sich elend. Und noch elender wurde ihm, als Martine den Kopf aufwarf, sich abwandte, die Tür der Kammer hinter sich zuzog und hörbar verriegelte.

Justin suchte bald in einem Winkel des großen Hüttenraumes die Pritsche auf, die ihm als Nachtlager diente. Für den Gast war ein Strohsack in einem anderen Winkel schon bereitgelegt.

Mißmutig, kaum noch ein Wort wechselnd, gingen die beiden jungen Männer schlafen.

2 Es gab in Grande Chute unterhalb der großen Fälle des St. John-Flusses unter den Siedlern mehr als einen, der gar nichts dagegen gehabt hätte, wenn sich die beiden Corssen, der alte und der junge – vielleicht nicht in ihrer Mitte, aber wenigstens am Rande des Dorfes – niedergelassen hätten. Es sprach sich nämlich schnell herum, daß der Mann, der da zu ihnen gestoßen war, sehr genau über die Zeitläufte Bescheid wußte.

Selbst wenn man ihm goldene Brücken gebaut hätte, wäre aber Walther Corssen nicht versucht gewesen, in Grande Chute zu bleiben – und damit sein Schicksal zum zweitenmal mit der ungewissen Zukunft einer akadischen Siedlung zu verquicken. Gewiß, seinem Sohn William hatte er das so eindeutig noch nicht klargemacht, hatte es vielleicht noch nicht einmal sich selbst mit letzter Folgerichtigkeit vor Augen geführt. Nach wenigen Tagen in Grande Chute aber wußte er: Mit leichtem Gepäck will ich fortan reisen; will nicht wieder das Herz an eine neue Heimstatt hängen, will die Früchte dieses Erdteils pflücken, wo immer sie sich bieten, auch wo ich vorher nicht gepflügt und gepflanzt habe. Unterwegs sein – so soll meine Heimat heißen, und Beute machen will ich, wo immer sie sich anbietet.

Er hätte es nicht aussprechen können, aber es blieb wahr: mit der geliebten Frau war ihm die alte Heimat – und der Versuch, eine neue zu gewinnen – ins Grab gesunken. Jetzt erst war er ein Mensch des neuen Erdteils, war er zum Amerikaner geworden.

Zwei unerwartete, von außen in seine Kreise stoßende Ereignisse trugen dazu bei, ihm Grande Chute lediglich als den ersten Rastort zu weisen auf einem Wege, dessen Ende noch völlig im Dunkel lag.

Eines Abends um die Mitte des August saßen die Geschwister Leblois mit ihren Gästen vor der Hütte, um nach der Hitze des Tages die Kühle zu genießen. Die beiden Corssen hatten sich in die Arbeit auf dem kleinen Bauernhof eingeschaltet, wie es üblich war, auch um sich den Proviant zu verdienen, dessen sie für die Weiterreise bedurften.

Die vier waren miteinander vertraut geworden. Man hatte aneinander nichts Falsches entdeckt. Es schien sogar, als räumten die Geschwister, denen die Eltern allzufrüh gestorben waren, dem erfahrenen, besonnenen Mann, der ihnen ins Haus gefallen war, eine Art Vaterstelle ein – gerade weil er nichts dergleichen beanspruchte, seine beiden Gastgeber für voll und gleichrangig nahm und seinen Rat nur anbot, wenn er darum gefragt wurde.

Martine Leblois saß ganz am Ende der Bank neben ihrem Bruder Justin, so weit entfernt wie nur möglich von dem gleichaltrigen William. Der junge Bursche, der sie beim Beerensammeln vor zwei Wochen im Wald überrascht hatte, versetzte sie in eine sonderbare und beunruhigende Spannung, wenn sie nicht vermeiden konnte, mit ihm allein zu sein – verführte sie aber trotzdem, das Alleinsein mit ihm zu suchen. In einer Pause des Gesprächs, das bis dahin fast ausschließlich von Justin und dem alten Corssen bestritten worden war, nahm Martine das Wort:

»Ihr redet so, als sei es schon fest abgesprochen, daß Justin sich anschließt, wenn ihr euch demnächst wieder auf den Weg macht, weiter den St. John aufwärts, um Montréal zu erreichen und schließlich das Pays d'en haut.* Und was wird dann aus mir?«

Justin erwiderte unwillig, beinahe barsch: »Ich habe dir schon hundertmal gesagt, daß ich hier nicht auf die Dauer bleiben will. Nun bietet sich mir endlich die Gelegenheit, auf die ich gewartet

---

* »Pays d'en haut« eigentlich »Das Land von oben her«, alter franko-kanadischer Ausdruck für das ferne, unbekannte Innere des amerikanischen Nordwestens.

habe: ich kann Grande Chute verlassen. Unsere Nachbarn, die Marsaults, würden unseren Hof gern mit dem ihren zusammenlegen. Sie mögen dich, Martine, das weißt du. Und Jean Marsault ist der einzige Sohn – wie oft haben er und seine Eltern nicht schon angedeutet, daß sie sich glücklich schätzen würden, wenn du –«

Er kam nicht weiter. Martine fuhr ihm dazwischen: »Hör auf, Justin! Du weißt, und wenn du es nicht wissen willst, dann sage ich es dir jetzt noch einmal vor Zeugen, daß ich darüber nicht mit mir reden lasse. Jean Marsault ist ein braver junger Mann, und seine Eltern sind brave Leute, ganz gewiß. Ich habe auch gar nichts gegen sie. Aber da einheiraten – nein, keine zehn Pferde kriegen mich soweit!«

»Zehn Pferde vielleicht nicht, Martine. Aber dir ist ja wohl klar, daß ich dein Vormund bin und an Vaters Stelle getreten. Niemand im Dorf, weder der Bürgermeister noch sonst wer – ich habe auch schon mit Tronçon gesprochen –, wird etwas einzuwenden haben, wenn ich sage: du heiratest Jean Marsault. Und das erst recht, wenn ich weiter sage, daß ich nicht in Grande Chute bleiben will.«

Martine war ein kluges Mädchen. Sie hatte sich plötzlich in der Gewalt. Sie erwiderte leise, scheinbar gleichmütig: »Du willst fort, Justin, und ich muß heiraten. Das ist ganz einfach, nicht wahr? Nun ja, vielleicht gibt es keine andere Wahl.«

Walther Corssen spürte, daß sein Sohn William nebenan auf der Bank vor Erregung bebte. Vorsichtig wollte er die Hand auf die neben der seinen sich aufs Holz stützende des Jungen legen. Es empfahl sich nicht, in den Streit der Geschwister einzugreifen. Doch William schien die leichte Berührung, mit welcher der Vater ihn zu beruhigen trachtete, eher wie den Stich einer Tarantel zu empfinden. Er riß seine Hand an sich und sprang auf: »Keine andere Wahl? Das ist ja Unsinn! Warum keine andere Wahl? Wenn Justin mit uns mitkommt, warum soll dann nicht auch Martine mitkommen können, das möchte ich wissen!«

Bevor noch den beiden anderen Männern eine Antwort auf Williams auftrumpfende Rede einfiel, wurde die Aufmerksamkeit der vier abgelenkt. Martine hatte den Kopf erhoben. Halblaut sagte sie: »Es kommt jemand den Pfad herauf.«

Ja, es kam jemand vom Fluß herauf. Justin erhob sich und ging dem späten Besucher einige Schritte entgegen. Er war hier der Hausherr. William hatte plötzlich an Bedeutung verloren.

Der Näherkommende rief verhalten durchs Dunkel: »Ich bin es, gut Freund, Pancrace Matthieu. Wollte sehen, ob ich noch einen wach finde bei euch.«

»Komm nur, Pancrace, du bist willkommen. Wir sitzen alle noch vor dem Haus. Für dich ist auch Platz.«

Der Besucher war von gedrungener Gestalt, war eher zu klein als zu groß geraten. Aber seine Schultern wuchteten gewaltig aus, und auch im unsicheren Licht der Nacht schien unverkennbar, daß dieser Pancrace Matthieu über Kräfte verfügte wie ein Stier. Die Corssens hatten ihn in den vergangenen zwei Wochen schon kennengelernt; Matthieu hatte sich früh mit Walther Corssen bekannt gemacht und ihn über den großen St. John-River befragt, den die Corssens von der fernen Küste der Bay von Fundy aufwärts im Kanu bezwungen hatten. Sehr bald auch hatte er begonnen, mit Corssen Erfahrungen und Erlebnisse beim Fang von Pelztieren und beim Pelzhandel auszutauschen. Er hatte sich erstaunt gezeigt, daß in Neu-Schottland überhaupt noch Pelztierfang mit einiger Aussicht auf Erfolg und Gewinn betrieben werden konnte, hatte es anfangs nicht recht glauben wollen, aber dann doch den sehr genauen Angaben Walther Corssens Vertrauen geschenkt.

Matthieu gehörte nur ganz am Rande zu den Leuten von Grande Chute. Er war kein Bauer. Er stammte von normannischen Fischern und Seeleuten. Unruhe saß ihm im Blut. Es gefiel ihm nicht in Grande Chute. Die unsägliche tägliche Mühe um Acker und Brot war nicht nach seinem Geschmack.

Dieser Pancrace Matthieu also war es, der an jenem späten Abend im August dem bescheidenen Haus der Geschwister Leblois und ihren Gästen einen unerwarteten Besuch abstattete.

Martine hatte sich erhoben und war ins Haus gegangen. Nach kurzer Zeit erschien sie wieder und setzte vor dem Ankömmling einen Topf mit Milch ins Gras und reichte ihm ein Stück kräftig duftendes Gerstenbrot. Der Gastlichkeit war damit Genüge getan.

Dann wandte sich Matthieu, ohne zu zögern, an Walther Corssen: »Ihr wollt in den Westen, hat mir Justin neulich erzählt. Stimmt das, oder ist das nur so ein Gerede?«

Das war mit ruhiger Stimme vorgebracht worden, so wie man des Abends unter guten Bekannten eine nicht sehr belangvolle Frage stellt.

Dieser Pancrace Matthieu – Walther spürte wohl, daß ihm diesen Mann mit dem großen, runden Schädel über dem Stiernacken, mit den listigen blaßblauen Augen und den keineswegs plumpen, vielmehr erstaunlich schmalen und wendigen Hüften, das Schicksal zugeführt hatte.

»Justin hat dir nichts Falsches erzählt, Pancrace. Wir haben nicht die Absicht, uns lange hier aufzuhalten. Wir wollten Montréal erreichen, uns den Winter über dort umhören. Wenn dann das Eis bricht im kommenden Frühjahr, will ich – so ist es meine Absicht – mit meinem Sohn weiter nach Westen fahren, was auch immer uns dort erwartet. Es käme nur darauf an, einigermaßen brauchbare und kundige Gefährten zu finden, mit denen man sich zusammentun kann.«

Matthieus Stimme klang angeregt und eifrig:

»Ja, ja, so ist es! Man braucht Gefährten in dem Pay d'en haut, dem Land weit da hinten. Aber vorerst und überhaupt braucht man noch etwas anderes, wenn man da hinten Geld machen will; Geld nämlich, ziemlich viel Geld, um über den Anfang hinwegzukommen. Man muß erst eine ganze Menge Wasser, Geld nämlich, in die Pumpe hineinschütten, damit man pumpen kann. Aber dann läßt sich das Zehnfache oder Hundertfache herausholen.«

Corssen stellte mit gleichmütiger Stimme fest: »Von nichts, Pancrace, von nichts kommt nichts. Das versteht sich. Ich bin nicht mehr von heut und gestern. Ich werde so viel Geld haben, wie jeweils erforderlich ist, vorausgesetzt, daß der Partner zu ebensolcher Leistung fähig ist.«

Matthieu rief vergnügt: »Vorzüglich! Damit wären wir ja auf dem richtigen Wege. Doch zwei Männer allein reichen nicht für ein Kanu den Ottawa aufwärts, und dann den Mattawa und weiter. Ein Kanu, beladen mit Tauschwaren, so daß nur eine Handbreit Freibord bleibt, das erfordert mindestens drei, besser vier oder fünf Ruderer. Und sie müssen tüchtige und geschickte Burschen sein und zäh, und sie dürfen sich nicht vor jeder Stromschnelle in die Hosen machen. Leicht zu finden sind solche Burschen nicht.«

»Du kennst dich also aus mit dem Pays d'en haut, Pancrace? Traust dir zu, damit fertig zu werden, wie?«

»Und ob! Du bist nicht so begriffsstutzig, wie du dich anstellst, Walther! Du hast doch längst kapiert, weshalb ich zu euch gekommen bin, in der Nacht – es braucht ja nicht jeder zu erfahren, daß wir miteinander reden. Wenn du ohne Umschweife hören willst, was ich dir vorschlage, gut, das kannst du haben. Ich schlage vor, daß wir unsere Lose in denselben Hut werfen und zusammen auf Handel ins Pays d'en haut ziehen. Paß auf, wenn wir den Hut wieder umstülpen, wird zehnmal mehr herausspringen als wir hineingelegt haben. Ich mache dir das Angebot: du trägst die Hälfte der Kosten und ich die andere. Ich kriege die Hälfte des Gewinns und du die andere. Sag zu, und wir können uns morgen auf den Weg machen. Der Winter wird auch in diesem Jahr nicht auf sich warten lassen.«

Walther Corssen zögerte mit der Antwort, und als er sich schließlich dazu herbeiließ, bewies sein bedächtiger Tonfall, daß er nicht beabsichtigte, dem forschen Drängen des Besuchers nachzugeben.

»Das kommt mir alles ein bißchen überraschend, Pancrace. Scheint mir auch nicht ganz zu Ende gedacht zu sein. Wir brauchen drei oder besser vier Ruderer, sagst du. Gut, mein Sohn William ist gewiß mit von der Partie. Wer aber ist dann der vierte?«

Ehe noch Matthieu etwas erwidern konnte, kam Justins klare Stimme aus dem Dunkel unter dem Hüttendach: »Als vierter Ruderer wäre ich gut zu gebrauchen. Aber Geld habe ich nicht. Ich wäre mit dem Lohn zufrieden, der auch anderen gezahlt wird.«

Auch William hätte gern etwas gesagt. Aber ihm fiel nichts ein, was der Rede wert gewesen wäre. Er war Vaters unmündiger Sohn und hatte zu schweigen. Er preßte die Lippen aufeinander. Hätte er nicht an Martine denken müssen? Er wenigstens? Wer sonst dachte an sie? Ein Wirbel von Empfindungen überflutete Williams

Herz, als des Mädchens Stimme sich leise, doch unüberhörbar vernehmen ließ. »Und was wird dann aus mir? Soll ich hier allein zurückbleiben?«

Niemand schien eine Antwort zu wissen. Pancrace Matthieu mochte sie auch für überflüssig halten. Was ging ihn das Mädchen an! Er hatte sich nur mit Walther Corssen auseinanderzusetzen. »Justin und William sind Ruderer«, entschied er. »Und wir beide sind die Partner, Walther. Einfache Sache!«

»So einfach eben nicht, Pancrace! Mein Sohn William hat ebensoviel Geld wie ich und müßte gleichfalls Partner werden. Mit dem Lohn als Ruderer braucht er nicht zufrieden zu sein. Die Partnerschaft müßte also gedrittelt werden, nicht gehälftet.«

»Das paßt mir aber gar nicht, Walther: zwei Partner auf eurer Seite und nur einer auf meiner. Ihr bringt das Kanu ein und das Geld, meinetwegen zwei zu eins. Aber ich bringe außer Geld das Wichtigste ein, die Kenntnis nämlich, wie ›dahinten oben‹ überhaupt an Pelze heranzukommen ist. Ohne solche Kenntnis ist gar nichts zu machen.«

»Laß mich einen anderen Vorschlag machen, der vielleicht deinen Beifall findet. Justin als Tagelöhner unter uns? Das paßt nun wieder mir nicht. Also leihst du ihm das Geld, mit dem er in die Partnerschaft eintritt. Er muß es dir verzinsen, natürlich, und zwar kräftig. Aber am Schluß, wenn alles gutgeht und abgerechnet wird, im Winter 66/67 oder ein Jahr später, 1768, wird Justin wohl besser wegkommen, als wenn er nur auf Lohn gesetzt wäre. Dann sind wir vier Parteien. Und wir teilen nicht zwei zu zwei, sondern wir sechsteln den Betrag und teilen zwei zu zwei zu eins zu eins. Die Jungen sollen sehen, daß wir ihnen etwas zutrauen. Aber sie müssen sich erst hochdienen.«

Lang dehnte sich die Stille nach Walthers Vorschlag. Es war der letzte; kein weiterer käme hinterher. Das wußten alle. Keiner war ganz glücklich damit. Aber in allen bohrte der Wunsch: Fort von hier! Weiter! Auf ins Pays d'en haut, ins ›Land dahinten oben‹ jenseits der Seen und Wälder! Das war es, worauf es im Grunde allein ankam. Und das gab den Ausschlag.

Pancrace Matthieu erhob sich. Er streckte Walther die Hand

entgegen. Es war im Sternenlicht deutlich zu erkennen. Auch die anderen hatten sich erhoben. Pancrace rief, unbekümmert laut:
»In Ordnung also! Was reden wir noch lange! Ab heute sind wir Partner. Im Namen Gottes auf Gedeih, wenn's gutgeht! Im Namen Gottes auf Verderb, wenn's schiefgeht! Zwei zu zwei zu eins zu eins! Und Justin wird mein Schuldner für seine Einlage. Abgemacht!«

Walther ergriff die dargebotene Hand und schüttelte sie kräftig: »Im Namen Gottes! Abgemacht, Pancrace!«

Und auch die Jungen kamen an die Reihe: »Im Namen Gottes! Abgemacht!«

Für ein paar Augenblicke lang schien allen die Nacht ein wenig heller geworden zu sein.

Am kommenden Morgen schon sollte gepackt, sollten die Bündel zum Boot geschleppt werden. Vielleicht schaffte man es sogar, noch am Nachmittag abzulegen und einige Meilen den St. John aufwärts zwischen das Kanu und Grande Chute zu bringen. Wenn es zu vermeiden war, sollte niemand erfahren, nach welcher Richtung die vier Grande Chute verlassen hatten.

So war alles besprochen.

Nein, nicht alles! Die Männer hatten Martine vergessen.

»Und was wird aus mir? Ich frage euch! Ich bleibe hier nicht allein!«

Es traf sie alle, dies Bekenntnis. Aber ehe noch ein anderer sich besonnen hatte, wischte Justin die Frage der Schwester beiseite: »Stell dich nicht an, Martine! Die Sache ist längst entschieden, das weißt du. Der Sohn des Nachbarn will dich heiraten. Jean Marsault ist ein guter Kerl. Ein besserer wird nirgendwo für dich gebacken. Und den Hof bekommst du als Mitgift. Ich verzichte. Was willst du mehr!«

Nach den Begriffen von Franko-Kanada und Akadien, weiß der liebe Himmel, ja, was wollte sie mehr!

3 Seit zwei Tagen regnete es. Nicht eben in Strömen, aber doch unablässig und so, daß die Kleider der Männer nie trockneten. Die vier konnten sich wenigstens damit trösten, daß es warm geblieben war. Man brauchte also vorläufig nicht zu frieren.

Ganz von selbst war es dahin gekommen, daß Pancrace im Kanu das Sagen hatte. Er verstand am meisten davon, wie das leichte, wendige, aber auch überaus empfindliche Fahrzeug mit seiner Außenwand aus Birkenrinde über Schnellen und Untiefen stromauf zu treiben, an allen Hindernissen im Flußgrund vorbeizubugsieren und stets im jeweils tiefsten Wasser zu halten war. Er also paddelte vorn im Boot, stellte sich aber auf seine stämmigen Beine in den Bug, wenn das Fahrwasser schwierig wurde und es sich empfahl, den einzuschlagenden Kurs soweit wie möglich voraus zu erkunden. Im Stehen benutzte Pancrace ein sehr viel längeres Paddel als sonst.

Es stellte sich ebenso bald heraus, daß die beiden jungen Ruderer, Justin Leblois und William Corssen, das teuflische Tempo, welches der Avant im Bug des Bootes, eben Pancrace Matthieu, von Anfang an vorlegte, durchaus nicht mithalten konnten. Selbst der zähe Walther Corssen, der als Gouvernail, als Steuerer, im Heck des Bootes hockte, saß oder stand, hatte zunächst Mühe, dem Takt der wie schnelle Säbelhiebe fallenden Streiche des Matthieuschen Paddels zu entsprechen.

William und Justin hatten sich am ersten vollen Reisetag den St. John aufwärts nicht lumpen lassen wollen und unter Aufbietung ihrer äußersten, keineswegs geringen Kräfte bis zum Abend durchgehalten. Dann aber zeigten sie sich so erschöpft, daß sie kein Wort mehr herauszubringen vermochten, nur noch ein paar heisere Ja oder Nein. Sie waren nicht einmal mehr imstande, einige Bissen von der deftigen Abendmahlzeit, die Pancrace in ungebrochener Munterkeit zusammengeschmort hatte, hinunterzuwürgen. Die beiden warfen sich unter das aus dem Wasser gehobene, zu einem langgestreckten Schirm umgestülpte und an einer Kante hochgestützte Kanu, zogen sich die Decke um die Schultern und wurden schon nach wenigen Minuten von bleiernem Schlaf übermannt.

Am nächsten Morgen nahm Walther seinen Sohn beiseite: »Du schaffst es vorläufig nicht, William. Sei vernünftig! Wenn Pancrace vor euch im Bug des Bootes zwei Streiche mit dem Paddel macht, dann machst du nur einen. Es läßt sich nichts erzwingen. Erst mit der Zeit kommst du auf volle Leistung. Es wird ein paar Wochen dauern.«

William aber, hohläugig und grau nach wie betäubt verschlafener Nacht, zeigte sich verstockt: »Wenn der denkt, er könnte uns kleinkriegen, dann täuscht er sich. Auch Justin gibt nicht nach. Ich habe mit ihm geredet!«

Beim allerersten Frühlicht schon wurde das Kanu ins Wasser gesetzt und erneut beladen. Kein Wort zuviel wurde gesprochen, als wollte ein jeder seine Kräfte sparen. Pancrace hatte die Regel der Kanureisen schon am ersten Tage eingeführt und schien es für selbstverständlich zu halten, daß sich die Besatzung auch dieses Kanus ihr fraglos unterwarf. Um drei Uhr morgens waren sie aufgestanden. Frierend in der Morgenfrische, unter dem sich nur zögernd erhellenden Himmel, wurde das Boot wieder flottgemacht, wurden die Lasten, Decken, Vorräte darin verstaut. Schon hockten die Männer an ihren Plätzen, der Avant im Bug, der Gouvernail im Heck und die Milieux dazwischen. Der Avant ließ seine Paddel zum ersten Mal durchs Wasser furchen, durch das kalte, glasig klare. Die anderen fielen in den gleichen hastigen Takt, und schon glitt das Fahrzeug mit verhaltenem Rauschen der Bugwelle vom Landeplatz fort, der Strömung entgegen. Das jenseitige Ufer des Flusses war im blassen Frühlicht kaum zu erkennen.

Gegen Mittag geschah dann, was Walther befürchtet hatte. Ohne jede Vorwarnung ließ William sein Paddel auf die Bodenbretter des Kanus poltern, warf die Arme in die Luft und sank rückwärts von seiner schmalen Ruderbank. Hart schlug sein Schädel gegen das Holz.

»Ans Ufer! Wir müssen ans Ufer! Er ist ohnmächtig!« schrie Walther. Es gab keine andere Wahl.

Ein günstiger Zufall ließ sie nahe am Gestade eine vom Strom unterwaschene, später von einem Sturm ins Wasser gefällte Fichte finden, an deren verdorrendem Wipfelgeäst das Kanu festgemacht werden konnte. Die drei Männer konnten in das zwei, drei Fuß tiefe Wasser steigen und den Bewußtlosen aus dem Boot heben, ans Ufer tragen und dort in den lockeren Sand betten. An die Weiterreise war vorläufig nicht zu denken.

Erst am Abend kam William wieder zu sich, blickte sich verwirrt um, erkannte den Vater und die Kameraden, wollte sich aufrichten, wurde aber im gleichen Augenblick von würgendem Erbrechen überfallen.

Furcht kroch seinen drei Gefährten ins Herz. Krankheit unterwegs, das ist eine böse, eine unheimliche Sache. Und William war krank. Man brauchte nur einen Blick auf sein fahles, sonderbar alt anmutendes Gesicht zu werfen, um das zu wissen. Auch Pancrace wußte es.

Pancrace war abergläubisch wie alle Akadier. Walther hatte das längst gemerkt und sich nicht darüber gewundert, so wenig er selbst auch diesem Zug akadischen Wesens jemals nachgegeben hatte. Pancrace war überzeugt: Starb einer der Beteiligten gleich am Anfang einer großen Reise, so war das ganze Unternehmen zum Scheitern verurteilt. Walther Corssen wurde von väterlicher Sorge gepeinigt. Kurzerhand bestimmte er, an die Weiterfahrt sei vorläufig nicht zu denken. Man müsse bleiben, wo man sei, müsse den Kranken pflegen und abwarten, ob sich sein Zustand besserte. Er fand keinen Widerspruch.

Pancrace hatte keine Einwände erhoben, als Walther einen ganzen weiteren Tag als Rasttag verordnete. Auf geheime Weise hatten sich einige Entscheidungen vollzogen, und zwar so eindeutig, als hätte sie eine höhere Gewalt getroffen. In allen handgreiflichen Fragen, in allem, was mit der Reise, den Strömen, dem Kanu zusammenhing, behielt Pancrace Matthieu das letzte Wort. Aber die eigentliche Führung des Unternehmens, soweit es diese vier Menschen, ihre Ziele, ihre Ängste, ihre Wünsche und Hoffnungen betraf, die lag fortan bei Walther Corssen allein.

William kam wieder zu sich, ganz erstaunlich schnell sogar. Er wollte gar nicht genau wissen, was passiert war. Er aß kräftig, aber mit Bedacht. Er drängte sogar darauf, noch am Nachmittag das Lager abzubrechen und eine Handvoll Meilen gegen die sich hier hart bemerkbar machende Strömung voranzukommen. Sein Vater war dafür nicht zu gewinnen: »Du mußt eine weitere Nacht Ruhe haben!« Dabei blieb es.

Es dunkelte schon, als Pancrace, der so am Feuer saß, daß er stromab blicken konnte, sich plötzlich aufrichtete und auf die Füße sprang. »Es kommt ein Kanu den Fluß herauf!« rief er.

Auch die anderen waren aufgesprungen und erkannten in der Ferne das dunkle Etwas, das sich der Strömung entgegen heranschob.

4 »Das habe ich noch nie erlebt!« brummte Pancrace. Hier zog ein kleines Kanu, von nur einem einzigen Manne bewegt, völlig sorglos offenbar, mitten über die weite Wasserfläche, als wäre jede den Indianern sonst so selbstverständliche Vorsicht überflüssig.

Die Männer standen und starrten. Sie spürten, daß ihnen Ungewöhnliches, Unerhörtes bevorstand. Bald war kein Zweifel mehr möglich. Justin sprach es aus: »Bei der allerheiligsten Jungfrau, es ist meine Schwester Martine!«

Sie trieb ihr schlankes Fahrzeug mit kräftigen Schlägen des Paddels – bald rechts, bald links – vorwärts, hemmte es aber, bevor es an die Uferkante stieß oder den Grund berührte; kein Indianer hätte vorsichtiger damit umgehen können. Dann stieg sie ins flache Wasser, hob den Bug aufs Land und wandte sich den dumm staunenden Männern zu: »Da bin ich! Ich hätte nicht gedacht, daß ich euch so bald einholen würde!«

Walther Corssen wandte sich an Justin, der seine anfängliche Bestürzung überwunden hatte; Justin blickte Martine wütend an, als wollte er handgreiflich werden. Auch William hatte sich aus der Gruppe gelöst, offenbar um Martine beizustehen. Aber jetzt trat Walther Corssen dazwischen, seine Stimme bekam einen harten Klang – es war allen klar, wer hier zu befehlen hatte:

»Justin, kein böses Wort, hörst du! Auch du bist nicht gefragt, William. Solange ihr beide, du und Martine, noch in Grande Chute lebtet, mochtest du den Vormund spielen, Justin. Jetzt sind wir unter uns, und du bist unser Juniorpartner. Martine ist zur Zeit die fünfte – und wir können nur gemeinsam beschließen. Du hast kein Vorrecht mehr, verstehst du. Und nun Martine, gib Antwort: Warum bist du uns gefolgt?«

»Onkel Walther«, antwortete sie mit Freimut (zu dem Älteren ›Onkel‹ zu sagen, hatte sie sich nach franko-kanadischer Sitte schon während der letzten Tage in Grande Chute entschlossen), »Onkel Walther, du mußt es begreifen: Ihr wolltet mich nicht mitnehmen und konntet es auch nicht – Justin war dagegen. Also ging ich zum Schein zu den Marsaults. Aber schon am Tag eurer Abreise bin ich in unser Haus zurückgekehrt, um dort noch verschiedenes zu besorgen, wie ich den Marsaults erklärte. Da ihr ja schon fort wart, hatten sie auch keine Bedenken. Ich habe mir Proviant und Kleidung in unser kleines, oberhalb der Fälle verstecktes Kanu gepackt und bin noch in der Nacht euch hinterher gefahren.«

Justin vermochte sich nicht länger im Zaum zu halten. Er schrie: »Immer schon war sie so! Machte, was sie wollte! Aber dies ist unglaublich! Wir können sie nicht gebrauchen. Sie muß wieder zurück nach Grande Chute, wo sie hingehört.«

Die Männer senkten den Blick und schwiegen. Schließlich nahm Walther das Wort: »Wir müssen uns alle vier darüber einigen. Was also meinst du, Pancrace: Sollen wir Martine in unsere Association aufnehmen?«

Pancrace wiegte den schweren Schädel, wiegte den ganzen mächtigen Oberkörper ein paarmal hin und her und murrte dann: »Daß sie uns nachgekommen ist, daß sie uns eingeholt hat, daß sie Glück gehabt hat, allen Respekt davor! Ich glaube, bis Montréal sollten wir's mit ihr versuchen. Sie wird uns nicht zur Last fallen. In Montréal wird man weitersehen, was zu tun ist.«

Walther hatte diese Antwort erwartet. Er fügte ruhig hinzu: »Ich bin deiner Meinung, Pancrace. Nun sie einmal da ist, soll sie bis Montréal die Fünfte im Bunde sein. Was meinst du, William?«
»Sie kommt mit. Sie hätte gleich mitkommen sollen!«
»Und du, Justin?«
»Ich bin dagegen. Ich habe es schon gesagt. Aber das nutzt mir nichts. Alle anderen sind dafür. So ist es immer mit ihr. Soll sie also mitkommen.«
Martine schien ihren Bruder zum erstenmal wahrzunehmen, seit sie ihren Fuß auf den Ufersand gesetzt hatte. Sie trat auf ihn zu und faßte seinen Arm: »Justin, du gingst fort und hast mich allein gelassen. Ich mußte euch folgen, versteh das doch!« Sie hatte das sehr weich und warm und bittend gesprochen, und alle anderen fühlten sich angerührt.
Justin jedoch wandte sich ab. Unwillig stieß er hervor: »Ach, laß mich! Immer mußt du deinen Willen durchsetzen!« Aber es war zu merken, daß er sich hatte umstimmen lassen, daß er die Schwester respektierte...
Martines Gegenwart wurde den anderen schon nach wenigen Tagen so selbstverständlich, als hätte sie von jeher dazugehört. Auch äußerlich war sie den Männern angepaßt. Sie hatte sich in ein Hemd und alte Lederhosen gekleidet, die Justin in Grande Chute zurückgelassen hatte. Sie war ein kluges Mädchen und bemühte sich redlich und geschickt, als junger Bursche zu gelten, der sich von William und Justin nicht wesentlich unterschied.
Vor allem aber: sie stellte ihren Mann als Ruderer und hielt vom ersten Tage der Weiterreise an das von Pancrace vorgelegte Zeitmaß unbeirrt ein. Allerdings ahnte sie nicht – Walther Corssen freilich merkte es –, daß Pancrace für die Weiterreise einen gemäßigteren Rudertakt anschlug.
Je weiter die Reisenden stromauf gelangten, desto härter mußte gerudert werden. Immer häufiger war die Strömung stärker als die dagegen ankämpfenden Paddel. Dann mußte das Boot vom Ufer aus an langer Leine getreidelt werden. Bei nicht ganz so starker Strömung, wo der Flußgrund fest und nicht allzu tief lag, kam das Kanu auch voran, indem die Männer es vorwärtsstakten. Die

Stangen dazu hatten im Boot bereitgelegen; sie trugen eisenbewehrte Spitzen.

Martine hatte unverdrossen den harten Arbeiten und Anforderungen standgehalten, hatte sogar ihren mißtrauischen Bruder einigermaßen überzeugt, daß sie keine Last, sondern sogar ein Vorteil für die Bootsmannschaft bedeutete. Das erwies sich vor allem an den Abenden, wenn gekocht werden mußte. Martine hatte sich dieser Aufgabe, ohne erst um Erlaubnis zu fragen, sofort angenommen, und jeder gestand ihr zu: Seit Martine sich der Verpflegung angenommen hat, schmeckt das Essen besser, stillt nicht nur den groben Hunger, sondern macht sogar Spaß. Das wiederum kam der allgemeinen Stimmung zugute – ein höchst wesentlicher Beitrag zur Gesamtleistung der Bootsmannschaft.

Als sie dann vom oberen St. John in den Penobscott hinübergewechselt waren, ging es darum, den Lac du Portage zu erreichen; von dort aus mußten sie den Oberlauf des Chaudière gewinnen, der sie schließlich in die Quellgebiete des St. François führen sollte. Den St. François würden sie, wenn auch in einem großen Knie nach Süden, bis zum riesigen St. Lorenz nur noch stromab zu befahren haben. Jetzt aber war die wirklich schwierige, ja halsbrecherische Portage zum Lac du Portage zu bewältigen. Nicht ohne Grund trug der See, wie Pancrace ihnen schon vor Tagen erklärt hatte, seinen Namen nach dieser vermaledeiten Tragestrecke. Es war eine Portage, die es in sich hatte.

Am halben Vormittag erreichten sie die Tragestrecke, die zum Lac du Portage und damit zum Einzugsgebiet des Flusses Chaudière führte.

Die fünf Ruderer in ihrem Boot mit dem kleinen Kanu im Schlepp, die über den spiegelblanken See Penobscott fuhren, waren strahlender Laune und machten so dem schönen Tag alle Ehre. Allerdings wollte es Walther Corssen, wenn er sich im Heck des Kanus erhob, um das Fahrwasser, aber auch die vier Gefährten zu überblicken, so vorkommen, als hätte seit dem frühen Nachmittag des vorigen Tages die Kraft Martines nachgelassen. Sie saß ihm halblinks am nächsten.

Die anderen merkten offenbar nichts. Die Bugwellen zogen als zwei schnurgerade Silberzeilen über das dunkle Wasser den fernen Ufern zu: Flanken einer großen Pfeilspitze, die auf das westliche Ufer des Penobscott-Sees zielte.

Nun war sie also erreicht, die gefürchtete Portage zum Lac du Portage. Pancrace, der, wie stets an solchen Tagen, nie genug bekommen, nie ein Ende finden konnte, wollte noch am gleichen Abend damit beginnen, wenigstens den Hauptteil des Gepäcks über die Wasserscheide hinwegzuschaffen.

Aber Walther hatte beim Aussteigen endlich einen Blick in Martines Antlitz werfen können und war erschrocken. Sie schien sehr blaß. Unter ihren Augen lagen dunkle Ringe. Ihre Züge waren von Müdigkeit beschattet.

Walther erwiderte also: »Es sitzt uns niemand mit der Peitsche auf den Fersen, Pancrace. Morgen ist auch noch ein Tag, und das Wetter wird genauso prächtig sein wie heute. Wir sollten heute abend fischen und uns was Gutes in die Pfanne fangen.«

Kaum graute der nächste Morgen, erhob sich Pancrace von seinem Lager, das er sich jede Nacht sorgfältiger als die anderen aus Tannenzweigen und Moos bereitete. Er drängte: »Frühstück heute später als sonst! Nicht ehe wir mit der ersten Partie am Lac du Portage angekommen sind. Wird einige Stunden dauern. Walther und ich beginnen mit dem großen Kanu. William und Justin frachten je einen Pack, nur Proviant. Martine nimmt nichts weiter als ihren Proviant, also ein halbes Pack. Wir bleiben zusammen, damit ihr Walther und mir notfalls beim Hochwuchten des Bootes am steilen Uferhang helfen könnt.«

An diesem Vormittag verging den Männern der Spaß, obgleich die Sonne bald wie am Tag zuvor aus blauem Himmel lachte und das wilde, üppige Land weithin leuchtete.

Das Boot den groben, zerklüfteten Steilhang hinanzuschaffen – es in diese bedrohliche Wand hinein- und hinaufzubugsieren, das überforderte selbst Pancrace und Walther. Der Weg hinauf war zwar erkennbar; die Indianer benutzten ihn sicherlich schon seit Generationen, doch das half wenig. Es war kein Weg, es war nur ein Klettersteig.

Die vier Männer hatten alle Hände voll zu tun, das Boot und ihre Packs unbeschädigt den Steilhang hinauf, über das die eigentliche Wasserscheide bildende Hochplateau hinweg und dann einen ebenso bösartigen Steilhang hinunter ohne wesentliches Mißgeschick an das Ende dieser vermaledeiten Tragestrecke zu befördern. Am halben Vormittag öffnete sich endlich vor ihren Blicken der stille Spiegel des Lac du Portage, ihr Ziel. Vorsichtig hoben Pancrace und Walther das Boot von den schmerzenden Schultern und betteten es in den Ufersand.

Bald waren auch William und Justin heran, lösten die schweren Packs aus den Stirnriemen und stellten sie ab. Die Männer waren in Schweiß gebadet.

Da rief William plötzlich: »Wo ist Martine geblieben?«

Ja, wo war Martine, um alles in der Welt? Hier, am Lac du Portage, war sie jedenfalls nicht...

Die Männer waren so sehr mit sich selbst und ihrer Aufgabe, das Kanu unverletzt über den widerspenstigen Landrücken zu schleppen, beschäftigt gewesen, hatten alle Sinne und Sehnen so pausenlos anspannen müssen, daß sie keinen Gedanken an Martine hatten verschwenden können. Sie, das schwächste Glied der Mannschaft, hatte ihren Arbeitsanteil zugewiesen bekommen. Wie sie ihm gerecht wurde, das blieb ihr überlassen. Jeder der Männer hatte sich gesagt: Überlastet ist sie nicht; sie wird es schaffen. Jeder war selbst aufs äußerste beansprucht worden und hatte sie vergessen.

Wo war Martine?

Hastig wurde beraten. Hatte sie sich verlaufen? War ihr ein Bär begegnet, ein verrückt spielender Elch, und hatte sie angefallen? War sie gestrauchelt und hatte sich Schaden getan? Und was alles sonst noch konnte ihr passiert sein!

Pancrace entschied: »Wir halten uns nicht auf. Es ist keine Zeit zu verlieren. Einer muß hierbleiben, am besten du, Walther. Wir anderen drei machen uns sofort auf den Rückweg. Sollte sie sich inzwischen einfinden, läßt du sie hier, Walther, und kommst uns nach.«

Es blieb keine andere Wahl.

Walther machte sich harte Vorwürfe. Ihm als einzigen war der veränderte Zustand Martines nicht entgangen. Er hätte darauf bestehen müssen, daß Martine während der Portage in seiner Nähe blieb. Schmerzhaft wurde ihm das deutlich, während er vom Landeplatz aus den Strand ein paar hundert Schritte nach beiden Richtungen abschritt, sein Trockenfleisch kaute und sich Sorgen machte. Plötzlich sah er sie.

Dort, wo der Pfad der Tragestrecke zwischen den Schwarzfichten des Waldriegels auf das Seeufer hinaustrat, stand sie gebeugt – mit dem ledernen Trageband über der Stirn und der Last im Rücken –, stützte sich mit der rechten Hand ungeschickt an den nächsten Baum.

Sie hielt sich kaum noch aufrecht.

»Martine!« rief Walther entsetzt. Angesichts des Ziels schien die Kraft sie endgültig zu verlassen. Sie knickte kläglich in den Knien ein und sank seitwärts zu Boden, wobei die Last den keinen Gegendruck mehr leistenden Kopf am Stirnband so weit nach hinten zerrte, als sollte ihr das Genick gebrochen werden.

Walther kniete neben ihr nieder. Sie war in eine tiefe Ohnmacht gefallen. Sie hatte keinen Tropfen Blut mehr im Gesicht, was selbst noch unter ihrer braunen Haut zu erkennen war. Ihre Lippen zeigten nur ein blasses Rosa. Unter den geschlossenen Augen lagen dunkle Ringe.

Walther zog das halbe Pièce, das sie getragen hatte, unter ihren Schultern fort, so daß sie flach auf den Rücken zu liegen kam. Er wollte ihre eingewinkelten Beine in die Länge strecken – und hielt verwirrt inne, wie vor den Kopf geschlagen. Dort, wo die engen alten Lederhosen des Bruders zum Oberteil zusammenwuchsen, hatte sich ein dunkler, feuchter Fleck ausgebreitet, groß wie eine Hand. Walther hatte genug Verletzte und Tote in seinem Leben gesehen, um zu wissen, wie durchblutetes Tuch oder Leder aussah. Walther legte sachte ihre Beine lang. Nun ruhte sie endlich entspannt.

Herr im Himmel – er wischte sich mit der Rechten über die Stirn –, warum ist mir das nicht längst klargeworden! Sie ist jetzt gute drei Wochen bei uns. Natürlich, sie ist ein Mädchen. So dumm und ahnungslos hätte ich mich nicht anstellen dürfen! Sie war in ihre schlechten Tage geraten; er hätte dafür sorgen müssen, sie ohne Aufsehen von jeder schweren Arbeit zu befreien.

Sie hatte die Zähne zusammengebissen, um sich nicht zu verraten – vor all den dummen Männern.

Ob ich ihr ein wenig frisches Wasser einflöße? Schon lief er zum Strand, schöpfte einen Becher voll, eilte zu Martine zurück. Sie hatte sich nicht bewegt. Er netzte ihr Stirn und Schläfen. Ihre Augenlider zitterten. Plötzlich holte sie sehr tief Atem, öffnete die Augen, ganz wach mit einem Mal, erkannte den über sie gebeugten Gefährten, der ihr Vater hätte sein können: »Walther! Du bist da, Gott sei Dank!« Sie richtete sich auf und trank den Becher leer, ließ sich wieder zurücksinken, schloß die Augen von neuem. Sie flüsterte: »Dir hätte ich es sagen sollen, Walther. Du weißt, wie es den Frauen geht. Ich wollte nicht schwach werden. Ich wollte mit euch mithalten. Ich bin bis hierher gekommen. Weiter nicht. Ich habe es nicht geschafft.«

Was war darauf zu sagen? Walther wußte keine Antwort. Er murrte nur: »Bist ein tapferes Mädchen, Martine.«

Ein Lächeln huschte wie ein Hauch um ihre Mundwinkel. Sie dehnte sich ein wenig, war ganz beruhigt.

Nach einer Weile sagte Walther: »Die drei anderen haben sich sofort auf den Rückweg gemacht, als wir dich hier nicht vorfanden. Sie wollen sehen, wo du abgeblieben bist. Ich muß sie holen. Kann ich dich für ein paar Stunden hier allein lassen, Martine? Und dann – damit ich das den anderen unterwegs beibringe und sie dich nicht mit ungeschickten Fragen ärgern: wann wohl wirst du wieder ganz auf Deck sein?«

»Ich denke, übermorgen früh bestimmt, wenn ich mich inzwischen einigermaßen ruhig halten kann. Geh nur, Walther! Ich werde inzwischen ein gutes Essen richten.«

Pancrace lief auf dem Pfad der Tragestrecke dem zum Penobscott eilenden Walther Corssen in die Arme.

»Walther! Was ist?«

Walther versuchte, die Zusammenhänge aufzuklären. Justin

und William hatten sich ebenfalls eingefunden. Auch Martines körperlichen Zustand versuchte Walther anzudeuten. Ihm fehlten die richtigen Worte. Auch empfand er, daß besonders Pancrace ihm nur mißmutig und halb ungläubig folgte. Die Beziehungen des Waldläufers zum weiblichen Geschlecht hatten sich bis dahin auf gefällige Gelegenheiten, etwa bei den Schlunzen in den Kneipen von Montréal oder bei den Indianerweibern in den schon verdorbenen Dörfern am St. Lorenz oder dem Ottawa beschränkt. Martine, ja, ein Mädchen, jung und gut katholisch, das war natürlich etwas vollkommen anderes. Sie war doch blutjung – und trotzdem? Also gut, so genau wollte er das alles gar nicht wissen.

Martine hatte sich große Mühe gegeben, die Männer für die Sorge und Mühe zu entschädigen, die sie ihnen bereitet hatte, obgleich das wahrlich nicht ihre Absicht gewesen war. Sie hatte sich in dem schon zu Wasser gesetzten großen Kanu an langer Leine auf den See hinaustreiben lassen und die Angel ins Wasser gehalten. In knapp einer halben Stunde hatte sie ein paar prächtige Regenbogen-Forellen und einen an die acht Pfund schweren Rotlachs gefangen. Das sollte ausreichen, um selbst nach einem so aufgeregten und harten Tage nicht nur den heißesten Hunger von vier starken Männern zu stillen, sondern sie auch zu verlocken, sich einmal nach Herzenslust den Magen rund und voll schlagen.

Das Abendessen war vorüber, das Feuer neu geschürt; sein Schein schloß die fünf Menschen wie in eine enge, rötlich erhellte Kammer ein, um welche grenzenlos weit die Nacht waltete, als Martine das Schweigen brach. Sie hatte sich offenbar gut überlegt, was sie den Gefährten, ohne Umschweife und ohne die Befangenheit, die den Männern die Zunge lähmte, auseinandersetzte:

»Ihr Männer seid heute sehr gut zu mir gewesen, und ich danke euch für euren Beistand, Walther, Pancrace und William. Justin war von Anfang dagegen, mich mitzunehmen. Ich bin meinem Bruder deshalb gram gewesen, aber jetzt weiß ich, daß er recht gehabt hat. Beim bloßen Rudern mag ich es euch vielleicht noch gleichtun. Aber auf den Portagen, wenn es darauf ankommt, einhundertundachtzig Pfund an die Stirn zu nehmen – das werde ich niemals zwingen.« Und dann – sie zögerte, wenn auch nur einen

Augenblick, und ihre Stimme schwankte ein wenig. Tapfer fuhr sie fort: »Alle vier Wochen wird es mir so ergehen, wie es mir in diesen Tagen ergeht. Das kann ich euch nicht zumuten. Und mir auch nicht. Ich werde mich also von euch trennen. Solange es noch nicht zu spät ist.«

Sie schwieg, blickte keinen an, starrte in die mageren Flammen des zusammensinkenden Feuers.

Walther Corssen raffte sich auf. Sie verfügte offensichtlich in mancher Hinsicht über mehr Courage als jeder der Männer, tapferes Mädchen, das sie war! »Was willst du tun, Martine? Was schlägst du vor?«

Martine erwiderte sehr bestimmt:

»Ich schlage nichts vor, Walther. Ich weiß, was ich zu tun habe. Es ist ganz einfach. Ich kehre wieder um. Nach Grande Chute, woher ich gekommen bin. Ich werde mit allem fertig werden.«

Niemand hatte William beachtet, der seinen Platz ein wenig abseits vom Feuer eingenommen hatte. Niemand hatte darauf geachtet, daß, während Martine tapfer ihr Sprüchlein aufsagte, Zorn, Angst, Mitleid über sein Gesicht huschten, wie Wolkenschatten über eine offene Landschaft fliegen. Übermäßig laut, so daß aller Augen sich ihm zuwandten, ließ er jetzt seiner Erregung freien Lauf:

»Wenn Martine über den St. John wieder zurückfährt, soll sie nicht allein bleiben. Die Reise ist zu lang und zu gefährlich. Ich gehe mit ihr!«

Justin, in ruhigem Ton und besonnen, aber nicht weniger bestimmt als Martine, erwiderte: »Immer das gleiche: erst unternimmst du etwas, und dann denkst du nach, anstatt es umgekehrt zu machen. Du hast die Marsaults, unsere guten Nachbarn, und ganz besonders Jean Marsault vor den Kopf gestoßen, obgleich sie bester Absicht waren. Bist ihnen einfach davongelaufen! Du solltest wissen, Martine, wie die Leute sind in Grande Chute, allen voran der Bürgermeister Tronçon. In Grande Chute nimmt kein Hund mehr ein Stück Brot von dir. Vielleicht geben sie dir unser großes Kanu heraus und was wir sonst an beweglichem Besitz zurückgelassen haben – aber im übrigen werden sie dich behandeln wie eine Aussätzige. Nein, meine liebe Schwester, Grande Chute – das schlage dir aus dem Kopf!«

Walther zermarterte sich sein Hirn. Mit einem Male schien sich ihm eine Lösung anzubieten. Hatte es überhaupt Sinn, etwas so Ausgefallenes ernst zu nehmen? Doch, es hatte Sinn! Auf diese Weise ließe sich nämlich ein abgerissenes Band wiederum knüpfen, und von mancher Sorge und Schuld, die Walther im geheimen bedrückten, könnte er sich befreien. Er mußte sich räuspern, ehe er sprechen konnte. Ohne einen der anderen anzublicken, sagte er:

»William und ich, wir haben unsere Anna in Neu-Schottland zurücklassen müssen, weil wir das Mädchen, das noch ein Kind war – nicht ins Ungewisse mitnehmen wollten. Sie blieb bei den Maillets, Leuten von Kagetoksa, guten akadischen Menschen, die jetzt irgendwo an der Bay of Fundy-Küste sitzen. Nun geschieht ähnliches zwischen uns und Martine. Zwar ist Martine ein paar Jahre älter als Anna. Aber das macht die Sache eher schwieriger, wie sich heute gezeigt hat. Martine wird den Maillets gewiß willkommen sein, wenn William sie bei ihnen einführt. Sie ist zu aller Arbeit geschickt – und Akadierin ist sie auch; sie kehrte ja nur in ihre Heimat zurück. Nach allem glaube ich, daß Martine bei unseren Leuten in Akadien – oder sagen wir Neu-Schottland – besser aufgehoben wäre als in Grande Chute. Sie weiß dann, ihr Bruder Justin ist mit uns – und William und ich wissen, unsere Anna ist bei Martine. So gehören wir alle fester noch als bisher zusammen.«

Das war eine lange und auch nicht ohne weiteres einleuchtende Rede; es dauerte eine Weile, bis die Zuhörer um das verflackernde Feuer, diesem winzigen Lebensfunken in der grenzenlosen Wildnisnacht, sie verarbeitet hatten.

Pancrace war der erste, der das Wort ergriff: »Also gut, Martine, du willst partout umkehren. Nehmen wir an, William geht mit dir zurück. Das muß er auch tun, um dich bei seinen Leuten und bei Anna einzuführen. Es wäre auch nicht gut, wenn du eine so weite Fahrt allein machen wolltest. Über die Fundy-Bucht müßt ihr ja auch hinüber, um die Neu-Schottland-Küste zu erreichen. Aber – und das ist das große Aber: Holt dann William uns wieder ein in Montréal, noch vor dem Zufrieren der Flüsse? Im kommenden Frühjahr, wenn das Eis gebrochen ist, können wir nicht auf ihn warten. Sobald der Strom frei und das Eis verschwunden ist, müssen wir abfahren, am Tag darauf schon! Bis ins Pays d'en haut ist es weit, weit, und man kann es sich nicht leisten, auch nur einen einzigen Tag zu verlieren.«

Justin, in seiner vielleicht etwas langsamen, doch verständigen Art, zog die Summe: »William allein käme zu langsam voran mit dem Kanu stromauf. Die Portagen sollten ihm schwerfallen, selbst wenn er sich von Grande Chute stromauf wieder mit dem kleinen Boot begnügt. Und dann: Werden die Leute von Kagetoksa in Neu-Schottland begreifen, daß William da allein mit einem fremden Mädchen ankommt? Es gäbe sofort Gerede und Widerstand. Ich bin für Martine verantwortlich, seit die Eltern tot sind. Wenn ich mich nicht den beiden anschließe, läuft die Geschichte von vornherein verkehrt. Ich muß also mit von der Partie sein. Um so sicherer und schneller kommen dann William und ich den St. John aufwärts zurück. Sollte der Frost dem Kanu den Weg versperren, es wäre kein allzu großes Unglück. Wir reisen leicht, haben Zeit bis in den Januar, Februar hinein, nehmen auf alle Fälle Schneeschuhe von Grande Chute mit. Überrascht uns früher Frost, verstecken wir das Kanu irgendwo und reisen zu Fuß weiter. Wir würden Montréal immer noch so rechtzeitig erreichen, daß unser Aufbruch ins Pays d'en haut um keinen Tag verschoben zu werden brauchte.«

Martine rief: »Ach, Justin, ja, wenn du mitkommst, dann ist es entschieden. Dann will ich, wie Walther es vorschlägt, mit Anna Corssen in Neu-Schottland darauf warten, daß ihr aus dem Westland wiederkehrt. Ihr dürft uns nicht sitzenlassen. Das müßt ihr uns versprechen.«

Sehr ernst blickte Walther dem Mädchen in die Augen: »Da ist nicht viel zu versprechen. Es versteht sich von selbst.«

5   Es wunderte sie eigentlich selbst im stillen, wie sehr sie einig und vertraut miteinander wurden, die beiden einsamen Männer, Walther Corssen und Pancrace Matthieu, als sie, auf sich allein angewiesen, ihr Kanu vom Lac du Portage aus auf einigermaßen verschlungenen, von den Flüssen vorgezeichneten Umwegen schließlich in den großen St. Lorenz mit seinen unablässig wandernden Wallungen bugsiert hatten.

Die jungen Leute, Martine, Justin und William, hatten auf der eigenen Spur gewendet und waren ins Ungewisse gezogen, ins Ungewisse in jeder Hinsicht, wie Walther sowohl als auch Pancrace sich nach dem Abschied der jüngeren Gefährten allmählich klarmachten.

Die beiden Älteren verstanden sich gut, als sie bei schönstem Herbstwetter den Mont réal, den »königlichen Berg«, auf der Insel über dem weiten Strom erreicht hatten und in den volkreichen Gassen der Stadt an seinem Fuß zwischen Abhang und Wasser untergetaucht waren. Die weit überwiegende Mehrheit der Einwohner sprach immer noch Französisch, ohne allerdings zu merken, daß sich ihr kanadisches Französisch bereits von dem französischen Französisch zu entfernen begann.

Walther und Pancrace fanden ein bescheidenes Quartier bei der Witwe eines Coureur de bois aus der französischen Zeit, der in den Schnellen des Ottawa umgekommen war.

Pancrace und Walther begannen damit, sich vorsichtig umzuhören. Walther hatte schnell wieder ins Englische zurückgefunden und fiel längst nicht mehr auf unter seinen neugewonnenen Bekannten, deren Englisch sich ohnehin in vielerlei Mundarten hören ließ.

Auf der Höhe des nur mäßig strengen Winters 1765/66 wurde bekanntgemacht, daß Interessenten bei der Regierung um eine Handelserlaubnis nachsuchen könnten.

»Concern« – so lautete neuerdings die Bezeichnung für die unternehmerischen Bündnisse von Geldgebern und landeskundigen Waldläufern, die sich zum Ziel setzten, die zuvor von den Französenkanadiern im Laufe eines Jahrhunderts erkundeten Wege des

Pelzhandels erneut zu begehen, das heißt, neues Kapital, diesmal vor allem englisches, in das große, im vergangenen Kriege sträflich vernachlässigte Geschäft zu stecken.

Justin und William hatten sich getreulich wieder eingestellt, noch bevor die Gewässer sich mit festem Eis bedeckten. Die beiden jungen Männer hatten für den Rückweg eine wesentlich kürzere und einfachere Route gewählt als jene, die Walther und Pancrace genommen hatten. Denn Walther mußte ja immer noch damit rechnen, daß man ihn verhaftete, wenn die Engländer seiner habhaft würden.
Den St. John aufwärts waren sie gefahren, hatten ihn aber in seinem Mittellauf verlassen, um über den Rivière du Loup, den Wolfsfluß, den St. Lorenz zu erreichen.
Justin und William hatten Martine sicher nach Grosses Coques an der Nordwestküste der Halbinsel Neu-Schottland geleitet. Es hatte keine große Mühe gekostet, in Annapolis Royal zu erfahren, wo den Leuten von Kagetoksa neue Siedelplätze angewiesen waren. Anna, Williams Schwester, war selig gewesen, daß ihr der ferne Vater Martine als »ältere Schwester« schickte, als einen Gruß und ein Zeichen seiner Treue. Und die Maillets, bei denen Anna wie ein Kind aufgenommen war, hatten auch Martine gern Quartier und Unterhalt geboten.
Geschickte und kräftige Helfer wie Martine waren den Siedlern, die sich an dem Küstenplatz, den man ihnen angewiesen hatte, abermals gegen die Wildnis durchsetzen mußten, nur allzu willkommen. Martine würde ihren »Mann« stehen, daran war vom ersten Tage an nicht zu zweifeln.

Walther Corssen und Pancrace Matthieu hatten sich im großen Amerika und im kleinen Franko-Kanada im besonderen längst die ersten Stiefelsohlen abgelaufen, hatten Vorsicht gelernt und ein gesundes Mißtrauen gegenüber der Zuverlässigkeit des Glücks. Sie stellten nach wenigen Wochen fest, daß ihre gemeinsamen Gelder reichen würden, sich das Kanu so ausgiebig mit Tauschwaren für die Indianer zu füllen, daß ihr Schifflein, sechs Mann Besatzung hinzugerechnet, nur noch zwei Handbreit Freibord behalten würde.

»Das ist aber verdammt wenig für den großen Huronen-See und erst recht für den Oberen See, mein lieber Walther!« hatte Pancrace ausgerufen, nachdem sie in einer überschlägigen Rechnung das Gesamtgewicht der Kanulast – Mannschaft, Proviant und Handelsgut, darunter mindestens vier Fäßchen Branntwein und einige Krüge Rotwein – ermittelt hatten. »Das beste wäre, einen dritten Partner zu finden, der weiteres Geld in das Unternehmen einschießt. Aber es müßte ein Mann sein, der sich wie wir auf die Wälder versteht und bereit ist, den fünften Ruderer zu machen. Dann brauchten wir nur noch, wenn überhaupt, einen einzigen Tagelöhner, um die Mannschaft zu vervollständigen. Mit einer ungeraden Zahl von Ruderern paddelt sich's schlecht, das weißt du.«

Walther nahm den Faden auf und fuhr nachdenklich fort: »Stimmt alles, was du sagst, Pancrace. Aber woher einen solchen dritten Partner nehmen? Der wird schwer zu finden sein! So einen, wie du ihn dir wünschst, Pancrace, den können wir uns nicht backen, den könnten wir uns nur vom heiligen Christophorus erbitten.«

Was sich einige Tage nach diesem Gespräch ereignete, legt die Vermutung nahe, daß entweder Pancrace oder Walther besonders gute Beziehungen zum heiligen Christophorus, dem Beschützer der Reisenden, unterhalten haben müssen.

Eines kalten Abends – es hatte in den Tagen zuvor viel stürmischen Schneefall gegeben; danach war, wie es meistens geschieht, harter Frost eingefallen – erzählten William und Justin von einer Begegnung, die sie einige Stunden zuvor erlebt hatten. Die beiden jungen Männer benutzten jede Gelegenheit, sich in der Stadt ein paar Heller zu verdienen, und dabei hielten sie Augen und Ohren offen. Es ließ sich viel nebenbei erlauschen, was den eigenen Absichten dienlich sein mochte. William berichtete:

»Wir hatten uns wieder, wie gestern schon, anheuern lassen, die Plätze und Straßen um die Gouvernements-Gebäude aus den Schneewehen herauszuschaufeln. Ich war gerade am Haupteingang beschäftigt, ein paar hohe Haufen zusammenzuschaufeln. Kommt ein älterer Waldläufer an mir vorbei, bleibt stehen und mustert mich aus fünf Schritt Abstand, nimmt mich einen Schritt beiseite und fragt auf englisch: ›Sag mal, Bursch, heißt du vielleicht Corssen? Und gehörst du zu den hannoverschen Untertanen Seiner Britannischen Majestät?‹ Ich hatte das gut verstanden, antwortete aber auf französisch: ›Corssen heiße ich zwar, mein Herr, bin aber Kanadier. Aber vielleicht meinen Sie meinen Vater. Der ist mit uns hier in der Stadt.‹ Der Fremde erwidert: ›Dein Vater, natürlich, mein Junge, der muß es sein. Du siehst ihm verdammt ähnlich. Wenn er der ist, den ich meine, dann kennt er mich. Ich heiße Pat O'Gilcock. Ich wohne in der Herberge Aux Trois Trappes in der Rue Sanguinet.‹ – Kennst du einen Mann, Vater, namens Pat O'Gilcock?«

Walther brauchte sich wirklich nicht lange zu besinnen. Er rief: »Pat O'Gilcock? Und ob ich den kenne! Das war damals, als Halifax gegründet wurde! Ich war mit meiner Verpflichtung als englischer Soldat noch nicht am Ende, da wurde ich aus Hestergarts Dienst – der war damals noch Captain bei der englischen Infanterie – zu Gorhams Rangers versetzt. Und dort, bei dieser Hilfstruppe aus Spähern und Waldläufern, wurde Patrick O'Gilcock, wir nannten ihn meistens ›Cock‹, mein Lehrmeister bei den Rangers. Man konnte ihm nichts vormachen, was die Künste der Indianer und alle Schliche und Pfiffe in den Wäldern anging – im Kriege wie im Frieden.«

»Was ist später aus ihm geworden?« wollte Pancrace wissen. »Du hast mir noch nie von ihm erzählt. Dem Namen nach ist er Ire?«

»Ja, er ist irischer Herkunft, stammt aber aus der Kolonie Maryland, weiter im Süden. Natürlich hat er einen Haß auf die Engländer, der sich gewaschen hat. Er schied damals aus dem Dienst bei den Rangers aus, als die Jagd auf indianische und französische Skalpe freigegeben wurde. Zehn Guineen, also zweihundertundzehn Shillinge für einen Skalp – solchem Angebot war schwer zu widerstehen. Wie viele Indianer Cock ihrer Kopfhaut beraubt und ob ihn die Skalpjagd zu einem reichen Mann gemacht hat, weiß ich nicht. Ich habe nie wieder etwas von ihm gehört. Jung kann er nicht mehr sein; ich schätze ihn auf über Fünfzig. Aber offenbar ist er leidlich bei Kasse. Sonst würde er nicht im ›Aux Trois Trappes‹ wohnen. Ganz gewiß werde ich ihn dort besuchen.«

Auch Pat O'Gilcock war vom heimatlichen Nordufer des Potomac, wo er sich eigentlich hatte zur Ruhe setzen wollen, nach Montréal gelockt worden. Auch er hatte sich gesagt: da muß jetzt Geld zu verdienen sein! Cock aber wollte seine nicht geringen Mittel, die er, weiß der Himmel wie, zusammengebracht hatte, keinem Engländer als Teilhaber anbieten.

Nun waren ihm Walther Corssen und der erfahrene Pancrace Matthieu, dazu die beiden kräftigen Burschen William und Justin über den Weg gelaufen.

Walthers Geschick und Verläßlichkeit standen bei Cock auch nach dem Dutzend von Jahren, das seit der gemeinsam bei Gorhams Rangers verbrachten Zeit verflossen war, noch in guter Erinnerung. Walther galt ihm zugleich als Bürge auch für die Ehrlichkeit der anderen.

Schon beim zweiten Treffen schlug der Ire vor, den ›Concern‹ um seine Person zu erweitern. Er bot auch an, einen beliebig großen Anteil des Gesamtkapitals zu übernehmen. Anscheinend verfügte er über wesentlich mehr Geld als Walther und Pancrace zusammen. Walther machte aber dem Iren klar: »Sieh, Pat, wir hätten dich gern bei uns im Concern. Wir würden gut zusammenpassen. Aber wir wollen sichergehen, daß der Kahn im Gleichgewicht bleibt. Deshalb können wir dich nur aufnehmen, wenn die Stimmen gleichmäßig verteilt werden, also zwei zu zwei zu zwei für uns drei Ältere und eins zu eins für die Junioren. Dann haben wir jeder das gleiche Interesse an dem Unternehmen, können das Kanu voll beladen und behalten doch noch eine Reserve für alle Fälle. Einverstanden?«

Sehr einverstanden war er nicht, der Patrick O'Gilcock, genannt Cock. Er hätte gern die anderen in den zweiten und dritten Rang verwiesen. Aber Walther ließ nicht mit sich reden. Cock hatte sich schließlich damit abzufinden, mußte seinen Ärger hinunterschlucken und sich mit 2:2:2:1:1 begnügen.

Schon bald stellte sich heraus, daß Cock von den Künsten der Voyageurs und ihrer Kanus nicht viel verstand; er gab es nach und nach auch zu.

Im Kanu würde er nur als Milieu, als mittlerer Mann am Paddel, zu verwenden sein, aber in Montréal bewies er seine Nützlichkeit, als die Pelzhandelslizenz vorbereitet und beantragt werden mußte. Cock, stets zu faulen Witzen aufgelegt, listig und nicht knauserig, wenn »geschmiert« werden mußte – und er wußte auch ganz genau, *wer* geschmiert werden mußte, was noch wichtiger war, als zu wissen, *daß* –, Cock hatte anscheinend überall Freunde und Bekannte sitzen.

In der niedrigen und vom lodernden Feuer im Kamin überhitzten Amtsstube drängte sich ein reichliches Dutzend Männer in Pelzröcken. An der Stirnwand des Raumes saß hinter einem breiten Tisch aus Fichtenholz der Regierungskommissar, rechts neben ihm ein Schreiber. Die Antragsteller wurden nicht samt und sonders aufgerufen; es wurde stets nur der Name des Mannes genannt, der für den jeweiligen ›Concern‹ die vorbereiteten Gespräche geführt hatte. Dieser zitierte dann die übrigen Mitglieder des Concerns vor den Tisch.

Auch die Dokumente waren jeweils nur auf den Namen des Mannes ausgefertigt, der als Sprecher des einzelnen Concerns mit der Behörde verhandelt hatte. Die übrigen Partner, die dem Kommissar noch nicht von Person bekannt waren, hatten einzeln aufzutreten und ihre Namen zu nennen, die dann dem Dokument von dem Schreiber hinzugefügt wurden, in zwei gleichlautenden Ausfertigungen.

Die beiden Gruppen, die zuvor an der Reihe gewesen waren, hatten ausschließlich schottische, auch ein paar irische Namen zu Protokoll gegeben: O'Leary, McDonald, Buchanan, McRae, MacQuarrie, Gunn, McGregor, McCloskey, McKay – und die Schreiber ließen die Federkiele, ohne zu zögern, über die steifen Papiere gleiten.

Dann hieß es:

»Patrick O'Gilcock!«

Cock trat vor, während Walther schnell auch die drei übrigen Gefährten vor den großen Tisch rief. Eintönig und gelangweilt las der Kommissar den Text des Dokumentes vor. Er verwies die fünf Männer, nachdem er sie kurz und ohne besonderes Interesse gemustert hatte, an den Schreiber: »Geben Sie dort Ihre Namen an. Eine Ausfertigung bleibt hier bei den Akten. Die andere bekommen Sie mit.«

Der Schreiber blickte nicht auf. Die Männer nannten ihre Namen der Reihe nach. Der arg beanspruchte Mann stellte keine Gegenfrage bei »Patrick O'Gilcock« und »Walther Corssen und Sohn William«. Das flog schnell aufs Papier.

Sehr unwirsch aber wurde der Schreiber, als er sich die französischen Namen Pancrace Matthieu und Justin Leblois buchstabieren lassen mußte: eine Zumutung, sich mit französischen Namen und ihrer verrückten Schreibweise abplagen zu müssen!

Als die fünf wieder auf der breiten Rue Notre Dame standen, meinte Cock: »Jetzt wollen wir uns den Wisch doch einmal näher ansehen.«

Er faltete das widerspenstig knatternde Papier auseinander und hielt es vor sich hin. Walther und Pancrace blickten ihm über die Schulter. Pancrace sah es zuerst.

»Das ist ja kaum zu glauben!« rief er. »Der hat aus dir einen Walther McCorssen gemacht mit Sohn William McCorssen. Da haben wir plötzlich einen Schotten im Concern. Das ist ja großartig! So zwei Macs, die sind heutzutage Goldes wert. Jetzt haben wir's verbrieft und versiegelt, daß wir zu den Siegern gehören. Das wird sich bezahlt machen.«

In der Tat, der Schreiber hatte so oft McCloskey, McKay oder MacPherson geschrieben, daß ihm McCorssen wie von selbst aus der überanstrengten Feder geflossen war, zumal ja beim Sprechen das vorgeschlagene Mc oder Mac nur wie ein Hauch zu vernehmen ist.

Walther beließ es dabei. Im tiefsten Innern wußte er es längst: Solange es überhaupt noch Mächte gab, die ihm Vorschriften machten, was er in Amerika zu tun und zu lassen hatte, solange sie nach ihm greifen konnten, die verhaßten Mächte, die ihm seine erste und seine zweite Heimat zerstört, die ihm, wenn er's genau bedachte, seine Anke, seine geliebte Frau, die einzige, genommen hatten, solange war er in diesem ungeheuren Erdteil einfach noch nicht weit genug nach Westen, nach Nordwest gewandert. Wer würde dort nach Namen fragen, nach Mc oder nicht Mc?

Mochte es also vorderhand bei McCorssen bleiben.

6 Eigentlich gegen den Willen Walther Corssens (oder McCorssens) hatte das mit den Partnern Pancrace Matthieu und Patrick O'Gilcock begonnene Unternehmen, ins Pays d'en haut auf Pelzhandel zu fahren, größere Ausmaße angenommen, als sie ihm vorgeschwebt hatten. Die ganze Ladung des Kanus und das stattliche Boot selbst waren, vorbei an den Stromschnellen von Lachine oberhalb von Montréal, an den Abfahrtsplatz unter hohen alten Bäumen gebracht worden. Die Männer des Concerns McCorssen hatten den Mittag eines Mittwochs Anfang Mai 1766 als endgültigen Termin der Abreise festgelegt. Pancrace, der Unverwüstliche, sang den ganzen Tag lang vor sich hin.

»Paßt auf, ihr traurigen Schlappschwänze allesamt, es wird heut noch ein Frühlingsgewitter geben!« rief er – und es gab dann auch eins und durchnäßte sie alle bis auf die Haut, ohne sie zu erzürnen oder auch nur zu vergrämen, wie es sonst wohl geschehen wäre – sie alle, den hochfahrenden und listigen Patrick O'Gilcock, genannt »Cock«, der es ganz selbstverständlich fand, daß ihm die leichtesten Lasten vorbehalten blieben; den stämmigen Turm von Mann, Pancrace Matthieu, der während des Winters zuviel Speck angesetzt hatte; den jugendlichen William Corssen, pardon, McCorssen, der munter seine Pflicht verrichtete; den nüchtern besonnenen Justin Leblois, der schon ein Mann war, nicht viel redete, zugriff und sich nicht schonte; und dann die drei »Milieux«, die Pancrace ausgesucht hatte, die Ruderer, die »Mittelmänner«, die das große Boot erforderte, sonst kam es nicht schnell genug vom Fleck. Sie hießen Gilles Cloutier, Claude Garnaut und Gérard Choquette und stammten wie Pancrace aus der Gegend des schon haarig alten Tadoussac an der Mündung des gewaltigen Saguenay in den noch viel gewaltigeren St. Lorenz. Von dort kamen nach Pancraces Meinung die einzig wahren, erstklassigen Kanadier her – sture, maulfaule Burschen, so wollte es Walther scheinen, als Pancrace sie anbrachte, aber sie taten, was befohlen war, einer wie der andere, und waren doch sehr verschiedenen Wesens. Und schließlich Walther McCorssen. Der empfand es jedesmal wie einen leichten Stich, wenn er das »Mc« hörte; aber er war ja wahrhaftig ein Mc-Corssen, der »Sohn eines Corssen«, wenn auch aus dem Land der Niedersachsen und nicht der Schotten. Sei's drum! Er hatte sich den Namen nicht selber angeeignet, er war ihm höchst amtlich verliehen worden.

Walther hatte nicht mehr widersprochen, als Pancrace und dann erst recht Cock darauf drängten, das Kanu, das die Männer nach Montréal gebracht hatte, gegen ein größeres einzutauschen. Diese großen, an die sechsunddreißig Fuß langen Kanus kamen immer mehr in Mode. Sie konnten eine größere Mannschaft und Ladung aufnehmen und wurden eher mit dem manchmal sehr groben, oft sogar überaus gefährlichem Wetter auf dem meeresgleichen Huronen-, Michigan- und Oberen See, dem Superior, fertig.

Der 2. Mai 1766 stieg als ein heller, aber auch windiger und kalter Tag von Osten her über den breiten Strom. Die Männer der Bootsgemeinschaft McCorssen schleppten am Vormittag dieses Tages, für den die Abreise festgesetzt war, ihr persönliches Gepäck von Montréal nach Lachine, das hieß drei gute Stunden beschwerlichen Marsches durch Morast und zähen Schlamm.

Gegen Mittag endlich waren alle Lasten in dem großen, sorgfältig vernähten und kalfaterten Kanu verstaut. Walther hatte die Gesamtladung noch einmal mit den Aufzeichnungen in seinem Kontobuch verglichen, hatte dann die Männer um sich versammelt und ohne jeden Aufwand und Anspruch allen an Hand seiner Notizen eine Übersicht gegeben, die sich, obwohl das nicht in seiner Absicht gelegen hatte, zu einer kleinen Rede auswuchs:

»Es ist, glaube ich, ratsam, ihr Männer, daß jeder von uns einmal hört, wieviel wir befördern. Jeder ist für jedes Stück verantwortlich und alle zusammen sind es mir, denn ich muß schließlich Rechnung legen. Jeder Pack ist in doppeltes Ölzeug gehüllt und fest verschnürt. Wir nehmen sechzehn solcher Ballen an Bord. Jeder ist an die neunzig Pfund schwer. Jeder Ballen hat gemischten Inhalt, damit uns nicht vielleicht eine Ware später gänzlich mangelt, falls der eine oder andere Ballen unterwegs verlorengehen sollte. Die Ballen enthalten: kleine und große Wolldecken, die feine rote Zinnfarbe Vermilion in Tontiegeln, Jagdmesser und kleinere Messer, Gabeln, weiße Glasperlen, auch blaue, grüne und gelbe, Kupferkessel und Pfannen, Töpfe und Teller aus Steingut, Bahnen von rotem Tuch und grünem Tuch, Kopftücher und Schals, wollene Strümpfe, Steinzucker und andere Kleinigkeiten, die nicht viel ins Gewicht fallen, wie Nähnadeln, Pfrieme, Sattlernadeln, Schnallen und buntes Band. – Dann haben wir zwölf Fäßchen Rum zu je acht Gallonen an Bord, zwei Fäßchen Rotwein, auch zu je acht Gallonen. Zwei Fäßchen Schweine- und zwei Fäßchen Rindfleisch. Zwei Fäßchen gemischtes Fett, ein Drittel Talg, zwei Drittel Schmalz. Ein Fäßchen Butter. Jedes dieser Fäßchen zu etwa siebzig Pfund. Dann drei Kisten mit Eisenwaren, wie Axt- und Beilköpfe, Meißel, Nägel, Hämmer, Zangen; jede Kiste zu annähernd hundert Pfund. Dann weiter eine Kiste mit Flinten, hundert Pfund. Sechs Fäßchen mit Schwarzpulver zu je achtzig Pfund. Vier Sack Flintenkugeln und Schrot zu je fünfundachtzig Pfund. Vier Sack Mehl, je hundert Pfund. Vier Rollen brasilianischer Tabak, je neunzig Pfund, und dann noch vier Ballen Blatt-Tabak zu je neunzig Pfund. So – das sind zusammen 63 Packstücke, und sie haben zusammen ein Gewicht von fünftausendfünfhundertundvierzig Pfund. Sie enthalten all das, womit wir, so Gott will, ein gutes Geschäft machen werden. Für uns selber nehmen wir obendrein mit: ein Fäßchen Rum – das ist nicht zuviel. Dann sechs Sack Brot und Erbsen, vier Fäßchen Rind- und Schweinefleisch, Kochkessel, Gefäße, Ölzeug, Extrapaddel, zugeschnittene Birkenrinde, Kalfaterpech und Harz, Stakestangen und natürlich die Bündel mit unseren privaten Sachen – keines schwerer als vierzig Pfund;

ich habe sie nachgewogen: acht solcher Bündel sind es. Und wenn ich dann unser eigenes Gewicht dazu nehme, so komme ich auf rund achttausend Pfund oder vier Tonnen. Unser Fahrzeug ist also voll beladen, aber es ist keineswegs überladen. So habe ich alles berechnet, und so hat es sich ergeben. Es kommt jetzt nur noch darauf an, daß wir das Boot samt Ladung und uns selber sicher und unbeschadet ans Ziel bringen. Gebe Gott, daß wir unterwegs keinen Schiffbruch erleiden, daß keiner verunglückt, daß keiner krank wird. Und ich bin der Meinung, wir sollten, ehe wir einsteigen, jeder bei sich ein Paternoster und ein Ave Maria beten, auf daß wir gut ankommen.«

Die Männer hatten die Augen zu Boden gerichtet oder geschlossen. Ihre Lippen bewegten sich. Nur Cock – auch er hatte sein Pelzbarett gezogen und seine Hände darüber gekreuzt – ließ die Augen schweifen, während seine Lippen mechanisch die vertrauten Worte murmelten. Auf Walthers Gesicht verweilte sein Blick. Ein sonderbar spöttisches oder hämisches Lächeln spielte ein paar Herzschläge lang um seine Mundwinkel.

Endlich war es soweit! Vorsichtig, um das Boot nicht aus dem Gleichgewicht zu bringen, stiegen sie einer nach dem anderen vom Steg ins Kanu hinunter. Cock allerdings fand noch Zeit, Walther für einen Augenblick beiseite zu nehmen.

»Schön, daß du uns die ganze Ladung noch einmal vor Augen geführt hast. Aber etwas anderes möchte ich noch viel lieber wissen, was nicht alle zu wissen brauchen, da hast du ganz recht. Was kostet nun der ganze Lack, den wir im Boot haben, um ihn in Pelze umzusetzen? Ich bin sicher, daß du auch das genau angeben kannst.«

»Kann ich, Cock. So, wie wir hier ablegen, ist unsere Nutzlast fünfhundertundsechs Pfund Sterling, zehn Shilling und elf Pence wert.«

»So habe ich also richtig geschätzt. Und dann verhandeln wir das Ganze gegen zweitausend Pfund Pelzwert, oder auch viertausend, und so werden wir mit der Zeit gemachte Leute.«

Pancrace rief vom Bug des Bootes her: »Los, ihr beiden! Was schwatzt ihr noch! Wir wollen ablegen!«

Walther half dem ein wenig steifen Cock ins Boot hinunter, wo er seinen Platz auf der ihm zukommenden hintersten Ruderbank einnahm und zum Paddel griff.

»Un, un, un, un...« gab Pancrace im Kommandoton das Tempo an. Schon rauschte die Bugwelle. Das Boot wendete in den Strom, und Pancrace erhob abermals seine mächtige Stimme, die anderen fielen ein: »Jupie, jupie, sur la rivière...!« und kamen den Leuten an Land bald aus den Augen. Der kalte Wind verwehte den rauhen Gesang.

7

Einunddreißig Tage nach der Abreise erreichte das McCorssensche Kanu in der Wasserenge, die den Huronen-See mit dem Michigan-See verbindet, gegenüber der Insel der heiligen Helene auf dem südlichen Ufer die schwärzlichen Palisaden der Urwaldfestung Michilimackinac.

Sie hatten es geschafft, hatten die lange Reise von Montréal ins Innere ohne Schaden, ohne Unfall überstanden, hatten am Nord-Kanal nur zweimal einen halben Tag verloren, weil der Sturm ihnen Wasser ins Boot geschlagen hatte und sie am Ufer in einer geschützten Bucht hatten Zuflucht suchen müssen. Einunddreißig Tage waren vergangen, seit sie Montréal verlassen hatten; man schrieb also den 2. Juni 1766. Es war schon eine kleine Stadt, dies Michilimackinac, mit seinen etwa dreißig festgebauten Blockhäusern und wohl ebenso vielen Familien, dazu den Unterkünften für hundert oder zweihundert Soldaten und, außerhalb der Palisaden, all den Zelten und Hütten aus Wildleder und Baumrinde, die sich die für eine Zeitlang hier kampierenden Indianer, die kanadischen Voyageurs und hier und da auch die Händler errichtet hatten.

In Michilimackinac waren die acht Männer, die für Wochen während der langen Tage und der kurzen Nächte nur sich selbst zur Gesellschaft gehabt hatten, plötzlich unter ein paar hundert fremde Menschen geworfen: Indianer vieler Stämme, dann »Métis«, Mischlinge von franko-kanadischen Vätern und indianischen Müttern, halb der roten, halb der weißen Welt zugehörig, und schließlich gab es in der Siedlung auch noch an die zweihundert unverfälschte Bleichgesichter, kanadische Händler, die Französisch – und englisch-schottische und Yankee-Händler, die nur Englisch sprachen. Dazu vor allem Soldaten vom »Regiment Rogers«, viele Deutsche darunter, dem auch zwei Dutzend Rangers von den »Gorhams Rangers« zugeteilt waren.

Walther und Cock hatten aufgehorcht, als ihnen schon am Abend ihrer Ankunft, halb durch Zufall, der Name »Gorhams Rangers« begegnete. Beide hatten ja in und bei Halifax unter Gorham gedient und sich dort kennengelernt.

Walther fragte Cock: »Ob auch Gorham selber hier im Fort ist?«

»Das werde ich bald herausfinden. Wenn er dasein sollte, wird es uns nützen, Walther.«

Am Nachmittag des nächsten Tages schon waren sie zu dritt beisammen: Patrick O'Gilcock, Peter Gorham, im Range eines Captains der britischen Armee, und Walther McCorssen.

Sie saßen im Fort, rings um den schweren Tisch in der Mitte des Kommandantenzimmers. Es hatte sich ergeben, daß der »Concern McCorssen, O'Gilcock & Matthieu« seinen Antrittsbesuch nicht beim Kommandanten des Forts, Captain Rogers, persönlich hatte machen können. Rogers hatte wenige Tage zuvor eine Kontrollreise nach Sault de Sainte Marie und weiter nach Michipicoton angetreten, von welcher er erst im Juli zurückkehren würde. Das Kommando in Michilimackinac hatte er für die Dauer seiner Abwesenheit dem Ranger-Führer, Captain Gorham, übertragen.

Walther hatte dem Kommandanten die Lizenz des Concerns vorgelegt, doch Gorham hatte sie kaum beachtet. Er hatte sich zunächst, offenbar von dieser Wiederbegegnung sehr angetan, Pat O'Gilcock gewidmet und sich erzählen lassen, was dem Iren alles begegnet war, seit er »Gorhams Rangers« den Rücken gekehrt hatte, um zu sehr nobel bemessenem Stückpreis indianische Skalpe zu jagen. Cock hatte mancherlei berichtet, hatte auch durchaus nicht damit hinterm Berg gehalten, daß die Skalpjagd nur der Anfang guter Verdienste gewesen war, daß er in den älteren Kolonien im Süden, an der Indianergrenze von Virginia und Pennsylvania, eine Reihe lukrativer Geschäfte und Tätigkeiten hinter sich gebracht hatte. Jetzt habe er sich mit Walther zusammengetan, um im Pelzhandel ein wenig Sahne abzuschöpfen, solange der Westen noch nicht von allzu vielen Yankees oder Schotten überlaufen sei und solange die hochehrenwerte Hudson Bay Company noch nicht ihren Handel über ihr eigentliches Gebiet hinaus nach Westen und Süden ausgedehnt habe. Der Concern sei mit guten und brauchbaren Waren ausgestattet. Sie wollten ohne Verzug beginnen, mit den Indianern zu handeln. Dagegen bestünden wohl keine Bedenken?

»Ganz und gar nicht, Cock! Eure Lizenz von Montréal ist sicherlich in Ordnung.« Gorham griff nach dem steifen Blatt Papier, strich den Bogen glatt, so daß er knatterte, kümmerte sich aber nicht um den Text, sondern fuhr fort:

»Die Franzosen haben die Indianer weiter im Westen und Norden, auch im Süden über den Michigan-See hinaus, seit hundert Jahren an Pulver und Blei, an Wolldecken und Eisenbeile, an Messer und Kupferkessel gewöhnt, damit sie für den weißen Mann Pelze jagen. Die Indianer sind längst von diesem Handel abhängig geworden. Die Franzosen, insbesondere die von ihnen, die über die nötigen Mittel verfügen, um Handel zu treiben, haben sich aus dem Staube gemacht, als der Siebenjährige Krieg für ihren König verloren war. Nun haben die zum Pelzfang verführten oder gedrillten Indianer schon seit einigen Jahren keine Tauschwaren aus Europa bekommen, ohne die sie gar nicht mehr existieren können. Wir haben Nachricht, daß in manchen Gegenden die indianischen Sippen Hunger leiden, weil ihnen Pulver und Blei fehlen. Ihr werdet eure Waren ohne Schwierigkeiten loswerden und könnt die Preise, in Biberfellen ausgedrückt, mehr oder weniger diktieren.«

Ein breites Lachen hatte sich bei diesen Worten auf Gorhams Gesicht ausgebreitet. Seine beiden Gäste lachten mit; man war ja unter sich, unter Leuten, die sich im Westen auskannten. Gorham fuhr fort:

»Verdient muß werden. Die Franzosen haben gut vorgearbeitet. Die Indianer können oder wollen im Grunde ohne europäische Erzeugnisse und ohne Rum nicht mehr existieren – vor allem nicht ohne Rum! Also gut, sollen sie bluten, die Dummköpfe! Jeder will verdienen, auch der Kommandant, auch ich! Wenn vernünftige Lizenzen oder Erweiterungen von Lizenzen verlangt werden – an diesem Tisch werden sie unterschrieben, unter vier Augen natürlich!«

Man blickte einander freundlich lächelnd in die Augen. Gorham zauberte aus einer Wandnische eine Brandyflasche und drei zinnerne Becher hervor. Man trank sich zu. Walther dachte: Wenn wir noch etwas von der Behörde haben wollen, sollten wir es beantragen, solange Gorham den Kommandanten vertritt. Cock könnte das mit Gorham erledigen, ich brauchte gar nicht damit befaßt zu sein.

Gorham fragte noch, sicherlich nur der Vollständigkeit halber: »Wo ist euer Kanadier Matthieu? Er hätte sich eigentlich auch hier auf der Kommandantur melden müssen.«

»Einer von uns hatte bei unseren Waren zu bleiben und den Bau des Schuppens zu überwachen. Auch waren heute früh schon Indianer da mit Bündeln von Fellen und wollten sehen, was wir anzubieten haben. Pancrace schenkt ihnen erst etwas und macht sie munter und locker mit einigen Kostproben von Gin und Rum – und dann legt er ihnen vor, was sie haben wollen, und auch, was sie nicht haben wollen. Und dann werden sie fröhlich und großzügig und werfen mit Pelzen um sich. Aber alles mit Maßen, ehe sie den Verstand verlieren und wild werden. Pancrace wird sehr gut mit ihnen fertig!« erklärte Walther.

»Das hört man gerne«, sagte Gorham. »Hier ist eure Lizenz. Kommt wieder vorbei, wenn ihr was wollt. Für einige Wochen werde ich wohl noch den Kommandanten vertreten.«

»Wenn wir erst ein Dach über dem Kopf haben, Captain, bist du eingeladen. Pancrace ist ein guter Koch, und Choquette ist es auch. Und ein Fäßchen Rotwein haben wir in geheimer Reserve!«

Die drei trennten sich als Freunde; allerdings hatte jeder von ihnen seine eigenen Hintergedanken.

Nach diesem Antrittsbesuch beim Stellvertretenden Kommandanten des Forts Michilimackinac schritten die beiden Männer, der falsche Schotte und der echte Ire, durch das breite Tor wieder ins Freie. Während sie sich dem eigenen Platz, weit jenseits des Gewirrs der indianischen Zelte, näherten, erörterten sie mit bedächtigen, kargen Worten die Einzelheiten des Gesprächs mit Gorham. Endlich, nach längerem Schweigen, wollte Cock wissen:

»Wenn ich nur ahnte, wann und wie er was haben will! Man muß da vorsichtig sein, kann Porzellan zerschlagen, das sich nicht mehr kitten läßt. Natürlich wollen sie mitverdienen, die Beamten und Offiziere; sie verdienen ja nicht genug – von Amts wegen –, längst nicht! Aber wenn wir Soldaten im Hintergrund hätten – das wüßte ich zu schätzen. Und wenn's nicht anders geht, zeig' ich mich auch dafür erkenntlich.«

Walther entgegnete gleichmütig, als redete er über das Wetter: »Wir sollten Gorham ständig an unseren Geschäften interessiert halten. Es empfiehlt sich nach meiner Meinung nicht, ihm heute für diesen Dienst und morgen für einen andern einen jeweils neu auszuhandelnden Preis anzubieten. Nein, machen wir lieber gleich Nägel mit Köpfen und schlagen wir Gorham vor, als stiller, das will sagen: sehr stiller Beteiligter in unsern Concern einzutreten, mit einem eigenen Part. Das schmälert unsere Beteiligung am Gewinn, wird sich aber mehr als bezahlt machen. Es muß uns erlaubt sein, so weit wir wollen nach Westen vorzudringen und nach Norden. Glaube mir: Je weiter wir mit unseren Tauschwaren den Indianern in die besten Pelzgebiete entgegenreisen, desto billiger bekommen wir die Pelze. Anfangen müssen wir damit, uns gegenüber den schnüffligen Ämtern, Behörden und Kommandanten den Rücken zu sichern, damit die uns keine papierenen Knüppel zwischen die Beine werfen.«

»Verdammt, Walther, das sind allerhand Aussichten! Zuerst, als du anfingst, von Gorham als neuem Partner zu sprechen, dachte ich, du hättest den Verstand verloren. Doch du magst recht haben: wenn man die Herren beteiligt, kommen wir vielleicht am billigsten weg. Bestimmt hast du recht, wenn du sagst: Je weiter wir den Indianern in den Nordwesten entgegenreisen, desto billiger bekommen wir die Pelze. Man sollte so weit nach Nordwesten stoßen, bis man dort die Kanus abfängt, die nicht hierher zu den Großen Seen, sondern zur Hudson Bay fahren wollen, um ihre Winterbeute nach alter Gewohnheit an die ehrenwerte Hudson Bay Company zu liefern. Die ›Bay‹ rührt sich ja nie vom Fleck und läßt die Indianer von weit aus dem Westen her die Pelze anliefern. Das sollte man ihr versalzen, und die Indianer würden froh und dankbar sein.«

Die beiden waren inzwischen beim Lagerplatz angekommen. Pancrace kam ihnen entgegen:

»Ihr habt einiges versäumt. Die Burschen sind zu Dutzenden hiergewesen mit Bündeln von Biber, Marder, Nerz und Wolf, sie zahlen jeden Preis. Auf Flintsteine sind sie besonders scharf und auf Hakenschrauben für die Gewehrschlösser. Ich habe nichts mehr davon verkauft, sonst ginge unser Vorrat bald zur Neige. Auch sonst nehmen sie unbesehen an, was man ihnen vorlegt, und fragen kaum danach, was es kostet; manche sind schon seit drei oder gar seit fünf Jahren keine Pelze mehr losgeworden. Wenn das so weitergeht, haben wir in drei oder vier Wochen all unser Zeug an den Mann gebracht – und das Kanu wird nicht ausreichen, die vielen Ballen Pelzwerk nach Montréal zurückzuschaffen.«

Walther sagte: »Der Zulauf der Käufer wird noch einige Tage anhalten, glaube ich. Wenn keine weiteren Händler hinter uns auftauchen – wir wissen ja nicht, ob und wie viele Kanus nach uns von Montréal abgefahren sind –, werden wir also unsere Ladung schnell verkauft haben. Ich schlage jedoch vor, daß wir nur an Chippewa und Cree verkaufen, an die Stämme aus dem Nordwesten, und nicht an Menominis oder Sauks, Fox oder Mandans aus dem Westen und Südwesten. Wenn uns Gorham die weiterreichende Lizenz verschafft, müssen wir nämlich unser Augenmerk nach Nordwesten richten. Von dort kommen die wertvollsten Pelze. Wir betreiben unseren Handel hier noch etwa vierzehn Tage lang. Nehmen wir an, wir haben unsere Ladung dann zur Hälfte verkauft. In vierzehn Tagen laden wir die eingehandelten Pelze ins Kanu; vielleicht kriegen wir es schon voll. Und ab damit nach Montréal, damit wir eine zweite Ladung Tauschgüter noch in diesem Sommer hierherfrachten können. Damit setzen wir den Handel fort – entweder hier, oder vielleicht können wir dann gleich weiter nach Westen vorstoßen. Während das Kanu nach Montréal unterwegs ist und bevor es zurückkehrt, habe ich den Rest der ersten Ladung verkauft, und die Pelze warten auf den Abtransport. Schaffen wir dann die Pelze in diesem Jahr nochmals nach Montréal, dann sollten wir – billig, wie wir hier einkaufen, teuer, wie wir in Montréal verkaufen – so viel Kapital beisammen haben, daß uns so leicht nichts mehr umwerfen kann. Wir müssen unsern großen Fischzug noch in diesem Jahr veranstalten. Im nächsten sind vielleicht schon doppelt so viele Yankees und dreimal so viele Kanadier hier und womöglich auch weiter westwärts unterwegs. Dann wird es schwieriger. Dann muß ich noch weiter im Westen einkaufen. Es kommt darauf an, den andern stets um ein Jahr oder mehr vorauszubleiben. Wie hast du heute tauschen können, Pancrace?«

Pancrace schlug sich aufs Knie. »Es hat sich gelohnt! So vorteilhaft habe ich in meinem ganzen Leben noch nicht gehandelt: zweiundzwanzig Biberfelle für eine Flinte, zwölf bis fünfzehn für eine große Wolldecke, zehn für eine kleine. Eine Axt erbrachte bis zu fünf Biber, ein Pfund Schwarzpulver brachte zwei, Kugeln auch zwei Biber. Messer, Ahlen, ein Fuß von Spencers geflochtenem Tabak je ein Biber. Zur Hälfte verdünnter Rum drei Biber für die Flasche. Mit Rum war ich sehr sparsam, wollte keinen Ärger!«

Walther hatte zwischendurch überschläglich gerechnet. Er rechnete noch einmal – es stimmte. Seine Stimme klang ein wenig heiser.

»Wenn ich die Rückreise mitrechne, wenn die Preise für Felle in Montréal sich nicht verändert haben – dann werden wir, wenn alles glattgeht, mindestens das Fünfzehnfache der Unkosten herausholen – als reinen Gewinn!«

Pancrace und Cock schwiegen eine Weile. Die Zahl, die Walther genannt hatte, verschlug ihnen die Rede.

Cock schließlich: »Behalten wir's für uns. Wir brauchen das niemand auf die Nase zu binden!«

Das verstand sich von selbst.

Es gab noch eine Menge zu tun an diesem Abend. Auf keinen Fall durfte Walther die Kontrolle der fortgegebenen Waren und der dafür eingehandelten Pelze vernachlässigen. Der Milieu Gérard Choquette war ihm mit Geschick behilflich. Die andern hatten Hand an die noch längst nicht fertige Hütte zu legen. Pancrace kümmerte sich um das Abendessen und vertraute zwischendurch Walther an:

»Übrigens, die Milieux, Gilles Clautier und Claude Garnaut haben sich an mich gewandt, kurz bevor du mit Cock zurückkehrtest. Sie wollen Vorschuß haben auf ihren Lohn. Ist ja so üblich, wenn man hier angekommen ist. Aber ich habe ihnen gesagt, sie müßten dich fragen, du wärst der Maître. Es muß alles seine Ordnung haben. Sie haben mich gebeten, dich deswegen anzusprechen; sie selber haben wohl keinen Mut. Und dann, das fiel mir auf, haben die beiden mit William und Justin zusammengesteckt und auf sie eingeredet. Ich mußte ein paarmal dazwischenfahren. Ich kann mir denken, was sich da zusammenbraut, und will dich nur vorbereiten.«

Walther blickte ein paar Herzschläge lang zu Boden. Natürlich, auch er konnte sich einiges denken. »Hat denn einer von euch irgend etwas ausgekundschaftet? Ihr hattet doch gar keine Zeit dazu.«

»Gilles und Claude waren den ganzen Tag hinter der Sache her, kaum, daß ihr euch auf den Weg gemacht hattet. Die Indianer, die sich bald danach einfanden, waren nicht geizig mit Auskünften. Im Fort gibt es ein paar Métis-Mädchen, die sehr gefällig sind. Und im Indianerlager, bei den Menidatsas – die sind ja bekannt dafür und machen gar kein Hehl daraus, daß ihre Frauen machen können, was sie wollen. Dort soll es manchmal hoch hergehen, und mehr aus Spaß als gegen Geld, habe ich gehört.«

»Das kommt mir nicht sehr wahrscheinlich vor, Pancrace. Aber mir soll's gleich sein. Den Vorschuß kann ich den Jungen nicht abschlagen. Was ist mit Choquette? Hat er sich nicht auch gemeldet?«

»Nein, Walther. Er durchschaut natürlich die Absichten der anderen zwei. Er hat nur gelacht: Na ja, morgen ist Sonntag, da gehen sie dann alle beichten in die Kapelle im Fort zu Vater Soufreur. Der weiß längst, was er von seinen kanadischen Voyageurs zu halten hat, und macht es gnädig. Aber ich selber, Gérard Choquettes, ich habe da nichts zu suchen. Ich brauche weder zu den Métis-Mädchen noch danach zur Beichte zu gehen. Ich bin verheiratet, und das genügt mir.«

Walther war überrascht. »Choquette verheiratet? Wußtest du das, Pancrace?«

»Nein. Aber vielleicht spricht er jetzt darüber. Ein Voyageur – und verheiratet? Das gibt's eigentlich gar nicht.«

»Dachte ich auch. Aber man lernt nie aus. Und unsere Juniors – haben sie sich von Gilles und Claude ebenfalls überreden lassen?«

»Nein, anscheinend nicht! Ich hatte den Eindruck, als stießen die beiden nur auf wenig Gegenliebe.«

Hoch und herrlich wölbte sich die Sommernacht über dem schlafenden Land. Nur wenige Moskitos waren unterwegs. Manchmal schwärmen sie zu Myriaden durch die Juninächte und machen den Menschen – und auch den Tieren des Waldes – das Leben zur Qual. Bis dann im Juli die sirrende Angriffslust der Quälgeister nachläßt, um im August schließlich vollends zu erlahmen.

Vier Männer hockten um das Feuer – ein mächtiger Brand; er sollte ja nicht nur leuchten, sondern auch wärmen. Gérard Choquette saß da, der älteste der drei Milieux des Kanus; Walther hatte mit der Zeit seine Verläßlichkeit schätzengelernt. Und es saßen da William und Justin, auch sie im Boot und unterwegs nichts weiter als ›Mittelmänner‹, als Milieux, und schließlich Walther McCorssen, der nun schon ins fünfte Jahrzehnt seines Lebens eingetreten war und dessen Schläfen bereits ergrauten. Walther führte, wie üblich, das Gespräch.

Die andern vier Männer des Kanus hatten sich nach dem Abendessen davongemacht, die Freuden des männlichen Daseins zu genießen, wie sie den vielen Fremden, Soldaten, Indianern und ›Métis‹ von der einheimischen Weiblichkeit angeboten wurden.

Walther hatte auch in dieser sonderbar erregten Nachtstunde das Stichwort zu geben. Er wandte sich an Choquette:

»Ich war sehr erstaunt zu vernehmen, Gérard, daß du verheiratet bist. Das hast du uns immer verschwiegen.«

Ein paar Sekunden zögerte Gérard Choquette noch mit der Antwort, dann begann er ungeschickt: »Verschwiegen hätt' ich das, Walther? Es hat mich ja keiner danach gefragt. Vor vier Jahren, als ich zum vorletztenmal im Pays d'en haut war, bin ich einem Métis-Mädchen begegnet. Der Vater war ein Kanadier, die Mutter ist eine Chippewa aus guter Familie und lebt am unteren Kaministikwia, am Westufer des Oberen Sees. Wir haben geheiratet. Als ich im Jahr darauf von der langen Reise nach Québec zurückkehrte, hatte meine Frau, Mirriam heißt sie, mir eine Tochter geboren. Wir nannten sie Odile. Meine Frau und mein Kind wohnen im Dorf der Großmutter bei den Chippewa. Sie sind sehr geachtet, denn ich versorge sie gut. Im vergangenen Jahr bin ich nicht hiergewesen, da ich zwei Reisen zum See Mistassini angenommen hatte; es war viel Geld dabei zu verdienen. Aber in diesem Jahr muß ich meine Familie wieder besuchen. Vielleicht ist inzwischen ein Sohn angekommen. Und zum nächsten Jahr überwintere ich bei den Chippewa am Kaministikwia. Das weiß ich schon jetzt.«

Er strahlte. Er hatte sich freigeredet. Es ging ein so handfestes Glück von ihm aus, daß die drei Zuhörer ihn voller Staunen, beinahe benommen, betrachteten: der stille, tüchtige Gérard Choquette! Das alles hatte er bis jetzt verborgengehalten, wollte sich von keinem befragen, vielleicht verspotten lassen. An diesem Abend fühlte er sich offenbar mit diesen drei Gefährten einig und hatte sein Geheimnis preisgegeben.

Walther war der erste, der etwas zu sagen wußte: »Du bist mit uns im Vertrag, Gérard. Für Her- und Rückreise. Wann willst du also den Kaministikwia erreichen?«

Choquette schüttelte lächelnd den Kopf.

»Mich hat in Montréal Pancrace angeheuert, wie die beiden andern Milieux auch, weil er uns kannte. Ich habe ihm gleich gesagt, daß ich mich nur bis hierher verpflichte. Er hat das nicht für Ernst genommen. Du bleibst schon, hat er gesagt. Es wird dir bei uns gefallen. Mit Walther ist gut auszukommen – und geknausert wird nicht. Es kommt mir auch nur darauf an, noch vor dem Winter ans

Westufer des Oberen Sees zu gelangen. Ist das zu machen, halte ich den Sommer über bei euch aus. Der Lohn käme mir sehr zupaß.«

Walther überlegte.

»Kann sein, Gérard, daß es mit uns klappt. Das wird sich schon in den nächsten Tagen entscheiden. Ich habe so meine Pläne, wie es weitergehen soll. Viel hängt davon ab, wie schnell wir unsere Waren gegen Pelze umsetzen und was wir in Zukunft unternehmen wollen. Vielleicht bringen wir es fertig, noch einmal in diesem Sommer eine Ladung Pelze nach Montréal und Waren von dort zurückzuverfrachten. Dann wären wir über den Berg. Du willst im Pays d'en haut überwintern. Das will ich auch, aber als Händler. Dazu brauche ich eine Lizenz. Justin oder William oder beide sollten auch dabeisein, damit sie die harten Winter im Innern des Landes kennenlernen. Vielleicht läßt es sich irgendwie einrichten, daß wir vier zusammenbleiben.«

Walthers Zuhörer spürten deutlich, daß er guten Mutes war und auch sie ermuntern wollte, sich mit ihm einer gemeinsamen, wenn auch noch undurchsichtigen Zukunft zu verschreiben.

Gérard Choquette ging auf diese Aufforderung mit Vergnügen ein: »Warum kommst du nicht mit uns, zu meinen Leuten, Walther? Du wärst willkommen. Wenn William und Justin ebenfalls mitmachen, hätten wir den Kern einer neuen Bootsmannschaft beieinander und könnten vom Westufer des Oberen Sees in Gebiete nach Nordwesten vorstoßen, die schon seit einem Dutzend Jahren von keinem Kanadier und erst recht von keinem Engländer, Schotten oder Yankee angesteuert worden sind. Je weiter nach Norden, desto besser die Pelze, weil die Winter kälter sind – und billiger sind sie auch, was darauf hinausläuft, daß man weniger Tauschwaren mitzunehmen braucht.«

Gérard Choquette hatte sich in eine Begeisterung hineingeredet, der sich die drei anderen nicht zu entziehen vermochten.

Aber Walther hatte Wasser in den Wein zu gießen: »Das mag alles richtig sein, Gérard. Aber du vergißt, daß auch die billigsten Pelze nur gegen Tauschwaren zu bekommen sind. Und Tauschwaren sind nur in Montréal zu beschaffen. Hier ist nichts zu haben, erst recht nicht in Grand Portage. In einem einzigen Sommer kommt man aus dem fernen Nordwesten wohl kaum nach Montréal hin und zurück. Man wird sich also von Osten und von Westen her entgegenfahren müssen; dazu benötigt man zwei Kanus, die sich auf halbem Wege zwischem Pays d'en haut und Montréal beggnen, vielleicht bei Grand Portage oder am Regnerischen See. Die müssen dort ihre Ladungen austauschen und sich sogleich auf den Rückweg machen, das eine wieder nach Nordwesten, das andere mit den eingehandelten Pelzen nach Montréal. Es ginge schon: wir vier, da hast du recht, Gérard, wir vier wären ein guter Kern für die Mannschaft im Nordwesten, die andern vier für die im Osten. Du sagst, wir würden um so billiger einkaufen, je tiefer wir mit unseren Tauschwaren ins Pays d'en haut eindringen. Ich sage dir aber, daß wir dann schon sehr, sehr viel billiger einkaufen müssen, denn die Anmarschwege für die Waren werden immer länger, vielleicht zweitausend, ja dreitausend Meilen lang. Damit aber steigen die Kosten des Antransports ins Ungemessene – und nachher kostet ein einziges Jagdmesser oder eine Schnur Glasperlen ein halbes Dutzend Biberfelle! Und die Gefahr, daß Waren oder Pelze auf den hundert Portagen oder bei den Stürmen auf den vielen Seen verlorengehen, diese Gefahr muß auch irgendwie in die Kostenrechnung einbezogen werden. Die ganze Geschichte hat also noch viele Wenn und Aber, und Zukunftsmusik ist sie obendrein!«

Der Kanadier Gérard und die beiden jungen Männer, William und Justin, hatten sehr aufmerksam zugehört. Gewöhnlich hatte Hand und Fuß, was Walther vorbrachte oder anordnete, und man brauchte nicht viel hinzuzufügen. Aber zwingen, zum Gehorsam zwingen konnte er niemand. William war plötzlich da. Der Junge hatte bisher zwar gut aufgepaßt, aber wenig zu sagen gehabt. Jetzt lehnte er ab: »Auf mich kannst du nicht rechnen, Vater. Ich will weder hier noch sonstwo im Pays d'en haut überwintern. Zu Beginn des Winters will ich in Montréal sein. Darüber lasse ich nicht mit mir reden.«

Der Bursch von sechzehn Jahren hatte das sehr bestimmt vorgebracht, aber keineswegs aufrührerisch. Seine Stimme zitterte ein wenig. Er war erregt, wollte es aber nicht merken lassen.

Walther sagte, seiner Art nach ruhig und vermittelnd: »Warum willst du nicht dabeisein, William, wenn wir im Indianerland überwintern? Vorläufig ist es nur ein Plan. Wird er aber wahr, so wäre es gut und vernünftig, wenn du dabei bist! Wir könnten nicht auf dich verzichten.«

William schien auf diesen Einwand gewartet zu haben. Die Bedrängnis, in der er sich befand, ging mit ihm durch, die Hände krampften sich um die Knie. Er schrie: »Und wer kümmert sich um Anna bei den Maillets in Nova Scotia? Hast du die ganz vergessen, Vater? Und wer um Martine, die wir da unter lauter fremden Leuten zurückgelassen haben? Wir mußten den Mädchen versprechen, daß wir wiederkommen! Wenn du im Pays d'en haut überwintern willst – davon war im vergangenen Herbst noch keine Rede. Nein, ich werde mein Versprechen halten.«

»Anna habe ich nicht vergessen, mein Junge. Aber es ist trotzdem gut, daß du mich ausdrücklich an sie erinnerst. Ich habe den Kopf zu voll mit alldem, was mit unseren Geschäften und Reisen zusammenhängt. Aber du redest von ›wir‹. Du sagst, ›wir‹ wollen an die Bay von Fundy. Wer ›wir‹? Justin auch?«

Justin zögerte nicht. »Ja, Walther, wir haben es den Mädchen versprochen. Anna bestürmte uns deswegen. Ich brächte es nicht fertig, sie zu enttäuschen. Auch die Maillets würden es gerne sehen, wenn wir wiederkämen. Sie sagten, Anna sei schließlich deine und deiner verstorbenen Frau Anke Tochter; sie, die Maillets, wären nur die Helfer in der Not. Und natürlich meine Schwester; ich wäre als der Ältere für Martine verantwortlich. Also müssen wir im kommenden Winter an die Bay von Fundy reisen, nach Grosses Coques. Wir können nicht mit dir irgendwo am Oberen See oder sonstwo im Nordwesten überwintern.«

Walther war sich nach diesen Worten darüber im klaren, daß es wenig Sinn hatte, mit den beiden jungen Männern zu rechten. Mit leiser Erheiterung hatte er zur Kenntnis genommen, daß Justin seine Rede mit ›Anna‹ begonnen, die Schwester Martine aber nur wie nebenbei erwähnt hatte. Die kleine Anna, Herr im Himmel, sie ist noch ein Kind, steht erst im vierzehnten Jahr. Aber für Justin bedeutet sie das erste fremde Mädchen, das ihm begegnet ist.

Und Anna ist hübsch, anmutig sogar, doch, das ist Anna! Justin ist ihr sicherlich als ein kühner, junger Mann erschienen; er hat ihr seine Schwester, verwaist wie sie, gebracht, als Unterpfand, daß er wiederkommt. Da wird sich mancherlei angesponnen haben! Was sollte ich dagegen einwenden! Justin, ein verläßlicher Bursche, fleißig, besonnen, klug sogar, würde zu dem Unband Anna ganz gut passen, gerade weil er einige Jahre mehr zählt als Anna.

Walther räusperte sich. Er hatte sich wieder in der Hand. Lächelnd wandte er sich an Choquette: »Da hast du's, Gérard. Die beiden wollen nicht mitmachen, müssen sich unbedingt um meine Tochter und Justins Schwester in Neu-Schottland kümmern. Eine ehrenwerte Absicht, gegen die sich nichts einwenden läßt. Wir müssen zusehen, wie wir allein zurechtkommen. Auf alle Fälle bin ich deiner im kommenden Winter sicher. Es wird sich alles einrenken, denke ich. Wir haben ja noch Zeit.«

8 Gorham war also in den Concern McCorssen aufgenommen worden. Er hatte sich sofort einverstanden erklärt. Und schon nach den ersten vierzehn Tagen stand unbezweifelbar fest, daß auch das zweite Drittel der abtransportierten Tauschwaren gegen Pelze verhandelt und daß selbst bei vorsichtiger Schätzung mit einem Gewinn von tausend bis fünfzehnhundert Prozent zu rechnen war – wenn es nur gelang, die Pelze unversehrt nach Montréal zurückzuschaffen und dort zu hoffentlich seit dem vergangenen Winter nicht veränderten Preisen zu Geld zu machen.

Doch wollte Gorham keinesfalls mit seinem Namen im Concern auftreten. Außer den drei bisherigen Seniorpartnern brauchte niemand zu wissen, daß ein Captain Seiner Majestät, der hier allerdings sehr fernen, mit von der Partie war.

Gorham hatte dafür gesorgt, daß schon jetzt, da er noch als Stellvertreter die Regierungsgeschäfte leitete, dem Concern

McCorssen – das heißt, dem Mann, den dieser beauftragen würde – die generelle Erlaubnis erteilt wurde, im Pays d'en haut zu überwintern, vorausgesetzt, daß dies jenseits des Oberen Sees geschah. O'Gilcock mutmaßte, daß solche Einschränkung dazu dienen sollte, die weiten Ufer des Oberen Sees den Freunden des Kommandanten Rogers vorzubehalten; diese Gebiete waren von Michilimackinac aus ohne große Mühe zu erreichen; nur eine einzige Portage war dabei zu überwinden, die von Sault de Ste. Marie.

Der im Jahr 1766 eingefahrene Gewinn war in den Jahren, die sich anschlossen, niemals mehr zu wiederholen. Der Concern McCorssen hatte zu den allerersten gehört, die dem nach europäischen Waren hungernden Indianerland jenseits der Großen Seen die in und nach dem Siebenjährigen Krieg bitter entbehrten Güter wieder zuführten. So gierig hatten die in Michilimackinac wartenden Indianer zugegriffen, daß das McCorssensche Kanu sich schon drei Wochen nach der Ankunft wieder auf den Rückweg nach Montréal machen konnte, so schwer mit Bündeln wertvoller Pelze beladen, daß für die Ruderer, ihr persönliches Gepäck und für den Proviant kaum noch Platz geblieben war.

Walther war in Michilimackinac zurückgeblieben mit dem Rest der noch nicht eingetauschten Waren, etwa einem Viertel der ursprünglichen Ladung. Für die Rückreise nach Montréal und die Wiederanreise mit einer neuen Ladung von Tauschgütern würden in erster Linie Cock und Pancrace verantwortlich sein. Das hieß in Wahrheit: Cock allein, denn Pancrace, so unentbehrlich und »kanuklug« er unterwegs auch sein mochte, vom Rechnen verstand er nicht viel und von vorausschauendem Kalkulieren erst recht nicht. Cock freilich dachte und rechnete in erster Linie in die eigene Tasche. Das hatte Walther früh erkannt. Er war ihm deshalb nicht weiter gram. Um Geld zu machen, hatte man sich zusammengetan.

Walther nahm aber, bevor sich das unter seiner Pelzlast tief im Wasser liegende Kanu auf den weiten Rückweg zum St. Lorenz machte, William und Justin beiseite und schärfte ihnen ein: »Hört gut zu, ihr beiden! Wenn aus unserem Unternehmen das werden soll, was ich mir vorstelle, dann wird von euch zwei Juniorpartnern mehr erwartet, als nur auf der Ruderbank zu sitzen, das Paddel durchs Wasser zu ziehen und Pancrace zu übertrumpfen. Geschäfte macht man mit dem Kopf und nicht mit dem Hinterteil. Ich habe mit Cock vereinbart – er wollte zunächst nur wenig davon wissen –, daß überall da, wo es sich um größere Beträge handelt, die Aufstellungen und Abrechnungen von zwei Partnern abgezeichnet sein müssen. Ich selber kann das vorläufig nicht so halten, weil ich nach eurer Abreise als einziger der Partner zurückbleibe, nur mit Gérard Choquette als Helfer. Ich habe mit Cock abgesprochen, daß du, William, ihm beim Weiterverkauf der Pelze gegen Geld zur Hand gehst und die Fakturen mit ihm zeichnest, damit du lernst, Verantwortung zu übernehmen – und daß du, Justin, den Einkauf der zweiten Partie Tauschwaren übernimmst, unter Cocks Leitung natürlich, sonst wäre er böse. Haltet Augen und Ohren offen! In Pancrace werdet ihr immer einen Bundesgenossen finden – notfalls! Und schlagt euch vorläufig die Mädchen aus dem Kopf. Ich erwarte von euch, daß ihr die richtige Reihenfolge einhaltet. Wenn ihr euch jetzt bewährt, werde ich's im kommenden Winter unterstützen, daß ihr nach Neu-Schottland reist. Ich wüßte selber nur zu gern, wie es Anna und Martine geht. Habt ihr mich verstanden?«

Ja, sie hatten ihn verstanden, doch meinte Walther gespürt zu haben, daß Justin seinen Worten bereitwilliger gefolgt war als sein Sohn. Aber schließlich, beruhigte er sich, Justin ist älter und vernünftiger – und ich bin nicht sein Vater; er braucht sich also nicht von mir abzusetzen.

Die beiden Junioren, William und Justin, bewährten sich in diesem entscheidenden Sommer 1766 – wahrscheinlich gerade deshalb, weil Walther McCorssen sie für voll genommen und Schwieriges von ihnen verlangt hatte. Auch hatte die Umwelt, in der sie aufgewachsen waren, sie nie im Zweifel darüber gelassen, daß ein Mann an ein Mädchen erst denken darf, wenn er genügend handgreifliche Leistung »auf die Beine gebracht« hat, um Frau und Kind und sich selber einigermaßen zuverlässig zu ernähren.

Im Winter 1766/67 machten die beiden sich auf Schneeschuhen von Montréal aus auf den Weg, als das Eis auf dem St. Lorenz, auf den Seen und Flüssen fest geworden war, um in Akadien, in Neu-Schottland, in Grosses Coques Schwester und heimliche Braut (ja, schon wagten sie im stillen für sich, das zärtliche Wort zu sagen) aufzusuchen und »nach dem Rechten zu sehen«. Sie brauchten, zäh und mit der Wildnis vertraut, wenig mehr als einen Monat, den Januar 1767, um ihr Ziel am Südostufer der Bay von Fundy zu erreichen. Einen Monat lang verweilten sie bei den Maillets und machten sich nützlich. Sie waren jedermann hoch willkommen, vor allem auch dem Hausherrn, weil sie geschickt und kräftig waren und ihm bei der nie abreißenden Arbeit gern zur Hand gingen. Besonders schätzte er es, wenn sie ihm vom Pays d'en haut erzählten, dem sagenhaften, das jeden rechten Mann mit bretonischem oder normannischem Blut wie diesem Charles Maillet aus der fernen Tiefe des Erdteils her zu rufen schien – als großes Versprechen und wilde Verlockung, der aber Maillet nicht mehr nachgeben konnte –; er war ja längst an Haus und Hof, Frau und Kind gebunden.

Die mütterlich warmherzige Madame Maillet hatte die beiden jungen Männer mit Freuden empfangen, weil sie sich um das Schicksal der beiden, ihr auf sonderbaren Umwegen anvertrauten Schützlinge, der Anna Corssen und der Martine Leblois, beinahe noch gewissenhafter sorgte als um das der eigenen Kinder. Sie hatte nichts dagegen einzuwenden, daß sie sich den beiden Mädchen angenehm zu machen suchten – wobei natürlich dafür zu sorgen war, daß die nicht sehr weit gesteckten Grenzen der Schicklichkeit sorgfältig respektiert wurden.

Die beiden Mädchen – über sie ist kaum zu reden. Ihre Gedanken kreisten scheu um das Glück und die Zukunft, die sich ihnen in Gestalt der beiden jungen Männer aus der abenteuerlichen Ferne anzubieten schien.

Mochten auch die zwei jungen Burschen, als gegen Ende des Februar die Zeit des Abschieds näher rückte, im geheimen Pläne schmieden, wie sie die Fesseln abstreifen könnten, die sie an das weit und weiter ausgreifende Unternehmen »McCorssen, O'Gilcock & Matthieu« als Juniorpartner banden, um bei ihren Mädchen bleiben zu können: Sie wußten, daß von ihnen gefordert war, dem eingeschlagenen Weg nicht untreu zu werden, daß auch Martine erwartete, William habe sich bis zur vollen Selbständigkeit zu bewähren, und Anna ängstlich besorgt blieb, Justin möge ihren Vater im gefahrvollen Pays d'en haut nicht im Stich lassen. Diese Erwartungen zwangen die beiden jungen Männer, allerdings von Jahr zu Jahr stärker gegen ihren Wunsch und Willen, sich spätestens in den ersten Wochen des März wieder auf den Rückweg nach Montréal zu machen.

Walther war längst daran gewöhnt, daß die franko-kanadischen Männer, wie Matthieu oder Choquette, die sich im »Land da hinten oben« auskannten, stets von den »Großen Seen« sprachen, womit sie insbesondere auf den Huronen-, den Michigan- und den Superior-, den Oberen See abzielten.

Wie groß und gefährlich die Großen Seen wirklich sind, das begriff Walther erst, als er mit Gérard Choquette die schwierige Portage überwunden hatte, auf der bei Sault Ste. Marie die Stromschnellen des »Flusses der heiligen Maria« umgangen werden müssen. Am zweiten Tag danach zog das Kanu dann bei strahlend stillem Sommerwetter aus der großen Weißfisch-Bucht auf den Oberen See hinaus.

Am dritten Tag seit Sault Ste. Marie, als sie das von Choquette »Kap Gargantua« genannte Vorgebirge schon passiert hatten, fiel aus blauestem Himmel ein Sturmwind über die Reisenden her. Nach wenigen Minuten schon schäumte das gepeitschte Wasser wild auf. Harte Spritzer fegten über das Boot und näßten Männer und Ladung. Ein Glück war es, daß der Sturm vom Wasser her auf das Land zublies. Gegen den Wind hätte das Boot nie ankämpfen können. Und es war ein weiteres Glück, ja, es bedeutete die Rettung der Männer, daß sie das Kap Gargantua erst eine halbe Meile hinter sich gelassen hatten. So konnten sie sich den Wind, der das Kanu wie ein Tiger aus dem Hinterhalt angesprungen hatte, Gott sei Lob und Dank, in den Rücken blasen lassen, erreichten nach wenigen Minuten das rettende Ufer – in Schweiß gebadet allerdings, so wild und rasend hatten sie gepaddelt. Mit einer letzten großen Anstrengung gelang es den drei Männern, Ladung und Boot aufs Trockene zu heben.

Drei Männer? Ja, die Besatzung bestand außer Walther und Gérard Choquette noch aus einem dritten, einem stämmigen Mann mit offenem Gesicht und blondem Haar, das im Nacken zu einem festen Zopf geflochten und mit einer Schnur gebunden war, so daß es ihm nicht in die Stirn wehen konnte.

Walther schob die Pudelmütze vom Kopf und wischte sich den Schweiß von der Stirn. Aufatmend stellte er fest: »Gut, daß ich deinem Drängen nachgegeben habe, einen dritten Ruderer mitzunehmen. Paul kam uns gerade recht, Gérard.«

Walther hatte französisch gesprochen. Nun wandte er sich auf englisch an seinen anderen Begleiter: »Du hast dich gut gehalten, Paul! Ohne dich hätten wir das Ufer nicht so schnell erreicht. Jetzt müssen wir Ladung und Gepäck zum Trocknen ausbreiten. Die Sonne ist noch warm.«

»Wird gemacht, Walther! Der See hat's in sich, verdammt noch eins: Aber es ist vielleicht ganz gut, daß er uns gleich am Anfang Respekt beigebracht hat. Jetzt wissen wir wenigstens, was los ist.«

Den letzten Satz hatte er in die englischen Worte gekleidet: »Now we know what is loose.« Das war höchst unenglisch ausgedrückt und bestärkte Walthers Verdacht zur Gewißheit, daß dieser Paul Ljuders – unter diesem Namen hatte er sich eingeführt – mit Deutsch als Muttersprache aufgewachsen sein mußte.

Walther hatte das bereits an jenem Abend vermutet – an dem er die Bekanntschaft dieses Mannes gemacht hatte. Gérard Choquette hatte ihm in den Ohren gelegen: »Walther, wenn auch unser Kanu nur halb so groß ist als das, mit dem wir von Montréal hierhergelangt sind: wir zwei Mann reichen nicht aus, das Boot bei widrigem Wetter in Fahrt zu halten. Wir brauchen mindestens noch einen dritten.«

Walther war gegen seine Art ärgerlich geworden: »Das hättest du früher sagen müssen, Gérard! Jetzt ist es zu spät. Du mußt dir den dritten Ruderer aus dem Kopf schlagen. Das schaffen wir auch allein. Wir nehmen uns etwas mehr Zeit.«

Gérard war nicht einverstanden gewesen, hatte aber nichts Besseres zu raten gewußt. So war der letzte Abend vor der Abreise angebrochen.

Walther und Gérard hatten bereits die grobe Tür aus dünnen Fichtenstämmen, die Pancrace noch vor seiner Abreise mit viel Geschick gezimmert und in rohlederne Scharniere gehängt hatte, hinter sich zugezogen, um sich auf ihrem angenehm duftenden Lager aus Fichtenzweigen zur Ruhe zu legen. Bei geschlossener Tür war es drinnen dunkel, und man konnte leichter einschlafen als sonst wohl in dieser Zeit der weißen Nächte.

Walthers Augen wollten gerade zufallen, doch wurde er wieder wach. Er hatte die leisen Schritte, die um die Hütte tappten, schon vernommen, ehe er noch recht wußte, was sie bedeuteten. Er richtete sich auf. Auch Gérard war wach geworden. Männer der Wildnis haben einen leichten Schlaf.

»Besuch? So spät noch? Soll ich nachsehen, wer da um unsere Hütte streunt?«

»Es wäre gut, Gérard!«

Aber ehe Gérard sich den Hosengurt festgezogen hatte, klopfte es an die Lattentür, deutlich zwar, aber nicht gewaltsam.

Gérard öffnete. Im immer noch ausreichenden Tageslicht erkannte Walther einen untersetzten Mann, barhaupt, mit im Nakken festgeflochtenem Haar, der nichts weiter anhatte als ein weites grobes Hemd aus ungebleichter Leinwand, ein Paar enge Lederhosen offenbar indianischer Herkunft, jedoch keine Mokassins, wie wohl zu erwarten gewesen wäre, sondern klobige, feste Schnürstiefel aus Leder. Der Mann begann sogleich in englischer Sprache: »Ich habe am Nachmittag gesehen, daß ihr euch zur Abreise fertig macht. Ich bin gekommen, euch zu fragen, ob ihr noch einen Mann gebrauchen könnt. Mir ist es gleichgültig, wohin die Reise geht, solange eure Richtung nach Westen weist. Ich könnte jede Stunde aufbrechen.«

Walther war näher getreten und übersetzte für Gérard, der nur die Hälfte verstanden hatte, die englischen Worte.

Gérard drängte sofort: »Walther, der kommt uns wie gerufen als dritter Mann. Walther, höre auf mich: der Lac Supérieur ist ein gefährliches Gewässer und mit den Flüssen und kleineren Seen, die wir seit Montréal befahren haben, nicht zu vergleichen. Er ist wie das Meer und berüchtigt wegen seiner plötzlichen Sturmwinde, und dann kann unser Leben davon abhängen, wie schnell wir das Ufer erreichen. Der Mann sieht nicht schlecht aus. Man kann ihm wohl vertrauen.«

Der späte Besucher hatte offenbar nichts von diesen französischen Sätzen verstanden, blickte erregt und unsicher von einem zum anderen.

Walther sagte: »Mein Gefährte meint, wir könnten einen dritten Ruderer gebrauchen. Aber wir wissen nicht, wer du bist.«

Der Mann mit dem Zopf im Nacken schien die Frage erwartet zu haben. »Das ist ganz einfach. Ich bin gestern erst angekommen. Mit dem Boot von Niagara. Über Penetanguishene. Habe mich mit meinem Gouvernail unterwegs verunreinigt und möchte dem gewalttätigen Kerl so schnell wie möglich aus den Augen. Habe mich auszahlen lassen. Hier ist mein Lohn.«

Er kramte eine Handvoll Livres aus der Gürteltasche und wies sie vor. »Da seht ihr's. Lieber heut als morgen will ich nach Westen.«

Noch einmal drängte Gérard Choquette. Er neigte nicht dazu, aus Mücken Elefanten zu machen. Der Obere See war groß und gefährlich wie das Meer, das mußte man ihm glauben. Walther entschied sich: »Wie heißt du?«

»Paul Luders.«

»Also gut, Paul. Morgen früh um drei Uhr legen wir ab. Mehr als vierzig Pfund Gepäck sind dir nicht erlaubt, das weißt du ja. Aber ich nehme dich nur an bis zum Westufer des Oberen Sees. Ich kenne dich nicht und weiß nicht, was du leistest. Bis zum Westufer – zehn Livres, mehr kann ich dir nicht geben dafür. Dort wird es sich zeigen, ob wir einen länger dauernden Vertrag schließen. Kann ja auch sein, daß du mit mir nicht auskommst.«

Walther hatte das als Scherz gemeint, aber dieser Paul schien zu erschrecken. Er beteuerte: »Ich bin mit allem einverstanden, Mister McCorssen.«

»Sag nur Walther.«

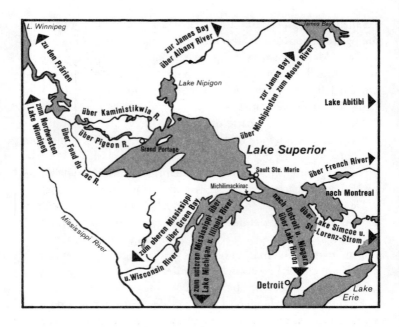

Am nächsten Morgen war Paul pünktlich zur Stelle, so pünktlich sogar, daß er Walther und Gérard aus dem Schlaf wecken konnte. Er schien es sehr eilig zu haben, das Boot ins offene Wasser zu treiben.

Paul bewies sich schon in den ersten Tagen als ein unermüdlicher, wenn auch, wie Walther bald merkte, nicht besonders geschickter oder geübter Ruderer. An Land machte er sich nützlich, wo er nur konnte. Jede Spannung war von ihm gewichen. Der Zufall hatte ihnen einen brauchbaren und umgänglichen Gefährten beschert, das war nicht mehr zu bezweifeln.

Seltsam leicht fühlte sich Walther. Vor ihm lag nun nichts mehr, kein Ort, kein See, kein wilder Fluß, an dem noch irgendein Beauftragter eines Fürsten, einer ganz und gar fremden und fernen Gewalt also, ihm entgegentreten würde, ein Vertreter von Mächten, die ihn seit seinen jungen Jahren gebunden, genötigt, verfolgt, bald an kurzer, bald an langer Leine geführt, getrieben, gezerrt, aber niemals sich selber überlassen hatten. Jetzt endlich,

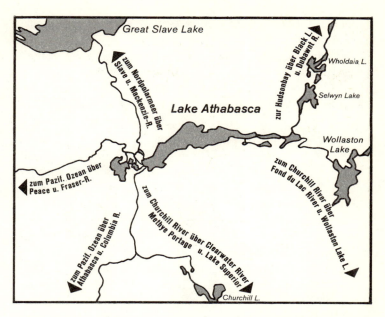
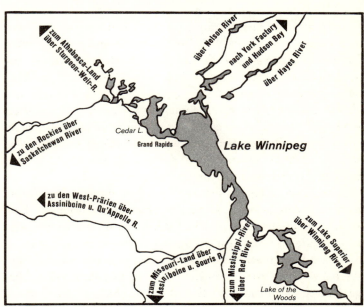

in seinem dreiundvierzigsten Lebensjahr, zog er zum erstenmal in eine Welt hinein, in der er völlig frei war.

Das Kanu glitt voran, leise rauschend, manchmal von vorgelagerten Inseln und Inselchen beschirmt, manchmal in weit offenem Wasser. Der strahlende Sommer begünstigte die Reise der drei Männer Tag für Tag und Nacht für Nacht, seit sie das Vorgebirge passiert hatten, das aus der Ferne gesehen wie der aus dem Wasser auftauchende Kopf eines schwimmenden Otters aussah und deshalb von den Voyageurs auch Otter-Kopf genannt wurde. In gleichem Schwung furchten die Paddel durchs Wasser, dessen Spiegel, von sanftestem Frühwind gefächelt, tausendfach funkelte.

Paul, der neue Mann im Kanu, der sich in die Gemeinschaft der beiden anderen ohne Mühe eingefügt hatte, als kannte man sich schon lange, hatte sich kaum an den Unterhaltungen von Walther und Gérard beteiligt. Immerhin wurde deutlich, daß er das Französisch ihrer Gespräche schon einigermaßen begriff. Ein Voyageur, auch wenn er aus den älteren englischen Kolonien stammte und von Albany aus in Yankee-Kanus unterwegs gewesen war (so hatte Paul seine Vergangenheit dargestellt), kam gar nicht umhin, allmählich eine Menge Französisch aufzuschnappen, denn vor dem großen Krieg der sieben Jahre ebenso wie danach waren es französische, zumeist franko-kanadische Waldläufer, die den Indianern die Künste des Kanus und die Listen der Wälder und Einöden abgelauscht hatten.

Paul ließ sich plötzlich vernehmen. Er sprach Englisch, mischte jedoch hier und da schon eine französische Floskel in seine Sätze, als wollte er sich auch dem kanadischen Gefährten gefällig erweisen. Er wandte sich jedoch an Walther:

»Jetzt kann ich euch ein Geständnis ablegen, und ich hoffe nur, daß ihr mir deshalb nicht die Freundschaft kündigt. Ich bin gar nicht mit dem Yankee-Kanu von Albany zum Huronen-See heraufgekommen. Ich bin vielmehr, ich sage es klipp und klar, ich bin ein entlaufener Soldat von Rogers Regiment.«

Gérard hatte ungefähr begriffen, was Paul vorgebracht hatte. Aber er wollte es gar nicht begreifen, es war gefährlich. Ungläubig blickte er den Sprecher an.

Walther machte aus seinem Schrecken keinen Hehl. Er rief: »Ein Deserteur? Hast du den Verstand verloren? Spar dir solche Scherze! Du hast uns das mit keinem Wort auch nur angedeutet. Denkst du, ich hätte dich angenommen! Deserteure werden durch die Spieße gejagt und dann erschossen, das weißt du!«

Das Gesicht des Mannes, der sein Geständnis abgelegt hatte – sicherlich hatte er schon seit Tagen darum gekämpft –, war schrecklich verzerrt.

»Ich weiß das alles, Walther. Ich habe euch belogen. Und wenn ihr wollt, könntet ihr mich hier aussetzen. Ich würde euch nicht einmal verdammen. Aber ich konnte es einfach nicht mehr aushalten. Seit Monaten habe ich die Flucht vorbereitet. Als ihr euer großes Kanu abschicktet und dies kleinere kauftet, wußte ich, daß ihr nach Westen weiterreisen wollt. Das war meine Chance. Ich setzte alles auf diese eine Karte, nahm meinen Urlaub, verwischte meine Spur, indem ich angab, ich wollte einige Tage bei indianischen Freunden in Topinabee am Mullett-Lake verbringen – und klopfte am gleichen Abend spät bei euch an. Trotzdem wäre ich nicht darauf verfallen, mich gerade euch anzuvertrauen, wenn nicht noch etwas hinzugekommen wäre...«

Er schwieg und blickte vor sich zu Boden, krampfte die Hände zwischen den Knien, kein Tropfen Blut war mehr in seinem Gesicht. Walther hatte ihn nicht aus den Augen gelassen. Sein Zorn verrauchte bereits. War er nicht selber Soldat gewesen, englischer Soldat, und der Gefahr, wegen Fahnenflucht angeklagt zu werden, nur durch eine Verkettung günstiger Umstände entgangen? Das war zwar schon lange her. Doch standen plötzlich jene bedrängten Jahre so deutlich vor seinem inneren Auge auf, als habe er sie eben erst durchlitten. Angst hatte wie eine graue Maske Pauls Züge entstellt, schnöde Angst davor, ausgestoßen, abgewiesen, zurückgejagt zu werden in die Spießruten, den Stock, den Käfig bei Wasser und Brot. Walther fuhr sich mit der flachen Hand über die geschlossenen Augen: Sich diesem Flüchtling aus dem Zwang der verfluchten Gewalten »von Gottes Gnaden« zu versagen, das mochte fertigbringen, wer wollte! Er konnte es nicht.

Mit müder Stimme sagte er schließlich:

»Was braucht da noch hinzuzukommen?! Ich weiß nur zu genau, wie es ist, jeden Tag gedrillt und kujoniert zu werden für wenig Geld und dann noch den Kopf hinhalten zu müssen, daß ihn womöglich ein Indianer einschlägt, mit dem man gar keinen Streit gehabt hat. Für uns bist du der Paul und ein brauchbarer Milieu, der seinen Lohn wert ist. Was vorher war, geht mich nichts an. Wir sind in Amerika, und Amerika ist groß!«

Er reichte Paul seine Hand hinüber, und der aus Rogers Regiment entlaufene Soldat drückte sie schmerzhaft heftig. Auch Gérard, der mit gespannter Aufmerksamkeit gelauscht und sicherlich das meiste verstanden hatte, wurde von seiner – nicht allzuoft aufbrechenden – französischen Leidenschaftlichkeit übermannt, sprang auf, lief ums Feuer und streckte Paul die Hand hin: »Zur Hölle mit dem gierigen König in London! Denk nicht mehr dran! Für uns bist du der Paul und ein Voyageur, und damit basta!«

Später wollte Walther wissen: »Du hast uns noch nicht erzählt, Paul, warum du gerade uns für geeignet hieltest, dir deinen Abschied vom König von England zu erleichtern. Das solltest du uns nicht vorenthalten.«

»Will ich auch gar nicht, Walther. Also, mir war klar, daß ich nur nach Westen ausweichen durfte. Im Osten würde ich früher oder später irgendwelchen Schnüfflern auffallen – und dann wär's um mich geschehen. Also mußte ich warten, bis ich mich einem Boot anschließen konnte, das sich nach Westen auf den Weg machte. Dann tauchtet ihr auf. Ich habe euch in jeder freien Minute beobachtet. Die Franzosen haben mit den Engländern nicht viel im Sinn, dachte ich mir, sie werden mich vielleicht nicht verraten. Und dann habt ihr das Schild mit eurem Namen über die Tür des Blockhauses genagelt, das gab den Ausschlag. Ich las McCorssen. Mc, das ist schottisch, sagte ich mir. Aber Corssen, Corssen...? Ich stamme nämlich aus dem Hannoverschen in Deutschland und bin also von daher Untertan des Königs von England. Im englischen Heer dienen viele Deutsche, als gemeine Leute meistens, aber auch als Offiziere, wenn sie von Adel sind. In einem Nachbardorf meiner Heimat hat vor mehr als zwanzig Jahren ein Mann namens Corssen ziemlich viel Wirbel gemacht. Er war ein ehemals englischer Soldat, der verwundet in französische Gefangenschaft geraten war und nach Hause wollte, in ein anderes Dorf in unserer Gegend, aber weiter östlich. Dieser Mann soll sich in einer nebligen Novembernacht – solche Nächte sind bei uns schwarz wie ein Kohlensack von innen – verlaufen haben und ist beinahe im Moor ersoffen. Ein Mädchen von einem weit gegen das Moor vorgeschobenen Hof fand ihn durch blinden Zufall. Er konnte gerade noch rechtzeitig gerettet werden und fand, halb erfroren und todkrank, Unterschlupf auf dem Hof, der dem Vater des Mädchens gehörte. Dort kam er allmählich wieder zu sich. Er blieb dort mehrere Wochen, sogar Monate. Dies Mädchen verliebte sich in den angeschossenen Soldaten, der seine Jahre sicherlich noch nicht abgedient hatte – und ist schließlich mit ihm fortgelaufen. Auch mich hat immer schon das Fell gejuckt, und da ich nur Nacherbe war auf unserem Hof und keine Aussicht bestand, daß ich jemals Bauer würde, bin ich eines schönen Tages einem Vetter nach Neu-Schottland gefolgt. Aber das ging nicht so aus, wie ich gehofft hatte. Er war ganz leidlich vorangekommen, aber ich vertrug mich nicht mit ihm. Aber viel zu wählen gab es für mich nicht. Siedeln konnte und wollte ich nicht. So nahm ich Sold in Rogers Regiment, und mit dem bin ich ziemlich weit herumgekommen. Aber was sieht man schon als Soldat! Ich konnte schließlich den Gedanken, noch Jahre Gamaschendienst zu leisten mit ›Stillgestanden‹ und ›Gewehr ab‹, nicht mehr ertragen. Ich hätte mich aufgehängt. Ich wäre nicht der erste gewesen. Aber warum sollte ich nicht ins Indianerland ausweichen? Ich lauerte nur noch auf eine günstige Gelegenheit.

Als ich dann euer Schild las und den Namen McCorssen, da war mir, als wenn mir einer ins Ohr sagt: Paul, das ist deine Chance! Mit dem Namen Corssen kam die Heimat wieder zum Vorschein, und ich spürte mit einmal ein solches Zutrauen, als hätte ich den Erfolg schon in der Tasche. Das war dumm, denn es stand ja auf dem Schild McCorssen und nicht Corssen. Aber der gute Glaube verließ mich nicht. Ich wartete den letzten Abend ab, damit ich mich nicht verdächtig machte, wollte nicht in eurer Nähe gesehen werden. Und schließlich klappte alles wie vorbestimmt, und jetzt sitzen wir hier weit weg von allem, und keiner kann uns etwas anhaben! Und dabei macht mich lachen, daß McCorssen, der hier am Feuer sitzt, wahrscheinlich nicht das geringste mit Corssen, dem Landstreicher in Dövenbostel, zu tun hat. Die Ähnlichkeit der Namen ist nur ein Zufall, aber für mich ein glücklicher.«

Walther hatte während des langen Berichts Zeit gefunden, sich zu fassen. Es mochte hier im Norden – nun wie viele? – vielleicht fünfhundert, vielleicht tausend weiße Menschen geben. Daß man unter ihnen irgendwann auf einen stieß, auf den man gar nicht stoßen wollte, war nicht besonders verwunderlich.

Aber die Geister der Vergangenheit hatten in den verschlossenen Kammern zu verbleiben, in denen sie mühsam genug gefangengesetzt worden waren. Er hatte einen guten Ruderer gewonnen, der allem Anschein nach darauf brannte, den fernen Westen, das Pays d'en haut, zu seiner zweiten Heimat zu machen, der den Osten des Erdteils meiden wollte und mußte, wie Walther auch, und der zudem aus Walthers alter Heimat stammte. Und seltsam: in irgendeinem Winkel seines Herzens hatte Walther sich die – freilich nicht zu beweisende – Überzeugung erhalten, daß nicht ganz schlecht sein konnte, ja, daß sicherlich Vertrauen verdiente, was aus der alten Heimat stammte.

Walther wischte sich mit dem Handrücken über die Lippen. Mit einem heiteren Zucken um die Mundwinkel wandte er sich dem nun endgültig in die Kameradschaft aufgenommenen Paul Luders zu und stellte gleichmütig fest: »Thanks for your story, Paul! No, that fellow Corssen hasn't anything to do with McCorssen. How could he anyway? But do not mind, it is not important!«*

In bestem Einvernehmen und bei schönstem Sommerwetter erreichten die drei Männer die Mündung des Kaministikwia. Daß sie mit den Indianern gut auskommen würden, falls es Chippewa waren, denen sie begegneten, war für Walther und Gérard so selbstverständlich, daß sie andere Möglichkeiten nicht einmal erwogen.

* Dank für deine Geschichte, Paul! Nein, jener Bursche Corssen hat nicht das geringste mit McCorssen zu tun. Wie könnte er auch? Aber mach dir nichts draus! Es ist nicht wichtig!

Die optimistischen Erwartungen bestätigten sich für Walther auch, als er, von Gérard gern vorgestellt, den Alltag eines indianischen Dorfes kennenlernte, am schönen Kaministikwia, wo sein Gefährte sich zu Hause fühlte, da Frau und Kind dort lebten.

Walthers Kanu wurde begeistert willkommen geheißen. Allzulange waren auch hier die erwünschten, schon gar nicht mehr fortzudenkenden Waren aus dem Osten entbehrt worden. Bündel von wertvollen Pelzen lagen, zum Teil schon seit Jahren, bereit, um gegen Äxte, Beile, Flinten, Rum eingetauscht zu werden.

Im Verlauf einer einzigen Woche vermochten Walther und Gérard die Waren ihres Kanus in Pelze zu verwandeln. Walther hätte jeden Preis fordern können, viel höhere noch, als in Michilimackinac zu erzielen gewesen waren. Aber er hütete sich, den Bogen zu überspannen. Dies waren die Indianer, die Gérard »meine Leute« genannt hatte. Sie betrachteten Gérard als einen der Ihren und bezogen Walther und Paul sofort in die Gemeinschaft ein.

Walther hätte sich jedoch am liebsten schon nach den ersten zehn Tagen bei den Kakabeka-Fällen wieder auf die Rückfahrt nach Michilimackinac gemacht. Aber daran war nicht zu denken, denn Gérard genoß seine Heimkehr, genoß das Wiedersehen mit seiner Familie und vielen Freunden in vollen Zügen und war zunächst nicht willens, auch nur einen Termin für die Abreise zu erörtern.

Auch Paul schien sich unter den Chippewa sehr behaglich zu fühlen. Mit scharfen Ohren hatte er bald einige Brocken der indianischen Sprache aufgeschnappt, vermischte sie unbekümmert mit seinem unzulänglichen Französisch, würzte auch sein fröhliches Geschwätz ohne Bedenken mit englischen und deutschen Kraftausdrücken, lachte vergnügt mit, wenn die Leute des Zeltlagers sein Kauderwelsch höchst erheitert zu verstehen suchten. Und befand sich offenbar so pudelwohl wie seit langen Zeiten nicht. Als englischer Soldat war er sozusagen nicht viel mehr als die Füllung einer Uniform gewesen, die man nach Belieben hierhin und dorthin kommandierte. Am Kaministikwia sah er sich plötzlich in einen großen Herrn verwandelt, der mitgewirkt hatte, das Dorf mit lang und bitter entbehrten Gütern aus Europa zu versehen, war ein geehrter und gern empfangener Fremder, war endlich er selbst! Es dauerte nicht lange, so knüpfte er amoureuse Beziehungen zu einer nachtschwarzhaarigen kupferbraunen Schönen an – wie er Walther eines Abends gestand.

»Sei vorsichtig!« mahnte Walther. »Es kann gefährlich werden, einem jungen Krieger die Liebschaft streitig zu machen. Ich möchte vor unserer Abreise keinen Ärger haben. Wir wollen hier zum ersten-, aber nicht zum letztenmal gewesen sein.«

Paul blickte erstaunt und ein wenig betreten. »Unsere Abreise, sagst du, Walther? Das mußt du einsehen: mich kriegen keine zehn Pferde mehr nach Michilimackinac zurück. Wenn du im Herbst mit neuer Ladung wiederkommen solltest und weiter nach Westen reisen willst, so bin ich dein Mann, so lange und so weit du willst. Aber nach Osten? Nein, Walther, mit Sonnenaufgang habe ich nichts mehr im Sinn. Du hast mich nur bis hierher, Gérards Heimat, angeheuert. Du wirst einen Ersatzmann für mich finden. Ich könnte inzwischen die besten Pelze für dich festhalten, falls inzwischen aus dem Westen welche angeliefert werden. Die Indianer von dorther befahren den Oberen See mit seinen weiten Strecken offenen Wassers gar nicht gern. Das habe ich schon herausgekriegt. Sie werden auf dich warten, wenn ich ihnen gut zurede.«

Gut zureden, ja, darin war Paul ein Meister, und vielleicht war sein Vorschlag so unklug nicht.

Gérard Choquette hatte endlich genug Familienleben, Kinderglück und eheliche Zärtlichkeit genossen. Er empfand sich nicht mehr als bloßer Voyageur, als ein Ruderer in Walther McCorssens Kanu. Walther hatte ihn unbedenklich an all seinen Plänen und Sorgen teilnehmen lassen. Gérard fühlte sich schon halb und halb als Partner des Concerns.

Eines Abends um die Mitte des Juli kam er zu Walther: »Wir haben den Leuten nichts Rechtes mehr anzubieten. Die eingehandelten Pelze sind sortiert, registriert und verpackt. Wir sollten aufbrechen, damit wir vor der Ankunft des Montréal-Kanus wieder in Michilimackinac eintreffen, uns umsehen und umhören. Wir wollen ja noch einmal nach Westen, wenn uns nicht ein früher Winter einen Strich durch die Rechnung macht. Sollten wir nicht an den Aufbruch denken, Walther?«

Walther dachte schon seit geraumer Zeit daran. Er lachte: »Allerdings, Gérard. Es liegt an dir, daß wir noch nicht unterwegs sind. Aber du wolltest ausführlich Ehemann spielen.«

Gérard wiegte sein Haupt und zog verlegen heiter die Augenbrauen hoch: »Muß man, Walther, muß man von Zeit zu Zeit. Aber man braucht es nicht zu übertreiben. Also übermorgen geht's los. Ich weiß einen verläßlichen Indianer, einen Verwandten meiner Frau von ihrer Mutter Seite her, der uns nach Michili und zurück an Pauls Stelle helfen kann. Er redet nicht viel, aber er ist ein starker und geschickter Ruderer.«

Er redete wirklich so gut wie nie, dieser etwa zwanzigjährige Idaubess – was »heißes Messer« bedeutet –, aber er erwies sich als ein zäher und umsichtiger Kanu-Mann. Auch wollte es Walther vorkommen, als brächte ihm der wortkarge junge Chippewa schon nach wenigen Tagen der Reise in dem tief unter den Pelzpacken im Wasser liegenden Kanu eine scheue, beinahe unbedingte Verehrung entgegen.

9 Jahr für Jahr rückte Walther Corssen hundert oder zweihundert oder dreihundert nasse Kanu-Meilen weiter nach Nordwesten vor, stets der allmählich wachsenden Menge der Händler um ein gutes Stück voraus. Nur sehr wenige waren, die es ihm gleichtaten. Es kam ihm selbst manchmal vor, als lockte ihn, als zwänge ihn ein übermächtiger Magnet stets weiter von den Gebieten fort, in denen noch letzte, fernste Ausstrahlungen britischer Macht zu spüren waren.

Doch wäre er vor jeder anderen fremden Flagge ebenso geflohen. Er hungerte danach, nur noch die eigene unsichtbare Fahne über sich wehen zu lassen als ein schattendunkles Zeichen, nach dessen Sinn er niemals fragte.

1767/68 überwinterte Walther am »See der Wälder«, ein Jahr später bei Bas de la Rivière an der Mündung des Winnipeg-Flusses in den riesigen See gleichen Namens. Der Winter zum Jahre 1770 sah ihn bei den Grand Rapids, über die sich der gewaltige Saskatchewan-Strom in den Winnipeg-See ergießt. Den Winter 1770/71 verbrachte er wieder in Grand Portage mit den übrigen Partnern. Man war übereingekommen, sich nach langer Trennung ausführlich zu sehen und zu sprechen. Die beiden Juniorpartner, Justin Leblois und William McCorssen, hatten in den Jahren zuvor so reiche Erfahrungen gesammelt, hatten sich als geschickte Händler einerseits, zähe Kanuleute und Waldläufer andererseits so eindeutig bewährt, daß ihnen der Ein- und Verkauf der notwendigen Tauschwaren und – wichtiger noch – der Ankauf und die Weiterveräußerung der im Westen eingehandelten Pelze unbedenklich für eine Saison überlassen werden durfte. Justin hatte dabei an den Platz Walther McCorssens bei den Grand Rapids an der Nordwest-Ecke des großen und launischen Winnipeg-Sees gedrängt. William aber hatte klargemacht, daß er sich für geeignet hielt, Pat O'Gilcock am Ostende der zweitausend Meilen langen Kanuroute zu vertreten, in Montréal.

Walther hatte vorausgesehen, daß eine solche, schon ein Jahr im voraus geplante und umsichtig vorbereitete Zusammenkunft der Partner des Concerns ihm einige Überraschungen bescheren würde – und in der Tat, er sah sich nicht enttäuscht. Die Männer hatten sich in den fünf Jahren, die vergangen waren, wesentlich verändert.

Der unablässige Zwang, an Soll und Haben zu denken, Verluste zu vermeiden und Gewinne zu steigern, die Mühen und Gefahren der weiten Kanureisen, auf denen wertvolle Ladungen über schäumende Wildflüsse, stürmische Seen, über halsbrecherische Tragestrecken gefrachtet werden mußten, die Abhängigkeit von oftmals eigensinnigen, aufbrausenden, tollkühnen, auch manchmal hinterhältigen, aber ganz unersetzlichen Helfern, den franko-kanadischen Voyageurs – alle diese ständig einwirkenden, ständig sich verknotenden Umstände hatten im Wesen der Partner deutliche Spuren hinterlassen.

Justin und William, die Juniorpartner, die von den anderen immer noch nicht für voll genommen wurden, ließen sich, so meinte Walther, am leichtesten durchschauen. Die beiden hatten es durchzusetzen gewußt, in jedem der vergangenen Jahre einmal an die Bay von Fundy zu reisen und bei ihren Schwestern »nach dem Rechten zu sehen«. Ohne daß darüber viel geredet worden war, galt es doch bei allen als ausgemachte Sache, daß früher oder später William McCorssen sich ehelich mit Martine Leblois und Justin Leblois mit Anna McCorssen verbinden würden. Walther sagte sich manchmal besorgt, daß die beiden jungen Männer nicht länger zögern sollten, zu heiraten – und die beiden Mädchen im fernen, stillen Grosses Coques der Fundy-Bay dachten sicherlich das gleiche.

William ging ins einundzwanzigste, Justin ins fünfundzwanzigste Jahr, beide waren zu Männern geworden, fanden es selbstverständlich, daß hart mit ihnen umgegangen wurde, und gingen selber hart mit sich um.

Als Walther den beiden jungen Männern wieder begegnete, die er vier Jahre lang nicht gesehen hatte, wollte ihm sein Sohn William, obwohl an Jahren der Jüngere, älter vorkommen als Justin Leblois, den Walther sich zum Schwiegersohn wünschte. William hatte seine Leidenschaftlichkeit zu bändigen gelernt, doch blieb sie hinter der Konzentration, mit welcher er zu rechnen, zu kalkulieren wußte, immer noch erkennbar, auch in seiner zuweilen noch vorschnellen Bereitschaft zum Risiko. Seinetwegen brauche ich mir keine Sorgen zu machen, dachte Walther. Er wird seinen Weg gehen. Martine ist stark genug, ihn zu bändigen. Justin war der zuverlässige, besonnene, ruhige Bursch geblieben, der er gewesen war. Doch schien er manchmal auf eine merkwürdige Weise nicht ganz bei der Sache zu sein. Gewinnspannen und Verkaufskünste schienen ihm offenbar nicht allzu wichtig; statt dessen wußte er mit großem Sachverstand von Portagen, von der besten Art, ein Kanu zu beladen, vom richtigen Angehen hochschäumender Wildwasser zu erzählen. Und in den wenigen Stunden, die er mit Walther allein verbrachte, redete Justin so gut wie ausschließlich von Anna. Walthers Tochter mußte sich zu einem wahren Ausbund an Klugheit, Fleiß und Anmut entwickelt haben, wenn man Justin glauben wollte.

Schließlich hatte Walther keine andere Wahl mehr gesehen, als seinem treuen Anhänger unter vier Augen zu erklären: »Also, Justin, mein Junge, hör zu: Es wird Zeit, daß du heiratest. Warum willst du Anna und auch mich länger warten lassen? Anna ist jetzt achtzehn geworden, also alt genug. Oder seid ihr euch noch nicht einig?«

Justin erwiderte mit plötzlich rauher Stimme: »Doch, wir sind uns einig, Walther. Ganz und gar! Bloß – wenn wir uns heiraten, wollen wir auch beisammen sein – und ich muß ins Pays d'en haut! Und wann kann ich schon damit rechnen, irgendwo seßhaft zu werden?«

Walther überlegte. Eine Fülle von Fragen, noch nicht gewagter Antworten schoß ihm durchs Hirn. Wieder einmal war es an ihm, eine Entscheidung zu fällen. Er dachte an seine kleine Anna, die zärtliche, eigenwillige – sie mußte inzwischen zu einem schönen Mädchen aufgeblüht sein, selbstgewiß und kühn, wie ihre Mutter es gewesen war. Anna würde nicht mehr länger warten wollen. Und so stellte er, ohne die Stimme zu erheben, etwas fest, was in Wahrheit ganz außerordentlich war, ganz außerhalb jeder bisher geltenden Regel lag: »Ich bleibe dabei, daß ihr bald heiraten müßt. Wenn ich auch Anna lange nicht gesehen habe, so glaube ich doch, eins zu wissen: Wartenkönnen gehört nicht zu ihren starken Seiten. Du darfst nicht so lange zögern, Justin, bis sie an dir zu zweifeln beginnt. Ich bin der Meinung, daß sie mit dir zusammen ins Pays d'en haut zu fahren und auch dort zu bleiben hat, wenn dein Beruf, deine Tätigkeit in unserem Geschäft, dich dazu zwingt. Und wenn mich nicht alles täuscht, wirst du dazu gezwungen sein. Ich halte dich für geeignet, am äußersten Westende unserer Handelsgeschäfte die Interessen von McCorssen, O'Gilcock und Matthieu wahrzunehmen und weiter nach Nordwest vorzudringen. Warum soll Anna nicht mit dir sein? Sie ist gesund, ist harte Arbeit und Entbehrungen von klein auf gewöhnt – wir waren nie auf Rosen gebettet, und ihre Mutter hat sie von früher Jugend an in eine strenge Schule genommen. Ich gestehe dir auch, mein lieber

Junge, daß ich sie gern in meiner Nähe wüßte. Ich bin seit Jahren allein mit Indianern, Kanadiern und Métis. Anna würde nicht versagen!«

Justin stand wie auf dem Sprung. Mit hellen Augen blickte er Walther an. In seinem kantigen lederbraunen Gesicht zuckte es vor wilder Freude.

Walther fühlte sich plötzlich von Justin umarmt und für einen Augenblick so gewaltsam gedrückt, daß ihm die Luft ausging. Er wehrte sich nicht.

Justin gab ihn wieder frei und erwiderte mit rauher Stimme: »Versagen? Nein! Anna nicht! Sie wäre wohl die erste weiße Frau im Pays d'en haut. Und warum nicht? Wenn eine die Probe bestehen wird, dann Anna! Ich sehe es jeden Tag: Die Voyageurs nehmen sich alle Indianerinnen. Es ist so einfach. Und lassen sie auch wieder sitzen mitsamt ihren Métis-Kindern, wenn es ihnen paßt. Die Kinder rutschen dann alle auf die indianische Seite. Das hat mir nie gefallen. Anna, das weiß ich, die kommt mit mir in den fernsten Nordwesten. Was die Indianerinnen oder die Métis-Mädchen schaffen, das schafft sie allemal! Wie denkst du dir den zeitlichen Ablauf, Vater?«

Das »Vater« war ihm ganz selbstverständlich über die Lippen gesprungen. Er schien gar nicht wahrgenommen zu haben, was er da ausgesprochen hatte.

Walther hatte es überdeutlich vernommen. Doch ging er nicht darauf ein, nahm es hin und war dankbar: »Du mußt zu den Grand Rapids des Saskatchewan reisen, wie es geplant ist. Im kommenden Frühjahr fährst du mit den eingehandelten Pelzen sofort nach dem Eisgang von den Grand Rapids ab und steigst hier in Grand Portage in die großen Kanus nach Montréal um. Du machst dich sofort auf den weiteren Weg nach Grosses Coques in Nova Scotia. Ihr heiratet in Grosses Coques. Danach begebt ihr euch gleich auf die Rückreise, leistet euch ein Schnellkanu ohne Ladung – außer den Dingen, die Anna als Heiratsgut mit herausbringen will. Und seht zu, daß ihr noch vor dem Zufrieren bei mir im Pays d'en haut eintrefft. Ich werde dann abermals weiter nach Nordwesten vorgedrungen sein, vielleicht schon bis zum See Deschambault – ihr werdet mich finden. Ich lasse euch dann für den nächsten Winter, also einundsiebzig/zweiundsiebzig, dort allein. Ich habe den Eindruck, daß ich mich für einige Zeit unserer Angelegenheiten in Grand Portage, hier am Oberen See, gründlich annehmen muß. Und Martine dürfen wir nicht vergessen. William braucht gar nicht erst gefragt zu werden. Ich werde auch ihm Urlaub verschaffen. Ihr könntet gemeinsam nach Grosses Coques reisen, feiert dort Doppelhochzeit und beeilt euch dann gemeinsam, das heißt zu vieren, in den Westen zu fahren. Du und Anna, ihr löst mich in Grand Rapids ab. Ich treffe Martine und William hier in Grand Portage, dazu Pancrace und Gorham. Jetzt steht mir nur noch bevor, zu all den schönen Plänen die Zustimmung der anderen Seniorpartner zu gewinnen.«

Die anderen Seniorpartner – das waren Pancrace Matthieu, Patrick O'Gilcock und Captain Gorham. Es dauerte eine Weile, ehe Walther sich über die Veränderungen klar wurde, die mit den Männern nach den ersten fünf Jahren der Zusammenarbeit vorgegangen war, erfolgreichen Jahren in der Tat.

Es hatte keinen Widerspruch gegeben. Sie waren alle Walthers Aufforderung gefolgt und hatten sich daraufhin in Grand Portage getroffen.

Am wenigsten, so mochte es scheinen, hatte sich Pancrace Matthieu gewandelt. Er war der gleiche stiernackige, ungeheuer breitschultrige Voyageur geblieben, als welcher er sechs Jahre zuvor Walther Corssen die Partnerschaft angeboten hatte.

Noch immer waren dem gewaltigen Mann Städte, überhaupt viele Menschen auf einem Haufen verhaßt. Wenn schon Stadt, dann sollte sie wenigstens Montréal heißen. Völlig wohl fühlte er sich nur, wenn er – nun als unbestrittener »Brigadier« – die vier »Canots de Maître«, über die der Concern McCorssen jetzt verfügte, in Rekordzeit mit voller Ladung von Montréal nach Grand Portage führen konnte.

Walther merkte indessen bald, daß er trotz allen äußeren Anscheins den alten Pancrace eben doch nicht mehr vor sich hatte. Die großen Gewinne des Concerns schienen ihn nicht zufriedener, sondern nur noch gieriger nach mehr zu machen. Er hatte den Transport der Tauschgüter nach Grand Portage und den Abtransport der eingehandelten Pelzballen nach Montréal zu dirigieren. Unnachsichtig trieb er seine Voyageurs an, riskierte in den plötzlich hereinfallenden Stürmen des Oberen Sees Boote, Ladungen und Leben seiner Ruderer, sein eigenes dazu, nur um keine Stunde Zeit zu verlieren und jeweils als erster auf dem Markt zu erscheinen.

Walther allerdings hätte nichts einzuwenden gehabt, wenn Pancrace ein wenig menschlicher und weitherziger mit seinen Leuten umgegangen wäre. War es nötig, empfahl es sich überhaupt, sie bis zum letzten Quentchen ihrer Kraft auszunutzen und diesen unentbehrlichen Helfern jeden Schilling, jeden Penny nachzurechnen? (Nach der alten französischen Währung wurde kaum noch gerechnet; man war zu Sterling übergegangen).

Erstaunlich – so schien es wenigstens – war die Wandlung, die Captain Peter Gorham durchgemacht hatte. Nachdem der Rangerführer erfahren hatte, wieviel Geld am Pelzhandel zu verdienen war, nachdem er seine Fäden zu den Beauftragten des Königs dauerhaft geknüpft hatte, so daß von dieser Seite für die Zukunft nichts zu befürchten war, hatte er den Dienst quittiert, war aus einem »stillen« ein Teilhaber in aller Offenheit geworden. Er hatte seinen Standort von Michilimackinac nach Grand Portage verlegt, hatte dort für sich und die Zwecke des Concerns ein geräumiges Blockhaus gebaut, hielt an dieser Nahtstelle zwischen Osten und Westen Augen und Ohren offen, hatte eine genaue Durchgangskontrolle für die Tauschwaren aus dem Osten, die Pelze aus dem Westen eingerichtet, wußte stets Bescheid über alle Bewegungen, Lieferungen, Preise und Schwierigkeiten der sich mehrenden Konkurrenten – Schwierigkeiten mit den Indianern, Schwierigkeiten mit den Voyageurs –, bewies in dieser Hinsicht ebensoviel List, Kombinations- und Erkundungsgabe, wie er sie als Captain seiner Ranger, als ein mit allen Wassern der Wildnis gewaschener Coureur de bois bewiesen hatte.

Auch Captain Gorham – niemand mochte ihm in Grand Portage seinen ehemaligen Rang und Titel vorenthalten – schien um so größeren Spaß am Verdienen zu entwickeln, je mehr verdient wurde.

Am erstaunlichsten aber hatte sich Patrick O'Gilcock, genannt Cock, der ehemalige Waldläufer, Skalpjäger, Indianertöter, gewandelt. Schlau, hart und mitleidlos war er schon immer gewesen, sonst hätte er sich in den Wäldern niemals behaupten, erst recht kein kleines Vermögen zusammenschießen und -scharren können.

Pat hatte in Montréal die Tauschwaren einzukaufen und zusammenzustellen. Schon bestellte er sie unmittelbar in London und sparte Geld dabei. Justin war ihm dabei zur Hand gegangen. Vor allem aber hatte er die zweitausend Meilen entfernt im Nordwesten von Walther McCorssen eingehandelten Pelze so teuer wie möglich an den Mann, das heißt an die Aufkäufer aus Europa zu bringen, worin er von William unterstützt (und auch heimlich kontrolliert) wurde. O'Gilcock und William hatten bereits erwogen, nicht in Montréal zu verkaufen, sondern die dank Walthers Wirken stets in bester Qualität ausgewählten Pelze auf eigene Rechnung nach London zu verschiffen und erst dort zu verkaufen. Dort waren günstigere Preise zu erzielen.

Cock hatte sich den englischen, schottischen und Yankee-Kaufleuten und Pelzhändlern vorzüglich angepaßt. Er war sehr vornehm geworden. Von dem früheren Waldläufer im speckigen Lederrock mit Fransen, Mokassins und abgegriffener Marderpelzkappe war nichts mehr übriggeblieben.

Wie die schottischen Herren anderer Concerne hielt es auch Pat für unter seiner Würde, noch selbst ein Paddel in die Hand zu nehmen. Er hatte nach dem Muster wohlhabender englischer und schottischer Kaufleute die Gewohnheit angenommen, sich bei seinen nicht allzu häufigen Reisen landeinwärts einen bequemen Sitz herrichten zu lassen, in dem er dann wohlgekleidet mit silbernen Tressen am dunkelbraunen Rock aus bestem Tuch, den Dreispitz auf dem Kopf, höchst eindrucksvoll thronte und sich von den Milieux im Schweiße ihres, nicht seines Angesichts durch die wilden Lande rudern ließ.

Als sich die vier Seniorpartner und die beiden Junioren zu ihrem ersten ernsthaften Geschäftsgespräch im großen, niedrigen Wohnraum des Captain Peter Gorham trafen, um ihre Meinungen über Zustand und Zukunft ihres Unternehmens abzustimmen – wobei die Junioren allerdings auch jetzt noch nur zu reden hatten, wenn sie gefragt wurden –, als der auch jetzt übertrieben reich und vornehm gekleidete Pat O'Gilcock seine langstielige Tonpfeife erstmals aufgeraucht hatte, war es Pat, der zur Sache drängte, nachdem er sich eine Weile in der belanglos plaudernden Runde umgesehen hatte: »Du bist der einzige von uns, Walther, der sich in diesen Jahren überhaupt nicht verändert hat.«

Walther kreuzte seine Arme über der Brust, lächelte, sagte nichts. Pat fuhr fort: »Wir sind große Leute geworden und können uns ohne weiteres mit Concerns wie Todd & McGill oder Holmes & Grants vergleichen – und bei Licht besehen haben wir mindestens ebenso großen Kredit, wenn's drauf ankommt, wie die und andere. Es tut uns gar nicht gut, wenn wir nicht entsprechend auftreten!«

Walther erwiderte gleichmütig: »Das mag richtig sein, Cock, in Montréal und vielleicht auch noch hier in Grand Portage, wo es ja jetzt sogar schon einen Bartschaber und Haarschneider gibt, einen Métis natürlich. Aber bei mir hinten im Pays d'en haut – da spielt das überhaupt keine Rolle. Da kommt es darauf an, daß die Männer, auf die wir angewiesen sind, in mir einen der ihren sehen, den man nicht im Stich zu lassen hat. Und die Indianer, die kommen nur und bieten ihre Pelze an, wenn man sie für voll nimmt. Man darf sich nicht als der Überlegene aufspielen. Mein Lederrock ist da gerade recht.«

O'Gilcock, etwas unwillig – er war es nicht mehr gewohnt, daß ihm jemand widersprach: »Nach meiner Erfahrung stimmt das nicht, Walther. Den Wilden muß man imponieren. Wenn sie eingeschüchtert sind, verkaufen sie am billigsten. Ich habe mir erzählen lassen, wie es die Hudson Bay Company macht, wenn die Indianer im Fort York eine Flinte kaufen wollen. Sie schichten die Biberfelle übereinander wie einen Turm; und wenn der so hoch ist wie die Flinte lang, ist die Flinte verkauft. Aber zuvor ist der schwerste Mann im Fort auf den Fellstapel gestiegen, um ihn zusammenzupressen. Das nenne ich gutes Geschäft. Du schiebst dich immer weiter nach Nordwesten vor, Walther, triffst also immer wieder auf Indianer, die noch nicht durch die Konkurrenz verdorben sind. Da könntest du verlangen, was du willst: einen Stapel Felle für die Flinte und einen zweiten für den Ladestock. Warum sollen wir nicht die Feste feiern, wie sie fallen? Ewig werden wir unseren Vorsprung sowieso nicht behalten.«

Walther lenkte ab: »Ich frage mich bereits, wie lange es sich noch lohnen wird, ständig weiter nach Nordwesten vorzudringen. Je weiter nach Norden, desto länger bleibt im Frühjahr das Eis auf den Seen stehen, desto eher frieren die Seen im Herbst wieder zu. Die Flüsse bleiben länger offen. Die Zeit also, die für die Reise aus dem Pays d'en haut nach Grand Portage zur Verfügung steht, wird also stets knapper, je weiter ich mich nordwestwärts vorschiebe. Und zugleich wird die Reise immer länger. Bald werden wir erleben, daß unsere Nordkanus nicht mehr zwischen Frühling und Herbst zu mir zurückkehren können. Was machen wir dann?«

Pat O'Gilcock verfiel in jenen hochfahrenden Ton, den Walther gleich nach dem Wiedersehen an ihm wahrgenommen zu haben glaubte, den er auf die Dauer aber keineswegs hinzunehmen gedachte:

»Da werden eben unsere Leute sich etwas eifriger ranhalten müssen. Wir setzen Prämien aus für jeden Tag, den sie vor der üblichen Zeit hier ankommen – und im übrigen müssen ihnen Pancrace und dann auch Gérard Choquette und dein Schützling Paul kräftig im Nacken sitzen.«

Walthers Stimme wurde rauh. Er sah Pat, der seinem Blick auswich, mit gerunzelten Brauen an.

»Dergleichen läßt sich nicht veranstalten, Cock. Erstens sind die Kanurouten von hier aus verwickelter, gefährlicher, die Portagen längst nicht so ausgetreten wie im Osten oder überhaupt nicht vorgezeichnet. Zweitens sagen dir die Leute einfach den Dienst auf, wenn sie getrieben werden. Und drittens geschieht bei uns alles, jede Abmachung, jede Verpflichtung auf Treu und Glauben, gleichgültig, ob Weiße oder Indianer oder Halbweiße mit- und untereinander zu tun haben.«

»Bleiben wir bei der Sache, meine Freunde! Walther fürchtet, seine Leute könnten die Reise aus dem Nordwesten nach Grand Portage in einer Saison bald nicht mehr schaffen, wenn er immer weiter ausgreift. Ließe sich nicht, um dieser Gefahr zu begegnen, außer Grand Portage noch ein zweiter Umschlagplatz einrichten? Mit anderen Worten: Könnte man den Kanu-Brigaden aus dem Nordwesten noch um einige hundert Meilen weiter entgegenfahren, etwa bis zum Rainy Lake, dem Lac de la Pluie der Franzosen? Dann brauchten die Leute nicht so weit zu paddeln und kehrten mit den Tauschwaren rechtzeitig bis zum nächsten Eis zu Walther im Nordwesten zurück. Uns hier weiter im Süden bliebe dann immer noch genügend Zeit, mit den Pelzen in der gleichen Saison Montréal und die letzten Schiffe, das heißt die letzten Transporte nach Europa, zu erreichen.«

Das war ein durchaus einleuchtender Vorschlag, und Walther griff ihn sofort auf. Ihm stand der Sinn drängender denn je nach Nordwesten in die große Leere; andererseits hielt ihn der Zwang der Geschäfte gefangen. Denn weder William noch Anna waren schon so selbständig, daß sie ihr Schicksal allein hätten in die Hand nehmen können – meinte Walther.

Die Partner erkannten bald, daß sie noch vieler Debatten bedurften, ehe sie sich über das Geschäftsgebaren der kommenden Jahre geeinigt haben würden. Es mußte ja auf lange Zeit, drei, vier Jahre mindestens, vorausgeplant werden.

Der Concern schien in sich gefestigt, als die vier Partner, sobald das Wetter es zuließ, sich wieder auf ihre Posten begaben.

Auf der langen, von keinen Zwischenfällen unterbrochenen Rückreise zu seinem entlegenen Blockhaus bei den Grand Rapids, den großen Stromschnellen des Saskatchewan vor seiner Einmündung in den Winnipeg-See, überlegte Walther mehr als einmal:

Die andern alle sind sichtlich vorangekommen, haben etwas Neues aus sich gemacht – ob etwas Besseres, weiß ich nicht. Nur ich bin der Waldläufer geblieben, der ich war, am Ende der Welt – und bald werde ich zum See Amisk oder zum See Manawan vor-

rücken, noch weiter weg. Unterschätzen sie mich, die andern? Gewinnen sie einen Vorsprung? Aber es bleibt doch dabei: Ohne mich geht es nicht – oder doch? Die andern wissen wahrscheinlich genauer als ich selber, daß es ohne mich nicht geht, dort:
Am Ende der Welt.
Ich wollte es so haben. Ich will es noch!

Walther McCorssen erlebte am 1. März 1774 seinen fünfzigsten Geburtstag, einen einsamen, vom wilden Heulen eines späten Schneesturms durchtobten Tag. Gegen Abend trat er vor die Tür seines Blockhauses.
Der Wind hatte sich zu einem gleichmäßig schneidenden Luftzug gemäßigt. Es wurde sehr kalt. Walther würde aber nicht zu frieren brauchen. Holz genug für viele Tage war neben dem Kamin gestapelt.
Der Wind legte sich plötzlich mit einem letzten Seufzer, als hätte ihn die schnell zunehmende Kälte getötet.
Walther fröstelte. Er trat wieder in die Hütte zurück. Die Glut des Feuers im Kamin empfing ihn mit wohltuender Wärme. Noch war ein Duft gebratenen Wildfleisches in dem einzigen Raum des Blockhauses zu spüren.
In dieser Nacht nach seinem fünfzigsten Geburtstag reifte in ihm der Beschluß: Ich werde fordern, daß Justin und Anna hier stationiert werden. Sie können das Pays d'en haut nur dann von Grund auf erlernen, wenn sie Winter und Sommer hier verbringen. Ich bin jetzt fünfzig Jahre alt...

Es dauerte bis zum Jahr 1776, ehe mit den von Grand Portage zurückkehrenden Kanus – nun schon zehn an der Zahl – Justin und Anna am »Ende der Welt« eintrafen, einem Punkt, den Walther bereits bis zum Lac la Ronge hinausgeschoben hatte. Justin bestätigte zwei Nachrichten, die Walther schon vorher, wenn auch wesentlich knapper und undeutlicher, empfangen hatte, die er aber sofort als das erkannte, was sie waren: als Zeichen einer neuen, noch nicht greifbaren Epoche: Im Jahre 1775 hatten sich dreizehn englische Kolonien an der amerikanischen Ostküste gegen die englische Herrschaft erhoben und hatten ihre Unabhängigkeit proklamiert. Es war vorauszusehen, daß England nicht kampflos weichen würde. Ein langwieriger Krieg war zu erwarten. Weder Québec/Kanada noch Neu-Schottland hatten sich der Rebellion im Süden angeschlossen. Montréal war angegriffen und von den Rebellen erobert worden. Da die Eroberer kaum auf die Sympathie der Eingesessenen rechnen konnten und sowohl über Land und erst recht zu See mit einem weiten Weg zu ihren Stützpunkten in Massachusetts oder New York zu rechnen hatten, würden die Engländer – meinte Justin – die Stadt bald wieder zurückgewinnen. Würde der Pelzhandel leiden? Pat O'Gilcock hatte sich bereits sehr besorgt darüber ausgelassen.

Die zweite Nachricht, die Justin mitbrachte, stammte von Captain Gorham aus Grand Portage: Gorham schlug dringend vor, die Kanus im kommenden Jahr 1777 nur bis zum Rainy Lake, dem »Regnerischen See«, zu schicken, um schon dort und nicht erst in Grand Portage die Pelze abzuliefern, die im Nordwesten eingehandelt waren; dort mußten sie dann sogleich die Tauschgüter für Walther McCorssens Außenposten übernehmen. Gorham verwirklichte damit die Abrede, daß ein neuer Umschlagplatz westlich von Grand Portage einzurichten wäre, wenn die Tauschgüter in einem Sommer und Herbst die weite Reise vom St. Lorenz bis in den fernen Nordwesten bewältigen und nicht in die Gefahr geraten sollten, unterwegs irgendwo in der Leere vom Eis festgehalten zu werden.

Anna Leblois, Justins Frau, Walthers Tochter, fragte einige Tage nach ihrer Ankunft: »Freust du dich gar nicht, Vater, daß ich wieder bei dir bin?«

»Doch, Anna, ich freue mich. Ich habe dich zu lange entbehrt. Nun muß ich mich erst an dich gewöhnen. Du bist die erste weiße Frau hier im fernsten Hinterland. Vielleicht war ich schon zu lange allein. Nur Voyageurs und Indianer...« Er vollendete den Satz nicht und wandte sich traurig ab. Annas Herz flog ihm zu. Aber sie wagte nicht, den Abstand, der sie von dem alternden Mann, dem fremdgewordenen, dem Vater, trennte, zu überwinden.

Was sie allerdings nicht ahnte, war dies: Ihr Vater war in den Wochen, die ihrer Ankunft vorausgegangen waren, auf dreierlei Weise zutiefst verstört, sogar aus der Bahn geworfen worden.

Auf dreierlei Weise:

Zunächst durch einen Jagdunfall seines Stationshelfers. Walther war dabei in die indianische Welt verstrickt worden.

Weiter war das Erlebnis einer Begegnung nicht zu vermeiden gewesen, die den alternden Mann wie ein Pfeil ins wehrlose Fleisch getroffen hatte. Vergeblich hatte er sie aus seinem Hirn und Herzen zu verdrängen gesucht – völlig vergeblich, wie er sich schließlich eingestand.

Und drittens hatte ihm ein unerwartetes Eilkanu fünf Tage vor der Ankunft der Frachtkanus, die ihm Justin und Anna zuführten, einen langen, aus Montréal datierten Brief gebracht. Patrick O'Gilcock hatte ihn mit eigener Hand geschrieben. Walther wurde beim Lesen von der Ahnung beschlichen, daß dieser Brief den Anfang vom Ende des Concerns McCorssen, O'Gilcock & Matthieu ankündigte.

Über diese Umstände, die ihm die Freude an Annas Wiederkehr aufs bitterste beeinträchtigten, muß rückschauend berichtet werden.

10 Walther Corssen klappte das große, in abgewetztes Leder gebundene »Hauptbuch« – wie er's in einem Anflug von Selbstverspottung bei sich zu nennen pflegte – endlich wieder zu; es gab einen dumpfen Laut von sich.

Walther lächelte. Ich bin zufrieden mit der Welt. Das Jahr hat sich gelohnt. Alle meine Tauschwaren bin ich seit Mitte August schon los, habe einen Vorrat an geringeren Pelzen damit bezahlt; das meiste aber als Vorschuß gegeben auf die Fänge des kommenden Winters. Und jetzt habe ich eigentlich nichts Wichtiges mehr zu tun, bis die beiden Brigaden unter Gérard und Paul wieder ankommen. Das mag noch bis Mitte oder Ende Oktober dauern oder noch länger. Sie werden mir, so Gott will, Anna und Justin mitbringen. Was aus meiner kleinen Anna inzwischen geworden sein mag? Vor elf Jahren, als ich sie in Nova Scotia zurücklassen mußte, war sie noch ein Kind. Jetzt kommt sie zu mir und ist schon verheiratet, ist meine Tochter nur noch in zweiter Hinsicht – in erster ist sie Justins Frau. Aber ich freue mich auf beide!

Er lehnte sich an die Wand des Blockhauses und blickte über die von einem sanften, warmen Wind gekräuselte, heiter blinkende Fläche des gewaltigen Sees La Ronge hinweg, auf welche die Willow-Bay, die »Weiden-Bucht«, sich öffnete. An ihr hatte Walther sich im Jahr zuvor niedergelassen.

Gemächlich ließ er seine Gedanken wandern, wohin sie wandern wollten. Dies war ein glücklicher, sorgloser Tag, wie er nicht viele erlebte. Es war richtig, dachte er, daß ich mich im vergangenen Jahr hier etwas weiter im Süden am La Ronge festgesetzt habe und nicht unmittelbar an der alten indianischen Kanu-Route einen guten Kanu-Tag weiter im Norden, etwa bei der Portage an den Otter-Schnellen oder am Nipew-See. Hier müssen die Indianer vorbei, samt und sonders, die aus dem Süden und Südwesten kommen.

Wenn ich's mir genau überlege, so muß ich zugeben, daß ich es nicht meiner eigenen Einsicht verdanke, wenn ich jetzt hier am Lac la Ronge wie eine Spinne im Netz sitze und nur zu warten brauche, bis mir die schönsten Pelze für billiges Geld vor die Tür gepaddelt werden. Claude ist es gewesen, Claude Cuiseur, der mich gedrängt hat, mich hier etwas abseits der alten Kanuroute im Gebiet seines Stammes anzusetzen, wo die nassen Wege aus einem weiten, im Grunde vernachlässigten Hinterland zusammentreffen, ehe sie sich der Hauptroute weiter im Norden zuwenden.

Walthers Gesichtsausdruck hatte sich verändert, während ihm dieser Gedanke durch den Kopf glitt. Seine Lippen formten im Flüsterton die Silben noch einmal: Claude Cuiseur – und er freute sich unbewußt an ihrem französisch schönen Klang. Seine Augen blickten suchend über die Weite des blitzenden Sees.

Ich wundere mich, daß er noch nicht zu sehen ist. Er wollte doch schon am frühen Nachmittag zurück sein – und jetzt senkt sich die Sonne in den Abend. Aber das braucht mir keine Sorgen zu machen. Auf der Jagd läßt sich die Zeit nicht nach Belieben einteilen – und Claude ist zwar kühn, wenn es nötig ist, aber auch vorsichtig.

Weiß der Himmel, warum mir Claude in dem knappen Dutzend von Monaten, die er bei mir im Dienst steht, so angenehm und unentbehrlich geworden ist! Ich habe ihn gern. Er könnte mein Sohn sein. Ich hätte nichts dagegen. Er ist ein Métis. Als ob es darauf überhaupt ankäme – hier nicht! Gott sei Dank: Hier bei mir in der Ferne und Leere gelten die Vorurteile der Welt, die ich verlassen habe, nicht mehr. Sie sind vergessen. Hier gilt jeder nur als der Mensch, der er ist.

Ich habe ihn gern, den Claude, den Mascawa Scou Tay, was ja wohl etwa »Starkes Feuer« bedeutet, sehr gern sogar! Wenn er auch noch lesen und schreiben könnte, ließe sich kein besserer Helfer und Gefährte vorstellen. Auch ohne das hat er mir den vergangenen Sommer so leichtgemacht, wie ich es noch nie hier draußen erlebt habe. Er hat – will mir scheinen – das Beste von der indianischen Mutter und dem französischen Vater mitbekommen.

Walther McCorssen hatte seine Hände in den tiefen Taschen seines schäbigen Lederrockes vergraben und schritt auf dem Streifen flachgetretenen Grases vor der Blockhütte nachdenklich auf und ab, nicht ohne jedesmal, wenn er sich wendete, mit den Augen das langgedehnte, bis in den fernsten Punkt der Ferne sich haarscharf vor dem dunklen Hintergrund der Wälder abhebende Ufer des allmählich zu abendlicher Ruhe sich sänftigenden Lac la Ronge abzustreifen. Die Strände blieben nach wie vor leer, ebenso die Ufergewässer. Walthers scharfe Augen hätten ein Kanu in der gläsern klaren Luft des Vorherbstes über den strahlenden Einöden sofort erfaßt, mochte es auch noch eine oder zwei Meilen weit entfernt sein.

Schon legte die Sonne von Westen her eine lange, immer glühender und goldener sich färbende Glitzerbahn über das langsam zur Ruhe kommende Wasser. Wo blieb nur Claude? Er war frühmorgens, bewaffnet mit einer guten Flinte und seinem kräftigen Hirschfänger aus Cheffield, zu Kanu auf Jagd gezogen.

»Wenn ich Glück habe, Walther, schieße ich einen feisten Bären, und wir haben gutes Fett für den Winter. Habe ich keines, so bringe ich vielleicht einen guten Hirsch oder ein Elchkalb. Dann brauchen wir nicht immer Fisch zu essen und haben Abwechslung.«

Walther vergaß auch an diesem Abend nicht, sich seiner Pflichten als ein Mann der ungezähmten Wildnis zu erinnern: Wir haben bald Tag- und Nachtgleiche. Sonnenuntergang also genau im Westen! Ich muß die Richtung mit dem Polarstern abstimmen. Die Nacht wird klar – Polaris im Norden, sie muß mit Sonnenuntergang heute am 8ten ein wenig mehr als einen rechten Winkel bilden. Ich muß auch meinen Kompaß wieder einmal kontrollieren – das kann ich morgen machen, wenn ich auch die Polaris-Richtung ausgelegt habe.

Er hatte eine der langen schwankenden Fichtenstangen, die als Stakestangen für die Kanus dienten, genau in Richtung des Sonnenuntergangs, allerdings bis zwei Grad nach Norden gewendet, ins Gras vor der Hütte geschwenkt. Bei voller Dunkelheit würde er die Polarisrichtung ebenso festhalten. Im Licht des nächsten Tages würde er den rechten Winkel und seinen einigermaßen unhandlichen Kompaß auf ihre Genauigkeit prüfen können.

Bevor er ins Haus trat, blickte er noch einmal zum Himmel: In der Tat, da war er schon, der Große Bär und da der Polarstern, ganz blaß noch; man mußte wissen, wo man ihn zu suchen hatte.

Kein Zweifel blieb mehr: Die Nacht hatte ihre Herrschaft angetreten.

Und plötzlich war ihm, als packte ihn eine grobe Faust. Er vermochte nicht länger sich abzulenken: Die Nacht war da, ja – und kein Zeichen von Claude!

Claude war nicht da! Obgleich er vor Stunden schon hätte zurückgekehrt sein müssen!

Walther zwang sich zu ruhiger Überlegung. Es war ja keineswegs sicher, daß nur ein Unheil Claudes Rückkehr verzögert haben konnte. Doch horchte Walther auf eine böse bohrende Unruhe in der Tiefe. Sie besagte: Es ist ihm etwas passiert. Schiebe es nicht beiseite – es ist ihm etwas passiert!

Das Sternenlicht gibt nicht genügend Helligkeit. Aber in zwei Stunden wird der Mond hoch sein. Dann kann ich Einzelheiten vom Wasser aus erkennen, wenn ich mich dicht unter dem Ufer halte. Ich werde unser zweites Kanu fertig machen, solange es noch nicht ganz dunkel ist. Ich werde mich noch eine Stunde aufs Ohr legen. Es wird eine lange Nacht werden – vielleicht!

Als er sich schon ausgestreckt hatte, fiel ihm ein: Ich werde den Verbandskasten mitnehmen, Axt und Haumesser und das Feuerzeug natürlich – und die kleine Kruke mit Branntwein.

Und dann schlief er wirklich. Wie alle Wildnis-Leute war er es gewöhnt, sich den Schlaf herbeizubefehlen und auch den Zeitpunkt des Erwachens – wenn die Umstände dies erforderten.

11

Mitternacht mochte vorüber sein. Der abnehmende Mond spendete kein zuverlässiges Licht. Doch erkannte Walther das Kanu auf dem Ufersand schon von weitem; es konnte sich nur um das Boot handeln, mit dem Claude abgefahren war. Das stellte sich bald als richtig heraus.

Walther brauchte nicht lange zu mutmaßen, nachdem er erst sein Kanu neben das Fahrzeug Claudes gebettet hatte. Die Stapfen im Sand verrieten deutlich die Richtung, in welcher Claude in den Wald über dem Uferstreifen hinaufgestiegen war.

Wenn er sich weit in den Wald verlaufen hat, sagte sich Walther, werde ich am Ufer den Morgen abwarten müssen.

Er hatte das noch nicht zu Ende gedacht, als ihn eine Ahnung von Raubtiergeruch innehalten ließ. Die beißende Dünstung war ganz unverkennbar.

Mit äußerster Vorsicht und jener Lautlosigkeit, die Walther von den Indianern gelernt hatte, schob er sich behutsam durchs

Dickicht. Vor ihm wurde es ein wenig heller, als näherte er sich einer Lichtung.

Durch eine Lücke im Unterholz öffnete sich ihm schließlich der Ausblick auf einen runden Platz, auf dem Kraut und Gesträuch niedergetrampelt waren. Die Mitte war leer. Doch etwas abseits ruhte am Boden eine dunkle Masse, ein länglich formloser Haufen, an welchem sich nichts regte.

Walther strengte seine Augen an. Herr im Himmel, das ist doch...! Es war ein menschlicher Fuß in einem Mokassin...! Und schon brach Walther durch das Dickicht ins Freie, mochten auch die Zweige knacken.

Claude war es, der da lag. Walther begriff es sofort. Der menschliche Körper wurde so gut wie vollständig vom schwärzlich zottigen Leibe eines riesigen Bären bedeckt. Mit den Vorderpranken hatte das Tier den Menschen wie in einen fürchterlichen Schraubstock geschlossen.

Walther beugte sich über die ineinander verkrampften Leiber, erkannte mit Entsetzen, daß der Bär seine Zähne tief in die linke Schulter des Jägers vergraben hatte. Claudes Kopf war hart nach rechts abgewinkelt, als wäre ihm das Genick gebrochen.

Bären haben ein ungemein zähes Leben. Walther durfte nichts riskieren. Er stieß dem breit über dem Menschen lastenden Tier den Lauf seiner Flinte ins Fell, dort hinter dem Absatz der linken Vordertatze, wo das Herz sitzen mußte, und drückte ab. Der Schuß sengte das Fell. Brandgestank wirbelte auf für ein paar Augenblicke. Der schwere schwarze Leib zuckte unter dem Aufprall des Geschosses, lag aber gleich wieder still wie zuvor. Walther hatte einen Kadaver erschossen.

Und Claude? War auch er tot? – Walther versuchte, den Leib des Bären von dem menschlichen Körper abzurollen, herunterzuzerren. Es gelang ihm nicht. Die Vorderbeine des Tieres, die Claude unter den Armen umpreßten, ließen sich nicht lösen; die Todesstarre machte sie unbeweglich. Auch das Gebiß des Tieres, das sich in die menschliche Schulter gebohrt hatte, ließ sich nicht öffnen.

Und Claude? Mein Claude? Er muß tot sein, wenn auch der Bär

tot ist, der schwer auf ihm lastet. Seine Augen sind geschlossen, sein Mund ist leicht geöffnet; sein Gesicht ist verzerrt vor Schmerz...

Der Kopf ließ sich ohne Schwierigkeit in eine natürliche Lage wenden. Und plötzlich durchfuhr es Walther wie ein Schlag: In diesem Hals ist keine Leichenstarre, nein, die Haut ist nicht erkaltet. Es ist noch Wärme spürbar. Claude ist nicht tot, er ist nur ohne Besinnung, liegt in tiefer Ohnmacht, er lebt! Oh, mein Gott, ich muß ihn aus dieser grausigen Umarmung befreien – wenn nicht anders: heraushacken...

So schnell ihn seine Füße trugen, so schnell es das wirre Unterholz und die Finsternis erlaubten, hastete Walther zu dem Kanu hinunter, das ihn herangetragen hatte.

In fliegender Eile machte Walther seine Flinte wieder schußfertig, schüttete aus dem Büffelhorn Pulver in die Pfanne und stopfte die Kugel sorgfältig fest. Dann griff er nach der Axt und dem Beil, die er mit auf die Suche genommen hatte, und eilte den nun schon erkennbaren Pfad zu der kleinen Lichtung zurück, wo er die zwei reglosen Leiber gefunden hatte.

Es blieb ihm gar keine Wahl, er brauchte auch gar nicht darüber nachzudenken. Mit der Axt hackte er die Vorderbeine des Bären aus den Gelenken. Er trennte den Kopf vom Nacken. Er fällte eine junge Fichte am Rande der Lichtung, entästete und kürzte den schlanken Stamm, schob ihn unter den Leib des toten Tieres und stemmte die Last schließlich von dem Körper des Menschen ab. Jetzt erst erkannte Walther, daß Claude dem Bären, wahrscheinlich noch ehe ihn dieser in die entsetzliche Umarmung nahm, seinen zweischneidigen Hirschfänger bis zum Heft von unten her ins Herz gestoßen hatte.

Walther beugte sich über den Kopf seines jungen Freundes. Er hatte den Leib des verwundeten Mannes noch nicht bewegt. Claudes Gesicht hatte sich ein wenig entspannt. Seine Nasenflügel zuckten zuweilen, und über die geschlossenen Lider huschte ein Flackern. Er dehnte sich ein wenig, stöhnte schmerzlich und schlug die Augen auf, erkannte über sich des Älteren Gesicht in der Dämmerung.

»Walther!« flüsterte er. »Walther! Du bist es! Gott sei Dank!« – und glitt schon wieder in eine neue Ohnmacht.

Was jetzt, was jetzt? schrie eine Stimme in Walthers Hirn, Ich muß ihn retten. Er soll nicht sterben.

Walther kniete nieder und schnitt mit seinem Jagdmesser das blutverschmierte Hemd, das sich anders nicht lösen ließ, von der linken Schulter bis zur Hüfte auseinander. Walther versuchte Claudes linken Arm zu heben und abzuspreizen. Kein Widerstand, nichts Ungewöhnliches war dabei zu bemerken. Walther atmete auf: Claudes Schultergelenk schien nicht gesplittert zu sein. Auch das Schlüsselbein war unversehrt geblieben. Der Biß hatte weit links gesessen. Der mächtige harte Muskelballen über der Schulter Claudes, der Schulter eines Kanuruderers, hatte die Gewalt des Bärenbisses gedämpft. Vielleicht auch hatte das schwere Messer, das Claude dem ihn umarmenden Bären mit aller Gewalt zwischen den Vorderbeinen ins Herz gejagt hatte, das Tier zurückzucken lassen, so daß sich die Zähne nur mit halber Kraft ins Fleisch des Gegners gebohrt hatten. Die Fleischwunde, so stellte Walther fest, wird von selber heilen, wird kaum großen Schaden anrichten, wenn – ja, wenn sie sich, verunreinigt durch des Bären Speichel, nicht entzündet.

Gewiß, Walther konnte die Wunde auswaschen, konnte sie auch mit unverdünntem Rum ausbeizen. Aber kam das nicht schon zu spät? Vor allem war erforderlich, den Verletzten zum Seeufer zu schaffen. Tragen konnte Walther ihn nicht; dazu hätte er ihn zu sehr verzerren müssen. Ich mache es, sagte sich Walther, wie es die Indianer machen würden, baue mir eine Schleppe, einen »travois«.

Er schlug zwei Fichtenstämme, beraubte sie nur ihrer unteren Zweige und packte die dicht mit Zweigen besetzten Kronen der Länge nach neben den Ohnmächtigen; die abgeschlagenen längeren Zweige von der unteren Hälfte drückte er auf die ineinandergeschobenen Kronen, so daß am Boden neben dem Körper des Verletzten ein längliches Lager entstand.

Dann kam das Schwierigste: den ruhenden Körper des Ohnmächtigen auf die Schleppe zu rollen. Walther legte dem Bewußtlosen die Arme flach an die Seite. Zweimal hatte er den Körper umzudrehen, auf den Bauch zuerst und wieder auf den Rücken – dann mußte Claudes geschundener Leib der Länge nach auf der buschigen Schleppe Platz gefunden haben. Er würde ihm große Schmerzen bereiten müssen. Doch gab es keine andere Wahl. Und es glückte.

Der Schmerz hatte Claude abermals geweckt. Als er schon auf dem grünen Bett lag, stöhnte er heftig, schlug die Augen auf. Wieder traf sein Blick auf Walther, der sich bemühte, den Verwundeten so schonend wie möglich auf der Schleppe zurechtzurücken: »O Walther – ich habe fürchterliche Schmerzen, links in der Schulter und im Leibe.«

»Ich mußte dich bewegen, Claude, mußte dich auf den Travois rollen. Ich will dich ans Seeufer bringen. Im weichen Sand liegst du besser, und ich kann dich waschen.«

»Ja, wenn du nicht gekommen wärst«, stöhnte der Verwundete, »ich glaube, ich wäre erstickt unter der Bestie. Der Bär hat mich sofort angenommen, als ich schon nach den ersten dreißig Schritten im Walde ihm unversehens gegenüberstand. Und dann versagte die Flinte. Sie hat im Kanu gelegen. Vielleicht hat ein Spritzer meines Paddels das Pulver genäßt. Ich hatte gerade noch Zeit, den Hirschfänger zu ziehen; der Grizzly hatte sich schon aufgerichtet und war über mir. Vergiß nicht die Flinte! Sie muß irgendwo im Grase liegen. Wenn ich stöhne, mach dir nichts draus! Ich friere. Wenn nur die Sonne endlich hochkäme!«

Walther fand die Flinte schnell. Er legte die zwei Flinten, die Axt und das Beil vorsichtig zwischen die gespreizten Beine des Verletzten.

»Ich spanne mich jetzt zwischen die beiden Stämme und schleppe dich zum Seeufer.«

Allerdings dauerte es fast eine Stunde, bis Walther die Schleppe mit dem Verwundeten die fünfzig Schritte zum Strand hinunterbugsiert hatte.

Walther befreite die Schulterwunde von dem verkrusteten Blut. Die Verletzung sah böse aus. Es wollte Walther so vorkommen, als wären die Wundränder gerötet. Die Wunde hatte sofort wieder zu bluten angefangen. Walther stillte die Blutung nicht. Vielleicht reinigte sich die Wunde von selbst.

Claude hatte während der Prozedur des Waschens den Kopf zur Seite gedreht und die Zähne zusammengebissen. Dann war's vorüber. Über den gebrochenen Rippen hatte sich die Haut blau verfärbt und war unförmig aufgedunsen von einem inneren Bluterguß. Da war nichts zu waschen, da war nur zu kühlen. Walther feuchtete zwei Handvoll des feinen Ufersandes und breitete sie über die Schwellung.

»Das tut gut, Walther! Aber nicht andrücken! Sonst muß ich schreien!«

»Hast du noch anderswo Schmerzen im Leibe, Claude? Der Bär hat mit Zentnerlast auf dir gelegen; er könnte dir außer den Rippen auch noch die Leber, die Lunge gequetscht haben.«

»Nein, glaube ich nicht, Walther.«

»Gott sei Dank! Dann wirst du wieder gesunden. Bis auf weiteres mußt du hier liegenbleiben und dich so wenig wie möglich rühren. Ich werde eine Hütte um dich herum errichten. Alles Notwendige kann ich in ein, zwei Fahrten von unserer Station herüberholen. Es wird nicht gleich jemand auftauchen, unser Lager und unseren Proviant zu berauben.«

Claude, kaum hörbar: »Wenn mein Stamm wüßte, was mir geschehen ist, würde er gern zwei oder drei junge Krieger stellen, unser Lager zu bewachen. Meine Leute sind um diese Jahreszeit höchstens einen Kanutag entfernt, sind irgendwo am Eier-See, um Lachse für den Winter zu fischen.«

Aber Walther ging nicht auf diesen Vorschlag ein. Er mühte sich den ganzen sonnigen Septembertag über, das Notwendigste aus dem Blockhaus weiter im Nordosten heranzuschaffen und dann vor allem, über dem Verletzten eine grobe Hütte zu errichten, die sie beide vor der Kälte der Nacht schützen würde, wenn man an ihrer gegen den Wald hin offenen Seite ein Feuer unterhielt.

Die Nacht nach dem Unfall trat ihre sternklare, lautlose Herrschaft an.

Walther erwachte mit dem ersten Grau des Morgens, steif zwar und auch durchkältet, aber doch so erfrischt, als habe es die außerordentliche Anstrengung der vergangenen schlimmen Stunden gar nicht gegeben.

Es war schon hell genug, um zu erkennen, daß Claude ihm aus dem Dämmer des Verschlages mit weit offenen Augen entgegenblickte. Fast überlaut und heiser kam seine Stimme: »Walther, daß du endlich nach mir siehst! Meine Schulter brennt entsetzlich. Ich glaube, ich habe Fieber.«

Walther fühlte nach der Stirn des Leidenden. Sie war naß von Schweiß, sie glühte. Der ganze Leib des Kranken glühte. Walther schob die Decke beiseite, nahm den Verbandslappen von der Schulter; er war steif von getrocknetem Wundwasser. Die Schulter sah böse aus, war feuerrot geschwollen bis in den Oberarm und den Halsansatz. Was Walther die ganze Zeit befürchtet hatte, war eingetreten: Zähne und Schnauze des Raubtiers hatten die Wunden vergiftet.

»Ich werde die Wunde kühlen und auch deine linke Brust, Claude. Du bist heiß am ganzen Leibe. Soll ich dir etwas zu essen machen?« – »Nein, nur zu trinken.« – »Ich werde dir schieren Rum geben. Vielleicht nutzt dir das!«

So kühlte Walther wohl die Wunde des stöhnenden Gefährten, wischte ihm den Schweiß vom Gesicht, vergaß auch nicht den Becher Rum von Zeit zu Zeit, aber viel zu hoffen wagte er nicht mehr. Er kannte nur zu gut den Ablauf dieser schrecklichen Vergiftungen.

Doch Claude wehrte sich heftig gegen den Untergang. Als es wieder Nacht wurde, drang aus dem schon dunklen Hintergrund des Verschlages Claudes Stimme seltsam klar und bestimmt an Walthers Ohr:

»Walther, es wird nichts mit mir. Ich gehe ein, wenn nichts geschieht. Ich bitte dich, laß mich hier liegen, wie ich bin. Vielleicht halte ich durch. Steige du ins Kanu, fahre am Südufer des Sees bis zum Zufluß vom Eier-See her und dringe dort vor, bis du meine Leute findest. Die Indianer kennen viele heilende Mittel. Ich habe eine ältere Schwester. Sie heißt im Französischen Evangeline, im

Stamm aber Kaskut Omimee. Bringe sie her, so schnell du kannst. Sie weiß viele heilende Pflanzen und Säfte. Sie ist sehr geliebt und berühmt bei uns, fast wie ein zweiter Häuptling. Wenn irgendwer, dann wird sie mir vielleicht noch helfen.«

Walther hob die rechte Hand mit leicht angewinkeltem Arm: Ich komme in Frieden. Am Ufer des Sees erwarteten ihn einige Männer, die aus den zwei Reihen der Lederzelte des Dorfes in der Küstenebene zum Landeplatz hinuntergetrabt waren, das schon von weit her sichtbare Kanu des Besuchers zu empfangen.

Die Männer hatten schnell erkannt, daß es kein Indianer war, der auf sie zuhielt.

Walther hatte die übliche umständliche Begrüßung über sich ergehen lassen, durfte auf gar keinen Fall mit der Tür ins Haus fallen, mußte warten, bis er ins Zelt des Häuptlings geführt wurde, ehe er sein Anliegen vortragen konnte. Aber endlich war es soweit.

Der Häuptling Saw waw Mickinack, ein bejahrter Mann mit zerfurchtem Antlitz, zeigte sich bei aller Selbstbeherrschung, die ihm seine Würde auferlegte, tief bestürzt, als er von Claudes Unfall hörte.

»Gewiß, sie wird ihm helfen. Seine Schwester genießt großes Ansehen bei uns. Sie hat schon vielen geholfen, auch mir, obwohl ich alt bin, meine Tage sind gezählt. Meine Gelenke werden steif. Ich werde sie gleich suchen lassen. In diesen Tagen ist sie viel im Walde unterwegs, die Kräuter und Wurzeln zu sammeln, die sie für ihre Medizin braucht.«

Walther sah dann die Gesuchte vom Wald her über die Zeltgasse dem Häuptlingsplatz zuschreiten, von zwei jungen halbnackten Kriegern geleitet und von vielen Kindern und Frauen gefolgt.

Walther ließ den birkenen Löffel wieder in den Napf zurücksinken. Ihm war, als träfe ihn ein leichter Schlag vor die Brust. Sie mußte es sein. Natürlich, sie trug sich wie eine Indianerin – aber genau wie ihr Bruder Claude war sie von ihres Vaters Seite her französischen Geblüts.

Walther erkannte ihr Gesicht, ein schmales, hohes Antlitz mit starken, dunklen Brauen, mit großen, keineswegs nach Indianerart geschlitzten dunklen Augen.

Ihre Begleiter blieben zurück. Ruhigen, sehr gemessenen Schrittes kam sie über den Vorplatz auf den vor seinem Zelt sitzenden Häuptling zugeschritten, blieb vor ihm stehen, hob die Hand zum Gruß: »Hier bin ich, Häuptling. Du hast mich rufen lassen?«

Sie hatte Walther noch keines Blickes gewürdigt. Sie hatte nur dem alten Saw waw Mickinack zu gehorchen. Eine unbegreifliche Erregung bemächtigte sich Walthers, überfiel ihn aus dem Nichts. Der Häuptling räusperte sich.

»Gut, daß sie dich so schnell gefunden haben, Omimee! Gefahr ist im Verzuge, große Gefahr für deinen Bruder.«

Er wendete sich an Walther: »Erkläre diesem Mädchen, der Schwester deines Helfers, was passiert ist und was von ihr erwartet wird. Ich glaube, ihr solltet sofort die Rückfahrt antreten, sonst kommt ihr zu spät.«

Es dauerte lange, ehe Walther begriff, was ihm gesagt worden war und was von ihm erwartet wurde. Walthers Blicke saugten sich an diesem Antlitz mit den klaren, einfachen Umrissen fest, diesem schönen Kopf, dem schlanken Hals über den leicht abschwingenden Schultern.

War dergleichen überhaupt möglich? Wollte Gott ihn zum Narren halten? Es konnte nicht zweimal unter der Sonne das gleiche, unvergleichliche Frauenwesen geben. Er begriff sich selbst nicht. War das nicht alles längst vergangen, gestorben, verloren? War sie von den Toten auferstanden, die Frau, die die seine gewesen war, der er zugehört hatte, die ihm vor vielen Jahren das Leben gerettet, nein, ein ganz neues geschenkt und sich später mit einer Tapferkeit sondergleichen auf neuer Erde bewährt hatte, um schließlich doch von Unheil, Schuld und Tod eingeholt und vernichtet zu werden?

Sie, seine Anke, der er nach ihrem Tode am See von Kagetoksa im fernen Nova Scotia auf geheimnisvolle Weise noch viel fester und unlöslicher verbunden war als in den Jahren, in denen sie ihm noch voller Leben, heiter und stark, zur Seite gestanden hatte! Sie, seine geliebte Anke! Hatte Gott sie in seiner furchtbaren Unbegreiflichkeit ihm, da er schon alterte, zum zweitenmal in den Weg geführt?

Denn diese Halbblut-Indianerin, die ihm noch immer keinen Blick schenkte, sah dem Erinnerungsbild, das er von der Mutter seiner Kinder ganz unverblaßt im Herzen trug, auf bestürzende Weise ähnlich, wenn auch – eigentümlich erregend – ins Wildere, Unbedingtere abgewandelt, so als hätte die Anke von früher die Entwicklung des geliebten Mannes begleitet, hätte sich ihr angepaßt, hätte wie Walther die aus der alten Welt stammenden Bindungen mehr und mehr abgestreift, wäre mit ihm in das vogelfreie Nichts und Niemandsland des Nordwestens, des »gesetzlosen«, des »rechtlosen«, des unendlich wahrhaftigen Pays d'en haut vorgedrungen.

Walther faßte sich. Mit heiserer Stimme, die den alten Häuptling verwundert aufblicken ließ, berichtete er, was sich am See La Ronge ereignet hatte, und daß Claude ihn geschickt hatte, die Schwester zu Hilfe zu holen.

Jetzt endlich blickte die Frau dem fremden Besucher in die Augen, die ihren hatten sich vor Schrecken geweitet, als sie begriff, daß der Bruder mit dem Tode rang.

»Ich packe schnell zusammen, was ich brauche. Es trifft sich gut, daß ich heute morgen ein seltenes Kraut gefunden habe, das von großer Wirkung sein könnte...« Sie hob den Korb an ihrem linken Arm ein wenig an und fuhr fort: »Wir werden zu zweien paddeln. Dann kommen wir schneller voran. Mache dein Boot bereit!«

Sie hatte es gerufen, während sie schon davoneilte.

Immerhin würde eine kleine Zeit vergehen, ehe sie zur Abfahrt gerüstet war. Walther hatte den Anstand zu wahren und noch einige Worte mit dem Häuptling zu wechseln, ehe er aufbrechen durfte: »Woher hat Kaskut Omimee ihre Kenntnis der Kräuter?«

»Ihre Mutter ist die Tochter eines großen Medizinmannes, dem der einzige Sohn, dem er seine Weisheit hätte vererben können, schon früh gestorben ist. So hat er all sein Wissen der Tochter übertragen, und die wieder hat es an Kaskut Omimee weitergegeben, die früh schon die Mutter ablöste, tat sie doch offensichtlich den Kranken wohler als die Mutter.«

»Ist sie verheiratet, gehört sie einem Manne?«

Die Frage schien den Alten in Verlegenheit zu bringen, sogar zu bestürzen, wie Walther deutlich zu erkennen glaubte. Er wand sich, blickte finster und brachte stockend heraus, als spräche er mit sich selbst und nicht mit dem Fragenden:

»Sie macht mir große Sorge. Sie müßte längst Kinder haben, große Kinder. Sie ist nicht mehr jung. Obgleich sie die Sitten und Gebräuche und Überlieferungen des Volkes besser kennt als irgendwer, ist sie doch stets wie eine Fremde unter uns, ganz anders als ihr Bruder, der bei dir so krank liegt. Sie macht die jungen Krieger fürchten. Es hat bisher keiner gewagt, ihr nahezutreten. Und sie hat auch keinen ermutigt. Und überhaupt ist es wohl schon zu spät für sie.«

»Wie lange darf sie bei ihrem Bruder und mir bleiben, Häuptling?«

Der Alte hob die Rechte und ließ sie auf sein Knie zurückfallen: »Ich mache ihr keine Vorschriften. Sie ist nicht jemand, dem man Vorschriften macht. Sie tut stets das Notwendige. Sie wird ihren jungen Bruder heilen oder nicht heilen. Sie wird kurz ausbleiben oder lange. Sie wird wiederkehren, wenn es richtig ist. Sie gehört zu uns, obgleich sie nicht zu uns gehört.«

»Ich danke dir, Häuptling! Lebt alle wohl, Friede sei mit euch!«

Auch auf dieser schnellen Reise hielt sich Walther trotz aller Sorge um Claude an die alte Regel der Voyageurs, wonach etwa jede Stunde einmal für die Dauer einer kleinen Tabakspfeife, für eine »pipe«, gerastet werden mußte. Nur dann war der schnelle, außerordentlich fördernde, aber auch sehr anstrengende Ruderschlag der Franko-Kanadier durchzuhalten. Er hatte sich zwar nach dem Paddel-Rhythmus der Halbindianerin gerichtet, hatte aber zu seinem Erstaunen zugeben müssen, daß sie ihr Paddel ebenso eilig durchs Wasser stemmte wie die Kanumänner der Pelzhändler.

Es kam Walther so vor, als wäre Evangeline dankbar dafür, daß er nach etwa einer Stunde die erste Rast ansagte. Walther vertrat sich gern die Beine ein wenig nach dem angespannt steifen Sitzen auf der schmalen Ruderbank. Seine Reisegefährtin schritt auf nackten Füßen über den schmalen Uferstreifen davon und tauchte uferaufwärts in den Saum des Waldes.

Unter Männern, wenn die Voyageurs mit sich als einzigen Genossen unterwegs waren, wurden um der natürlichen Notdurft willen nicht viele Umstände gemacht. Es genügte, wenn man ein paar Schritte zur Seite trat. Jetzt war es anders.

Eine Frau, die mit mir im Boot sitzt...

Seit Jahren, seit wie vielen Jahren wieder eine Frau?

Was für Gedanken, was für Bilder fangen an, dich zu beunruhigen, Walther?

Er wandte sich ab, als sie aus dem Dickicht wieder zum Vorschein kam und heranschritt.

An ihm war es, ins Wasser zu treten und das Boot festzuhalten, damit sie einsteigen konnte. Er merkte es beinahe wie eine leichte Berührung, als sie ihn jetzt zum erstenmal anblickte, freundlich, während er sich den Anschein gab, seine Aufmerksamkeit nur auf das Boot zu richten.

Wenn wir wieder eine Pause einlegen, muß ich versuchen, sie zum Sprechen zu bewegen.

Als es soweit war, begann er vorsichtig: »Ich denke, wir werden den Ort, an dem ich deinen Bruder zurückgelassen habe, noch ein, zwei Stunden vor der Dunkelheit erreichen. Wir kommen schnell voran. Ermüdet dich der schnelle Rudertakt nicht zu sehr, Evangeline?«

Sie saß neben ihm, auf einem beim letzten Sturm mit der Krone ins Wasser gestürzten Baumstamm, hatte mit ausgestreckten Beinen die kleinen, geraden Zehen in den Ufersand gebohrt, als wollte sie sie verstecken. Sie stützte sich mit beiden Händen auf den Stamm, blickte über den See hinweg und schüttelte den Kopf: »Es kommt alles darauf, daß wir schnell zu meinem Bruder gelangen. Wenn sein Zustand so ist, wie du ihn geschildert hast, dann kann es morgen früh schon zu spät sein. Wir müssen sein Lager noch heute erreichen. Meine Leute behaupten, daß ich noch nie versagt habe, wenn es darauf ankommt. Jetzt kommt es darauf an. Ich liebe meinen Bruder. Ich bin dankbar, daß du dich sofort auf den Weg gemacht hast, mich zu holen, als er dich darum bat.« Sie zögerte und fragte dann nicht mehr bestimmt, sondern scheu: »Ich weiß nicht, wie ich dich anreden soll. Du mußt es mir sagen, damit ich keinen Fehler begehe.«

»Nenne mich so, wie dein Bruder mich nennt, einfach Walther. Mein voller Name ist Walther Corssen.«

Wenn Walther auch nie vergaß, daß er mit dieser Frau – Mädchen mochte er nicht sagen – unterwegs war, um einen mit dem Tode kämpfenden Kameraden zu retten, so konnte er doch nicht verhindern, daß trotz aller Sorge eine unerklärliche Heiterkeit von ihm Besitz ergriff, die ihm das schweißtreibende Rudern leicht machte, ihm auch den Blick schärfte für den goldenen Zauber des spätsommerlichen Tages. Der See blaute zur Linken unabsehbar. Der schmale, schwärzliche Streif der Wälder über den fernen Ufern trennte Himmel und Wasser im Süden und Osten, während im Westen und Norden, wo der See seine stille Fläche scheinbar ins Grenzenlose dehnte, eine feine, haarscharfe Linie in vollkommenem, doch kaum erkennbarem Bogen Luft und Wasser voneinander schied – und zugleich zwei Zonen zwar nahe verwandten, und doch deutlich andersgearteten Blaus.

Ein einfaches, machtvolles Bild! Und die Bugwelle des Kanus rauschte ihr freundliches Lied unermüdlich. Und vor ihm bewegte sich ein schlanker Rücken, wiegte sich ein Kopf mit dunklem Haar, schwangen zwei braune Arme auf und ab.

Als die beiden Ruderer in ihrem schnellen Kanu die verloren am leeren Ufersaum des La-Ronge-Sees stehende Schutzhütte erreichten, bedurfte es keiner medizinischen Kenntnisse, um auf der Stelle zu begreifen, daß der bald tief bewußtlose, dann wieder vor sich hin murmelnde, manchmal auch knirschend fluchende, schreiende, um sich schlagende Claude nur noch mit einem letzten Rest von Kraft gegen den Tod ankämpfte. Das Gift in seinen Adern war offenbar drauf und dran, die Oberhand zu gewinnen.

Die Wunde an Claudes Schulter hatte sich geschlossen. Doch war die ganze Schulterpartie vom Oberarm bis in den Nacken hinein unförmig verschwollen. Wenn man den Finger auf die wie ein Trommelfell gespannte Haut legte, konnte man darunter den Herzschlag pochen fühlen, sonderbar matt zuweilen, dann bösartig hart, sehr unregelmäßig.

Evangeline sprach kaum ein Wort, verlor keinen Augenblick, nahm sich sofort des Kranken an, schien aber als selbstverständlich zu erwarten, daß ihr der ältere Mann zur Hand ging, auch ohne in allen Einzelheiten angewiesen zu werden.

Sie wußte bereits, daß Walthers scharfes Jagdmesser in der Flamme des Feuers vor der Hütte – Walther hatte es neu entfachen müssen – zu erhitzen war, bis es zu glühen anfing. Mit dem heißen Messer zog sie einen tiefen Schnitt quer über die Schulterkuppe. Es entsetzte Walther, welche Menge gelbgrünen Eiters aus der so geöffneten Wunde hervorquoll. Sie hatte Walthers Pfanne unter die Schulter geschoben, um das zersetzte Gewebe, bald auch nachdrängendes Wasser und Blut aufzufangen; sie füllte sich schnell. Walther hatte sie abseits auszuschütten, im See ein wenig auszuschwenken und dann wieder unter die Schulter zu schieben, während Evangeline den Schnitt nochmals durch einen senkrecht dazu verlaufenden zweiten Eingriff vertiefte. Walther hatte mit leichtem Ekel zu kämpfen. Die geöffnete Wunde verbreitete einen widerlichen Verwesungsgeruch. Evangeline bewegte mit den gestreckten Fingern beider Hände die um die Wunde bis zur Brust geschwollenen Muskeln hin und her, um den Eiterfluß weiter anzuregen. Dies leichte Drücken und Schieben schien dem Kranken größere Qual zu bereiten als das glutheiße Messer. Er stöhnte, streckte sich dann aber wie erleichtert. Seine geschlossenen Lider flatterten. Er schlug die Augen auf, zwei, drei Herzschläge lang, erkannte den über ihn geneigten Kopf seiner Schwester, flüsterte: »Omimee...« – und versank, tiefer noch als zuvor, in seine Ohnmacht. Doch hatten sich die verkrampften Züge gelockert, so daß er wieder sich selbst ähnlich sah. Walther stellte es erleichtert fest.

Evangeline richtete sich auf. Zum erstenmal seit der Ankunft wandte sie sich Walther zu: »Die Wunde darf sich nicht schließen.

Sie muß offengehalten werden, damit das Gift abfließen kann. Bleibt es in seinem Leib, muß er sterben. Gelingt es uns, den Ausfluß einige Tage in Gang zu halten, wird er leben – vielleicht. Ich lege Nesselblätter in die Einschnitte. Sie dürfen nicht verkrusten, müssen von Zeit zu Zeit gewechselt werden. Er braucht vorläufig nichts zu essen, nur zu trinken. Ich werde einen Tee aus Sassafras-Rinde kochen, seinen Durst zu löschen und auch das Gift aus seinen Adern zu spülen. Viel mehr können wir nicht tun. Wir müssen die ganze Nacht bei ihm wachen, die Blätter wechseln, ihm Tee einflößen. Du schlafe zuerst. Du hast in der vorigen Nacht nicht viel geschlafen, hast fast die ganze Zeit seit gestern nachmittag gerudert. Ich wecke dich nach Mitternacht. Bleibe aber ganz in der Nähe. Wenn etwas passiert...«

Aber was sollte passieren? Feindliche Menschen, überhaupt Menschen gab es hier nicht weit im Umkreis. Die wilden Tiere aber würden das Feuer scheuen.

Claude Cuiseur oder Mascawa Scou Tay, »Starkes Feuer«, überstand den Kampf mit dem Bären dank der unermüdlichen Pflege, die ihm seine Schwester und Walther McCorssen angedeihen ließen – nicht zuletzt dank seiner zähen und gesunden Natur. Doch verschliefen die beiden Retter eine ganze Nacht lang erst, als Claude das Fieber zuverlässig hinter sich gebracht hatte, als keine Nesselblätter mehr in die immer noch offengehaltene Schulterwunde gelegt zu werden brauchten und der Kranke nicht mehr von den anfangs oft erschreckend jäh anfallenden Ohnmachten heimgesucht wurde.

Jetzt erst war daran zu denken, das provisorische Lager abzubrechen und wieder in Walthers festes Haus, den eigentlichen Handelsposten, zurückzukehren. Nicht ein einziger Besucher war inzwischen aufgetaucht. Unter den weit verstreut lebenden Sippen und Unterstämmen der Wald-Cree dieses Landstrichs südlich des Egg-, des La-Ronge- und des Wapawekka-Sees hatte sich schnell herumgesprochen, daß auf dem Posten Walthers keine verlockenden Güter der Bleichgesichter mehr zu erwerben waren. Erst mußte die Rückkehr der Kanus aus den fernen Gebieten der Chipewyans, vom »Oberen« und vom »Regnerischen« See abgewartet werden, ehe man wieder Feuerwasser, die »Milch des Weißen Mannes«, eiserne Pelztierfallen, Ahlen oder Jagdmesser auf Kredit gegen die Pelzausbeute des nächsten Winters einhandeln konnte.

Die drei Menschen, die beiden jüngeren Halbweißen und der ältere Weiße, wurden daher in diesen Tagen und Wochen nicht gestört.

Solange die drei noch am Ort des Unfalls verweilten und die zwei Gesunden umschichtig am Lager des Kranken hatten wachen müssen, war die Frage, wie man die Schlafstätten verteilen sollte, gar nicht aufgetaucht. Dies änderte sich, als Claude langsam zu Kräften kam und der Umzug in das feste, geräumige Haus des Handelspostens die drei Menschen unter einem Dach zusammenführte.

Gleich am ersten Tag stellte Walther fest: »Das Haus hat nur einen Raum. Klein ist er gerade nicht. Aber separieren kann man sich nicht darin. Bruder und Schwester werden nicht viel dabei finden, eine Weile miteinander zu hausen. Auch ist Evangeline immer gleich zur Stelle, wenn Claude Hilfe braucht. Ich werde weiter im Freien kampieren oder in unserem kleinen Fellschuppen. Der ist jetzt so gut wie leer.«

Walther legte sich also jeden Abend an der Außenseite der Hauswand zur Ruhe. Sein Schlafsack aus Bärenfellen hielt ihn warm. Das stille, leuchtende Herbstwetter hielt an, wenn es auch unmerklich müder und kühler wurde. Es mochte bald frieren. Jede Nacht hielt Walther, wenn er einmal munter wurde, nach dem ersten Nordlicht des nahenden Winters Ausschau. Doch regierten Sterne und Mond vorläufig noch allein die stillen Nächte; die Geisterflammen des Nordlichts ließen auf sich warten.

Es kam ein Tag, an welchem deutlich wurde, daß Claude seine alte Kühnheit und Unternehmungslust keineswegs verloren hatte. Von der angebrochenen Rippe verspürte er kaum noch etwas. Der Biß des Raubtiers hatte eine Schwächung des linken Arms zurückgelassen, die bei manchen Verrichtungen hinderlich war. Auch sonderte die Schulterwunde dicht über der Achselhöhle immer noch ein wenig Blutwasser und zersetztes Gewebe ab, war auch um diese Öffnung herum noch gerötet und empfindlich. Claude hielt das aber lediglich für einen kleinen Schönheitsfehler und nahm es nicht mehr ernst.

Eines Abends erklärte er ohne jede Einleitung: »Morgen früh mache ich mich auf, einen Bären zu schießen. Ich bin mit den Burschen noch nicht quitt. Auch werden wir im kommenden Winter hier ein ziemlicher Haufen Leute sein. Das Fett des Bären, der mich angenommen hat, wird bestimmt nicht reichen.«

Omimee erwiderte: »Wenn erst die Kanubrigaden angekommen sind, dann ist für mich hier kein Platz. Ich habe dem Häuptling versprochen, zum Stamm zurückzukehren, Claude, sobald es dein Zustand erlaubt. Ich meine, daß du noch nicht so weit hergestellt bist, um wieder auf die Jagd zu gehen. Dazu ist später Zeit, wenn dich jemand begleiten kann. Und warum sollen wir nicht beieinander bleiben, solange wir noch unter uns sein können?«

»Schwester«, gab er zur Antwort, »du brauchst keine Sorge zu haben. Ich werde nur wenige Tage unterwegs sein, bin bestimmt wieder hier, ehe die Brigaden der Kanus eintreffen. Und dann solltest du uns noch helfen, den Bären aufzuarbeiten, kannst dem Häuptling die Tatzen mitnehmen als besonderen Leckerbissen und als Dank dafür, daß er dich Walther für mich anvertraut hat.«

So stand es also, und Claude war nicht von seinem Entschluß abzubringen.

12 Was sie sich eingebrockt hatten, als sie Claude aus ihrer Mitte entließen, kam den beiden anderen erst voll zu Bewußtsein, nachdem Claude früh am Morgen über den See hinweg nach Nordwesten entschwunden war.

Ihre Blicke fanden sich. Es war keine Absicht dabei. In dieser Sekunde erst drang es ihnen ins Bewußtsein: Wir sind miteinander allein, so allein wie zwei Menschen am allerersten Tage. Bisher waren sie beide ganz auf Claude eingestellt gewesen. Claude hatte wie eine Schutzwand zwischen ihnen gestanden. Claude war nun fort.

Über Tag war vieles zu verrichten im Haus, bei der Bootslände, im Fellschuppen, im nahen Wald. Brennholz für den Winter war noch nicht zur Genüge geschlagen, also gab's Arbeit genug für Walther. Er fragte nicht danach, womit Evangeline sich tagsüber beschäftigte, legte aber gehorsam die Axt beiseite, als sie ihn gegen Abend – früh schon wurde es dunkel – zur Hauptmahlzeit hereinrief.

Der Kienspan brannte mit rötlicher, beinahe rauchloser Flamme neben dem aus groben Steinen gefügten Kamin, in dem ein Dreifuß aus Felsbrocken den Kochkessel trug.

Walther saß im halbdunklen Hintergrund des hochgegiebelten Raumes. Das Mahl, eine dicke Suppe aus Wildfleisch, Lachs und Waldbeeren, hatte gut und kräftig geschmeckt; er hatte tüchtig zugegriffen, nicht ohne Omimees Kochkunst zu loben.

»Ich werde zum See hinuntergehen und mich dort waschen«, sagte er. »Es ist noch nicht ganz dunkel. Ich mag den Schweiß des Tages nicht auf der Haut. Ich habe mich heute reichlich anstrengen müssen.«

Sie antwortete: »Das Wasser im See ist kühl, aber noch nicht kalt. Du bist es ja gewohnt. Und ich kann mich in der Zeit hier im Hause waschen. Du brauchst dich also nicht zu beeilen. Ich muß den Span brennen lassen, sonst sehe ich nichts.«

Er machte sich auf den Weg zum Strand, und dort, wo er sich etwas abseits an einer Stelle mit feinem Ufersand den ganzen Sommer über gewaschen hatte, schlüpfte er aus den Kleidern.

Nach dem sonnenlosen Tage war das Wasser nicht mehr nur kühl, sondern kalt. Ein Vergnügen war das nicht. Bald steckte er wieder in Hosen und Hemd, zog sich auch gleich den Jagdrock über, den er vorsorglich mit ins Freie genommen hatte – und merkte doch, daß er in das vom Kaminfeuer erwärmte Haus zurückkehren mußte, wenn er wieder warm werden wollte. Sie hatte es dort soviel einfacher gehabt als er; sie würde längst fertig sein.

Der Kienspan am Kamin war so gut wie verbraucht und gab kaum noch Helle her. Das Feuer im Kamin indessen war offenbar erst vor kurzem gespeist worden; es fraß sich mit bläulichen Flämmchen an den Kanten einiger Birkenscheite fort. Die reichliche Asche darunter glühte goldrot. Sie allein war es, die ein wenig Licht im Raum verbreitete – und wohlige Wärme.

Im gleichen Augenblick, da Walther Corssen die Tür hinter sich geschlossen hatte, fühlte er sich sanft wie von einem Zauberstab angerührt.

Er atmete tief auf und ließ die Augen durch den halbdunklen Raum wandern. Wo war sie?

Er erstarrte. War es Wirklichkeit, was sich dort in der fernsten Ecke des Raumes aus den Schatten hob? Ein Frauenleib, nackt, von vollkommenem Ebenmaß... Sein Blick erfaßte die wunderbare, halb nur zu ahnende Erscheinung.

Walther zitterte plötzlich – vor Kälte, vor jäher Hitze. Er stammelte kaum hörbar: »Was ist das – Omimee?«

Sie hob den Kopf. Sie sprach leise, aber sehr deutlich und langsam: »Wenn in meinem Stamm ein Mädchen sich begehrt glaubt, wenn sie willig ist, dann wird sie irgendwann und irgendwie dem Erwählten einen Wink geben und eine Gelegenheit herbeiführen, bei welcher er sie nackt erblickt. Er soll wissen, was ihn erwartet. Die Frauen sind es bei uns, die sich die Männer wählen, die Väter ihrer Kinder, nicht umgekehrt. Über die Mütter pflanzen sich die Sippen fort, nicht über die Väter. Ich habe lange gewartet, Walther, und meine Mutter und der Häuptling haben mich oft deswegen getadelt. Als du bei uns erschienst, um für meinen Bruder Hilfe zu holen, wußte ich, daß meine Stunde gekommen ist. Ich brauche nicht länger zu warten. Hier bin ich!«

Als zöge ihn ein Magnet, schritt Walther langsam auf sie zu, erkannte sie nun, erkannte die Haut – wie hellbrauner Samt.

Er hob die Hand und berührte mit den Fingerspitzen ihre Schultern.

Sie hob seine Hand und legte sie auf ihre Brust; Walthers Hand wölbte sich um die schöne Rundung.

Es war vollends um ihn geschehen, als er spürte, daß die Knospe ihrer Brust sich schon gehoben hatte und das Innere seiner Handfläche berührte.

Er schloß den warmen Leib in seine Arme – nicht nur warm war er, er schien zu glühen.

Die Nacht stand schwarz um das weltverlorene Blockhaus in der unermeßlichen Einöde. Zuweilen nur, wenn die Geliebte mit zurückgebogenem Haupt ruhte, als wäre sie gestorben, ein rätselhaftes, nur zu ahnendes Lächeln um die geschlossenen Augen und die leicht geöffneten Lippen – zuweilen tappte er auf bloßen Sohlen zum Feuer hinüber und legte einige frische Scheite in die Glut. Sie sollte nicht frieren, und er wollte nicht im Dunklen nach ihren Hüften, ihren Schultern tasten. Er wollte sie sehen.

Der alternde Mann und die reife, doch zum erstenmal liebende Frau lebten in den lautlosen Nächten, die auf diese Nacht folgten, nur ihrer Leidenschaft. Jeder von ihnen hatte in dem vergangenen Jahrzehnt ein dunkel drängendes Verlangen, einen nie ganz schlafenden Durst vor sich selbst, erst recht vor allen anderen, verstekken müssen. Nun hatte ihm die List des Gottes diese Halbindianerin gleichsam als eine wiedergeborene Anke zugeführt. Ihr aber war in diesem freundlich-klugen Mann der zu früh dahingegangene, aber ebenfalls unvergessene Vater wiederbegegnet. Alle Dämme, die das Verlangen bis dahin gebändigt hatten, waren mit einem Schlage geborsten. Es war, als wollten sich die beiden Menschen in wenigen Tagen für all den dumpfen oder auch grell aufflackernden Hunger aneinander schadlos halten, der sie so viele Jahre im verborgenen gepeinigt hatte.

Niemand störte diese Tage. Die beiden Menschen, einsam wie die ersten Kinder Gottes, tranken sich mit einem, wie es schien, gar nicht zu stillenden Durst.

13 Claude kehrte gegen Mittag des fünften Tages nach seinem Fortgang unversehrt wieder zurück. Man merkte ihm freilich die Strapazen an, die er hinter sich hatte. Noch hatte er seine alte Unverwüstlichkeit nicht voll zurückgewonnen. Doch strahlte er, sicherlich ohne sich dessen bewußt zu sein.

Er hatte einen riesigen Schwarzbären erlegt – mit einem einzigen Schuß: »Genau zwischen die Augen ins Gehirn! Ich habe ihn auf wenige Schritte herankommen lassen!« Sein Mut und sein Geschick als Jäger waren glänzend bestätigt.

Aber er war nicht imstande gewesen – sein linker Arm verfügte vorläufig nur über die halbe Kraft –, das gewaltige und im Tode bleischwere Tier aus der Decke zu schlagen, zu zerteilen oder es gar im ganzen ins Kanu zu verladen.

»Ich bin eigentlich nur gekommen, dich zu Hilfe zu holen, Walther. Das Cree-Kanu, das ich hatte, ist zu klein und zu schwach für das Gewicht, das wir ihm zumuten müssen. Wir nehmen das kanadische Kanu. Kommst du mit mir, Walther? Wir sollten keine Zeit verlieren, sonst wird uns der Bär angefressen und das Fell zerstört.«

Während die Männer schon das Gerät für das zweite, größere Kanu zusammensuchten, packte Evangeline ein wenig Proviant zusammen; zwei, wahrscheinlich sogar drei Nächte würden die Männer unterwegs sein.

Wenn Claude nicht so stark mit sich selbst beschäftigt gewesen wäre nach seiner Rückkehr, hätte er im Blockhaus einiges bemerkt, was ihn hätte stutzig machen müssen. Vielleicht war ihm auch dies oder das aufgefallen. Sicherlich konnte ihm nicht entgangen sein, daß die Ordnung im Hüttenraum verändert war. Denn als Walther am Abend des ersten Reisetages am Feuer wie nebenbei und ohne Vorbereitung bekannte: »Claude, deine Schwester und ich, wir werden heiraten. Glaubst du, daß der Häuptling einverstanden sein wird?«, war Claude viel weniger erstaunt, als Walther erwartet hatte, ja, er bemühte sich nicht einmal, überrascht zu scheinen.

»Ich habe es kommen sehen, Walther, und ich bin froh, daß es so gekommen ist, Walther. Sie hätte keinen Indianer geheiratet. Sie wäre eine alte Hexe geworden; es gibt solche genug bei den Cree. Der Häuptling wird sehr einverstanden sein und die Mutter auch. Es wird gut werden für dich und Omimee und uns alle! Sie werden stolz sein, daß du dann zum Stamm gehörst. Der Mann gehört zur Sippe der Frau, nicht umgekehrt, das weißt du, und unsere Mutter ist eine Cree.«

Walther hatte bis dahin seine Verbindung mit Omimee als ein nur ihn und sie umfassendes Geheimnis angesehen. Wie sollte es anders sein! Claudes Worte machten ihm klar, daß er sich nun weit über das Persönliche hinaus in ein Netz von ganz neuen Bindungen verstricken würde.

Es war so geschehen – und er mochte es nicht mehr ungeschehen machen. Es ließ sich gar nicht ungeschehen machen!

»Gut!« erwiderte er also nach längerem Schweigen. »Ich werde Omimee, wenn wir mit dem Bären fertig geworden sind, zu eurem Stamm begleiten und sie mir dort zur Frau geben lassen. Du mußt auf der Station bleiben. Die Brigaden können jetzt jeden Tag eintreffen.«

Claude zögerte mit der Antwort; es schien, als sei er mit einmal sonderbar befangen und müsse sich erst ein Herz fassen: »Nein, das wäre nicht gut. Besser wäre es, wenn du selbst sie empfingest. Die Männer rechnen mit dir, nicht mit mir. Und hast du gar nicht daran gedacht, daß deine Tochter Anna und ihr Mann ankommen werden? Wird sich nicht deine Tochter vorgestellt haben, daß sie die einzige Frau auf der Station sein wird? Und wo soll das Paar wohnen? Das Haupthaus wird voll sein von Voyageurs.«

Walther saß wie erstarrt. Er fragte sich: Haben mir die vergangenen Tage mit Omimee den Verstand geraubt? Weiß Gott, ich habe wirklich keinen Augenblick daran gedacht, daß Anna und Justin aufkreuzen werden. Dabei hatte ich mich so darauf gefreut. Kann ich es Anna zumuten, ihre Mutter bei mir ersetzt zu finden durch eine – albernes Wort! – eine Stiefmutter?

Um alles in der Welt, nein, das geht nicht! Von Anfang an liefe alles verkehrt.

Zugleich aber wußte er: Ich kann sie nicht mehr entbehren, Omimee, Evangeline! Nein, sie jetzt von neuem zu entbehren, weil meine Tochter kommt, die längst selber verheiratet ist? Nein, das geht nicht. Ich kann es nicht. Ich will es nicht. Ich bin dazu nicht alt genug.

Unbestimmt lange hatte Walther in die Flammen des langsam verflackernden Lagerfeuers geblickt. Auch Claude hatte sich nicht gerührt; er ahnte, welchen Sturm er in der Seele des verehrten älteren Gefährten, ohne den er gar nicht mehr am Leben wäre, entfesselt haben mochte.

Walther kam schließlich wieder zu sich. »Claude, mein Junge, ich bin dir dankbar, daß du mich daran erinnert hast, womit ich rechnen muß. Du hast gewiß recht, daß es wohl besser ist, wenn Anna und Justin und auch die Voyageurs der Brigaden nicht gleich nach ihrer Ankunft deine Schwester neben mir erleben. Zum Wohle aller wird Omimee zunächst ins Häuptlingsdorf zurückfahren müssen. Später, wenn der Schnee kommt und wir den beiden Kindern ein Haus gebaut haben – und ein anderes für die Voyageurs, die im Winter am La Ronge bleiben –, später dann wird der Häuptling Omimee und mich zusammengeben. Ich kann sie nur auf Cree-Weise heiraten. Es gibt keinen katholischen Priester auf tausend Meilen im Umkreis.«

Claude hatte sich aufgerichtet, fütterte das Feuer von neuem mit ein paar Holzscheiten. Daß er erleichtert war, war ihm vom Gesicht abzulesen.

»Allerdings, aber was tut das? Mein Vater hat meine Mutter auch nach Cree-Sitte geheiratet. Und wenn es stimmt, was erzählt wird – und meine Schwester glaubt es genau zu wissen –, dann haben meine Eltern eine gute Ehe geführt.«

Sie zogen dem Bären das Fell ab, lösten die dicken Speckschichten von den Rippen, die das Tier hatten über den Winterschlaf bringen sollen, teilten das Muskelfleisch kunstgerecht auf, ließen die Abfälle abseits liegen – ihre Verwerter warteten darauf, unsichtbar in der Runde. Dann machten sich die beiden Männer im schwerer gewordenen Kanu auf die Rückreise.

Omimee half dabei, das Fett des Bären auszulassen und das Fleisch in handliche Stücke zu schneiden, die Hinterschenkel aber zu räuchern über einem langsam schwelenden Feuer aus Pappelholz.

Omimee hatte beschlossen: »Ich muß jetzt zu meinen Leuten zurückkehren. Claude ist so gut wie gesund. Der Häuptling wird warten.«

Und am Schluß, als Claude noch die Tatzen des Bären als Gruß und Leckerbissen für den Häuptling im Boot der Schwester verstaute und die Ladung des kleinen, schwankenden Fahrzeugs für sie zurechtrückte, nahm Walther Omimee für einen Augenblick beiseite:

»Omimee, ich werde, wenn die Brigaden erst hier sind und ich alles gerichtet habe, deinen Häuptling und deine Mutter aufsuchen und sie bitten, dich mir zum Weibe zu geben.«

»Ja, Walther!« entgegnete sie und hob die Hand, als wollte sie sie auf die seine legen. Aber sie tat es nicht.

Sie war ihm ergeben, wie eine weiße Frau niemals ergeben sein konnte. Er wußte es plötzlich – und daß sie ihn besaß, wie niemand und nichts ihn je besessen hatte.

14 Der November stand vor der Tür. Jeden Tag mochte jetzt das Wetter umschlagen. Klarte der Himmel auf, so war mit Sicherheit anzunehmen, daß sich innerhalb einer einzigen Nacht hartes Eis an den Seeufern bilden, schnell ins offene Wasser hinauswachsen und nach einigen weiteren Tagen auch die Flüsse fesseln würde. Wo blieben die beiden Kanubrigaden? Das Warten war kaum noch zu ertragen.

Claude war es, der am 26. Oktober ins Haus gestürmt kam, wo Walther gerade damit begonnen hatte, ihre Hauptmahlzeit vorzubereiten: »Walther, ein Kanu von Nordosten, ein einziges! Es muß bald da sein!«

Walther hob eilig den brodelnden Topf vom Feuer und trat vor die Tür. Ja, ein Nordwest-Kanu, mit sechs Mann besetzt!

Kurz vor dem Ufer stieg der vorderste Ruderer über Bord, hielt das Boot fest, bis die Männer alle das Fahrzeug erleichtert hatten. Erst als der stämmige Kanuführer schon den Platz vor dem Handelsposten erreicht hatte, begriff Walther, wer da auf ihn zuschritt. Es war Gilles Clautier, ein Mann, der dem Concern McCorssen, O'Gilcock & Matthieu seit Anbeginn, seit über zehn Jahren also diente, den Walther jedoch fast ganz aus den Augen verloren hatte, da er nicht im Pays d'en haut, sondern bei den Brigaden der großen »Meister-Kanus« zwischen Montréal und Grand Portage am Lake Superior gearbeitet hatte – und, wie es nun ersichtlich war, zur Stellung eines Gouvernail aufgestiegen war. Clautier, soviel hatte Walther vernommen, war ganz und gar O'Gilcocks Mann. Aber immerhin, er war ein langbewährter Gehilfe des Concerns.

Walther rief ihm entgegen: »Gilles Clautier – sieh einer an! Wir sind uns seit Ewigkeiten nicht begegnet. Was, um alles in der Welt, führt dich hierher? So spät im Jahr! Seid ihr den Kanubrigaden nicht begegnet unterwegs? Ihre Ankunft hier ist schon überfällig.«

»Viele Fragen auf einmal. Ich will sie der Reihe nach beantworten. Ich bin mit meinen Leuten par express von Monsieur O'Gilcock aus Montréal abgesandt worden, Euch einen wichtigen Brief zu überbringen.« Er faßte in seine geräumige Bluse und brachte ein versiegeltes Schreiben zum Vorschein, das er Walther überreichte.

Walther betrachtete das Schreiben mißmutig, konnte sich aber nicht entschließen, es in Gegenwart des Voyageurs zu öffnen; er steckte es in die Tasche seines Überrocks, und sagte dann mürrischer, als es eigentlich seine Absicht war: »Ich warte dringend auf unsere beiden Kanubrigaden mit den Handelsgütern für den kommenden Winter – unter Gérard Choquette und Paul Luders. Die Brigaden sollten in diesem Sommer ihre Ladungen in Grand

Portage so schnell wie möglich gegen die Güter aus Montréal umtauschen. Ich will noch vor dem Eis Außenposten weit voraus einrichten. Das kostet Zeit. Die Ladungen müssen ausgepackt, umgepackt und neu registriert werden. Ich begreife nicht, warum die Kanus noch nicht hier sind.«

Gilles Clautier schien den Unwillen Walthers wie einen Tadel zu empfinden, der seinem eigenen Verhalten galt. Er stammelte: »Ich habe die Brigaden im Lac du Bonnet überholt; sie hatten noch nicht einmal den Winnipeg-See erreicht. Aber ich habe mich nicht aufgehalten. In Grand Portage hatte ich schon gehört, daß es Ärger gegeben hat. Einer der Brigadeführer, Luders, glaube ich – ich kenne ihn nicht –, war von dem kleinen englischen Kommando, das jetzt in Grand Portage stationiert ist, in Gewahrsam genommen worden. Ohne Captain Gorham wäre die Sache übel ausgegangen. Captain Gorham hat sich dafür verbürgt, daß der Mann den englischen Behörden ausgeliefert wird, falls ihm wirklich ein Verstoß gegen englische Verordnungen oder Gesetze vorzuwerfen ist. Paul wurde freigelassen, soll aber noch am gleichen Tage aus Grand Portage verschwunden sein. Niemand weiß, wohin. Aber wohin soll er schon gegangen sein?« Der Voyageur, der wie alle seines Schlages gern ins Erzählen und Mutmaßen geriet, zuckte mit den Achseln und fuhr fort: »Dahin natürlich, wo neuerdings alle hingehen, die mit England und den Engländern Ärger haben und englischen Soldaten oder Behörden lieber aus dem Wege gehen: nach Süden in die rebellierenden Kolonien, die sich von der englischen Krone losgesagt haben!«

Walther fiel ihm ins Wort: »Was sagst du da, Gilles? Kolonien, die der Krone den Gehorsam aufgekündigt haben? Davon wissen wir hier an unserem Ende der Welt noch gar nichts! Berichte mir alles darüber, was du weißt.«

Jetzt erfuhr Walther das schier Unglaubliche: Die älteren englischen Kolonien weiter im Süden, Massachusetts, Connecticut, Rhode Island bis hinunter nach Virginia und Georgia, insgesamt dreizehn an der Zahl, waren offenbar entschlossen, die englische Oberherrschaft mit – sie sagten es frei heraus – mit ihrer Knebelung und Ausbeutung der englisch sprechenden Gebiete auf amerikanischem Boden abzuschütteln, notfalls mit Gewalt. Sie wollten ihr Schicksal fortan in die eigenen Hände nehmen. Anfang Juli dieses Jahres 1776 hatten sie vor aller Welt ihre Unabhängigkeit erklärt.

»Aber wie wird das alles ausgehen!« schloß der Abgesandte O'Gilcocks aus Montréal. »Ich habe meine Lektion schon vor mehr als einem Dutzend Jahren gelernt, als die Engländer die Franzosen vor Québec-Stadt schlugen und der französischen Herrschaft in Kanada ein Ende setzten. Ich war damals dabei unter dem Lilienbanner des Königs von Frankreich. Wir hatten keine Chance, wurden geschlagen. Gegen England ist kein Kraut gewachsen. Die rebellischen Kolonien im Süden werden es zu spüren bekommen und ihrer Strafe nicht entgehen.«

Walther schoß die Vermutung durch den Kopf: das sind O'Gilcocksche Reden oder auch solche Gorhams. Wo stehe ich dabei? Er wußte keine klare Antwort auf solche Fragen. Er rief sich zur Ordnung. Diesem Voyageur gegenüber hatte er den Seniorpartner des Concerns zu spielen, also ließ er sich in knappem Befehlston vernehmen: »Gut, gut, Clautier. Das wird sich zeigen. Vielen Dank für deine Auskunft. Kümmere dich jetzt um deine Leute. Claude weiß über alles Bescheid. Ich muß mir erst überlegen, was ich mit euch weiter anfange. Im Winter könnt ihr nicht zurückreisen. Aber Überfluß an Proviant werden wir kaum haben, es sei denn, wir bekommen Büffel-Pemmikan aus der Prärie von den Assiniboins. Teile deine Leute ein. Es ist noch viel Brennholz und eine Menge Bauholz zu schlagen. Claude wird dir angeben, was im einzelnen zu verrichten ist.«

Während er sich abwandte, um ins Haus zu treten, steckte er die Hand in die Tasche.

Richtig, der Brief aus Montréal! Walther spürte einen leisen Widerwillen. Angenehme Nachrichten pressieren gewöhnlich nicht derart, daß man sie per Eilkanu auf eine lange Reise schickt. Seit längerer Zeit schon erweckte der Name O'Gilcock in Walthers Gemüt zwiespältige Empfindungen.

Ich will ungestört sein, wenn ich den Brief lese.

Walther verließ das Haus durch die Hintertür und wanderte den

Strand des Sees entlang zu der geschützten Stelle, wo er sich an wärmeren Tagen gewöhnlich gewaschen oder auch eine Weile geschwommen hatte. Er setzte sich auf den Felsblock, auf dem er sonst seine Kleider abzulegen pflegte, zog den Brief aus der Tasche und brach das Siegel, der Lack splitterte in den Sand. Er entfaltete die gelblichen knarrenden Bögen. Er las:

»Montréal, am 5. August 1776

An Walther McCorssen
    Seniorpartner im Concern McCorssen,
    O'Gilcock & Matthieu,
    zur Zeit im Pays d'en haut am Lac la Ronge

Verehrter Partner, lieber Walther,
ich zögere nun nicht mehr, Dir auf schnellstem Wege einige Informationen zukommen zu lassen, die neben anderen vor allem Dich betreffen und die, wie mir scheint, schnelle Entscheidungen erfordern.
    Sicherlich ist es längst auch bis zu Dir gedrungen, daß sich dreizehn britische Kolonien weiter im Süden von London und der englischen Krone losgesagt haben. Die »Amerikaner«, wie die Rebellen sich jetzt nennen, als bestände Amerika nur aus ihnen, haben ein paar Anfangserfolge verbuchen können, haben uns ja sogar hier in Montréal mit ihrem etwas gewaltsamen Besuch beglückt. Unser Concern ist mit den »Amerikanern« aus Boston und New York im Gegensatz zu anderen ganz gut ausgekommen. Ich vertrete ja hier den Concern mit deinem tüchtigen Sohn William als Juniorpartner. Schwieriger wurde unsere Lage, als die Engländer wieder ans Ruder kamen. Die Herrschaften sind nun sehr nervös. Der Krieg weiter im Süden geht offenbar nicht ganz so, wie sich die Londoner Herren das vorgestellt haben.

Ich habe mich mit William drehen und wenden müssen – aber bis jetzt haben wir im Geschäft noch keinen Schaden oder Rückschlag erlitten.

Aber, wie gesagt, die englischen Behörden sind jetzt überaus mißtrauisch und aufgeregt. Immerhin, dafür sorgte schon die liebe Konkurrenz, sind die wenigen Concerns ins Gerede gekommen, die einen französischen Namen in der Partnerschaft aufweisen, darunter auch wir. Ich wurde ausführlich und nicht sehr freundlich über unseren guten Pancrace Matthieu befragt. Pancrace hat es deshalb auf meinen und auch deines Sohnes William Rat vorgezogen, als Seniorpartner aus dem Concern auszuscheiden, damit sein Name aus der Firma verschwindet. Aber er bleibt natürlich, solange er es noch leisten kann, unser Grand Maître des Canots. Wir verlieren ihn nicht.

Er hat seinen Anteil am Concern zur Hälfte an John Gorham, zur anderen an Deinen Sohn verkauft. Gorham ist jetzt bereit, seinen Namen in der Bezeichnung des Concerns an Matthieus Stelle setzen zu lassen. Das kann uns nur recht sein, denn Gorham wird von den Engländern nicht beargwöhnt.

Ich selber? Nun, ich habe im Krieg gegen die Franzosen sehr aktiv auf englischer Seite gekämpft. Das ist leicht nachzuweisen gewesen.

Wirklich schwierig wurde die Sache jedoch erst, als die Behörde dahinterkam, was es mit McCorssen auf sich hat, lieber Walther. Irgend so ein nicht genügend beschäftigter Nichtsnutz von Beamter ist darauf gekommen zu fragen, wo der Clan McCorssen seinen ursprünglichen Sitz hat oder wenigstens gehabt hat.

Um die lange Geschichte kurz zu machen, lieber Walther: die Verwaltung hat in alten Akten gewühlt und festgestellt, daß ich damals die Handelslizenz auf den Namen Walther Corssen beantragt hatte, daß aber dann die Lizenz auf den Namen McCorssen ausgestellt worden ist. Und nachdem man erst einmal wußte, daß das Mc nicht zu Deinem Namen gehörte, fand irgendein verdammter Federfuchser heraus, daß vor zehn Jahren nach einem Mann dieses Namens gefahndet worden ist. Du wirst gewiß Verständnis dafür haben, lieber Walther, daß mir nichts anderes übrigblieb, als hoch und heilig zu beteuern, ich hätte von diesen Zusammenhängen nichts geahnt, Gorham erst recht nicht. Und natürlich würden wir Dich sofort von der Partnerschaft im Concern ausschließen. Ob wir dich allerdings bewegen könnten, aus dem fernen Indianerland im Nordwesten noch einmal nach Montréal zu kommen, das hielte ich für unwahrscheinlich.

Ein Unglück kommt selten allein. Die Burschen in der englischen Verwaltung haben langsam, aber sicher alle ihre Akten und Listen beieinander und möchten am liebsten jedem Bürger und Untertan ein Schild um den Hals hängen mit seinem Wer, Was, Woher und Wohin. Du sollst unter Deinen Voyageurs einen gewissen Paul Luders beschäftigen. Dieser Mann ist ein Deserteur und wird schon lange gesucht. Ich glaube, daß eine Anweisung nach Grand Portage geschickt worden ist, diesen Luders dingfest zu machen, wenn er dort auftauchen sollte.

All dies wäre sicherlich nie aufs Tapet gekommen, wenn nicht der Aufstand der Kolonien im Süden die englischen Behörden aufgestört hätte, wie ein Bussard einen Hühnerhof aufscheucht. Aber seitdem McCorssen aus dem Namen des Concerns verschwunden ist (gemäß einem Vorschlag Deines Sohnes William, lieber Walther, firmieren wir jetzt O'Gilcock, Gorham und Leblois), werden wir nicht weiter offiziell beargwöhnt. Viel größere Sorge als diese mehr persönlichen Mißlichkeiten bereitet mir etwas anderes: Die Engländer fürchten, daß über die Kanurouten vom Oberen, vom Huronen- und vom Michigan-See her Rebellen-Streitkräfte in den Rücken Kanadas am Sankt Lorenz einsickern könnten, und wollen deshalb, wie ich aus absolut sicherer Quelle weiß, die Strecke zwischen Montréal und Michilimackinac aufs schärfste kontrollieren.

Mir gefällt das gar nicht, und Deinem Sohn William gefällt es noch weniger. Wenn es zu machen wäre, dann müßten wir die Route von Montréal über den Ottawa und die Georgian Bay des Huronen-Sees überhaupt in Zukunft vermeiden, denn dort wird man nicht mehr Herr seiner Ladungen, seiner Kanus und seiner Leute sein.

Wenn man nur weit nach Norden ausweichen könnte! Dort ist mit englischen Kontrollen keinesfalls zu rechnen. Du, lieber Walther, weißt inzwischen mehr und Genaueres vom Pays d'en haut als irgendein leichtsinniger und ungebildeter Voyageur. Wir erwarten und erbitten Deinen Rat, und wir haben diese dringliche Bitte nicht anders absenden können als per Eilkanu, wie Du einsehen wirst. Gilles Clautier wird eine Abschrift dieses Schreibens, die Dein Sohn angefertigt hat – es muß alles streng vertraulich bleiben! –, Captain Gorham in Grand Portage überbringen. Dort muß er unvermeidlich vorbei. Partner Gorham kann sich dann einschalten, wenn er es für nötig hält.

Es ist ein langer Brief geworden, lieber Walther. Es hat mich drei Nächte gekostet, ihn zu schreiben. Aber Du, der die Pelze beschafft, die uns allen nach wie vor große Gewinne bringen, mußtest schleunigst unterrichtet werden über das, was sich hier abspielt und voraussichtlich weiter abspielen wird. Wenn Dein Name auch nicht mehr in dem des Concerns auftaucht, so wirst Du uns doch sicherlich weiter dienen zum Wohle von uns allen, besonders Deiner Kinder.

Ich bleibe, lieber Walther, Dein Dir aufrichtig ergebener Freund

Patrick O'Gilcock«

Mein »aufrichtig ergebener Freund« hätte sicherlich weniger freundschaftlich und weniger ergeben geschrieben, überlegte Walther bitter, wenn er sich nicht klar darüber wäre, daß ich es bin, der die Quelle auch seines wachsenden Vermögens am Sprudeln hält. Hätte er einen Ersatz für mich, der von ihm abhängig ist, so würde er mich lieber heute als morgen ausbooten. Aus der Partnerschaft bin ich schon ausgeschlossen. Dazu hat ihm der Krieg den sicherlich sehr erwünschten Anlaß und die Begründung gegeben – und ich kann nichts dagegen einwenden.

Ich könnte Schluß machen. Ich könnte das Band zerschneiden, das mich mit dem Osten verbindet. Die da im Osten brauchen mich. Ich brauche sie nicht. Wenn ich etwas mit Sicherheit weiß, dann ist es dies: Claude ist mir treu für immer – mehr: Omimee ist mir treu für immer.

Walther saß und sann. Vor ihm breitete sich der große See ins Ungewisse. Die Nacht sank über das lautlose Gefilde, schwer, feucht, vernebelt; sie würde sehr düster werden. Walther nahm es kaum wahr. Er hatte die Briefbögen langsam und sorgfältig wieder gefaltet und in seiner Rocktasche vergraben.

Das Band zerschneiden? Es wäre verlockend – Omimee knüpft ein neues. Ich will und werde nicht mehr allein sein. Dazu bin ich entschlossen.

Aber Anna darf ich nicht vergessen, meine kleine Tochter. Sie kann nicht mehr fern sein. Die Lastkanus werden nicht mehr lange auf sich warten lassen.

Nein, mein guter Pat O'Gilcock. Ich gebe nicht auf! Noch nicht! Ich gebe nie auf! Das werden sie noch merken!

15 Mit der Ankunft der sechs Männer des Eilkanus beim Handelsposten des Walther McCorssen – hol das Mc der Teufel, dachte Walther; ohne mein Zutun ist es mir angehängt und ebenso wieder abgehängt worden; und ich sage: Gott sei Dank! Corssen ist allemal genug! – auf dem Handelsposten des Walther Corssen hatte sich das Dasein für Claude und Walther völlig verändert. Das Eilkanu und O'Gilcocks Brief hatten den

Fortgang des üblichen Geschehens unterbrochen. Plötzlich hatte sich Unruhe erhoben, Arbeit und Notwendigkeit von allen Seiten. Die sechs Mann des Eilkanus waren unterzubringen und zu verpflegen, vor allem aber nutzbringend anzustellen. Gilles Clautier erwies sich dabei als ein vorzüglicher Antreiber seiner Leute.

Walther widerstand nicht mehr Claudes Plan, seinen Handelsposten an der »Weiden-Bucht« des La Ronge zu einer kleinen Wildnis-Festung, einem Urwald-Fort mit quadratischem Grundriß, abstecken und ausbauen zu lassen.

»Wir schaffen es nicht bis zur tiefen Kälte, Claude!« hatte Walther ohne großen Nachdruck einzuwenden versucht.

Aber Claude, der unversehens in das Amt eines Bauleiters hineingewachsen war, hatte vergnügt erwidert: »Du vergißt, Walther, daß wir morgen oder übermorgen mit weiteren achtzig bis hundert Männern rechnen können. Choquette und Paul Luders werden schon dafür sorgen, daß die Kanus vom Fleck kommen. Paß auf, Walther, es dauert jetzt nicht mehr lange, und es wird hier von Männern nur so wimmeln!«

»Und du, mein Junge, vergißt, daß Paul abhanden geraten ist. Ob Gorham einen geeigneten Nachfolger bestimmt hat, wissen wir nicht.«

Claudes Zuversicht bestätigte sich drei Tage nach dem Abflauen des großen Sturms. Gegen Abend, als die Düsternis schon einfiel wie nasse schwarze Watte, tauchten die so lange und sehnlich erwarteten Lastkanus – alle zehn auf einmal eng beieinander – als schwarze Schatten vor dem Ufer auf; sie hatten sich den am Strande wartenden Männern schon von weit her angekündigt. Walther, Claude, Gilles und seine Voyageurs hatten alles stehen- und liegenlassen und waren zum Ufer hinuntergelaufen.

Natürlich, die da durch die sinkende Nacht heranfegten mit rauschender Bugwelle, waren erleichtert, endlich ihr Ziel erreicht zu haben. Ein breitschultriger Bursche stürmte aus dem Dunkel auf Walther zu, der sich etwas abseits gehalten hatte, und umhalste ihn, beinahe heulend vor Freude: »Walther, Meister, alter Junge, sie haben mich nicht erwischt! Ich bin wieder da. Walther, mein guter Walther, ich bin wieder da!«

Es war Paul!

Walther rief überrascht, aufs höchste erfreut: »Paul, ich hörte, du wärst abhanden geraten. Du bist ihnen entkommen? Großartig, Paul! Ich hätte dich sehr vermißt!«

Da war auch mit einemmal Gérard Choquette. Walther hatte seine beiden verläßlichsten Brigadisten wieder. Die Welt kam wieder in Ordnung.

Walther wollte wissen: »Paul, wie hast du's geschafft, wieder zu uns zu stoßen? Warst du nicht verhaftet und dann verschwunden? Wie hat sich Gorham bei alldem verhalten?«

»Captain Gorham? Oh, der war großartig! Ohne ihn wäre ich nicht freigekommen. Gorham muß gesehen haben, daß es unseren Voyageurs ernst damit war, mich nicht von ein paar Uniformierten festhalten zu lassen. Und die Voyageurs der anderen Concerns hätten auf unserer Seite mitgemacht, wenn es hart auf hart gekommen wäre. Walther, die Sache ist so: Seit die Amerikaner den Engländern in Boston und in Philadelphia den Gehorsam aufgekündigt haben, ist der Respekt bei vielen Leuten, die sich bisher haben ducken müssen, in die Binsen gegangen. Schließlich sind wir alle ›Amerikaner‹ – wir im Pays d'en haut am meisten! Uns hilft hier draußen keiner, wenn's schiefgeht! Darum hat uns auch keiner was zu sagen!«

Das waren goldene Worte – und die Männer, die umherstanden, es waren mehr und mehr geworden, kargten nicht mit lautem Beifall.

Walther war bei dem Gerede unruhig geworden. Paul hat mich gleich zu finden gewußt, ehe noch die Boote an Land gehoben waren. Und meine Anna? Und Justin? Sind die gar nicht mitgekommen? –

Walther nahm Gérard Choquette für einen Augenblick beiseite: »Gérard, habt ihr meine Tochter und ihren Mann nicht mitgebracht?«

»Doch, Walther! Sie hatten ihren Platz bei mir im ersten Boot. Deine Tochter hat durchgehalten wie ein Voyageur. Aber jetzt hatte sie große Sorge, daß ihr Privatgepäck, Haushaltssachen und so weiter, unbeschädigt an Land gelangten. Sie wollte selbst dafür sorgen. Und ihr Mann hat ihr sicherlich nachgegeben. Du mußt das verstehen, Walther! Es wundert mich nicht, daß Anna besorgt ist um ihre Sachen. Wie Frauen so sind...«

Walther Corssen schritt suchend durch das nur scheinbar wirre Gewimmel der vielen Gestalten, die schwer bepackt uferauf und leer wieder abwärts stapften. Wo ist Anna, meine kleine Tochter Anna?

Er fand sie ganz am Rande des Durcheinanders. Sie umschritt prüfend einen kleinen Haufen von Packen und Bündeln und zählte offenbar. Sie mußte es sein. Die »kleine« Anna? Sie war so groß wie Walther selber.

»Anna!« rief er halblaut. Sie erstarrte. Sie blickte dem Manne entgegen, der sich äußerlich kaum von den übrigen Voyageurs unterschied.

Walther verhielt einen Schritt vor der schmalen Gestalt im knöchellangen Leinenrock.

»Anna!« kam es über seine Lippen, leiser noch als zuvor, und seine Augen strahlten.

Als brächen die zwei Silben den Zauber, der sie gefangenhielt, urplötzlich, so jäh warf sie sich in die geöffneten Arme: »Vater, Vater!« stammelte sie. Tränen rannen ihr übers Gesicht, in dem Walther die Züge des Kindes wiedererkannte, das er – vor wie vielen Jahren? – in der Ferne hatte zurücklassen müssen, um sich dem Zugriff rachsüchtiger Macht zu entziehen.

Sie faßte sich: »Justin ist dich suchen gegangen. Es ist ein solches Durcheinander hier. Aber nun sind wir endlich an Ort und Stelle. Ach, Vater, daß ich nun hier bin, bei dir, im Pays d'en haut, bei den Indianern!«

»Ja, Anna, du bist die erste weiße Frau im Nordwesten. Du brauchst keine Angst zu haben, Tochter. Ich bin hier, dein Mann ist da! Hier ist man frei und allein auf sich selbst gestellt, auf jemanden also, auf den man sich, so Gott will, verlassen kann. Und, glaube mir, hundert Männer, alle meine Voyageurs, ließen sich für dich in Stücke reißen!«

Sie löste sich aus seinen Armen, lachte: »Ach, Vater, was nützten mir zerstückelte Männer! Heil sind sie mir viel lieber. Auch, wenn ich sie mir dann vom Leibe halten muß. Da kommt Justin gerannt!«

Walther spürte es wie einen warmen Strom in seinen Adern: Sie war es, Anna, seine Tochter, Ankes Tochter, die große, nicht mehr kleine Anna. Sie kannte die Furcht, aber sie fürchtete sich nicht. So muß es sein! Ankes Tochter!

16 Walther stürzte sich in die Arbeit, als gälte es, in einer Woche nachzuholen, was in Monaten versäumt und aufgeschoben war. Zwar nahmen ihm Claude, Justin, Gérard und Paul manches ab, auch Gilles Clautier zeigte sich unverändert beflissen und dienstwillig – oder noch beflissener –, und doch war hunderterlei zu entscheiden und anzuordnen, was nur der Maître allein bestimmen konnte.

Vor der Station erschien eines Mittags eine kleine Flottille indianischer Kanus, die tief im Wasser lagen. Sie brachten eine große Ladung getrockneten Büffelfleischs von den Assiniboins aus den Prärien, wie Walther es über den Häuptling Saw waw Mickinack vom Egg-See bestellt hatte.

Das Fleisch war gegen Nadeln und Ahlen eingehandelt worden, die Walther im vergangenen Sommer dem Häuptling überlassen hatte.

Einen Tag später erschienen in einigen weiteren Kanus mehrere Dutzend struppiger, kräftig gebauter Hunde. Sie begrüßten Walthers Handelsposten mit einem so höllischen Jappen, Bellen und Heulen schon vom Wasser her, daß alle Welt zusammenlief: die Schlittenhunde, die sommers über bei den Indianern am Egg-Lake und auch am Nemeiben-Lake in Kost gewesen waren. Das Kostgeld betrug ein Fläschchen verschnittenen Rums für drei Hunde. Walther bezahlte die ganze Schuld mit einem Fäßchen des so hoch geschätzten und so schnell getrunkenen Saftes aus vergorenem Zuckerrohr, bedeutete aber dem jungen Anführer der Hundekanus, daß das Fäßchen dem Häuptling unversehrt auszuliefern wäre. Der junge Krieger, ein Mann mit offenem, freundlichem Gesicht, versprach es hoch und heilig.

Walther mußte endlich mit sich ins reine kommen! Er wanderte am Strand entlang, fort von der lärmenden Geschäftigkeit um die Station, fort von dem Lärm der Männer, die mit Axt, Beil und Säge ein halbes Dutzend von Blockhäusern errichteten, das alte Haupthaus um zwei große Räume erweiterten, auch ein zweites, kleineres Wohnhaus aufstellten mit dem Kamin mitten zwischen den zwei Räumen, auf die das Haus angelegt war.

Walther schritt eilig davon, als hätte er Wichtiges zu bestellen. Niemand hielt ihn auf.

Er war mit sich zerfallen. Ich renne vor mir davon, herrschte er sich an. Ich mache mir vor, daß die Arbeit mich auffrißt. Ich weiche meiner Tochter aus, auch Justin und sogar Claude, vermeide es, mit ihnen unter vier Augen zusammenzutreffen. Ich sehne mich nach Omimee. Ich kann, verdammt, kaum noch ruhig schlafen des Nachts. Das muß ein Ende haben. Wenn Anna nicht einverstanden ist mit dem, was ich vorhabe, zum Teufel, dann eben nicht! Ich bin ihr keine Rechenschaft schuldig, weder vor Gott noch vor den Menschen. Und wenn sie dem Vater keine zweite Frau zubilligt, so kann sie sich mit Justin auf einen Außenposten versetzen lassen. Ich hielte sie gern, aber ich kann sie nicht halten. Ohne Omimee kann ich nicht mehr sein. Noch heute werde ich mit Anna und Justin sprechen, wenn ich sie allein erwische!

Es war, als wollte ihm das Schicksal Gelegenheit geben, sich auf der Stelle zu beweisen. Vor sich zu Boden starrend, war er über den feuchten Sand des Ufers hingestapft. So nahm er in seiner Versunkenheit die beiden Gestalten, die ihm am Strand entgegenkamen, erst wahr, als er sie schon dicht vor sich hatte. Es waren Justin und Anna.

»Wo kommt ihr her? Was macht ihr hier so weit draußen?« wollte Walther wissen, nicht eben freundlich.

Justin: »Du selbst hast mir aufgetragen, Vater, am Strand entlang nach Weißfichten zu suchen. Wir sind knapp an Watap. Die Kanus sollen gründlich überholt werden, bevor wir sie für den

Winter eingraben.* Weißfichten sind hier selten. Aber ich habe einige ausfindig gemacht. Sie werden uns ausreichend Watap liefern.«

Anna: »Ich habe Justin gebeten, mich mitzunehmen. Wir haben noch keine Unterkunft für uns allein. Ich wollte auch dem Trubel des Lagers für zwei, drei Stunden entfliehen. Man kommt dort nicht mehr zu sich selber.«

Walther: »Ja, das stimmt. Deshalb bin ich auch unterwegs. Ich schließe mich euch an für den Rückweg. Wenn ihr nichts dagegen habt?«

Walther stapfte dicht am Wasser den beiden voraus, aber verhielt den Schritt so plötzlich, daß die beiden anderen fast gegen ihn angerannt wären, und richtete sein Wort nur an die Tochter, als wäre Justin gar nicht vorhanden: »Anna, ich will wieder heiraten, will mit einer Frau noch einmal eine Ehe beginnen. Ich war lange genug allein. Du wirst das als Verrat an deiner Mutter ansehen, auch wenn es das in Wahrheit nicht ist, im Gegenteil! Und ich möchte gleich vorweg feststellen: Wenn dir das nicht gefällt, so mußt du weichen. Ihr, Justin und du, könntet dann einen Außenposten übernehmen. Könnt an meiner Stelle weiter nach Nordwesten vorrücken, zu den Buffalo Narrows, zum Athabasca-Fluß und -See – wo die auch liegen mögen, Gott allein weiß es... Ich will hier bleiben und mir und ihr ein festes Haus bauen!«

Seine Stimme klang hart und zornig, als hätten die Jüngeren bereits lauter unkluge und lieblose Einwände erhoben.

Walther starrte die Tochter an, mit finster gerunzelten Brauen, verkniffenem Mund, als wäre er bereit, jeden Einwand grob abzuschrecken.

Aber es kam gar kein Einwand, sondern Anna sagte: »Ach, Vater, was hast du dir zurechtgedacht! Wie oft haben Justin und ich schon darüber gesprochen, daß du nicht allein bleiben solltest. Du

---

* Watap, die langen, dünnen, sehr zähen Saugwurzeln der Weißfichte. Sie wurden von den Indianern und nach ihrem Vorbild von den Voyageurs dazu benutzt, die steifen Lappen aus Birkenrinde miteinander zu vernähen, aus denen die Außenhaut der Kanus gebildet wurde. Über Winter wurden die Kanus in die Erde vergraben und froren ein. So wurden sie bis zum Frühling allen Einflüssen der Witterung und allen Beschädigungen durch Tiere oder Menschen entzogen.

bist doch gar nicht alt. Nein, wenn du wieder heiraten willst – wir würden uns nur darüber freuen, Justin und ich. Und wir würden uns Mühe geben, deine Frau gern zu haben, Vater.«

Walther Corssen spürte: der Strick, der mir die Brust eingeschnürt hat, ist abgefallen. Anna hat ihn zerschnitten, mühelos. Es war, als habe sich der graue Nebeltag ein wenig aufgehellt. Anna fuhr fort, offensichtlich vergnügt: »An mir soll's nicht fehlen, Vater! Da habe ich wenigstens jemand, mit dem ich ein bißchen klatschen kann. Und zu zweit wären wir auch ein besseres Gegengewicht gegen die schrecklich vielen Männer!«

Walther breitete seine Arme aus: »Anna, meine kleine große Anna! Wie schön, daß du gekommen bist! Hierher, ans Ende der Welt!«

Jetzt erst war Anna wiedergekehrt.

17

Der Winter stahl sich schließlich ins Land wie ein Dieb – über Nacht und auf leisen Sohlen und nicht, wie es sich sonst für die richtigen Nordland-Winter gehört, mit dem Paukenschlag eines Schneesturms.

Walther, der noch mit Claude und Paul Luders im Haupthaus schlief, erwachte des Nachts, ganz und gar durchfroren. Die Nächte waren noch so warm gewesen, eine stille, rabenschwarze Nacht nach der andern, daß die Männer es nicht für nötig erachtet hatten, das Feuer im Kamin bis zum Morgen in Gang zu halten.

Walther erhob sich leise. Die ruhigen Atemzüge der beiden jüngeren Gefährten von der anderen Giebelseite her verrieten ihm, daß sie noch fest schliefen. Die Kälte! Mir ist sie bis ins Bett gekrochen. Es muß draußen frieren.

Er zog die Mokassins an und entfachte das Feuer. Das ging nicht ohne Geräusch ab. Claude und Paul gesellten sich zu ihm, um sich zu wärmen, verschlafen noch, erst allmählich kamen sie zu sich.

»Es ist sehr kalt draußen, es hat aufgeklart und friert Stein und

Bein. In ein paar Tagen sind die Seen und auch die Flüsse fest zugefroren, wenn es so bleibt.«

Claude gähnte aus Herzensgrund. »Und noch immer kein Schnee! Ein verrücktes Jahr! Wo kommt der Wind her?«

»Ja, der Wind steht nicht mehr aus Südwest, sondern aus Nordwest bis Nord und ist schneidend eisig.«

»Von daher kommt kein Schnee«, meinte Claude. »Eher aus Südost bis Ost. Wenn es jetzt gleich hart friert, wenn die Gewässer sich schließen und dann erst der Schnee Wasser und Land bedeckt – falls er bei Windstille fällt –, dann geht im kommenden Frühling das Eis erst sehr spät wieder auf.«

Klirrender Frost bei wolkenlosem Himmel – und Tag für Tag nach jeder zu Todesstille erstarrenden Nacht beißende Kälte – und nicht eine einzige Handvoll Schnee weit und breit! Binnen kurzem hatte sich die Oberfläche des Sees in zumeist spiegelglatten Granit verwandelt.

Die Männer sehnten sich nach Schnee. Diese verrückte, tiefe, trockene Kälte war kaum zu ertragen, war wider die Natur. Die Schlittenhunde an ihren Ketten gebärdeten sich wie irrsinnig; sie wollten angespannt werden, wollten über weiße Flächen fegen. Ein paar Männer versuchten es mit den Schlitten auf dem längst zuverlässigen Eis des Sees. Die Hunde heulten und wimmerten vor Enttäuschung; sie fanden auf dem blanken Eis keinen Halt, rutschten, glitten aus, sackten hilflos auf den Bauch. Es wollte ihnen nicht gelingen, die Schlitten von der Stelle zu bewegen.

Es dauerte seine Zeit, ehe sich die Männer mit der schneelosen Kälte abgefunden hatten und wieder in den Rhythmus der gewohnten Arbeit einfielen. Es war noch so viel zu verrichten.

Am letzten Sonntag im November rief Walther gegen Mittag die gesamte Mannschaft des Postens auf den Vorplatz zwischen Haupthaus und dem Eis des Seeufers zusammen. Er stieg auf den Tisch vor der Hütte. Mit lauter Stimme begann er: »Voyageurs, Kameraden! Ich habe euch eingeladen, mich anzuhören, weil ich etwas mitzuteilen und zu fragen habe, was uns alle betrifft. Vielleicht habt ihr es euch schon selbst gesagt, daß der Krieg zwischen

England und den aufsässigen Kolonien weiter im Süden den Pelzhandel lahmlegen und die Kanu-Route nach Montréal sperren könnte. Das würde für uns alle den Verlust unserer Einkünfte und unter Umständen des täglichen Brotes bedeuten. Ich habe in unserem Concern darüber nachgedacht, wie solcher Gefahr zu begegnen ist. Ich meine, daß man versuchen müßte, das Pays d'en haut auf einer weiter nördlich verlaufenden Route mit dem unteren Sankt Lorenz zu verknüpfen, einer Route, die den von Süden her zu störenden Huronen- und den Nipissing-See ganz vermeidet, vielleicht auch sogar den Oberen See. Es gibt solche Routen, das weiß ich, aber ich habe sie noch nicht befahren. Was ich wissen will, ist dies: gibt es unter euch einen oder einige, die mit diesen Routen vertraut sind, den Routen also, die zwischen den Großen Seen und der James-Bay, dem Südzipfel der Hudson Bay, hindurchführen? Sie müßten für unsere Brigaden ausprobiert und abgesteckt werden. Entweder müßte man im nächsten Frühling mit einer kleinen Ladung von Pelzen versuchsweise nach Osten durchstoßen – oder sich sogar schon jetzt im Winter mit Hundeschlitten und reichlich Proviant auf die lange Reise machen, um noch vor der nächsten Saison vertrauliche Nachricht an unsere Leute in Montréal gelangen zu lassen. Ich erwarte jetzt noch keine Antwort, Voyageurs. Ihr werdet die Sache unter euch bereden wollen. Wer dann glaubt, daß er mir, uns, ja eigentlich uns allen helfen kann, der möge sich bei mir melden. Ich danke euch, Voyageurs, daß ihr mich angehört habt.«

Walther sprang vom Tisch, trat ins Haus zurück und zog die Tür hinter sich zu. Er mußte den Männern Zeit lassen, mit sich ins reine zu kommen.

Schon am gleichen Abend sprachen zwei ältere Voyageurs den Maître an: Sie stammten beide aus Tadoussac; das liege an der Mündung des Saguenay in den Sankt Lorenz. Der mächtige Saguenay komme von Westen und habe von jeher die Straße ins Innere, bis hinüber zur Hudson Bay gewiesen. Und nicht nur das: Man könnte die Hudson Bay auch im Norden liegenlassen und sich über einige zum Teil allerdings schwierige Portagen zum Lac Abitibi hinüberschieben, von wo aus dann, den Abitibi-Fluß hin-

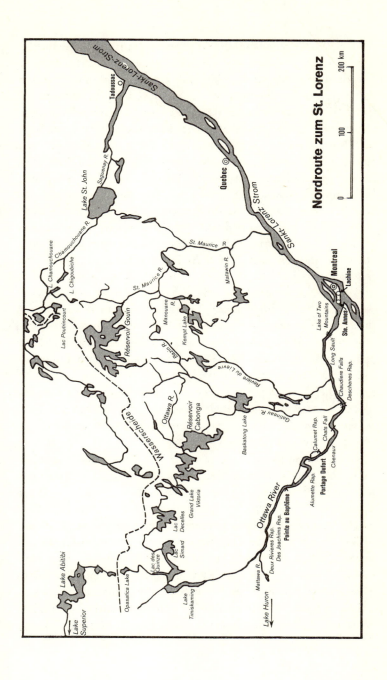

unter, den Missinaibi oder den Kapuskasing hinauf, der Lac Supérieur zu erreichen wäre. Weite Umwege ließen sich durch ein paar Ost-West-Portagen abkürzen.

»Sind wir erst am Oberen See, Meister, dann sind wir auch in Grand Portage, im Pays d'en haut und weiter im Nordwesten bis hierher zum Lac la Ronge und noch viel weiter. Wir hätten Lust, die Route zu probieren, und erst recht die andere, die schon vom Winnipeg-Fluß ostwärts abzweigt und über den Lac Seul und die Root-Portage den Albany-Fluß erreicht, also die Großen Seen, den Superior- und den Huronen-See, überhaupt vermeidet und im Lake Abitibi in die erste Route einläuft. Mit einen guten Nord-Kanu, leichter Ladung und reichlich Proviant und natürlich einer guten Besatzung von acht Männern sollten wir uns wohl im nächsten Frühling und Sommer nach Tadoussac und Québec durchschlagen.«

Walther saß den beiden im Haupthaus gegenüber. Draußen war schon die Nacht eingefallen, eine eisige, reglos stille Nacht mit maßlosem Geglitzer der Sterne, wie die Nächte zuvor. Claude und Paul, dazu Justin und Anna hatten mit Walther das Abendbrot verzehrt. Anna nahm sich der vier gerne an. Dann waren die beiden fremden Voyageurs dazugekommen.

Walther hatte die beiden Fremden genau beobachtet, während der eine, ein wendiger, beinahe zierlicher, aber sicherlich äußerst zäher Mann mit rötlichem Schnauzbart und einem großen roten Pompom am Zipfel seiner Wollkappe, ihre Ansicht vortrug. Die Männer gefielen Walther; reinblütige Kanadier waren es, vom alten Schlag der frühen Siedler. Wenn irgendwer, dann kannten sie – dieser Jean Pimard, dieser Norman Masset – sich aus in den Einöden.

Der zweite Voyageur, Norman Masset, gefiel Walther eigentlich noch besser als der Sprecher. Er war ungewöhnlich groß und hager geraten für einen Voyageur.

Walther hatte sich die Rede angehört. Nach einigem Nachdenken nahm er einen neuen Faden auf: »Wenn man nicht bis zum Frühling wartete, wenn man statt dessen die neue Route schon jetzt im Winter mit Hundeschlitten probierte, dann könnten schon im kommenden Jahr unsere Montréal-Brigaden unter eurer Führung zum Oberen See reisen, nach Michipicoten oder nach Nipigon, und dort könnten sie mit den Nordwestern ihre Frachten austauschen.«

Diese Anregung gefiel den beiden Voyageurs offenbar nicht. Jean Pimard erwiderte: »Hunde sind nicht gerade unser Fall. Auf Kanus und Portagen verstehen wir uns besser.«

Walther wollte den Gedanken schon aufgeben; er hatte es sich beinahe gedacht: Voyageurs und Hunde, das paßte schlecht zueinander.

Doch ließ sich Claude vernehmen: »Ich verstehe mich gut auf Schlitten und Hunde, du weißt es, Walther. Wenn Jean Pimard und Norman Masset mich als Schlittenführer annehmen würden, brauchten sie sich nicht um die Hunde zu kümmern. Ich habe mich schon mit Paul besprochen. Er schätzt die Strecke, die von hier bis zum unteren Sankt Lorenz zurückzulegen ist, mit den unvermeidlichen Umwegen auf zweieinhalb- bis dreitausend Meilen. Wir würden also normalerweise etwa einhundertundfünfzig Tage brauchen. Wenn wir uns bald auf den Weg machen, müßten wir gut und gern vor dem nächsten Aufbruch des Eises am Sankt Lorenz angekommen sein – und die Montréal-Brigaden könnten schon im nächsten Sommer die neue Route benutzen.«

Das war klar und mutig gedacht und machte Claude alle Ehre. – Lange sprach niemand ein weiteres Wort. Alle spürten, daß viel auf dem Spiele stand.

Dann verließ Paul Luders seinen Platz und trat neben den Kamin. Ohne die übrigen anzusehen, wandte er sich an Walther allein: »Walther, dies ist wohl klar: es ist für den Concern, und für mich erst recht, ratsamer, daß ich nicht mehr in Grand Portage erscheine. Auf der neuen Route könnte ich mich bewähren, und am unteren Sankt Lorenz kennt mich kein Mensch; meinen Namen könnte ich verändern. Außerdem, Walther, erproben wir die neue Route im Kanu, so werden die Brigaden frühestens im übernächsten Jahr, also erst 1778, den vom Kriege nicht bedrohten Weg benutzen können. Verlassen wir uns aber auf die Schlitten, so gewinnt der Concern ein ganzes Jahr des ungestörten Handels.

Wenn Jean und Norman sich mit uns zusammentun wollten, hätten wir die neue Route schon so gut wie im Sack!«

Eigentlich ist die Sache geklärt, dachte Walther.

Da mischte sich Anna unerwartet ein: »Ich will euch nicht dreinreden, Männer. Aber nach allem, was ich weiß, gehört Claude zu seinem Stamm. Der Häuptling hat ihn dir nur ausgeliehen, Vater. Wird der Häuptling ihn für eine so weite Reise freigeben? Den Unwillen der Cree können wir nicht riskieren. Und was wird Claudes Schwester Omimee sagen? Sie hat den Bruder gerade erst geheilt; sie wird kaum glauben, daß er schon wieder stark genug ist für eine beschwerliche Winterreise.«

Dazu hatte sich Claude zu äußern. »Der Häuptling? Ja, ich weiß nicht, was er sagen wird. Wenn ich ihm nicht gehorche, kann ich mich nie mehr bei meinen Leuten sehen lassen. Auf keinen Fall darf der Plan scheitern, falls ich nicht mit von der Partie sein darf. Ich habe einen Vetter von meiner Mutter Seite her, der gilt als der tüchtigste Schlittenführer im ganzen Stamm. Dem ist keine Reise weit und gewagt genug. Der würde sich euch sofort anschließen, wenn ihr ihn anfordert und der Häuptling zustimmt.«

Die fünf Menschen, die Walther in der Hütte mit den niedrigen Wänden und dem hoch darüber gegiebelten Dach Gesellschaft leisteten, verstummten ebenso wie ihr Maître. Alle blickten zu ihm hinüber, der sie plötzlich gar nicht mehr wahrzunehmen schien. Paul Luders lehnte noch immer am Kamin, Claude, Justin und Anna hockten auf dem Rande der mit Moos vollgepackten Bettstatt. Justin hatte sich den ganzen Abend über mit keinem Wort an der Aussprache beteiligt. Aber er hatte, wie es seiner Art entsprach, genau zugehört und beobachtet.

Walther richtete sich so schroff aus seiner Versunkenheit auf, seine Hand, die den Kopf gestützt hatte, fiel als Faust so hart auf den Tisch, daß die andern erschraken.

»Für heute genug, Leute!« erklärte der Maître. »Ich muß mir das Für und Wider noch einmal durch den Kopf gehen lassen. Vielleicht melden sich außer euch, Jean und Norman, auch noch andere. Das muß man abwarten. Gute Nacht allerseits.«

18

Einen Tag glaubte Walther warten zu müssen. Dann gab er noch einen zweiten dazu. Aber es meldete sich niemand mehr, der zu einer Kanu- oder gar zu einer Schlittenreise durch entlegenes, nur selten durchstoßenes Gebiet Lust und Mut gezeigt hätte. Gut, sagte sich Walther endlich, es bleibt bei diesen vier. Claude läßt sich nicht ausschließen. Er bedrängt mich. Er will sich beweisen, will Außerordentliches verrichten schon in jungen Jahren. Das ist indianisch und vielleicht auch französisch. Ich will ihn nicht ablehnen, wenn der Häuptling seinem Wunsche nachgibt – und Omimee ebenfalls.

Er nahm sich Paul Luders beiseite: »Paul, ich habe mich entschieden. Ihr nehmt den besten Schlitten, die besten zehn Hunde und die besten Schneeschuhe! Macht euch so bald wie möglich auf den Weg. Du wirst das Kommando haben auf der Reise, aber ich rate dir, dich, was den Weg anlangt, nach Jeans, was die Hunde anlangt, nach Claudes Weisungen zu richten. Was ihr vorhabt, ist nur zu bewältigen, wenn jeder jeden anderen für voll nimmt und sich alle vier ineinanderfügen. Ich werde dir übrigens einen Brief mitgeben, den du in Montréal dem Seniorpartner Pat O'Gilcock persönlich auszuhändigen hast.«

Paul lachte über sein ganzes ehrliches Gesicht: »Du bist überzeugt, daß wir die Reise bewältigen werden, daß wir nach Tadoussac und schließlich nach Montréal durchkommen?«

»Wäre ich nicht davon überzeugt, Paul, so würde ich euch nicht auf diese weite Reise schicken.«

Paul, vernügt: »Fehlt uns nur noch der Schnee, Walther!«

Auch Walther lachte nun: »Merkst du es nicht, Paul? Seit heute morgen geht die Luft milder. Ich sage dir: heute nacht haben wir bedeckten Himmel, morgen früh Sturm aus Südost und Schnee! Schnee soviel, daß wir an der Hälfte genug hätten!«

Walther hatte richtig prophezeit. Der große Schnee kam, fiel auf längst fest- und tiefgefrorenen Boden, auf längst fußdickes Seeeis, Flußeis. Die böse Zeit der Gefangenschaft zwischen Herbst und Winter war vorüber. Nun war die Wildnis wieder offen für jeden, der sich ihr anzupassen wußte.

Und endlich, endlich – ein tiefer Seufzer hob Walthers Brust –, endlich kann ich den Schlitten anspannen und zu den Cree am Egg-See fahren und Omimee zu meiner Frau machen.

Bald werde ich dies tun – und Claude mitnehmen. Er soll das Fest seiner Schwester mitfeiern, bevor er auf die große Reise geht zum Abitibi und zum Saguenay.

Omimee, endlich ist der Weg frei.

Omimee, Kaskut Omimee, meine ›Blaue Taube‹.

Er war eingeschlafen.

Und spürte nicht, was er sonst oft gespürt hatte: das erste wahre Winterlicht. Die Farbenschleier aus der Höhe spiegelten sich blasser in der Tiefe wider, huschten lautlos über den Schnee, der nun das Eis des La Ronge makellos deckte.

Walther hatte sich mit Claude besprochen und erfahren, was er der mütterlichen Sippe zu spenden hatte, um sich nach der Sitte der Cree mit Omimee ehelich verbinden zu können. Und da er selber nicht zu den Cree gehörte, war auch der Oberste dieses Unterstammes am Egg-Lake, der Häuptling Saw waw Mickinack, die »Gelbe Schildkröte«, angemessen zu entschädigen. Darüber hinaus hatte ein so bedeutender und reicher Mann wie der Händler, der Traiteur, der Trader vom La Ronge, dem ganzen Dorf ein großes Fest auszurichten, ein Sauf-, Tanz- und Freßgelage, von dem noch die spätesten Nachfahren berichten sollten.

Walther mochte sich nicht lumpen lassen. Den Häuptling hatte er besonders reich bedacht. Vom Wohlwollen des alten, sich um die Zukunft seines Stammes ständig sorgenden Saw waw Mickinack hing ja nicht nur ab, daß dem Pelzhandel Walthers keine Hindernisse in den Weg gelegt wurden, daß seine Boten und insbesondere seine weit nach Südost, Süd und West vorgeschobenen, schutzlosen, ja gar nicht zu schützenden Außenposten sich sicher fühlen konnten, daß mündliche Absprachen auf Lieferungen von Pelzen gegen einen Vorschuß von Waren eingehalten wurden.

Dem Häuptling schenkte Walther das Kostbarste, was er zu vergeben hatte: einen der roten Waffenröcke der britischen Infanterie, mit goldenen Tressen, Knöpfen und hübschen Kordeln geschmückt. Ausgediente Uniform-Röcke waren zuweilen am Sitz der englischen Kolonial-Regierung in Québec-Stadt oder in Montréal für billiges Geld zu erwerben. Für indianische Häuptlinge im fernen Hinterland wurden sie zum Sinnbild großer, ferner, beinahe unbegreiflicher Macht.

Saw waw Mickinack legte den Rock sofort an; der rote, langschößige Frack paßte ihm sogar einigermaßen. So hohe Würde strahlte der Alte aus – er nahm nur, was ihm zustand! –, daß niemand, auch Walther nicht, die Lächerlichkeit verspürte, auch nicht die Peinlichkeit, die der Szene anhaftete.

Aber das war nicht alles. Walther ließ, außer dem Rock, dem Häuptling auch noch ein Fäßchen nur halb und halb verschnittenen Rums, ein anderes mit Schwarzpulver, ein Ledersäckchen mit bleiernen Flintenkugeln und ein Kästchen mit wertvollen Flintensteinen für die Zündschlösser der Vorderlader überreichen – alles in allem eine höchst kostbare und reichliche Gabe.

Omimees Mutter und ihre Sippe wurden mit bunten Wolldekken, mit zinnernen Bechern und Schalen, mit Nähnadeln und Pfriemen, mit himmelblauem und feuerrotem Tuch und einigen Waidmessern bedacht.

Für das ganze Dorf aber gab es Branntwein, eins zu drei verschnitten, soviel einer trinken wollte.

Wahrlich, noch späte Geschlechter würden von dem großen Fest am Egg-Lake, zu dem Walther nach einigem Zögern schließlich auch ein Dutzend seiner bewährten Voyageurs hinzugeladen hatte – wahrlich, die Enkel und Urenkel noch sollten von dem rauschenden, bis in die hohe Mitternacht gedehnten Tag erzählen, an welchem Omimee und Walther von sippen- und stammeswegen zusammengegeben wurden!

Walther und Omimee warteten das Ende des Hochzeitsfestes nicht ab. Abseits des Dorfes schirrten sie bei letztem Tageslicht ihre Hunde an und machten sich so gut wie unbemerkt auf die Heimreise zum La Ronge. Der junge, sehnige Stess Atim führte die Hunde; sie schienen ihm zu gehorchen, als wären sie nie einen anderen Lenker gewohnt gewesen; Stess Atim hatte sie nur kurz anzusprechen brauchen.

Es lag Walther daran, so schnell wie möglich sein »Fort Anna« wieder zu erreichen. Der Schlitten unter Führung von Paul mußte ohne weiteren Verzug auf den Weg gebracht werden, nachdem der Häuptling den Plan gutgeheißen hatte. Allerdings hatten der Häuptling und auch die sonst in diesen Tagen äußerst schweigsame und nach der Sitte kaum in Erscheinung tretende Omimee sich von Anfang an geweigert, Claude zu erlauben, sich der gefahrvollen Reise zum Abitibi und Saguenay anzuschließen.

»Ich brauche Claude hier. Claude hat mehr im Kopf als alle anderen meiner jungen Leute. Ihn darf ich nicht aufs Spiel setzen. Er hat dir hier zur Hand zu gehen, Händler vom La Ronge. Er darf die Länder der Cree nicht verlassen. Aber ich sehe ein, daß du die neue Route nach Osten erkunden mußt. Ich werde dir Stess Atim mitgeben, Claudes und Omimees Vetter von ihrer Mutter Seite her, der also zu unserer, jetzt auch deiner Sippe gehört. Niemand im Stamm, auch Claude nicht, weiß besser mit Schlitten und Hunden umzugehen als Stess Atim. Er ist einer meiner tapfersten jungen Krieger. Er wird dich nicht enttäuschen.«

Walther hatte nicht zu widersprechen gewagt – und Claude erst recht nicht.

Und Omimee hatte gebeten: »Walther – ich allein unter vielen weißen Männern – und du wirst nicht immer bei mir sein können... Lasse mich meinen kleinen Claude behalten, nachdem ich ihm das Leben zum zweiten Mal geschenkt habe.«

Dabei war es geblieben.

19

Walther hatte sich, seinem jungen Freund und Schüler Claude und auch dem offenbar gut zu leidenden geschmeidigen Cree namens Stess Atim, insbesondere aber den Hunden keine Ruhe gegönnt. Omimee war immerhin auf dem Schlitten gut aufgehoben und konnte schlafen oder zu den Sternen der Winternacht emporschauen und den glitzernden Gürtel des

Orion über das dunkelsamtene Firmament hingleiten sehen. Gut fünfundzwanzig Meilen waren zurückzulegen.

Es war längst wieder heller Tag, als Walther endlich im Südosten am fernen Ufer des vereisten Sees die winzigen Erhebungen erkannte, die seinen Handelsposten ankündigten. Auch die Hunde schienen das Ziel wahrgenommen zu haben; sie legten trotz der Erschöpfung, die ihnen, wie auch den Männern, in jedem Knochen knirschen mußte, noch an Eile und Eifer zu. Omimee tauchte aus ihren Pelzen auf, wandte ihr bräunliches Antlitz Walther zu, lächelte ihn an:

»Ich fürchte, Walther, jetzt werden uns deine Männer im Lager mit gewaltigem Aufwand empfangen – und dieser Tag wird vielleicht wilder werden als der gestrige bei meinen Leuten.«

Doch das war schlecht prophezeit. Schon von weitem erkannten die Ankommenden, daß sie unterhalb des Forts dicht über dem Eis von einer Reihe von Männern erwartet wurden, die dort standen wie erstarrt, beinahe drohend.

Ehe Walther noch den schneebedeckten Vorplatz hinaufgestiegen war, kamen ihm zwei Gestalten entgegen: Gérard Choquette und Paul Luders.

Gérard sagte: »Wir wollten euch eigentlich feierlich und lustig willkommen heißen, aber den Männern ist die Lust vergangen.«

»Was ist geschehen?« fragte Walther ungeduldig.

»Wir hatten einen Unglücksfall. Es trifft niemanden eine Schuld. Keiner weiß genau, wie es gekommen ist. Es hat sich ziemlich weit weg vom Lager ereignet. Norman Masset ist tot.«

Norman, der mit auf die weite Reise zum unteren Sankt Lorenz gehen wollte? Norman war tot?

Gérard berichtete: Norman hatte zu den wenigen Männern im Lager gehört, die im Winter ihre mageren Einkünfte als Kanuruderer aufbesserten, indem sie nebenbei Fallen stellten, um Pelztiere zu fangen. Um ihre Fallen auszulegen, hatten sie sich weit zu entfernen, denn die ständig quirlende Unruhe, die fünf Dutzend Männer im Lager verursachten, schreckte alle wilden Tiere weit in die Wildnis zurück.

Norman Masset hatte Fallen mit starken Ködern ausgelegt, die vor allem die großen Waldwölfe anlocken sollten; einige Male hatte er auch schon mit ihnen Erfolg gehabt, bis er eines Tages nicht mehr zurückgekehrt war. Im Lager hatte man sein Ausbleiben zunächst gar nicht bemerkt. Erst als die Dunkelheit schon hereingebrochen war und sich Norman auch zur Hauptmahlzeit am Abend nicht einstellte, waren Jean Pimard und Paul aufmerksam geworden.

Sie fanden den Verunglückten am nächsten Morgen. Er hatte die notwendige Vorsicht im Umgang mit den schweren, außerordentlich kräftig gefederten Großtier-Fallen vernachlässigt. Die Falle hatte ihm den Knochen dicht über dem rechten Handgelenk glatt durchschlagen. Die Hand steckte noch in der zugeschnappten Falle. Aus dem Armstumpf heraus war Norman Masset bald verblutet. Er war sich offenbar sofort darüber klargeworden, daß es keine Rettung für ihn gab. Er hatte sich unweit der Falle, neben der Spur zurück zum Lager, in den Schnee gestreckt, höchst »ordentlich« und gerade auf den Rücken, und hatte sein Leben davonrinnen lassen aus abgespreiztem, handlosem Arm.

Mit einem Toten im Lager war an Feiern nicht zu denken.

Walther neigte den Kopf, und die andern taten es ihm nach. Er betete laut ein Vaterunser – und dann: »Requiescat in pace« – er ruhe in Frieden! Die Worte hatte er vor langer Zeit von Vater Bosson in Nova Scotia gelernt.

Walther wandte sich an die Umstehenden: »Die Erde ist schon zu tief gefroren. Wir können ihn nicht begraben. Setzt ihn also bei, wie es im Winter üblich ist. Sein Eigentum geht an Jean Pimard. Der war sein Freund.«

Er wandte sich ab. Claude, Luders, Omimee und Choquette folgten ihm ins Haupthaus.

Im Haupthaus erwartete ihn Anna.

»Omimee, dies ist Anna, meine Tochter! – Anna, dies ist Omimee, meine Frau.«

Die beiden Frauen standen einander gegenüber, gleich schmal und ebenmäßig.

Anna war es, die den Abstand überwand. Sie breitete die Arme aus: »Omimee, ich freue mich, daß mein Vater nicht mehr allein ist.«

Omimee lächelte nicht. Ihr Antlitz, das die Schönheit beider Rassen in sich zu vereinen schien, blieb ernst. Aber sie erwiderte die Umarmung der Jüngeren beinahe stürmisch.

»Wo ist Justin, Anna?« wollte Walther wissen.

»Wir wußten nicht, wann ihr eintreffen würdet. Justin ist mit Gilles Clautier unterwegs, den Schlitten für die große Reise zum Abitibi auszuprobieren.«

»Justin? Mit Clautier?« Walther war erstaunt. Er wandte sich an Paul, der mit Claude neben der Tür stehengeblieben war: »Wieso mit Clautier?«

»Als feststand, daß Norman Masset für die Schlittenreise zum Sankt Lorenz ausfiel, hat sich Gilles Clautier bei Justin gemeldet: Er hätte von seinem Maître in Montréal, von Pat O'Gilcock, die strenge Weisung, schnell wieder zurückzukehren. Das hätte sich bisher nicht machen lassen. Aber jetzt böte sich die Möglichkeit von selber an. Justin wußte gegen Clautiers Angebot nichts einzuwenden und meinte, auch du würdest nichts dagegen haben.«

»Ihr scheint aber nicht sehr angetan davon zu sein, Paul?«

»Das ist wahr. Norman Masset wäre uns, weiß Gott, lieber gewesen. Aber nun... Es hat sich niemand weiter freiwillig gemeldet. Gilles Clautier soll mir recht sein. Auf so angestrengter Reise wächst man schließlich zusammen, das weißt du besser als ich.«

»Weiß ich, Paul. Aber Claude wird das Gespann nicht führen, sondern sein Vetter Stess Atim, der beste Hundeschlittenmann, den mir der Häuptling ausleihen konnte.«

Walther wartete nicht ab, wie Paul Luders sich zu dieser enttäuschenden Eröffnung stellen würde. Er bestimmte: »Also du, Paul, dazu Gilles Clautier, Jean Pimard und Stess Atim, lauter erstklassige Leute! Ihr dürft keine Zeit mehr verlieren. Ihr reist übermorgen früh ab. Ich werde Gilles Clautier einen Brief mitgeben für Pat O'Gilcock in Montréal. Alles klar, Paul?«

»Alles klar, Maître!«

20

Der Raum war niedrig und warm, das Feuer im Kamin schon zusammengesunken. Aber der Haufen rotglühender Asche, den die Flammen hinterlassen hatten, spendete ein sanftes, verschwebendes Licht. Es war sehr still. Die Winternacht um das Haus her schwieg, tot und erstarrt.

Sie lag in seinem Arm. Ihr Haupt ruhte auf seiner Schulter. Ihr dunkles Haar hatte sich gelöst und über seine Brust gebreitet.

Meine Frau – zum erstenmal wagte es Walther, sie lautlos bei diesem schönsten aller Namen zu nennen, die ein Mann zu vergeben hat. Mit der freien Rechten hob er eine der dunklen Strähnen ihres Haares von seiner Brust und legte sie um ihren schlanken Hals wie ein Geschmeide, dem der Schein von der Herdstatt ein paar kupferrote Glanzlichter entlockte.

»Walther –« flüsterte sie.

»Evangeline!« antwortete er und wurde sich nicht bewußt, daß er ihren französischen, nicht ihren indianischen Namen gebrauchte.

Ihr Lächeln vertiefte sich.

»Wer bist du, Walther?«

Wer bin ich? Ich, Walther Corssen, der Händler vom Lac la Ronge?

Er berichtete ganz ohne Beschönigung und Zurückhaltung. Sie sollte genau Bescheid erhalten, sollte erfahren, mit wem sie sich für den Rest ihres Lebens verbunden hatte.

Während er in großen Zügen darlegte, wie ihn sein bisheriges Dasein dorthin gelenkt hatte, wo er sich jetzt befand, kam ihm selbst auf beklemmende Weise zu Bewußtsein, daß er Wandlungen, Umbrüche, knapp überstandene Katastrophen durchlebt hatte, die einem anderen kaum begreiflich sein mochten.

Doch Omimee hörte zu. Nicht einen Herzschlag lang schien ihre drängende Anteilnahme nachzulassen.

Ihre Aufmerksamkeit steigerte sich noch, als Walther, je mehr er sich der Gegenwart näherte, ausführlicher auf Einzelheiten und schließlich auf den Brief des Partners in Montréal, des Patrick O'Gilcock, einging.

Omimee saß jetzt aufrecht im Bett, sie hatte ein Tuch um die bloßen Schultern geschlungen. Mitternacht mußte schon vergangen sein. Aber die beiden Menschen in der warmen Kammer – eine winzige Kapsel des Lebens in der eisigen Leere der Winternacht –, sie waren hellwach, sie gründeten ihr gemeinsames Schicksal.

»O'Gilcock benutzt die Umstände, die sich in Montréal ergeben haben, um sich Schritt für Schritt in den Besitz des Concerns zu setzen«, sagte Walther abschließend. »Er hofft auf den Zeitpunkt, an dem er mich nicht mehr brauchen wird.«

»Was redest du da, Walther! Du bist es gewesen, der den ganzen Concern aufgebaut hat. Du bist immer weiter nach Nordwesten gezogen, die allerbesten Pelze reichlich einzuhandeln. Dies ist dein Concern, und wenn einer weichen muß, dann sind es die anderen, nicht du! Das mußt du dem O'Gilcock mit aller Deutlichkeit klarmachen!«

Ja, dieser Brief an O'Gilcock... Er hatte ihn eigentlich am Tage nach dieser Nacht schreiben wollen. Aber warum nicht gleich – jetzt!

»Gut, Evangeline, ich hole mir Tinte und Papier. Hier ist es warm. Ich setze mich an den kleinen Tisch beim Kamin. Aber du legst dich lieber und schläfst.«

»Nein, Walther! Ich bleibe wach. Ich schlafe erst, mit dir, wenn du mir den Brief vorgelesen hast.«

Walther entzündete eines der kostbaren Talglichter, die er für ganz besondere Fälle in seiner Kleiderkiste aufhob, und tappte in das Haupthaus hinüber, wo er in einem Schubkasten unter dem großen Ladentisch Tinte, Federkiele und einen kleinen Vorrat steifen, gelblichen Papiers verwahrte. Hoffentlich war die Tinte nicht eingefroren.

Sie hatte ihn nicht unterbrochen. Als er mit dem beschriebenen Bogen zu ihrem Lager zurückkehrte, lag sie zwar auf dem Rücken, hatte sich gut zugedeckt, blickte ihm aber aus wachen Augen entgegen. Sie hatte ihr Versprechen gehalten.

Er las vor:

»Am Lac la Ronge, am 17. Dezember 1776.
An Patrick O'Gilcock, Esquire
Seniorpartner im Concern
McCorssen, O'Gilcock & Matthieu

Montréal

Geehrter Partner, lieber Pat!
Der bewährte Gilles Clautier hat mir Deinen ausführlichen Brief überbracht. Ich stimme vollkommen mit Deiner Meinung überein, daß wir eine nördlichere Route erkunden und baldmöglichst benutzen sollten. Da sich mir hier wegekundige Leute anboten, darunter auch Dein Gilles Clautier, habe ich vier erfahrene Männer losgeschickt, die neue Route zu erkunden, Dir diesen Brief zu überbringen und, falls sie den Weg passierbar gefunden haben, im kommenden Frühling unsere Brigaden auf der neuen Route ins Pays d'en haut, das heißt bis auf weiteres zu mir am Lac la Ronge, zu geleiten.

Die neue Route einzurichten, scheint mir zur Zeit das wichtigste zu sein. Für weniger bedeutsam erachte ich Deine weiteren Mitteilungen. Vielleicht war es notwendig – das kann ich von hier aus nicht beurteilen –, den Namen unseres Concerns abzuändern, um die dortigen Behörden nicht weiter mißtrauisch zu machen. Verfrüht kommt es mir jedoch vor, die wahren Besitzverhältnisse, die sich ja hinter der Fassade der Namen verbergen, schon jetzt endgültig zu ändern. Der Krieg wird nicht ewig dauern. Gewinnen ihn die Engländer, so werden sie nicht mehr nötig haben, jeder kleinen Pelzgesellschaft nachzuspüren. Gewinnen den Krieg aber die sogenannten Amerikaner, so wäre es uns ein leichtes, mit unserem ganzen Handel von Montréal etwa nach Boston auszuweichen. Niemand könnte uns daran hindern.

Alle partnerschaftlichen Fragen, scheint mir, können nicht einseitig in Montréal gelöst werden. Ich schlage deshalb dringend vor, daß Du, Matthieu, Gorham und ich uns im Sommer 1777 am Lac Supérieur oder hier treffen, um alle anstehenden Fragen zu besprechen. William kann Dich in Montréal, Justin (der mit den Lastkanus richtig eingetroffen ist) mich hier vertreten. Ich werde Dich und Matthieu im kommenden Sommer nicht in Grand Portage an der Mündung des Pigeon-Flusses, sondern weiter nördlich an der Mündung des Kaministikwia erwarten, um der englischen Wache in Grand Portage nicht aufzufallen.

Ich verlasse mich darauf, daß dieser Brief Dich noch vor dem Aufbruch des Eises im nächsten Jahr 1777 in Montréal erreicht. Du kannst dich also dann den Kanubrigaden zum Lac Supérieur anschließen, und wir treffen uns am Kaministikwia. Sollte das aus irgendeinem Grunde nicht möglich sein, so treffe ich dort auf alle Fälle Gorham und Matthieu. Wir könnten also mit Mehrheit beschließen, was ich Dir aber keineswegs zumuten will.

Ich stehe nicht an, lieber Cock, darauf hinzuweisen, daß viele Montréaler oder auch ein amerikanischer Concern, wahrscheinlich erst recht die Hudson Bay Company, mit Vergnügen bereit wären, sich meiner als Pelzaufkäufer zu bedienen und mich hoch am Geschäft zu beteiligen. Aber dazu braucht es nie zu kommen!

Ich wünsche Dir und unseren Geschäften alles Gute!
Dein Partner
Walther Corssen (genannt McCorssen)«

Walther ließ den großen, harten Bogen sinken und blickte auf. Sie hatte mit gespanntester Aufmerksamkeit zugehört. Mit rauher Stimme sagte sie nun: »Ohne den letzten Absatz wäre der Brief nicht richtig. Aber mit ihm ist er richtig. Mit O'Gilcock ist nur zu reden, wenn er Angst hat. Und die wird er nun wohl bekommen.«

21

Der Schlitten war fort. Das fahle erste Grau eines Wintermorgens hatte ihn verschlungen, als hätte es ihn nie gegeben. Die Spur der Kufen und der Schneeschuhe stand noch einen Tag lang, quer über die Willow-Bay des La Ronge. Dann verwehte sie der nie ruhende, nadelspitze Wind mit dem feinen trockenen Pulver des Schnees.

»Meine vier besten Voyageurs habe ich aufs Spiel gesetzt«, sagte Walther zu Omimee an einem späteren Abend.

»Die schlechten würden es nicht schaffen und gingen unter. Du hättest vier Leute verloren und die Route nicht erschlossen. Die vier werden es schaffen mit den zehn besten Hunden, die du ihnen zugeteilt hast.«

Bald wurde von dem Schlitten nicht mehr gesprochen. Wie es den vier Männern unterwegs ergehen mochte, darüber ließ sich nur fabeln, und dazu verspürte niemand Lust. In Walthers Vorstellungen jedoch setzte sich die Überzeugung fest, daß er den Brief O'Gilcocks richtig beantwortet hatte und daß diese Antwort noch vor dem Ende des Winters in Cocks Händen sein würde.

Wer redete noch von Norman Masset? Nach wenigen Tagen niemand mehr. Der schlief unter dem spitzen Berg der über seinem Leichnam aufgetürmten Felsbrocken. Und es gab keinen, der ihm diesen Schlaf mißgönnt hätte.

Als Anna ihrem Vater in einem ungestörten Augenblick gestand, daß sie für den Monat Mai des Jahres 1777 ein Kind erwartete, erschrak Walther sehr. Wer würde Anna beistehen, wenn sie zum erstenmal gebären sollte? Dergleichen hatte er überhaupt nicht in Rechnung gestellt.

Aber die Tochter lächelte nur und beruhigte den aufgestörten Mann: »Ich habe gar keine Sorge, Vater. Was soll schon schiefgehen? Evangeline ist ja hier. Sie wird mir helfen, mein Kind zur Welt zu bringen. Auf sie ist Verlaß.«

Wieder Omimee, dachte Walther, und »auf sie ist Verlaß«.

Ihm wurde warm ums Herz: Nicht nur ich liebe sie – auch Anna lernt, sie zu lieben.

Das neue Jahr brachte die »sehr tiefe« Kälte. Die Erfahrung hatte die Waldläufer darüber belehrt, daß die Kälte dann tödlich hart geworden ist. Wer sich über Gebühr anstrengte, so daß sein Atem tief und eilig ging, dem drang die nun sehr tiefe Kälte in die Lunge und zerstörte, zerfror sie. Die Männer fingen an zu husten, husteten blutigen Schleim aus dem Schlund, husteten sich schließlich unter Schmerzen zu Tode.

Walther hatte für die Tage – und bald auch Wochen – der sehr tiefen Kälte jede Arbeit im Freien, die seine Voyageurs außer Atem gebracht hätte, untersagt. Die Männer gehorchten nur widerwillig, schickten sich aber ins Unvermeidliche. Auch im Innern der Hütten und Häuser blieb immer etwas zu tun, und wenn auch für manchen nichts weiter als dies: sich für die kurzen Nächte des Sommers in den sehr kalten des Winters einen gehörigen Vorrat an Schlaf zusammenzuschnarchen. Nur die Eisfischerei auf der stahlharten Oberfläche des Lac la Ronge, die hörte nicht auf; sie bedurfte auch nicht harter Arbeit, solange man nur die Löcher im Eis, durch die hindurch gefischt und geangelt wurde, nicht wieder dick zufrieren ließ.

Die gefährliche tiefe Kälte hielt gewöhnlich nicht allzu lange an, und wenn sie nachgelassen hatte, war es eine Lust, im verschneiten Wald zu wirken, trockene Stämme zu schlagen und zu zerkleinern, um die Herde zu füttern, gleichmäßig mittelstarke Bäume von bester Gesundheit zu fällen, um Bauholz für weitere Hütten zu gewinnen, Tische, Bänke, Schemel zu zimmern, die allmählich einkommenden Pelze zu pflegen, zu lüften, zu glätten, in Bündeln zu stapeln, die kleinen Außenposten des Handels in tage-, ja wochenlangen Schlittenreisen mit Proviant und Nachschub an Tauschgütern zu versehen, Justin und Walther bei der Aufnahme der Bestände an Waren und Fellen behilflich zu sein, die Hunde im Futter zu halten, sie auch anzuspannen und mit lautstarkem Hü und Hott gespaltenes Brennholz zu den Hütten zu fahren, geeignete Bäume im Wald ausfindig zu machen, aus denen sich Kanu-Paddel und Stakestangen, Ersatz-Spanten und Rippen für die Boote schnitzen ließen. Das weiß der liebe Himmel: an Arbeit war nie Mangel.

In einer Nacht saßen um den großen Tisch vor dem Licht und Wärme spendenden Kamin beieinander: das nach katholischer Sitte getraute Paar Justin und Anna Leblois, das nach indianischer Sitte vereinte Paar Walther und Evangeline/Omimee Corssen und, als fünftes Rad am Wagen, Omimees Bruder Claude Cuiseur, der von seinen indianischen Verwandten mütterlicherseits Mascawa Scou Tay, »Starkes Feuer«, gerufen wurde.

Walther hatte sich endlich aufgerafft, den drei Jüngeren von dem Brief zu berichten, den Patrick O'Gilcock, der »verehrte Partner«, ihm aus Montréal geschrieben hatte. Er hatte den langen Brief vorgelesen und fügte mißmutig hinzu: »Es ist ziemlich klar, wo der gute Cock hinauswill: Er möchte sich zum alleinigen Herrn des Concerns machen – wenn es nicht anders geht, mit Gorham –, aber sicherlich nach Möglichkeit auch ohne ihn. Cock wird sich sicherlich große Mühe geben, Anklagen und Vorwürfe gegen mich zu sammeln, um mich gefügig zu machen und mich doch am fernen Ende der Kanurouten bei der Stange zu halten. Die ganze Geschichte macht mir große Sorge. Wenn der Winter so streng bleibt, wie er sich jetzt anläßt, werden wir eine große Menge von vorzüglichen Pelzen eintauschen. Vielleicht reichen dann unsere zehn Kanus nicht einmal für den Rücktransport. Mit unseren Tauschwaren müssen wir haushalten. Die Folge der reichen Ausbeute wird sein, daß die Indianer, nachdem sie in diesem Winter alle guten, starken Tiere in die Falle bekommen haben, im nächsten Winter sehr viel geringere Fänge einbringen werden. Das bedeutet, daß ich dies Feld anderen, langsameren Montréal-Händlern überlassen könnte, selber aber wieder weiter nach Nordwesten in noch unerschlossene Fanggebiete vorrücken müßte, zum Clearwater, zum Athabasca, zum Peace – Gott weiß, wohin! Hier ist nun ein großes Anwesen entstanden, und wir können es nicht einfach aufgeben, allein schon deshalb nicht, weil wir mit unserem Netz von Außenposten die Indianer in diesem Gebiet an unsere Wünsche gewöhnt haben, so daß sie von unseren Tauschgütern gewiß nicht mehr lassen wollen. Wenn ich die Wahrheit sagen soll: Das Unternehmen hat einen solchen Umfang angenommen, daß es mir über den Kopf wächst. Kommt nun noch ein Zwist zwischen den Gründern und Partnern des Concerns hinzu, so glaube ich nicht mehr an eine für uns alle gleichermaßen ersprießliche und gewinnbringende Zukunft.«

Er schwieg wie erschöpft. Der tiefe Mißmut, der ihn erfüllte, legte sich auch seinen Zuhörern bedrückend auf die Seele. Keiner der vier sagte zunächst ein Wort. Jeder erwog, was er gehört hatte.

Justin schließlich meldete sich zum Wort: »Du solltest für dieses Jahr und vielleicht auch die kommenden hier am Platze bleiben, solltest es machen wie Gorham oder die Montréaler. Es wird kein fremder Händler sich hier eindrängen wollen. Wir haben uns in dem Gebiet westlich und südlich des Lac la Ronge bei den Indianern so gut eingeführt, daß wir keine Konkurrenz zu fürchten brauchen. Das schließt jedoch nicht aus, daß zum Beispiel ich weiter nach Nordwesten vorstoße. Tun wir das nicht, so kommen uns andere Montréaler zuvor. Du warst ihnen bisher ständig um einige hundert Meilen voraus, Vater, das sollten wir beibehalten. Anna wäre inzwischen hier bei dir, Vater, und bei Omimee gut aufgehoben.«

Dann kam auch Claude zu Wort: »Nach Nordwesten zum Athabasca? Jeden Tag mache ich mich mit dir auf den Weg, Justin. Auf mich kannst du zählen. Und der Häuptling wird nicht widersprechen, denn wir bleiben ja im Gebiet der Cree.«

Leise, und doch den ganzen Raum füllend, wurde Omimees Stimme hörbar: »Anna wird im kommenden Mai niederkommen. Und ihr sollt es wissen und werdet es nicht weitersagen, vorläufig nicht: Auch ich gehe mit einem Kind. Anna wird mir nur drei oder vier Monate zuvorkommen. Und es wäre gut, wenn das Lager hier noch einige Jahre erhalten bliebe, bis dein Kind, Justin, und dein Kind, Walther, aus dem Gröbsten heraus sind. Das habt ihr nun davon, daß ihr euch als Voyageurs eine Frau genommen habt.«

Sie lächelte, und allen in der Hütte war es, als ob es heller darin geworden wäre. Was konnte der verschlagene O'Gilcock ihnen anhaben! War nicht ihrer aller Welt im fernsten Pays d'en haut, im hohen Nordwesten, im herrenlos freien Indianerland unangreifbar? Kinder kündigten sich an. Die Zukunft gehörte ihnen, nicht den gierigen Geschäftemachern in Montréal. Sie würden zusammenhalten. Unüberwindlich würden sie sein. O'Gilcock sollte sich die Zähne ausbeißen! Sie wußten es alle. Es brauchte nicht mehr darüber geredet zu werden.

22 Es kümmerte Walther wenig, war ihm eher Anlaß einer verborgenen Erheiterung, daß sein Kind, mit dem Omimee ging, noch um einige Monate jünger sein würde als das Kind, das seine Tochter erwartete, jünger also als sein Enkel. Die Verbindung mit Omimee hatte ihn wunderbar gestärkt, verjüngt wahrlich, wie er sich selber zugeben mußte.

Der Winter war hingegangen, sehr streng war er diesmal gewesen, aber um so erträglicher, je reichlicher die Indianer ihre Pelzbeuten ablieferten, um einzukaufen, was ihr Herz begehrte.

Omimee hielt sich sehr zurück im Lager unter den vielen Männern. Aber wer auch immer mit ihr in Berührung kam, verspürte einen Anhauch des warmen Glanzes, der von ihr ausging. Es sprach sich unter den Voyageurs herum: »Der Maître hat Glück gehabt, weiß Gott, und Geschmack hat er auch; hat sich die schönste Indianerin ins Bett gezaubert, die weit und breit zu finden ist!«

Walther vernahm von solchen Reden nichts. Aber allzuweit waren seine Empfindungen von dem Eindruck der Voyageurs nicht entfernt.

Es war ein guter Winter in jeder Hinsicht. Die alles lahmlegenden und gefährlichen Schneestürme hatten nur dreimal ihre stets vergeblichen zorneswütigen Versuche unternommen, die Welt unter mannshohen oder noch höheren Schneewehen zu ersticken. Norman Masset war das einzige Opfer des Winters geblieben. Niemand sonst war verunglückt, erfroren, verhungert. Die Vorräte hatten gereicht, ja, das Lager hatte einige indianische Familien, die fernab vom Häuptlingsdorf ihren Winterproviant nicht hoch genug in den Bäumen vor den Wölfen und Bären in Sicherheit gebracht hatten, vor dem Verhungern bewahren können.

Und die Pelze, Biber vor allem, kamen so reichlich ein, daß Walther und Justin Mitte April, als der helle Tag schon vierzehn Stunden dauerte und die Sonne auf dem weißen Schnee die Augen schmerzhaft blendete, erkennen mußten, daß die Kanus für den Transport solcher Mengen zum Oberen See und nach Montréal nicht ausreichen würden.

Es gurgelte, rieselte, tropfte, schmatzte überall gegen Ende April. Die Sonne wärmte schon. Gegen Mittag werkten die Voyageurs bereits in Hemd und Hose, bewiesen mit viel Gelächter, Gelärm, mit harmlosen und weniger harmlosen Scherzen, Faxen und Possen, daß sie bester Laune waren und sich auf den Aufbruch zur großen Reise freuten, die nun wohl nicht mehr lange auf sich warten lassen würde.

»Ich wollte, ich könnte bei dir sein, wenn deine schwere Stunde kommt, Evangeline«, sagte Walther. »Aber wir müssen sofort aufbrechen, wenn das Wasser frei wird. Ich muß O'Gilcock stellen am Oberen See, wenn er von Montréal dort eintrifft.«

»Ja, ich weiß, Walther. Du mußt reisen. Ich werde nicht allein sein. Anna ist da und Justin. Es ist gut, daß Justin bleibt. Schade nur, daß du Claude zum Lac Supérieur mitnimmst. Aber der Häuptling will es so haben, und Claude ist auch nicht zu halten.«

»Ich werde zwei meiner besten Voyageurs hierlassen, ihr kennt sie beide, Léon Lutin und Florien Buisson, vernünftige Männer, die in keinem Notfall versagen werden. Sie sind gestern von ihrem Außenposten am Lac Meeyomoot zurückgekehrt, haben vorzügliche Geschäfte gemacht – aber zugleich eine Nachricht mitgebracht, die mir einige Sorgen bereitet. Weiter im Süden, am Rande des Waldlandes, wo hier und da schon die Prärie beginnt, haben Montréaler Händler sich so unklug und grobschlächtig benommen, daß es mit den dortigen Indianern Streit gegeben hat. Was eigentlich vorgefallen ist, weiß man nicht, denn von den Händlern hat keiner mehr aussagen können. Die Indianer haben sie im Zorn erschlagen und ihre Tauschwaren geraubt. Die Nachricht, daß es auch üble und womöglich betrügerische weiße Händler gibt, verbreitet sich wie ein Lauffeuer auch unter unseren Cree.

Wir werden noch vorsichtiger und gewissenhafter mit ihnen umgehen müssen als bisher. Es darf sich um alles in der Welt nicht die Meinung festsetzen, daß alle Händler aus Montréal über ein und denselben Kamm zu scheren sind.«

Anna, die auch anwesend war, sagte: »Manchmal schon habe ich mir vorgestellt, wie wir wenigen Weißen hier in der unabsehbaren Waldöde sitzen – Wälder, immer noch mehr Wälder hinter dem Wald –, so, als könnte uns keiner etwas anhaben. Und die nächsten Weißen sind erst hundert, ja tausend wegelose Meilen entfernt zu finden. Und ringsum, weit verstreut zwar, aber doch in großer Überzahl, nur Indianer! Es könnte einer unter ihnen aufstehen und sagen: ›Werft sie wieder hinaus, die Weißen, sie verderben uns nur! Was dann?‹«

Es war an Omimee, auf Annas Besorgnis einzugehen: »Du brauchst nichts zu fürchten, Anna. Mit mir ist dein Vater jetzt ein Cree geworden, wie Claude und ich. Der Stamm hat sich noch nie über ihn beklagt. Wir wissen schon zu unterscheiden. Solange Walther hier herum das Sagen hat, werden auch seine Voyageurs die Indianer nicht kränken oder gar betrügen. Bislang zieht der Stamm nur Vorteile aus der Tatsache, daß Walther diesen Handelsposten gegründet hat. Ich werde aufpassen, daß das so bleibt. Dein Kind wird kommen, Anna, und ich werde dir helfen. Mein Kind wird kommen, und du wirst mir helfen.« Sie lächelte und fuhr fort: »Die Männer sind sowieso zu nichts nütze beim Kinderkriegen. Wir werden schon damit fertig werden. Ich sorge mich nicht.«

Omimee auch nur zuzuhören, wenn sie sich so mit dunklem, warmem Tonfall vernehmen ließ – das Herz wurde leichter dabei und Mut ganz selbstverständlich.

Am zwanzigsten Mai brach das weithin mit Schmelzwasser überschwemmte Eis des La Ronge. Die Kanus waren längst sorgfältig überholt worden, lagen am Seeufer bereit. Die wasserfest verschnürten Packs der Pelze, jedes an die neunzig Pfund schwer, warteten im Fellschuppen darauf, verladen zu werden, sobald die Boote zu Wasser gelassen wurden. Auch der Proviant für die lange

Reise zum Oberen See, dem Lac Supérieur, lag bereit. Walther brannte darauf abzufahren, wollte er doch die Verabredung unterlaufen, sich in diesem Sommer nicht in Grand Portage, sondern am »Regnerischen See« mit der Brigade aus Montréal und Pancrace Matthieu zu treffen. Er mußte die großen Kanus aus Montréal am Lac Supérieur schon abfangen, bevor sie Grand Portage erreichten; an der Mündung des Kaministikwia wollte er auf sie warten.

Es hatte sich als unmöglich herausgestellt, die gesamte Pelzausbeute dieses Winters zu verladen. Die Kanus reichten nicht aus. Man mußte den Booten mindestens zwei Handbreiten Freibord zugestehen. Es war nicht das erstemal, daß Walther feststellte: wir sollten lernen, unsere Kanus selber zu bauen. Die Indianer haben nie passende Kanus anzubieten, wenn man sie braucht.

Am fünfundzwanzigsten Mai fegte wie aus dem Nichts, mit Donner und Geblitz als seinem Herold, ein Südsturm über die Wälder heran, der dem Winter den Todesstoß versetzte. In einer einzigen Nacht fegte der Orkan das zu abertausend Schollen zerberstende Eis des Sees nach Norden davon. Bei Tagesanbruch lag das Ufer frei, so weit das Auge reichte.

Wenige Stunden später, am Sechsundzwanzigsten, legte die kleine Flottille der zehn Kanus vom Ufer ab.

In der Nacht darauf setzten bei Anna die Wehen ein, sogleich sehr heftig. Justin klopfte an Omimees Fenster. Sie war auf der Stelle wach, schnell in den Kleidern und eilte durch die stürmische Frühlingsnacht, Anna beizustehen.

Noch ehe der neue Morgen graute, war Justin, der in der Nacht kein Auge zugetan hatte, Vater eines Knäbleins geworden. Mutter und Kind befanden sich wohl. Die beiden Voyageurs, Lutin und Buisson, stellten bewundernd fest: Das erste weiße Kind im ganzen Pays d'en haut! Armand Leblois, so sollte es heißen!

Der Frühlingssturm blies dazu die Freudenfanfaren.

23

Walther hatte erwartet, an der Portage de Traite die Brüder Frobisher vorzufinden. Diese Montréaler Händler hatten sich einen guten Platz gewählt. Denn die Portage mußte benutzen, wer zu Kanu vom weitverzweigten Stromgebiet des Missinipi-Flusses* in das des Saskatchewan-Flusses hinüberwechseln wollte. Entweder über den Missinipi oder über den Saskatchewan ließ sich die Hudson Bay erreichen – über den Winnipeg-See nach Südosten wendend aber auch der Lake Superior und Grand Portage.

Doch sah sich Walther enttäuscht, es wohnte kein weißer Händler mehr am Lac de Traite oder an der gleichnamigen Portage. Von ein paar Indianern, die sich in der Nähe des verlassenen Handelspostens der Frobishers niedergelassen hatten, erfuhr Walther, daß die Frobishers inzwischen den trägen, sich hundertfach zu querliegenden Seen erweiternden Missinipi aufwärts vorgedrungen waren und wahrscheinlich am Lac Ile-à-la-Crosse überwintert hätten – eine Nachricht, die Walther beunruhigte, ja erschütterte.

Die Indianer hatten auch von einem gewissen Peter Pond gesprochen, hatten ihn als einen sehr feurigen, beweglichen Mann beschrieben. Auch dieser Pond, so wurde berichtet, habe sich nach der Kanustraße in den weiteren Nordwesten erkundigt, habe nach dem »Fluß des Klaren Wassers« und dem Athabasca-See gefragt und nach den Portagen, die bis dahin zu überwinden wären.

»Dieser weiße Mann, den sie Peter Pond nannten, der schafft es, der ist nicht aufzuhalten, der erreicht auch noch den Athabasca, Fluß und See, der selbst für uns Indianer zu weit weg ist, der bringt es fertig, der hat Flöhe im Hintern.«

Und er, Walther? Er hatte sich vom Lauf des Missinipi nicht weiter west- und nordwestwärts leiten lassen, war zum la Ronge südwärts abgebogen, hatte dort zwar überreich Pelze geerntet – war aber nun von anderen überholt worden.

Wenn ich nicht auf Anna und Justin gewartet hätte, wenn mich Omimee nicht gebunden hätte, wenn O'Gilcock mit seinem ver-

---

* heute Churchill-River genannt.

dammten Brief nicht den Concern, mich selbst und die Zukunft der Kinder in Frage gestellt hätte, dann wäre ich jetzt nicht auf dem Weg nach Südosten, sondern wäre schon im vergangenen Jahr weiter in den leeren Nordwesten vorgestoßen. Nun bin ich, ist mein Concern allen anderen nicht mehr um einige hundert Meilen voraus, die uns bisher die großen Gewinne gesichert haben.

Ich kann zunächst nichts daran ändern, aber es ist auch noch nicht aller Tage Abend! Jetzt muß ich zusehen, daß ich so früh im Jahr wie möglich den Lac Supérieur erreiche, um unsere Brigaden von Montréal abzufangen und O'Gilcock und auch Matthieu zu stellen. Und im nächsten Jahr jage ich Justin zum Athabasca-See hinauf, oder zum Peace hinüber. Besser noch, ich jage mich selbst weiter nach Nordwesten. Das Pays d'en haut ist mein Land! Mein Land ist das Pays d'en haut! Und heute abend noch mache ich ihnen Beine, meinen Voyageurs!

Er machte ihnen Beine – auf seine Art, als einer, der zu ihnen gehörte und ihnen nichts zumutete, was er nicht auch sich selbst zugemutet hätte. Die Männer standen, ein dunkler Haufe, zwischen dem großen Feuer und dem Ufer des hier noch sehr bescheidenen Oberlaufs des Sturgeon Weir-Flusses. Das Gemurmel erstarb, als Walther sich auf eine Proviantkiste schwang.

»Voyageurs, Freunde und Kameraden! Ihr wißt, daß Krieg herrscht zwischen England und den dreizehn Kolonien weiter im Süden. Der Krieg geht uns nichts an. Wir gehören nicht zu den Yankees im Süden und erst recht nicht zu den Briten in Montréal und Québec. Wir gehören ins Pays d'en haut, wo wir frei sind, wo es keine großen Herren gibt, nur ein paar Indianer, mit denen sich gut auskommen läßt, wo Platz ist für alle, die sich nicht gern dumme Vorschriften machen lassen.

Wir hängen alle so oder so am Pelzhandel. Wir haben, wie ihr wißt, einen Hundeschlitten mit vier Mann und nur leichter Nutzlast auf die Reise geschickt, um eine neue Route zum unteren Sankt Lorenz zu erkunden. Denn die alte Südroute über die Georgian Bay des Huronen-Sees wird von den englischen Behörden scharf kontrolliert.

Es hängt das Schicksal der Voyageurs, unser aller Schicksal also, vom Funktionieren des Pelzhandels ab. Deshalb will ich diesmal unsere Groß-Kanus von Montréal schon vor Grand Portage abfangen, möglichst vor der Mündung des Kaministikwia in den Oberen See, eine Tagesreise vor Grand Portage. Hoffentlich benutzt unsere Brigade von Osten her schon die neue nördlichere Route zum Oberen See, so daß sie allen englischen Kontrollen entgeht. Übernehmen wir dann die Ladung schon am Kaministikwia, über den man ja ebensogut nach Westen zum Regnerischen See gelangt wie von Grand Portage über den Tauben-Fluß, dann brauchen wir mit überhaupt keiner englischen Schnüffelei zu rechnen und haben uns auch für die kommenden Jahre unseren eigenen unabhängigen Weg gebahnt.

Es kommt also jetzt darauf an, so schnell wie möglich über den Kaministikwia den Lac Supérieur zu erreichen, damit unsere Kanuflottille von Montréal gar nicht erst nach Grand Portage weiterfährt. Ich fordere euch deshalb auf, Voyageurs, in den bevorstehenden Tagen und Wochen das Äußerste an Kraft herzugeben, damit wir so früh wie irgend möglich am Lac Supérieur ankommen.

Bisher waren wir die Händler, die allen übrigen Montréalern stets um ein oder zwei Jahre voraus waren. Jetzt haben uns andere überholt. Das sollte uns gegen die Ehre gehen. Ich will im kommenden Herbst weiter nach Westen vorstoßen, da ein gewisser Peter Pond offenbar nach Nordwesten zum Athabasca strebt. Ich brauche vier oder fünf tüchtige Männer, die mit mir fahren. Überlegt euch in Ruhe, wer von euch Lust hat, mit mir das Kanu zu besteigen. Die Indianer erzählen von großen Gebirgen im fernen Westen. Ich möchte sie sehen. Vielleicht will auch einer von euch sie sehen.

Dies wollte ich euch sagen, Voyageurs. Hat einer dazu etwas anzumerken?«

Die Männer schwiegen.

Dann kam eine helle Stimme aus dem Hintergrund: »Wir sind aber immer nach Grand Portage gefahren, Maître, und nicht zum Kaministikwia!«

Und eine zweite: »In Grand Portage kann man sich lustig machen. Darauf hab' ich mich schon den ganzen Winter über gespitzt.«

Eine dritte, die beinahe zornig klang: »Einmal im Jahr in Grand Portage für drei Wochen! Das ist das alte Vorrecht von uns Nordmännern. Dabei muß es bleiben!«

Walther ließ abstimmen: »Wer glaubt, daß er unbedingt auf Grand Portage bestehen muß, der hebe die Hand!«

Die Männer traten von einem Fuß auf den anderen. Schüchtern erhob sich hier eine Hand und dort eine, vielleicht zehn Hände im ganzen.

Walther machte die Gegenprobe: »Wem daran liegt, daß der Concern floriert und wir alle Gewinn und Brot behalten, wer mich also nicht im Stich lassen will und bereit ist, mit mir zum Kaministikwia zu reisen, der hebe die Hand!«

Ein Wald von Händen wuchs auf.

»Ich danke euch, Voyageurs. Es ist entschieden, wir fahren zum Kaministikwia. Und damit auch die Unwilligen zu ihrem Recht kommen: Ich muß gleich nach der Ankunft am Oberen See ein Kanu nach Grand Portage schicken, um unseren Seniorpartner Captain Gorham zu benachrichtigen, daß und wo wir angekommen sind. Wer dann auf Grand Portage nicht verzichten will, der kann dies Kanu mitbemannen.«

Vergnügtes Geschrei antwortete dem Maître. Alle redeten durcheinander. Gérard erinnerte daran, daß er am unteren Kaministikwia zu Hause war, daß dort Frau und Kind auf ihn warteten. Dort gäbe es ein großes Indianerdorf mit vielen freundlichen Leuten, auch solchen weiblichen Geschlechts. Und an Essen und Trinken wäre kein Mangel. Und warum überhaupt Jahr für Jahr das gleiche Grand Portage? Voyageurs hätten doch immer Spaß daran, einen neuen Fluß zu befahren, unbekannte Stromschnellen zu riskieren und andere Menschen kennenzulernen. Also auf mit dem Maître nach Kaministikwia!

Walther brauchte nicht daran zu zweifeln: Die Burschen gingen mit ihm durch dick und dünn, wenn es darauf ankam. Sie würden rudern wie besessen.

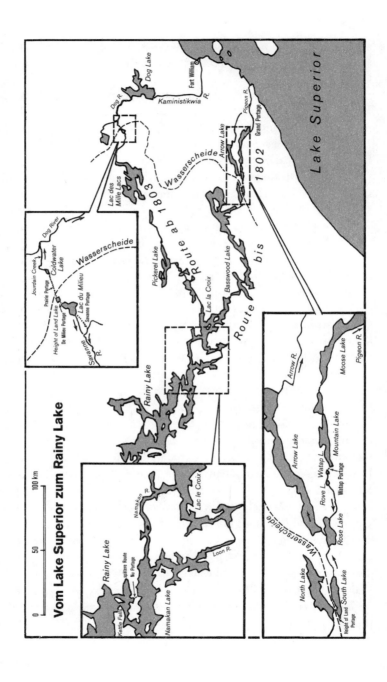

Den Lac la Croix fuhren sie nicht der Länge nach südostwärts aus, sondern verließen ihn nordostwärts, gewannen den Pickerel-See und den »See der tausend Seen«. Aus ihm dann den Savannen-Fluß hinauf, über die gleichnamige Portage zum Lac du Milieu. Von ihm aus über die nach ihm benannte Portage zum »Wasserscheiden-See«. Über ihn hinweg zur Prärie-Portage und weiter zum Coldwater-See, in den Jourdain-Bach, der dann bald in den Dog-River, den »Hundefluß«, mündet. Stromab ging es nun den Dog-River, über den Dog-Lake in den Kaministikwia-Strom. Die großen Kakabeka-Fälle mußten umgangen werden. Aber dann ist die breite Wasserbahn frei und leitet die Kanus geruhsam zum großen, meeresweiten Lac Supérieur, dem Oberen See, dem Lake Superior.

Gérard, der Brigadier der ersten Brigade, war wieder einmal daheim angelangt. Die Freude war groß, hatten doch Weib und Kind ihn noch gar nicht erwartet. Die Kanumänner wurden begeistert vom ganzen Dorf willkommen geheißen.

Walther schickte schon am nächsten Morgen ein Boot mit drei Mann zur Pie-Insel hinüber, die vor dem Eingang zur Thunder-Bay liegt (in welche der Kaministikwia mündet). An der Ostflanke der Pie-Insel mußten alle Kanus entlangsteuern, um vom Nordufer des Lac Supérieur die Mündung des Pigeon-, des Tauben-Flusses, und damit Grand Portage zu erreichen. Dort waren also die Groß-Kanus, die Canots de maître, aus Montréal abzufangen und sechzig Kanumeilen vor Grand Portage zur Mündung des Kaministikwia umzuleiten.

24

Für ein paar Augenblicke lang wurde Walther von der beängstigenden Empfindung überfallen, der Boden unter ihm gebe nach.

Vor ihm stand breit, schwer, bepackt mit Muskeln wie von je, Pancrace Matthieu, den Walther vor langen Jahren als Seniorpartner für den Aufbruch ins Pays d'en haut gewonnen hatte. Äußerlich hatte sich Pancrace wenig verändert, trug sich nach wie vor als ein kanadischer Voyageur. Nichts verriet, daß er nicht nur Führer der Brigade der Groß-Kanus, der Canots de maître des Concerns, war, sondern auch als der Mitbegründer und Miteigner eines der erfolgreichsten und finanzkräftigsten Pelzhandels-Konzerne in Montréal hätte auftreten können.

Pancrace hatte am Ufer der Mündung des Kaministikwia seinen alten Handels- und Kampfgenossen Walther McCorssen mit lärmendem Vergnügen, aber auch ein wenig unwirsch, ja verdrossen begrüßt, als wäre ihm etwas gegen den Strich gegangen.

»Walther, großartig, dich wiederzusehen! Es ist ja schon eine Ewigkeit her, daß wir uns gesprochen haben. Aber, in drei Teufels Namen, warum hast du dich bei der Pie-Insel aufhalten lassen und hierher umgeleitet?«

Walther war verwirrt. Er wußte nicht, was er zuerst erfragen sollte. »Ich verstehe nichts, Pancrace. Habt ihr in Montréal meinen Brief nicht bekommen, mit dem ich Gilles Clautier an Pat O'Gilcock abgesandt habe, per Eilschlitten und mit den besten Hunden und mit drei weiteren tüchtigen Voyageurs? Der Schlitten müßte längst vor eurer Abfahrt in Montréal eingetroffen sein. Seid ihr schon über die neue Route gekommen, ich meine den Saguenay aufwärts und dann über Abitibi und Michipicoten? Ist Pat nicht mit euch gekommen, wie ich dringend vorgeschlagen hatte?«

»Du fragst zuviel auf einmal, Walther. Was redest du da von einem Schlitten und Gilles Clautier? Davon weiß ich nichts. Ein Schlitten ist nicht angekommen, kann auch nach unserer Abfahrt nicht angekommen sein, denn da führte der Sankt Lorenz schon weit und breit offenes Wasser. Und warum sollte Pat O'Gilcock mitkommen? Der bleibt lieber bei seinen Pelzstapeln und Kontobüchern.«

Walther hatte nichts weiter gehört als die Worte »Ein Schlitten ist nicht angekommen« – und der Boden wollte unter ihm wanken. Er stammelte: »Aber der Schlitten müßte längst vor eurer Abreise in Montréal gewesen sein.«

»Bei allen Heiligen und der heiligen Anna dreifach, Walther, ich weiß nichts von einem Schlitten! Kannst du mich nicht aufklären, was es damit für eine Bewandtnis hat?!«

Walther versuchte, Matthieu zusammenhängend ins Bild zu setzen. Es gelang ihm schließlich. Matthieu erwiderte: »Wir haben wie immer die Route über den Huronen-See und Sault Sainte Marie benutzt, mußten einige englische Kontrollen über uns ergehen lassen. Aber seit dein und mein Name aus dem Concern verschwunden sind, Walther, werden wir nicht stärker beargwöhnt als die vorwiegend schottischen Concerns.«

»Du kennst O'Gilcocks Brief an mich, Pancrace?«

»Ich weiß von ihm, kenne aber nicht seinen Wortlaut. Ich weiß auch, daß Pat an eine nördlichere Route für unsere großen Kanus denkt – über den Michipicoten oder den Nipigon.«

»Pat hat in der Tat recht, wenn er sagt, daß wir die amerikanische Rebellion und die englischen Kontrollen nach Möglichkeit umgehen müssen. Wenn der Schlitten rechtzeitig angekommen wäre, hättet ihr schon in diesem Jahr die neue Route nehmen können. Ich rücke noch in diesem Jahr weiter nach Westen vor. Wir müssen die Vordersten bleiben. Dafür werde ich sorgen. Du hast dich also einfach ausbooten lassen, Pancrace?«

Der breitschultrige Mann verzog den Mund. »Was soll ich mich ärgern und streiten! Ich habe mein Schäfchen längst im Trocknen, habe immer jeden Shilling Gewinn herausgezogen. Dem Concern tat es gut, daß mein Name verschwand. Erster Brigadier bin ich trotzdem geblieben, verdiene auch als solcher nicht übel. Was will man mehr?«

Ja, was sollte man mehr wollen, Walther war bereit, es einzusehen. Trotzdem sagte er: »Aber es war doch auch dein Concern, Pancrace. Wir beide haben ihn begründet. Das gibt man nicht auf, bloß weil ein anderer glaubt, die Gelegenheit sei günstig. Außerdem hat Gorham auch noch etwas dazu zu sagen. Ich werde schon morgen ein Kanu auf die letzten paar Dutzend Meilen nach Grand Portage schicken, werde ihm in groben Zügen Bescheid geben und ihm nahelegen, so bald wie möglich zu uns zu stoßen. Jetzt müssen wir erst einmal auch mit ihm reden.«

»Gewiß, gewiß, das müssen wir. Aber ich muß mich darum kümmern, daß meine Fracht ordentlich an Land geschafft wird. Und die Kanus müssen aus dem Wasser. Es wird meinen Männern gar nicht recht sein, daß sie diesmal Grand Portage nicht zu sehen bekommen.«

Die drei Seniorpartner wanderten gemächlich über den unbefleckten Sand des Seeufers unter dem Saum des Waldes, der landein seine dichten Dickichte aufbaute. Alle drei waren vom Ernst dieser Stunde ergriffen, setzten ihre Worte vorsichtig und überlegt, nahmen den Glanz des sommerlichen Tages, das blaue Leuchten des kaum gefächelten Sees, den Duft von den Waldrändern gar nicht wahr, ging es doch jedem um seine Existenz.

Nachdenklich sagte Gorham: »Es ist wirklich blanker Irrsinn, daß die königlichen Behörden dir, Walther, oder dir, Pancrace, mit Mißtrauen begegnen und euch nach soviel Jahren noch hinterherschnüffeln. Leute wie wir sind es ja, besonders solche wie du, Walther, die das Land im Westen aufschließen, stets weiter nach Westen und Norden.

Du hast den Schlitten mit Paul und Clautier abgesandt, eine neue Route zu erkunden. Unablässig erkunden wir neue Routen. Wir tun das gewiß nicht um der schönen Augen Seiner Majestät willen, aber Seine Majestät braucht nur noch unseren Routen zu folgen, braucht nur noch den Indianern mit bunten Uniformen und ein bißchen Kanonen-Geböller – ein Pulverfaß tut's auch – seine Großmächtigkeit zu demonstrieren, und schon hat sich Majestät abermals ein riesiges, jungfräuliches Land einverleibt. Und wir, die ersten, die ihr Vermögen und ihren Kopf riskiert haben, erhalten dann die huldvolle Erlaubnis, Steuern zu zahlen und müssen parieren.

Der Schlitten hätte längst da sein müssen, Pancrace, als deine Flottille Montréal verließ. Anfang April müßte er gut und gern Montréal erreicht haben. Machen wir uns nichts vor, Walther! Deine vier Männer sind umgekommen. Der Winter hat sie gefressen, der Sturm, das Eis, die Kälte, der Hunger oder bösartige Indianer.

Ich habe O'Gilcocks Brief im vorigen Herbst gelesen, Walther, und mich aus gutem Grund nicht dazu geäußert. Das war eine Sache, die allein zwischen dir und O'Gilcock schwebte. Du bist nun nicht willens, deine Partnerschaft am Concern aufzugeben. Gut, ich würde es auch nicht tun. Da deine Antwort auf seinen Brief Cock nicht erreicht hat, hat er bislang keine Ahnung, was du tun willst.

Ich habe lange geredet. Die Rede läuft auf eine Frage hinaus: Was willst du also tun, Walther? Was schlägst du vor?«

Walther hatte die Antwort schon parat: »Über das Ausscheiden oder den Ausschluß von Seniorpartnern aus unserem Concern können nur alle Partner gemeinsam entscheiden. Und das bei mir im Pays d'en haut, damit vor allem Cock einmal erlebt, was dort von allen Beteiligten geleistet werden muß. Ich will noch in diesem Jahr, wenn es irgend geht, bis ins Einzugsgebiet des Athabasca vorrücken, damit der Concern die vordersten Positionen im Indianerland, im Pays d'en haut behält. Das läuft also darauf hinaus, daß Cock im kommenden Herbst entsprechende Nachricht erhält, sich dann im nächsten Frühling 1778 mit den Großkanus aufmacht zum Lac la Loche oder Lac la Biche. Ich bin der Meinung, daß der Concern, der uns allen bisher nur Nutzen gebracht hat, zerbricht, wenn wir uns nicht wieder zusammenraufen. Dazu wäre dann den ganzen Winter 78/79 über genug Zeit – bei mir draußen im Pays d'en haut!«

Die drei redeten noch eine Weile über die Konsequenzen, die ein solcher Plan mit sich bringen würde. Doch wurde bald klar, daß es gar keine andere Lösung gab als die, die Walther vorgeschlagen hatte. Ohne große Umstände wurde sie zum Beschluß erhoben.

25 Der Krieg im Osten und Südosten des Kontinents hatte bisher die Geschäfte des Concerns kaum gestört. Gorham war allerdings, ebenso wie Walther und Matthieu, der Meinung, daß 1778 die Canots de maître so vorsichtig wie möglich und ohne Aufsehen zu erregen die Nordroute über Abitibi und Michipicoten befahren sollten; Proviant nähme man dann ohnehin für die ganze Reise mit.

Gut, aber wenn Walther im nächsten Jahr 1778 eine vielleicht wiederum größere Ausbeute an Pelzen zu dem Restbestand aus 1777 zu verfrachten haben würde, dann reichten die vorhandenen zehn Nordkanus keineswegs mehr aus. Mindestens fünf weitere Kanus waren schon jetzt unumgänglich notwendig.

Gorham machte Walther den Vorschlag: »Wäre es nicht ratsam, wenn wir lernten, unsere eigenen Kanus zu verfertigen? Ich bin überzeugt, daß du mit Gérard, Claude und ein paar anderen tüchtigen Voyageurs bessere Nordkanus bauen würdest als die Indianer.«

»Ich denke schon seit langem darüber nach, wie ein für unsere Zwecke voll geeignetes Kanu konstruiert sein müßte. Im kommenden Winter werde ich, wenn ich Zeit finde, mein Glück damit versuchen. Vielleicht kann ich dir nächsten Sommer Kanus zur Genüge vorführen. Eigenes Fabrikat!«

Er lachte. Der Captain erlag der Versuchung, auszusprechen, was er bisher vorsichtig vermieden hatte: »Das wäre großartig, Walther! Nein, ich muß es bekennen, ohne dich hätte der Concern keinen Schick. Es geht nicht an, daß O'Gilcock in Montréal die durch den Krieg entstandenen außergewöhnlichen Verhältnisse dazu benutzt, nach Matthieu nun auch dich aus der Partnerschaft zu verdrängen. Du kannst auf mich rechnen, Walther. Ich werde feststellen, wen man angehen, wem man wieviel zahlen muß, damit dein Fall aus den Akten verschwindet.«

Zum Schluß wollte Gorham noch wissen: »Wie steht es mit unseren Juniorpartnern, Walther? Wir werden ihre Anteile am Concern über kurz oder lang verdoppeln müssen.«

»Gut, daß du fragst, Captain. Ich hätte es sowieso noch besprochen. Justin Leblois ist absolut ehrlich, fleißig, zuverlässig. Mein Sohn William ist der bessere Unternehmer und wird immer genau wissen, auf welcher Seite das Brot beschmiert und auf welcher es trocken ist. Man kann durchaus damit rechnen, daß er stets unter der Flagge zu finden sein wird, die ihm den größeren Vorteil verspricht. Insofern ist auch er ›absolut‹ zuverlässig.«

Captain Gorham erwiderte: »Du urteilst hart über deinen Sohn, Walther, nicht wahr?«

»Hart? So würde ich es nicht nennen. Nur ohne Illusionen. William steht seinen Mann auf seine Weise. Mehr zu erwarten, wäre nicht nur dumm, sondern auch unbescheiden.«

»Wahrscheinlich hast du recht, Walther. Ich habe darin keine Erfahrung, habe sie auch nicht nötig, Gott sei Dank! Justin hast du unter Aufsicht, und William wird schließlich merken, wo er am besten aufgehoben ist. – Du willst dich also bald auf den Rückweg machen? Das kann ich nur gutheißen.«

Die aus Montréal von den großen Canots de maître unter Pancrace Matthieu herangeschafften Tauschgüter waren ausgepackt, gelüftet, gezählt und registriert und schließlich wieder zu neuen Packs wasserdicht verschnürt und gestapelt worden. Die alten und die neuen Kanus waren überholt worden und lagen in Reih und Glied am Ufer bereit. Walther hatte auf die Wünsche der Voyageurs keine Rücksicht genommen und die Großkanus mit ihrer kostbaren Pelzladung schleunigst nach Montréal abgesandt.

Am zwanzigsten Juli schon, Wochen also vor dem üblichen Termin der Abreise ins Pays d'en haut, machte sich auch Walther mit seiner Flottille von fünfzehn Kanus auf den Weg. Die Boote waren nicht überladen. Die neu erworbenen Kanus waren mit ausgesuchten Leuten bemannt. Gorham hatte sie in aller Stille und Vertraulichkeit angeheuert. Die kleine englische Wachtruppe im Grand Portage sollte es nicht gewahr werden, daß der Concern in diesem Sommer 1777 seine Pelze und Waren über den Kaministikwia und nicht über den Pigeon und Grand Portage umschlug.

Pancrace Matthieu hatte einen von Captain Gorham und Walther Corssen unterzeichneten Brief an Patrick O'Gilcock mit auf die Reise bekommen, in dem dieser unmißverständlich »eingeladen« wurde, sich mit Matthieu dem Captain anzuschließen, um Walther für den Winter 1778/79 im Pays d'en haut zu besuchen.

»Denn die Seniorpartner« – so hatte Captain Gorham im Schlußteil des Briefes formuliert – »können nur gemeinsam Beschlüsse fassen, welche die Partnerschaft grundlegend verändern. Und da die Quelle und aller Anfang unseres Unternehmens bei Walther Corssen im Pays d'en haut liegen, müssen wir uns im Herbst 1778 bei ihm treffen, um an Ort und Stelle Einsicht in seine Bücher zu nehmen und sein Geschäftsgebaren kennenzulernen. Damit wären dann die in Montréal obwaltenden Umstände in Übereinstimmung zu bringen. Die Anwesenheit aller Gründungspartner unter Einschluß des zurückgetretenen Pancrace Matthieu ist deshalb unbedingt erforderlich.

Captain John Gorham. Walther Corssen, gen. McCorssen.«

26

Noch nie zuvor, so wollte es Walther scheinen, hatte er eine so schöne, so von jeder Erdenschwere freie Fahrt erlebt wie die Rückreise vom Lac Supérieur zum Lac la Ronge im Spätsommer des Jahres 1777. Gewiß, auch diesmal war man fünfzehn, sechzehn Stunden am Tag unterwegs, aber über aller schweißtreibenden Mühe lachte eine starke Sonne, blaute ein hoher, leuchtender Himmel, in dem an jedem frühen Nachmittag, aus dem Nichts geboren, strahlend weiße, bauschige Wolken schwammen, Märchenschlösser, die sich gegen Abend ebenso sachte wieder auflösten, wie sie entstanden waren.

Als die Boote hinter »Bas de la Rivière« auf den unabsehbaren Winnipeg-See hinausglitten, den unberechenbaren und bösartigen, zeigte sich auch dies gefürchtete Gewässer von seiner angenehmsten Seite, breitete sich glatt wie ein schimmernder Spiegel vor den Augen der beglückten Voyageurs in dem zartblau milchigen Dunst des Schönwetter-Tages.

Am Tage darauf näherten sich Walthers Kanubrigaden der schon in der Ferne erkennbaren Einmündung des Saskatchewan in den Lake Winnipeg. Die Sonne stand tief, und Walther hielt bereits nach einem Lagerplatz für die Nacht Ausschau, wollte aber doch so weit in die Flußmündung einfahren, daß auch ein Sturm auf dem See seine Weiterreise nicht behindern würde. Seine Aufmerksamkeit war ganz auf das Ufer gerichtet. Plötzlich ein Zuruf von Claude: »Walther, sieh dort! Von Norden kommt ein Dutzend Kanus den See herunter, steuert wie wir in den Saskatchewan.«

Claude hatte scharfe Augen. Er hatte sich nicht getäuscht. Winzig klein noch, aber unverkennbar bewegte sich dicht unter dem aufragenden Ufer des schon zur abendlichen Ruhe verklärten Sees eine Anzahl von schwärzlichen Flecken, Punkten nur, heran, die nichts weiter bedeuten konnten als Kanus, eine kleine Flottille von Kanus der gleichen Art wie die ihren.

Walther rief: »Sie wollen wie wir in den Saskatchewan! Sie kommen von Norden. Es muß sich um Boote der Hudson Bay Company handeln. Wer soll sonst hier von Norden her unterwegs sein um diese Jahreszeit!«

»Stimmt, Walther! Wir werden für einige Tage mit ihnen die gleiche Route verfolgen, den Saskatchewan aufwärts, bis wir dicht vor ihrem Ziel nach Norden abbiegen zum Lac Namew und zum Sturgeon-Fluß. Willst du mit ihnen oder neben ihnen unser Camp für die Nacht aufschlagen, Walther?«

»Nein, keinesfalls! Wir halten uns getrennt, lassen sie als erste einfahren und lagern uns dann am anderen Ufer des Stromes. Aber vor der Dunkelheit mache ich ihnen einen Höflichkeitsbesuch.«

Ein großer Mann löste sich am Westufer aus der Gruppe, die am Abend Walthers Kanu erwartete. Er war nicht in Leder gekleidet wie Walther, sondern trug über einer formlosen Hose ein am Halse offenes grobes Leinenhemd mit bauschigen Ärmeln.

Walther ging dem fremden Mann entgegen, hob die Hand zum Gruß: »Good evening, Sir! Ich bin Walther Corssen, Seniorpartner des Montréaler Concerns Corssen, O'Gilcock & Matthieu.

Wir sind auf dem Wege zum Lac la Ronge und weiter zum Lac la Biche im Athabasca-Land.«

»Sehr erfreut, Sie kennenzulernen, Mr. Corssen. Ich bin William Tomison von der Hudson Bay Company, auf dem Wege von Fort York an der Bay nach Cumberland House am Saskatchewan. Trinken Sie einen Whisky mit mir!«

Wie alle Kanufahrer sprachen sie zunächst über das Wetter. Dann wurde erörtert, wie lange man wohl brauchen würde, die Grand Rapids, die »Großen Stromschnellen« des Saskatchewan kurz vor seiner Mündung zu umgehen und auch, daß man eine Vereinbarung treffen müßte, um zu verhindern, daß die Männer sich auf der Portage gegenseitig in die Quere kämen. Walther beschloß die Debatte nach einigem Hin und Her mit heiterer Gebärde. Der harte, rauchige Whisky begann sie aufzulockern, die beiden Männer, die sich mit geheimem Mißtrauen beobachteten, um zu erfahren, wes Geistes Kind der andere war. Auf den ersten Blick gefielen sie einander recht gut. Aber Vorsicht blieb geboten.

»Sie werden mir schon erlauben müssen, Mr. Tomison, Ihnen und Ihren Leuten den Vortritt zu lassen, unterwegs und an den Portagen. Bis fast zu Ihrer Station Cumberland House haben wir ja die gleiche Route. Wenn nicht anders möglich, gebe ich Ihnen sogar einen ganzen Tag Vorsprung, damit sich unsere Leute nicht ins Gehege kommen. Die Voyageurs sind nun einmal hitzige Burschen. Wir werden sie kaum ändern – und weder Ihnen, Mr. Tomison, noch mir kann daran gelegen sein, daß sich unsere Leute in die Haare geraten und dann natürlich auch solche lassen müssen.«

»Vielen Dank, Mr. Corssen, für Ihr Entgegenkommen! Ich nehme es gerne an. Aber Sie brauchen wirklich keinen ganzen Tag zu verlieren. Zwei, drei Stunden Vorsprung sollten durchaus genügen. Ich werde meine Leute anhalten, keine Zeit auf den Portagen zu verlieren. Offen gestanden, Mr. Corssen, ich hätte solche Freundlichkeit von einem Händler aus Montréal gar nicht erwartet. Ihr lebt doch davon, uns die Routen abzuschneiden und die Pelze abzujagen, die von Rechts wegen an unsere Faktoreien an der Hudson Bay geliefert werden müßten.«

Das war einigermaßen grob und geradezu herausgesagt, was Walther immerhin zu schätzen wußte, denn es fehlte den Worten jeder drohende Unterton. Dergleichen hatte er erwartet und war auch entschlossen gewesen, auf einen groben Klotz einen groben Keil zu setzen, wenn es nötig werden sollte.

»Aber, Mr. Tomison, wenn wir Bösewichte aus Montréal nichts weiter täten als das, könnten wir unseren Handel bald an den Nagel hängen. Ich gebe zu, wir genieren uns nicht, ab und zu einige Pelze in unsere Kanus zu packen, die sonst vielleicht in Ihren Lagern an der Hudson Bay gelandet wären. Aber in Wahrheit sind doch wir es gewesen und vor uns die franko-kanadischen Coureurs de bois, die als erste in den fernen Westen und Nordwesten vordrangen und das taten, worauf es bei dem Geschäft am meisten ankommt, nämlich: die Indianer an die Tauschgüter aus England, Deutschland, Frankreich zu gewöhnen. Und wir haben in all den Jahrzehnten da draußen nie einen Beauftragten der Hudson Bay Company getroffen. Die blieben an der Hudson Bay sitzen, stiegen in kein Kanu, nahmen die Mühe und Gefahr der Portagen nicht auf sich, sondern warteten darauf, was die Indianer aus dem unbekannten Hinterland ihnen anlieferten.«

Tomison, der scharf trank, lachte.

»Das hat was für sich, Mr. Corssen. Wir haben uns also im Grunde nicht viel vorzuwerfen, und es ist mir sehr wertvoll, Gelegenheit zu haben, mit Ihnen feststellen zu dürfen, daß wir alle frei in der Luft schweben – und daß uns keiner helfen kann, wenn wir abstürzen, es sei denn, wir helfen uns selber. Aber es ist ja noch sehr viel Platz westwärts, und die Indianer sind, soweit meine Erfahrungen reichen, überall gleich dumm und verkaufen für ein Fäßchen Brandy nicht nur ihre Pelze, sondern sogar ihre Seele.«

Er hielt inne, als müßte er sich berichtigen, fuhr aber gleich fort:

»Das heißt, nicht immer. Im vergangenen Winter scheint südlich der James Bay ein peinliches Unglück passiert zu sein. Irgendwo dort sind ein Schlitten und vier Mann abhanden geraten. Was das für ein Schlitten gewesen ist, woher er kam, wohin er unterwegs war, das weiß ich nicht. Auf alle Fälle gehörte er nicht zur Hudson Bay Company, muß also wohl von einem der Montréaler Concerns ausgesandt worden sein. Die Burschen hatten wahrscheinlich damit gerechnet, sich unterwegs verproviantieren zu können. Aber die Indianer haben den Schlittenleuten nichts verkauft; sie hätten selber nicht genug für den Winter, haben sie ihnen gesagt. Nun sind das sicher erfahrene Nordmänner gewesen; sie boten ein ganzes Fäßchen Rum für eine Ladung Proviant und Hundefutter, unverdünnten Jamaica-Rum! Sie müssen also schon ziemlich verzweifelt oder ausgehungert gewesen sein. Denn wer gibt schon auf einer Winterreise seinen kleinen Vorrat an der einzigen Medizin preis, die im Winter Wert hat? Die Geschichte muß sich Ende Januar oder Anfang Februar zugetragen haben – bei mörderischer Kälte. Die Indianer konnten der Versuchung nicht widerstehen, lieferten den gewünschten Proviant und das Hundefutter, haben sich dann aber gleich über den unverdünnten Rum hergemacht. Wie konnte es anders sein, sie kippten nach kurzer Zeit um. Einer von ihnen hat sich im Suff in den Schnee fallen lassen und ist nicht mehr hochgekommen, ist prompt erfroren. So etwas geschieht ja nicht zum erstenmal.

Der Stamm machte den Schlittenfahrern den Vorwurf – verrückt, aber so sind sie, die Rothäute, wenn sie wild werden –, vergifteten Rum geliefert zu haben. Es gab keine lange Gerichtsverhandlung. Die Männer wurden totgeschlagen und skalpiert, aber nur drei von ihnen. Der vierte ist davongekommen mitsamt dem Schlitten, den Hunden und dem Proviant. Er hatte sich herausgehalten und sich den Anschein eines großen Zauberers gegeben. Die Indianer wagten nicht, ihn anzurühren und waren froh, daß er nicht länger verweilte. Ob er durchgekommen ist nach Osten oder Süden, weiß keiner.«

Walther hatte mit steigender Erregung zugehört. Er bemühte sich, seinen Atem zu beherrschen, blickte starr ins Feuer. So entsetzlich unerwartet hatte sich ihm das Schicksal des Schlittens, seines Schlittens, offenbart, daß er beinahe die Fassung verlor. Doch durfte er sich nichts anmerken lassen.

Die beiden Männer, beide nicht mehr jung, verstanden sich eigentlich erstaunlich gut, genossen sogar diese Stunde eines vertrauten Gesprächs, das sie von gleich zu gleich miteinander führen konnten, während sie sonst stets daran zu denken hatten, daß sie mit jüngeren, abhängigen, untergebenen Gefährten redeten.

Sie tranken beide über den Durst in dieser klaren Nacht, verabredeten schließlich, sich auch an den kommenden sechs oder sieben Abenden zu treffen. Denn man würde ja nun für einige Tage die gleiche Wasserstraße befahren, die gleichen Portagen bewältigen müssen und voraussichtlich nicht weit voneinander das Nachtlager aufschlagen.

»Allerdings habe ich nur Rum oder Grog anzubieten, Mr. Tomison. Whisky gibt es bei mir nicht, was mir nun allerdings leid tut.«

»Kein Grund zur Trauer, Mr. Corssen. Also morgen abend!«

Es ging schon auf Mitternacht. Walther mußte seine Ruderer erst wecken. Sie hatten sich im Kanu der Länge lang zum Schlafen gelegt, jeweils zu zweien dicht aneinander, um sich zu wärmen. Verschlafen und schlecht im Takt trieben sie das Boot auf das dunkle Wasser hinaus. Ein Wachtfeuer in ihrem Lager wies ihnen die Richtung. Sie sprachen kein Wort.

Jetzt erst, da Walther nicht mehr zu reden oder zuzuhören brauchte, stürzten die Trauer, der Zorn, der Jammer über ihn herein. Bis dahin hatte er das beiseite drängen müssen. Gilles Clautier, Jean Pimard, Stess Atim, Paul Luders – sie waren nicht mehr am Leben; und er, Walther, hatte sie auf die weite Reise in den Tod geschickt. Einer war davongekommen. Er überlegte angestrengt: Nur Paul traue ich zu, sich noch im letzten Augenblick durch irgendeinen Trick zu retten. Paul fällt immer auf die Füße. Aber wo ist er am Ende geblieben? Würde sich das jemals entschleiern?

Zweierlei bewirkte die Begegnung mit Tomison, zweierlei Folgen ergaben sich für Walther aus den nächtlichen Gesprächen mit dem Manne, der sich bei aller Treue gegenüber der Hudson Bay Company seinen klaren Verstand bewahrt hatte.

Die erste dieser Folgerungen prägte sich sehr deutlich in Walthers Bewußtsein ein: Ich will keinem anderen, sei es der ›Company‹ oder sei es einem anderen Concern aus Montréal, in die Quere kommen, und keiner soll mir in die Quere kommen. Ich muß es schaffen, wieder gehörigen Abstand zwischen mich und alle übrigen Händler zu legen. Auf meine Cree kann ich mich als Wegweiser verlassen. Die Cree in Omimees Stamm, die Leute des alten Saw waw Mickinack werden eine große Klage anheben, wenn ich ihnen berichte, daß einer ihrer besten jungen Krieger, Stess Atim, in die ewigen Jagdgründe entrückt ist – in meinem Dienst und Auftrag. Ich werde seiner Sippe ein großes Totengeld bezahlen müssen. Es wird mich noch fester mit dem Stamm verbinden.

Was sich als zweites aus der Bekanntschaft mit Tomison für Walther ergeben hatte, gehörte in einen völlig anderen Bereich: Tomison hielt gemäß den Vorschriften seiner Company auf strengen Abstand zwischen sich und seinen Voyageurs, selbst noch den Avants und Gouvernails und Brigadiers unter ihnen. Das hatte seine Vorteile, stärkte die Autorität und machte das Befehlen leichter. Auf Walther allein, als dem einzigen Seniorpartner im gesetzesfernen Pays d'en haut, ruhte alle Verantwortung. Er allein hatte geradezustehen für alles, was in seinem Bereich geschah. Sollten die anderen also gehorchen, soweit er es nicht vorzog, sie zu Rate zu ziehen.

27

Erschrocken und beschämt sagte Walther sich, während ihm die fünf Menschen am Ufer schon aus der Ferne zuwinkten – er stand aufrecht im vordersten Kanu: Was mögen die Frauen durchgemacht haben, Omimee und meine »kleine Anna«?

Er kam dem Voyageur zuvor, der als erster in seinem Kanu saß, stieg über Bord und watete ans Ufer. Die beiden Frauen strahlten ihn an, traten ihm als erste entgegen. Er wandte sich an Omimee: »Meine Frau, ich bin wieder da, bin wieder bei dir, Gott sei Dank!«
Sie bot ihm das Bündelchen:
»Dein Sohn, Walther! Alles ist gutgegangen. Er soll Valentin heißen, wie wir es vor deiner Abreise besprochen haben!«

Valentin? Ein schöner Name! Er beugte sich über Omimees Arm. Das Kind, ein winziges Wesen, hatte die Augen geschlossen; es schlief. Winzig das Gesichtchen, nichts weiter als Geborgenheit verratend, winzig die beiden Fäustchen über dem Wickeltuch. Es war schon so lange her, daß er ein ganz junges Kind zu Gesicht bekommen hatte. Waren sie alle so winzig? Und dies war sein Sohn? Nicht das Kind – Omimee bildete die Gewähr dafür, daß es so war. Sie schien ihm noch schöner geworden, Omimee, Evangeline, seine Métisse! Er flüsterte: »Meine Frau, unser Sohn! Ich danke dir, Omimee!« Er wagte nicht, seine Hand zu erheben und sie zu berühren. Allzu viele Augen waren auf ihn und die Frauen gerichtet. Omimee lenkte ab:

»Du mußt auch deinen Enkel begrüßen, Walther. Anna wartet schon. Dein Enkel ist drei Monate älter als dein Sohn. Du bist ein großer Mann, Walther!«

Ja, das war seine ›kleine Anna‹. Das Wesen in ihrem Arm schien ihm schon etwas mehr Gesicht zu haben; es schlief auch nicht, sondern blickte das fremde, bärtige Antlitz, das sich ihm prüfend näherte, mit weit offenen Augen an. Um den kleinen Mund schien ein Lächeln aufblühen zu wollen, ein Anblick, der Walther sonderbar rührte, ja erschütterte. Er richtete sich auf. Anna, die Tochter, nahm er samt Enkel in seine Arme: »Anna, ich bin glücklich, daß ihr es beide überstanden habt, ohne Schaden zu nehmen; so hoffe ich wenigstens. Wie soll mein Enkel heißen?«

»Dein Enkel, Vater, heißt Armand Leblois!«

Armand Leblois – natürlich! Justin trat herzu. Die beiden Männer schüttelten sich die Hand. »Justin, mein Junge! Alles in Ordnung hier bei euch?«

»Alles in Ordnung, Vater. Du wirst zufrieden sein!« In der Tat, er durfte zufrieden sein, nachdem er erst einmal Justins Bericht gehört und Einblick in seine peinlich sauberen und vollständigen Bücher und Listen genommen hatte.

Es wäre verlockend gewesen, sich nun nach der langen, harten Reise am Lac la Ronge niederzulassen, aber die Tage und Wochen in Grand Portage und die Nachtgespräche mit Tomison hatten in ihm die alte Unruhe mit so unwiderstehlicher Gewalt heraufbeschworen, daß Walther kaum dazu kam, sich auch nur einen einzigen Tag des Innehaltens und Zufriedenseins zu gewähren. Der Zwang »Weiter nach Westen, immer weiter nach Westen!« hatte sich seiner fiebriger bemächtigt denn je. Gerade weil Omimee und der kleine, fröhlich krähende Valentin ihm verführerisch nahelegten, zu verweilen und auszuruhen, bestand er vor sich selbst um so unerbittlicher darauf, sich wieder dem Sog nach Westen auszuliefern.

Omimee widersprach nicht, wie eine weiße Frau widersprochen hätte und wie auch Anna zu widersprechen nicht aufhörte.

Omimee erwiderte nichts weiter als: »Gewiß, Walther, ich bin morgen schon bereit zu reisen, wenn du es für nötig hältst.« Sie war Indianerin genug, um zu begreifen, daß Jäger, Fischer, Beerensammler in Bewegung bleiben müssen. Walther hatte sich davor gefürchtet, der Mutter und dem Kind eine lange, beschwerliche Kanureise zumuten zu müssen. Daß Omimee ihm so selbstverständlich Folge leistete, bestürzte ihn fast, erfüllte ihn dann mit Dankbarkeit.

Was anzuordnen war, brauchte nicht lange überlegt zu werden. Justin würde das Kommando im Lager und über die auch in diesem Winter 1777/78 einzurichtenden Außenposten übernehmen, würde versuchen müssen, genauso gute Geschäfte zu machen, wie sie Walther im Winter zuvor gelungen waren. Doch sollte er im Auge behalten, daß die gesamte Unternehmung früher oder später – möglichst früher! – in den ferneren Westen verlegt werden mußte.

Mit nur zwei Kanus wollte Walther den Vorstoß zum Lac la Biche, der schon ins Gebiet des Athabasca gehört, versuchen. Der Häuptling würde ihm zwei routenkundige Männer mitgeben; einer von ihnen gehörte auch zur Sippe der »Schildkröten«; er war ein Onkel Omimees und Claudes von ihrer Mutter Seite her. Beide waren ältere, erfahrene Kanuleute.

Und dann natürlich Claude! Der war kaum noch als »junger Krieger« anzusehen. Er war zum Manne gereift, vereinte in sich das Beste aus der indianischen und aus der kanadischen Welt und war bei jedermann wohlgelitten und anerkannt.

Im ersten Morgengrauen des dritten September 1777 legten die beiden Kanus ab. Walther stand als Gouvernail im ersten Boot. Als Avant diente ihm einer der Indianer aus Omimees Heimatdorf, der mit dem Wasserweg den Missinipi aufwärts bis zum Lac Ile-à-la-Crosse und dann den endlosen Biber-Fluß aufwärts bis zu jener Portage vertraut war, die, über die Wasserscheide hinweg, nur drei Meilen weit zum Lac la Biche hinüberführte.

Walther hatte Claude zum Gouvernail des zweiten Bootes bestimmt. Der war verständig und würde keinen der älteren Voyageurs vor den Kopf stoßen. Außerdem war er der Bruder von »Madame Evangeline«, und die franko-kanadischen Voyageurs sahen durchaus ein, daß der Maître Corssen seinem angeheirateten Verwandten eine Chance geben mußte, sich auf langer Reise als ein Meister der Kunst des Kanus zu beweisen.

Omimee war mit dem Kind im Arm in der Mitte von Walthers Boot gut aufgehoben. Die Männer bemühten sich um Mutter und Kind mit rührender Fürsorge. Fast war es Walther zuviel geworden und erst recht der noch immer scheuen Omimee, die sich in der Gesellschaft der vielen, weißen Männer mit ihren lauten Gesängen nach wie vor befangen fühlte.

Genau einen Monat dauerte es, bis die beiden Kanus ihr Ziel, den Lac la Biche, erreichten. Mit untrüglicher Sicherheit hatten die indianischen Führer den Weg gewiesen. Ihrem Gedächtnis waren die Merkzeichen der Landschaft genauestens eingeprägt. Wie alle Kinder der Wildnis verfehlten sie einen Weg nie mehr, den sie einmal begangen oder befahren hatten.

Die weite Reise war ohne Zwischenfälle verlaufen. Omimee und das Kind hatten keinen Anlaß zu Sorgen oder Mißlichkeiten gegeben. Der kleine Valentin hatte sich zum Erstaunen der bärtigen Männer in dem Monat der Bootsreise kräftig weiterentwickelt. Nichts ging dem Kleinen ab. Da die Männer nichts von Müttern und kleinen Kindern verstanden und sich einbildeten, des Maître Frau mit so kleinem Kind, das wären höchst zerbrechliche Geschöpfe, konnten sie sich nicht genug tun, das Kind und seine Mutter zu hüten, zu stützen, warm einzupacken und mit zuweilen beängstigender Neugier alle Regungen des Kindes zu beobachten und ausführlich zu besprechen – wie ein Dutzend verliebter Großväter angesichts eines einzigen Enkels...

Omimee vergaß mit der Zeit, daß sie sich vor den lauten, lustigen, gerne hochfahrenden Männern manchmal gefürchtet hatte. Nein, diese hier, die Walther ihr ausgesucht hatte, das waren treuherzige, zuverlässige Burschen, leicht erregbar zwar, aber niemals bösartig.

Walther aber war seit langer Zeit zum erstenmal wieder mit sich einig. Vor ihm lag die wilde Welt, leer, groß, von keinem Anspruch mehr bedroht, der nicht aus ihr selber stammte.

Von goldenem Herbstwetter begünstigt wurden die Männer, als sie gleich nach der Ankunft mit dem Bau zweier schlichter Behausungen begannen, einer kleineren, deren Vorderteil das Warenlager und das »Kontor« aufnehmen sollte, während der hintere Teil für die Wohnung des Maître und seiner Familie bestimmt war. Diesem Haus war ein Verschlag zur Unterbringung der erhofften Pelze und Felle angefügt. Das zweite, größere Blockhaus sollte den Voyageurs zur Unterkunft dienen.

Fünf Wochen später, als der letzte Hauch des »Indianer-Sommers« vom Heulen des ersten Schneesturms verschlungen war, begann jenes eine Jahr, in dem Walther glücklicher war als jemals in seinem Leben. Die Männer arbeiteten im Walde oder fischten durch das Eis; die Indianer aus Omimees Dorf und Claude gingen auf Jagd, fingen auch bald damit an, eine trap-line, eine Fallenstrecke, anzulegen, um sich ebenfalls am eigentlichen Geschäft der neuen Station zu beteiligen.

Die kleine, weltverlorene Siedlung der Bleichgesichter schwamm in den grenzenlosen Einöden als eine friedliche Insel, die durch nichts und niemand in Frage gestellt wurde, die wirklich in Gottes Hand ruhte, einzig und allein in seiner Hut – und wo konnte sie besser aufgehoben sein!

Omimee war der gute Geist der werdenden Niederlassung der Kanadier am Lac la Biche. Kein alter Häuptling machte ihr hier noch Vorschriften. Oft wurde sie als Heilerin in Anspruch genommen. Die beiden Cree aus ihrem Häuptlingsdorf, die den Waltherschen Kanus als Führer gedient hatten, waren nicht faul, den Ruf Omimees unter den Stammesbrüdern am Lac la Biche zu verbreiten. Omimee versagte ihre Hilfe nie, ließ sich aber stets ausdrücklich darum bitten, vergaß auch nicht, die Bittenden darauf hinzuweisen, daß ihre Kenntnisse und Mittel vielleicht nur in ihrer Heimat wirksam wären, daß sie sich hier, in einem fernen Land, vielleicht nicht mehr unbedingt auf sie verlassen könnte – eine Warnung, die von den Indianern am La Biche verstanden und gewürdigt wurde.

Aber sie hatte kaum Mißerfolge zu verzeichnen. Sie blühte. Sie regierte mit sanfter Hand und fast unbemerkt. Sie umwob ihren kleinen Sohn und ihren Mann mit so warmer Zärtlichkeit, erfinderischer Glut und Liebe, eine letzte Scham und Scheu nie ganz verlierend. So fühlte sich Walther in diesem Jahr vom Herbst 1777 bis zum Herbst 1778 zum ersten und einzigen Mal in seinem Leben von seiner Vergangenheit los und ledig gesprochen: Ein neues Leben – noch einmal, noch einmal! – war ihm geschenkt.

Als der Frühling schon in den Wipfeln brauste und der Schnee schon zusammengesunken war, trugen Walther, Claude, einer der Indianer und vier Voyageurs eins der Boote und eine ansehnliche Zahl von Pelzballen über die Wasserscheide zum Quellsee des Biberflusses hinüber.

Walther sagte: »Claude, ihr werdet eine sehr schnelle Reise haben, den Biber und den Missinipi abwärts. Wir vereinigen uns im Herbst alle am Lac la Biche. Beeilt euch mit der Rückreise, denn der Weg ist um einen Monat länger. Aber das haben wir ja alles hundertmal besprochen. Ich wiederhole es noch einmal vor aller Ohren, damit keiner im Zweifel bleibt, was verabredet ist. Also, fahrt wohl allesamt, mit Gott und der heiligen Anna!«

Der hinterste Rudermann, der kleine, dickliche Jules Pradier, schob das beladene und besetzte Kanu vom Ufer fort, stieg geschickt hinterher, und schon schoß das Boot in die Strömung des hochgehenden Biberflusses hinaus. Claude als Gouvernail hatte keine Zeit zurückzublicken.

Walther machte sich auf den beschwerlichen Rückmarsch. Er würde bis in die Nacht hinein wandern müssen, obgleich der Apriltag schon wesentlich länger dauerte als die Nacht. Aber Omimee würde auf ihn warten – und das Kind und der Friede seiner Wohnstatt.

Während er sich durch verkrusteten Schnee, zähen Morast, eisiges Schmelzwasser vorwärtskämpfte, fiel ihm ein: Dies ist der Anfang des Sommers; an seinem Ende werde ich mich mit den Partnern auseinanderzusetzen haben. Eine Last wollte sich ihm auf die Seele legen; er wehrte sie ab, wälzte sie mühsam beiseite.

Dieser Sommer, dieser lange, einsame Sommer, der gehört uns noch ganz allein!

28

Der Herbst hatte sich bereits endgültig verabschiedet. Bald mochte der Wind umschlagen, der Regen versiegen, Frost einfallen, vielleicht sogar schon ein vorzeitiger Schneesturm die Welt unter weißem Flaum ersticken.

Die besonnte Heiterkeit und Ausgeglichenheit der vielen sommerlichen Stunden und Abende mit Omimee und dem Kind, all dies Glück und das Gleichmaß der sich zu goldener Kette reihenden Tage, sie waren unmerklich langsam, jedoch unaufhaltsam zerronnen, je weiter der Herbst fortschritt. Sie waren einer ständig wachsenden Spannung gewichen.

Walther rechnete manchmal des Nachts, wenn er schlaflos lag und sich nicht viel bewegen durfte, wollte er Omimee an seiner Seite nicht wecken: Selbst wenn zwanzig Kanus mit ihrer gesamten Ladung verlorengingen, es würde den Concern nicht umwerfen! Sie hatten in den vorausgegangenen Jahren vorzüglich und ohne Rückschläge verdient, hatten hart gearbeitet, keine Mühe und Entbehrung gescheut, waren um geschäftliche Schachzüge und kluge Einfälle nie verlegen gewesen, sie alle, die Partner, Pancrace, John, William, Justin und er, Walther, der im fernsten

Vorfeld seine Haut zu Markte getragen hatte, als wäre das Ganze nur ein tapferes Spiel – was es ja auch war...

Walther wälzte sich auf die andere Seite. Vorsichtig! Ich will Omimee nicht stören.

Plötzlich drang ihre Stimme aus der Dunkelheit, wach und klar: »Walther, ich weiß, daß etwas dir schon lange die Nachtruhe stört...«

Ihre Stimme klang verhalten, aber sehr bestimmt:

»Du fragst dich, ob es richtig war, die Partner zu zwingen, dich hier im hintersten Pays d'en haut aufzusuchen. Ich habe es bedacht. Es war richtig. Die anderen haben es sich vielleicht nicht klargemacht. Aber ich habe es von Anfang an gewußt. Hier gilt unser Gesetz und nicht das der Fremden von weit her, die dich immer geängstigt und verfolgt haben. Wer hier gegen dich ist, der ist gegen mich und die Cree. Er würde es bereuen.«

»Du liest in mir wie in einem aufgeschlagenen Buch«, sagte Walther. »Ich will den Kampf nicht, der mir bevorsteht. Er ist mir aufgezwungen. Ich werde ihn hinhaltend führen, werde um einen vernünftigen Ausgleich besorgt bleiben. Aber sie irren sich, wenn sie meinen, mir etwas absprechen zu können, was ich allein mir erworben habe. Dies ist mein Concern – und er bleibt es!«

Ihre Hand tastete nach der seinen. »Er bleibt es, Walther!«

Ihre Hand drängte sich in die seine. »Komm!« flüsterte sie.

Der trübe Tag gegen Ende Oktober war vergangen wie seine Vorgänger: mit harter Arbeit an den Unterkünften für die Brigaden. Walther selbst hatte sich abgemüht, ein Blockhaus, aufgeteilt in drei Kammern, so wohnlich zu gestalten, daß die drei Seniorpartner darin ihr Quartier aufschlagen konnten. Sie würden auch hier im fernsten Pays d'en haut gewisse Ansprüche stellen, sich von der Menge der Voyageurs abheben wollen.

Bis in die Dunkelheit hinein hatte Walther den Tischen in den drei Räumen den letzten Schliff zu geben versucht. Es war schon zu dunkel geworden, um unter dem Dach noch recht erkennen zu können, was man unter den Händen hatte. Aber das Wichtigste war getan.

Walther trat vor die Tür. Im Freien war es noch einigermaßen hell. Er blickte sich um.

Schon auf dem Pfad zu seiner Wohnung ließ ihn eine kaum wahrnehmbare Bewegung unter den Bäumen innehalten. Dort kam wer.

Ein Ruf scholl aus dem Halbdunkel.

Täusche ich mich? Nein, ich täusche mich nicht. Das ist Matthieus Stimme! Sie schallte vom Ende der Portage herüber. Pancrace Matthieu! Die Brigaden, die lange erwarteten, waren sie endlich gekommen? Wo Pancrace war, da waren die Brigaden!

Walther lief der Stimme entgegen. Nicht eine, drei Gestalten lösten sich aus dem Dunkel.

»Ich bin es, Walther Corssen!« rief Walther ihnen entgegen.

Die drei umringten ihn, schüttelten ihm die Hände; Patrick O'Gilcock, John Gorham und Pancrace Matthieu. Walther sagte: »Ich zeige euch gleich eure Quartiere; ich hoffe, ihr seid damit einverstanden. Auf alle Fälle sind sie besser als ein Lager unter freiem Himmel. Ich werde euch sofort Basil Caron schicken, einen der wenigen Voyageurs, die über Sommer hiergeblieben sind. Er wird Feuer machen bei euch, damit es warm wird und ihr euch heißes Wasser zum Waschen bereiten könnt. Danach treffen wir uns alle zum Essen im Haupthaus, da drüben. Meine Frau wird inzwischen die Mahlzeit fertig haben.«

»Deine Frau, Walther?« fragte O'Gilcock verwundert.

»Ja, meine Frau, wer sonst! Ich hoffe, du hast nichts dagegen einzuwenden, Pat?«

»Oh, nicht das geringste, Walther. Ich wunderte mich nur, da ich dich seit langen Jahren stets nur als unbeweibten Witwer erlebt habe.«

John Gorham lenkte ab: »Hast du schon Pelze eintauschen können, Walther?«

»Eine Menge! Und konnte mir auch eine große Zahl für den kommenden Winter sichern. Ich war nur völlig leergekauft. Gut, daß ihr endlich da seid. Mit zwanzig oder mehr Kanus, wie ich hoffe. Wir werden sie alle für die Rückreise füllen können.«

O'Gilcock mischte sich von neuem ein: »Du hättest den Schlitten nicht über die Nordroute zu jagen brauchen. Ich bin dabei meinen besten Voyageur losgeworden, Gilles Clautier.«

»Du bist es gewesen, Pat, der mir in seinem langen Brief dringend nahegelegt hat, die Nordroute zu erkunden. Ich hörte inzwischen von einem Händler der Hudson Bay Company, daß einer von den vier Leuten am Leben geblieben ist. Wer ist es?«

O'Gilcock schnarrte: »Leider, wie gesagt nicht Gilles Clautier, sondern ein zweifelhafter Bursche namens Paul Soldat. Ich hätte ihn, wäre es nach mir gegangen, am liebsten der englischen Behörde ausgeliefert. Aber dein Sohn William hat darauf bestanden, daß ihm nichts geschieht.«

Walther gab keine Antwort. Einer war also wirklich am Leben geblieben, war wieder auf die Füße gefallen, war nun wieder hier. Nicht umzubringen der Bursche, Gott sei Dank, denn ›Paul Soldat‹, das konnte nur Paul Luders sein.

Schweigend schritten die vier Männer durchs Dunkel, erregt sie alle, noch zu keinem klaren Wort fähig, nicht einmal zu einem klaren Gedanken.

Da war das Blockhaus, das Walther für die drei gebaut hatte. Er riß die Tür auf: »Ein Kienspan steckt am Kamin. Andere liegen bereit. Feuerzeug habt ihr im Gepäck. Ich schicke euch also gleich Basil Caron herüber mit einem Arm voll Brennholz. In einer guten Stunde dann bei mir zum Essen!«

29

Walther fand zunächst gar keine Zeit, sich viel um die drei Seniorpartner zu kümmern. Er überließ es ihnen selbst, sich ein Bild von den Umständen zu machen, mit denen er in all den Jahren, ganz allein auf sich selbst gestellt, hatte fertig werden müssen. Früher oder später, darüber war sich Walther durchaus im klaren, würde der zwischen ihm und O'Gilcock schwelende Zwist offen ausbrechen. Der Ire hatte sich, jedenfalls bildete er sich das ein, zum Herrn des von Walther begründeten

Concerns aufgeworfen und war nur gekommen, diesen Tatbestand offenkundig zu machen und die anderen Partner zu zwingen, ihn anzuerkennen.

Gérard, der gute, bewährte Choquette, war es, der seinem Maître als erster das heimlich bohrende Unbehagen zu Bewußtsein brachte, das sich Walthers seit Ankunft der Brigaden und der drei anderen Seniorpartner bemächtigt hatte.

»Walther«, hatte Choquette seinem Maître anvertraut, »ich soll dich grüßen von Paul Luders. Er ist mit hier bei den Voyageurs, heißt aber nicht mehr Luders, sondern nennt sich seit seiner Ankunft in Montréal nach der verunglückten Schlittenreise Paul Soldat. Das kann man gut französisch aussprechen. In Montréal kannte ihn niemand. So segelt er also seit dem Sommer vorigen Jahres unter diesem Namen. Auch bis Grand Portage traf er keinen, der ihn gekannt hätte. Gorham hat sofort mitgespielt, ebenso Justin und Anna, die dann an Gorhams Stelle in Grand Portage zurückblieben – und die Nordmänner von Grand Portage bis hierher haben ebenfalls gleich begriffen, daß ihr alter Kamerad Luders als Paul Soldat erst einmal wieder im Pays d'en haut sein wollte. O'Gilcock und Matthieu ahnen auch jetzt noch nicht, daß er der seinerzeit gesuchte Paul Luders ist. Hier könnte sich Paul ja nun offenbaren. Er will aber dir überlassen, ob du es für richtig findest, O'Gilcock und Matthieu reinen Wein einzuschenken. Sie würden wahrscheinlich wütend werden, weil man sie getäuscht hat.«

Walther entschied sofort: »Nein, er soll weiter ›Soldat‹ heißen – verrückter Name, aber er paßt ja auf ihn. Wie kam es, daß er dem Massacre am Abitibi entging?«

»Das will er dir selbst erzählen. Er sagt, er sei dem Maître Rechenschaft schuldig. Der Maître, das bist für ihn nur du, Walther!«

»Gut, gut! Sage ihm, es hätte keine Eile. Ich bin froh, daß er wieder da ist. Er soll eine passende Gelegenheit abwarten. Ich werde ihm einen Wink geben.«

In der Woche, die diesem Gespräch folgte, hatte Walther den Paul Soldat alias Luders nicht zu Gesicht bekommen. Weit mehr als hundert Männer machten sich weit umher am Lac la Biche zu schaffen. Walther bemühte sich nicht, Paul zu finden. Es genügte ihm zunächst, zu wissen, daß sich sein treuer Gefolgsmann wieder eingefunden hatte.

Ja, es wurde sehr kalt – und ohne Übergang. Auf leisen Sohlen schlich sich der Winter ins Land, buchstäblich über Nacht. Am Morgen war der See schon weit hinaus mit Eis bedeckt, derselbe See, der am Tag zuvor noch gemächlich seine Wellchen ans Ufer geschäumt hatte. Dann hatte es zu schneien begonnen. In ganz feinen Flocken rieselte es aus einem seltsam lichten Himmel, so leicht und fein wie weißer Staub. Der Wind ging nur sachte, hatte auf Nord zu Ost gedreht und schnitt wie mit haarscharf geschliffenen dünnen Messern. Manchem wurden die Ohren weiß, der nicht gleich erfaßte, daß das Wetter andere Saiten aufgezogen hatte.

Immerhin war es dem Lager am Lac la Biche vergönnt gewesen, sich bei noch leicht erträglicher Temperatur vollends für den Winter einzurichten. Anfangs hatte Pat O'Gilcock noch versucht, seine Vorstellung davon, wie der Posten anzulegen wäre, unter den Männern durchzusetzen. Aber Walther war gewarnt. Im Beisein von Gorham hatte er Pat O'Gilcock bedeutet:

»Hör mal gut zu, Pat! Wir sind nicht in Montréal mit Büttteln, Offizieren und Soldaten an jeder zweiten Straßenecke. Hier draußen im Pays d'en haut, dreitausend Meilen von Montréal mit seinen Herren und Behörden, gelten andere Regeln. Ich kenne sie. Du kennst sie nicht. Nimm also zur Kenntnis, daß allein ich hier das Kommando habe, niemand sonst, auch du nicht, Seniorpartner. Ich rede dir auch nicht in deinen Kram in Montréal, obgleich es vielleicht gut wäre, wenn man sich gelegentlich austauschte. Also nochmals: Ich habe die Weisung ausgegeben, daß die Männer nur auf mich zu hören haben. Das werden sie tun, verlaß dich drauf! Wenn du dich also nicht blamieren willst, dann vermeide in Zukunft jedes Kommandieren.«

Pat war hochgegangen wie von einer Tarantel gestochen: »Wer hat wem hier was vorzuschreiben?! Es wird sowieso höchste Zeit, daß wir reinen Tisch unter uns machen. Wenn du es darauf anlegst, können wir auf der Stelle damit anfangen. Du glaubst wahrscheinlich, mein lieber Walther, ich hätte inzwischen von dem langen Brief, den ich dir geschrieben habe, einiges zurückzunehmen. Du irrst dich. Nichts ist zurückzunehmen. Ohne mich gäbe es den Concern gar nicht mehr. Mitgeholfen haben Gorham und William oder Martine. Über Justin und Anna bin ich mir im Zweifel. So steht es. Und wenn du es ganz deutlich haben willst, mein lieber Walther Corssen, genannt McCorssen, dieser Concern, hier im Indianerland, am Lac Supérieur und in Montréal oder sonstwo, dieser Concern bin ich!«

Er schien zu schäumen. Den andern war das nichts Neues. Aber dies wurde selbst Gorham zuviel, der sonst nur ungern Partei ergriff. Seine Stimme klang eisig:

»Patrick O'Gilcock, wenn du dich lächerlich machen willst, so ist das deine Sache. Nimm gefälligst dies zur Kenntnis: Ich bin niemandes Zweiter. Außerdem: Ohne Walther gäbe es diesen Concern nicht. Ohne die Pelze, die er aus der entlegensten nordwestlichen Einöde herausgeholt hat, wärst du in deinem Montréal nie zu was gekommen, wir alle nicht. Und da ich nun einmal rede, will ich kein Blatt vor den Mund nehmen. Ich sage es offen: Nach meiner Meinung wärst du in Montréal zu ersetzen, Pat. Durch mich zum Beispiel, wohl auch schon durch William und Martine. Walther aber hier draußen ist nicht zu ersetzen. Es bleibt also dabei, daß wir Partner von gleich zu gleich miteinander verkehren. Den braven Matthieu hast du breitgeschlagen. Wir andern sehen keinen zureichenden Grund, die alte Ordnung zu verändern. Wem das nicht paßt, der soll ausscheiden. Uns, das heißt mir, Walther, William und Justin, paßt es. Nimm das zur Kenntnis, Pat!«

Die drei hockten im großen Hauptraum des Hauses am Feuer. Die Flammen waren langsam erloschen. Die dunkelrote Glut, die zurückblieb, verbreitete immer noch eine milde Wärme.

Gorham hatte gesagt, was er zu sagen hatte. Er war noch immer der Captain! O'Gilcock auf seinem Schemel hatte seine Beine weit von sich gestreckt und die Arme über der Brust gefaltet. Er sagte zunächst kein Wort. Zwar gehörte der Captain zu den wenigen Leuten, die O'Gilcock respektierte, aber geschlagen gab er sich nicht. Nach einer Weile knurrte er:

»Ich höre immer wieder, daß zu dem Handel mit den Indianern besonderes Talent gehört. Walther hier im Pays d'en haut wäre nicht zu ersetzen? Nun, ich verstehe mich auch auf die Wilden und sage, wir könnten noch viel bessere Geschäfte machen, wenn wir uns gar nicht erst so viel Mühe gäben, Tauschwaren heranzuschaffen und anzubieten, sondern nur mit Schnaps bezahlten. Rum oder Brandy lassen sich am leichtesten transportieren, dann verdünnen und auf die drei- oder vierfache Menge bringen. Die Burschen gieren danach, und man hätte sie dauernd am Bändel, könnte diktieren, wie viele Biberfelle für eine Kruke Branntwein zu bezahlen sind. Ich hätte große Lust, mich mit Matthieu, ein paar Voyageurs und einigen Cree aus dem Lager auf einen gut gelegenen Außenposten zu setzen und den Handel auf meine Weise zu probieren. Ich bin überzeugt, daß ich mehr Pelze einsammle als irgendwer – und dann können wir uns ja nochmals unterhalten.«

Walther Corssen antwortete, äußerlich ganz ruhig: »Vielen Dank, Pat, für deine Offenheit! Nun wissen wir wenigstens, was jeder vom andern zu halten hat. Ich bin mit deinem Vorschlag einverstanden. Probiere den Indianerhandel einen Winter lang auf deine Faust! Der beste Außenposten, den ich dir anbieten kann, wäre wohl die Stelle, wo der La-Biche-Fluß in den Athabasca mündet, zwei knappe Kanu-Tage von hier. Dein Freund Matthieu wird sicherlich mit von der Partie sein. Ein paar kundige Voyageurs und Indianer kann ich dir beigeben. Brauchbare Schlittenhunde, Proviant, Hundefutter – das ist alles vorhanden oder läßt sich beschaffen. In drei, vier Tagen könnt ihr euch auf den Weg machen. Vielleicht bist du der Kluge, sind wir die Dummen. Wenn du bis zum Ende des Winters bewiesen hast, daß du mehr auf die Beine bringst, als ich bisher gebracht habe, gebe ich mich geschlagen und trete meine Anteile am Concern ab – an den Meistbietenden oder an meine Kinder.«

O'Gilcock zeigte sich verblüfft. Offenbar hatte er nicht erwartet, so schnell beim Wort genommen zu werden. Captain Gorham half nach: »Das ist ein sauberer Vorschlag, Walther. Dir, Pat, bleibt nichts anderes übrig, als einverstanden zu sein.«

O'Gilcock zog ein süßsaures Gesicht, er fühlte sich überrumpelt: »Gut, wenn Matthieu mitmacht. Aber das wird er wohl. Und wenn wir mit reichlich Proviant und Hundefutter versehen werden. Außerdem beanspruche ich die Hälfte von allem Rum, Gin und Brandy, der für den Winter zur Verfügung steht.«

»Sollst du haben, Pat!« erwiderte Walther. »Aber ich warne dich vor Zeugen: Die Indianer geraten außer Rand und Band, wenn sie zuviel Schnaps trinken. Hinterher fragen sie dann, ob ein Brummschädel alles ist, was sie für ihre Pelze einlösen, und werden garstig. Ich warne dich, Pat!«

Pat wischte die Worte mit einer Handbewegung beiseite: »Spar dir deine Nächstenliebe, Walther! Ich habe mit Indianern noch nie viel Umstände gemacht und bin immer gut dabei gefahren. Im übrigen, wenn wir schon beim Abrechnen sind, so will ich gleich zur Sprache bringen, was mir am Lac Supérieur aufgefallen ist, als ich dort Justins Jahresabschluß für die Geschäfte im Pays d'en haut durchackerte. Du hast am Egg-Lake ein großes Fest gefeiert, hast prächtige Geschenke gemacht, Walther, und anscheinend das ganze Häuptlingsdorf freigehalten. Deine großzügigen Gaben hast du dem Bestand des Concern-Postens an Tauschwaren entnommen. Du hast in der Abrechnung dem Concern nur gutgeschrieben, was der dem Posten dafür berechnet hat, die Selbstkosten also. Das hast du eigenmächtig getan, Walther. Wenn du hier Feste feierst, Walther, so will ich nicht ungefragt an den Unkosten beteiligt werden.«

Captain Gorham mischte sich nicht ein. Aber auch er blickte Walther fragend an. Walthers Pulsschlag hatte sich beschleunigt. Seine Ohren brannten. Der Zorn wollte ihn würgen. Er beherrschte sich mühsam.

»Wenn ein Seniorpartner dem Vorrat Dinge für den eigenen Gebrauch entnimmt, so hat er dafür die Selbstkosten des Concerns zu tragen, nicht mehr. Das versteht sich wohl von selbst. Ich gebe zu, es handelte sich damals um eine große Entnahme. Ich will auch nicht feilschen. Das Ganze ist mir widerlich. Wenn die Partner der

Meinung sind, daß ich zuviel entnommen habe, gut, so möge man mir berechnen, welchen Wert die dem Concern entgangenen Pelze gehabt hätten, und mich dafür belasten.«

Captain Gorham, begütigend: »Wenn wir erst anfangen, uns gegenseitig die privaten Pfennige nachzuzählen, die wir wahrscheinlich alle dann und wann aus der Concernkasse abzweigen oder abzweigen müssen, dann haben wir uns bald bei den Haaren. Du hättest keine Mehrheit gegen dich, Walther. Die Concernwaren sind dazu da, dem Tauschhandel mit den Indianern Profite zu entlocken. Daß wir uns untereinander die gleichen Profite abverlangen sollten, Pat, das ist grotesker Unsinn!«

Die Sache war so gut wie entschieden. Captain Gorham neigte nicht dazu, viel zu reden und war, wenn er es tat, kein Freund von großen Worten. Aber wenn er einmal sein Urteil abgegeben hatte, ließ sich kaum etwas dagegen einwenden.

Patrick O'Gilcock war kein Dummkopf, gewiß nicht. Er hatte zu begreifen, daß er vorderhand keine Aussicht hatte, sich durchzusetzen. Doch verführte ihn sein Mißmut, einen letzten Pfeil abzuschießen.

»Grotesker Unsinn ist es, was ich gesagt oder gefragt habe, meinst du, Captain? Wird der Unsinn nicht noch viel grotesker, Captain, wenn ich einmal ohne blumige Umschreibung ausspreche, was uns zugemutet wird, nämlich: den guten Walther zu finanzieren, wenn er sich eine nette Beischläferin, irgendeine indianische Schlunze, ins Bett holt! Wir tun das ja auch gelegentlich, bezahlen es aber aus der eigenen Tasche.«

Die beiden Männer wurden einer Antwort enthoben. Die Tür zum Nebenraum flog auf. In dem halbdunklen Viereck stand Omimee. Mit der Rechten stützte sie sich an den Rahmen, als fürchtete sie zu fallen. Im Dämmerlicht war zu erkennen, daß Tränen ihr Gesicht überströmten. Sie rief – mit einem schrillen, gefährlichen Unterton in der Stimme: »Ich habe alles gehört. Ich konnte gar nicht anders. Ihr habt ja geschrien! Du!« Sie wies mit dem Finger auf O'Gilcock: »Du, dich hasse ich. Sieh dich vor! Komme mir nie wieder unter die Augen! Walther, zeige dem schmutzigen Hund die Tür!«

Gorham machte der Szene ein Ende: »Schluß jetzt! Mach, daß du wegkommst!« Er packte den Iren am Arm, öffnete die schwere Bohlentür und schob ihn zum Ausgang ins Freie. Bevor er selbst das Haus verließ, wandte er sich noch einmal zurück: »Es tut mir sehr leid, Omimee! Es tut mir sehr leid, Walther!«

30

Walthers und Gorhams Erwartungen erfüllten sich nicht. Die Nachrichten, die im Laufe des Winters 1778/79 ins Hauptlager am Lac la Biche zurückdrangen, ließen kaum Zweifel darüber, daß O'Gilcock mit seiner Methode, den Indianern so viel Alkohol zu liefern, wie sie nur haben wollten, außerordentliche Erfolge erzielte. Der Rausch bedeutete in diesen bis dahin vom weißen Mann und seinen Verführungen noch kaum erreichten Gebieten etwas so unerhört, so grausam Neues, daß kein Indianer, der sich nicht von den Gefährten auslachen lassen wollte, darauf verzichten mochte, sich wenigstens einmal der beglückenden Seligkeit des Anfangs hinzugeben und sich dann um Sinn und Verstand zu trinken.

Und O'Gilcock zögerte nicht, sich den verschnittenen Rum aus Jamaica und Barbados teuer bezahlen zu lassen. Matthieu hielt wacker mit. Daß so am fernen Athabasca Leute wie O'Gilcock und Matthieu eine riesige erste Ernte an Pelzen einheimsen würden, war im Grunde vorauszusehen gewesen.

So hatten sich also Walther und auch Captain Gorham verrechnet.

Schon Ende März, als der Winter mit einem letzten grimmigen Vorstoß das Land noch einmal in schneidender Kälte erstarren ließ, lösten O'Gilcock und Matthieu ihren Außenposten auf. Sie hatten alles, was sie an geistigen Getränken mitgenommen hatten, bis zum allerletzten Rest an den Mann gebracht.

Im Triumph zogen sie ins Hauptlager ein. Den restlichen Proviant und all ihr Zeug hatten sie am Athabasca zurückgelassen.

Ohnehin hatten sie die Schlitten überladen müssen mit vielen Bündeln kostbarster Pelze.

Das ganze Lager war zusammengeströmt, soweit die Alltagsarbeit, die im Hauptposten am Lac la Biche niemals abriß, die Männer nicht im Wald, in den Hütten, auf dem vereisten See festhielt.

Da waren sie also, die Seniorpartner aus dem Osten, Patrick O'Gilcock und Pancrace Matthieu, und brachten Pelze in einer Fülle und Qualität, daß selbst die besten Ergebnisse vergangener Jahre daneben verblaßten. So sparten die Voyageurs an jenem grimmig kalten Märznachmittag nicht mit Hochrufen und wirrem Geschrei der Bewunderung, als die hochgepackten Schlitten mit den hechelnden Hunden davor bei der Hütte, in welcher die Pelze gelagert wurden, zum Stillstand kamen.

Walther Corssen und Captain Gorham waren gerade mit dem Sortieren der Pelze beschäftigt, die sich im Laufe des Winters im Hauptlager angesammelt hatten. Das Getöse auf dem Vorplatz war nicht zu überhören. Die beiden Männer traten ins Freie.

Patrick O'Gilcock schien den rauschenden Empfang, den ihm die Voyageurs bereiteten, als eine Huldigung zu genießen. Er war außer sich vor Übermut. Er hat getrunken – fuhr es Walther durch den Kopf.

O'Gilcock löste sich von den Schlitten, stapfte unsicher auf Walther und den Captain zu und schrie, daß jeder es hören konnte: »Sei mir gegrüßt, früherer Seniorpartner des Concerns, genannt Walther McCorssen! Wir haben Pelze eingebracht wie noch nie! Es ist entschieden, Walther. Wir haben bewiesen, wer es besser kann und wer unersetzlich ist. Du bist es bestimmt nicht. Und ich erinnere dich an unsere Abmachung! Ich grüße auch Sie, Captain Gorham! Wir beide sind nun endlich unter uns, wie es sich gehört!«

Mit noch lauterer Stimme wandte er sich an die Voyageurs: »Leute, Nordmänner! Dieser Concern trägt fortab den Namen O'Gilcock, Gorham und keinen sonst! Das muß gefeiert werden. Schluß mit der Arbeit für heute! Heute abend schlagen wir uns alle den Bauch voll, soviel hineingeht. Und dann wird einer gehoben. Alle sind eingeladen – bis auf die schmutzigen Indianer. Die will ich nicht sehen bei unserem Fest. Die haben nur Wert, wenn sie Pelze bringen. Also fangen wir an. Und ein Fäßchen zum Anwärmen wird gleich aufgelegt.«

Walther und der Captain waren wieder in das Pelzlager zurückgetreten, als O'Gilcock die Voyageurs zu seiner Siegesfeier einzuladen begann.

Gorham murrte: »Er ist schon betrunken. Matthieu wird es auch sein. Ich werde Gérard suchen und ihn anweisen, die Schlitten ordentlich entladen zu lassen und die Hunde zu versorgen. Im übrigen ziehen wir uns lieber ins Haupthaus zurück, ins Kontor. Ich bin froh, daß ich mir da den Verschlag zum Wohnen und Schlafen ausgebaut habe. Mögen die beiden im Seniorpartner-Haus ihren Rausch allein ausschlafen. Morgen nachmittag wird man mit Pat erstmals vernünftig reden können. Du nimmst Pats besoffenes Geschwätz hoffentlich nicht ernst?«

Walther hatte sich bereits zum Gehen gewandt und öffnete die kleine Hintertür des Lagerhauses. Mit sonderbarem Gleichmut bekannte er: »Machen wir uns nichts vor, Captain! Ich habe verloren. Ich weiß zwar, daß solch ein Erfolg nur einmal und ganz am Anfang zu erzielen ist. Im nächsten Winter würden ihn die Indianer umbringen. Aber zunächst hat er mich ausgestochen und weiß es, nüchtern oder betrunken. Für mich ist es das Ende. Ich will auch nicht mehr streiten. Aber darüber reden wir später.«

Walther wehrte sich gegen das Erwachen. Er hielt die Augen geschlossen. Er wußte, Mitternacht ist längst vorüber, aber bis zum Hellwerden fehlen noch mindestens zwei Stunden.

Warum bin ich schon wach? Irgend etwas hat mich geweckt. Aber was? Er lauschte – vernahm nichts weiter als das ruhige Wehen von Omimees Atem.

Vorsichtig schlug er die Decken zurück, um Omimee nicht zu stören. Hielt inne. Jetzt hatte er etwas gehört, einen leichten, flachen Knall, dem eine Art Prasseln folgte. Er erkannte den Laut sofort: Feuer, das sich in trockenes Holz frißt!

Feuer? Jetzt? Wo?

Es war ein ganz verstohlener Laut gewesen – nur hörbar, weil die vollkommene Stille der Winternacht die Welt regierte. Und plötzlich wußte Walther: Draußen, irgendwo abseits, brennt ein großes Feuer.

Er riß die Tür zu Gorhams Schlafraum auf und rief hinein: »Captain, es brennt irgendwo! Captain, Feuer!«

Er stürzte zur Tür des Hauses, zerrte den Sperrbalken aus seinen Krampen und war im Freien. Die Kälte sprang ihn an wie ein Raubtier. Er beachtete es nicht, denn: Da, dreißig Schritte vor seinen Augen brannte das Blockhaus, das er für die drei Seniorpartner des Concerns gebaut hatte, brannte mit einer einzigen spitz- und hochlodernden Flamme.

Es gab nichts zu retten oder zu löschen. Womit hätte man löschen sollen? Mit Schnee? Mit Eis?

Nur gut, daß die Häuser der Station so weit entfernt voneinander errichtet waren, daß der Brand des einen die andern nicht gefährden konnte.

In dem großen Schlafhaus der Voyageurs, in dem die Männer gefeiert, gegessen, getrunken hatten, rührte sich nichts.

»Die schlafen ihren Rausch aus und haben nichts gemerkt.« Gorham war zu Walther ins Freie getreten. »Aber O'Gilcock und Matthieu? Wo sind sie? Waren sie schon im Haus, als das Feuer ausbrach? Oder haben sie bei den Voyageurs genächtigt?«

Die beiden Männer begannen, das brennende Haus zu umschreiten in so engem Kreis, wie die sengende Hitze es nur irgend gestattete.

Sie stießen auf eine formlose dunkle Masse im Schnee, zerrten an den Lumpen, die halb verkohlt waren, begriffen schließlich, was sie vor sich hatten: Matthieu war es, Pancrace Matthieu, oder das, was von ihm noch übriggeblieben war. Die Leiche stank nach verbranntem Leder und Fleisch, war aber bereits brettsteif gefroren.

Gérard und Paul waren plötzlich bei Walther und Gorham. Paul sagte: »Er hat sich in Sicherheit bringen wollen, hat wahrscheinlich schon gebrannt, ist dann in den Schnee gestürzt und eine Viertelstunde später erfroren.«

Ja, so mußte es geschehen sein. Man brauchte nicht weiter darüber nachzudenken.

Und Patrick O'Gilcock?

Paul und Gérard wußten lediglich zu berichten, daß sie selber sich der allgemeinen Sauferei möglichst ferngehalten hatten. Allerdings habe O'Gilcock darauf bestanden, daß sich keiner ausschließe. Aber sie wären doch einigermaßen bei Verstand geblieben und hätten beobachtet, daß am Schluß zwei Indianer die Seniorpartner in ihr Haus, das nun verbrennende, hinübergeschleppt hätten, denn auf den eigenen Füßen hätten Pat und Pancrace sich nicht mehr fortbewegen können. Weiteres hatten Gérard und Paul nicht anzugeben. Also mußte man die Indianer befragen. Vielleicht wußten die Indianer, wie das Rätsel zu lösen war.

Doch die Indianer...? – Die Indianer hatten über Nacht das Lager verlassen, allesamt, hatten sich der beiden Schlitten bemächtigt, auf denen O'Gilcock und Matthieu ihre Pelzbeute herangebracht hatten, und waren über die vorgezeichnete Schlittenspur zum Athabasca verschwunden.

Es gab ihn nicht mehr, den Patrick O'Gilcock, den hartgesottenen, großsprecherischen Iren. Es gab ihn nicht mehr, den Pancrace Matthieu, den Meister des Kanus, den unerbittlichen Antreiber der Voyageurs, den Franko-Kanadier vom unteren Sankt Lorenz, der reich geworden war, ohne recht zu wissen, was ihm der Reichtum nutzen sollte.

Von O'Gilcock fanden die Voyageurs in der Asche des Blockhauses nicht viel mehr als eine silberne Schnalle, die zu seinem Hosengürtel gehört hatte und die den Männern wohlbekannt war.

Als die Voyageurs im Laufe des Tages nach der Katastrophe allmählich zu sich kamen, als ihre schmerzenden Schädel langsam wieder einen klaren Gedanken zu fassen vermochten, erhob sich sofort unter ihnen die Frage: Warum hat Matthieu noch das Haus verlassen können und O'Gilcock nicht? Wie hat überhaupt das Haus, von dem nur der steinerne Kamin stehengeblieben war, Feuer gefangen? Gewiß, das wußten sie alle, man konnte nicht vorsichtig genug sein mit offenem Feuer in den hölzernen Hütten.

Brannten sie erst einmal irgendwo, dann brannten sie gleich lichterloh. Natürlich, soweit man sich besinnen konnte, war O'Gilcock maßlos betrunken gewesen, wäre wohl im Schlafhaus der Voyageurs liegengeblieben, hätten ihn die Indianer nicht in das Haus der Seniorpartner geschleift – und den Matthieu dazu.

Die Indianer? Ja, um alles in der Welt, warum waren sie über Nacht verschwunden, allesamt, hatten sich dabei der guten Gespanne bedient, die den beiden Verunglückten auf ihrem Außenposten am Athabasca zugeteilt gewesen waren? Die Indianer – warum hatten sie sich bei grimmiger Kälte lautlos aus dem Staube gemacht?

Wie ein giftiger Nebel senkte sich lähmende Furcht in die Herzen der Männer des Handelspostens am Lac la Biche.

Alle spürten es nun: Wir sind nur eine kleine Schar, sind grenzenlos verlassen im unabsehbaren Indianerland, sind ganz allein auf uns gestellt, können keine Hilfe herbeirufen, wenn die Indianer uns an den Kragen wollen, wenn sie – Rache nehmen wollen. Denn das brauchte keinem der Voyageurs erklärt zu werden: O'Gilcock und Matthieu hatten die Unwissenheit und die Gier dieser noch nicht klug gewordenen »Wilden« schamlos ausgebeutet.

Captain Gorham, Gérard Choquette, Paul Soldat, Walther Corssen und Omimee hatten sich am späten Abend im großen Kontor versammelt, um sich darüber einig zu werden, welche Folgerungen aus dem gewaltsamen Tod der zwei Seniorpartner zu ziehen, ob und welche Entschlüsse nun zu fassen waren. Es hatte sich von selbst verstanden, daß Omimee an der Beratung teilnahm.

Gorham überlegte nüchtern: »Die Indianer haben die beiden am Schluß ins Haupthaus geschafft. Das steht fest. Sie werden sie auf ihre Betten gelegt und dann Feuer im Kamin entfacht haben, damit die Kälte sich im Haus nicht durchsetzt. Vielleicht ist ihnen dabei ein Mißgeschick passiert. Und dann hielten sie es für ratsam zu verschwinden. Doch das sind alles nur Vermutungen. Wer will wissen, was Indianer denken...«

Walther faßte zusammen, was nach all den verschiedenen Mutmaßungen anzunehmen war: »Wir können nicht hingehen und von den Indianern Rechenschaft verlangen. Hier gibt es keine Gesetze und keine Gerichte. Sollten die beiden eines gewaltsamen Todes gestorben sein – was ich für denkbar halte, so haben wir keine Möglichkeit, mit den Indianern darüber zu rechten. Wir können nur hoffen, daß sie besser unter uns Weißen als wir Weißen gewöhnlich unter ihnen zu unterscheiden wissen.«

In das Schweigen, das diesen Worten folgte, klang plötzlich die Stimme Omimees: »Sie wissen zu unterscheiden, Walther, wissen es sehr genau!«

Vor dem Haus auf dem Vorplatz war es laut geworden. Die Unruhe drang ins Innere. Draußen stritten einige Männer leise miteinander, sie konnten sich offenbar nicht entschließen anzuklopfen.

Walther rief: »Was ist? Wer ist draußen? Kommt ins Haus!«

Die Tür öffnete sich knarrend. Ein Schwall eisiger Luft drang herein. Im Halbkreis drängten sich viele Voyageurs. Einer versuchte, sich und die Kameraden zu erklären.

»Wir haben alle große Sorge, Maître. Die Indianer sind plötzlich nicht mehr da. O'Gilcock und Matthieu sind verbrannt, und keiner kann sagen, ob das ein Unglück war oder etwas anderes. Maître, die Männer fürchten sich. O'Gilcock hat die Indianer schändlich übers Ohr gehauen, wir wissen das. Maître, wir denken, man muß sich auf das Schlimmste gefaßt machen. Maître, wir meinen, du solltest die Waffen ausgeben, die wir noch auf Lager haben, dazu Pulver und Blei. Damit wir uns wehren können.«

Plötzlich, ehe noch Walther oder Captain Gorham wußten, was sie antworten sollten, sagte Omimee: »Ihr braucht nichts zu fürchten, gar nichts. Waffen, wozu Waffen? Sie machen nichts besser, sie sind überflüssig! Alles bleibt ruhig. Legt euch schlafen. Wir sind so sicher wie bisher. Ich glaube zu wissen, warum die Indianer geflohen sind. Sie fürchten, daß wir sie verantwortlich machen. Sie sind es natürlich nicht und werden wiederkommen, wenn sie erfahren, daß wir ihnen nichts vorwerfen. Keinem ist ein Vorwurf zu machen. Wir haben davon auszugehen, daß O'Gilcock und Matthieu ihrem eigenen Ungeschick und ihrer Trunkenheit erlegen sind. Dies allein ist die Wahrheit.«

Allen wurde klar: Omimee hatte ausgesprochen, was getan und gedacht werden mußte. Es gab keine andere Wahl.

Die Männer redeten noch eine Weile halblaut miteinander. Sie fühlten sich auf eigentümliche Weise beschämt. Es war nichts zu fürchten, Omimee hatte es gesagt. Natürlich, gar nichts war zu fürchten. Man war gut mit den Indianern ausgekommen. Wozu auch so viel Aufregung! Den meisten Voyageurs ist es sowieso nicht bestimmt, im Bett zu sterben; sie werden von der Wildnis gefressen, der eine so, der andere so. Und Pancrace Matthieu war ein großer Voyageur gewesen, bei allem, was man sonst gegen ihn sagen mochte. Und dieser Pat O'Gilcock, der Ire? Den hatte der Teufel geholt, wer sonst? Dem brauchte niemand eine Träne nachzuweinen.

31 Die Jahre, die nun folgten, 1780, 1781, wurden zu den erfolgreichsten, die der Concern – er nannte sich nun Gorham, William und Leblois – je erlebt hatte. Die Gebiete, die Walther am mittleren und oberen Athabasca aufschloß, erwiesen sich als märchenhaft ergiebig. Solche Mengen vorzüglicher Pelze, wie Walther sie im Frühsommer 1779 auf die Reise nach Osten schickte, waren allerdings später nicht mehr aufzubringen. Das war nur einmal zu erreichen gewesen, als O'Gilcock und Matthieu im wesentlichen nichts weiter als Schnaps zum Tausch angeboten hatten. Captain Gorham, Walther Corssen und alle anderen erfahrenen Nordwestmänner unter den Voyageurs des Concerns waren sich aber völlig einig, daß es sich um alles in der Welt nicht empfahl, die wilden Methoden des Indianerhandels, die O'Gilcock für richtig gehalten hatte, weiter anzutreiben.

Gorham hatte sich mit der Pelzflottille – fünf Brigaden zu je fünf Booten! – auf den weiten Weg zum Lac Supérieur gemacht. Walther verlegte im Sommer das Hauptlager vom See la Biche an die Einmündung des Flusses la Biche in den Athabasca-Fluß. Dort erreichten ihn die stolzen Brigaden mit den Tauschwaren des Concerns für die Saison 1780/81 unter dem unermüdlichen und zuverlässigen Paul Soldat und brachten zugleich den zum Seniorpartner aufgerückten Justin Leblois, seine Anna und den kleinen, prächtig gedeihenden Armand an den Athabasca.

Walther durfte sich allmählich das Leben leichter machen. Justin nahm dem Älteren einen großen Teil der Arbeit ab.

Eine Sorge allerdings wollte nicht weichen. Gerade weil der Handel sich immer noch gleichmäßig ausdehnte, mangelte es in jedem Jahr von neuem an standhaften Kanus. Auf die Indianer war nicht recht Verlaß: Manchmal lieferten sie bestellte Kanus zur vereinbarten Zeit, oft genug auch nicht. Ohne es ausdrücklich beschlossen zu haben, legte es Walther allmählich darauf an, den Bau der Kanus in eigene Regie zu übernehmen. Er bemühte sich, alles über Kanus in Erfahrung zu bringen, und bald begann er auch, Kanus selbst zu bauen.

Dabei ging ihm Masquâ, der Bär, zur Hand, dieser ewig finstere, gleichwohl unverbrüchlich treue, besonders Omimee ergebene Cree, der ursprünglich vom Lac la Ronge stammte und nach dem Tode von O'Gilcock und Matthieu mit allen anderen Indianern aus dem Lager verschwunden gewesen war. Er hatte sich am Athabasca, wie viele seiner Sippe, wieder eingefunden. Niemand hatte den Versuch gemacht, ihn zu befragen, ob und was er über die verhängnisvollen Ereignisse jener Brandnacht auszusagen hätte. Auch Paul Soldat, der sich zu einem leidenschaftlichen Voyageur, einem strengen, ja harten Führer der Kanubrigaden entwickelt hatte, nahm brennenden Anteil an Walthers Überlegungen und geizte nicht mit praktischem Rat.

Es war dem Paul Soldat nicht allzuschwer gefallen, sich bei den Voyageurs durchzusetzen, wurde ihm doch nachgesagt, er habe als einziger die schreckliche Schlittenreise über den Abitibi zum Saguenay überstanden und die Hunde und die wertvolle Ladung unbeschädigt nach Montréal geführt – allein im tiefsten Winter und durch feindliches Gelände. Seine drei Gefährten waren unterwegs erschlagen worden. In den Augen der Voyageurs war für alle Zeiten ausgezeichnet, wer solche Leistung vorzuweisen hatte.

Nur seinem Maître Walther hatte Paul gestanden, wie er damals davongekommen war. Während der Verhandlungen mit den Indianern am Abitibi, die sich weigerten, dem fremden Schlitten Proviant und Hundefutter zu verkaufen, hatte Paul, um sich bei den Indianern Ansehen zu verschaffen, eine Auswahl von Taschenspieler-Kunststücken vorgeführt, die er teils noch von zu Hause mitgebracht, teils beim englischen Militär aus Langeweile erlernt hatte. Wie schon oft, hatte er auch damals bei den Indianern ehrfürchtiges Staunen und schließlich furchtsame Scheu erregt. Dies mehr noch vielleicht als das Fäßchen Rum, das Gilles Clautier schließlich ins Spiel gebracht hatte, mochte die Indianer bewogen haben, den gewünschten Proviant zu liefern. Paul war klug genug gewesen, die Schlitten sofort zu beladen, fahrfertig zu machen und abseits über dem Flußeis bereitzustellen. Inzwischen hatten seine drei Gefährten mit den Indianern trinken und parlieren müssen. Dann hatten die Indianer in einem plötzlichen Wutausbruch die Gefährten erschlagen, als diese ihnen weiteren Rum und Brandy weder liefern konnten noch wollten.

Als Paul dazukam, war es schon zu spät. Die Gefährten lagen in ihrem Blut. Paul hatte abermals den großen Zauberer gespielt. Sie hatten nicht gewagt, ihn anzugreifen. Langsam hatte er sich in den Waldrand über dem Fluß zurückziehen können, hatte den Schlitten erreicht und war geflohen. Paul war mit vielen Wassern gewaschen. Er hatte nicht viel Gutes in seinem Leben erfahren und war gerade deshalb seinem »Maître« Walther Corssen wie einem Vater oder älteren Bruder zugetan. Hatte Walther ihm doch geholfen, an einer entscheidenden Wende seines Daseins in die bis dahin vergeblich ersehnte Freiheit auszubrechen.

Im Herbst 1781 gebar Anna ihr zweites Kind, wiederum einen Sohn, dem die Eltern den Namen Walther gaben. Ohne Omimee hätte Anna die unerwartet schwere und schmerzensreiche Geburt wohl nicht überstanden.

32

Als Claude, Omimees Bruder, gegen Ende des Sommers 1781 mit dem Trockenfleisch für den Winter zum zweitenmal aus dem Süden in das Walthersche Hauptlager an der Einmündung des La Biche zurückkehrte, brachte er besorgniserregende Nachrichten mit. Wie seit den Jahren am Lac la Ronge und am Lac la Biche hatte Walther auch 1781 einen Trupp von angeheuerten Cree unter Führung des geschickten und verständigen Claude in jene südlich der Wälder sich ins Unendliche dehnenden Steppengebiete ausgesandt, in die Prärien, auf denen zu Millionen die schwärzlichen, wolligen Heerscharen der Büffel weideten. Die dort schweifenden, vorzüglich berittenen Jägerstämme, die Sioux vor allem, kannten keinen Mangel an Fleisch und tauschten gern gegen die begehrten Waren des Weißen Mannes ihren Überfluß an Trockenfleisch, Pemmikan, ein. Das enthob die Händler im Waldland des Nordens der Notwendigkeit, über tausend und mehr Kanumeilen aus dem Osten Winterproviant heranzuschaffen. Den Raum für den Proviant konnten dann in den im Herbst west- und nordwestwärts strebenden Kanus der Montréaler Concerne um so größere Mengen von Tauschwaren und Rum einnehmen, eine viel wertvollere und viel weniger Platz in Anspruch nehmende Ladung.

Claude wußte bei seiner Rückkehr von einem Gerücht zu erzählen, das er bei den Sioux vernommen hatte, einem Gerücht, das die Männer und Frauen am Rivière la Biche und Athabasca in Schrekken versetzte. Bei den Indianern viel weiter im Südosten, am großen Missouri und Mississippi sei eine fürchterliche Seuche ausgebrochen und breite sich mit reißender Geschwindigkeit nach Westen und Norden aus. Wen die Krankheit anfalle, der sei dem Tode preisgegeben; nur ganz wenige blieben übrig, entsetzlich geschwächt.

Walther, Justin, Anna brauchten nicht lange zu rätseln. Wenn Claudes Berichte stimmten, dann waren es die Schwarzen Pocken, die von Südosten heranzogen. Kein Kraut war gegen sie gewachsen. Auch Omimee wußte keines; sie besaß von den Pocken nicht einmal eine Vorstellung.

Am zwölften Tag nach seiner Abfahrt aus dem Süden war Claude mit seinen indianischen Kanuruderern wieder im Hauptlager angekommen und hatte von der Seuche auf den Prärien berichtet.

Am Tag danach erwachten nicht nur er, sondern auch die Indianer, die in den Kanus den Proviant herangeschafft hatten, mit sonderbaren Schmerzen in allen Gliedern. Bald auch erbrachen sich die Männer würgend, wurden glühend heiß vor Fieber.

Entsetzen! Entsetzen im ganzen Lager!

Am nächsten Tag rötete sich die Haut der Kranken an Gesicht und Körper. Die Rötung verschwand am dritten Tag, und am vierten milderte sich auch das Fieber.

Schon glaubten Omimee, Walther, Justin aufatmen zu können. Doch schon eine Nacht später und am Morgen darauf bildeten sich an den Köpfen der Kranken, bald auch über den Rumpf bis zu den Beinen hin linsengroße rote Knötchen, aus denen Bläschen und dann unaufhaltsam Pusteln hervorwuchsen. Und von neuem und stärker noch tobte das Fieber in den geschundenen Körpern. Die Gesichter schwollen unförmig an. Claude, der schöne, kühne Métis, war kaum noch zu erkennen. Aus den Pusteln waren eitrige Geschwüre geworden.

Omimee pflegte den Bruder, sie alle pflegten die Kranken mit einer Hingabe, die auch von dem Ekel, der die Gesunden heimlich würgte, nicht gemindert wurde.

Am elften Tag nach ihrer Ankunft im Lager starben Claude und seine indianischen Gefährten, die mit ihm bei den Sioux gewesen waren. Sie hatten sich in schmutzige, vereiterte Leichen verwandelt, die ihrem früheren Bild nicht mehr ähnlich sahen.

Claude und seine Gefährten waren kaum begraben, als Omimee jene Abgeschlagenheit und jene Schmerzen in allen Gliedern spürte, mit denen die Krankheit bei Claude begonnen hatte.

Am zehnten Tag danach war Omimee tot. So grausam entstellt hatte die Seuche ihr edles, klares Antlitz, daß Walther sich abwenden mußte, als er der Geliebten die Augen zugedrückt hatte.

Es starb mit der Mutter der kleine Valentin.

Es starben die Indianer zu Hunderten und Tausenden. Sie flohen vor der Seuche in die Tiefe der Wälder. Es half ihnen nichts; sie nahmen die Krankheitskeime dorthin mit und erlagen den Pokken doch. Es starb der alte Häuptling Saw waw Mickinack am Egg-Lake und mit ihm fast sein ganzes Dorf.

Es starben die Indianer, die mit den Kanubrigaden kurz vor dem Frost im Hauptlager eingetroffen waren.

Die Seuche raffte drei Viertel, nach anderen Berichten neun Zehntel des Stammes der Cree dahin. Die Cree bedrohten nun die Stämme im Westen, Norden und Osten, die sie einst zu Paaren getrieben hatten, nicht mehr. Aber auch diese Stämme wurden furchtbar geschwächt.

Sonderbarerweise schienen die Bleichgesichter gegen die Seuche gefeit zu sein. Nur wenige erkrankten. Um die Todesfälle unter den Weißen nachzuzählen, reichten die Finger einer Hand. Die Seuche suchte sich ihre Opfer nur unter Menschen, denen indianisches Blut in den Adern rollte. Walther verlor nur drei seiner Voyageurs. Alle drei waren zur Hälfte indianischen Bluts.

Der Pelzhandel brach zusammen. Die indianischen Jäger, die sonst die Pelze geliefert hatten, nachdem sie von den Handelsposten für die Jagdsaison auf Kredit ausgerüstet worden waren, erschienen gar nicht erst, um sich abzumelden, weil sie schon vorher umgekommen waren, oder sie gingen mit ihren schon entnommenen Gütern irgendwo in den Wäldern zugrunde.

Im Februar 1782 war es nicht mehr zu bezweifeln: Selbst mit den Ergebnissen des vergangenen Sommers und Herbstes vor dem Ausbruch der Seuche würde der Winter 1781/82 nicht einmal ein Viertel der Pelze und Felle erbringen, die im Durchschnitt während der vergangenen fünf Jahre erzielt worden waren.

Auf Jahre hinaus würde, wenn überhaupt, Pelzhandel nur in begrenztem Umfang möglich sein. Nur sehr allmählich würden die in die fernsten Wälder geflohenen Cree sich wieder einfinden – und auch dann nur als ein kläglicher Rest des einstmals kraftvollen und starken Volkes.

33

Am 3. September 1783 schlossen das königliche England und die dreizehn Kolonien, die auf amerikanischem Boden gegen das Mutterland rebelliert hatten, in Versailles Frieden miteinander. Ohne die Hilfe Frankreichs wären die Rebellen wohl besiegt worden. Statt dessen traten sie nun, geeint zu den »Vereinigten Staaten von Amerika«, als unabhängige Republik auf die Bühne der Geschichte. Doch war es den »United States« nicht gelungen, die englischen Gebiete des Nordens der Krone zu entreißen. Das Kernland des Nordens, die französisch sprechenden Gebiete am unteren Sankt Lorenz um die Städte Québec und Montréal, dazu Neu-Braunschweig, Neu-Schottland, Neufundland und die Prinz-Eduard-Insel, blieben englisch.

Wo weiter im Westen die Grenze zwischen den – noch gar nicht in Besitz genommenen, noch gar nicht erforschten – Zonen der »Amerikaner« und der britischen Macht verlaufen würde, das war noch völlig offen.

Gegen Ende des Jahres 1783 zog sich Walther Corssen endgültig aus der tätigen Teilnahme an den Geschäften des Concerns »Gorham, William & Leblois« zurück. Er war nach dem schrecklichen Seuchenjahr 1781/82 nicht wieder ins ferne Pays d'en haut zum Athabasca zurückgekehrt. Er hatte sich am Lac Supérieur der Aufgaben Gorhams annehmen müssen, denn Gorham war mit den Canots de Maître, den halbleeren, nach Montréal weitergereist, um William Corssen (der Name Corssen war dort allmählich abhanden geraten und nur William – als Hauptname – zurückgeblieben) neu zu verpflichten und als Seniorpartner einzusetzen; auch waren die Hinterlassenschaften von Patrick O'Gilcock und Pancrace Matthieu zu ordnen.

Den letzten Anstoß dazu, die aktive Mitarbeit am Concern einzustellen, empfing Walther, als der Concern beschloß, sich der unvermeidlich zusammenwachsenden »North West Company« anzugliedern. Walther mußte einsehen, daß nach den katastrophalen Seuchen eine Vereinigung jener Handelsgruppen, die einige Jahre des Mißerfolgs zu überstehen fähig waren, allen Beteiligten nur Vorteile bringen würde.

Als das geschah, war der Concern schon nicht mehr der »Walthersche«. Walther hatte es schließlich abgelehnt, der neuen Gesellschaft zu dienen. Sein Leben lang – er hatte die Sechzig überschritten – war er allein auf sich selbst gestellt gewesen, hatte Erfolg und Mißerfolg auf die eigenen Schultern nehmen müssen. Auf seine alten Tage wollte er sich nicht mehr daran gewöhnen, nach den Beschlüssen und Anweisungen von Gesellschafter-Versammlungen und Mehrheiten zu verfahren. Er wollte allein bleiben.

Er hatte zwei Frauen verloren, das war genug. Er hatte sie beide von ganzem Herzen geliebt. Sie waren sein Leben gewesen, hatten ihm Sinn, Licht und Wärme gespendet. Sie waren ihm beide vor der Zeit genommen worden. Er trat seine Beteiligung am Concern zur Hälfte an seine Tochter Anna Leblois, zur anderen Hälfte an seinen Sohn William ab. Er verlangte keinen Gegenwert von den Kindern.

Die ungezähmte Wildnis des Pays d'en haut war ihm längst zur Heimat geworden. Sie würde ihn nie im Stich lassen, würde ihm Obdach, Nahrung, Kleidung gewähren, wie sie das gleiche den Indianern gewährt hatte seit ungezählten Jahrhunderten.

Er brauchte nicht lange zu überlegen. Dort, wo er vor Jahren William Tomison, dem Trader der Hudson Bay Company, begegnet war, unterhalb der »Großen Schnellen« des Saskatchewan, wo der gewaltige Strom in den Winnipeg-See mündet – dort wollte sich Walther niederlassen. Dort, wo sich viele Kanuwege trafen, aus allen Himmelsrichtungen in der Tat, dort würde er stets aus erster Hand erfahren, was in der Welt vorging, besonders »in seiner Welt«, der des »Nordwestens«.

Walther baute sich seine Hütte abseits der Stelle, an welcher die Kanus der Nord-West und Hudson Bay Company üblicherweise rasteten. Dort herrschte zuweilen große Unruhe. Es verlangte ihn nach Stille, ungern ließ er sich ohne Vorankündigung stören. Denn er machte nun wahr, was ihm schon lange vorgeschwebt hatte: Er ging daran, das vollkommene Kanu für weite Fahrt auf Seen und Strömen, den Schnellen und Flachwassern des Nordwestens zu bauen.

Walther glich seine Boote denen der Cree an, die er schätzen gelernt hatte, auf deren Konstruktion und Bauweise er sich am besten verstand. Doch sicherte er sie an Bug und Heck durch stärkere Kurvhölzer, verstärkte auch die Bespannung fast auf das Doppelte und zog das Freibord um eine gute Handbreit höher.

Schon die ersten, wie ihm schien, noch längst nicht ganz gelungenen Kanus wurden ihm von durchreisenden Brigaden, die das eine oder andere ihrer Boote schon allzuoft hatten flicken müssen, gern abgekauft.

Er belächelte sich manchmal, fragte sich: Bekomme ich auf meine alten Tage noch einmal Spaß an einer neuen Aufgabe? Kanus zu bauen, immer bessere Kanus, die drei, vier Tonnen Traglast aufnehmen können, dazu sechs Ruderer? Warum nicht! Und er blieb nicht lange allein.

Paul Luders (oder Paul Soldat, wie er sich beharrlich nannte) hatte sich seinem früheren Maître zugesellt. Er mochte nicht mehr fahren, hatte den Dienst im Concern quittiert, seit mit dem Übergang zur North West Company unterwegs andere Sitten eingeführt worden waren.

»Ich kann dir helfen, Walther. Ich weiß jetzt mehr von Kanus als die Indianer. Ich lasse nicht zu, daß du hier allein hockst. Du hast mir mehr als einmal geholfen.«

Und noch ein dritter fand sich an. Er hieß Mes Coh Thoutin, was in der Cree-Sprache etwa »Roter Wind« bedeutet; er gab sich als der einzige Sohn von Masquâ, dem »Bären«, aus dem Häuptlingsdorf am Egg-Lake zu erkennen. Er gehörte zu den sehr wenigen Angehörigen des Schildkröten-Clans, welche die Seuche überstanden hatten. Doch war sein Gesicht durch viele tiefe Blatternarben entstellt. Er sowohl wie Paul Soldat verbanden sich bald mit zwei braunen Mädchen des Landes und heirateten sie mit allem Umstand nach der Sitte der Stämme am unteren Saskatchewan.

Die drei Männer produzierten schließlich im Jahr bis zu dreißig Kanus, die bald hoch im Kurs standen unter den Voyageurs und Gouvernails im ganzen Pays d'en haut. Es fiel Walther nicht schwer, seine wunderbar ausgewogenen, starken und doch nicht allzu schweren Boote ständig an den Mann zu bringen. Sie waren sogar gesucht.

An einem schönen Herbsttage des Jahres 1788 fuhr Walther am Nachmittag auf den Winnipeg-See hinaus, um zu fischen. Das tat er immer dann, wenn er mit den Gedanken an Anke und Omimee allein sein wollte.

Keiner hatte es beobachtet, aber sicher ist, daß einer jener urplötzlich über den Winnipeg-See herfallenden, oft bei klarstem Wetter aufkommenden Stürme den Fischenden weit vom Ufer überrascht haben muß.

Das Kanu trieb kieloben zwei Meilen südwärts an Land. Der Leichnam des Ertrunkenen wurde nicht gefunden. An der Stelle, an welcher das Kanu entdeckt worden war, wurde dem Maître Walther Corssen ein Kreuz aus Birkenstämmen aufgerichtet. Eine grobe Tafel besagte:

>»Walther Corssen aus Deutschland, 64 Jahre alt,
>ertrunken am 1. Oktober 1788.
>Gott sei ihm gnädig!«

So wurde er geehrt wie alle Voyageurs, die längs der nassen Straßen ihr Leben ließen. Sie starben ja sehr selten eines natürlichen Todes, die ewig Fahrenden, die Meister des Kanus im wege- und gesetzlosen Pays d'en haut.

Hinter den Bergen das Meer

1 Die beiden Männer standen am Ufer und blickten dem Kanu entgegen. Das Boot trug keine Last. Sechs Ruderer trieben es an. Im Heck des Bootes stand aufrecht ein Mann und führte das lange Steuerpaddel. Er war nur mittelgroß. Der Mann war in einen dunkelblauen Tuchrock gekleidet, der fast bis zu den Knien hinunterreichte. Der Rock war geschlossen – mit einer Reihe von silbernen Knöpfen –, ließ aber am Halse den Kragen eines weißen Hemdes frei. Das war eine höchst ungewöhnliche und zugleich vornehme Kleidung. Der Mann im Heck legte offenbar Wert darauf, für einen Herrn gehalten zu werden.

»Kennst du den, Paul?« fragte der Indianer und starrte mit angestrengt gerunzelten Brauen dem stolz heranrauschenden Boot entgegen. Das Gesicht des Fragenden war durch grobe Blatternarben verunstaltet. Sie reichten bis in den Ansatz seines schwarzen Haares. Es war Mes Coh Thoutin, der »Rote Wind«, ein Cree-Indianer, Sohn des Masquâ, des »Bären«; der Vater war 1782 mit den meisten anderen seines Stammes an den schwarzen Pocken gestorben.

Paul Soldat hatte die Augen zusammengekniffen, als könnte er so schärfer sehen. Als aber das Kanu nur noch zwanzig Längen entfernt war, hoben sich seine Brauen voller Erstaunen.

»Ich müßte mich sehr irren, Thoutin, wenn das nicht Alexander Mackenzie ist, einer der Partner der North West Company.«

Der Indianer kannte den Genannten nicht, aber er hatte von ihm gehört. Alexander Mackenzie, einer dieser jungen Abenteurer und Geldverdiener, die von der mächtigen North West Company, der Vereinigung der finanzstärksten Pelzhändler im kanadischen Nordwesten (angesiedelt aber in Montréal am Unterlauf des gewaltigen Sankt-Lorenz-Stroms), in die Gebiete jenseits der Hudson Bay geschickt wurden, um über hundertfach verästelte Wasserstraßen hinweg neue Einkaufsgebiete für kostbare Pelze, besonders aber für Biberfelle zu erschließen und zugleich den Einfluß und die Handelswege der großen Company weiter und weiter nach Norden und Westen zu dehnen.

Der Mann im Tuchrock trat auf die beiden am Ufer wartenden Männer, den Weißen und den Indianer, zu, erhob die Rechte mit der offenen Handfläche nach vorn zum Gruß und sagte mit klarer, sicherer Stimme: »Ich bin Alexander Mackenzie von der North West Company. Ich hoffe, Walther Corssen vor mir zu haben.«

Den Indianer hatte Alexander Mackenzie gar nicht beachtet. Er streckte dem Weißen seine Hand entgegen. Paul Soldat ergriff die ihm gebotene Rechte.

»Walther Corssen, ist im vergangenen Oktober nicht weit von diesem Ort im See ertrunken. Ich war seit längerer Zeit Corssens engster Mitarbeiter und habe mit unserem kundigen Helfer, dem Cree hier, Mes Coh Thoutin, den Bau und Verkauf von Kanus in der bisherigen Weise weitergeführt. Sollten Sie eines oder mehrere Kanus kaufen wollen, Mister Mackenzie, so sind Sie bei mir an der richtigen Adresse. Mein Name ist Paul Soldat.«

Mackenzie zeigte sich betroffen. »Corssen tot –? Jammerschade! Ich hätte den bedeutenden Mann gerne kennengelernt.«

Paul Soldat sagte nach einer kurzen Pause, in der sich die beiden Männer für eine unwägbare Sekunde mit den Augen gemessen hatten: »Wir haben es nicht weit bis zu meinem Hause, Mister Mackenzie. Vielleicht trinken wir einen Brandy oder einen Portwein zusammen?«

»Gern!« erwiderte Mackenzie und schritt mit Soldat den Strand hinauf. Der Indianer, Mes Coh Thoutin, folgte den beiden, begleitete sie aber nicht zu dem langen, niedrigen Blockhaus seines Meisters, sondern bog vielmehr zu einem anderen kleineren Hause ab, wo ihm von der offenen Tür aus seine junge Frau, Losseh Thiegah mit Namen (was »Schwarzhaar« bedeutet), neugierig entgegenblickte.

Thoutins Söhnchen lief dem Vater aus der Hütte entgegen, kreischend vor Vergnügen. Er bot seiner Frau keinen Willkommensgruß, warf ihr aber einen freundlichen Blick zu, den sie mit einem kühlen Lächeln um die Mundwinkel beantwortete.

»Ein hochmögender Herr, der da gekommen ist, Losseh Thiegah. Wenn ich den Namen richtig verstanden habe, so heißt er Alexander Mackenzie und muß ein Partner der großen Company sein oder zum mindesten ein wichtiger Mann in der Gesellschaft. Ich hoffe, daß er uns eines oder zwei unserer Kanus abnimmt. Sie sind diesmal besonders gut gelungen.«

Im Hause wartete das Abendessen auf die kleine Familie, eine mit vielen Waldkräutern gewürzte Fischsuppe, dazu als Nachtisch Stücke getrockneten Wildfleisches, um die letzten Lücken im Magen zu füllen.

Inzwischen hatten Mackenzie und Soldat längst das große Haus erreicht und sich vor der breiten Front an einem groben Tisch auf breiten Hockern niedergelassen. Auf dem Tisch standen zwei dickwandige, aber geschliffene Gläser, in denen der beinahe schwarze Portwein ein warmes Leuchten auszustrahlen schien. Paul Soldat hatte die Gläser aus einer dickbauchigen Flasche gefüllt, hob das seine und trank dem Gast zu: »Ihre Gesundheit, Sir!«

»Auf die Ihre!«

Die beiden Männer tranken die Gläser leer, aber der Gastgeber füllte sie sofort von neuem. Mackenzie wollte zur Sache kommen: »Ich habe mich von meinem Lagerplatz an der anderen Seite der Saskatchewan-Mündung herüberrudern lassen, um mit Ihnen über den Ankauf von ein oder zwei guten Lastkanus zu verhandeln. Dagegen werden Sie ja wohl kaum etwas einzuwenden haben. Ich weiß natürlich, daß man die berühmten Corssenschen Kanus nicht gerade billig bekommt. Aber das muß wohl so sein.«

Paul Soldat antwortete: »Ich habe einige gute Boote anzubieten, Mister Mackenzie. Jetzt allerdings scheint es mir schon zu dunkel zu sein, um die Boote auf unserer kleinen Werft noch von den Stellagen herunterzunehmen, auf denen sie aufgebockt sind. Sie werden also morgen noch einmal wiederkommen müssen, Mister Mackenzie, dann kommen wir sicherlich zu einem Abschluß.«

Der Besucher nahm den Faden wieder auf: »Ja, natürlich, ich habe nichts anderes erwartet. Aber vor allem bin ich noch aus einem anderen Grunde zu Ihnen gekommen: Ich habe vor, in diesem oder wahrscheinlich erst im nächsten Jahr über den Athabasca-See hinaus nach Westen, genauer Nordwesten, vorzustoßen. Sie leben schon lange im Pays d'en haut. Sie haben wahrscheinlich längst vom Athabasca-See gehört, oder täusche ich mich?«

»Sie täuschen sich nicht. Am mittleren Athabasca habe ich selbst lange gesessen, habe als Voyageur mehr als eine Fahrt aus dem fernen Westen nach Grand Portage am Lac Supérieur und wieder zurück in den Westen mitgemacht. Auch den mittleren Peace habe ich schon zu Gesicht bekommen. Am See Athabasca selbst war ich noch nicht, weiß aber, daß Sie dort Fort Chipewyan gegründet haben und daß der Peace unmittelbar nordwestlich des Athabasca-Sees in den mächtigen Ausfluß aus dem See, der nach Nordwesten weiterzieht, mündet. Daß Sie weiter ins Unbekannte vorstoßen wollen, Mister Mackenzie, verwundert mich weniger, als Sie vielleicht denken.«

Mackenzie ließ sich ein drittes Glas Portwein einschenken. Während Paul Soldat die dunkelrote Flüssigkeit noch ins Glas rinnen ließ, fuhr Mackenzie fort: »Da haben Sie beinahe schon die Sache berührt, auf die es mir ankommt. Ich neige nicht dazu, auf gut Glück loszufahren und mich von vornherein in dem Glauben zu wiegen, daß alles nach Wunsch ablaufen wird. Ich möchte einen vorzüglichen Kanubauer mit auf die Reise nehmen, der notfalls, sollten wir ein Kanu verlieren, sogar aus dem Nichts, das heißt aus dem, was das Land unmittelbar liefert, Ersatzboote bauen kann. Also, um es glatt herauszusagen, ich wollte Sie fragen, ob Sie bereit wären, gegen guten Lohn sich meiner Mannschaft für die Reise nach Norden anzuschließen, als Voyageur für den Alltag, aber für den Notfall als ein Mann, der beschädigte Kanus zuverlässig zu flicken vermag und innerhalb weniger Tage auch ein vollkommen neues Kanu zu bauen fähig ist. Ich erwarte natürlich nicht, daß Sie mir sogleich Antwort geben. Sicherlich wollen Sie sich meinen Vorschlag genauer überlegen. Wenn es Ihnen recht ist, besuche ich Sie morgen nachmittag, damit ich die neuen Kanus aussuchen kann; vielleicht sind Sie dann schon zu einem Entschluß gekommen.«

»Gut, Mister Mackenzie, einverstanden! Wenn Sie erlauben,

komme ich morgen abend, wenn wir hier fertig sind, mit Ihnen in Ihr Lager hinüber auf die andere Seite und nehme auch meine Frau mit, sie sieht sich ebenfalls gern dort drüben um. Ich möchte mir ein Urteil über Ihre Kanus bilden.«

»Ganz wie Sie wollen, Sie sind mir in meinem Lager willkommen! Sie können dann gleich bei mir Abendbrot essen, wenn Sie schon einmal da sind, nicht wahr?«

Während die beiden Männer wieder zum Strand hinunterschritten, bedankte sich Soldat bei seinem Besucher für die Einladung zum nächsten Abend. Die Ruderer in Mackenzies Kanus setzten sich bereit, als sie die beiden Gestalten vom Strande her dem Bootsliegeplatz zuschreiten sahen.

Als Paul Soldat das sich sehr schnell entfernende Kanu auf dem schwärzlichen Wasser nicht mehr erkennen konnte, machte er sich auf den Rückweg in seine Hütte. Dort würde ihn Atak, seine Frau, mit dem Abendessen erwarten. Auch Atak war eine Cree, stammte aber aus einem der westlichsten Unterstämme des großen Volkes; ihre Heimat lag am mittleren Athabasca-Fluß. Atak hatte sich am großen Winnipeg-See niemals wohl gefühlt. Es ist nicht mein Land, klagte sie stets. Paul Soldat hatte das Heimweh seiner Atak niemals sehr ernst genommen. Man fragt nicht viel nach den Stimmungen einer indianischen Frau. Das hatten ihn die Indianer selbst gelehrt. Auch dachte er stets: Sie muß ja glücklich sein, denn sie hat mir unsere entzückende kleine Nagamoun beschert, die Tochter, und sie selbst hat ihr den Namen Nagamoun, das heißt »Gesang«, verliehen, weil sie als ganz kleines Kind so melodische kleine Juchzer von sich zu geben pflegte.

Und außerdem hatte Paul seinen »Stern« Atak stets freundlich und liebevoll behandelt, war niemals so verächtlich und grob mit ihr umgegangen, wie dies viele Indianer selbstverständlich zu finden schienen.

Paul Soldats indianische Gefährtin stand am Feuer des Kamins und hatte den Rücken halb der Tür zugewendet, durch die Paul Soldat aus der Dunkelheit sein Haus betrat und sagte: »Sei gegrüßt, Atak! Du hast Nagamoun schon schlafen gelegt. Schade! Aber ich komme wirklich spät heute abend. Es ging nicht anders.«

Atak wandte sich ihrem Mann zu: »Paul – sei gegrüßt! Ja, ich habe die Kleine schon zu Bett gebracht. Sie hätte dich gern noch gesehen, du weißt ja, das will sie immer. Aber ich glaubte, es wäre schon zu spät für sie. Bist du bereit zum Essen?«

Paul Soldat begann zu berichten, während Atak aus dem Kessel am Boden die dicke Fleischsuppe in die hölzernen Schalen schöpfte: »Atak, es war einer der wichtigen Leute der North West Company, der mich heute besucht hat. Er wird morgen wiederkommen, um zwei Kanus zu erstehen. Aber ich glaube nicht, daß das der eigentliche Anlaß zu seinem Besuch war. Er will mich überreden, mitzukommen, ihn als Voyageur und Kanubauer auf einer Erkundungsreise in den weiteren Nordwesten vom Athabasca-See aus zu begleiten.«

Atak hatte sich am Ende des groben Tisches auf einer Bank niedergelassen. Sie hatte die beiden Näpfe mit der dampfenden Fleischsuppe über Eck auf die Tischplatte gestellt.

Atak nahm das Wort, so leise, daß ihr Mann genau hinhören mußte: »Paul, ich habe meine Heimat und meinen Stamm am Athabasca damals verlassen, weil Walther Corssen es wollte und dem Häuptling nahelegte, daß ich dich heiratete. Dem Häuptling habe ich damals gehorcht. Nun ist Walther Corssen tot. Es ist noch nicht ein Jahr her, seit wir ihm das weiße Kreuz errichtet haben. Paul, du weißt, daß ich hier in diesem Lande nicht glücklich gewesen bin. Laß uns wieder nach Westen zurückkehren in meine Heimat. Vielleicht baut dir der Vorschlag von Alexander Mackenzie dorthin eine Brücke. Du solltest ihn nicht von vornherein ablehnen.«

Paul hatte mit steigender Aufmerksamkeit zugehört. Ihm war, als spürte er in den Worten seiner indianischen Frau eine leise Aufsässigkeit. Er hatte sich längst daran gewöhnt, seine Frau so zu nehmen, wie die Indianer es fast ohne Ausnahme taten. Die Frauen haben zu gehorchen und werden nicht gefragt. Wenn sie den Wünschen und Befehlen der Männer nicht Folge leisten, werden sie bestraft. Sie selbst finden das in Ordnung.

Paul Soldat war stets der Meinung gewesen, daß seine Atak sich glücklich schätzen mußte, ihn, einen weißen Mann, geheiratet zu haben, liebte er sie doch und war ihr erst recht ergeben, seit sie ihm die kleine Nagamoun geschenkt hatte, in die er zärtlich vernarrt war.

Nun hatte aber Atak zum erstenmal – soweit er sich erinnern konnte – einen Wunsch geäußert, sehr bestimmt dazu, nämlich mit ihm und dem Kinde zurückzukehren in ihr Heimatland. Paul war erstaunt, beinahe bestürzt: Wünsche und einen eigenen Willen – dergleichen hatte er bisher an Atak nicht erlebt.

Doch es ging nicht an, sich nach den Vorstellungen oder Absichten einer Frau zu richten. Das hätte den indianischen Regeln, die im Pays d'en haut gültig waren, nicht entsprochen, denen zu folgen sich auch die wenigen Weißen in den unermeßlichen Gefilden des Nordwestens längst angewöhnt hatten. Ein Indianer wäre wahrscheinlich auf die Wünsche einer Frau überhaupt nicht eingegangen. Paul war kein Indianer. Er sagte: »Ach, Atak, wir wollen uns nicht entscheiden. Laß uns abwarten, was morgen geschieht, ob Alexander Mackenzie uns wirklich zwei Kanus zu gutem Preis abkauft oder nicht. Und ich will auch nicht allein mit ihm in sein Lager hinüberfahren; du kannst mitkommen, um zu sehen, wie es bei einer richtigen Brigade der North West Company zugeht. An unseren Gesprächen kannst du nicht teilnehmen; aber vielleicht haben einige der Mackenzieschen Voyageurs oder Indianer ihre Frauen mit. Die werden sich gern mit dir unterhalten.«

Atak schien die Worte ihres Mannes als ein Zeichen aufzufassen, das nächtliche Gespräch zu beenden. Sie erwiderte nichts weiter als: »Gewiß, wenn du es so willst, Paul.«

Sie erhob sich lautlos, entzündete einen kleinen Kienspan an der Herdglut, schloß die Tür des Blockhauses von innen, legte den schweren Holzbalken vor und trat mit ihrem Mann noch einmal an die Bettstatt der kleinen Nagamoun.

Das Kind hatte die Wolldecke, mit der es zugedeckt gewesen war, beiseite geschoben, so daß das kräftige, in ein Nachtgewand aus rotem Flanell gekleidete Körperchen sich im rötlichen Flackerschein des Kienspans anmutig entspannt darbot. Die Wangen des Kindes waren von einem rosa Schimmer des Schlafs und Wohlbe-

findens überhaucht. Der Vater beugte sich über die Bettstatt und deckte den kleinen Körper wieder mit dem Wolltuch zu. Als er sich aufrichtete, erfaßte er, wie seltsam unbeteiligt und ernst, fast ablehnend die Mutter auf ihr Kind hinunterblickte. Paul empfand es wie einen feinen Stich. Er fragte: »Was hast du, Atak?«
»Was soll ich haben? Nichts!«

Sie wandte sich ab und deckte das eheliche Lager auf. Dann löschte sie den Kienspan. Die Eheleute entkleideten sich wie immer im Dunkeln.

Am Vormittag des folgenden Tages bereiteten sich Paul Soldat und Mes Coh Thoutin sorgfältig auf den für den Nachmittag angesetzten Besuch Alexander Mackenzies vor. Sie bockten die zwei Kanus, die ihnen in den vergangenen Monaten am vollkommensten gelungen waren, auf hölzerne Ständer hoch, so daß sie von oben und unten betrachtet und genau untersucht werden konnten.

Gegen Mittag prangten die beiden zum Verkauf bereitgestellten Kanus auf ihren Postamenten am Strand des Sees und warteten auf ihren künftigen Herrn, Alexander Mackenzie. Die übrigen fertiggestellten Kanus lagen, auf die Bordkante gekippt, im Schatten des Waldrandes. Sollte der erwartete Käufer Lust bekommen, außer den zwei bestellten auch noch weitere Boote zu erwerben, so würde er nicht weit zu suchen brauchen. Es war eine Lust, die schönen Boote mit dem hochgeschwungenen Bug und Heck anzuschauen. Der dahingegangene Walther Corssen hatte die indianischen Rindenkanus, in der Form, wie sie von dem großen Stamm der Cree gebaut wurden, für die besonderen Zwecke der Frachtfahrt des Pelzhandels noch widerstandsfähiger und brauchbarer werden lassen.

2

Man hatte sich auf je zwanzig Guineas für die zwei Kanus geeinigt. Alexander Mackenzie hatte sie nach einigem Zögern Paul Soldat und seinem pockennarbigen Partner, Mes Coh Thoutin, zugebilligt. Aber es war von Anfang an klar gewesen, daß Paul und Mes Coh Thoutin über den Preis nicht würden mit sich reden lassen. Mackenzie hatte schließlich nicht nur die zwanzig Guineas für jedes Boot akzeptiert, sondern noch ein drittes übernommen. Er sagte: »Zwei von meinen alten Booten gebe ich gleich auf und lasse sie hier zurück. Das dritte Boot, von dem Sie sagten, Walther Corssen habe es seinerzeit als ein ganz besonders robustes bezeichnet, das werde ich nächstes Jahr auf die weite Reise nach Nordwesten nehmen, die ich vorhabe. Wenn Sie sich entschließen könnten, sich mir für diese Reise ins Ungewisse anzuschließen, würde ich Sie zum Gouvernail dieses Bootes bestimmen.«

Paul Soldat hatte keine klare Antwort auf dies Angebot gegeben, aber er dachte, dem Mann muß viel daran liegen, mich mit auf die Fahrt zu nehmen, die er im nächsten Frühjahr vorhat. Seit gestern scheine ich ihm noch ein bißchen wertvoller geworden zu sein.

Der Handel wurde schließlich mit dem üblichen Handschlag besiegelt. Dann sagte Mackenzie: »Sie kommen ja jetzt zu mir hinüber zum Abendessen. Meine Männer nehmen die drei neuen Boote gleich mit. Drüben gehe ich dann an meine Reisekasse und zahle Sie aus.«

»Gut, Mister Mackenzie, vielen Dank! Fahren Sie nur voraus! Wir folgen Ihnen bald nach. Ich bringe meine indianische Frau Atak mit hinüber. Sie kann sich in Ihrem Lager umsehen, während wir essen. Vielleicht findet sie auch unter Ihren indianischen Leuten Bekannte oder Stammesgenossen.«

Mackenzie erwiderte: »Ganz nach Ihrem Belieben. Übrigens wird es Sie und Ihre Frau interessieren zu hören, daß gestern abend noch zwei indianische Kanus in meinem Lager eingetroffen sind, Leute vom Athabasca, wie ich verstanden habe, die noch nach alter Weise ihre Pelze zur York-Factory an der Hudson Bay gebracht und sie dort bei der Hudson Bay Company gegen Gebrauchswaren eingetauscht haben. Sie sind jetzt auf dem Rückweg zum Athabasca. Wir Händler aus Montréal haben also der Hudson Bay Company nicht alle alten Kunden abspenstig machen können. Obgleich, weiß Gott, der Weg vom Athabasca zur Hudson Bay lang und schwierig ist.«

Paul Soldat und sein indianischer Gefährte achteten darauf, daß die verkauften Boote mit großer Vorsicht zu Wasser gebracht wurden.

Paul jedoch war nicht bei der Sache. Die letzte Bemerkung Mackenzies hatte einen ganzen Schwall von Gedanken in ihm entfesselt. Indianer vom Athabasca also hatten die weite Reise zur Hudson Bay angetreten, um ihre Pelzausbeute gegen Waren des weißen Mannes und seinen Branntwein einzutauschen. Aber am mittleren Athabasca, dort, wo der Abfluß aus dem Lac la Biche, der Fluß gleichen Namens, in den Athabasca einmündet, saßen zwei Händler, die ihm sehr vertraut waren und von denen auch Mackenzie gehört haben mußte, Justin und Anna Leblois, die Tochter und der Schwiegersohn des im großen Winnipeg-See verschollenen Walther Corssen. Justin und Anna »verstanden sich«, wie Paul Soldat wohl wußte, ganz ausgezeichnet auf Indianer, behandelten sie als ihresgleichen, rechneten mit ihnen bei allen Tauschgeschäften peinlich genau und ließen es doch niemals, wenn es darauf ankam, an Großzügigkeit und Hilfsbereitschaft mangeln. Sicherlich: dort tauschten die Indianer vom mittleren und oberen Athabasca ihre Pelze gegen die ihnen längst unentbehrlich gewordenen Erzeugnisse des weißen Mannes ein, anstatt sich mit ihnen auf die weite, viele Monate dauernde Kanureise an die ferne Hudson Bay zu machen.

Als Mackenzie schon mit seinem alten und seinen drei neuen Booten über die weite Wasserfläche der Mündung des Saskatchewan zum anderen Ufer strebte, fiel dem sehr nachdenklich gewordenen Paul Soldat als einzige mögliche Lösung ein: Die Indianer, die gestern bei Mackenzie angekommen sind, müssen lügen; entweder stammen sie nicht vom Athabasca, oder sie kamen nicht von der York-Factory an der Hudson Bay. Oder: sind Justin und Anna gar nicht mehr auf ihrem Posten – ist den beiden etwas passiert? Eine beängstigende Vorstellung! Wenn wir jetzt hinüberfahren, werde ich Atak beauftragen, die Indianer bei Mackenzie auszufragen. Vielleicht findet sie eine Lösung des Rätsels.

Als der Tag sich schon in den Abend neigte, hatten Paul Soldat, seine indianische Frau und sein Partner, Mes Coh Thoutin, das Boot bestiegen und waren den längst im Wasser vergangenen Spuren des Schotten zu seinem Lager gefolgt.

Mes Coh Thoutins Frau, Losseh Thiegah, war in dem kleinen Lager bei der Kanuwerft zurückgeblieben, um die Kinder zu warten, ihr eigenes Söhnchen Nekik, dazu Pauls und Ataks kleine Tochter Nagamoun.

Die drei Menschen in dem kleinen Kanu, das seine silberne Bugwelle über die abendliche stille Wasserfläche pfeilte, wechselten kaum ein Wort miteinander; sie hingen ihren Gedanken nach. Atak hockte vor den beiden Männern im Boot und zog ihr Paddel ebenso gleichmäßig und kräftig durchs Wasser wie die Männer hinter ihr. Sie wurde von einer ihr selbst nicht begreiflichen Unruhe gepeinigt. Leute vom Athabasca sind bei dem Schotten angekommen, auf weiter Rückreise von der Hudson Bay zum Strom meiner Heimat im Westen. Ich darf es nicht, aber ich werde sie doch fragen, wie es dem »Wolf« geht, Mayegan, dem Geliebten, den ich nicht vergessen kann. Vielleicht ist er selber unter den Leuten, die von der Hudson Bay gekommen sind. Denn Mayegan hat sicherlich niemals wieder mit den Leuten von Walther Corssen, zu denen Justin und Anna mehr als irgendwer sonst gehören, Handel getrieben. Mayegan kann mich nicht vergessen haben, obgleich ich auf Wunsch Walther Corssens, des großen Maître, und auf Befehl unseres Häuptlings, Aya wa Counah*, dem Paul Soldat zur Frau gegeben wurde.

Die Kanus, die im Lager des Schotten eingetroffen sind – es könnten Mayegans Kanus sein; denn wer sonst von unseren Leuten sollte sich die Mühe machen, seine Pelze bis zur Hudson Bay

---

* Aya wa Counah: bedeutet etwa »Es gibt Schnee«. Die Indianer gaben sich untereinander die merkwürdigsten Namen.

zu frachten, wenn er sie an der Mündung des La Biche in den Athabasca loswerden kann. Mayegan, Mayegan – was tue ich, wenn er es ist?

Paul Soldat hatte das Ledersäckchen mit den Goldstücken, die ihm Alexander Mackenzie in seinem Zelt, gegen neugierige Augen abgeschirmt, aufgezählt hatte, im Innern seines Hosenbundes festgeknüpft. Es brauchte niemand zu wissen, daß das Geschäft zu einem guten Abschluß gekommen war. Ebenso hütete Mackenzie seine Reisekasse, die er in einer wasserdicht schließenden kleinen Kiste aus Eichenholz aufbewahrte.

Die Männer unterhielten sich locker über alles, worüber sich die Männer des fernen Westens stets unerschöpflich zu verbreiten wußten, über das Wetter, die Tauschpreise für Pelze, über Stromschnellen, Reiserouten und die Bravour der Voyageurs. Aber das war nur Vorgeplänkel. Die Sonne war schon untergegangen, als Mackenzie endlich zur Sache kam. Während er schwarzroten Wein in Pauls Zinnbecher rinnen ließ, fragte er wie beiläufig:

»Sie haben sich's gewiß überlegt, in der Zwischenzeit, nicht wahr? Es wäre großartig, wenn Sie nächstes Frühjahr mit auf die große Reise kämen. Es muß doch einen Wasserweg geben, der uns zum anderen Ozean im Westen bringt. Wieviel mehr Geld ließe sich verdienen, wenn die Pelze an der Westküste in Seeschiffe verladen werden könnten, um sie von dort direkt nach China oder Europa zu verschiffen. Die kostspieligen Kanureisen aus dem fernen Westen nach Montréal ließen sich so enorm verkürzen.«

Mackenzie war, vom Wein beflügelt, vielleicht ein wenig zu deutlich geworden. Paul lachte: »Ich soll also sozusagen mithelfen, mein eigenes Geschäft, nämlich Nordwest-Kanus zu bauen und zu verkaufen, zu untergraben. Mister Mackenzie, ich habe mir die Sache in der Tat überlegt. Ich käme sehr gerne mit auf die große Reise, nicht so sehr wegen späterer guter Pelzgeschäfte, sondern weil es mich juckt, das Pays d'en haut bis an seine äußerste Grenze zu erkunden. Aber daß ich mich Ihnen nun gleich, wenn Sie hier Ihre große Rast beendet haben, anschließen könnte, ist ganz unmöglich. Ich bin meinen Leuten verantwortlich, muß für sie sorgen; wir haben noch ein Kanu fertigzubauen und einige weitere zu verkaufen. Die werden sich sicherlich in den nächsten Wochen losschlagen lassen. Wenn ich alle meine Angelegenheiten geregelt habe, bliebe mir immer noch Zeit, Ihnen in einem schnellen Kanu nach Fort Chipewyan am Lake Athabasca nachzufahren. Ich könnte dann dort mit Ihnen überwintern und im nächsten Frühjahr die weite Reise antreten. Was sich dabei für mich verdienen ließe, darüber müßten wir uns noch einigen.«

Eigentlich hatte Paul Soldat eine viel weniger zustimmende Antwort geben wollen. Aber der Wein, der schöne Abend, das gute Essen und der so offensichtlich um ihn werbende stolze Schotte hatten ihn gegen seine Absicht dazu verführt, wesentlich mehr als nur ein halbes Einverständnis zuzugestehen. Mackenzie jedoch schien mehr erwartet zu haben. Er entgegnete nach einer Weile mit deutlichem Mißmut: »Über Ihr Entgelt brauchen wir nicht zu sprechen. Darüber werden wir uns ohne weiteres einigen. Aber gut, wenn Sie glauben, mich nicht sofort begleiten zu können, so folgen Sie mir in drei Wochen nach Fort Chipewyan. Ich darf wohl voraussetzen, daß Sie allein, ich meine ohne Anhang oder Begleiter, zu mir stoßen werden?«

»Gewiß, Mister Mackenzie, das versteht sich. Ich werde mich möglichst beeilen, um auf alle Fälle noch vor dem ersten Eis in Fort Chipewyan einzutreffen.«

Es war nicht mehr viel zu sagen nach diesen Worten. Inzwischen war die Dunkelheit eingefallen. Mackenzie begleitete seinen Gast zum Strand hinunter. Das elegante, kleine Kanu, mit dem Paul Soldat vom Südufer herübergekommen war, lag zwar noch im Sand, wo es von seinen drei Insassen aus dem Wasser gehoben worden war. Wo aber waren Pauls Gefährten geblieben? Sie hätten eigentlich beim Boot auf ihren Maître warten müssen. Paul ärgerte sich. Die beiden hätten ihn nicht vor Mackenzie bloßzustellen brauchen. Paul ließ zweimal hintereinander den Ruf des Regenpfeifers ertönen, ein Zeichen, auf das sich die Leute der Kanu-Werft Walther Corssens von Anfang an geeinigt hatten, um sich von weitem zu erkennen oder anzurufen. In der Wildnis war dergleichen notwendig.

Eine schattenhafte Gestalt erschien aus der Dunkelheit: Mes Coh Thoutin.

»Wo ist Atak?« fragte ihn Paul barsch.

»Ich habe sie, nachdem wir angekommen waren, zum Lager der Cree vom Athabasca gebracht. Sie wollte hören, ob es dort einiges aus ihrer Heimat zu erfahren gäbe.«

Paul Soldat konnte seinen Ärger nur schwer verbergen.

»Lauf hinüber und hole sie, Thoutin. Es wird Zeit, daß wir abfahren!«

Es dauerte lange, bis Mes Coh Thoutin mit Atak zum Boot zurückkehrte. Paul hätte gern allein auf die beiden gewartet, aber Mackenzie hielt es offenbar für seine Pflicht, seinem Gast Gesellschaft zu leisten. Die beiden hielten ein etwas gequältes Gespräch aufrecht. Paul spürte, daß sein Ärger und seine Verlegenheit halb spöttisch, halb belustigt von Mackenzie beobachtet wurden. Aber er mußte gute Miene zum bösen Spiel machen.

Endlich! Da war auch Atak! Mit kaum verhohlenem Ärger fuhr Paul sie an: »Du hast mich warten lassen. Was soll das, Atak? Wenn ich dir sage, rechtzeitig hier beim Boot zu sein, so richte dich danach!«

Es war eine andere Atak, als Paul Soldat sie kannte, die zur Antwort gab: »Ich treffe Leute aus meiner Heimat nicht jeden Tag, Paul. Was würde es ausmachen, wenn wir erst nach Mitternacht zu unserem Hause hinüberruderten!«

Paul Soldat spürte heißen Zorn in sich aufwallen. Er beherrschte sich aber und verabschiedete sich von Mackenzie: »Zwischen uns ist alles klar, Mister Mackenzie. In spätestens drei Wochen mache ich mich auf und folge Ihnen zum Lake Athabasca und Fort Chipewyan.«

Bei der Rückfahrt über den schwarzen, völlig unbewegten Spiegel des großen Gewässers fiel im Boot kein Wort. Paul Soldat bekam sich allmählich wieder in die Gewalt: Wenn ich ein Indianer wäre, würde ich nachher einen Knüppel nehmen und sie verprügeln; aber ich bin kein Indianer, dachte er.

Als Paul Soldat, Atak und Mes Coh Thoutin das Haupthaus betraten, war Losseh Thiegah damit beschäftigt, das zusammengesunkene Feuer im Kamin neu zu entfachen. Die Indianerin bot den Ankommenden nach ihrer Art nur einen scheuen Gruß, nahm ihr Söhnchen, den kleinen Nekik, vom Lager auf in ihren Arm und verließ die Hütte. Mes Coh Thoutin fragte noch: »Ist morgen früh etwas Besonderes zu tun, Paul?« Dieser antwortete: »Nichts Besonderes, Thoutin. Gute Nacht!«

Paul und Atak waren allein. Er entzündete einen Kienspan und leuchtete seinem schlafenden Töchterchen in die mit Moos ausgepolsterte Krippe, die dem Kind als Bett diente. Ein glückliches Lächeln breitete sich über sein Antlitz. Welch ein herzerwärmendes Bild! Das Kind hatte die wollene Decke zur Seite geschoben, hatte die geballten Fäustchen darauf gebettet. Auf den rundlichen Wangen blühte ein Rosenschimmer. Der Vater sagte sich zum hundertsten Male und fühlte eine seltsame Wehmut, gemischt mit grundlosem Stolz, in sich aufwallen: meine Nagamoun ist nicht ihrer indianischen Mutter ähnlich; ihrem Äußeren nach gehört sie viel eher zu mir, ihrem »weißen« Vater. Doch konnte er sich nicht enthalten, leise zu rufen: »Atak, komm einmal her! Wie hübsch sie aussieht, unsere kleine Nagamoun!«

Aber Atak war im Hintergrund der Hütte schon damit beschäftigt, sich zu entkleiden. Sie flüsterte nur, für Paul kaum vernehmbar: »Nein, laß mich, ich bin zu müde.« – Genau dasselbe sagte sie einige Zeit später, als ihr Mann den Kienspan gelöscht und sich zu ihr gelegt hatte. Sie verweigerte sich ihm. Das war so unerhört und einmalig, daß Paul gar nicht darauf kam, sie trotzdem in den Arm zu nehmen. Todmüde war er plötzlich nach dem langen Tag. Er schlief – und spürte nicht, daß Atak neben ihm lag und mit offenen Augen in die Dunkelheit starrte, von kaum bezähmbaren Wünschen und Gedanken bedrängt.

Der Tag nach dieser Nacht – es war der 12. August 1789 – verrann wie die Tage zuvor. Das kräftige Lastkanu, an dem die beiden Männer arbeiteten, mußte weitergebaut und so bald wie möglich fertiggestellt werden.

Gegen Abend erschien vor der Werft ein Kanu Alexander Mackenzies. Einer der Ruderer überbrachte den Bescheid, daß Mackenzie alle Vorbereitungen für die Weiterreise seiner Kanu-Brigade, früher als erwartet, hatte beenden können und nun beabsichtige, am kommenden Morgen noch vor Tagesanbruch das Lager abzubrechen und weiterzureisen.

Nach dem Nachtmahl sagte Atak: »Ich will noch zum Wasser hinunter und das Geschirr und einige andere Sachen spülen. Ich bin heute wegen allzuviel Arbeit nicht dazu gekommen.«

Paul meinte verwundert: »Das könntest du auch morgen früh tun. Es ist schon dunkel.«

Doch erhob er keinen Widerspruch, als Atak, ohne auf seine Bemerkung einzugehen, Geschirr und Töpfe in einen Korb packte und das Haus verließ. Paul lehnte sich an die Wand aus Baumstämmen und schloß die Augen. Er wollte warten, bis sie wiederkäme. Der Kopf sank ihm auf die Brust. Er war eingeschlafen.

Und plötzlich war er hellwach, als sei er laut angerufen worden. Er hatte undeutlich die Stimme eines Mannes vernommen und die Stimme Ataks dazu. Er erhob sich und trat vor die Tür. Vom Strande her näherten sich zwei schattenhafte Gestalten. Auch glaubte er am Wasser ein Kanu mit zwei weiteren Schatten darin erkennen zu können. Ataks Stimme klang ihm aus der Dunkelheit entgegen: »Paul, es sind Boten von drüben gekommen, aber aus dem Indianerlager, von den Männern vom Athabasca. Sie möchten dich sprechen.«

Was wollen die jetzt um diese nachtschlafende Zeit, fragte sich Paul. Er trat in die Hütte zurück und entfachte das Feuer zu großer Flamme. Atak war ihm mit einem halbnackten Indianer, wie Paul jetzt erkannte, ins Innere der Hütte gefolgt.

Der Indianer war neben dem Türeingang stehengeblieben und blickte fragend zu Paul hinüber. Der lud den späten Gast mit einer Handbewegung ein, auf der Bank an der Hüttenwand Platz zu nehmen. Es hätte indianischer Sitte widersprochen, wenn der Besucher sofort mit der Tür ins Haus gefallen wäre. Für indianische Verhältnisse jedoch ziemlich schnell und eigentlich auch ohne viel Umschweife kam er mit seinem Anliegen heraus:

»Wir haben einen Streit unter uns, Erbauer guter Kanus, und wissen ihn nicht zu schlichten. Aber zu dir haben wir Vertrauen. Wir kennen dich von unserem heimatlichen Strom her. Deshalb haben mich meine Leute herübergeschickt, um dich zu bitten, morgen abend zu uns ins Lager zu kommen, deinen Gefährten, Mes Coh Thoutin, mitzubringen und den Streit in unserer Mitte zu schlichten, damit wir uns wieder auf die Heimreise machen können.«

Paul wußte natürlich, daß er sich sehr geehrt zu fühlen hatte und daß es ihm und seiner Sicherheit sehr dienlich sein würde, in den Ruf eines weisen und wohlwollenden Schiedsrichters zu kommen. Nach einigem Zögern und Bedenken – wie es die Sitte vorschrieb – sagte er schließlich zu, am Abend des nächsten Tages mit Mes Coh Thoutin ins Indianerlager hinüberzufahren und sein Bestes zu tun, den Frieden unter den beiden Bootsmannschaften wiederherzustellen.

Der Indianer, ein hochgewachsener, herkulisch gebauter Mann, hob die Hand zum Gruß: »Wir danken dir! Wir werden auf dich warten!«

Paul war sich darüber im klaren, daß er erst bei völliger Dunkelheit in das Indianerlager hinüberfahren durfte. Die Indianer verhandeln unerfreuliche Dinge lieber um ein zum Nachthimmel flackerndes Feuer als im hellen Licht des Tages. Vergeblich hatte Paul versucht, Atak oder Mes Coh Thoutin darüber zu befragen, was wohl der Anlaß des Streits gewesen wäre, den zu schlichten man ihn gebeten hatte. Aber Atak hatte sich mürrisch abgewendet: »Ich weiß es nicht! Wie soll ich das wissen!«

Paul vermochte sich des Gedankens nicht zu erwehren: Sie weiß es doch, aber sie will es nicht sagen. Anders Mes Coh Thoutin: Er schien wirklich keine Ahnung zu haben, was man ihm im Indianerlager zur Schlichtung vortragen würde.

Tagsüber hielt die Arbeit die beiden Männer im Gange. Es war auf alle Fälle gut, das noch unfertige Kanu der Vollendung näher zu bringen. Nach dem Abendessen stiegen sie in das Boot. Losseh Thiegah und Atak würden – so war es verabredet –, nachdem sie die Kinder zur Ruhe gebracht hatten, im Haupthaus auf die Rückkehr ihrer Männer warten.

Gleichmäßig zogen die beiden auf dem weiten, dunklen Wasser in ihrem unendlich einsamen Kanu die Paddel durch die regungslose Flut.

Die beiden Männer im Kanu hatten genau die Richtung eingehalten. Schon ließ sich ein roter Funken am Ufer erkennen, dem sie zustrebten. Das konnte nichts anderes sein als das Lagerfeuer der Indianer vom Athabasca.

Das Ufer war schon als schmaler, blasser Strich zu sehen, mit der Wand des dunkel dahinter aufragenden Waldes. Genau auf den langsam stärker werdenden Lichtschein des Lagerfeuers ließen Paul und Mes Coh Thoutin den silbernen Pfeil der Bugwelle ihres Kanus zielen.

Paul wunderte sich: Er hatte erwartet, daß sie von den Indianern am Strand empfangen werden würden. Aber es war deutlich zu erkennen, daß der Strand leer war, uferauf und uferab.

Kein Mensch weit und breit. Der Weiße und der Indianer fanden den Anstieg schnell. Er war von vielen Füßen ausgetreten. Die beiden erreichten die Oberkante der Uferbank. Das Feuer brannte hell, aber es war sofort zu erkennen, daß es lange nicht geschürt worden war. Mit indianischer Kunst war es so angelegt, daß es sich längs drei- oder vierfach nebeneinander gelegter Knüppel und trockener Stämme in einer Richtung weiterfressen konnte, hell flackerte und für lange Zeit nicht zu erlöschen brauchte. Und kein Mensch weit und breit!

Eines stand fest: Die beiden Männer waren unter einem Vorwand auf die andere Seite der Saskatchewan-Mündung gelockt worden. Eine gute Ruderstunde waren sie hier von ihrem eigenen Lager, der Bootswerft entfernt. Mes Coh Thoutin brach das Schweigen als erster. Aus seinen Worten klang mühsam verhaltener Zorn: »Sie haben uns überlistet, Paul. Ich bin schuld, ich hätte es wissen müssen. Ich ahnte nichts Gutes, seit ich begriffen hatte, daß Mayegan, der ›Wolf‹, unter den Indianern vom Athabasca der Führer der Bootsmannschaften ist.«

»Wer ist Mayegan?« fragte Paul.

»Ich wollte keinen Ärger machen, Paul. Deswegen habe ich dir nichts gesagt. Aber jetzt ist Unheil im Gange. Als du vor Jahren am Athabasca Atak zur Frau nahmst, wußtest du nicht, und niemand sagte es dir – kein Weißer wußte es –, daß Atak und Mayegan ein Liebespaar waren und geheiratet hätten, wärest du nicht mit deinem Wunsch, sie zur Frau zu haben, dazwischengekommen. Der mächtige Walther Corssen, der bei unseren Leuten in hohem Ansehen stand, hat für dich geworben. Der alte Häuptling, einer der wenigen, die nach der großen Seuche übriggeblieben waren, glaubte, sich die Freundschaft des großen Händlers, eben unseres Maître, Walther Corssen, erhalten, sie befestigen zu müssen. So befahl er, daß Atak dir zur Ehefrau gegeben wurde. Der Stamm bekam damals so reiche Geschenke von dir und Walther Corssen! Jedermann war damit einverstanden, daß Atak dir angetraut wurde. Frauen haben zu gehorchen. Atak gehorchte. Du hast von alldem nichts gewußt. Wozu auch? Wenn Mayegan nicht plötzlich hier aufgetaucht wäre, wäre alles gutgegangen. Mayegan und Atak haben sich unerwartet wiedergesehen, und nicht nur das: die Männer vom Athabasca brachten die Nachricht mit, daß der alte Häuptling, Aya wa Counah, inzwischen gestorben ist. Die beiden Männer also, die dir Atak gegeben haben, sind nicht mehr am Leben. Sie können Atak und Mayegan nicht mehr bestrafen, wenn sie nachträglich die Übereinkunft zunichte machen. Ach, Paul, es ändert sich jetzt so viel bei uns. Die Alten sterben, und für die Jungen gilt das Alte nicht mehr.«

Paul rührte sich nicht. Eine lange Zeit starrte er in das Feuer, das in trügerischer Absicht so gelegt worden war, daß es in stets gleicher Stärke lange fortbrennen konnte, ohne geschürt zu werden. Laut stellte er fest, was Mes Coh Thoutin nicht ausgesprochen hatte:

»Mayegan hat sie also entführt. Deshalb hat man uns von der Werft fortgelockt.« Er schrie es fast: »Sie sind wahnsinnig! Nagamoun gebe ich nicht her! Meine Tochter dürfen sie nicht mitnehmen! Komm, Thoutin, wir haben keinen Augenblick zu verlieren!«

Die beiden Männer liefen zu ihrem Boot hinunter, sprangen

hinein; schon rauschte die Bugwelle auf. Mit rasenden Schlägen trieben sie das Boot über die dunkel glänzende Flut in die Richtung davon, aus der sie gekommen waren.

Als die beiden Männer von der Bootslände her das Ufer hinaufstürmten, erkannten sie schon von weitem, daß die Tür des Haupthauses offenstand; sie knarrte unnatürlich laut durch die nächtliche Stille; der leichte Wind bewegte sie ein wenig in den rohledernen Bändern, in denen sie statt in eisernen Angeln hing. Paul war als erster im Raum. Auf der Herdstatt glimmte die Glut nur noch matt. Mes Coh Thoutin fragte ins Dunkel: »Bist du da, Losseh Thiegah?«

Aus dem dunklen Winkel neben dem steinernen Kamin drang ein verhaltenes Schluchzen. »Ja, ich bin hier. Sie haben mich nicht mitgenommen. Atak ist fort.«

Der Indianer kniete schon vor dem Feuer, legte ein paar Spänchen auf, blies in die Glut, schon züngelten die ersten Flammen auf, und es wurde hell im Raum. Paul fragte gepreßt in die noch immer in den Winkeln lastende Dunkelheit: »Und die Kinder, Losseh Thiegah, wo sind die Kinder?«

Schluchzend kam es zurück: »Ich habe sie beide hier bei mir, Paul. Sie hatten große Angst. Jetzt sind sie in meinem Schoß eingeschlafen.«

Paul fiel ein Stein vom Herzen. Er atmete befreit auf.

Es dauerte geraume Zeit, ehe Mes Coh Thoutin aus seiner noch immer völlig verstörten Frau herausgefragt hatte, was sich in den vorausgegangenen zwei Stunden abgespielt hatte. Danach konnte Paul nicht mehr daran zweifeln, daß ohne Ataks Einverständnis und Mitwirkung der listige Plan nicht hätte gelingen können. Mayegan und seine Leute mußten schon in Bereitschaft gelegen haben, als Paul sich mit seinem Gefährten einschiffte, um zu dem Lager der Indianer hinüberzurudern. Atak hatte Losseh Thiegah erklärt: »Sein Kind nehme ich nicht mit. Es hat rote Backen, lockiges, braunes Haar und helle Haut. Was soll ich damit, es ist nicht mein Kind. Walther Corssen und Aya wa Counah sind tot. Ich brauche nicht mehr zu gehorchen. Sage Paul, er ist gut zu mir gewesen. Aber ich gehöre zu Mayegan, und ich komme nicht zurück.«

Losseh Thiegah hatte sich allmählich gefaßt. Sie wandte sich jetzt an ihren Mann: »O Thoutin, und dann haben sie noch etwas Schreckliches getan. Glaube mir, ich habe versucht, sie davon abzuhalten, jedoch vergeblich. Sie haben alle Boote zerstört, damit ihr ihnen nicht folgen solltet. Ich konnte es nicht verhindern. Ich hörte, wie sie darüber redeten, ob sie die Boote anzünden sollten. Aber Mayegan entschied: nein, es würde ein zu großes Feuer geben, und der rote Schein euch sicherlich vor der Zeit zurückrufen. Sie haben also die Boote nur mit Messern und Beilen zerstört.«

Die beiden Männer standen wie vom Donner gerührt. Die Arbeit des Sommers war vertan. Bis auf die drei Boote, die sie an Alexander Mackenzie verkauft hatten, würde vorläufig nichts mehr zu verkaufen sein. Mayegan, der »Wolf«, hatte verhindern müssen, daß der Mann, dem er die Frau, der ihm die Geliebte genommen hatte, ihn auf der Stelle verfolgte. Den beiden Männern der Werft blieb jetzt nur noch das kleine Kanu, das niemals ausreiche, drei Erwachsene, zwei Kinder und die notwendige Ausrüstung für eine lange Reise zu tragen.

3 Es hatte zwischen Paul Soldat, Mes Coh Thoutin und Losseh Thiegah nicht erörtert zu werden brauchen: das indianische Paar nahm es für selbstverständlich, daß ihr Maître an nichts weiter zu denken hatte, als daran, die Flüchtigen zu verfolgen und so oder so zur Strecke zu bringen. Ehe noch Paul Soldat auf dem Werftplatz erschien – er hatte nach viel zu spät gefundenem Schlaf sein Lager viel später verlassen als sonst –, hatte Mes Coh Thoutin schon damit begonnen, das von Mayegan und seinen Leuten am wenigsten beschädigte Kanu von den Fetzen der zerrissenen und zerschnittenen Birkenrinde zu befreien, welche die Außenwand des schönen Bootes gebildet hatte.

Als Paul am nächsten Morgen auf dem Werftplatz erschien, arbeitete Mes Coh Thoutin bereits an dem Boot, das zuvor noch keineswegs fertiggestellt war. Auch an diesem Boot hatten Mayegan oder seine Leute die Außenhaut aus Birkenrinde zerstört, soweit sie schon über das Bootsgestell gespannt gewesen war. Mes Coh Thoutin meinte, ganz im Ton des Arbeitsalltags:
»Wir kommen am schnellsten voran, Paul, wenn wir dies Boot fertigstellen. Die andern müßten wir erst teilweise auseinandernehmen, um die Birkenrinde aus den Verspannungen zu lösen. Wir brauchen ein Boot, auf das wir uns verlassen können. Die Reise zum Athabasca ist weit.«

Paul hatte sich ebenfalls ans Werk gemacht. Er gab nicht gleich Antwort. Er ließ seine Gedanken wandern, war noch nicht ganz da, nahm aber doch nach einer Weile den Faden auf: »Woher willst du wissen, Thoutin, daß Mayegan mit Atak und seinen Leuten zum Athabasca gezogen ist? Sie können überallhin fliehen in dem wegelosen Land. Es gibt abertausend Routen für die Kanus.«

Mes Coh Thoutin unterbrach seine Arbeit nicht, gab aber halblaut zu bedenken: »Du denkst nicht, wie Indianer denken, Paul. Sieh, es war ja Zufall, daß Atak und Mayegan sich drüben im Lager des Schotten wiedergetroffen haben. Die beiden Kanus des Mayegan befanden sich auf dem Rückweg von der Hudson Bay zum Athabasca, reichlich gefüllt mit all den Gütern, die Mayegan in der York-Factory gegen seine Biber-, Wolf- und Marderfelle eingetauscht hat. Auf diese Waren wartet seine Sippe am Athabasca. Er muß sie abliefern, darf sie nicht irgendwohin entführen. Seine Sippe ist unterhalb der La-Biche-Mündung am Athabasca zwischen Corrigal-See und Calling-See beheimatet. Dies Gebiet muß er zunächst erreichen, ehe er mit Atak wirklich fliehen kann.«

Während der Indianer sich und dem Gefährten so die Zusammenhänge klarmachte und in Worte kleidete, spürte Paul einen dunklen, schweren Zorn in sich aufsteigen. Das Bewußtsein der eigenen Schuld versank: Irgendein Indianer hatte ihm die Frau entführt, um die er geworben und die ihm rechtens zugesprochen war: Ich bin Manns genug, mich zu rächen! Atak hat dahin zurückzukehren, wohin sie gehört, an meine Seite. Nagamoun soll ihre Mutter nicht verlieren.

Laut sagte er und plötzlich so voll verhaltener Wut, daß Mes Coh Thoutin erstaunt hochblickte:

»Wir werden sie einholen! Wir werden dies Boot in höchstens zwei oder drei Tagen zu Wasser bringen. Losseh Thiegah hat sofort damit zu beginnen, unsere Habe zusammenzupacken und sich und die Kinder reisefertig zu machen. Ich verlasse mich darauf, Mes Coh Thoutin, daß du an meiner Seite bleibst. Du und deine Frau sind mit mir getäuscht und beleidigt worden.«

Der Indianer versicherte: »Ich bin an deiner Seite, Paul!«

Obgleich die beiden Männer vom ersten Morgengrauen bis zum allerletzten Tageslicht arbeiteten, dauerte es doch noch beinahe eine Woche, ehe nach Ataks Flucht endlich – es war der 19. August 1789 – das mit höchster Sorgfalt fertiggestellte neue Kanu in der empfindlichen Kühle der Stunde vor Sonnenaufgang ins Wasser geschoben und die große Reise angetreten wurde. Der Gouvernail im Heck des Bootes, Paul Soldat, wußte genau, in welchem Winkel zum Polarstern, der am Himmel noch klar und deutlich sichtbar war, er zu steuern hatte, um den Ort zu erreichen, an welchem der große Strom Saskatchewan aus dem Lande austrat und sich zu dem weiten Trichter seiner Mündung zu verbreitern begann. In der Mitte des Bootes, jenseits einer Anzahl von gleichmäßig verteilten Frachtstücken, hockte Losseh Thiegah und zog ihr Paddel durchs Wasser. Unmittelbar vor ihr auf weichem Mooslager schliefen, mit einer dunklen Wolldecke vor der Kälte geschützt, die beiden Kinder. Hinter ihnen, weiter gegen den Bug des Bootes zu, waren wiederum einige Frachtstücke verstaut, und im Bug stand der Avant, der Vordermann, Mes Coh Thoutin, mit langem Paddel.

Sie ruderten.

Sie ruderten, als hetze sie der Teufel. Ehe der Tag auch nur mit allererstem Grau im Osten zu ahnen war, schoben sie schon ihr Kanu in die sachte Strömung der Flüsse, auf die stillen schwarzen

Spiegel der Seen hinaus und atmeten jeden Morgen von neuem mit seltsamer Befriedigung auf, wenn sie endlich die Bugwelle ihres schlanken Fahrzeugs aufrauschen hörten, zwei zarte Silberstreifen in die unergründliche Schwärze ringsumher einzeichnend. Die Kinder schliefen sorgsam zugedeckt in der Mitte des Bootes; erst wenn die ersten Sonnenstrahlen sie trafen, pflegten sie zu erwachen.

Die beiden Männer aber und die Frau, die das Boot voranzutreiben hatten, ein Boot, das eigentlich fünf oder mehr Ruderer erforderte, wurden hohlwangig und blickten aus tiefliegenden Augen unter dem selbstauferlegten gnadenlosen Zwang, dem unerbittlichen Gesetz indianischen Daseins Genüge zu tun. Sie fragten nicht danach, ob jeden Abend die Sehnen schmerzten und die Muskeln zitterten. Unerbittlich wurde jede Stunde des Tages und der Nacht von dem Gebot regiert, den Vorsprung der Flüchtigen um eine Meile nach der anderen zu verringern, damit Mayegan und Atak keine Zeit blieb, über das erste Ziel ihrer Reise hinaus, der Stammesheimat am Athabasca, in die unermeßlichen Wildnisse weiter im Norden oder Westen zu verschwinden, wo sie nicht mehr zu finden sein würden.

Es ergab sich, daß das von Paul Soldat gesteuerte Kanu an einem späten Nachmittag jenen Ort an der Mündung des La Biche in den Athabasca erreichte, wo Walter Corssen vor Jahren seine Handelsstation errichtet hatte, ganz bewußt, ohne sie durch Wälle und Palisaden gegen die umwohnenden Cree abzuschirmen. Corssen hatte damals gemeint, daß er sich durch die Freundschaft der Indianer und seine eigene, stets auf diese Freundschaft bedachte Ehrlichkeit als Händler besser im weiten Indianerland geschützt fühlte als durch Wälle und Palisaden. Justin und Anna Leblois, die nach Walthers Ausscheiden aus der North West Company den Posten am unteren La Biche übernommen hatten, waren den Grundsätzen ihres Vaters und Schwiegervaters gefolgt und wurden von den Cree ringsum, die sich langsam von der furchtbaren Pockenseuche erholten, von der sie dezimiert worden waren, ganz und gar als zugehörig, ja als Glieder des Stammes empfunden.

Justin und Anna besaßen zwei Kinder, den kleinen Walther und den älteren Armand, ein kräftiges geschicktes Bürschlein von dreizehn Jahren. Armand hatte bereits gelernt, sein kleines Kanu ebenso zu handhaben wie die Voyageurs ihre großen regierten; er verstand sich auf viele Künste der Wildnis, wußte sehr wohl die Fährte eines Braunbären von der eines Grizzly zu unterscheiden, hatte auch schon begonnen, mit dem Gewehr und mit Pulver und Blei umzugehen, wenngleich er's auch im Schießen noch nicht zur Meisterschaft gebracht hatte. Dem schnellen Armand lag alles am Herzen, was sich unter freiem Himmel verrichten ließ. Nur widerwillig bequemte er sich dazu, bei seiner Mutter in die Schule zu gehen und lesen, schreiben und rechnen zu lernen, Künste, die der Vater ihm einigermaßen vergeblich einzuprägen versuchte.

Auf der Station an der Mündung des La Biche in den Athabasca warteten Justin und Anna mit langsam steigender Unruhe auf die Rückkehr der Kanubrigaden, die ihnen für den Winter die Tauschgüter anliefern sollten, ohne welche die Pelze der indianischen Jäger und Fallensteller nicht einzuhandeln waren.

Es war nichts Wesentliches mehr zu verrichten in diesen ersten Tagen des Oktober 1789. Alles Notwendige war für die erhoffte Ankunft der Kanubrigaden vorbereitet. Manchmal schlenderte Justin allein oder auch mit Anna zur Bootslände der Station am La Biche hinunter, von der aus der Fluß nur noch einige Steinwürfe weiterzufließen hatte, ehe sich sein Wasser untrennbar mit dem des größeren Athabasca vermischte.

Justin schirmte die Augen mit der rechten Hand. Ganz in der Ferne schien sich ein dunkler winziger Flecken auf der Oberfläche des hier in einer weiten Kurve heranströmenden La Biche abzuzeichnen. Ein Kanu? Ein Vorauskanu der ungeduldig erwarteten Brigaden? Er rief zum Haus hinauf: »Anna, ein Kanu auf dem La Biche!«

In der Tat, ein einzelnes Kanu, von nur drei Ruderern vorangetrieben, wie bald zu erkennen war. Was bedeutete das?

Der Avant des Kanus hatte sich erhoben und stand aufrecht über dem Bug mit langem, weit ausholenden Paddel. Anna war es, die den Mann als erste erkannte. Sie rief: »Justin, da vorn im Boot, das ist Mes Coh Thoutin, der Indianer, der Sohn des Masquâ. Ich erkenne ihn an seinem blatternarbigen Gesicht!«

Ja, er war es, und bald stellte es sich heraus, wer die andern waren.

Mes Coh Thoutin sprang über Bord ins seichte Wasser und brachte das Boot sicher auf den Sand. Justin hatte die Sprache wiedergefunden: »Paul, um alles in der Welt, wo kommt ihr her? Du warst doch mit unserem Vater am Winnipeg-See. Ab und zu hörten wir davon. Eure Boote waren berühmt bis hierher in den allerfernsten Westen. Was ist mit Walther Corssen?«

Paul Soldat war so bestürzt von der Erkenntnis, wie sehr er in den vergangenen Wochen nur an sich und seine eigene Sache gedacht und daß er keinen Gedanken darauf verschwendet hatte, wie er die Trauerbotschaft am schonendsten überbringen mochte, daß er jetzt ohne Vorbereitung mit dem Geständnis herausplatzte: »Justin, Anna, ihr wißt es ja noch gar nicht. O mein Gott, Walther Corssen ist tot!«

Die Nachricht packte die beiden Menschen am Ufer wie eine harte mitleidlose Faust. Anna fragte mit zitternden Lippen, sie war blaß geworden wie der Tod: »Was sagst du da, Paul? Mein Vater ist tot? Um alles in der Welt, wann und wie ist er gestorben?«

Paul faßte sich mühsam:

»Walther Corssen ist im Winnipeg-See ertrunken. Im vergangenen Oktober hat ihn ein Sturm aus heiterem Himmel draußen auf der Höhe des Sees überrascht. Keiner hat beobachtet oder weiß, wie es geschehen ist. O Anna, ich weiß, wir bringen euch keine guten Nachrichten. Wir mußten alles stehen- und liegenlassen am Winnipeg-See. Wir haben gerudert wie die Verrückten. Wir mußten so bald wie möglich hier am Athabasca eintreffen. Es ist so viel Böses geschehen, Anna!«

Nicht sofort begriff Anna die Nachricht vom Tode ihres Vaters in vollem Umfang. Erst allmählich, doch dann wie mit jäher Macht stürzte die Unabänderlichkeit des Geschehenen über sie her. Tränen standen ihr plötzlich in den Augen. Sie stützte sich schwer auf den Arm ihres Mannes. Sie flüsterte: »Justin, der Vater ist tot. Wir sehen ihn nicht wieder.«

Justin bedeckte mit der Rechten die Hand seiner Frau, die sich in die Beuge seines linken Arms geschoben hatte.

»Komm, liebe Anna, nimm es nicht so schwer! Nimm dich der Indianerin an mit den beiden kleinen Kindern auf dem Arm. Die Frau sieht entsetzlich erschöpft aus, und die Kinder müssen vernünftig untergebracht werden.«

Aufgerufen zu werden, etwas Sinnvolles zu tun, das wirkte bei Walther Corssens Kindern so unmittelbar, wie es bei ihm selber gewirkt haben würde. Justin hatte recht. Die Frau und die Kinder mußten als erste versorgt werden. Anna nahm sich also zusammen.

»Du bist doch Losseh Thiegah, nicht wahr? Die Frau von Mes Coh Thoutin. Ich kenne dich noch aus vergangenen Jahren. Komm, wir gehen ins Haus hinauf. Die Männer mögen das Boot auspacken; sie haben sicherlich noch vieles zu verrichten.«

Losseh Thiegah fügte sich sofort. Es war ihr anzumerken, wie schwer es ihr fiel, die Kinder weiter im Arm zu tragen. Sie war am Ende ihrer Kräfte.

Die Frauen und Kinder waren kaum außer Hörweite, als Justin von Paul zu wissen begehrte, was der unerwartete Besuch und die ihm vorausgegangene, offenbar überaus gehetzte Anreise zu bedeuten hatte.

Paul Soldat war viel zu müde, geradezu ausgehöhlt nach der übergroßen, pausenlosen Anstrengung der vergangenen Wochen, als daß er jetzt zu langen Umschweifen fähig gewesen wäre. Mit knappen Worten berichtete er, was sich ereignet hatte.

Justin begriff auf der Stelle, daß Paul Soldat gar nichts anderes übriggeblieben war, als sofort aufzubrechen und mit allen Mitteln zu versuchen, Rache zu nehmen! Mayegan war in seine Ehe eingebrochen und hatte ihm die Frau entführt – mit oder gegen ihren Willen, das blieb sich gleich. Rache war nach Justins Meinung ein ebenso schmutziges wie überflüssiges, sogar sinnloses Geschäft; aber wenn Paul Soldat weiter im Lande der Cree leben wollte – und das wollte er gewiß, denn das Pays d'en haut war ihm zur letzten, aber sicheren Zuflucht geworden –, so mußte er, selbst unter Einsatz des eigenen Lebens, Mayegan verfolgen und ihn vernichten.

Die drei Männer standen immer noch am Ufer des rastlos dem Athabasca zustrebenden La Biche. Mes Coh Thoutin hatte sich mit keinem Wort beteiligt. Jetzt wandte sich Justin mit einer Frage an ihn: »Wenn ich nicht irre, Thoutin, gehört Atak zur Sippe der Leute vom Wabasca, stimmt das?«

»Ja, das stimmt, Justin«, erwiderte der Indianer.

Justin wollte weiter wissen: »Und Mayegan gehört zu den Leuten am Corrigal-See und westlich davon bis zum Calling-See?«

»So ist es, Justin!«

Justin dachte laut weiter, womit er allerdings nur wiederholte, was sich Paul Soldat schon hundertmal überlegt hatte: »Wenn die Flüchtigen die Südroute genommen hätten, so wären sie hier bei mir vorbeigekommen. Anna und ich kennen Atak aus früherer Zeit. Wir hätten natürlich wissen wollen, was geschehen ist und hätten unsere Leute sofort angewiesen, die Flüchtigen festzuhalten. Also haben sie die Nordroute genommen, um auf einem Umweg zu ihren Stammesgebieten zu gelangen, wo sie Unterschlupf und Schutz finden werden und sich ausrüsten können, um nach Norden oder nach Westen ins Unbekannte zu ziehen; dort bleiben sie dann für alle Zukunft unauffindbar, wenn sie es nur einigermaßen geschickt und vorsichtig anfangen.«

Paul nahm das Wort: »Eigentlich müßte ich sofort weiterziehen. Vielleicht erreiche ich Mayegans Sippenhäuptling noch, bevor er selber eintrifft, kann meinen Fall vortragen und den Häuptling zu einem Urteil auffordern. Wenn Mayegan sich bis dahin noch nicht auf seine Sippenzugehörigkeit berufen hat, so würde der Häuptling gegen ihn entscheiden müssen. Vielleicht verordnet er uns einen Zweikampf Mann gegen Mann. An mir sollte es nicht fehlen, ich würde es mit Mayegan aufnehmen.«

Justin erkannte sofort: Paul ist im Innersten getroffen, er wird nicht nachlassen, bis er Mayegan gestellt hat, auch auf die Gefahr hin, den kürzeren zu ziehen und sein Leben in die Schanze zu schlagen – für einen Unsinn eigentlich, aber so ist es nun einmal! Was hat schon Sinn!

Was war noch weiter zu sagen? Nichts! Justin stellte fest: »Einen Tag lang müßt ihr ausruhen, Paul. Thoutins Frau und die Kinder bleiben hier. Bis zu den Stammesgebieten von Mayegan und Atak sind es nur ein oder zwei Tagesreisen den Athabasca abwärts. Ihr braucht das große Kanu nicht mehr. Ich gebe euch mein kleines. Es ist sehr schnell und für zwei Ruderer gebaut, faßt aber trotzdem genügend Gepäck für einige Tagesreisen.«

Ja, alles Notwendige war gesagt und bedacht. Es kam nun nur noch darauf an, es zu tun. Einen Tag und zwei Nächte würden Paul Soldat und Mes Coh Thoutin ruhen. Danach würde die Entscheidung erzwungen werden müssen, würden sie im Schlußakt des Dramas zu agieren haben, das keiner gewollt hatte.

Das, was sich dann tatsächlich abspielte, entsprach dem, was Paul Soldat und Mes Coh Thoutin erwartet hatten, in keiner Weise. Die gewaltsame Abrechnung, auf die sich die beiden Männer vorbereitet hatten, fand nicht statt.

Von der Einmündung des La Biche in den Athabasca durchquerte man stromabwärts als erstes die großen Waldgebiete zwischen Corrigal- und Calling-See, in denen die Sippe Mayegans beheimatet war. Danach erst, eine weitere Tagesreise stromab, wo von Westen her das Stromgebiet des Wabasca zum Athabasca strebt, erreichte man jene weiten Landschaften, die der Clan, aus dem Atak stammte, als seine Jagdgründe betrachtete.

Paul Soldat und Mes Coh Thoutin hatten an einem frühen Oktobermorgen ihr schlankes, leichtes Kanu ins Wasser geschoben. Gegen Abend trafen sie auf die Ansammlung von Zelten und einfachen Hütten am Ufer des Stroms, wo um diese Jahreszeit der Kern von Mayegans Sippe zu kampieren pflegte.

Der große Strom Athabasca floß hier ruhig und gleichmäßig in sanfter Kurve vorbei. Als Paul Soldat und Mes Coh Thoutin an der Bootslände ihr Kanu am Ende einer Parade anderer kleiner und großer Kanus auf den Sand gehoben hatten, erkannten die beiden Männer sofort, daß hier noch niemand etwas von den Vorfällen erfahren hatte, von denen sie aus weiter Ferne herangetrieben worden waren. Das Jungvolk und die Frauen am Ufer fragten völlig unbefangen und neugierig nach dem Woher und Wohin der späten und unerwarteten Besucher.

Auf dem Wege von der Schiffslände zum Dorf kam den beiden Männern, die das Gepäck an ihren Paddeln über der Schulter gleich mitgenommen hatten, der Häuptling der Sippe, begleitet von einigen halbnackten Kriegern, auf halbem Wege entgegen. Mes Coh Thoutin war einigen Leuten als der Sohn des Masquâ, des »Bären«, bereits bekannt. Auch glaubte der Häuptling, dem Paul Soldat in früheren Jahren schon einmal begegnet zu sein, woran sich allerdings Paul nicht erinnern konnte; doch hütete er sich, dies zu bekennen. Paul nutzte den günstigen Anfang sofort. Er eröffnete dem Häuptling feierlich, daß er gekommen wäre, ihn in einer schwierigen und peinlichen Angelegenheit um Rat zu fragen, ja sein Urteil zu erbitten. Da Paul Soldat und Mes Coh Thoutin diesen Antrag in geziemender Weise nach indianischer Art vorzubringen wußten, fühlte sich der Häuptling geehrt und gab ihm sofort statt. Paul schlug vor, den Sippenrat zuzuziehen. Der Häuptling ließ die drei erfahrenen Männer herbeirufen.

Vor dem Lager wurde ein wärmendes Feuer aus trockenem Holz entzündet, um das sich die fünf Indianer und der weiße Mann niederließen – außer Hörweite aller neugierigen Ohren.

Paul Soldat hatte dem Häuptling und den drei Beratern am Feuer je einen Zopf Virginiatabak überreichen lassen und zögerte dann nicht mehr, seinen Fall darzulegen. Er holte dabei, wie es sich gehörte, weit aus. Am Ende verwies Paul ausdrücklich darauf, daß sein Gefährte Mes Coh Thoutin, ein hochgeachteter Mann unter den Cree und der Sohn des Masquâ, des »Bären«, aus freien Stücken mit ihm gekommen wäre, um für die Wahrheit dessen, was er vorgebracht hätte, zu zeugen.

Mes Coh Thoutin erhob die Hand zum nächtlichen Himmel, senkte den Blick in die Augen des Sippenhäuptlings: »Ich bezeuge es! Was mein Maître und Freund Paul Soldat berichtet hat, ist wahr!«

Die vier alten indianischen Männer um das flackernde Feuer schwiegen eine lange Zeit. Dann ließ sich der Häuptling vernehmen: »Ich zweifele nicht an der Richtigkeit dessen, was der Freund unseres verehrten Freundes Justin vom La Biche vorgebracht hat. Doch müssen wir unter uns beraten, was nun zu veranlassen ist.

Wir bitten euch beide, uns allein zu lassen, bis wir euch wieder rufen.«

Paul Soldat und Mes Coh Thoutin zögerten nicht, sich sofort zu erheben und sich ins Dunkel des Waldrandes, außer Sicht- und Hörweite, zurückzuziehen. Mes Coh Thoutin meinte mit verhaltener Stimme: »Sie werden verlangen, Paul, daß Mayegan zugezogen wird, um sich zu verantworten. Sie werden sich nicht dem Vorwurf aussetzen wollen, sie hätten nur einer Partei ihr Ohr geliehen und nicht auch der anderen.«

Mes Coh Thoutin sollte recht behalten. Der Häuptling verkündete den beiden Besuchern, nachdem sie wieder in den Kreis des Stammesrates zurückgerufen worden waren: »Mayegan hat die Nordroute genommen mit den Waren von der Hudson Bay, die wir dringend erwarten. Er könnte bereits bei den Leuten von Atak eingetroffen sein und dort zögern, hierher weiterzufahren, da er nicht wissen wird, ob wir mit seiner Handlungsweise einverstanden sind. Ich werde also morgen einen Boten in einem Eilkanu zum Wabasca schicken, um Mayegan und Atak aufzufordern, sich auf schnellstem Wege hierher zu verfügen.«

Doch ergab sich am Abend des folgenden Tages abermals etwas Neues. Noch vor der Nacht trafen zwei schwerbeladene Kanus den Athabasca aufwärts im Dorf der Corrigal-Sippe ein, die beiden Boote mit den Waren von der Hudson Bay – ohne allerdings ihren Anführer Mayegan, der, wie nun berichtet wurde, sich mit Atak in den Schutz ihres Clans begeben hatte, um dort abzuwarten, was weiter geschehen würde. Atak, so hieß es, habe mit großer Beredsamkeit ihre Leute davon zu überzeugen gewußt, daß ihr und Mayegan Unrecht geschehen wäre und sie deshalb den Beistand der Sippe für sich und ihn verlangen könnte.

Den Boten, der ausgesandt worden war, Mayegan vor den Rat seines Clans zu rufen, hatten die Frachtboote unterwegs getroffen. Der Bote war der Meinung gewesen, daß Mayegan nun um so mehr vor den Rat der eigenen Sippe gerufen werden müßte und hatte seinen Weg fortgesetzt.

Paul Soldat und Mes Coh Thoutin berieten am gleichen Abend in der Stille ihres Zeltes. Der Indianer faßte schließlich zusammen: »Der Bote, den der hiesige Häuptling ausgeschickt hat, um Mayegan zu rufen, wird den beiden bestätigen, daß wir hier sind und entschlossen, sie zur Rechenschaft zu ziehen. Mayegan ist seiner Sache nicht sicher. Sonst hätte er die Frachtboote nicht vorausgeschickt. Atak weiß, daß sie nach dem Gesetz ihren Mann und ihr Kind nicht hätte verlassen dürfen. Ich bin überzeugt, Paul, daß die beiden sich nach der Ankunft des Boten aus dem hiesigen Dorf sofort entschließen werden, nach Nordwesten zu fliehen. Mayegan wird sich nicht darauf verlassen, daß sein Häuptling hier vielleicht doch noch zu seinen Gunsten entscheidet. Die beiden werden zusammenraffen, was sie an Ausrüstung besitzen, und werden fliehen, vielleicht den Athabasca abwärts oder den Wabasca aufwärts. Was willst du tun, Paul?«

»Es hat keinen Sinn, Mes Coh Thoutin, darauf zu warten, ob Mayegan geneigt sein wird, sich hierher zu verfügen und seinem Sippenhäuptling Rede und Antwort zu stehen. Wir verlassen dieses Dorf noch in der kommenden Nacht heimlich und ohne uns zu verabschieden und werden Mayegan abfangen, entweder auf dem Wege hierher oder noch ehe er mit Atak das Dorf der Wabasca-Leute verlassen hat. Ich habe keine andere Wahl, als ihn zu stellen.«

Mes Coh Thoutin schien keine andere Antwort erwartet zu haben.

Spät am Abend des nächsten Tages erreichten die beiden Männer das Dorf der Wabasca-Leute. Sie hatten die weite Reise, für die ein Lastkanu anderthalb bis zwei Tage benötigt hätte, an einem einzigen Tage hinter sich gebracht. Sie hatten sich nicht von den Schnellen des Stroms, die jedes Lastkanu aus dem Wasser gezwungen hätten, aufhalten lassen, sondern sie eine nach der anderen, im Kanu kniend, mit wie rasend bald rechts bald links vom Boot das Wasser schlagenden Paddeln »geschossen«, wie die Voyageurs es nannten, wenn die Eilkanus, schlanke, leichte, hochbordige Fahrzeuge, die oft meterhohen Wasserschwälle über den Felsen im Flußgrund in sausender Fahrt durchstießen und blitzschnell den einzigen Weg durch das »weiße Wasser« zu wählen wußten, auf welchem der Kiel ihres Bootes um eine oder zwei Handbreiten die scharfen Kanten der groben Blöcke unter oder neben sich vermied, das einzige »blanke« Wasser, den »fil d'eau« – wie die Voyageurs es nannten, die »Wasserfaser«.

Zur Überraschung der Leute aus der Sippe Ataks standen die beiden Männer plötzlich zwischen den Zelten des Dorfes. Niemand hatte in der Dunkelheit ihre Ankunft an der Bootslände bemerkt. Sofort hatte Mes Coh Thoutin eine ältere Frau, die ihm gerade in die Quere kam, gefragt: »Ist Atak im Dorf? Wo ist Mayegan? Sind sie hier? Oder welchen Weg haben sie genommen?«

Die Frau war von der urplötzlich auf sie abgeschossenen Frage so überrascht, daß sie auf der Stelle zur Antwort gab: »Sie sind den Athabasca abwärts gegangen, schon heute früh; sie dachten, da kämen sie am schnellsten weg.«

Damit war das Geheimnis verraten, es konnte nicht mehr zurückgenommen werden. Der Sippenhäuptling, den die Unruhe im Lager erst jetzt aus seinem Zelt hervorgelockt hatte, zeigte sich alles andere als freundlich.

Es kam nun darauf an, die Überraschung der Leute auszunutzen und das Lager so schnell wie möglich wieder zu verlassen, ehe noch jemand auf den Gedanken verfiel, die ungebetenen späten Gäste mit Gewalt festzuhalten.

Paul und Mes Coh Thoutin strebten aus dem Schein des großen Feuers in der Mitte des Dorfes fort; es galt vor allem, keine Zeit zu verlieren und die Leute nicht zur Besinnung kommen zu lassen; das Dunkel nahm sie auf; schon hatten sie ihr Boot wieder ins Wasser geschoben, waren eingestiegen, hatten die Paddel eingesetzt und schossen in die dunkle Strömung hinaus. Fort jetzt! Noch ehe einer der Männer von Ataks Sippe sich zu dem Entschluß aufraffte, sie gewaltsam zurückzuhalten.

Die Nacht hatte das Boot schon nach einer Minute ganz und gar verschlungen. Die beiden Männer konnten jedoch den Schaum der silbernen Bugwellen blaß erkennen, die an beiden Flanken des der mächtigen Strömung des Athabasca anvertrauten Kanus im Dunkel hinter ihnen zurückblieb.

Schon füllte das leise Rauschen der Bugwelle vertraut und angenehm die Ohren der beiden Männer und verriet ihnen, welch große Geschwindigkeit sie der Strömung unter ihrem Kiel hinzufügten.

Der Mond ließ die beiden trotz der Nachtkühle längst in Schweiß geratenen Männer nicht im Stich. Auch lockerte sich die Wolkendecke, erlaubte dem Mond, durch sie hindurchzublinzeln und gab schließlich den ganzen Sternenhimmel frei – gerade zur rechten Zeit, um bei ausreichendem Licht die nächsten Schnellen zu schießen.

Seit keine Wolkendecke mehr die Wärme des vergangenen Tages über dem schlafenden Lande festhielt, war es sehr kühl und bald eisig kalt geworden. Ihre Müdigkeit hatten Paul und der Indianer vergessen. Jetzt kam es darauf an! Sie spürten es! Dies war die letzte große Anstrengung, die ihnen auf dieser Jagd abverlangt wurde!

Sie glitten in die lange Folge von Schnellen, die den Athabasca unterhalb der Pelikan-Einmündung in ein sehr tückenreiches Wildwasser verwandeln. Die beiden Ruderer verloren kein Wort darüber. Sie waren Meister aller Künste des Kanus. Vielleicht gelang es ihnen hier und jetzt, die Flüchtigen einzuholen. Es mußte gelingen!

»Schnellen voraus!« rief Mes Coh Thoutin leise. »Achtung! Ich glaube, ganz rechts ist blankes Wasser!«

»Blankes Wasser« – Fast stets, wenn der Strom über eine in seinem Bett verborgene Felsbarriere abwärts hüpfte, war irgendwo zwischen den Felsen ein glatterer Durchlaß zu entdecken, den die Strömung mit rundgewölbtem Rücken schaumlos, aber gewaltig saugend, durchschoß. Diese Durchlässe galt es vorweg zu erkennen, das Boot dorthin zu steuern, ihm schnellste Fahrt zu verleihen, um dann die gewöhnlich nicht sehr breite Passage wie ein von der Sehne geschnellter Pfeil mit dem Kanu zu durchschießen. Wenn scharf aufgepaßt wurde, kräftige Ruderer am Werke waren, wenn der Avant Falkenaugen besaß, dann ließ sich auch ein schon in den Sog der Schnellen geratenes Kanu zu »blankem Wasser«

hinüberdrücken, und die Schnellen wurden, wenn die Bootsmannschaft vom Glück begünstigt war, im Nu überwunden.

Ganz rechts war das »blanke Wasser«! Paul Soldat hatte es unmittelbar nach Mes Coh Thoutins Ausruf ebenfalls erkannt, bremste mit hartem Gegenschlag rechts das Kanu ab, damit Mes Coh Thoutin es mit linksseitigen Vorwärtsschlägen nach rechts hinüberdrücken konnte.

Gott sei Dank, die Nacht war hell. Das leichte Boot folgte den um Haaresbreite genau geführten Schlägen der beiden Paddel, sauste genau in der Richtung der Strömung auf das »blanke Wasser« hinaus, darüber hinweg und erreichte nach zwei, drei weiteren Bootslängen ungefährdet zwischen dem weißen Geschäum rechts und links von seinen Borden tieferes, ruhiger brodelndes Wasser unterhalb der Schnelle.

Zweimal nur in der langen kalten Herbstnacht gönnten sich die beiden Männer für eine Pfeifenlänge Rast. Der hoch am Himmel hängende Mond schien sich schon zum Abstieg rüsten zu wollen.

In langen Abständen nur wechselten die beiden ein Wort. Die unerhörten Anstrengungen und der alle Sinne zur Wachsamkeit aufrufende Strom mit seinen Wallungen, die vom Boot schnell zu überholen waren, ließen dem weißen Mann und seinem indianischen Gefährten weder Zeit noch Atem, sich zu unterhalten.

Als Paul gerade daran dachte, für eine dritte »Pipe« ein wenig Rast zu empfehlen, kam ihm der Gefährte zuvor: »Der Morgen ist nicht mehr fern, Paul; in einer Stunde haben wir Tag. Es wird glasklares Wetter sein, wir werden weit sehen können!«

Es war sehr kalt geworden. Die Männer merkten es daran, daß sie nicht mehr so heftig schwitzten wie in der ersten Hälfte der Nacht unter bedecktem Himmel. Es ruderte sich angenehm. Und obgleich die beiden im Grunde längst am Ende ihrer Kräfte angelangt waren, strömte ihnen doch aus dem morgendlich errötenden Himmel jene sonderbare neue Frische ins Gemüt und in die Glieder, die den Männern der Wildnis ebenso wie den Soldaten im Felde anzeigt, daß sie jenseits äußerster Überanstrengung eine neue Sphäre der Kraft erreicht haben.

Keine neue »Pipe« jetzt! Nach einem Aufenthalt würde es

schwerfallen, wieder in den alten Rhythmus des unermüdlichen Ruderns hineinzuschwingen. Weiter also, weiter!

Mes Coh Thoutin hatte schärfere Augen als sein europäischer Gefährte. Der Indianer hielt einen Augenblick mit Paddeln inne: »Vor uns, Paul, mindestens eine Meile vor uns, ein Kanu!«

Wenn das stimmte! Wenn Mes Coh Thoutin sich nicht irrte, so konnte es nur das Kanu der Flüchtigen sein! Pauls Augen tasteten die nach Norden zum Horizont wallende Wasserbahn des Athabasca entlang, erfaßten endlich einen winzigen dunklen Punkt, der sich vor dem Himmel sachte nach rechts zu bewegen schien. Ein Boot da vorn, weit voraus! Denn was sonst sollte sich dort bewegen!

Es bedurfte keines Befehls und keiner Verabredung: Paul und der Indianer stemmten die Paddel durch das Wasser, daß das Kanu dahinflog wie ein Pfeil. Die beiden brauchten sich nicht zu verständigen, sondern wußten, daß die Flüchtigen ihre Augen nach vorn richten mußten, um der Strömung gerecht zu werden.

Paul und der Indianer holten schnell auf. Schon waren, wenn man genau hinsah, zwei Gestalten in dem Boot voraus zu erkennen. Wahrscheinlich meinten Mayegan und Atak den Verfolgern schon so weit entronnen zu sein, daß sie keine Furcht mehr zu hegen brauchten. Sie blickten sich nicht um.

Bis es zu spät war.

Paul und Mes Coh Thoutin mochten von dem Boot der Flüchtigen noch etwa eine viertel Meile entfernt sein, als sie es zu ihrem Erstaunen scharf nach links zum Ufer abbiegen sahen. Paul und sein Gefährte drückten sich sofort dicht unters Ufer: Vielleicht haben sie uns noch nicht entdeckt. Überraschen wir sie bei der Portage, dort entgehen sie uns nicht!

Doch jetzt blickten die Verfolgten nicht mehr nur den Strom abwärts. Seit sie ans Ufer gesprungen waren, richteten sie unwillkürlich die Blicke auch stromauf. Paul Soldat in seinem Kanu erkannte es sofort. Die beiden Verfolgten erstarrten, beschatteten die Augen mit der Hand, um sich darüber klarzuwerden, wer es war, der ihnen da folgte. Sie zögerten, versäumten damit kostbare Zeit! Sie stürzten sich wieder in ihr Boot, das offenbar voll beladen war, denn es lag tief im Wasser. Sie versuchten, mit rasenden Schlägen abermals die volle Strömung zu gewinnen. Paul schrie: »Thoutin, das schaffen sie nicht! Atak hat Todesangst vor jeder Schnelle, und Mayegan allein bewältigt sie nicht. Los! Hinterher! Vielleicht können wir sie noch retten!«

Mayegans Boot hatte einen beträchtlichen Vorsprung gewonnen. Er und Atak ruderten wie besessen der großen Schnelle entgegen.

Selbst Paul und Mes Coh Thoutin hätten bei klarem Verstand nie gewagt, diese riesige Schnelle anzugehen, eine schäumende Bahn tobenden »weißen Wassers«, soweit das Auge reichte. Jetzt blieb ihnen keine Zeit zum Überlegen, sie mußten den Fliehenden folgen. Sie waren schon im Sog!

Mayegan war offenbar wahnsinnig geworden, oder war es Atak, die den Verstand verloren hatte? Ihr Boot schoß der Schnelle entgegen, verfehlte das »blanke Wasser«. Paul erkannte, daß Atak die Arme hochwarf und das Paddel verlor. Mayegan allein vermochte das Kanu nicht zu regieren. Der Bug des Bootes hob sich plötzlich steil aus dem Wasser, Mayegan rollte rückwärts hinaus; von Atak war nichts mehr zu erkennen. Boot und Insassen waren von der rasenden Strömung verschlungen.

Jetzt kam es darauf an! Die beiden Männer im Boot spürten bis in die letzte Faser, daß auch ihr Leben auf dem Spiele stand. Wo war das »blanke Wasser«?

»Halblinks!« schrie Mes Coh Thoutin.

Es gelang! Wie von übernatürlichen Kräften gesteuert, erreichte das Boot das »blanke Wasser« zwei Kanulängen vor seinem Beginn und schoß in der Mitte der mächtigen Wallung in tieferes ruhigeres Wasser unterhalb der großen Schnelle hinunter.

Ehe sich der Strom über die nächste Felsstufe stürzte, kreiselte sein Wasser für eine Weile in einer tief ausgespülten Senke, in welcher dem Boot Halt geboten werden konnte. Die beiden Männer sahen sich um: kein Kanu, kein Mayegan, keine Atak! Doch was trieb dort! Ein fest verschnürtes Bündel. Die beiden Männer fischten es auf. Kein Zweifel, es handelte sich um ein Stück des Gepäcks, das Mayegan und Atak mitgeführt hatten.

Plötzlich sank den beiden Männern der Mut. Sie strebten dem Ufer zu, zogen ihr Kanu ans Land. Was war aus den Verfolgten geworden? Die Frage war schwer wie Blei.

Sie fanden Atak. Sie war tot. Ihr Gesicht war unzerstört, aber ihr Hinterkopf nur eine blutige Masse. Sie lag dicht unterhalb des letzten weißen Wassers der Schnelle, die sie getötet hatte, am Ufer, von einer wilden Welle zur Hälfte auf das kiesige Geröll geworfen. Ihr Gesicht war nicht mit Blut besudelt. Dafür hatte das wirbelnde Wasser der tödlichen Schnelle gesorgt. Die großen schwarzen Augen waren weit geöffnet, blickten nirgendwohin in den strahlenden Himmel des sich langsam erwärmenden Oktobertages. Der Ausdruck des Gesichts ließ weder die Furcht noch den Schrecken erkennen, die dem Tod doch vorausgegangen sein mußten. Nichts weiter als eine stumpfe Trauer war in dies Antlitz geschrieben. Die langen schwarzen Haare des Hauptes breiteten sich über die groben Kiesel ringsum. Das Wasser hatte alles Blut aus ihnen herausgewaschen, ehe es den Körper an den Strand spülte.

Paul bückte sich und strich mit der Hand von der Stirn her über die Augen der Verunglückten. Noch war die Todesstarre nicht eingetreten. Die Lider gaben nach und schlossen sich über den toten Augen. Damit gewann das Gesicht, als lebte es noch, einen seltsam friedlichen Ausdruck. Und jetzt erst begriff Paul, was er schon eine ganze Weile lang vorausgesehen hatte: Ich habe sie endgültig verloren. Sie hatte also diesen Tod voller Schrecken einem weiteren Zusammenleben mit ihm, der sie freundlicher behandelt hatte, als es wahrscheinlich ein indianischer Gatte getan hätte, vorgezogen! Warum?

Hatte er für sie eine geheime Qual bedeutet? Hatte selbst seine kleine entzückende Nagamoun die Mutter nicht bei ihm festhalten können?

Viele bohrende Fragen, kaum deutlich in Worte zu fassen; kaum ganz zu Ende gedacht – aber keine einzige Antwort!

Mes Coh Thoutin war am Ufer des Gewässers entlang bis zum Beginn der nächsten Schnelle vorgedrungen und kehrte wieder zurück: »Ein paar Fetzen ihres Kanus sind zu finden gewesen,

Paul. Das Boot muß in lauter Stücke zermahlen worden sein. Von dem Mann habe ich nichts entdecken können. Vielleicht ist seine Leiche am Gegenufer angetrieben, oder er hat noch für eine Weile schwimmen können und ist dann in den Sog der nächsten Schnelle geraten. Es hat wohl keinen Sinn, weiter nach ihm zu suchen.« Paul zuckte mit den Achseln, nein, das hatte wohl keinen Sinn. Es änderte nicht das geringste daran, daß er, Paul Luders, alias Soldat, dies Paar in den Untergang getrieben hatte. War das wirklich sein Wille gewesen? –

Paul ging auf Mes Coh Thoutins Worte nicht weiter ein, stellte lediglich fest: »Thoutin, wir müssen Atak bestatten. In die Erde bekommen wir sie nicht. Wir haben kein Gerät zum Graben. Außerdem ist der Boden felsig. Wir errichten eine Steinpyramide über ihrem Körper.«

Nach einer guten Stunde war auch dies vollbracht. Kein Wolf, kein Bär würde dem Leichnam etwas anhaben. Ehe Paul das Gesicht seiner Atak unter einem glatten flachen Stein verbarg, bedeckte er das Antlitz der Toten mit seinem Halstuch, das Atak am Rande mit zwei Schnüren aus Glasperlen verschönert hatte. Über das Halstuch legte Paul ein sorgsam ausgestochenes Polster aus Waldmoos. Dann erst wurde der große flache Stein darüber gesetzt, jedoch so, daß er rings um den Kopf her abgestützt war.

Paul verzog seine Mundwinkel. Der Gedanke fuhr ihm durch den Sinn: Sie ist tot, sie würde auch den Stein nicht merken, aber sie war für eine Zeitlang meine Frau, und ich habe geglaubt, es ginge ihr gut bei mir.

Er wandte sich ab und überließ es dem Indianer, den Totenhügel aus Steinen zu Ende zu bauen.

Paul bereitete inzwischen ein Lager in einer grasigen Mulde einige Steinwürfe weiter am Ufer. Er würde sich mit dem Gefährten zunächst in die Sonne legen, störende Insekten waren kaum noch zugange. Die Sonne würde heiß werden während des Tages und sie auf dem Lager aus Fichtenzweigen wärmen. Gegen Abend würde sich der Hunger wieder einstellen und der Alltag sein Recht fordern. Die Nacht würden sie noch an diesem Ort verbringen, sich im Schlaf von einem Feuer die Füße wärmen lassen, um dann, sobald das Licht des nächsten Morgens ausreichte, das Boot auf die Schultern zu heben, die Stromschnelle flußauf zu umgehen und, als wäre inzwischen nichts Außergewöhnliches geschehen, die Rückreise zum La Biche anzutreten.

4 Die kurzlebige Pracht des Indianersommers verging in diesen Tagen vollständig. Nach einigen sehr kalten, klaren Nächten und einem plötzlich von Südost aufkommenden, merkwürdig warmen Sturm, der das Paddeln so stark erschwerte, daß Paul und Thoutin es vorzogen, am Ufer einen geschützten Platz zu suchen und den Rest des Tages mit Schlafen, Essen und lässigen Reden, was nun wohl weiter werden sollte, zu verbringen. Die Laubbäume zeigten in den Wäldern kein einziges Blatt mehr, abgesehen von ein paar vergessenen Büscheln, die sich beim Niedersegeln in einer Astgabel verfangen hatten. Erst Anfang November erreichten die beiden Kanufahrer sehr matt und abgeschlagen den Handelsposten an der Mündung des La Biche in den Athabasca. Sie fanden ein völlig verändertes Lager vor. Wo noch vor vierzehn Tagen eine Reihe von scheinbar nutzlosen Blockhütten vor sich hin geträumt hatte, schwärmte jetzt das Südufer des La Biche bis zu seiner Einmündung in den größeren Strom, den Athabasca, hinunter, von vielen franko-kanadischen Voyageurs und auch von Indianern. Am Ufer lagen zwei Dutzend offenbar strapazierter Kanus aufgereiht; sie waren bereits umgestülpt, damit es nicht in sie hineinregnete. Die Lasten, die sie von weit her aus dem Osten herangetragen hatten, waren längst entladen und verlockten die Indianer, die den Athabasca abwärts von weither angefahren waren, die Felle und Pelze, die sie anzubieten hatten, gegen die guten, stählernen Jagdmesser, bunten Glasperlen, das rote und blaue Tuch, die Nähnadeln, die Pfrieme und Ahlen, die Beile und Sägen des weißen Mannes einzutauschen.

Justin und Anna fanden zunächst kaum Zeit, sich um die tragische Geschichte zu kümmern, die das bei seiner Ankunft kaum beachtete Kanu Paul Soldats und Mes Coh Thoutins als unsichtbare Fracht von Norden her mitgebracht hatte. Der schreckliche, gewaltsame Tod Mayegans und Ataks verlor in dem aufgeregten, lauten Betrieb des Handelspostens jede besondere Bedeutung. An den Kanuwegen durch die ungebändigten Einsamkeiten des Pays d'en haut standen oder verrotteten ungezählte Kreuze, unter denen allzu kühne, ungeschickte oder verunglückte, ehemals sanges- und ruderlustige Leute vom unteren Sankt Lorenz mit französischen Namen begraben lagen.

Justin hatte für Losseh Thiegah und die Kinder abseits ein Blockhaus mit zwei Räumen bereitgestellt, in deren einem nun Mes Coh Thoutin mit Frau und Kind, im andern Paul Soldat mit seiner Tochter hausen sollten. Eines Abends, gegen Ende November, saßen die drei Erwachsenen vor dem groben Kamin ihrer Hütte, der sich in die Wohnstube des Indianers öffnete, aber mit seiner steinernen Rückseite auch noch den Raum Paul Soldats und seiner kleinen Nagamoun erwärmte.

Paul warf an diesem Abend eine Frage auf, die auch den Indianer und seine Frau schon im stillen beschäftigt hatte: »Wir sind noch gar nicht recht zu einer längeren Aussprache mit Justin und Anna Leblois gekommen. Wenn wir hier den Winter über wohnen und leben wollen – und wo sollten wir sonst hin, jetzt zu Beginn der kalten Zeit und des tiefen Schnees? –, dann müssen wir uns mit Justin einigen. Er kann uns nicht einfach durchschleppen, ohne daß nicht auch wir etwas für ihn oder die Gesellschaft leisten.«

Mes Coh Thoutin erwiderte bedächtig: »Er wird uns nicht wegjagen. Sicherlich werden wir in den nächsten Tagen mit Justin sprechen, Paul, und ganz gewiß können wir fünf Menschen dem Lager nicht zur Last fallen, wenn wir uns nicht nützlich machen. Ich hörte aber von zwei Voyageurs, die im Boot des Brigadeführers gerudert haben, noch etwas anderes. Und ich glaube, daß Justin einen entsprechenden Auftrag bekommen hat. Die North West Company will den Pelzhandel bis ans Gebirge ausdehnen, also noch weiter nach Westen. Irgendwo an der Küste, viel weiter im Süden, ich meine, an der Küste zum Weltmeer, hat ein Seefahrer eine riesige Strommündung gefunden. Der Strom muß von irgendwoher aus dem Landesinneren kommen, vielleicht aus unserer Gegend. Vielleicht entspringt er im Gebirge westlich von uns. Die Leute in Montréal, Paul, haben längst davon gehört. Wer hier im Innern den Strom findet, der hat damit einen Weg zum Weltmeer im Westen geöffnet. Nach allem glaube ich, daß Justin die Anweisung bekommen hat, wenn möglich, den Posten weiter nach Westen zu verlegen.«

Auch Paul hatte sich aufgerichtet und blickte ins Halbdunkel zu dem Indianer hinüber, der – so wollte es ihm scheinen – gar nicht begriff, welch ungeheuren Ausblick er vor dem Gefährten und Losseh Thiegah, die an einem ledernen Jagdhemd ihres Mannes flickte, aufgerissen hatte. Die Indianerin allerdings hob die Augen nicht von ihrer Arbeit. Was kümmerte sie das Weltmeer im fernen Westen, jenseits der Gebirge, von denen sie gehört hatte. Sie hatte hier und jetzt in diesem Lager vor diesem Kamin ihre Arbeit zu verrichten, hatte für Mann und Kinder zu sorgen; das Weltmeer ging sie nichts an.

Auch Mes Coh Thoutin schien der Nachricht, die er soeben von sich gegeben hatte, keine besondere Bedeutung beizumessen. Sie schien ihn nicht stärker zu bewegen als etwa die Feststellung, daß nach diesem Schneesturm der Winter nicht mehr aufzuhalten war. Anderes aber hatte sich in Pauls Gehirn vollzogen. Er war hellwach geworden. Wie von einem Blitz wurde ihm die Bühne der Zeit erhellt, in die er geworfen war, ohne daß er etwas hatte dazu tun können. Und also ergab es sich, daß wenige Abende später Paul Soldat mit Justin und Anna Leblois in deren geräumigem Haus, dem Haupthaus des Handelspostens, zusammensaß und die Zukunft erörterte. Es war nicht zu erwarten, daß in dieser sehr kalten und stillen Nacht noch irgendwer das Haupthaus besuchen würde. Die drei Menschen, die um das lodernde Feuer des Kamins versammelt waren, konnten also damit rechnen, nicht mehr gestört zu werden. Justin setzte die schon seit einer halben Stunde sachte rinnende Unterhaltung fort:

»Ja, ich wollte es sowieso in diesen Tagen mit dir besprechen, Paul. Was die sich da denken in Montréal! Ich soll weiter nach

Westen vorrücken. Als ob das so einfach wäre! Es stimmt zwar, der Posten hier ist eigentlich zu groß geworden. Nach der Pockenseuche waren wir die einzigen, die in diesen weiten Gebieten übriggeblieben sind und die auch nicht daran dachten, trotz anfänglicher Schwierigkeiten die einmal etablierten Beziehungen aufzugeben.

Und dann noch etwas ganz anderes, Paul. Aus dem großen Athabasca-See fließt ein Strom nach Nordwesten. Das ist bestimmt der Strom, Paul, den Mackenzie im kommenden Jahr befahren will und wofür er dich anwerben wollte. Aber gleich hinter dem Ausfluß dieses Stroms aus dem Athabasca-See mündet in diesen Ausfluß von Westen her ein anderer, sehr gewaltiger Strom, den die Indianer Friedens-Fluß nennen. Dieser Friedens-Fluß kommt aus den Gebirgen im Westen, die keiner von uns bisher gesehen, von denen wir aber alle gehört haben. Alexander Mackenzie hat dir verraten, Paul, daß er im nächsten Jahr den großen Strom nach Norden hinaufziehen will. Wenn ich an seiner Stelle wäre, ich würde lieber den Friedens-Fluß nach Westen nehmen. Westwärts, so hat es mir Walther Corssen immer gesagt, sind wir besser vorangekommen als nordwestwärts oder nordwärts.

Paul, mit dir kann ich dies erörtern. Wir beide gehören zu der alten Gefolgschaft von Walther Corssen und sind von ihm geimpft worden mit dem Wunsch: weiter, weiter nach Westen! Aber andere sind auch nicht auf den Kopf gefallen. Wenn Alexander Mackenzie mit dem Plan, für den er dich anwerben wollte, keinen Erfolg hat, dann wird er bestimmt im übernächsten Jahr oder später den Peace-Fluß hinaufrudern. Zwar gehören wir alle der North West Company an, aber Alexander Mackenzie hat verlauten lassen, daß er sich lieber selbständig machen und eine andere Gesellschaft gründen will, wenn er bei der North West Company nicht genug verdient. Das alles sind schwierige Verhältnisse. Und ob wir in Zukunft ebenso gute oder bessere Geschäfte machen werden als jetzt, das steht auf des Messers Schneide. Die Wege nach Montréal werden immer länger, je weiter nach Westen wir vorrücken; schon jetzt fressen die Kosten der Transporte über den ganzen Kontinent hinweg den größten Teil der Gewinne auf. Obendrein hört man, daß an der Küste des Stillen Ozeans sich unabhängig von Montréal ein neues Pelzgeschäft entwickelt. Dort werden die Pelze nicht nach Europa, sondern nach China geschafft, wo sie günstigere Preise erzielen. Wir haben jetzt endlich Zeit, Paul, dies alles zu bedenken. Natürlich können wir noch lange hier so weitermachen wie bisher, aber irgendwann werden wir dann überflügelt.«

Anna hatte dem Gespräch der Männer zugehört, sich aber mit keinem Wort beteiligt. Jetzt warf sie leise ein: »Mein Vater lebt nicht mehr. Es ist niemand da, der uns sagt, was wir tun sollen.«

Sie hatte ausgesprochen, was die beiden Männer wohl ebenso empfanden; sie durften es aber nicht zugeben.

Als müßte er erst nach Worten suchen, so zögernd entgegnete Paul: »Ja, Walther Corssen ist tot. Mes Coh Thoutin und ich, wir sind am längsten mit ihm zusammen gewesen; bis zum letzten Tag. Er war müde geworden. Er sagte immer: Wir sitzen hier ganz auf uns selbst gestellt im Pays d'en haut. Das große Geld machen andere Leute. Die sitzen in Montréal oder in London, tragen feine Kleider und leben von dem, was wir unter steter Gefahr für Leib und Leben zusammenbringen. Wenn Walther Corssen mir das alles auseinandersetzte, dann habe ich ihm immer zur Antwort gegeben: Das ist so, wie es ist, Walther. Wir können nichts dagegen tun. Wir stecken mit in dem Getriebe, und wenn wir uns nicht selber sagen wollen, daß wir dumm sind, dann müssen wir mitmachen und soviel wie möglich für uns auf die Seite bringen. Und dafür, Justin, bin ich auch jetzt. Ich mache dir einen Vorschlag: Wir warten noch ungefähr einen Monat, bis über Weihnachten vielleicht; so lange, bis das Jahr 1790 angebrochen ist. Dann kommt die Zeit der tiefen Kälte, in der aber keine Schneestürme mehr zu befürchten sind. Die Luft ist dann ganz still und trocken. Und man kann unbedenklich reisen, braucht nicht einmal Handschuhe zu tragen, weil nicht der geringste Wind geht. Ich glaube, daß Mes Coh Thoutin mitmachen würde. Wir könnten mit guten Schlittenhunden und genügend Proviant leicht bis zum Peace durchstoßen, den Wabasca abwärts, das Land erkunden. Wir suchen dann am Peace einen guten Platz für einen neuen Posten, bringen so viel Nachrichten über den Oberlauf des Flusses zusammen, wie wir nur irgend einsammeln können. Ich meine, daß wir noch gut vor dem Ende des Winters, vor dem Anfang der gefährlichen Übergangszeit, zurück sein könnten. Wenn du dann im nächsten Jahr den Posten verlegen willst oder mußt, Justin, dann könntest du es gleich mit dem Peace versuchen und brauchtest nicht den Athabasca aufwärts zu gehen. Der brächte dich ohnehin zu weit nach Osten, wo wir nichts zu suchen haben.«

Wieder meldete sich Anna zu Wort: »Justin, Paul, hört mir einmal in Ruhe zu. Ihr wälzt schon wieder Pläne, als triebe euch wer. Zum Nord-Saskatchewan hinunter, den Athabasca aufwärts, den Athabasca abwärts, den Peace aufwärts, mit Alexander Mackenzie den Slave abwärts! Als ob der Teufel hinter euch her ist! Dabei steht die Rechnung zu Beginn dieses Winters schlimm genug: Mein Vater ist tot, seit vielen Monaten schon; aber ich hab's erst vor Wochen erfahren. Atak ist tot und Mayegan. Du, Paul, mit deinem unverwüstlichen Mes Coh Thoutin, ihr seid in den Großen Schnellen des Athabasca sicherlich auch nur um ein Haar dem Tode entgangen. Der Weg nach Westen wird weitere Todesopfer fordern. Warum können wir nicht einfach in Frieden weitermachen wie bisher, warum können wir nicht bleiben, wo wir sind? Sollen wir abermals mit den Kindern ins Ungewisse ziehen? Justin und Paul, sagt doch selbst, wir könnten hier noch jahrelang gute Geschäfte machen, könnten abwarten, bis die Kinder groß sind. Ich habe dies alles schon lange bedacht. Heute abend haben wir zum erstenmal ein wenig Ruhe und sind endlich einmal allein, und wir können uns fragen, wo wir eigentlich stehen.«

Justin hatte einen Becher heißen Wassers, zu einem Drittel mit Rum vermischt, vor sich stehen und drehte ihn jetzt auf der groben, hölzernen Tischplatte im Kreise umher, blickte auf ihn hinunter, als könnte er ihm eine Antwort entlocken; in seinem Innern tönte fortwährend der eine Satz: Sie hat ja eigentlich recht, die Anna! Wer und was hetzt uns ständig weiter, ohne daß wir es in Wahrheit so wollen?

Paul Soldat allerdings hatte gar nicht richtig zugehört, hatte sich statt dessen plötzlich gesagt: Atak sah ihr ein bißchen ähnlich, der Anna, ja, sicherlich, das muß es gewesen sein, damals, als ich Atak zum erstenmal sah. Weiß Gott, es wird das beste sein, ich mache mich bald mit Mes Coh Thoutin auf den Weg, gehe von hier fort, weit fort. Der Schnee, die Hunde, die Kälte, der Kampf um ein Feuer jeden Abend und die Angst vor dem nächsten Schneesturm bringen mich dann wieder auf andere Gedanken. Hier habe ich nichts zu suchen, denn ich habe hier nichts verloren. Nur Frauen sagen die Wahrheit, nur Frauen wissen die Wahrheit. Auch Atak hat die Wahrheit gewußt; ich bin es gewesen, der sie zu einem lügnerischen Dasein gezwungen hat.

Justin erhob sich plötzlich, trank im Stehen seinen Becher leer, tat die wenigen Schritte zum Kamin hinüber und legte neues Feuerholz in die Flammen, wandte sich an Paul:

»Für Anna war das alles ein bißchen viel: der Tod des Vaters und dann deine böse Geschichte mit Atak und Mayegan. Wir müssen ein andermal darüber weiterreden und besonders über das, was Anna sich vorstellt. Paul, etwas wollte ich dir noch sagen. Wenn wir uns wirklich über weitere West-Pläne einig werden sollten, dann brauchst du dir um deine Tochter keine Sorgen zu machen. Ganz bestimmt würde Anna sie gerne zu sich nehmen.«

Paul jedoch gab zu bedenken: »Bis jetzt hat Losseh Thiegah Nagamoun gut versorgt, soweit sie das kann. Sie und auch Mes Coh Thoutin wären vielleicht gekränkt, wenn ich ihr Nagamoun wegnähme und zu Anna gäbe.« – Aber Anna widersprach mit einer Bestimmtheit, die sie in den Augen der beiden Männer sehr liebenswert machte: »Falls Paul und Mes Coh Thoutin den Winter über die große Schlittenreise zum Peace unternehmen, sollte Losseh Thiegah mit den beiden Kindern zu uns ins Haus ziehen. Die Indianerin ist sauber und verständig, und ich kann eine gute Hilfe im Hause gebrauchen. Die Kinder würden sicherlich ein vergnügtes Völkchen bilden, und ich könnte ein Auge auf sie alle haben.«

Nun gut, Justin und Anna hielten offenbar das Zusammensein für beendet. Paul verabschiedete sich und trat in die Nacht hinaus. Der Schnee knirschte leise unter seinen Mokassins. Paul erreichte seine Hütte, entkleidete sich leise, legte sich nieder, zog sich die

Decke aus Wolfspelz fest um den Leib und schlief bald ein. Kurz davor wanderte ihm noch der Gedanke durch den Sinn: Sie wird natürlich recht behalten.

Anna behielt recht. Die beiden Männer brachten es nicht über sich, ihr zuwiderzuhandeln. Anna war schön und klug und hatte nichts weiter im Sinn als das Wohlergehen der Menschen, die ihr anvertraut waren – oder von denen sie annahm, daß sie es waren. Also fand sie Gehorsam.

Paul und Mes Coh Thoutin verließen in diesem Winter 1789/90 den Posten am untersten La Biche nicht. Sie übernahmen es, das Lager, soweit wie möglich, mit Wildfleisch zu versorgen. Die beiden Jäger kehrten fast nie mit leeren Händen ins Lager zurück und machten sich, indem sie frisches Fleisch in die Kochtöpfe lieferten, bei den im Lager zurückgebliebenen wenigen Voyageurs, aber auch bei dem Maître samt Frau und Kindern beliebt.

Gegen Ende des Winters wurde Paul Soldat aus seinem scheinbar wiedergewonnenen Gleichmut durch ein Erlebnis aufgestört, das ihm über seinen wahren Zustand keinen Zweifel mehr ließ. Er hatte sich an einem Sonnabend nach der Rückkehr ins Lager am frühen Nachmittag sofort zum Haupthaus zu Justin begeben, um dem Maître zu sagen, daß er mit Mes Coh Thoutin einen Bären in seiner Höhle am Südufer des La Biche, einige Meilen weiter stromauf, entdeckt, aufgestört und mit zwei guten Schüssen getötet hatte.

Justin aber hatte sich zu einem Außenposten begeben. Dann werde ich zumindest Anna Bescheid sagen, entschloß sich Paul.

Er trat ein. Im Kamin brannte unter dem großen, aus dem Rauchfang herniederhängenden Kupferkessel ein bescheidenes Feuer; es gab nicht viel Licht. Durch die beiden kleinen Fenster, die in der Außenwand des großen Raums ausgespart waren, drang ebenfalls nicht viel Licht in den Raum; dünn geschabte, in hölzerne Rahmen gespannte Hirschblasen verschlossen die Fensteröffnungen. Die Tür hatte Paul gleich wieder hinter sich zugezogen, um nicht allzuviel Kälte einzulassen. Zunächst unterschied er nur wenig. Dann sah er Anna und erstarrte.

Sie hatte offensichtlich den unerwarteten Besucher nicht wahrgenommen. Neben dem Kamin hatte sie sich eine Schüssel mit heißem Wasser auf einen Schemel gestellt, beugte sich darüber und wusch sich mit einem Stück Seife ihr langes schwarzes Haar. Den Oberkörper hatte sie dabei bis zu den Hüften entblößt. Das Haupt war tief über die Schüssel geneigt, und das Haar hing ihr, nach vorn gezogen und voller Seifenschaum, bis in die Schüssel hinunter. Mit beiden Händen rieb sie sich die Kopfhaut. Die Linie ihres gebeugten Nackens und Rückens wurde vom rötlichen Flakkerlicht des Herdfeuers nachgezeichnet und hob sich vor dem dunklen Hintergrund des Hüttenraumes mit sanfter Eindringlichkeit ab. Annas Brüste hingen in dieser Stellung ein wenig abwärts, auch sie zärtlich vom Licht des Herdfeuers nachgezeichnet; üppig waren diese Brüste, fest wie die einer noch jungen Frau. Welch ein Leib, wie lang und schwarz das Haar! Die Brust war beim Waschen naß geworden und spiegelte das Feuer des Herdes rötlich zurück, so, als antwortete sie auf eine zarte Liebkosung.

Paul Soldat rührte sich nicht. Kein Laut ging von ihm aus. Und doch spürte Anna plötzlich, daß sie nicht mehr allein im Zimmer war. Sie richtete sich jäh auf und warf mit einer so kräftigen Bewegung ihr schwarzes Haar zurück, daß einige Tropfen bis in Pauls Gesicht sprühten; Paul empfand sie so deutlich wie leichte elektrische Schläge. Anna erkannte den Eindringling. Sie verschränkte ihre beiden Arme über den Brüsten und verbarg sie so vor den Blicken des Mannes. Sie rief entsetzt: »Paul, bist du verrückt, was willst du hier? Mein Gott, hab' ich die Tür nicht verriegelt? Ich muß es vergessen haben! Geh fort, Paul, bitte, geh!«

Sie hätte sich abwenden und in den Wohnraum nebenan fliehen können. Sie tat es nicht. Sie stand da mit über den Brüsten verschränkten Armen, das nasse, lange Haar über den weißen Schultern. Sie wiederholte noch einmal, mehr angstvoll als böse: »Geh, Paul, geh hinaus, bitte!«

Paul Soldat fand endlich die Sprache wieder: »Ich wollte ja nicht, Anna, ich – ich glaubte – die Tür war nicht verschlossen – ich hatte sie schon hinter mir zugemacht, ehe ich dich erblickte – ich ahnte ja nicht, Anna – ich gehe schon, ich gehe ja schon.«

Paul stolperte aus dem Hause, drückte die Tür hinter sich zu und vernahm noch, ehe er sich abwandte, daß der schwere Riegel hinter ihm an der Innenseite der Tür in die Krampe fiel.

Er brachte es nicht fertig, in sein eigenes Haus zurückzukehren. Er lehnte sich außerhalb des Lagers an einen Baumstamm. Anna, mein Gott, Anna! Ich weiß es jetzt: Atak ist nichts weiter gewesen als der Versuch eines Ersatzes für Anna. Anna, immer schon Anna, seit ich sie zum erstenmal gesehen habe, damals, als Walther Corssen noch lebte. Anna – die Tochter ihres Vaters! Und Justins Frau! Ich kann nicht hierbleiben. Aber noch kann ich nicht fort. Nachher muß ich noch einmal zu ihr gehen und mich entschuldigen. Herr im Himmel, ich werde noch einmal zu ihr gehen und versuchen zu erklären, wie das gekommen ist. Warum hat sie aber auch vergessen, die Tür hinter sich zuzuriegeln!

Gegen Abend legte sich der Wind.

Paul hatte sich endlich aus seiner sonderbaren Benommenheit erholt, hatte sich wieder in die Hand bekommen und wanderte durch den Schnee dem Haupthaus des Postens zu. Anna zeigte keine Spur von Befangenheit. Sie kam Paul unendlich überlegen vor. Sie lächelte ganz unmerklich und sagte mit freundlichem Gleichmut: »Komm herein, Paul, ich habe dich erwartet.« Nach kurzer Pause fuhr sie fort: »Ja, weißt du, Paul, wie das so geht. Ich war gegen Mittag vor die Tür getreten und hatte dann, als ich wieder ins Haus ging, die Tür verschlossen, weil ich vorhatte, mir die Haare zu waschen, aber dann mußte ich doch noch einmal hinaus und habe vergessen, die Tür zu schließen. Anscheinend glaubte ich, ich hätte sie schon verschlossen. Und dann tratst du so leise ein, daß ich nichts gehört habe. Wie lange hast du da gestanden, Paul?«

Sie nahm ihm also nichts übel, war auch gar nicht verlegen. Eben Anna, Walther Corssens Tochter. Sie war die Anteilseignerin, und ihr unterstand eigentlich alle Welt weit im Umkreis. Wenn es ihr so paßte, konnte sie jedermann wegschicken. Nie bestand sie auf ihrem Rang. Aber Paul merkte – was er im Grunde noch nie bezweifelt hatte –, daß sie auf eine ruhige Weise stets wußte, wer sie war. Mein Gott, wie er diese Frau liebte! Die Erkenntnis sprang ihn plötzlich an wie ein Raubtier aus dem Hinterhalt. Er stotterte: »Ich habe mir nichts dabei gedacht, als ich einfach so hereinstolperte. Ich will mich entschuldigen, Anna.«

Sie lächelte nun ganz unverhüllt, ja, ihre Augen lachten ihn an: »Ach, Paul, ich weiß, daß du dir niemals etwas herausgenommen hättest. Wir wollen es einfach vergessen und so tun, als hätte es sich gar nicht ereignet. Justin braucht nichts davon zu erfahren. Ich werde es ihm nicht sagen, und du wirst es erst recht nicht tun. Wir kennen uns lange genug, und du wirst mir hoffentlich nichts abgeguckt haben.«

Daß sie es so leicht nahm, ihn sogar zu verspotten schien, brachte ihn erst recht völlig durcheinander. Er stammelte: »Ach nein, Anna, ganz gewiß nicht. Ich bin nur froh, daß du mir nichts übelnimmst. Ich war ja nur gekommen, um dir zu melden, daß ich mit Mes Coh Thoutin einen Bären erlegt habe und die fünf Männer, die außer dem Koch und seinem Gehilfen noch im Lager waren, hinausgesandt habe, um das schwere Tier mit dem Schlitten hereinzuschaffen.«

Sie nahm ihre Vertraulichkeit ein wenig zurück: »Gewiß, Paul, das ist alles in bester Ordnung. Der Bär wird unseren Proviant für den Rest der kalten Jahreszeit sehr erfreulich ergänzen. Geh jetzt nur! Und nochmals, vergiß nicht: Was sich vorhin ereignet hat, das ist einfach nicht gewesen.«

Er murmelte: »Nicht gewesen, Anna, ich verstehe!«

Er gab sich redlich Mühe, das »Nichtgewesene« zu vergessen. Aber im Wachen wie im Traum tauchten immer wieder jene rötlichen Glanzlichter auf der weißen Haut vor seinem inneren Auge auf, spürte er immer wieder die Tropfen von ihrem hochgeschleuderten schwarzen Haar auf seinem Gesicht. Die Empfindung war einfach nicht zu zügeln, nicht zu leugnen. Nein, seines Bleibens war hier nicht länger!

Noch ehe der erste warme Sturm aus Südosten die Starre der Wälder am Athabasca löste, wußte Paul, was er tun würde. Er besprach sich ausführlich darüber mit Mes Coh Thoutin, denn daß er sich von ihm nicht trennen wollte, auch wenn er Justins Handelsposten am untersten La Biche verließ, das stand von vornherein fest – und es schien umgekehrt auch für Mes Coh Thoutin festzustehen. Alexander Mackenzie, den er über dem Tod Mayegans und Ataks fast vergessen hatte, würde vom See Athabasca aus, in den sich der Fluß gleichen Namens weit im Norden ergoß, seine große Reise ins Ungewisse, die Suche nach einem Weg durch das Gebirge zum Ozean des Westens erst antreten können, wenn das Eis auf dem großen See und den Seen, die er später würde zu durchfahren haben, gewichen war. Der See Athabasca lag viel weiter im Norden als die Mündung des La Biche in den Athabasca-Strom. Mackenzie würde also erst spät von seinem Fort Chipewyan am See Athabasca aufbrechen können, kaum vor Beginn des Juni. Der Fluß Athabasca würde viel eher offen sein, besonders hier, viel weiter im Süden. Mes Coh Thoutin beschloß das vertrauliche Gespräch, das sie an einem Abend Anfang April am noch vereisten Ufer des La Biche zusammengeführt hatte, mit den Worten: »Wenn das Eis im Athabasca erst einmal aufgebrochen ist, Paul, dann dauert es nur wenige Tage, und der Fluß kommt frei. Wir werden nicht viel Zeit verlieren und wahrscheinlich den See Athabasca erreichen, bevor sich Alexander Mackenzie auf die große Reise nach Nordwesten macht. Ich glaube bestimmt, daß ihm immer noch viel daran liegen wird, uns beide auf seine Reise mitzunehmen. Und von solcher Reise kehren wir dann frühestens im Herbst nächsten Jahres zurück. Und was dann wird, das wird man sehen, wenn es soweit ist.«

Paul wußte gegen diesen Vorschlag des Gefährten wenig einzuwenden.

Justin zeigte sich sofort einverstanden, als Paul ihm seinen Plan auseinandersetzte, so früh und schnell wie möglich nach dem Aufbruch des Eises sich den Athabasca abwärts zum See Athabasca aufzumachen, um dort Alexander Mackenzie noch vor seiner Abreise nach Norden oder Nordwesten zu erreichen und sich ihm anzuschließen. Justin erklärte:

»Sehr gut, was du vorhast, Paul! Deine kleine Nagamoun kommt zu uns. Anna ist schon immer der Meinung gewesen, daß unsere beiden Jungen von einem Schwesterchen nur Gewinn hätten. Auf Annas Urteil in dieser Hinsicht kann man sich unbedingt verlassen. Paul, du weißt ja, daß wir dich zu uns rechnen. Wir sind Walther Corssens Leute aus einer Vergangenheit, die sich nicht auslöschen läßt. Meine Anna ist ein Partner der North West Company ebenso wie Alexander Mackenzie. Uns täte es auf alle Fälle gut zu wissen, was er erreicht hat und wie sich damit die Verhältnisse in der Gesellschaft ändern. Vielleicht müssen wir wirklich weiter nach Westen vorrücken, aber das sollte wohl eher den Peace entlang stattfinden, nicht den Athabasca. Wenn du wiederkommst, Paul, werden wir vielleicht genauer erkennen, was zu tun für uns das ratsamste ist.«

5   Um die Mitte des April im Jahre 1790 bemächtigte sich der Männer des Handelspostens an der Mündung des La Biche in den Athabasca-Strom eine von Tag zu Tag steigende Erregung. Das sonderbar weiche, sehr helle Wetter wurde nach einer unruhig durchwindeten Nacht von schwer und wogend aus Südwesten anwallenden Wolken abgelöst, aus denen es zuerst nieselnd, aber dann in dichten, rauschenden Schwällen regnete. Der Regen war warm. Überall sank der Schnee in sich zusammen, verwandelte sich in Nässe und suchte sich mit dem Wasser des Regens Zugang zum Eis des Flusses in der Tiefe des Tals. Nach zwei Tagen stand schon fast ein Fuß langsam ins Strömen geratenes Wasser auf dem Eis des La Biche und des Athabasca.

Paul Soldat und Mes Coh Thoutin wußten: bald ist es soweit! Wiederholt überprüften sie alles, was sie im Boot zu verladen hatten, was für die rasend schnelle Reise im kalten Wasser des Athabasca hinter dem Eis her unentbehrlich sein würde. An Hindernissen, an lebensbedrohenden Gefahren würde unterwegs kein Mangel sein. Also mußten Boot und Ausrüstung aufs sorgfältigste vorbereitet werden.

Nach der Mitternacht vom zweiundzwanzigsten zum dreiundzwanzigsten April erwachten Paul Soldat und Mes Coh Thoutin, erwachte das ganze Lager am unteren La Biche wie mit einem Schlag. Ein ungeheurer Donner erfüllte wie aus dem Nichts die völlig lichtlose Regennacht. Es war, als rissen die Tiefen der Erde auf, und die Erde brüllte vor Schmerz. Die Menschen des Lagers richteten in der Dunkelheit die Köpfe auf, stützten sich auf die Ellenbogen oder sprangen entsetzt aus tiefem Schlaf auf die Füße. Das Eis! – Das Eis bricht!

Dem Donnern folgte ein die Ohren betäubendes Knirschen, Prasseln, Kreischen, durchdrungen von immer neuen Kanonenschlägen.

Das Eis hatte unter der Gewalt des in der Tiefe mit ungeheurer Kraft schwellenden Stroms nachgegeben, war von unten aufgehoben und gebrochen worden. Die Stunde der befreiten Wasser war gekommen.

Jedermann wußte, was draußen in der Finsternis vor sich ging. Man sah sie nicht, aber man hörte sie, die ungeheuren Schollen des Eises, die sich aufrichteten; übereinanderstürzten und – von dem nachdrängenden Wasser mit fürchterlicher Gewalt vorwärts geschoben – getürmt und gesprengt wurden.

Paul war aufgestanden und öffnete die Tür ins Freie. Nichts war zu erkennen. Die Finsternis unter dem mit Wolken verhangenen Himmel in der mondlosen Nacht – buchstäblich war die Hand vor Augen nicht zu sehen –, das Dunkel war so dicht, als wäre die Welt in schwarze, erstickende Watte gepackt.

Nichts weiter war in der Welt als das rasende Schmerzensgebrüll des mit einem Schlage überall berstenden Eises. Die furchtbaren Laute drangen nicht allein vom nur fünfzig Fuß entfernt vorüberziehenden La Biche herauf, sondern plötzlich auch in einem neuen Orkan von Getöse vom ferneren Athabasca her. Selbst Paul Soldat, dem die Wildnis kaum noch Schrecken bot, fühlte sich überwältigt von der schaurigen Wut der sich befreienden Wasser – schon vernahm man, wenn man genauer hinhorchte, über dem Knirschen, Krachen und Bersten des Eises das Geström und Gerausche sich überstürzender Fluten.

Am Abend des nächsten Tages war der La Biche weit über die Ufer getreten, das heißt, überschwemmt war das Gegenufer. Den Handelsposten hatte Justin, wohl wissend, was jeder Frühling bringen mochte, auf dem Hochufer des Stroms angelegt. Zwar segelten noch immer kleine und größere Schollen den Fluß hinunter und strebten dem mächtigeren Athabasca zu, der genauso wie der La Biche seine Fesseln gesprengt hatte. Aber das Wasser war frei! Paul entschied, und Mes Coh Thoutin war wortlos einverstanden: »Thoutin, morgen früh bei erstem Licht legen wir ab. In der Dunkelheit wollen wir lieber nicht fahren. Es treiben noch allzu viele große Schollen im Strom. Aber bei Licht werden wir mit dem treibenden Eis schon fertig werden.«

Als sich am Morgen darauf, also am vierundzwanzigsten April des Jahres 1790, die treibenden Eisschollen im dunkel strömenden Wasser gerade erkennen ließen, schoben Paul und Mes Coh Thoutin ihr schlankes Eilkanu ins Wasser. Die beiden Männer wurden schon in der ersten Minute ihrer Reise darüber belehrt, daß sie keinen Augenblick lang die Augen von der Oberfläche des heftig strudelnden, wallenden, hier und da wie gepeitscht vorschießenden Wassers abwenden durften, wenn sie nicht vorzeitig Schiffbruch erleiden wollten.

Bereits am zweiten Tage kamen die beiden viel schneller voran als am ersten. Es trieben nur noch wenige Schollen im Wasser. An den Ufern allerdings hatte das schon abschwellende Hochwasser eine spitzig wüste Parade von an Land gesetzten Schollen abgelagert. Wirbelnd und schmutzig, das Strombett bis über die Ufer hinaus hoch auffüllend, fegte der mächtige Athabasca unter dem Boot der Männer nordwärts. Sie erlebten keine weitere Eisbarriere, vermochten die meisten Schnellen auf blankem Wasser zu durchschießen. Nicht ein einziges Mal berührte das Kanu einen Felsen oder den Flußgrund. Die Männer, die das Fahrzeug vorwärts trieben, waren Meister ihrer Kunst, wußten genau, was sie riskieren konnten, und schätzten rechtzeitig ab, wo Kühnheit nur Leichtsinn gewesen wäre.

Als die Mündung des Clearwater in den Athabasca an ihrer rechten Bordseite vorbeigeglitten war und der Leib ihres Kanus in dem helleren, lichteren Wasser dahinglitt, das der Clearwater, seinem Namen Ehre machend, dem Athabasca zuführte, wußten sie, daß das Schlimmste überwunden war, denn von nun ab windet sich der große Strom durch flaches Land und bildet keine Stromschnellen mehr, die diesen Namen verdienten – bis hin zum See Athabasca, in dem er sich über ein Gewirr von Wasserarmen schließlich verliert.

Paul Soldat und Mes Coh Thoutin waren bis dahin noch nie so weit in den Norden vorgestoßen. Sie wußten nur, daß Fort Chipewyan an einer der vielen Mündungen des Athabasca in den großen See gelegen war. An welchem dieser Arme, das wußten sie nicht.

Tagelang suchten die beiden in dem über Hunderte von Quadratmeilen sich dehnenden Delta des Stroms nach dem festen Lager Alexander Mackenzies, dem dieser den Namen der dort ansässigen Indianer gegeben hatte: Fort Chipewyan – nach dem Stamm der Chipewyans, die vor noch nicht lang vergangenen Jahrzehnten von den streitbaren Cree nach Norden abgedrängt worden waren. In der Tat, sie suchten tagelang nach dem Fort, verzweifelten schon fast daran, es jemals zu finden. Vielleicht gab es das Fort überhaupt nicht, oder sie suchten in der falschen Gegend.

Sie fanden es schließlich, meinten dann sogar in verzweifeltem Zorn, schon ein- oder zweimal daran vorbeigefahren zu sein. Die niedrigen Blockhütten mochten, wenn man am jenseitigen Ufer des Deltaarms entlangruderte, kaum zu erkennen gewesen sein.

Sie kamen zu spät. Am dritten Juni hatte sich Alexander Makkenzie bereits nach Norden auf den Weg gemacht* – mit geringer und, wie es Paul erscheinen wollte, höchst unvollkommener Mannschaft; sie bestand, wie Roderick Mackenzie, der Alexanders Platz am Athabasca-See eingenommen hatte, berichtete, aus vier franko-kanadischen Voyageurs, von denen zwei ihre indianischen Weiber mitgenommen hatten, weiter einem Deutschen (das konnte nur jener Claas Forke sein, von dem Paul Soldat schon vor fast einem Jahr gehört hatte) und einem Indianer im Häuptlingsrang, der Mackenzie als Führer dienen sollte, »English Chief« ge-

---

* Tatsächlich ist Alexander Mackenzie schon genau ein Jahr früher, am 3. 6. 1789, auf die große Reise nach Norden gegangen. Abgesehen hiervon wird historisch getreu berichtet.

nannt. Dies erfuhren Paul und Mes Coh Thoutin nach ihrer Ankunft im Fort Chipewyan.

Roderick Mackenzie wußte davon, daß sein inzwischen nordwärts entschwundener Vetter Alexander im Jahr zuvor versucht hatte, sich einen guten Kanubauer auf die Reise ins Ungewisse mitzunehmen, daß aber nicht sicher gewesen wäre, ob Paul Soldat rechtzeitig zu Mackenzie stoßen würde.

Roderick Mackenzie erwies sich als ein besonnener, freundlicher Mann, der schon nach kurzem kein Hehl daraus machte, daß er froh war, in Paul einen neuen Gefährten und Helfer auf seinem entlegenen Posten gefunden zu haben, der gleich ihm waschechter Europäer war. Es hätte keinen Sinn gehabt – darüber wurden sich die beiden weißen Männer sehr schnell einig –, wenn Paul Soldat und Mes Coh Thoutin versucht hätten, Alexander Mackenzie zu folgen und ihn einzuholen. Die beiden waren im Fort Chipewyan erst vier Tage nach seiner Abreise eingetroffen. Alexander Mackenzie würde inzwischen über den Slave den Großen Sklavensee erreicht und von dort aus womöglich schon die Reise nach Nordwesten angetreten haben, um eine Route zu erschließen, die Paul Soldat und Mes Coh Thoutin kaum ohne indianische Führung würden verfolgen können. Der einzige indianische Führer aber weit und breit, der vielleicht fähig gewesen wäre, sie richtig einzuweisen, war bereits mit Mackenzie nach Norden unterwegs.

Paul Soldat und Mes Coh Thoutin mußten also ihren ursprünglichen Plan aufgeben. Was aber sollten sie statt dessen verrichten? Sie verfügten nicht über Tauschwaren, mit denen sie Pelzhandel treiben konnten. Das wäre auch ohnehin nicht in Frage gekommen, denn sie durften Roderick Mackenzie nicht Konkurrenz machen.

Roderick Mackenzie war zum Glück durchaus bereit, einen vernünftigen Vertrag mit seinen beiden unerwarteten Besuchern zu schließen. Paul Soldat erbot sich, für die Bedürfnisse des Fort Chipewyan und die Rückfracht der Pelze vom Athabasca-See zum »Oberen See«, dem großen Lake Superior fern im Südosten, drei große Frachtkanus von bester Bauart herzustellen und damit seinen Unterhalt bis zur Rückkehr Mackenzies aus dem Nordwesten zu bezahlen. Denn wenn Paul und Thoutin nun auch die große Reise nicht mitmachen konnten, so wollten sie doch wissen, was Mackenzie entdeckt, ob er einen Weg zum Stillen Ozean, ob er neue Pelzgebiete erschlossen hatte. Mit solcher Kunde würden sie sich unter Umständen die besondere Dankbarkeit von Justin Leblois und seiner Frau verdienen und vielleicht doch mit der Zeit in die Mannschaft des Handelspostens am La Biche hineinwachsen.

Niemand vermochte vorauszusagen, wann Alexander Mackenzie zurückkehren, ja ob er überhaupt zurückkehren würde – diese dumpfe Drohung blieb im Hintergrund auf eine wortlose, aber unheimlich ihr Feld behauptende Weise lebendig.

Allmählich schwang der Alltag der im Fort Chipewyan zurückgebliebenen Männer in gewohnte Bahnen ein. Jeder wußte, was er zu tun und zu lassen hatte, keiner brauchte sich überfordert zu fühlen, alle aber litten gleichermaßen unter der in diesem Frühsommer besonders qualvollen Plage der Moskitos. Obgleich die Nächte noch oft genug Frost brachten, schwärmten die Stechmücken zu Myriaden aus den Sümpfen und Morästen, die nach der Schneeschmelze das weite Land so gut wie unpassierbar gemacht hatten.

Am zwölften September, einem Sonnabend, nachmittags um drei Uhr, traf Alexander Mackenzie von seiner großen Reise nach Nordwesten wieder an seinem Ausgangspunkt Fort Chipewyan ein. Paul Soldat und Mes Coh Thoutin, die abseits des Haupthauses an ihrem letzten Boot bauten, hatten als erste das Boot entdeckt, das sich von weither dicht unter dem Ufer näherte. Mit ein paar lauten Rufen hatten sie Macleod und seine fünf Männer darauf aufmerksam gemacht.

Der Schotte Macleod war vor kurzer Zeit mit fünf Voyageurs in einem reich beladenen Lastkanu den weiten Weg vom Rainy River und vom Lake Superior in Fort Chipewyan eingetroffen, um den im Laufe des vergangenen Winters und Sommers bis auf wenige Stücke zusammengeschrumpften Bestand des Lagers an Tauschwaren wieder aufzufüllen. Macleod und seine fünf Franko-Kanadier würden den Winter am Lake Athabasca überstehen müssen und waren sofort eifrig darangegangen, noch vor dem ersten Schnee ein festes und warmes Blockhaus für sich zu errichten, denn in dem Haupthaus des Postens bei Roderick Mackenzie und seinen Leuten mangelte es an Platz für sechs weitere Männer.

Auch Roderick kam aus dem Haupthaus gerannt und gesellte sich zu der Schar der Wartenden. Die Männer beobachteten das aus der Ferne sich nähernde Boot eine Zeitlang. Sollte wirklich Alexander Mackenzie schon wieder von seiner langen Reise zurückkehren?

Er war es. Fünf Minuten später sprang er an Land. Sein Lederkleid war durchnäßt. Er lächelte nicht. Es war auf der Stelle zu erkennen, daß die entsetzlichen Strapazen der vergangenen Wochen auch diesem zähen und unüberwindlichen Mann aufs grimmigste zugesetzt hatten.

Er schien keinen von seinen Leuten verloren zu haben. Mit wenigen Blicken hatten alle den Zustand erfaßt, in dem sich die Heimkehrer befanden.

Alexander Mackenzie schritt mit steifen Knien auf Roderick zu. Im Kanu werden einem jeden die Glieder steif vom langen Hokken. Er reichte seinem Vetter die Hand: »Da sind wir wieder, Roderick. Alles in Ordnung bei euch?«

Roderick ergriff die Hand des Vetters und schüttelte sie: »Alles in Ordnung, Alexander. Macleod ist gekommen mit fünf Mann und reichlichem Nachschub. Und dann haben wir hier noch Paul Soldat, der uns mit seinem Indianer drei vorzügliche Kanus gebaut hat, die wir im nächsten Frühling gut werden brauchen können.«

Damit war gesagt, was zu sagen war. Alles übrige verstand sich von selbst.

»Gut!« erwiderte Alexander, erhob seine Rechte, trat auf Paul Soldat zu und reichte auch ihm die Hand. »Freue mich, Sie hier wiederzusehen. Unser Kanu ist so gut wie hin. Es hat gerade noch bis hierher gereicht. Haben Sie mich also doch auf die große Reise begleiten wollen?«

Paul Soldat gab Bescheid: »So ist es, aber wir kamen um einige Tage zu spät. Sie waren schon fort, und wir mußten fürchten, irgendwo im Unbekannten an Ihnen vorbeizufahren.«

Alexander Mackenzie nickte, begrüßte dann Macleod und ließ sich, allen hörbar, vernehmen: »Nun ja, es geht nicht immer alles glatt im Pays d'en haut. Man muß froh sein, wenn man sich mit heilen Knochen wiedersieht. Ich danke allen Männern, die mir auf der vergangenen Reise und hier auf meinem Posten geholfen haben.«

Das hatte er auf französisch gesagt. Gleich danach wandte er sich mit leiserer Stimme an Roderick, Macleod und Paul: »Ich will mich jetzt erst waschen, umziehen und eine Stunde schlafen. Nach dem Abendessen können wir uns bei mir im Haupthaus zusammensetzen und besprechen, was zu besprechen ist.«

Viele Umstände wurden nicht gemacht. Viel Aufwand war nicht erforderlich. Wenn die Männer im Pays d'en haut, frankokanadische, schottische, englische und gelegentlich auch deutsche, sich zu Reisen aufmachten oder von solchen zurückkehrten, die eine Kühnheit und einen Wagemut erforderten, von denen sich die Leute in sogenannten geordneten Verhältnissen nichts träumen ließen, schon gar nicht solche im alten Europa mit seinen Kaisern und Königen, Bütteln und Ämtern, seinen Steuereintreibern, seinen mit dem Stock erbärmlich gedrillten Soldaten und hochnotpeinlichen Gerichten.

Der Kamin im Haupthaus war so geräumig, daß man fast ein Bett darin hätte aufstellen können. Die schweren, kantigen Steine, mit weißlichem Mörtel sorgsam ineinandergefugt, sollten sich voll Hitze saugen, während das Feuer zwischen und vor ihnen loderte, um solche Wärme auch noch während der Nacht abzustrahlen, wenn die Flammen längst zusammengesunken waren.

An diesem Abend wurde dem Feuer nicht erlaubt, mit seiner Wärme zu geizen. Von Zeit zu Zeit schob Roderick Mackenzie einige frische Fichtenkloben in die Glut, deren sich die Flammen sofort mit Begierde annahmen. Die drei Männer, Roderick Mackenzie, Macleod und Paul Soldat, hatten sich Alexander Mackenzies Bericht über seine große Reise angehört, ohne ihn zu unterbrechen. Obwohl er sich so knapp wie möglich gefaßt hatte, nicht ein einziges Mal große Worte gebraucht oder gar versucht hatte, die eigene Leistung und die seiner Leute besonders herauszustreichen, begriffen die Zuhörer wohl, daß Alexander im Eis, in den kalten Regenstürmen, den oft genug wütend verwirbelten Gewässern, den nie zuvor von einem weißen Mann befahrenen, hundertmal sein eigenes und das seiner Leute Leben riskiert hatte, weil ebensooft die Gefahren nur mit jäher Entschlossenheit und schnellem Mut, der nie versagen durfte, gemeistert werden konnten.

Alexander Mackenzie beschloß seinen Bericht: »Wir waren tatsächlich unausgesetzt nach Norden gefahren, auch nach Nord-Nordwest und Nordwest, hatten, wenn ich richtig vermessen habe, den Polarkreis bereits überquert. Eis überall auf dem ungeheuren Strom! Meinen Voyageurs saß die Angst in den Knochen – aber das, worauf ich gehofft hatte, wollte sich nicht ereignen: Der Fluß dachte nicht daran, die Richtung nach Westen einzuschlagen. Und als ich dann Ebbe und Flut beobachtete am Ufer des Stroms, wenn wir nächtigten, als das Wasser anfing, salzig zu schmecken und sich der Strom in viele Arme auflöste, also ein Delta sich ankündigte, konnte ich nicht mehr im Zweifel darüber sein, daß wir nicht den Stillen Ozean erreicht hatten, sondern daß der Strom, den ich befahren hatte, sich ins Eismeer des Nordens ergoß. Was sollte es für einen Sinn haben, noch weiter vorzudringen? Wir drehten um und haben es, Gott sei Dank, geschafft, ohne den Verlust eines einzigen Menschenlebens unseren Platz hier am Athabasca-See wieder zu erreichen.«

Roderick Mackenzie räusperte sich und meinte verhalten: »Immerhin hast du bewiesen, Alexander, daß über dieses Gewässer, das aus dem Großen Sklavensee nach Norden oder Nordwesten abwandert, der Pelzhandel nicht erleichtert oder für uns verbilligt werden kann. Diese Möglichkeit ausgeschlossen zu haben, sollte die hundertzwei Tage voller Strapazen und Gefahr, die hinter dir liegen, mehr als aufwiegen.«

Alexander nahm einen tiefen Zug aus seinem Punschbecher. Der Alkohol rötete ihm bereits das Gesicht, doch der Klarheit und Bitterkeit seiner Gedanken tat das keinen Abbruch: »Mein lieber Roderick, die geldschweren Leute da in Montréal und in London werden nur die Kosten zur Kenntnis nehmen, die meine vergebliche Fahrt verursacht hat. Daß ich einen großen Strom erkundet und in die Karte Nordamerikas eingezeichnet habe – damit locke ich bei den Anteilseignern in Montréal keinen Hund hinterm Ofen hervor. Und sie haben sogar recht, die Herren. Die Aufgabe, die ich zu lösen hatte, lautete nicht, den Nordwesten dieses großen Erdteils zu erforschen und mir bei der Königlich Geographischen Gesellschaft in London einen Namen zu machen, sondern ein neues Loch nach Westen zu finden, durch das man die hier den Indianern abgeschwatzten Pelze mit nur den halben Unkosten auf den Markt in Europa oder China befördern kann. Alles andere bedeutet nach Meinung der Herren in Montréal nichts weiter als zum Fenster hinausgeworfenes Geld und bloße Schnurrpfeiferei.«

Das war so voller Hohn gesagt, und es war zugleich so wahr, daß keiner der Männer etwas hinzuzufügen brauchte. Paul Soldat allerdings vermochte sich eines leisen Widerspruchs nicht zu erwehren. Er wagte es, nach einer Weile des Schweigens und Trinkens einzuwerfen:

»Am Pelzhandel hängen wir alle, ob wir wollen oder nicht. Und wenn nichts verdient wird, haben wir nichts zu fressen und, soweit ich sehe, die Indianer auch nicht. Claas Forke, der deutsche Voyageur, den du mit hattest, sagte mir: Nie wieder eine solche Reise, von der man nicht weiß, wohin sie führt! Stimmt schon, die Herren von Montréal werden nichts weiter sehen als die Kosten, die vergeblich aufgewendet worden sind. Ich glaube, man soll sich nichts vormachen: Es entspricht dem einzigen Gesetz, nach dem wir hier alle angetreten sind, nämlich Pelze einzuhandeln und tausend Prozent Gewinn dabei zu machen; hundert sind schon zu wenig, weil das Risiko zu groß ist. Ich meine, klappt es nicht beim erstenmal, wird es vielleicht beim zweiten klappen. Im Posten am La Biche bei den Leblois habe ich mir von den Indianern, die den Athabasca herunterkamen, sagen lassen, daß es einen Strom gibt, der von Westen her aus dem großen Gebirge kommt. Dann muß es, meine ich, dort einen oder mehrere Pässe geben, über die man sich nach Westen bewegen kann – nach unserer Manier mit dem Rindenkanu im Nacken. Auf der anderen Seite des Gebirges trifft man vielleicht dann irgendwo auf den großen Fluß oder einen seiner Nebenflüsse, dessen Mündung in den großen Ozean weiter im Süden schon bekannt ist. Dies wiederum weiß ich von Justin Leblois, der wie die Spinne im Netz an der Mündung des La Biche in den Athabasca sitzt und jeder leisen Andeutung nachgeht, die den Indianern aus dem weiteren Westen, absichtlich oder unabsichtlich, gelegentlich entschlüpft.«

Paul Soldat hatte das Gespräch gewendet, und die andern schwenkten offensichtlich gern in die neue Richtung ein. Alexander Mackenzie widersprach Paul:

»An den Athabasca habe ich natürlich schon gedacht. Aber ich fürchte, da kommt man zu weit nach Süden hinunter. Das riecht mir schon zu sehr nach Prärie, und das ist keine Pelztiergegend mehr. Mir ist längst ein anderer Gedanke gekommen: Verläßt man diesen unseren See Athabasca über den Sklaven-Fluß nach Norden zum Großen Sklaven-See, so mündet schon nach einem halben Kanutag von Westen her der riesige ›Friedens-Fluß‹, der Peace, von Westen her in den Sklaven-Fluß ein. Wenn es nach mir ginge, würde Macleod sich mit seinen Leuten hier nicht lange aufhalten und sein Haus zu Ende bauen, sondern sich gleich auf den Weg machen, den Peace aufwärts fahren und irgendwo an geeigneter Stelle einen neuen Posten errichten. Ich selbst will per Eilkanu nach Südosten abreisen, sobald es geht, um möglichst noch vor dem Frost Grand Portage am Lac Supérieur zu erreichen. Ich muß meinen Bericht erstatten, auch wenn es nicht der ist, den die Herren sicherlich erhoffen. Was meinst du, Macleod, soll ich dich noch fortjagen über den Peace aufwärts nach Westen? Und was haben Sie vor, Paul? Meine Reise den Enttäuschungsfluß abwärts ist ohne Sie vonstatten gegangen, aber es hätte nicht viel gefehlt, und wir hätten wirklich einen guten Kanubauer dringend nötig gehabt. Irgendwann paddele ich wieder los, werde es mit dem Peace versuchen. Aber dann will ich jemanden wie Sie, der sich auf die Konstruktion von guten Reisekanus besser versteht als die Indianer, mit von der Partie haben. Was haben Sie für Pläne, Paul?«

Alexander Mackenzie hatte sie beide zugleich angesprochen, seinen schottischen Untergebenen Macleod und den unabhängigen Westmann, Kanubauer, erfahrenen Gouvernail Paul Soldat.

Macleod, der Jüngste und im Range Niederste im Kreise, fühlte sich gezwungen, als erster Bescheid zu geben: »Mir soll's recht sein, Alexander. Du hast hier das Sagen. Ich komme damit zu einem eigenen Posten, früher als ich gedacht habe. Natürlich muß mir ein ausreichender Vorrat an Tauschgütern bewilligt werden, damit ich den Leuten am Peace etwas anzubieten habe. Ausreichenden Proviant für den Winter muß ich auch mitnehmen, denn mir wird kaum Zeit bleiben, jetzt noch dafür zu sorgen. Und ob es am mittleren oder oberen Peace ausreichend Wild gibt, das weiß man im voraus nicht. Hat jemand eine Vorstellung davon, wie weit ich vorrücken soll? Gibt es irgendeine Stelle im Verlauf des Flusses, die geeignet erscheint für einen Posten?«

Roderick mischte sich ein: »Wie ich gehört habe, gibt es einige Tagesreisen stromauf vom Athabasca-See her größere Wasserfälle, die unter allen Umständen umgangen werden müssen. Natürlich müssen dort auch die Indianer portagieren, wenn sie den Fluß auf- oder abwärts befahren wollen. Dergleichen ist immer ein guter Ort für einen Handelsposten, weil alle Kanus, die auf dem Fluß unterwegs sind, dort ohnehin ihre Ladung auszupacken haben.«

Alexander Mackenzie ergänzte: »Das ist richtig. Von diesen Fällen ist auch mir zuverlässig berichtet worden. Ich weiß natürlich nicht, ob unmittelbar bei den Fällen ein geeigneter Platz für einen Posten gefunden werden kann. Erforderlich ist stets reichlich Feuerholz, gesundes Bauholz natürlich auch, möglichst eine gute Quelle, die in den Posten einbezogen werden kann, damit man nicht zum Fluß hinunterzulaufen braucht. Außerdem muß einigermaßen Windschutz, vor allem gegen Norden und Nordwesten, gegeben sein; der Platz muß sich obendrein auch noch so ausbauen lassen, daß man ihn gut verteidigen kann. Also wenn nicht unmittelbar bei den Fällen, Macleod, dann wenigstens nicht allzuweit davon entfernt! Ist das klar? Wann wirst du dich auf den Weg machen?«

Macleod gab zur Antwort: »In drei Tagen allerfrühestens, meine ich. Die fünf Voyageurs, mit denen ich hergekommen bin, werden sicherlich einverstanden sein. Wir haben uns unterwegs aneinander gewöhnt. Sie haben keinen Grund gehabt, sich über mich zu beklagen, und umgekehrt gilt das gleiche. Wann willst du selber abreisen, Alexander?«

»Auch allerspätestens in drei Tagen. Weiter im Süden friert es später als hier oben, aber Zeit habe ich gewiß nicht zu verlieren. Roderick, du hältst inzwischen Fort Chipewyan warm und siehst zu, daß uns hier im unteren Athabasca-Land keiner in die Quere kommt. Die beiden Leblois am La Biche sitzen ohnehin nahe genug. Nun haben Sie noch zu bekunden, Paul, wonach Ihnen der Sinn steht. Ihnen habe ich nichts vorzuschreiben. Ich bekenne außerdem, daß Sie uns keinen größeren Gefallen haben erweisen können, als uns die drei prächtigen Kanus zu bauen. – Ich möchte mich bei Ihnen in ein besonders gutes Licht setzen, denn bestimmt werde ich demnächst wieder auf eine große Reise gehen, eine noch größere als die diesjährige, und dann möchte ich jemanden wie Sie in der Mannschaft haben. Sie haben während meiner Abwesenheit – oder soll ich ›du‹ zu Ihnen sagen? Ich entsinne mich, daß Sie im vergangenen Jahr einmal empfindlich auf allzu große Vertraulichkeit reagiert haben. Aber wir trinken ja hier zusammen, und da ist ›du‹ wohl das richtige –, also, Paul, für den Unterhalt, die Unterkunft, Ernährung und den Rum, die Roderick dir während meiner Abwesenheit gewährt hat, scheinen mir zwei Kanus als Bezahlung mehr als genug zu sein. Das dritte Kanu möchte die Company, dargestellt durch meine Wenigkeit, normal bezahlen. Haben wir noch ein paar Goldstücke vorrätig, Roderick?«

Roderick erwiderte: »Ja, das schon, aber ich würde zu Silber raten. Damit könnte Paul zur Not auch bei den Indianern etwas anfangen.«

Paul Soldat war inzwischen mit sich ins reine gekommen. Er sagte: »Im vorigen Jahr hast du auf sehr hohem Roß gesessen, Alexander, so kam es mir vor. Natürlich ist mir das Du heute recht. Was ich tun werde? Hier bin ich mit Mes Coh Thoutin überflüssig. Der Indianer will natürlich auch zu Frau und Kind zurückkehren. Auf die Dauer unbeweibt, das ist nicht sein Fall. Wir werden uns also bald zum Posten der Leblois am untersten La Biche und Athabasca aufmachen. Im vorigen Jahr konnte ich dir keine feste Zusage geben, dich zu begleiten, Alexander. Dein Angebot kam mir damals überraschend; dann hatte ich Privates zu erledigen, das nicht abzuschütteln war. Aber für die nächste Reise halte ich mich bereit. Wenn es dazu kommt, so wird sie wohl zwei oder drei Jahre auf sich warten lassen, Alexander.«

»Ich fürchte, daß wir eine neue Route nach Westen öffnen müssen, sonst geht der ganze Pelzhandel früher oder später ein. Wer zuerst den Weg nach Westen zum Meer findet, der macht das große Geschäft, denn dann kann er seine Unkosten mit einem Schlage auf einen Bruchteil der bisherigen senken und den Gewinn entsprechend erhöhen. Ja, ich muß in Montréal die maßgebenden Leute überzeugen, daß die Reise den Peace aufwärts gewagt werden muß, auch wenn es zunächst nur Geld kostet. Ich will auch, offen gestanden, meine Kenntnisse in der Geodäsie verbessern, damit ich genauer als auf der vergangenen Reise jeweils zuverlässig vermessen kann, wo man sich befindet. Das alles wird Zeit kosten. Aber in drei Jahren spätestens bin ich wieder da, und dann sollte es mit dem Teufel zugehen, wenn wir nicht endlich das sagenhafte große Gebirge im Westen erreichen! Und dann werden wir auch drüber hinwegkommen! Dabei fällt mir noch ein, Paul: Wenn du entschlossen bist, mich auf der nächsten Fahrt zu begleiten, dann mache dich im nächsten Jahr auch auf und ziehe zum Peace und bleibe bei Macleod. Der Gedanke, daß vorzügliche neue Kanus auf mich warten, wenn ich wieder ins Pays d'en haut zurückkehre, hätte für mich etwas sehr Tröstliches, das weiß Gott!«

Das war kein schlechter Vorschlag, aber er kam zu früh, als daß Paul schon jetzt hätte zustimmen können. Er sagte nur: »Vielleicht, vielleicht auch nicht, Alexander. Das hängt nicht nur von mir, sondern auch von Justin und Anna Leblois ab. Außerdem habe ich schon zuviel Rum hinter der Binde, als daß ich noch klar denken könnte. Und ich glaube, es geht euch allen nicht anders. Warum heben wir nicht noch ein paar mehr! Ab und zu muß man auf die Pauke hauen, sonst ist das Leben nicht zu ertragen. Wir sollten noch eine Kumme austrinken, dann stehen wir alle nicht mehr fest auf den Beinen und werden morgen endlich einmal bis in den Nachmittag hinein schlafen.«

Rum, viel mehr noch Rumpunsch, ist ein höchst verführerisches Getränk. Hat man sich erst einmal einige Becher oder Gläser davon einverleibt, macht man erst Schluß, wenn entweder der Magen revoltiert oder man wie ein Klotz aufs Lager sinkt. Sie tranken die Kumme leer und auch noch die nächste und übernächste. Macleod fiel als erster von seinem Schemel und blieb gleich liegen, wo er lag. Paul hatte immerhin noch so viel Verstand, den Schnarchenden mit einem Bärenfell zuzudecken. Dann röchelten auch die drei anderen ins Land der Seligen hinüber, nachdem Roderick Mackenzie noch einmal glasigen Auges das Feuer im Kamin geschürt hatte.

6 Am Tag nach dem Trinkgelage, bei dem, ehe es in die große Sauferei umkippte, wichtige Entscheidungen gefallen waren, erwachten die vier Männer erst gegen Mittag. Alle vier etwa zur gleichen Zeit und alle vier mit sehr schweren Köpfen. Es war der gleiche Gedanke, der sie fast ohne Übergang vom Lager aufstörte, obwohl die Schädel dröhnten wie verstimmte Pauken: los, an die Arbeit, zum Teufel! Wenn ich, bevor der Frost kommt, noch das verrichten will, was ich gestern beschlossen habe, dann ist kein Tag, keine Stunde Zeit zu verlieren.

Den weitesten Weg würde Alexander Mackenzie zu bewältigen haben, über den Clearwater, den Sturgeon und den Winnipeg-See zum Oberen See, dem Lac Supérieur der Voyageurs.

Paul Soldat würde mit Mes Coh Thoutin die zahlreichen gefährlichen Schnellen des mittleren Athabasca stromauf zu umgehen haben, ehe er schließlich die Mündung des La Biche in den Athabasca und den Handelsposten von Justin und Anna Leblois erreichte, um dort, so Gott wollte, Kinder und Frau gesund wiederzufinden.

Die schwierigste Aufgabe stand dem jungen Macleod bevor; er hatte auf nur vage bekannter Route den Peace River aufwärts zu reisen und sich in der Nähe der großen Fälle, die von den Indianern die »Scharlachroten«* genannt werden, eine Behausung für den Winter einzurichten.

Und Roderick Mackenzie schließlich, der in Fort Chipewyan am Lake Athabasca überwintern sollte, würde erst recht alle Hände voll zu tun haben, sachgerecht zu verbuchen, was die Scheidenden mitnehmen wollten, um sich schließlich seine Listen, Aufzeichnungen und Berechnungen von seinem Vetter, der ihm vorgesetzt war, bestätigen zu lassen.

Also los, an die Arbeit, in drei Teufels Namen! Jede Stunde ist kostbar, jeder Tag, den wir jetzt verlieren, bedeutet vielleicht, daß uns Frost und Winter an einer Stelle überraschen, wo festzusitzen unter Umständen einem Todesurteil gleichkommt.

Alexander Mackenzie hatte auch den einzigen nichtkanadischen Voyageur der Mannschaft, die ihn den Enttäuschungsfluß hinab und hinauf gepaddelt hatte, auf die Reise nach Süden mitnehmen wollen. Claas Forke, so hieß der Mann, hatte sich auf der Fahrt zum Eismeer bewährt, neigte er doch nicht wie seine franko-kanadischen Mitvoyageurs zu Launen und Streitsucht, blieb stets ernsthaft und gleichmütig bei der Sache, die ihm aufgetragen war, und verfügte zudem über außerordentliche Körperkräfte. Claas Forke jedoch erklärte zu allgemeiner Überraschung, daß er den Dienst bei Alexander Mackenzie aufkündige, daß er auch nicht in Fort Chipewyan bleiben oder sich Macleod anschließen wollte, daß er vielmehr beabsichtige, mit Paul Soldat und Mes Coh Thoutin zum La Biche zu reisen.

Paul fühlte sich von dieser merkwürdig mürrisch vorgetragenen Absicht des Voyageurs ebenso überrumpelt wie Alexander Mackenzie. Paul war der Meinung, daß ihn Claas Forke vorher hätte um Erlaubnis fragen müssen, bevor er seine Absicht kund tat, mit ihm und Mes Coh Thoutin zum La Biche zu fahren. Immerhin: Claas Forke versuchte es wenigstens hinterher. Am Abend spät in der zweiten Nacht nach dem großen Trinkgelage tauchte er in der Hütte auf, die sich Paul und Thoutin während des Sommers neben ihrem Arbeitsplatz, wo sie an den Kanus bastel-

---

* Heute: Vermilion Falls, was etwa das gleiche bedeutet.

ten, als recht simplen Unterschlupf errichtet hatten. Der breitschultrige, grobknochige Mann, nur wenig über mittelgroß, hatte die Tür hinter sich zugezogen und lehnte sich im Innern des Raums an den Türpfosten. Paul und Thoutin hatten vor dem Kaminfeuer ihren Proviant gepackt und verschnürt. Am Tag darauf wollten sie Fort Chipewyan verlassen, wenn auch erst am späteren Vormittag, und das auch nur, wenn nichts Unerwartetes dazwischenkam. Paul und Thoutin beantworteten den Gruß des Besuchers nur knapp.

Da Claas Forke keine Anstalten machte, sich zu äußern, fragte Paul nach einer Minute des Schweigens nicht eben freundlich: »Also, Forke? Was führt dich zu uns? Du willst uns sicherlich sagen, wieviel du uns zu bezahlen gedenkst, wenn wir dich mitnehmen.«

In dem Gesicht des Angesprochenen begann es zu zucken. Ein wortgewandter Mann war Forke nicht. Seine Augen irrten ab. Er wagte nicht, vom Türpfosten weg ins Innere des Raums zu treten. Er stotterte schließlich: »Es war nicht so gemeint, Paul. Alexander Mackenzie bestimmte wieder einmal, ganz einfach so, als wenn er der Herrgott wäre, wer zum Lac Supérieur mitkommen müßte und wer nicht. Ich hatte das schon lange satt, und diesmal stieß mich der Bock. Ich sagte einfach nein! Ich fahre woanders hin! Und mir fiel eben nichts anderes ein, als zu sagen: zum La Biche, also mit euch zusammen. Denn ohne Kanu konnte ich ja nirgendwo hin.«

Der Mann blickte vor sich zu Boden. Seine Arme ließ er an den Seiten hängen, aber die Hände waren zu Fäusten geballt. Dann schien er sich zusammenzureißen und fuhr mit gedämpfter Stimme fort – Paul traute seinen Ohren nicht, er wurde auf deutsch angesprochen; deutsche Worte hatte er seit langem nicht mehr vernommen.

»Paul, ich weiß alles von dir. Wir hatten einen Franko-Kanadier in der Mannschaft, der vor Jahren in mehr als einer Saison unter Walther Corssen gedient hat. Der war über deine Herkunft und was dir so alles zugestoßen ist, genau unterrichtet. Du bist englischer Soldat gewesen und davongelaufen. Ich bin auch englischer

Soldat gewesen und davongelaufen. Paul, ich stamme aus Isenbostel in der Lüneburger Heide; das kann gar nicht so weit weg sein von deinem Heimatort. Ich bin gelernter Zimmermann und hatte mich auf ein britisches Kriegsschiff verpflichtet. Wie da mit der Mannschaft umgegangen wurde, Paul, davon machst du dir keine Vorstellung – oder vielleicht doch. Dich haben sie sicherlich auch gezwiebelt. Dann sagten sich die amerikanischen Kolonien von England los, und es gab Krieg. Meine Fregatte wurde mit anderen an die amerikanische Küste geschickt, um den Handel der rebellischen Kolonien zu unterbinden. Als ich zuletzt zu zwanzig Streichen mit der Neunschwänzigen an den Mast gebunden wurde, bloß weil ich einem Offizier gesagt hatte, er wäre ein Schwein, was er auch war, da wußte ich, daß ich bei der ersten passenden Gelegenheit desertieren würde und daß es für mich nur eins gäbe, mich nämlich den amerikanischen Rebellen anzuschließen.

Im Heer der Rebellen gab's nicht viel zu beißen, aber man wurde wenigstens nicht wie ein Stück Dreck behandelt. Nach dem Ende des Krieges hätte ich siedeln können irgendwo am oberen Hudson oder in Pennsylvania. Aber ich hatte kein Geld. Das Leben der Voyageurs schien mir auf den Leib geschrieben zu sein. Die Nordwestmänner, das waren meine Leute! Mit der Zeit habe ich dann gemerkt, daß die Voyageurs sich bloß abschuften und oft genug zu Tode quälen für die Leute im fernen Montréal und die schottischen Partner der Gesellschaft.

Aber richtig übel wurde die Sache erst, als ich unter die Fuchtel von Alexander Mackenzie geriet. Verdammt noch eins, der ließ sich rudern wie ein Fürst, duldete keine Widerrede und war vom lieben Gott zu was viel Feinerem bestimmt, als uns beschieden war. Dabei hätte er ohne uns Voyageurs keine Meile hinter sich gebracht. Und dann so mir nichts dir nichts: Forke, du gehst mit zum Oberen See und machst den Avant, verstanden, denn den Jules Hastaire, der bisher den Avant gemacht hat, will mein Vetter Roderick hierbehalten. Einfach so, Paul, so machte er das. Du hier und du da und halt's Maul und ab mit dir! Nein, dazu bin ich zu lange im Pays d'en haut, und in der Wut sagte ich ihm gleich: Das paßt mir nicht mehr, Mister Mackenzie, ich gehe zum La Biche. So ist das alles gekommen, Paul, und ich habe nichts verschwiegen und nichts hinzugefügt. Ich weiß, daß ich mit dir zuerst hätte reden müssen. Das hat eben nicht geklappt. Nehmt ihr mich also mit? Ich bin immer noch Zimmermann, und vielleicht könnte ich euch beim Bootsbau einiges beibringen.«

Paul wunderte sich, wie selbstverständlich ihm die Worte des Besuchers eingingen. Wie lange war es her, daß er zum letztenmal die Laute seiner Muttersprache gehört hatte? Er wußte es nicht. Aber man verlernte sie offenbar nicht. Sollte er den Landsmann weiter am Türpfosten stehen lassen wie einen Bittsteller? Das ging nicht.

»Claas, tritt näher, was stehst du an der Tür. Komm, wir setzen uns zu dreien um das Feuer. Wir sind mit der Packerei so gut wie fertig. Für heute ist Feierabend.«

Ohne sich dessen recht bewußt zu sein, hatte sich auch Paul Soldat bei diesen Worten der deutschen Sprache bedient. Paul mochte dem Wunsch des Fremden nicht auf der Stelle zustimmen. Er ließ ein paar Minuten verstreichen und dachte nach. Schließlich meinte er wie beiläufig: »Es fragt sich, ob du genug Proviant für dich beisteuern kannst. Wir haben natürlich nur für uns beide vorgesorgt. Bis zur Einmündung des La Biche in den Athabasca, das ist eine lange Reise und schwierig dazu. Ein dritter Mann ließe sich dabei schon gebrauchen. Aber er dürfte weder Angst noch Schwäche zeigen.«

Claas Forke ließ sich vernehmen: »Ich bin weder ängstlich noch schwächlich.«

Die zwei Deutschen und der Indianer sprachen noch eine Weile hin und her und klärten eine Anzahl von Einzelheiten, denn auf alle Fälle sollte die auf den Mittag des kommenden Tages angesetzte Abreise nicht verzögert werden.

Die drei Männer erreichten den Handelsposten an der Einmündung des La Biche in den Athabasca nach anstrengender, jedoch sehr schneller Reise so frühzeitig, daß ihnen noch Zeit blieb, bevor der Frost die Bäume gefror, einen gehörigen Vorrat an Birkenrinde, dazu geeigneten Spant-, Quer- und Längshölzern für den

Kanubau einzusammeln und in einem leeren Lagerschuppen des Handelspostens unter Dach und Fach zu bringen. Die drei hatten auf dem Wege den Athabasca aufwärts gute Kameradschaft gehalten. Claas Forke hatte sich als unermüdlicher und geschickter Ruderer erwiesen. Doch war er, wie es offenbar seiner Art entsprach, wortkarg geblieben, in sich gekehrt, Scherzen, Liedern und Gesprächen abhold und offenbar nicht sonderlich darauf bedacht, sich seinen neuen Gefährten angenehm zu machen.

Paul überraschte sich manchmal dabei, daß er Forke forschend musterte, wenn dieser solches nicht merken konnte. Sein kantiger und ein wenig zu groß geratener Schädel mit dem hellen Borstenhaar (er trug eine Schere in seinem Gepäck und hielt sein Haar kurz); die beinahe schwarzen Brauen, die gar nicht zu dem hellen Haar passen wollten – sie begrenzten den unteren Rand der Stirn wie mit einem dunklen, breiten Strich; die tief in ihren Höhlen sitzenden Augen von schwer zu bestimmender heller Farbe; der starke Oberkörper getragen von eher zu kurz wirkenden stämmigen Beinen: Ein Mann alles in allem, mit dem man nicht gern im Bösen zu tun haben mochte, der aber auch im Guten zu Vertraulichkeit und Freundschaft nicht ermutigte. Doch er war nun einmal in die Mannschaft aufgenommen und verrichtete getreulich, was auf ihn an Arbeit und Mühsal entfiel.

Justin Leblois hatte sich nicht besonders erfreut darüber gezeigt, daß Paul noch einen weiteren weißen Mann, einen Fremdling, zum La Biche mitgebracht hatte. Andererseits war ein Zimmermann auf weit entlegenen Posten in der Wildnis stets gut zu gebrauchen.

Auch Justin fand keinen Zugang zu dem Wesen dieses verschlossenen Mannes. Anna indessen freute sich, daß Paul Soldat mit seinem getreuen Mes Coh Thoutin wieder aufgetaucht war; auch der neue Mann war ihr willkommen; hatte er sich doch sofort bereit erklärt, für die Leblois einige Möbel zu zimmern, nachdem er wahrgenommen hatte, wie grob und kümmerlich das Haupthaus des Postenchefs mit Stühlen, Tischen, Bänken und Bettladen ausgestattet war. Auch war nicht zu verkennen – Anna spürte es und freute sich daran –, daß sich Claas Forke unter ihrem freundlichen weiblichen Zuspruch aufzuschließen begann wie seit langem vertrocknetes Erdreich unter einem milden Regen.

Bis dann eines Tages Paul Soldat im Haupthaus beobachtete, wie der mit den neuen Möbeln beschäftigte Claas Forke sein Werkzeug sinken ließ und wie gebannt Anna anstarrte, die von nebenan in den großen Hauptraum getreten war. Justin war seiner Frau gefolgt. Er hatte sich mit Paul Soldat besprechen wollen. Er erfaßte mit einem Blick, daß beide Männer – ja, auch Paul, ohne es zu wissen – wie verzaubert ihre Augen auf Annas Antlitz gerichtet hatten. Nur sie schien nichts davon zu merken; sie begann, in einigen Fächern die zum Verkauf, vielmehr zum Vertausch gestapelten Beile, Feilen und Ahlen mit einer Bestandsliste abzustimmen.

Nein, Anna merkte offenbar nichts. Sie hakte weiter ihre Liste ab. Oder doch? Es wollte Justin so vorkommen, als schliche sich ein kaum erkennbares Lächeln um ihre Mundwinkel...

7

Die Spannung, die sich im Verlauf des Winters im Handelslager der Company am unteren La Biche zwischen den drei Männern entwickelte, ohne daß sie recht in Worte gefaßt werden konnte, wurde mit der Zeit dem Indianer Mes Coh Thoutin, dann aber auch Justins Frau Anna spürbar.

Paul Soldat vermied es längst, mit Anna Leblois allein zusammen zu sein. Er wollte um alles in der Welt keinen Streit. Claas Forke hatte ohnehin nur selten Gelegenheit, der Frau des Postenchefs zu begegnen. Sonderbarerweise jedoch erlag der ungeschlachte ehemals deutsche Voyageur nach nur kurzem Widerstand der kindlichen Anmut und süßen Liebenswürdigkeit der kleinen Nagamoun. Paul Soldat hatte das Kind wieder zu sich genommen und hauste, wie schon einmal zuvor, mit ihr neben seinem indianischen Gefährten, dessen Frau und Söhnchen unter einem Dach. Nagamoun hatte sich das Herz aller erobert, auch das des gestrengen Herrn Postenchefs. Justin Leblois vermochte sich dem Zauber der kleinen Person nicht zu entziehen und empfand zuweilen, wie sehr er eine Tochter, die seiner Anna ähnlich gesehen hätte, vermißte. Nagamoun eroberte sich die Liebe des nüchternen Mannes und sorgte mit den anderen Kindern dafür, daß die Beziehungen zwischen dem Haupthaus und Pauls und Mes Coh Thoutins Hütte während des Winters nicht völlig erkalteten.

Jedoch vermochte die Freundschaft zwischen den Kindern nicht darüber hinwegzutäuschen, daß Justin die drei ihm nicht unterstellten Männer und ihren Anhang nicht im Lager am La Biche behalten wollte und sie sich, sobald das Wetter und die Umstände es erlaubten, einen anderen Platz suchen mußten. Paul Soldat war sich darüber klargeworden, daß ihm und seinen Leuten keine andere Wahl blieb.

Die Abreise verzögerte sich jedoch. Claas Forke hatte für das Haupthaus einige Zimmerarbeiten übernommen, die nicht rechtzeitig fertig wurden. Auch mochten die drei Männer die letzten beiden Kanus, die sie in Arbeit genommen hatten, nicht unvollendet zurücklassen.

Was indessen die rechtzeitige Abreise Paul Soldats und seiner Leute vom La Biche am empfindlichsten behinderte, war etwas ganz anderes. Die Kinder nämlich hatten nach und nach begriffen, daß sie für die Dauer voneinander getrennt werden sollten. Armand, Walther, Nekik und Nagamoun protestierten und klagten unter Tränen: noch nicht, Vater, Mutter, noch nicht! Jetzt wird es warm draußen; und wir spielen so gut zusammen, haben noch so viel vor. Tante Anna hat uns so schön Unterricht gegeben, und wir hatten so viel Spaß daran! Noch nicht, Vater, Mutter! Wir wollen noch ein bißchen zusammenbleiben.

Anna lächelte vor sich hin ins Dunkel. Neben ihr auf dem harten Lager schlief Justin fest. Durch die Wände des Blockhauses hörte man den starken Wind in den Kronen der Fichten rauschen, diesen milden, willkommenen Wind, der den letzten Schnee wegleckte und alle Knospen schwellen machte. Justins ruhige tiefe

Atemzüge schienen Anna zu bestätigen, was sie soeben gedacht hatte. Er würde dem Drängen der Kinder nachgeben und mit ihnen den Ausflug zum Elch-See machen, um den ihn Armand und Walther, Nagamoun und Nekik so dringend gebeten hatten. Wenn sie schon nicht beieinander bleiben dürfen – denn das ist unabänderlich –, so wird ihnen Justin das kleine Fest am Elch-See nicht abschlagen. Ich bin ganz sicher, daß Justin den Kindern willfahren wird. Aber es muß dann noch ein zweiter Mann mit von der Partie sein, denn das Kanu kann von einem Ruderer allein nicht sicher regiert werden. Paul Soldat wäre am geeignetsten, aber Justin will ihn nicht in der Nähe haben; Claas Forke versteht nicht, mit Kindern umzugehen; also bleibt bloß Mes Coh Thoutin. Nun gut, er kann sich dann um seinen kleinen Nekik kümmern; der hängt sowieso stets ein bißchen hinter den andern Kindern her.

Das Lächeln Annas vertiefte sich im Dunkeln; sie hatte die Arme hinter dem Kopf verschränkt. Noch ein letzter Gedanke wanderte durch ihr Hirn: Die kleine Nagamoun braucht ihren guten »Onkel« Justin nur noch ein einziges Mal zu bitten, und er fällt um. Sie wickelt alle Welt um den zierlichen Finger: meinen sonst so leicht aufsässigen Ältesten, Armand, ebenso wie seinen Vater.

Sie war wieder eingeschlafen.

Paul Soldat und Claas Forke wollten in diesen Tagen den beiden Kanus, die sie noch in Arbeit hatten, den letzten Schliff geben. In einem von ihnen würden sie dann selbst mit ihrem Anhang und Gepäck schon am Ende der Woche, der ersten Woche des Juni 1791, die Reise zum mittleren Peace River antreten, um dort wieder irgendwann zu Alexander Mackenzie zu stoßen. Das alles war beschlossen, denn am La Biche, so stand fest, obgleich es keiner der Beteiligten jemals deutlich ausgesprochen hatte, war ihres Bleibens nicht länger. Um so mehr gönnte es Paul Soldat seiner kleinen Nagamoun, daß sie noch einmal mit Armand, Walther und Nekik einen unbeschwerten Tag voll kleiner Freuden und Abenteuer erleben sollte.

Justin und Mes Coh Thoutin hatten das Kanu, mit dem die kleine Gesellschaft eine Meile den La Biche stromauf gefahren war, in einer flachen Bucht an Land gebracht und waren mit den Kindern über eine schmale bewaldete Landenge zum Elch-See hinübergewandert. Der glasklare, abgeschiedene See, etwa eine Meile lang, war voll von Fischen, die sich hier leichter fangen ließen als in der starken Strömung des La Biche. Armand brannte schon darauf, seine Angel auszuwerfen, und hatte seiner Mutter versprochen, für das ganze Haus eine gehörige Fischmahlzeit heimzubringen.

Die schon sommerlich warme Sonne badete das grünende Land, tauchte die hellen Birken und Espen vor dem dunklen Saum der Fichten in prächtiges, starkes Licht. Ein kräftiger, aber warmer Wind sorgte dafür, daß die Moskitos sich nicht aus den Waldrändern ins Freie wagten, so daß die Kinder sich ohne Beschwer im warmen, seichten Wasser des Ufers und über den hellen Sandstrand einer breiten Bucht hinweg tummeln konnten. Armand, der schon fünfzehn Jahre zählte und für sein Alter sehr verständig war, hatte sich mit Mes Coh Thoutin auf den See hinaustreiben lassen. Die beiden kehrten schon nach einer guten Stunde wieder ans Ufer zurück und brachten ihren Weidenkorb so voll von Fischen zurück, daß Justin beschloß, gleich an Ort und Stelle ein großes Fischbraten zu veranstalten. Für die Mütter im Lager würden dann immer noch genug Fische übrigbleiben, zwei volle, gute Mahlzeiten zu bereiten.

Eine Pfanne gab es nicht, aber man brauchte auch keine. Die Fische wurden der Länge nach an der Bauchseite aufgeschnitten, ausgeweidet und mit der schuppigen Außenseite nach unten auf große, flache Steine gelegt, die vorher in einem starken Feuer kräftig erhitzt worden waren. Das ausführliche Mahl – auch der mitgebrachte Proviant war bis zum letzten Rest verzehrt – mit all seinen Vorbereitungen und dem sich anschließenden vergnüglichen Genuß der guten Dinge aus Mutters Küche hatte über dem heiter blinkenden See, der allen vor Augen lag, weit mehr als zwei Stunden in Anspruch genommen. Justin mahnte:

»Kinder, wir wollen langsam an die Heimkehr denken. Wir müssen unbedingt noch bei vollem Licht zu Hause ankommen, sonst machen sich eure Mütter Sorgen. Geht noch einmal in den See, wascht euch Hände, Gesicht und Füße. Zum Baden ist das Wasser noch zu kalt. Aber ihr habt auch so euren Spaß gehabt. Und dann müssen wir aufbrechen.« Die Kinder widerstrebten nicht. Sie hatten sich müde gesprungen. Die Sonne stand zwar noch hoch an diesem Junitag, aber ihre Kraft und Wärme ließen spürbar nach.

Der Zug der Heimkehrenden bewegte sich über die langsam ansteigende Uferbank vom Elch-See fort und tauchte locker und absichtslos geordnet in den Waldriegel ein, der mit hohen Fichten und dichtem Unterholz See und Fluß voneinander trennte. Es dauerte kaum länger als eine halbe Stunde, ihn gemächlich zu durchqueren.

Eine halbe Stunde nur – aber diese kurze Zeitspanne genügte der ungezähmten Wildnis weit umher, sich für die übermütige Sorglosigkeit, mit der sich die Menschen dem Glanz und der Wärme des vergangenen Einödtages anvertraut hatten, furchtbar zu rächen.

Nekik, der kleine Indianer, lief der auf dem schmalen Pfad sich lang auseinanderziehenden Schar weit voraus. Mes Coh Thoutin ließ den Kleinen gewähren, behielt ihn aber stets im Auge. Ihm folgte Justin, der den kleinen Walther an die Hand genommen hatte. Den Schluß des Zuges machte Armand, der seine geliebte Nagamoun um die Schulter gefaßt hatte und sie sorglich über die vielen Unebenheiten des Pfades durch den Wald hinweg geleitete. Das kleine Fräulein schien solche Fürsorge sehr zu genießen und folgte den Weisungen ihres Beschützers gehorsam, als handelte es sich um ein neues, hübsches Spiel, für das man sich Zeit lassen müßte. Die beiden Kinder blieben allmählich ein wenig hinter den übrigen zurück, ohne daß es auffiel.

Der kleine Nekik war dem Vater gerade wieder um ein gutes Dutzend Schritte voraus und bog um ein dicht verwachsenes, undurchsichtiges Gebüsch. – Und stieß beinahe mit einem winzigen Bärchen zusammen, das ihm auf dem gleichen Pfad entgegengetrottet kam. Das Bärenjunge wurde von plötzlicher Angst gepackt, gab einige quiekende Laute der Furcht von sich, setzte sich vor

Schreck auf die mageren Hinterbacken und schien wie gelähmt. Die tierischen Laute der Angst lockten auf der Stelle die Bärenmutter aus dem Unterholz neben dem Pfad. Das riesige, schwarzpelzige Tier stürzte in wenigen Sätzen heran und fegte mit einem einzigen Tatzenhieb den kleinen Nekik vom Pfade. Das Kind sauste hoch durch die Luft, prallte an eine breite Fichte, fiel zu Boden und blieb reglos zwischen dem Wurzelgeflecht des Baumes liegen.

Mes Coh Thoutin hatte sofort begriffen, was sich jenseits des großen Busches ereignet haben mochte, riß sein Jagdmesser von der Hüfte – die einzige Waffe, die er auf den Ausflug mitgenommen hatte – und rannte mit ein paar langen Sätzen um das ausgedehnte Gebüsch, das den Sohn seinen Blicken entzogen hatte. Die Bärin hatte noch keine Zeit gefunden, sich mit ihrem verdutzten Jungen seitwärts ins Dickicht zu drücken. Sie nahm den anstürmenden Mann sofort an. Kam aber nicht mehr dazu, sich nach Bärenart auf den Hinterbeinen aufzurichten. Mes Coh Thoutin hatte aus den Augenwinkeln sein Söhnchen am Fuß der riesigen Fichte liegen sehen, regungslos mit verdrehten Gliedern. In ungeheuer aufbrandender Wut warf er sich auf die Bärin und jagte ihr sein Messer bis zum Heft zwischen die Rippen, so heftig, daß das Messer sich nicht mehr herausziehen ließ. Mit hartem Schwung schüttelte ihn die Bärin ab.

In diesem Augenblick tauchte Justin mit dem kleinen Walther an der Hand um den Busch her auf. Die Bestie, außer sich vor Schmerz und Wut, hatte sich nun doch aufgerichtet, fiel im Nu über Justin und das Kind in seinen Armen her – Justin hatte es hochgerissen – und umarmte Mann und Kind mit ihren riesigen Vorderpranken. Justin hatte im letzten Augenblick versucht, das Kind wieder fallen zu lassen, aber der kleine Walther hatte sich entsetzt an ihm festgeklammert und geriet zwischen den Leib der Bärin und den des Vaters. Immerhin hatte Justin mit der Rechten sein Messer ziehen können und stieß es der Bärin, die ihn in ihre fürchterliche Umarmung zwang, noch ein zweites Mal von unten her in den Brustkorb. Dann erschlaffte er, als ihm unter den mit grausiger Wut zupackenden und pressenden Vorderbeinen der Bärin die Rippen und das Rückgrat splitterten.

Mes Coh Thoutin hatte kaum begriffen, was sich hinter ihm abgespielt hatte. Er hatte das leblose Körperchen seines Kindes aufgenommen, hielt es in den Armen, starrte darauf hinab, als könnte es nicht wahr sein; kein Funken Leben war mehr in dem kleinen Nekik zu spüren.

Als Armand und die kleine Nagamoun, die die Nachhut der Heimkehrenden gebildet hatten, um den Busch herum erschienen, stürzte die Bärin – ihre beiden Opfer immer noch in den Armen – in hartem Aufprall zu Boden. Der letzte Messerstich Justins mußte ihr Herz erreicht haben und hatte auch sie gefällt, nachdem das todgeweihte Tier noch einmal mit einem letzten fürchterlichen Druck den Rest des Lebens aus Justins Leib herausgepreßt hatte.

Armand erstarrte. Aber nur für einen Augenblick; er begriff nicht ganz, was sich ereignet hatte, aber Nagamoun war ihm anvertraut. Nagamoun, die er liebte, sicherlich war auch sie in Gefahr. Er griff nach dem Kinde, das vor Entsetzen keinen Laut von sich gegeben hatte, nahm es wie ein Bündel unter den Arm und rannte damit wie von Sinnen den Pfad entlang: Das rettende Kanu und der Fluß konnten nicht mehr fern sein.

Armand ließ die kleine Nagamoun, die noch immer keinen Laut von sich gegeben hatte, am Waldrand aus dem Arm gleiten und stapfte eilig mit ihr durch den gelben Sand zum Boot hinunter. Ach, er wußte es, er war allein. Er konnte das Boot nicht ins Wasser schieben, noch viel weniger im Strom regieren. Wo waren die anderen, warum kamen sie nicht, Mes Coh Thoutin und der Vater? Warum war der riesige, schwarze Unhold, der den Vater in den Armen gehalten hatte, mit ihm zu Boden gestürzt? Armand war außer sich. Sein Atem ging keuchend. Jeder Tropfen Blut war aus seinem Gesicht gewichen. Aber seine kleine Nagamoun, die hatte er gerettet! Das Kind hielt mit beiden Händen seine Hand umklammert und schmiegte sich an ihn.

Armand brauchte nicht mehr lange zu warten. Aus dem Walde hervor schritt der Indianer, mit seinem toten Söhnchen auf dem Arm. Sein Gesicht war wie aus Stein. Er sagte kein Wort. Mit einer hölzernen Gebärde winkte er den beiden Kindern, die am Ufer warteten, ins Boot zu steigen. Armand wagte keinen Widerspruch, keine Fragen. Er hob Nagamoun über den Bordrand und stieg hinterher. Währenddessen hatte Mes Coh Thoutin den Leichnam des kleinen Nekik auf die Bodenbretter des Kanus gebettet, so vorsichtig, als lebte das Kind noch. Dann stieg der Indianer ein, griff zum Paddel und schob das Kanu vom Ufersand ab.

Im Lager hatten sich Anna Leblois, Paul Soldat und Claas Forke, ohne es abgesprochen zu haben, am Ufer versammelt. Eine seltsame Unruhe hatte sie am späteren Nachmittag die Arbeit, der sie sich bis dahin gewidmet hatten, aus den Händen legen lassen. Eigentlich hätten Justin und der Indianer mit den Kindern schon wieder heimgekehrt sein müssen.

Alle drei blickten am Flußufer entlang, den La Biche aufwärts, von wo das Kanu mit den Ausflüglern sich nähern mußte.

Da war das Kanu. Die drei atmeten auf. Um einen Vorsprung des Ufers her tauchte es auf, ganz in der Ferne.

Und dann senkte sich allen dreien eine unsichtbare schwere Last auf die Schultern. Es konnte nicht mehr bezweifelt werden: Nur ein einziger Mann regierte das Boot, das, wie alle Kanus, mindestens zwei erforderte, um mit den Paddeln auf stetem geraden Kurs gehalten zu werden. Auch eine kleine Gestalt war jetzt im Boot zu erkennen und eine noch kleinere. Die größere konnte nur Armand sein. Wem gehörte der Kopf, der kaum die Bordwand überragte?

Mes Coh Thoutin trieb mit harten Schlägen das Boot auf die Lände. Paul und Claas griffen zu und hoben den Bug auf den Sand. Der Indianer ließ das Paddel ins Boot sinken, bückte sich und hob den Leichnam seines Söhnchens auf den Arm.

Ohne einen der Wartenden anzublicken, erklärte er mit rauher Stimme, kaum verständlich: »Wir wurden auf dem Rückweg von einer Bärin angegriffen. Mein Nekik wurde zuerst von ihr getötet. Dann kamen Justin und der kleine Walther an die Reihe. Die müßt ihr noch abholen. Ich konnte es allein nicht schaffen.«

Der Indianer kümmerte sich nicht um die Wirkung seiner Schreckensnachricht. Er schritt vom Landeplatz den Pfad aufwärts, der zu seiner Hütte führte.

Paul Soldat hatte seine Tochter aus dem Boot gehoben. Das Kind verbarg seinen Kopf an dem Halse des Vaters und fing an zu weinen.

Armand war mit einem Satz an Land gesprungen und trat zu seiner Mutter, die noch immer dastand wie erstarrt; jeder Tropfen Blut war aus ihrem Gesicht gewichen. Claas Forke war es, der jetzt eingriff. Er war nicht unmittelbar betroffen. Er entschied: »Ich mache mich gleich mit ein paar Voyageurs auf den Weg. Sehr viel Zeit haben wir nicht mehr bis zur Dunkelheit.«

Armand schob seinen Arm unter den der Mutter und bat sie leise wie ein Älterer eine Jüngere: »Mutter, es wird mindestens zwei Stunden dauern, ehe die Männer wiederkehren. Komm, ich bringe dich ins Haus.«

Anna ließ sich von ihrem Sohn ins Haupthaus führen. Sie stolperte zweimal, was ihr sonst nie passierte, über eine Fichtenwurzel. Doch fing sie sich, da Armands Arm sie stützte. Als hätte der kleine Schreck ihre Erstarrung gelöst, fuhr ihr ein erster deutlicher Gedanke durchs Hirn: Alle Verantwortung liegt auf mir, wenn Justin tot ist – oh, wenn Justin tot ist? Aber er ist tot. Mes Coh Thoutin erzählt keine Märchen. Dann ist mein Walther auch tot, mein kleiner Junge. Heute früh noch hat er mich zum Abschied umarmt. Es war das letzte Mal, daß er mich umarmt hat.

Im Haupthaus kam Anna zu sich. Sie hatte sich auf eine Bank sinken lassen. Sie war und blieb die Partnerin der Company, daran hatte sich nichts geändert. Aber Justin ist tot. Er wird nicht mehr dasein in Zukunft. Ich bin allein. Vater ist tot. Justin ist tot. Wer hilft mir jetzt?

Es war, als hätte sie die Frage hörbar ausgesprochen, als wäre sie nicht nur nebelhaft durch ihr verstörtes Hirn gewandert. Armand, der knapp Fünfzehnjährige, hatte sich plötzlich vor seiner Mutter aufgebaut und verkündete mit einer Stimme, die schon ins Männliche hinüberzubrechen begann: »Mutter, sei nicht so traurig! Ich bin noch da. Ich werde dir immer helfen!«

Ach, Armand, ihr Armand, der seinem Großvater so ähnlich sah, ihrem Vater! Sie schlossen einander in die Arme.

Während sie sich noch festhielten, wurde plötzlich durch die Wände der Hütte und die geschlossene Tür ein schriller Schrei hörbar, dem sich ein langes, grelles Gejammer anschloß, das nichts Menschliches mehr zu haben schien. Armand und seine Mutter lösten sich aus der Umarmung und lauschten. Dann begriffen sie, wer da schrie.

Mes Coh Thoutin hatte Losseh Thiegah in der Hütte, die er mit seinem toten Söhnchen im Arm aufgesucht hatte, nicht vorgefunden. Sie war unterwegs gewesen, um Brennholz einzusammeln. Dann war sie schließlich erschienen. Anfangs konnte und wollte sie nicht begreifen. Als endlich die Wahrheit in sie einzusickern anfing, hatte sich ihr fürchterlicher Jammer in der indianischen Totenklage entladen.

8   Es war gar nicht darüber diskutiert worden, schien sich vielmehr ganz von selbst zu verstehen, daß Paul Soldat, Claas Forke und Mes Coh Thoutin nach dem Tode Justins ihre schon bis in alle Einzelheiten vorbereitete Reise zum Peace River zunächst aufschoben, aber Anfang September, als der Herbst ihnen noch gerade Zeit dazu ließ, vor dem Frost, bestiegen Paul Soldat, Claas Forke, Mes Coh Thoutin und Losseh Thiegah mit der kleinen Nagamoun im Arm das von den Männern wohlvorbereitete und reichlich mit Proviant und vielen Werkzeugen ausgestattete Kanu und machten sich auf die weite Reise zum mittleren Peace. Niemand im Lager am La Biche hatte versucht, ihnen nahezulegen, die Abfahrt weiter hinauszuschieben. Nur Nagamoun hatte bitterlich geweint, als sie begriff, daß sie ihren geliebten Beschützer Armand voraussichtlich nicht wiedersehen würde. Er hatte dabeigestanden mit hängenden Armen, zitternden Lippen und einem grimmigen Gesicht, hatte sich schließlich abgewendet und war fortgegangen, um den anderen zu verbergen, daß auch er die Tränen nicht aufzuhalten vermochte.

Pauls Kanu glitt den Athabasca abwärts bis zur Einmündung des Pelican in den großen Strom. Die Reisenden wendeten in das geringere Gewässer und kämpften sich stromauf voran. Sie erreichten den Quellsee des Pelican-Flusses. An seiner Westseite war das Kanu aus dem Wasser zu heben und die Wasserscheide zum Stromgebiet des Wabasca zu überwinden. Viele Portagen also waren zu bewältigen, ehe die vier Erwachsenen und das Kind schließlich den mächtigen, sich gelassen durch die Ödnis windenden Peace erreichten und sich seiner verhaltenen, zugleich machtvollen Strömung anvertrauten. Oberhalb der Vermilion-Schnellen, deren Abschluß die großen Vermilion-Fälle des Peace bilden, trieben die Reisenden ihr Boot an Land. Auf dem Hochufer des Stroms, einem ihn zu einer weiten Schleife zwingenden Hügelzug, würden sie sich eine Hütte bauen. Der Peace war von dem Vorsprung des Landes weit stromauf und -ab zu überblicken. An dieser Stelle sollte Alexander Mackenzie nicht zu verfehlen sein, wenn er sich im nächsten oder übernächsten Jahr aufmachte, westwärts ins Ungewisse vorzustoßen.

Auch konnte das Lager Macleods nicht allzuweit entfernt sein. Paul war entschlossen, es aufzusuchen, wenn nicht mehr im gleichen Jahr, so doch sicherlich im kommenden Frühling, denn in diesem Herbst war noch viel vorzubereiten, um den nahenden Winter zu bestehen. Aber der Strom wimmelte von Fischen, auch hatte man während der vergangenen Reise vom Wasser aus viel Wild beobachtet, überdies eine gehörige Menge Proviant vom La Biche mitgebracht, Pemmican vor allem. Der Bau von Kanus ließ sich mit so kurzer Anlaufzeit bis zum Frost nicht mehr vorbereiten. Aber Fallenstrecken an den in den Peace mündenden Nebenflüssen konnte man vor dem Winter noch auslegen. Warum sollten die drei erfahrenen Waldläufer nicht wie die Indianer zur Genüge Pelztiere in ihre Fallen locken, um sich später, wenn auch nicht mehr am fernen La Biche bei Anna Leblois, so doch vielleicht bei Macleod oder Mackenzie all die Notwendigkeiten einzutauschen, die dem wunderbaren Füllhorn der Einöden nicht abzulisten waren.

Paul Soldat verrichtete in diesem Winter alle die Arbeiten, die auf der weltentlegenen kleinen Siedlung oberhalb der Großen Fälle des Peace River anfielen, mit dem Fleiß und der Gewissenhaftigkeit, die seinem Wesen entsprachen. Aber mit seinem Los zufrieden oder gar glücklich war er nicht; vom Glück war er in seinem Leben nie besonders begünstigt gewesen. Allerdings kam in diesem Winter hinzu, daß es ihn verstimmte und schließlich in langsam steigendem Maße ärgerte, daß der von ihm eigentlich nur aufgelesene und keineswegs auf unbeschränkte Zeit angenommene Claas Forke sich gebärdete, als gehörte er endgültig zu dem seit Jahren eingefahrenen Gespann Paul Soldat und Mes Coh Thoutin. Kein Zweifel konnte daran bestehen, daß Claas Forke mit Holz vorzüglich umzugehen verstand, erfahrener Zimmermann, der er war. Paul Soldat vermochte deshalb keinen zureichenden Grund ausfindig zu machen, sich wieder von ihm zu trennen, obgleich sich kein Band der Freundschaft zwischen den Männern knüpfen wollte. Was Paul aber am stärksten beunruhigte, war dies: Der nicht abzuschüttelnde Gefährte ließ sich immer wieder, wenn er sich überhaupt zu einem längeren Gespräch bequemte, etwa folgendermaßen vernehmen:

»Allein hält sie's nicht auf die Dauer durch, da am La Biche. Eine Frau als Postenchef – Unsinn! Sie muß wieder heiraten! Aber wen soll sie nehmen? Einen franko-kanadischen Voyageur? Das kommt für sie nicht in Frage. Sie ist doch eigentlich eine Deutsche...«

Paul sagte sich dann: Er hat nicht aufgegeben, er wartet auf eine günstige Gelegenheit.

Und ich? Ich warte auch darauf, obgleich ich weiß, daß das für immer vergeblich ist.

9 Es stellte sich heraus, daß die Wälderwildnis am Peace beinahe unglaubhaft reich an wertvollen Pelztieren war. Im Frühsommer des Jahres 1792 konnten Paul Soldat, Claas Forke und Mes Coh Thoutin gleich zwei Kanus mit großen Pelzpacken beladen, um sie noch rechtzeitig Macleod von der North West Company anzubieten, damit sie ohne Verzug mit den anderen Pelzen, die der Schotte sicherlich im Laufe des Winters den Indianern abgehandelt hatte, den weiten Weg nach Montréal antreten konnten.

Wo aber war Macleod zu finden, weiter oberhalb oder unterhalb am großen Strom? Während der kalten Zeit hatten nur zweimal Indianer mit Hundeschlitten bei ihrem Blockhaus haltgemacht, hatten aber nicht mit Sicherheit angeben können, wo Macleod einen neuen Handelsposten errichtet hatte.

Doch meinten die Indianer, er würde wohl einige Tagesreisen über die Einmündung des Wabasca in den Peace hinaus stromauf gegangen sein, denn die Pelzjagd wäre um so ergiebiger, je weiter man sich dem Gebirge näherte – und aus dem Gebirge käme der Peace ja her.

Also gut, entschied Paul Soldat, als die Boote beladen waren: Wir versuchen es zunächst stromauf. Wenn ich Macleod gewesen wäre, dann hätte ich, vom Lake Athabasca herkommend, mich sicherlich auch erst einige Tagesreisen oberhalb der Vermilion-Fälle entschlossen, anzuhalten und einen neuen Handelsposten einzurichten.

Wir haben mehr Glück als Verstand, stellte Paul Soldat am Abend des vierten Tages nach seiner Abreise aus dem Winterquartier bei den Vermilion-Schnellen fest. Der befestigte Handelsposten, den Macleod auf dem rechten Hochufer des Peace mit seinen Männern eingerichtet hatte, war vom Strom her nicht zu übersehen gewesen. Der Schotte hatte die Besucher, die ihm ja bekannt waren, freundschaftlich begrüßt und willkommen geheißen. Er zeigte sich erstaunt über die stattliche Ausbeute an guten Pelzen, die ihm angeboten wurde. Macleod hatte seine beiden Kanubrigaden mit dem, was er über Winter an Pelzen eingebracht hatte, in zwei Tagen ostwärts in Marsch setzen wollen. Daß er seine Lieferung um mehrere Packs guter Pelze vergrößern konnte, war ihm nur allzu recht. Auch waren die Pelze bereits sachgemäß verschnürt und konnten sofort verladen werden. Es ergab sich sogar, daß Macleod Paul Soldat und seine Leute nicht in vollem Umfang für die angelieferten Pelze entschädigen konnte. Sein Angebot an Tauschwaren war nach dem für die Company recht ergiebig verlaufenen Winter so weit gelichtet, daß er den unerwarteten Besuchern über die Waren hinaus, die er ihnen ausfolgen konnte, noch einen ansehnlichen Betrag für den nächsten Herbst gutzuschreiben hatte. Hinzu kam, daß alle seine Kanus für den Transport der Pelze nach Osten bereits voll ausgelastet waren. Also war er gern einverstanden, als Paul Soldat ihm das zweite seiner Kanus zum Kauf anbot. Paul, Claas und Thoutin hatten dieses Kanu während des vergangenen Winters sozusagen nebenbei aus noch vor dem Frost gesammelten Material fertiggestellt.

Paul Soldat und Claas Forke verweilten für einige Tage im Lager. Man war dankbar dafür, wieder einmal neue Gesichter zu sehen und mit anderen Leuten zu sprechen. Paul Soldat wollte natürlich wissen, ob Macleod irgendeine Nachricht von Alexander Mackenzie erhalten hatte. Aber der Händler wußte nichts Neues mitzuteilen.

»Ich nehme an«, sagte er, »daß Mackenzie im kommenden Spätherbst hier auftauchen wird. Er weiß genau, was er will, und vertrödelt seine Zeit nicht. Er wird sich vielleicht einen weiteren Anteil an der Company gesichert haben. Sicherlich wird es ihm nicht ganz leichtgefallen sein, die Zustimmung der übrigen Partner für eine weitere Entdeckungsreise nach Westen zu gewinnen. Für eine zweite Reise wird er soviel Rückhalt bei den Partnern erwirken wie nur möglich. Der zweite Versuch muß ihn zum Stillen Ozean bringen. Wenn es uns nicht gelingt, die Pelze über den anderen Weg, das heißt nach Westen zum Stillen Ozean, aus dem Lande zu schaffen, dann werden die Unkosten der weiten Transporte nach Montréal sehr bald unsere Profite auffressen. Und Profit ist schließlich das einzige, was uns hier in Bewegung hält.«

Das allmählich abschwellende Hochwasser des Peace hatte die Kanubrigaden mit ihrer kostbaren Fracht auf seinem von dunklen Wallungen überspülten mächtigen Rücken davongetragen. Im Lager Macleods kehrte Ruhe ein, eine nach dem Spektakel der letzten Tage und Wochen beinahe beängstigende Stille. Paul Soldat und manchmal auch Claas Forke hatten mit Macleod alles durchgesprochen, was in ihren speziellen Angelegenheiten zu besprechen und an allgemeineren Aussichten und Plänen für die Zukunft zu erwägen war.

Wir haben hier nichts mehr zu verrichten, sagte sich Paul Soldat. Also würde es sich empfehlen, wieder zu unserem eigenen Posten bei den Vermilion-Fällen abzureisen. Wir könnten uns auf die Bärenhaut legen. Der vorige Winter hat sich gelohnt.

Macleod versuchte nicht, Paul Soldat und seine Leute zurückzuhalten, nachdem der erste Reiz des Wiedersehens mit alten Bekannten einige Tage nach der Abfahrt der Kanubrigaden endgültig verblaßt war.

Die vier Erwachsenen und das Kind bestiegen also eines Morgens um die Mitte des Juli das einzige ihnen verbliebene Kanu, in welchem auf einigen Packs eingehandelter Gebrauchsgüter und auch zwei Fäßchen Rum die kleine Nagamoun thronte, stolz und freudig, daß unter der Obhut des Vaters wieder eine neue Reise anbrach, eine blitzende Wasserfahrt. Es war eine Lust, durch den leuchtenden Frühlingstag zu fahren.

Am Nachmittag des ersten Tages nach der Abreise von dem Posten wurde sogar Claas Forke gesprächig. Man war schon früh am Nachmittag, da sich gerade eine schimmernde kleine Bucht am Ufer anbot, an Land gegangen, um sich in aller Ruhe für das Nachtlager zu rüsten. Die Reisenden fühlten sich nicht mehr von knapper Zeit bedrängt. Sie konnten sich Muße gönnen. Im vergangenen Winter hatten sie hart gearbeitet. Nun durfte man auch für ein Weilchen den Lohn der Arbeit genießen. In dieser wohligen Stimmung setzte Claas Forke zum Erstaunen von Paul Soldat zu einer sonst bei ihm durchaus nicht üblichen längeren Rede an. Und zwar bediente er sich dabei der deutschen Sprache. Auf solche Weise entstand eine sonst zwischen ihnen gar nicht obwaltende

Vertraulichkeit und schloß den Indianer und Losseh Thiegah, die mit ums Feuer saßen, von der Unterhaltung aus:

»Paul, ich muß mal mit dir reden. Wo will das eigentlich mit uns allen hinaus? Wir fahren zu unserem Quartier vom vergangenen Winter zurück, und was machen wir dann da? Wir könnten mit Leichtigkeit über den Sommer ein halbes Dutzend oder sogar ein ganzes Dutzend Kanus bauen. Aber wer kauft sie uns ab? Hier sind wir am Ende der Welt. Macleod hat uns zwar unser überzähliges Kanu vom letzten Winter abgenommen, aber das war ein Glücksfall. Bei den Vermilion-Schnellen sitzen und Kanus bauen, die sich dann nicht verkaufen lassen, das ist nicht mein Fall, Paul. Morgen kommen wir an der Einmündung des Wabasca in den Peace vorbei. Warum wenden wir nicht in den Wabasca, fahren ihn aufwärts und sehen zu, wie sich die Verhältnisse bei Anna Leblois entwickelt haben? Die Frau sitzt da am unteren La Biche und trägt ganz allein die Verantwortung. Ich sage dir ganz offen, Paul: Einer von uns beiden wird früher oder später an Justins Stelle treten müssen, sonst geht der ganze Handelsposten am La Biche koppheister, und das wäre jammerschade.«

Paul Soldat wandte sich so, daß er Claas Forke voll ins Gesicht blicken konnte. Er wollte nicht an ihm vorbei reden. Dann strich Paul sich mit der Hand über die Augen, räusperte sich und versuchte die Antwort:

»Claas, was du da von Anna Leblois sagst, ist barer Unsinn. Sie ist Walther Corssens Tochter und kann hundert Voyageurs regieren, wenn es darauf ankommt. Sie braucht weder dich noch mich. Sie hat im vorigen Herbst nicht den Versuch unternommen, uns bei sich zu behalten. Wir werden in diesem Lande alle halb und halb zu Indianern, ob wir es merken oder nicht. Das gilt auch für Anna. Und eine indianische Frau heiratet nicht zum zweitenmal, wenn sie ihren Gatten verloren hat. Ich habe keine Lust, Claas, wieder am La Biche aufzukreuzen und dann über kurz oder lang zur Kenntnis nehmen zu müssen, daß Anna wie im vorigen Herbst mich lieber gehen als kommen sieht. Und noch etwas, Claas, laß dir gesagt sein: Der junge Armand ist inzwischen wieder ein Jahr älter geworden, und wenn ich ihn richtig einschätze, so wird er schon

jetzt größten Wert darauf legen, an der Seite seiner Mutter die Stelle des allzu früh von der Wildnis verschlungenen Vaters einzunehmen. Er würde uns hassen und mit allen Mitteln zu verdrängen suchen. Wir brächten also Anna in eine schlimme Lage und würden schließlich auch sie lehren, uns zu hassen.«
Claas Forke hatte sich kein Wort von Paul Soldat entgehen lassen. Er lächelte in sich hinein. Es war kein gutes Lächeln. Paul bemerkte es nicht. Claas hatte sofort begriffen: Der ist verdammt zart besaitet, der Paul! Mit dem kann man Schlitten fahren. Sie ist jetzt zu haben, die Anna. Und ich werde sie kriegen.
Laut sagte Claas: »Du willst nicht mehr zum La Biche, Paul. Nun gut, das ist deine Sache. Aber ich denke mir, dort ist mehr zu erreichen als hier. Hier sitzt uns Macleod vor der Nase und demnächst noch Alexander Mackenzie, zwei Schotten, die aus jedem Dreck Gold machen. Ich will zum La Biche. Aber ich habe kein Kanu. Auch wenn ich eins hätte, allein könnte ich es den Wabasca aufwärts nicht schaffen. Ich käme nicht vom Fleck. – Paul, mir brauchst du nichts vorzumachen: Von Anfang an war es dir nicht recht, daß ich mich euch damals am Athabasca-See angeschlossen habe. Aber du kannst mir nicht vorwerfen, daß ich dir nicht tagein, tagaus geholfen und meinen vollen Anteil zu unserem Unterhalt und Wohlergehen beigetragen habe. Wir passen nicht zueinander, Paul. Dagegen ist nichts zu machen. Aber trotzdem hast du eine Menge Vorteile von mir gehabt. Paul, die Sache ist ganz einfach: Du wirst mich los, wenn du deinem Indianer und der Indianerin zuredest und selber mitmachst, mich in diesem Kanu mit meinem Zeug zum La Biche zu bringen. Paul, ich habe in der Zeit unseres Zusammenseins das Meinige getan; nun tue du am Schluß das Deinige und bringe mich wenigstens da hin, wo ich hin will!«
Den Ausschlag gab ein Gedanke, der plötzlich in Pauls Überlegungen auftönte wie ein Ruf von ferne her aus der Tiefe des Waldes: Wenn ich Claas zum La Biche bringe, werde ich Anna noch einmal zu Gesicht bekommen, werde ich noch einmal sehen, wie sie sich das Haar aus der Stirn streicht oder die Augenbrauen zusammenzieht, so daß ihr niemand widerspricht, wenn sie einem

Voyageur oder Indianer einen Auftrag gibt. Mit rauher Stimme ließ sich Paul vernehmen:»Gut, wir bringen dich zum La Biche, Claas, und von da ab geht jeder von uns seinen eigenen Weg, und wir sind quitt.«

Auf dem Handelsposten am La Biche war es mit Händen zu greifen, daß Anna keines Nachfolgers für Justin, keines neuen Postenchefs bedurfte. Die Häuser und Schuppen zeigten sich gut im Stande. An Nahrung war kein Mangel. An langen Stecken aufgereiht hingen längs des Flußufers die Lachse und Forellen zum Trocknen, Proviant für den nächsten Winter. In einem neu errichteten Räucherhaus bräunten die Schinken und Speckseiten zweier Bären, die von dem erfahrenen Vormann der Voyageurs, die während des Sommers im Lager verblieben waren, einige Tage zuvor beim Fischfang überrascht und zur Strecke gebracht worden waren. Am Außenrand des Postens waren die Grundrisse von nicht weniger als vier neuen Blockhäusern abgesteckt. Anna stand dem allen vor mit einer Bestimmtheit, beinahe einem Hochmut, der jeden Widerstand und jede Vertraulichkeit ausschloß. Armand wich nur selten von der Seite seiner Mutter.

Die Ankunft Paul Soldats und seiner Leute bereitete Anna offenbar keine Freude. Sie nahm sie lediglich hin. Die Männer kommen und gehen, genießen Gastrecht für eine Zeit, die nicht allzu lange ausgedehnt werden darf. Wenn sie nicht selbst Auskunft geben, so fragt niemand nach ihrem Woher und Wohin.

Schon in den ersten Minuten des Zusammentreffens von Anna und Paul entschied sich alles weitere.

»Ihr wollt also nur Claas Forke hier absetzen und gleich wieder umkehren, um noch vor dem Herbst euer Lager bei den Vermilion-Fällen zu erreichen. Claas kann sofort anfangen, wenn er will. Ich habe sowieso nicht genug Leute, und ein Zimmermann käme mir beim Bau der neuen Häuser gut zustatten. Claas könnte mit dem Vormann der Voyageurs zusammen schlafen. Als Lohn schlage ich das gleiche vor, was auch der Vormann bezieht.«

Forke war einverstanden. Daß seine Pläne Zeit brauchten, sich zu entwickeln, war ihm von Anfang an klar gewesen.

Paul Soldat hätte wohl schon nach ein oder zwei Tagen sein Kanu wieder ins Wasser geschoben, um mit seiner Tochter und dem indianischen Paar die Rückreise zum Peace anzutreten, wenn nicht die kleine Nagamoun ihren Vater und Armand seine Mutter bestürmt hätten, den Aufenthalt am La Biche noch etwas länger als nur für zwei Tage auszudehnen. Die beiden Kinder waren, als sie sich wiedersahen, mit beinahe erschreckender Wildheit aufeinander zugestürzt, hatten einander umarmt, indem sich der schon halb erwachsene Armand in die Knie sinken ließ und das Mädchen an sich zog. Dann hatte er die Kleine hochgehoben und das jauchzende Kind im Kreis umhergewirbelt, bis ihnen beiden der Atem ausging. Dabei hatte er unablässig geschrien: »Nagamoun, Nagamoun, Nagamoun ist wieder da! Meine kleine Nagamoun ist wieder da!«

Anna Leblois und Paul Soldat, die beide den Überschwang der Kinder aus der Nähe miterlebten, fühlten sich sonderbar beunruhigt. Wo wollte das hinaus? War das nicht mehr als ein nur kindliches Vergnügen? Paul fing einen Blick auf, den Anna zu ihm hinüberwarf, aus dem Wärme strahlte, eine sicherlich nicht beabsichtigte Wärme. Anna ließ die Augen sofort wieder zu den Kindern hinübergleiten, als sie merkte, daß Paul ihren Blick aufgefangen hatte.

Claas Forke verabschiedete sich ohne jeden Umstand von den Gefährten des vergangenen Jahres. Wenn Paul sich nicht täuschte, so war Claas verärgert darüber, daß Anna ihn ohne viel Federlesens zu ihrem Vormann in die Kammer gelegt hatte. Sie hatte damit von Anfang an vor aller Welt deutlich gemacht, daß Claas in den Dienst der Company getreten war und fortab ihren Weisungen unterstand wie alle anderen Voyageurs des Handelspostens am La Biche.

Die kleine Nagamoun war in diesem Jahr 1792 sieben Jahre alt geworden. Ungewöhnlich früh war sie ins Wachsen geraten. Ihr Körper hatte die kindhafte Rundlichkeit verloren, streckte sich in die Länge. Beinahe übergroß blickten die dunklen Mandelaugen aus dem ovalen Gesichtchen mit der blaßgoldenen Haut. Das tiefdunkelbraune Haar umrahmte das Antlitz mit der gestreckten, ganz zart gekrümmten Nase und dem kräftigen, tiefroten Mund wie eine lockige leichte Wolke. Das war ebensowenig indianisch, wie die nur leicht betonten Backenknochen und die breitgezeichneten Augenbrauen es waren.

Nagamoun schluchzte herzzerbrechend, als der Abschied von La Biche nicht länger hinausgeschoben werden konnte. Paul Soldat wunderte sich, daß die Tränen des Kindes versiegten, als das Kanu bestiegen werden mußte. Armand hatte nämlich die Kleine zum letztenmal umarmt und ihr ins Ohr geflüstert: »Weine nicht, Nagamoun. Wir vergessen einander nicht. Und ich hole dich eines Tages. Wenn ich groß bin und ein Mann und selbst Postenchef. Dann hole ich dich, Nagamoun!«

Es war wie ein Wunder: Das Kind stieg ins Kanu, als könnte es nicht anders sein, ja, es lächelte sogar den Zurückbleibenden am Ufer zu, was in dem verweinten Gesicht so rührend wirkte, daß auch die zernarbten Voyageurs, die das Boot ins Wasser geschoben hatten, noch den ganzen Tag über einen Nachglanz davon verspürten.

Zwischen Anna und Paul war es in all den Tagen zu keiner Aussprache gekommen. Worüber sollte auch gesprochen werden? Anna hatte sich lediglich halb im Vorübergehen erkundigt: »Hast du weitere Pläne, Paul? Ich denke, du solltest dich über Macleod bei der Company bewerben. Einen erfahrenen Mann wie dich wird man brauchen können. Vielleicht überträgt man dir einen neuen Posten am Peace oder Slave. Du kannst dich, wenn du willst, auf mich beziehen. Ich würde eine Bewerbung, die dich der Company für die Zukunft sicherte, gern unterstützen.«

In Pauls Ohren hatten die Worte ein wenig gönnerhaft geklungen, aber vielleicht meinte sie nur, daß im Leeren schwebte und schließlich abstürzte, wer sich nicht dem Zwang, aber zugleich auch festen Halt der Company unterwarf.

Paul hatte auf die nicht sonderlich ernsthaft klingende Anfrage erwidert: »Vorläufig komme ich ohne die Company aus, Anna. Ich will im kommenden Winter von unserem Posten bei den Vermilion-Schnellen wie im vorigen Winter mit Mes Coh Thoutin trappen. Das hat sich im vergangenen Winter nicht schlecht gelohnt. Auf alle Fälle aber will ich Alexander Mackenzie nicht verpassen, der im nächsten oder übernächsten Jahr wieder am Peace auftauchen wird, um von da aus zum Gebirge, und, wenn möglich, über das Gebirge hinweg zum großen Ozean im Westen vorzustoßen. Wurzel schlagen kann ich hier nirgendwo. Aber ich will wenigstens zu den ersten gehören, die dies unermeßliche Niemandsland von einem Ende bis zum anderen durchmessen haben. Alexander Mackenzie veranstaltet das Ganze um besserer Profite für die Company willen. Ich will um des Spaßes und meiner Eitelkeit willen dabeisein. Sonst wird nicht viel für mich herausspringen, aber daß ich mit von der Partie war, das kann mir dann keiner mehr wegnehmen.«

Danach war zwischen ihnen nichts mehr zu sagen gewesen. Aber daß Anna sich in den Wochen und Monaten, die folgten, immer wieder in den Viertelstunden vor dem Einschlafen damit abgab, den merkwürdigen Abschiedsworten Paul Soldats hinterherzudenken, erschien ihr mit der Zeit als ein Zeichen dafür, daß ihr verstorbener Mann sich allmählich tiefer ins Reich der Schatten zurückzog.

10

Mit beinahe heiterem Gleichmut machten sich Paul Soldat und Mes Coh Thoutin im späten Sommer 1792 von ihrem Lager bei den Vermilion-Fällen her an die Vorbereitungen für die Winterarbeit. Neue Fallenstrecken waren auszulegen, denn die des vergangenen Winters waren sicherlich so stark mit menschlicher Witterung behaftet, daß auf den alten Fangplätzen die wilden Tiere nicht mehr in die Eisen gehen würden. Gewiß mußte auch Wild geschossen werden, zwei Bären wurden erlegt, um einen gehörigen Vorrat an Trockenfleisch und schmackhaftem Fett für den Winter anzusammeln. In jeder freien Minute ließ Losseh Thiegah einen Steinwurf weit vom Ufer entfernt die Angel ins Wasser sinken und raubte dem Strom einen silbernen, bräunlich oder rötlich schimmernden Fischleib nach dem anderen. Am Ufer trockneten an langen Stecken die der Länge nach aufgeschnittenen und ausgeweideten Fische in Sonne und Wind.

Bis dann eines schönen Tages Paul Soldat in einem jener plötzlichen Umschwünge der Ansichten und Absichten, die für die Männer der Wildnis – gleich, ob von weißer oder roter Hautfarbe – bezeichnend sind, seinem indianischen Gefährten bei der Arbeit an einem neuen, leichten Eil- und Jagdkanu einen Vorschlag machte, der so einleuchtend schien, daß der eine oder der andere eigentlich längst hätte darauf kommen müssen: »Bei Licht besehen, Thoutin, ist es Unsinn, was wir hier veranstalten. Wir wollen auf keinen Fall Alexander Mackenzie verpassen, wenn er hier auf der Fahrt zu Macleod vorbeikommt. Das wird wahrscheinlich erst kurz vor dem Zufrieren des Stroms geschehen. Gewiß wird Mackenzie darauf dringen, daß wir sofort mit ihm zusammen zum Macleodschen Posten vorstoßen, damit er im nächsten Frühjahr nicht erst auf uns zu warten braucht. Und dann sollen wir Hals über Kopf unsere Siebensachen zusammenraffen und ihm folgen? Diese Aussicht behagt mir nicht. Wir sollten nicht hier auf Mackenzie warten, sondern dies gute Boot schleunigst fertigstellen, alles hineinpacken, was wir in unserem bisherigen Kanu nicht unterbringen, es ins Schlepp nehmen und uns schon jetzt zu Macleod aufmachen. Auf diese Weise würde uns Alexander Mackenzie nicht entgehen – und mit Macleod werden wir uns sicherlich einigen. Was meinst du zu alldem, Thoutin?«

Mes Coh Thoutin war ein Indianer, ein Sohn der Einöden; er brauchte nicht erst zu lernen, daß gute Pläne dazu da sind, durch bessere ersetzt zu werden; er erwiderte nach kurzem Zögern: »Ich glaube, Paul, wir sollten beim dritten Sonnenaufgang, von morgen an gerechnet, die Fahrt zum Posten Macleods antreten. Ich meine, das müßte zu machen sein, ohne daß wir uns zu überstürzen brauchen.«

Wenn dem Indianer ein so kurzer Anlauf genügte, das bisherige Standquartier bei den Vermilion-Fällen aufzulösen, dann hatte Paul Soldat nicht mehr nötig, darüber nachzudenken.

Macleod zeigte sich erstaunt, daß Paul Soldat sich von Claas Forke getrennt hatte. Doch schien auch er ihm keine Träne nachzuweinen. Er meinte: »Ich nehme an, daß Alexander Mackenzie noch in diesem Spätherbst auftauchen wird, um sich im nächsten Frühjahr auf den Weg nach Westen zu machen. Die Indianer, die mir wintersüber ihre Pelze verkauften, haben mir übereinstimmend bestätigt, daß der Peace bis an den Rand des großen Gebirges im Westen keine wesentlichen Schwierigkeiten bietet. Im Gebirge selbst wird er auf weite Strecken unpassierbar. Die Portagen sollen halsbrecherisch, für erfahrene Voyageurs aber zu bewältigen sein. Mit den Indianern sind wir übrigens hier gut ausgekommen. Es hat keine Schwierigkeiten gegeben.«

Macleod rechnete also fest damit, daß Alexander Mackenzie bald wiederauftauchen würde. Paul Soldat sah sich bestätigt. Er wollte zu den Männern gehören, die den großen amerikanischen Kontinent als erste bis zur Küste des Weltmeers, des Großen, des Pazifischen Weltmeers, durchstießen. Er machte sich nichts vor: Alexander Mackenzie suchte den Weg zum Stillen Ozean nicht deshalb, um das Dämmerdunkel über einem riesigen unbekannten Land mit Wäldern, Strömen, Seen und Gebirgen aufzuhellen – das würde nebenbei nicht zu vermeiden sein –, sondern aus sehr viel nüchterneren Gründen.

Die Männer, die im späten Herbst des Jahres 1792 auf die Wiederkehr Alexander Mackenzies am großen Peace-Fluß warteten, waren längst von jener alljährlich wiederkehrenden bitteren Unruhe ergriffen: War Mackenzie unterwegs aufgehalten worden, so erreichte er das neue Lager vielleicht nicht mehr vor dem Eis! Die eingehandelten Pelze lagen dann ebenso fest wie anderswo die von Osten herangeführten Tauschwaren; trafen sie aber im Herbst nicht am vorbestimmten Ort zusammen, so war der Handel gestört, und man versäumte unter Umständen ein ganzes Jahr.

An einem frühen Morgen, schon gegen sechs Uhr, stieg Alexander Mackenzie aus seinem Kanu an Land. Finlays Voyageurs und die des Handelspostens, die ihm im Jahr zuvor als Helfer, Zimmerer, Ruderer, Packer – und was sonst noch! – gedient hatten, empfingen ihn und seine zwei Kanus mit lautem Freudengeheul. Wer eine Flinte hatte, der schoß sie ab, schüttete noch einmal Pulver auf die Pfanne und knallte abermals in den kalten Morgen, der sich mühsam genug der Nacht entwand.

Ja, ein großer Mann offenbar, dieser Alexander Mackenzie! Die Indianer stellten es ebenso fest wie die Voyageurs. Kameradschaftlich begrüßte er mit Handschlag zunächst die schottischen Mitarbeiter der Company, bemerkte dann sogleich Paul Soldat und rief erfreut: »Ah, das ist ein angenehmes Wiedersehen! Du wirst dich mir anschließen im nächsten Frühling. Und deinen Indianer, den Pockennarbigen, nehmen wir auch mit. Dann kann mir, was die Kanus anbelangt, nicht viel passieren. Sei mir willkommen!«

Es galt, keine Zeit zu verlieren, denn schon bildete sich Eis an den Flußrändern, die ersten Schneestürme mochten die Männer für Tage ans Ufer fesseln. Denn was Macleod vielleicht vorgehabt, aber nicht ausgeführt hatte, wollte Alexander Mackenzie selbst vollbringen, soweit es die Jahreszeit und das Wetter zuließen. Schon am Morgen des nächsten Tages, in der Frühe um drei Uhr, so verkündete er, wollte er mit den Leuten, die ihm im nächsten Frühling auf seiner großen Erkundungsreise nach Westen dienen sollten, abermals aufbrechen, um sich möglichst weit an das Gebirge heranzuschieben. Macleod steuerte bei, daß er auf den Rat Paul Soldats schon vor einem Monat zwei tüchtige Voyageurs weit den Fluß stromauf geschickt hatte, um in einer geeigneten Gegend über dem Strom einen gut sichtbaren Platz für ein Winterlager freizulegen und einen gehörigen Vorrat an Bohlen aus geeigneten Stämmen des Waldes herauszuschlagen, damit Mackenzie und seine Mannschaft, wenn sie unmittelbar vor dem Winter einträfen, sich so schnell wie möglich eine feste Unterkunft bauen konnten. Mackenzie vernahm dies mit großer Erleichterung. Er beredete noch mit Finlay und Macleod, nach welchen Grundsätzen der Macleodsche Posten, den er unter Finlays Leitung zurücklassen würde, im kommenden Winter zu leiten wäre und welche Regeln und Preise für den Tauschhandel beachtet werden müßten. All dies wurde schnell und ohne viele Worte geregelt.

Es hatte sich die Frage ergeben, ob Losseh Thiegah mit Nagamoun auf dem großen und schon einigermaßen wohlgeordneten Posten bleiben sollte, dem Finlay im kommenden Winter und nächsten Sommer vorstehen würde, oder ob die Indianerin mit dem Kinde mit der sehr viel kleineren Gruppe von Männern unter Alexander Mackenzie den Peace aufwärts vorrücken sollte, zu jenem noch vorläufig unbekannten, sicherlich nicht sehr wohnlichen Ort, an dem der Schotte mit den Männern, die er sich für seine große Entdeckungsreise nach Westen ausgesucht hatte, überwintern wollte. Alexander Mackenzie hatte ein einigermaßen saures Gesicht gezogen, als ihm Paul Soldat eröffnete, daß er sich nicht entschließen könne, Nagamoun und die Betreuerin des Kindes im großen Lager unter Finlays Aufsicht zurückzulassen. Auch mochte Mes Coh Thoutin seine Frau und ihre Dienste im bevorstehenden Winter nicht entbehren und bestand ebenfalls darauf, daß Losseh Thiegah die Reise zu dem Vorauslager am oberen Peace mit anzutreten hätte.

Die Indianerin und das Kind hockten also, in Pelze und wollene Decken wohlverpackt, hinter dem in der Mitte des Bootes thronenden Alexander Mackenzie, kaum beachtet von den Ruderern und erst recht nicht von dem lärmenden Volk, das sich zur Abfahrt am Ufer der nun Finlayschen Niederlassung eingefunden hatte.

Das Wetter in diesen letzten Tagen vor dem Winter zeigte sich von seiner häßlichsten Seite. Bitterkalte Regenschauer fegten den Männern ins Gesicht. In der Tat, diese letzte Fahrt im griesgrämig und böse seinem Ende zustolpernden Jahr 1792 wurde zu einer Tortur für alle Insassen des weltverlorenen Kanus, das sich über die schwarzen Wallungen des Peace stromauf vorankämpfte.

Die gesamte Mannschaft des Kanus einschließlich der drei Menschen, die nicht mitgerudert hatten, fühlte sich wie ausgehöhlt vor Erschöpfung, als endlich am Hochufer des Stroms die kleine Rodung auftauchte, die für Mackenzie und seine Leute vorbereitet worden war. Einige Kanus lagen unterhalb des Hochufers im feuchten Sand. Endlich, endlich war das Ziel erreicht.

Es zeigte sich indessen auf der Stelle, daß an Ausruhen noch nicht zu denken war. Gleich am ersten Tage waren, während ein Hagelschauer vom Himmel prasselte, die Voyageurs einzuteilen, einige Blockhütten zu errichten, und das in aller Eile, denn jeden Tag konnte nun der erste Schneesturm alles unter hohen Schneewehen verschütten; dann aber würde der Bau fester Unterkünfte nur noch langsam und unter Schwierigkeiten vorankommen.

Paul hatte richtig vorausgesehen, daß sich bei dem entstehenden Winterlager der weißen Männer schon vor der Ankunft Indianer in größerer Zahl eingefunden haben würden, um sich für die Pelzjagd des bevorstehenden Winters ausrüsten zu lassen, aber auch »auf Vorschuß« erst einmal nach Herzenslust zu betrinken und sich für ihre Frauen und Kinder mit all den begehrten Gütern des weißen Mannes auszustatten.

Obgleich die Männer alle, Schotten wie Voyageurs, den letzten Rest ihrer Kraft hergaben, den Handelsposten mit seinen Palisaden, Unterkünften, Waren-, Pelz- und Werkstattschuppen aus dem Boden zu stampfen, ging doch der ganze November darüber hin, ehe der neue Handelsposten das Aussehen einer kleinen Festung in der Wildnis angenommen hatte, wie Alexander Mackenzie es erstrebte. Denn wenn er von diesem Platz aus die Reise in den unerforschten weiteren Westen bis zum Ozean antreten wollte, so würde er hierher wieder zurückkehren müssen.

Auf Schritt und Tritt standen den schwer werkenden Männern die Indianer im Wege und wurden nicht müde zu staunen, wie geschickt die Voyageurs mit Beil, Axt, Hammer, Säge und Meißel umzugehen wußten, und wie trotz des garstigen Wetters das Wildnis-Fort allmählich Gestalt annahm. Aber Mackenzie wußte nur zu gut, daß man um des Handels im kommenden Winter willen die Indianer jetzt nicht verärgern durfte. Man hatte es hinzunehmen, daß sie sich überall einmengten, Fragen stellten, die den Voyageurs entsetzlich dumm vorkamen, dabei aber ernst genommen und sogar hofiert werden wollten. Auch durfte es Mackenzie nicht ablehnen, sich um einige kranke oder verletzte Indianer zu kümmern. Mit einigen allereinfachsten Mitteln und gesundem Menschenverstand gelangen dem Schotten ein paar für die Indianer ans Wunderbare grenzende Kuren, die ihren Respekt vor dem weißen Mann außerordentlich vergrößerten. Dabei hatte Mackenzie nichts weiter zu tun, als ein paar völlig verschmutzte Wunden zu reinigen, wildes Fleisch an ihren Rändern wegzubeizen, das Ganze mit hochprozentigem Branntwein zu desinfizieren und schließlich einen Verband mit einfacher Zinksalbe anzulegen. So unterstützt, zeigte sich die gute »Heilhaut« der Indianer beinahe im Handumdrehen dankbar.

Als einzige unter den weißen Männern hatten sich Paul Soldat und sein Helfer Mes Coh Thoutin nicht am Bau der Befestigungen, der Häuser und Schuppen des Postens zu beteiligen brauchen. Die beiden wurden vom Glück begünstigt: bis zur Mitte des Novembers hatten sie so viele kräftige Silberbirken am Flußufer stromauf entdeckt, daß sie hoffen konnten, im Laufe des Winters mindestens zwei kräftige und doch nicht allzu schwere Lastkanus fertigzustellen, wohl geeignet, einer langen und schwierigen Reise über wilde Ströme, Flüsse und unbekannte Seen standzuhalten.

Erst gegen Mitte und Ende Dezember hatten die weißen Männer und mit ihnen die wenigen Indianer, die sich von ihren Stämmen getrennt hatten und ganz und gar zum weißen Manne übergegangen waren, ein festes Dach über dem Kopf, erfreuten sich fester Kamine an der Stirnwand ihrer Hütte, vor denen man sich wärmen, in denen gekocht werden konnte; das Zusammenleben war der grausamen Witterung entrückt und vermochte wieder menschlichere Formen anzunehmen.

Vom Weihnachtsfest nahm niemand im Lager Notiz. Die Männer waren allzusehr damit beschäftigt, sich in ihren neuen Behausungen wohnlich einzurichten. Der Postenchef hatte auch kein Signal für irgendeine Festivität gegeben. Die Weihnachtstage liefen ab wie andere vor ihnen und nach ihnen auch.

Aber den Neujahrstag mit viel unnötigem Geballere zu begehen, das ließen sich die Voyageurs als ein altes Recht nicht nehmen. Mackenzie hatte Brandy ausgegeben, und der Voyageur, der sich zum Lagerkoch aufgeschwungen hatte, war auf des Postenchefs Geheiß dem geringen Vorrat an Mehl, Zucker, Salz und ein wenig Gewürz zu Leibe gegangen und hatte so etwas Ähnliches wie ein paar Kuchen produziert, die von den Männern als allerbestes Neujahrsgeschenk begeistert begrüßt und nach dem ewigen Maisbrei, Trockenfleisch und halbrohem Wildfleisch oder Fisch mit dem größten Vergnügen verzehrt wurden. Am Morgen des ersten Januar 1793 wurde das neue Jahr, kaum daß der Tag graute, mit Salven von Flintenschüssen begrüßt.

Jedermann war mit dem neuen Jahr zufrieden; endlich konnte der Alltag der Männer in einen ruhigeren Takt einschwingen, durfte man des Nachts in der eisigen Kälte stets auf ein vor dem Wind und Schnee und allerschlimmsten Frost geschütztes Lager rechnen. Indianer kamen und gingen, brachten die Pelze mit, die sie bis dahin erbeutet hatten, um ihre Schulden zu vermindern, bestanden jedoch stets auf ihrem Rausch; auch mußte Mackenzie und wer sonst noch von den Voyageurs mit dem Handel befaßt war, stets daran denken, daß die nie sehr weit in die Zukunft vorausrechnenden indianischen Jäger mit genügendem Proviant, Fallen und guten Messern ausgestattet sein mußten, um weiterhin die wertvollen Winterfelle der Pelztiere einzuheimsen.

Paul Soldat war sehr damit einverstanden, daß er mit dem Taxieren und Einhandeln der Pelze und Felle nichts zu schaffen hatte und sich in seinem Schuppen mit dem indianischen Gefährten in aller Ruhe dem Bau zweier wunderbarer Rindenkanus widmen konnte, die sich bald, vollendet in ihren Linien und Umrissen, fest und leicht zugleich in ihren Spanten, Querbrettern, Borden und Bodenplanken, als zwei werdende Meisterwerke darstellten.

Im Februar fror es so hart, daß Alexander Mackenzies Uhr den Geist aufgab. Die Kälte mußte die kleinen Rädchen in der Uhr miteinander verklebt haben. Die Tiere der Wildnis litten Not. Die großen Waldwölfe ließen sich von den Düften, die ab und zu vom eisigen Wind aus dem Lager davongetragen wurden, verlocken, in das Zeltlager der Indianer einzudringen und an den Zelten herumzuschnüffeln.

Der grimmige Frost ließ das erstarrte Land von Anfang Februar bis Mitte März nicht aus seinen Klauen. Solange es windstill war – und das war es oft –, fühlten sich die wetterharten weißen und roten Männer des Lagers über dem Peace durch die Kälte kaum behindert. Viele verschmähten sogar Handschuhe, wenn sie sich nur tüchtig bewegen konnten. Doch sobald Wind aufkam, mochte es sich auch nur um schwache Bewegungen der Luft handeln, wurde die Kälte unerträglich.

In den niedrigen, bis fast unter das Dach verschneiten Blockhütten mit den zwei Räumen, dem größeren für Mes Coh Thoutin und Losseh Thiegah, der zugleich als Küche und Wohnraum für alle vier diente, und dem kleineren für Paul Soldat und seine Nagamoun (das Kind hatte bei seinem Vater schlafen wollen), in dieser weltverlorenen Hütte waltete den ganzen Winter 1792/93 über tiefer Friede, ja sogar eine von allen empfundene wohlige Geborgenheit. Die Augen der stets ernsten und stillen Indianerin hatten wieder ein wenig Glanz bekommen: Losseh Thiegah hatte den Tod ihres ersten Kindes, des kleinen Nekik, verwunden. Sie glaubte daran, daß ihr Mann in ihrem Leibe ein neues Leben erwecken und sie ihm sicherlich ein Kind gebären würde. Die geheime Hoffnung des Paares strahlte auch auf Paul Soldat und Nagamoun über.

Am dreizehnten März geriet das ganze Lager in helle Aufregung. Paul Soldat und Mes Coh Thoutin, die in diesen Tagen den beiden Kanus, die sie gebaut hatten, den letzten Schliff angedeihen ließen, wurden der Unruhe inne, die plötzlich ausgebrochen war, und traten vor die Tür. Was gab's?

Zu sehen waren sie nicht mehr, doch zu bezweifeln war es nicht: Zwei der Voyageurs, die vom gegenüberliegenden Niedrigufer des Peace aus dem dort dichten Wald zwei Schlitten mit Feuerholz herangeschleppt hatten, wollten die ersten Wildgänse beobachtet haben. Die ersten Wildgänse auf dem Wege nach Norden! Das war ein sicheres Zeichen dafür, daß milderes Wetter nicht mehr weit sein konnte. Der scheidende Winter mochte noch ein paarmal aufbegehren, doch war seine Gewalt gebrochen. Den ersten Boten des Frühlings, den Wildgänsen, folgten bald weitere. Gewöhnlich hörte man die wilden Schreie der Wandergänse erst vierzehn Tage bis drei Wochen später. Es schien, als wollte das Wetter die großen Pläne Mackenzies begünstigen.

Doch bald mischte sich Verdruß in die Freude an den wärmer werdenden Tagen. Schon zu Beginn des letzten Aprildrittels stiegen, zuerst vereinzelt, dann aber in Wolken, Fliegen und Moskitos aus den Sümpfen. Ihr Summen erfüllte die Luft. Blutdürstig griffen sie die Menschen an, wobei sie offensichtlich weiße Haut bevorzugten. Die Indianer wurden sicherlich ebensooft gestochen wie die Weißen, doch schienen die Insektenstiche in indianischer Haut nicht den gleichen Juckreiz hervorzurufen wie in weißer. Wahrscheinlich hatten die Indianer von frühester Jugend an in ihrem Blut so viel Gegengift entwickelt, daß neue Insektenstiche sie nur wenig belästigen konnten. Doch den Weißen wurde das Leben schwergemacht. Sie mußten ständig um sich schlagen, wenn sie nicht völlig verschwollene Gesichter und Hände riskieren wollten.

Die Voyageurs brannten darauf, die Kanus zu bemannen und sich stromab auf die große Reise nach Fort Chipewyan am Athabasca-See zu begeben, denn während der schnellen Kanureise über den Fluß, der keinen Windschutz bot, brauchte man sich vor den Moskitos nicht zu fürchten; im scharfen Zugwind der Fahrt hielten sie sich nicht.

Am achten Mai war es soweit. Sechs schwerbeladene Kanus stießen vom Ufer unterhalb des Forts ab in den Strom hinaus und waren schon nach wenigen Minuten den am Ufer Zurückbleibenden aus den Blicken entschwunden.

Mackenzie wandte sich zu Paul Soldat: »Also, die Pelze sind auf den Weg gebracht! Drei Kreuze hinter ihnen her! Jetzt endlich können wir uns um unsere Sache kümmern!«

Unsere Sache – Alexander Mackenzie brauchte nicht zu erklären, was er damit meinte.

Jetzt endlich fand das Kanu, das Paul Soldat und Mes Coh Thoutin während des Winters mit ganz besonderer Sorgfalt gebaut hatten, die ihm gebührende Beachtung. Fortwährend hatten sie, solange sie sich mit beinahe übertriebener Gewissenhaftigkeit um jede Einzelheit dieses Kanus gekümmert hatten, an die bevorstehende große Reise gedacht, die sicherlich dem Boote außerordentliche Leistungen abverlangen würde. Sah man von dem in schöner Kurve hochgeschwungenen Bug und dem ebenso gestalteten Heck ab, so maß das Boot eine Länge von fünfundzwanzig Fuß, eine Breite von vier Fuß und neun Zoll und eine Ladetiefe von sechsundzwanzig Zoll.* Ungeachtet seiner nicht geringen Abmessungen war das Fahrzeug so leicht gebaut, daß zwei Männer es auf ihren Schultern vier oder fünf Meilen weit tragen konnten, ohne absetzen zu müssen. Und trotzdem würde dies großartige Fahrzeug imstande sein, außer einer Besatzung von zehn Mann Proviant und Gepäck für einige Monate, Waffen, Munition und einen gehörigen Vorrat an Tauschgütern zu tragen.

Alexander Mackenzie hatte fünf der besten Voyageurs, mit denen er im Jahr zuvor westwärts gefahren war, zurückbehalten. Zwei von ihnen, Joseph Landry und Charles Ducette, hatten ihn schon auf seiner Reise zum Nordmeer begleitet und gerudert.

Der Handelsposten selbst blieb nur mit einem Indianer und einem Voyageur besetzt, einem gewissen Jacques Beauchamp, denn auch während des Sommers würden Indianer das Fort besuchen, um sich Munition und anderes gegen Pelze einzuhandeln.

Das Kanu ins Wasser zu setzen, das Gepäck sorgsam vorzubereiten und mit allem anderen richtig zu verstauen, im Lager selbst in den Wohn-, Pack- und Vorratsräumen noch einmal Ordnung zu schaffen, das hatte fast den ganzen Tag, den 9. Mai des Jahres 1793, in Anspruch genommen. Man hatte sich sehr beeilt, denn erst am Tag zuvor hatten die Kanus mit ihrer Pelzladung das Fort stromabwärts verlassen.

Erst gegen sieben Uhr abends war auch noch das allerletzte erledigt. Die Männer hatten gedrängt, daß man sich noch am Abend des gleichen Tages auf die Reise machen sollte. Endlich, endlich war die lange Wartezeit vorüber, zog der mächtige Strom ihnen frei und offen entgegen. Keine Minute länger als unbedingt notwendig wollte man im Lager verweilen, unterwegs wollten sie alle sein, unterwegs!

Sie waren es! Mit einer wilden Freude stemmten die Voyageurs ihre Paddel durchs Wasser und trieben das Kanu gegen die starke Strömung.

* Das entspricht etwa einer Länge von 7,62, einer Breite von 1,45 und einer Ladetiefe von 0,66 Metern.

11 Paul Soldat war fast ein Vierteljahrhundert älter als der Anführer der kleinen Schar weißer Männer und zweier Indianer, die nun das Ziel ihrer außerordentlichen Anstrengungen erreicht hatten. Mackenzie hatte dem Älteren seine noch nicht ganz vollendeten dreißig Jahre in einer schwachen Stunde gebeichtet. Doch hatte er damit den Respekt, den Paul Soldat ohnehin schon vor dem rotblonden Burschen aus Schottland hegte, nur noch vertieft.

Da saßen sie nun, die zehn Männer, auf ihrer kleinen Felseninsel inmitten des breiten Wasserarms, der nordwärts von dem wesentlich breiteren abzweigte, über den sie von Osten herangerudert waren. Der grobe, oben abgeflachte Felsen, umringt von einem sandigen Strand, der dem Kanu einen sicheren Liegeplatz gewährte, wie eine von der Natur bereitgestellte kleine Wasserfestung, hatte sich zur rechten Zeit angeboten.

Am Tag zuvor, also am 21. Juli 1793, waren immer wieder Indianer in ihren großen Einbäumen aufgetaucht, hatten sich zum Teil sehr anmaßend benommen und mehr oder weniger wertlose Felle von Seeottern angeboten, auch einiges Fleisch von Seehunden, das den schon seit Tagen auf Hungerration gesetzten Männern zwar willkommen gewesen war, aber auch sehr hoch bezahlt werden mußte.

Mackenzie hielt es für ratsam, das leicht zu verteidigende kleine Felsplateau, das der Zufall sie hatte finden lassen, zunächst nicht zu verlassen, sondern die weitere Entwicklung abzuwarten. Weder Mackenzie und Mackay noch Paul Soldat zweifelten daran, daß sie nun in der Tat den Grenzsaum des Weltmeers erreicht hatten, ihr Ziel! Wenn man das Meer auch noch nicht sehen konnte, so hatte doch Mackay den Finger ins Wasser gehalten und dann daran geschmeckt.

»Salzwasser! Salzwasser!« hatte er triumphierend ausgerufen.

Salzwasser ganz gewiß, und es konnte nur das Wasser des Stillen Ozeans sein! Gleich in der darauffolgenden Nacht hatten die Männer einen weiteren schlüssigen Beweis dafür erlebt, daß sie das Weltmeer gewonnen hatten. Ihr Kanu hatte bei Hellwerden hoch und trocken auf dem Strand gelegen, obgleich die Männer es am Abend zuvor mit einem Strick an einem Felsen vertäut hatten, der Länge nach noch im Wasser schwimmend. Die Voyageurs hatten ihren Augen nicht getraut. Mackenzie aber konnte mit Genugtuung feststellen: »Diesen Streich können uns nur die Gezeiten gespielt haben, Ebbe und Flut des Weltmeers. Gestern abend, als wir bei letztem Licht das Boot festlegten, hatten wir Flut. Heute früh bei erstem Licht haben wir Ebbe. Wir sind am Pazifischen Ozean, Leute!«

Doch die freie, die wirklich offene See wollte sich den sehnsüchtig Ausschau haltenden Männern nicht erschließen, mochten sie auch die endlos zwischen hohen Wälderwänden westwärts weisenden Meeresarme Stunde für Stunde entlangrudern, das Gebiet der umgänglichen Bella Coola verlassen und sich in die Bereiche der hochfahrend bösartigen Bella Bella vorgewagt haben.

Mackenzie verlangte in diesen Tagen nach der offenen See mit ihrem scharfgezeichneten Horizont wie ein Verhungernder nach einem Stück Brot. Denn nur ein solcher Horizont würde ihm gestatten, mit Hilfe seiner Instrumente zuverlässig die Mittagshöhe zu bestimmen; nur wenn er diese einwandfrei zu beobachten imstande war, würde er errechnen können, an welchem Ort genau er das Ufer des Ozeans erreicht hatte.

Niemand wußte zuverlässig anzugeben, wie lange und weit Mackenzie und seine kleine Schar, die sich ohnehin auf dem machtvoll bald landaus, bald landein drängenden Salzwasser der Gezeiten nicht wohl fühlte, noch würden westwärts rudern müssen, um die offene See zu erreichen. Recht unschlüssig also saß man nun auf der engen Felsenburg unweit eines großen Dorfes der offensichtlich übelwollenden Bella Bella fest. Ob die Indianer vorhatten, mit Übermacht anzugreifen, wußte keiner, aber es war zu befürchten. Ein junger Indianer, den Mackenzie aus den Gebieten der Bella Coola als Führer mitgenommen hatte, beschwor den weißen Häuptling und seine Leute, rechtzeitig umzudrehen und mit ihm in das Land seiner Leute, der freundlichen Bella Coola, zurückzukehren.

Er war so erregt, zeigte sich so überwältigt von seiner Furcht, daß ihm buchstäblich, während er sprach, der Schaum in den Mundwinkeln stand. Die Angst des Eingeborenen trug nicht wenig dazu bei, den Voyageurs die letzten Reste von Vernunft und Mut zu rauben.

Auch Mackenzie war beunruhigt, aber er zeigte es ebensowenig, wie sich Paul Soldat etwas anmerken ließ. Paul begriff auch, daß Mackenzie unter allen Umständen den Mittag des Tages abwarten mußte, um wenigstens eine annähernd genaue Ortsbestimmung vornehmen zu können. Er ließ seine Mannschaft nicht im Zweifel darüber, daß er nicht eher abfahren würde, als bis er diesen entscheidenden Schlußpunkt der langen Reise unmißverständlich gesetzt hatte.

Endlich war es dann soweit: Mackenzie hatte den Sonnenstand beobachtet und gerechnet, hatte einen künstlichen und einen natürlichen Horizont, soweit er zwischen den Wälderbergen feststellbar war, zugrunde gelegt und war schließlich auf die eine Rechnungsart zu einer geographischen Breite Nord von zweiundfünfzig Grad einundzwanzig Minuten und dreiunddreißig Sekunden, auf die andere Art zu zweiundfünfzig Grad zwanzig Minuten und achtundvierzig Sekunden gelangt. Die beiden Ergebnisse lagen nicht allzuweit auseinander. Damit konnte er sich begnügen. Er hatte seine Pflicht als Entdecker und Geograph erfüllt.*

Mit Erleichterung sahen die Voyageurs, daß Mackenzie sein Tagebuch, in dem er gerechnet und geschrieben hatte, zusammenklappte, die Instrumente einpackte und Anweisung gab, die in kleinen Holzkästen verwahrten Apparate sorgsam dem Boot an-

---

* Jahre später, als Alexander Mackenzie Gelegenheit hatte, seine Berechnungen mit den Angaben des von See her in der »Discoverie« die Küste aufnehmenden Kapitäns George Vancouver zu vergleichen, stellte er fest, daß er sich am Ausgang des von Vancouver »Cascade Canal« genannten Meeresarms befunden haben mußte. Von dort hätte er noch fünfzig oder sechzig Meilen weiter nach Westen ein verwicktes Labyrinth von Meeresstraßen durchfahren müssen – so die von Vancouver so benannten Dean-, Fisher-, Johnson-, Roscoe- und Seaforth-Channels –, ehe er wirklich den Milbank Sund und damit die unbehinderte offene See gewonnen hätte. Die unfreundlichen Bella Bella hätten ihm sicherlich einen kundigen Führer verweigert. Er selbst allein hätte sich wahrscheinlich in dem Gewirr von Wasserstraßen, eingeengt von hohen Wälderbergen, hoffnungslos verirrt; er hätte den Rückweg zur Mündung des Bella-Coola-Flusses, dessen Mündung ihn vom Festland her ins Salzwasser entlassen hatte, nicht mehr gefunden. Noch nachträglich also konnte sich Mackenzie sagen, daß der Punkt, den er am Ausgang des Cascade Canals erreicht hatte, das Äußerste darstellte, was unter den gegebenen Umständen zu erreichen war.

zuvertrauen. Aber dann hielt er noch einmal inne und rief Paul Soldat an seine Seite:

»Paul, du hast doch die rote Farbe mitgenommen, mit der wir seinerzeit den Bug und das Heck unseres Rindenkanus verziert haben. Wir können hier nicht länger verweilen. Das bösartige Indianerdorf ist allzu nahe. Daß wir die See erreicht haben, wissen wir. Salzwasser und Gezeitengang reden eine unbezweifelbare Sprache. Wenn wir uns nicht wirklich in tödliche Gefahr bringen wollen, müssen wir umdrehen und den Bereich dieser übelwollenden Stämme wieder verlassen. Aber zuvor mache ich mir den Spaß, ein Zeichen zu setzen, damit Spätere erkennen können, daß wir wirklich von Osten her, das heißt über die ganze Breite des nordamerikanischen Kontinents, also von einem Ozean bis zum andern, vom Atlantischen zum Pazifischen, die gewaltige Landmasse überquert haben. Zu Fuß, zu Kanu. Paul, wir mischen rote Farbe mit dem letzten Rest von Bärenfett, den wir noch haben, und auf diesen Felsen schreibe ich unverwischbar auf, daß wir hiergewesen sind. Ein Paar Generationen lang wird das ja wohl zu lesen sein!«

Paul Soldat hatte sofort verstanden, was der Schotte vorhatte. Und alle anderen begriffen es nach einigen kurzen Worten der Erklärung ebenfalls. Farbe und Fett waren schnell zu einem zähen Brei vermischt, und während man ihn in respektvollem Halbkreis umstand, malte Mackenzie in großen Lettern auf die wetterabgewandte Seite eines riesigen Felsblocks, der den Abstieg von dem Plateau, das der Schar seit mehr als vierundzwanzig Stunden Schutz geboten hatte, wie ein steinerner Wachtposten überragte:

»Alexander Mackenzie,
von Kanada her über Land
am zweiundzwanzigsten Juli
Eintausendsiebenhundert-
unddreiundneunzig«[*]

---

[*] Den englischen Text gibt Alexander Mackenzie in seinem Tagebuch folgendermaßen wieder: »Alexander Mackenzie, from Canada, by land, the twenty-second of July, one thousand seven hundred and ninety-three.«

In diesem Augenblick dämmerte es ihnen allen, daß sie einen großen Augenblick in der Geschichte des neuen Erdteils miterlebten. Auf dem Felsen stand es groß und deutlich, und wer von den Voyageurs nicht lesen konnte, dem verriet Paul Soldat, was dort geschrieben war. Der Schotte mit dem rötlichblonden Haar, der langen Nase, dem trotzigen Mund und dem kräftig vorstoßenden Kinn hatte zwar nur seinen eigenen Namen auf dem Felsen verzeichnet, in Wahrheit aber waren die Männer alle mit von der Partie, und ohne die Voyageurs, den kundigen und nie versagenden Bootsmann Mackay, ohne Paul Soldat, der das Rindenkanu unermüdlich gepflegt, geflickt und erneuert hatte, wäre Alexander Mackenzie nicht zum Stillen Ozean gelangt. Sie alle hatten Anteil an der unerhörten Leistung, daß zum erstenmal der amerikanische Kontinent »von Kanada her« d. h. vom unteren Sankt Lorenz, und das wiederum heißt vom Altantischen Ozean her, von diesen zehn Männern, acht Weißen und zwei Indianern, durchstoßen worden war. Was Jahrzehnte hindurch allen Voyageurs, soweit sie überhaupt darüber nachdachten, nur als ein blasser Traum vorgeschwebt hatte, Charles Ducette, Joseph Landry, Baptiste Bisson und die andern, sie hatten es geschafft!

»So, das wär's!« sagte Alexander Mackenzie und wandte sich seinen Leuten zu. »Fort jetzt, Leute! Jetzt heißt's: Kehrt marsch!«

Sie jubelten ihm zu. Zugleich aber graute ihnen im geheimen vor den Gefahren und Mühsalen der langen und tückenreichen Rückreise zu ihrem Lager jenseits der Berge am Peace River. Auf alle Fälle aber hatten sie ihre Aufgabe gelöst: Sie hatten einen Weg von den Wälderwildnissen und Prärien im Osten quer durch die Ketten gewaltiger Gebirge bis hin zum Stillen Ozean gefunden. Zum erstenmal war über Land der Atlantische Ozean mit dem Pazifischen verbunden worden. Mackenzie hatte es auf dem Felsen über der Schären-Insel vor der Nordwestküste Amerikas in großen Buchstaben bestätigt. Er und seine Leute hatten Außerordentliches vollbracht. Doch begann schon bald der Schotte mit seinen engeren Gefährten, Mackay und Soldat, zu erörtern, ob auch wirklich vollbracht war, worauf es ankam.

12

In der Nacht vom 24. zum 25. August 1793 gab es in den wenigen kleinen Blockhäusern des Handelspostens unweit der Einmündung des »Rauchigen« Flusses, des Smoky River, in den Peace River mehr als einen Mann, der keinen Schlaf finden konnte, obgleich die beinahe übermenschlichen Strapazen der letzten Wochen und Monate Knochen und Muskeln über alles Maß hinaus ermüdet hatten. Und auch der reichliche Rum des lärmvoll durchfeierten Abends, der vergangen war, sollte eigentlich als Schlaftrunk ausgereicht haben.

Am Nachmittag des warm und milde in den Abend hinübergleitenden Sommertages hatte das mit der Strömung des mächtigen Peace schnell dahingleitende Kanu Alexander Mackenzies und seiner Schar die letzte Flußbiegung umschifft, die es noch von dem kleinen Fort trennte, das sie am 9. Mai verlassen hatten. Obgleich die zehn Männer im Boot, acht Weiße und zwei Indianer, gehofft hatten, den Ausgangspunkt ihrer gefahrvollen Reise zur Küste des Weltmeers an diesem Tag zu erreichen, stand dann doch der Handelsposten so plötzlich vor ihren Augen auf dem Hochufer des gemach wie immer dahinziehenden mächtigen Stroms, daß der Anblick sie alle wie mit einem elektrischen Schlage durchzuckte. Eine wilde Freude brach in den Männern auf. Sie schlugen mit den Paddeln aufs Wasser, daß es knallte; sie rissen ihre Schießeisen vom Fußboden des Bootes, schütteten im Nu Pulver auf die Pfannen und jagten Schüsse in die Luft, daß es von den Wälderwänden am Ufer widerhallte. Selbst der sonst nicht zum Überschwang neigende Mackenzie und sein Landsmann Mackay ließen sich von dem Freudentaumel fortreißen und feuerten ihre Pistolen ab.

Die beiden Männer, die Alexander Mackenzie dreieinhalb Monate zuvor als Platzhalter in diesem am weitesten westlich vorgeschobenen Handelsposten zurückgelassen hatte, Jacques Beauchamp und der Indianer, wurden von der Rückkehr der Schar völlig überrascht. Sie hatten gerade im Haupthaus des Postens mit zwei Indianern vom mittleren Smoky um einen Packen Biberfelle gefeilscht, ließen alles stehen und liegen, als der Aufruhr, die wilde Schießerei, die Wälderstille ohne jede Vorwarnung durchbrach, und stürzten an den Rand des Hochufers. Unter ihnen am Ufer sprang Mes Coh Thoutin bereits aus dem Kanu und hob den Bug des Bootes vorsichtig auf den Sand. Sie waren also wieder da, die zehn Männer, die man unter Tränen ins Ungewisse hatte ziehen lassen. Sie waren wieder da, und es fehlte keiner; Beauchamp hatte die Ankommenden schnell gezählt.

Die Platzhalter berichteten, daß auf dem Posten alles in bester Ordnung wäre, daß sie einen tüchtigen Haufen Pelze eingehandelt hätten, mit den Indianern gut ausgekommen wären und daß bereits mehr als eine Ladung sachgemäß verpackter Pelzpacks zum Abtransport bereitlägen.

Mackenzie entschied, daß noch am gleichen Abend die beiden Platzhalter den Zurückgekehrten ein Festessen zu bereiten hätten, dabei mit den Vorräten des Postens nicht gespart und im größten Topf ein Rumpunsch für alle angesetzt werden sollte. Baptiste Bisson, der Voyageur, der in den vergangenen Monaten selbst unter übelsten Umständen um einen faulen Witz nie verlegen gewesen war, schrie über den fröhlichen Tumult hinweg, der sich nach Mackenzies Worten erhoben hatte:

»Bravo, Maître, und dann tanzen wir endlich einmal wieder die Runde und singen uns eins! Wir haben's ja geschafft und uns keinen einzigen Knochen gebrochen!«

So waren sie, die Voyageurs, die den wegelosen, unentdeckten Nordwesten des amerikanischen Kontinents als erste durchforscht und durchfahren haben, die dann den Schotten und Engländern ihre Kanukünste und Kenntnisse liehen und dazu verhalfen, daß in Montréal und London viel Geld verdient wurde.

Die Voyageurs selbst blieben arm und hielten den harten Entbehrungen der Kanureisen und Winterquartiere in Schnee, Eis und Kälte nie länger als bis in ihr dreißigstes oder vierzigstes Lebensjahr stand.

Paul Soldat und Mes Coh Thoutin hatten sich ein wenig abseits gehalten. Sie vermochten an der allgemeinen Fröhlichkeit nicht so selbstverständlich teilzunehmen wie die anderen. Seit die Männer wieder den Fuß auf den Boden des Handelspostens gesetzt hatten, war ihr ursprüngliches Verhältnis zu Mackenzie und den anderen lautlos wiederhergestellt: sie beide gehörten nicht zu den Voyageurs der Company. Sie waren von dem Mann, dem die ganze Schar längst den Titel »Maître«, also »Meister«, zuerkannt hatte, nur für die vergangene Entdeckungsreise angeworben worden – um ihrer besonderen Kenntnisse und Erfahrungen im Kanubau willen –, sosehr sie auch während der ganzen Reise an der üblichen Plackerei der Voyageurs teilgenommen hatten. Oft genug hatten sie ihre handwerklichen Fähigkeiten unterwegs zu beweisen gehabt.

Aber jetzt war die große Reise vorüber. Sie würden den guten Lohn empfangen, den sie vereinbart hatten; dann waren sie wieder auf sich selbst gestellt und hatten allein für sich zu sorgen. Die Voyageurs hatten gegessen, getrunken, gesungen und waren dann viel früher, als es ihnen eigentlich vorgeschwebt hatte, auf ihre harten Lager gesunken. Sie schliefen und schnarchten bald, die hartgesottenen, unverwüstlichen Männer, die den kühl rechnenden Mackenzie zum Weltmeer begleitet hatten: Joseph Landry, Charles Ducette, François Beaulieu, Baptiste Bisson und François Courtois – lauter gute französische Namen, wie sie vom frühesten Anfang an die Geschichte des heutigen Kanadas bestimmt haben.

Alexander Mackenzie, Alexander Mackay, Paul Soldat und Mes Coh Thoutin hatten sich im Haupthaus zusammengesetzt, nachdem die Voyageurs sich, immer noch singend und schwatzend, in ihre Hütten zurückgezogen hatten, wo es jedoch sehr bald wie mit einem Schlage stille wurde.

Weder Mackenzie noch Mackay, erst recht nicht Paul Soldat und Mes Coh Thoutin hatten viel getrunken.

Mackenzie hatte seinen schottischen Gehilfen und den nicht ganz waschechten Franko-Kanadier aufgefordert, noch für eine Weile mit ihm auf der Bank vor dem Haupthaus zu sitzen und die wunderbar warme und stille Luft der Augustnacht zu genießen. Paul Soldat indessen hatte seinen treuen Mes Coh Thoutin in dieser Stunde, die ein Abschied war, nicht missen wollen, und Mackenzie hatte, wenn auch etwas verwundert, keinen Widerspruch erhoben.

Die vier Männer auf der Bank vor dem Haupthaus blickten vor sich hin. Die Milde dieser Nacht des späten Sommers umfing sie mit sanften Armen.

Endlich war die Last von ihnen genommen: Die große Reise war zu einem guten Ende gebracht; der Ozean war erreicht und alle Männer glücklich wieder an den Anfang zurückgeführt worden. Und nun? Mackenzie sprach es aus:

»Sehr viel Erfreuliches werde ich den hochmögenden Leuten in Grand Portage und in Montréal nicht zu berichten haben. Es ist kaum vorstellbar, daß über die Route, die uns zum Pazifischen Ozean gebracht hat, jemals ein geregelter zuverlässiger Verkehr mit Tauschgütern nach Osten und mit eingehandelten Pelzen nach Westen zur Küste eingerichtet werden kann. Die großen Fälle und Schnellen des Peace bei seinem Austritt aus dem Gebirge würden sich wahrscheinlich bei einiger Organisation überwinden lassen. Aber dann der Übergang von dem südlichen Quellgewässer des Peace ins Stromgebiet des mächtigen Flusses, der eigentlich nur der Columbia gewesen sein kann! Auf dieser grausigen Strecke würde jedes zweite Kanu zu Bruch gehen, und der Columbia selber wäre dann auch nicht zu befahren, nach allem, was wir gehört haben. Von dort ab, wo wir auf ihm umgedreht haben, bis zu seiner Mündung – wenn es seine Mündung ist! – wäre noch ein sehr weiter Weg zurückzulegen; die Mündung liegt auf etwa 46 Grad nördlicher Breite. Die Indianer werden uns nichts Falsches erzählt haben, wir haben es auch selbst erlebt: Der Columbia bietet beladenen Booten unüberwindliche Hindernisse. Wir sind dann in den Nebenfluß eingebogen, den wir Westroad River genannt haben. Das brachte uns zwar nach Westen, aber die Herrlichkeit dauerte nicht lange; wir mußten uns mit dem Nötigsten beladen und zu Fuß über die schrecklichen, selbst noch im Sommer vom Schnee bedrohten Pässe quälen, um den steilen Abstieg zum Salzwasser zu gewinnen, der fast noch übler und halsbrecherischer war als der Anstieg. Ans Salzwasser sind wir zwar gekommen, aber das offene Meer war noch weit. Wir haben es nicht einmal gesichtet. Ein zuverlässiger Handelsverkehr ist unter solchen Umständen kaum denkbar. Wir haben die gesuchte neue Route zum Ozean nicht gefunden!«*

Mit diesen leise und sehr nüchtern vorgetragenen Sätzen hatte Alexander Mackenzie den Schlußstrich unter das große Unternehmen gezogen, das ihn mit seinen wenigen Männern in kaum vorstellbar kurzer Zeit quer durch zwei hohe Gebirge, die zu den wildesten der Welt zu rechnen sind, bis an die Küste des Weltmeers gebracht hatte. Gewiß erfüllte es auch ihn mit Genugtuung, daß die kühne Fahrt ins Unbekannte ihr Ziel erreicht und ohne ernsthaften Schaden an Leib und Leben der Teilnehmer zu glücklichem Ende gebracht war. Doch in ihrem eigentlichen Anliegen hatte die strapazenreiche Fahrt mit einer Enttäuschung geendet: ein brauchbarer kurzer Kanuweg zum Stillen Ozean war durch diese sagenhaft kühne Entdeckungsreise nicht erschlossen worden. Die Pelze aus dem fernen Westen und Nordwesten des Pays d'en haut würden weiter ostwärts über ungezählte Kanumeilen quer durch den ganzen Kontinent nach Montréal am fernen

---

* In Wahrheit hatte Alexander Mackenzie bei dieser ersten Durchquerung des nordamerikanischen Kontinents zu Lande von dem südlichen Quellgewässer des Peace River, dem heutigen Parsnip River (der durch die Verbauung des Peace-Flusses an seinem Durchbruch durch die Rocky Mountains zu einem riesigen langgestreckten See aufgestaut ist), nicht einen nördlichen Zufluß des Columbia und dann diesen selbst erreicht, sondern den heutigen Fraser River, dessen wahrer Verlauf bis zu seiner Mündung erst fünfzehn Jahre später durch Simon Fraser erkundet wurde. Mackenzie wollte sich dem unpassierbar werdenden oberen Fraser (den er, wie gesagt, für den Columbia hielt), nicht weiter anvertrauen, einerseits wegen der Unzuverlässigkeit der dort ansässigen Indianer, andererseits weil der Strom nach Süden zog, Mackenzie aber nach Westen reisen wollte, zur Küste des Ozeans nämlich. Mackenzie ist vielmehr, indianischem Rat folgend, dem rechten Nebenfluß des Fraser, den er Westroad River nannte und der heute im allgemeinen Blackwater River genannt wird, stromauf gefolgt, hat dann sein Kanu und den größten Teil seines Proviants am Oberlauf des Blackwater versteckt und ist mit seinen Gefährten über einigermaßen erkennbar vorgezeichnete Indianerpfade wahrscheinlich zu dem heute Heckman-Pass genannten Übergang über das Küstengebirge gezogen, von dem aus er den Oberlauf des Bella-Coola-Flusses erreichte, der ihn bei dem heutigen Städtchen Bella Coola an den von der offenen See noch weit entfernten North Bentinck Arm führte, eine der vielverzweigten Meeresstraßen vor der westkanadischen Küste. Von dort aus ist er dann in den Einbäumen der Küstenindianer weiter westwärts bis in den Dean Channel vorgedrungen, nach seinem eigenen Zeugnis bis zum Ausgang des Cascade Inlet. Mackenzies unterwegs angestellte Ortsbestimmungen konnten bestenfalls annähernd genau sein, da er den zuverlässig anzupeilenden Horizont der offenen See nie erreichte und außerdem sein Chronometer auf der langen, groben Kanureise während der vielen schwierigen Portagen und auf dem ausgedehnten Überlandmarsch durchs Gebirge Schaden gelitten hatte.

Sankt-Lorenz-Strom, der Zugangsstraße zum Atlantischen Ozean, verschifft werden müssen.

Paul Soldat fragte sich im stillen: Warum hat mich Alexander eigentlich zu diesem Gespräch hinzugezogen? Ich gehöre nicht zur Company, mich gehen die Profite nichts an. Ich lebe zwar auch auf Umwegen vom Pelzhandel, denn wir bauen Kanus, Mes Coh Thoutin und ich, und ohne Kanus gibt es keinen Pelzhandel. Aber unersetzlich bin ich nicht. Zur Not bringen auch die gewöhnlichen Voyageurs ein Kanu zustande. Warum also macht mich Mackenzie zum Zeugen seiner mißmutigen Schlußrechnung? Er wollte sich nicht aufdrängen; mit verhaltener Stimme gab er zu bedenken:

»Nun, auf unserer zurückliegenden Reise den Peace aufwärts hinüber zum Columbia und zum Westroad River im Gebirge, haben wir doch Gebiete kennengelernt mit einem kaum glaubhaften Reichtum an vorzüglichen Pelztieren. Es ist immer so gewesen, daß der Pelzhandel stets weiter und weiter nach Westen und Nordwesten vorrücken mußte, um gute Pelze einzutauschen, denn die Indianer, die unsere Güter und Schnaps erwerben wollten, gingen den Bibern und anderen Pelztieren mit solcher Gründlichkeit zu Leibe, daß weite Gebiete den Pelztierfang bald nicht mehr lohnten. Das wird in absehbarer Zeit auch für die Gegend am Athabasca-See, am unteren Athabasca-Fluß und hier für den Peace gelten. Nach deinen Reisen, Mackenzie, kannst du nun berichten, daß immer noch riesige Gebiete darauf warten, durch die Company erschlossen zu werden. Und damit befassen sich die Pelzhändler aus Montréal seit mehr als hundert Jahren; zuerst waren es die Franko-Kanadier allein und dann, seit Frankreich den großen Krieg verlor, die Engländer und besonders die Schotten mit ihren franko-kanadischen Voyageurs. Du kannst vor deine Leute treten in Grand Portage oder Montréal und ihnen zusichern, daß der Pelzhandel aus dem fernen Pays d'en haut noch für viele Jahre nicht versiegen wird. Das ist wahrlich ein großartiges Ergebnis deiner Reise, Mackenzie.«

Der kluge Schotte mußte insgeheim zugeben, daß dieser sich nie ganz erschließende Nordwest-Mann, dieser Waldläufer mit dem sonderbaren Namen Paul Soldat, der sich stets im Hintergrund hielt, aber auch immer da war, wenn es darauf ankam, daß dieser Kenner aller Finessen der Kanukunst mit dem schon ergrauenden dichten Haar etwas Richtiges ausgesprochen hatte.

Alexander Mackenzie wandte sich unmittelbar an Paul Soldat: »Wir haben auf dieser Reise vorzüglich zusammengearbeitet. Ohne dich und deinen Indianer hätten wir die vielen Schäden am Kanu nicht so schnell behoben. Aber wichtiger als das war mir deine große Erfahrung in allen Dingen der Wildnis, der Wälder und Ströme. Kannst du dich nicht entschließen, mit deinem unentbehrlichen Indianer für dauernd in die Dienste der Company zu treten – das würde bedeuten, speziell in meine? Es würde dein Schade nicht sein, Paul Soldat!«

Es konnte kein Zweifel daran bestehen, daß Mackenzie dem Älteren ein Angebot machte, das beinahe einer Partnerschaft, einem Bündnis auf die Dauer gleichkam. Doch Paul Soldat war längst seiner Vergangenheit und dem Pays d'en haut durch viele Bedingungen verpflichtet und konnte weder, noch wollte er daran denken, sich einer unabsehbaren neuen Aufgabe zuzuwenden, die ihn im Grunde kaltließ.

Bleib allein, bleib für dich, Paul, klang es im Innern des von Mackenzie so verlockend eingeladenen Mannes auf. Zugleich stieg wie aus dem Nichts ein lang nicht mehr gedachter Name in ihm auf: ich will da bleiben, wo Anna ist. Und was würde aus Nagamoun? Sie hat nur mich. Ich kann sie nicht den Indianern überlassen. Sie gehört zu Armand. Und Armand gehört zu Anna. Wir gehören alle zusammen, Anna, Nagamoun, Armand und ich, der tote Walther Corssen und das ganze Pays d'en haut! Wie sagte der Alte immer? Im Pays d'en haut, wo keiner zu Hause ist, da bin ich zu Hause. Ins Pays d'en haut, wo einem keiner hilft, aber auch keiner etwas zu befehlen hat, da gehöre ich hin! Das habe ich mir gewählt, das ist die Heimat!

Die Mitternacht mochte längst die Herrschaft angetreten, vielleicht schon wieder abgegeben haben. Die vier hätten sich jetzt erheben und wortlos ihr Lager aufsuchen können. So viel war ungeklärt geblieben; es wäre auf einiges mehr oder weniger nicht angekommen. Inzwischen aber hatte sich in Paul Soldat die Entscheidung vollzogen, ganz selbstverständlich; er hatte sich keine Mühe zu geben brauchen. Trotzdem erschraken die drei anderen auf der Bank beinahe, als Paul mit lauter Stimme, als es nötig war in der Nacht, ein wenig heiser sagte:

»Wir beide, Alexander, mein Freund Mes Coh Thoutin und ich, haben unsere Zusage erfüllt auf der schwierigen Reise, die hinter uns liegt. Du hast – glaube ich – nicht vor, Alexander, hier im Pays d'en haut je etwas anderes als ein Gast zu sein. Wenn anderswo Pelze einzuhandeln wären, in der Sahara meinetwegen oder am Amazonas, dann würdest du eben dort unterwegs sein. Um Mes Coh Thoutin und mich steht es anders. Die große Company und ihre Partner in Montréal und in London, auch du, Alexander, werden uns niemals ganz für voll nehmen. Weil für uns nämlich das Pays d'en haut der einzige Ort bedeutet, zu dem wir gehören und wo wir vor allen Dingen niemand anders brauchen als uns selbst. Auch habe ich hier ein Kind, das keine Mutter mehr hat. Außerdem, dessen bin ich ganz sicher, wird im Pays d'en haut, solange wie wir leben wenigstens, kein Kaiser, kein König und keine Republik etwas zu sagen haben. Ob ich lebe oder untergehe, hängt hier nur von mir allein ab. Das will ich nicht aufgeben, Alexander. Ich danke dir für deinen Vorschlag, aber ich lehne ihn ab. Du wirst wahrscheinlich bald weiterreisen, um noch vor dem Eis Fort Chipewyan am Athabasca-See zu erreichen. Wir werden dich bis zum Fort Macleod begleiten. Dort werden wir uns von dir trennen und wieder unsere eigenen Wege gehen. Solltest du uns später einmal brauchen wie in den letzten Monaten, so wirst du bei uns keine verschlossenen Ohren finden. Aber nur jeweils von Fall zu Fall wie bisher. Im übrigen bin ich jetzt so schwer und müde wie ein Stein. Wir sollten uns noch ein paar Stunden Schlaf gönnen vor dem Hellwerden.«

Er erhob sich, ohne eine Antwort abzuwarten. Mes Coh Thoutin tat es ihm gleich, ebenso Mackay, der ebenfalls danach verlangte, sich endlich aufs Ohr zu legen.

Paul Soldat streckte dem Schotten seine Hand hin. Alexander Mackenzie war als einziger sitzen geblieben. Er legte seine Rechte in die des älteren Gefährten, der ihm soeben klargemacht hatte, was es hieß, ein freier Mann zu sein! Dem hatte er nichts entgegenzustellen. Nach diesem Gesetz war er nicht angetreten. Pays d'en haut – bah! Nichts weiter war es als ein Mittel zum Zweck. Der Zweck aber ließ sich nur in Montréal oder in England verwirklichen, nachdem das Geld verdient war – und das man – Pelze hin, Pelze her! – auch anderswo hätte verdienen können, wo sich Schätze der Erde, der Wildnis, der heilen Natur dazu anboten, genutzt, um nicht zu sagen, ausgebeutet zu werden.

Die drei anderen waren gegangen. Mackenzie blieb noch einige Minuten mit sich allein in der grenzenlos ihn umwogenden Einödnacht. Auch für ihn war die Entscheidung gefallen: Hierher ins Pays d'en haut würde er nie mehr zurückkehren. Auf die Abenteuerei kam es nicht an. Das war Arbeit für Voyageurs und Leute zweiten Ranges wie Paul Soldat. Die größere Aufgabe bedeutete es, mit den entscheidenden Leuten an den Schreibtischen in Montréal oder London den gesamten Pelzhandel auf neue Weise so zu organisieren, daß sich die Profite für alle Partner nicht nur halten, sondern steigern ließen. – Meine Reise hat nicht erbracht, was sie sollte; das gilt ebenso für die vorige zum Eismeer. Zum drittenmal probiere ich dergleichen nicht. Ich bin um viele Erfahrungen reicher. Und ich verstehe wahrscheinlich mehr vom Lauf der Welt, als ein Mann wie Paul Soldat je verstehen wird.

Mackenzie erhob sich von der Bank, reckte sich, gähnte; er hatte sein Gleichgewicht wiedergefunden; er hatte den Kurs seines Schiffleins neu bestimmt; er würde ans Ziel gelangen.

13

Schon am Tag nach seiner Ankunft gab Mackenzie den Befehl aus, das Lager unweit der Smoky-Mündung, das ihm als Sprungbrett für seine Reise zum Großen Ozean gedient hatte, zu schließen, die während seiner Abwesenheit eingehandelten Pelze ebenso wie die noch vorhandenen Tauschwaren zu den üblichen Neunzigpfund-Packs der Voyageurs zu bündeln, die Blockhäuser, die man vielleicht später erneut benutzen würde, gut zu verschließen und die Kanus mit allem persönlichen Gepäck der Männer fahrbereit zu machen.

Noch ehe der August zu Ende ging, ließen die zwölf Männer die Mündung des Smoky in den Peace hinter sich und glitten mit der spätsommerlich beruhigten Strömung des großen Gewässers nordwärts davon.

In dem Kanu, in dem Alexander Mackenzie Platz genommen hatte, würden Paul Soldat und Mes Coh Thoutin nur bis zum Posten des Macleod mit von der Partie sein, sich dort ihren Lohn in Gestalt von Zahlungsanweisungen, die von allen Posten und Vertretungen der Company honoriert werden würden, auszahlen lassen und danach wieder ihrer Wege gehen.

Nach einigen Tagen schneller Fahrt, auf der es keine Zwischenfälle gab, erreichten die beiden Kanus bei mildem, strahlendem Spätsommerwetter den Posten Macleod, eine Unteragentur des Hauptpostens Fort Chipewyan am See Athabasca.

Auch Macleod hatte vorzügliche Geschäfte gemacht und eine große Anzahl hochwertiger Pelze eingehandelt. Er und Finlay hielten es für notwendig, sich Alexander Mackenzie nach Fort Chipewyan anzuschließen, denn dort allein konnten sie die eingehandelten Pelze verrechnen und sich für das kommende und übernächste Jahr mit ausreichendem und vor allem richtigem Tauschgut versehen. Macleods Vorrat an Tauschgütern war auf unbedeutende Reste zusammengeschrumpft. Die Indianer würden also im bevorstehenden Winter aufs nächste Jahr vertröstet werden müssen.

Vor allen Dingen aber waren sie bei guter Stimmung zu halten, damit die Freundschaft nicht Schaden litt. Das aber konnte nur ein Mann erreichen, der sich auf die Indianer gut verstand und ihre Sprache beherrschte.

Es ergab sich also beinahe von selbst, daß Paul Soldat, der sich eben erst von Alexander Mackenzie und der Company endgültig getrennt zu haben glaubte, von Mackenzie bedrängt wurde, mit Mes Coh Thoutin den kommenden Winter über den Macleodschen Posten stellvertretend zu betreuen, das heißt, die guten Beziehungen zu den Indianern dieser weiten Gebiete auf verständnisvolle Weise für die Company aufrechtzuerhalten.

Dies Angebot kam Paul Soldat viel zu überraschend, als daß er sofort ja zu sagen vermocht hätte. Er erbat sich einen Tag Bedenkzeit.

Doch kam Paul Soldat schon nach der ersten Stunde ruhiger Überlegung zu dem Schluß, daß der Vorschlag des Schotten, sich für den kommenden Winter des Macleodschen Postens anzunehmen, wie eigens auf ihn und Mes Coh Thoutin zugeschnitten schien. Es hätte wenig Sinn gehabt, über Winter ein Dutzend oder mehr Kanus zu bauen, denn es gab niemand, der sie würde kaufen wollen. Ja, damals in Grand Rapids am Großen Winnipeg-See hatte er mit Walther Corssen an einem Kreuzweg der Kanurouten gesessen. Dort waren ihnen ihre guten Kanus jederzeit gern abgekauft worden. Aber hier am Ende der Welt, am entlegenen Mittellauf des Peace, dem am weitesten nach Westen vorgeschobenen Posten der Company, hier kam niemand vorbei, der eines neuen Fahrzeugs bedurft hätte. Ja, und der Wabasca war nahe, der große, tückenreiche Nebenfluß des Peace vom Süden her, der Strom, der in das Einzugsgebiet des mittleren Athabasca wies, in den von Osten her der La Biche einmündete. In der Gabel aber, die der La Biche mit dem Athabasca bildet, stand das Fort Leblois – und wenn sich nichts Böses inzwischen ereignet hatte – möge Gott es verhüten! –, dann lebte und wirkte dort immer noch Anna Leblois.

Noch ehe der Tag, den Paul Soldat sich als Bedenkzeit erbeten hatte, beendet war, fiel die Entscheidung: »Also gut, Alexander, ich werde hier den Posten halten bis zum Herbst 1794, bis im nächsten Jahr die Kanus mit den Tauschgütern den Fluß heraufkommen. Doch werde ich nicht für Rechnung der Company handeln, sondern für eigene. Was ich an Pelzen inzwischen erwerbe, werde ich der Company mit einem Aufschlag von fünf bis zehn Prozent anbieten. Danach bin ich dann wieder ein freier Mann und kann, wenn ich will, meiner Wege gehen.«

Alexander Mackenzie hätte wahrscheinlich gern anderes vereinbart, aber er willigte ein; er stand unter dem Zwang, bald weiterreisen und Macleod und Finlay mitnehmen zu müssen; dieser vorgeschobene Posten mußte aber unter allen Umständen gehalten werden. Er konnte sich kaum einen Mann vorstellen, der dieser Aufgabe besser gewachsen war als Paul Soldat.

Der Übergang vollzog sich so schnell, daß die drei Erwachsenen und das Kind sich plötzlich fast verlassen fühlten. Alexander Mackenzie hatte seine Mannschaft und die Unteragenten der Company Macleod, Finlay und Mackay zu höchster Eile angetrieben.

Und dann war eines Morgens der Gesang der ob der Abreise hochgestimmten Voyageurs über dem in dieser Jahreszeit nur gemächlich nordostwärts wandernden Peace verhallt. Die drei Erwachsenen hatten am Ufer gestanden und dem letzten, noch ein wenig vom Ufersand festgehaltenen Kanu dazu verholfen, tieferes Wasser zu erreichen.

Als der kleine Schwarm der Kanus um die große, schöne Biegung des Stroms unterhalb des Postens hinter der Kulisse der zum Wasser vordringenden Wälder verschwunden war, wollte Paul Soldat seine kleine Nagamoun wieder auf den Boden setzen. Aber das Kind hielt sich an seinem Halse fest und stellte dem Vater eine Frage, die er schon seit einiger Zeit gefürchtet hatte, denn er wußte nicht, was er darauf antworten durfte. Nagamoun flüsterte, als dürfte nur der Vater sie hören: »Vater, jetzt sind sie alle fort, die vielen Männer, und Indianer sind auch nicht mehr da, wann fahren wir zu Tante Anna und Armand?«

Die Kleine hatte also nichts vergessen. Der Zeiger des Kompasses in ihrem Herzen wies nach wie vor in die eine Richtung. Paul dachte: Meiner Nagamoun geht es nicht anders als mir.

Es ereignete sich nichts in dem langen, harten Winter 1793/94, was den Frieden und das Gleichmaß der dunklen und dann wieder langsam wachsenden Tage in dem weltverlorenen Fort am großen Peace gestört hätte. Zuweilen kehrten indianische Jäger ein und lieferten die erbeuteten Pelze ab. Paul Soldat besaß keinen großen Vorrat an Tauschwaren mehr, die er ihnen dafür anbieten konnte. Doch das machte kaum einen Unterschied. Der ruhige ältere

Mann mit dem ergrauenden Haar hatte alles, was die Indianer geliefert hatten und dafür haben wollten und fordern durften, in sein großes Buch geschrieben. Dort war es sicher verwahrt bis zum nächsten Herbst. Treu und Glauben waren in der Wildnis ebenso unerläßlich wie die Luft zum Atmen. In diesem Winter 1793/94 kamen sich Vater und Tochter näher, als sie es je gewesen waren und vielleicht auch je wieder sein würden. Das Kind erörterte mit dem Vater vielerlei, das sie bestenfalls vom Hörensagen kannte. In den indianischen Zelten, in denen Nagamoun lange zu Hause gewesen war, wurde nichts verschwiegen, und den stets aufs engste mit den Eltern zusammenlebenden Kindern blieb nichts verborgen. Es wurde Paul Soldat bald selbstverständlich, mit dem Kinde zu reden wie mit einem Erwachsenen; ihre altklugen, aber immer verständigen Äußerungen gaben ihm oft genug zu denken; er nahm sie, ohne daß er es recht merkte, stets für voll. Gegen Ende Februar, in der allerkältesten Zeit des Winters, in der sich auch die wetterharten Indianer nur ungern von den Feuern in ihren tiefverschneiten Zelten und Erdhütten fortbewegten, vertraute Mes Coh Thoutin Paul Soldat an, daß Losseh Thiegah ein Kind erwartete. Mes Coh Thoutin war so außer sich vor Freude darüber, daß er auch Nagamoun davon berichtete. Das Kind begriff die Freude Mes Coh Thoutins und die stillere Genugtuung, von der Losseh Thiegah nun erfüllt war, durchaus. Nagamoun meinte am Abend dieses klirrend kalten Tages, an dem das Grollen und Donnern des Flußeises gar nicht enden zu wollen schien, zu ihrem Vater: »Dann wird Tante Thiegah vielleicht auch mit mir manchmal wieder lachen, wenn wir allein sind.«

Paul Soldat hütete sich, dem Kinde eine weitere Auskunft abzuverlangen. Die wenigen Worte der Tochter hatten ihm vieles enthüllt, was er bis dahin nur gemutmaßt hatte. Er sagte sich weiter: Wenn Mes Coh Thoutins Rechnung stimmt, dann wird Losseh Thiegah etwa im Oktober oder Anfang November niederkommen. Indianerinnen gebären ihre Kinder meistenteils so leicht wie die Tiere des Waldes. Es kann natürlich auch anders sein. Und Mes Coh Thoutin wird, wenn es soweit ist, nichts riskieren wollen. Auf einer langen Kanureise dürfen wir dann nicht sein. Wir müßten abwarten, bis Losseh Thiegah wieder voll zu Kräften gekommen ist. Auch wäre es besser, wenn das Neugeborene erst aus dem Ärgsten heraus wäre, bevor man es wagte, gegen den wilden und tückenreichen Wabasca anzukämpfen, das heißt, sich südwärts auf den Weg zu machen.

14 Das stille und eigentlich ereignislose Jahr 1794 mündete in einen so herrlichen Sommer und Spätherbst, wie ihn Paul noch nie erlebt zu haben glaubte. Die Tage reihten sich wie eine Kette von goldenen Ringen aneinander. Die Nächte wurden ganz unmerklich kühler, machten so das Schlafen leicht und zu einem wunderbare Stärkung spendenden Genuß. Die Plage der Insekten, die im Frühling und Frühsommer empfindliche Gemüter bis zur Raserei verstören konnte, war vergangen, als hätte es sie nie gegeben. Die Indianer, die in der Nähe der weißen Handelsposten manchmal wochenlang ihre Zeit vertrödelten, hatten sich sachte einer nach dem anderen mit ihren Weibern und Kindern wieder aus dem Staube gemacht; denn in der nun schönsten Zeit des Jahres boten sich Wildbeeren in Hülle und Fülle an, dazu Hirsche, Bären, Fische in reicher Zahl, die sich den Sommer über am Tisch der Wildnis gemästet hatten und nun darauf warteten, erlegt, gefangen zu werden, um sich dann, geräuchert oder getrocknet, in Wintervorräte zu verwandeln. Auf den Handelsposten des weißen Mannes war in diesen Wochen ohnehin nichts zu erwarten, was den weiteren Aufenthalt in ihrer Nähe gelohnt hätte.

Es verstand sich von selbst, daß Paul Soldat und Mes Coh Thoutin wiederum ein Kanu gebaut hatten, sehr gemächlich diesmal und mit äußerster Sorgfalt. Mes Coh Thoutin hatte auf der Jagd an einem Nebenflüßchen des Peace eine Silberbirke entdeckt, wie sich die Kanubauer sie erträumen, aber nur höchst selten finden. Der mächtige Baum war kerzengerade gewachsen, zeigte sich astlos und leuchtend rein bis zur fünffachen Höhe eines ausgewachsenen Mannes, war dabei so stark noch in Armeshöhe über dem Wurzelstock, daß Mes Coh Thoutin ihn gerade umarmen konnte – wahrlich, eine der seltenen Birken war damit gefunden, deren Rinde allein ausreicht, ein ganzes Canot du Nord mit wasserdichter, zäher und zugleich elastischer Außenhaut zu umkleiden.

Die beiden Männer hatten die einmalige Birke ihrer Rinde beraubt und waren mit der gebotenen Vorsicht darangegangen, ein Meisterwerk des Kanubaus zu schaffen. Viel gesprochen wurde dabei nicht; jeder von beiden wußte, was jeweils zu geschehen hatte.

Während Paul und Mes Coh Thoutin in dem offenen Verschlag, der ihnen als Bootswerft diente, die letzte Hand an die Vollendung des vollkommensten Kanus legten, das sie je geschaffen hatten, ließ Mes Coh Thoutin plötzlich das Schabmesser sinken, mit dem er das schlanke Paddel bearbeitet hatte, um ihm den letzten Schliff zu geben.:

»Paul, hör mal zu, die Sache ist so: es geht Losseh Thiegah nicht sehr gut. Sie weiß nicht genau, wann sie das Kind bekommen wird. Ich vermute, es wird wohl Anfang November werden. Paul, ich habe Nekik verloren und brauche doch einen Sohn, damit meine Sippe nicht untergeht, die durch die große Seuche beinahe vollständig ausgerottet worden ist. Paul, du wirst es begreifen: ich darf nichts riskieren! Losseh Thiegah hat ihr erstes Kind sehr leicht bekommen. Aber das ist keine Gewähr dafür, daß es ihr beim zweitenmal ebenso ergehen wird. Ich weiß, daß du Nagamoun den Wunsch erfüllen willst, noch in diesem Jahr zum La Biche zu reisen. Paul, ich meinte, ich müßte dich rechtzeitig darauf vorbereiten, daß die Umstände uns vielleicht zwingen werden, auch noch den kommenden Winter hier zu verbringen.«

Mes Coh Thoutin hatte nicht aufgeblickt bei diesen Worten und setzte gleich, nachdem er sie beendet hatte, die gleichmäßige Glättung des Paddels fort.

Die Reihe, seine Hände sinken zu lassen, war nun an Paul Soldat. Der erste Gedanke, der ihm durch den Kopf schoß, nachdem er erfaßt hatte, was der Indianer hatte deutlich machen wollen, war: wie soll ich das Nagamoun erklären? Sie zittert jetzt schon davor, daß wir den Tag der rechtzeitigen Abreise versäumen, wenn die Kanus aus dem Osten sich verspäten. Aber Mes Coh Thoutin fordert nichts Unbilliges. Ich kann es ihm nicht verargen, wenn er das Kind, das er sich erhofft, und seine Mutter nicht gefährden will. Dies geht allem vor. Auf Mes Coh Thoutin habe ich mich immer verlassen können. Seine Treue war nie zu bezweifeln. Jetzt habe ich mich nach ihm zu richten. Nagamoun muß es einsehen.

Paul Soldat versuchte dem Kinde so schonend wie möglich beizubringen, daß nur noch geringe Aussicht bestand, vor dem Frost den grimmigen Wabasca aufwärts, dann den Pelican abwärts und wiederum den störrischen Athabasca aufwärts bis zur Einmündung des La Biche zu bezwingen. Es sei denn, daß man es wagte, sich im Hochwinter mit Schlittenhunden auf die lange Reise zu begeben. »Und das«, beschloß der Vater seine recht ungeschickt voranstolpernden Sätze, »Nagamoun, das ist eine gefährliche Sache. Mit einem nur wenige Monate alten Säugling kann man dergleichen nicht riskieren. Und auch dir, mein Kind, möchte ich lange Schlittenreisen im Winter keinesfalls zumuten. Also werden wir wohl erst im Frühling des nächsten Jahres abreisen können.«

Wäre Nagamoun ein weißes Kind gewesen, hätte sie vielleicht aufbegehrt, hätte geklagt und sich geweigert, das Unvermeidliche anzuerkennen. Doch bestätigte sich das indianische Blut, das von der Mutter her in ihren Adern kreiste. Nach einer Weile, die dem Vater endlos dünkte, flüsterte sie: »Wenn Tante Thiegah ein Kind bekommt, Vater, dann kann man nichts riskieren. Und Schlittenhunde haben wir nicht. Die müßtest du erst von den Indianern beschaffen. Aber von wirklich guten Tieren trennen sie sich nur schwer, das wissen wir. Ich verstehe nichts von Hunden und habe auch manchmal Angst vor ihnen, wenn sie bei den Indianerzelten angebunden sind und jeden Fremden anknurren, der vorbeikommt, und die Zähne fletschen. Ach, noch einen Winter, hier am Peace River!«

Paul Soldat brachte als Antwort nur zustande: »Ja, mir wäre es auch lieber, Nagamoun, wenn wir vom Peace noch in diesem

Herbst Abschied nehmen könnten. Aber manchmal sind die Umstände einfach stärker als alles, was man sich wünscht und vorstellt. Das ist so im Leben, meine kleine Nagamoun. Ich habe es allzu oft erlebt.«
Nagamoun blickte den Vater nicht an. Sie erwiderte schließlich nichts weiter als: »Ja, Vater!«

15 Die kleine Reisegesellschaft hatte entsetzlich unter der Plage der Schwarzfliegen gelitten. Die winzigen, kaum stecknadelgroßen Insekten, die man, wenn überhaupt, nur als kleine schwarze Punkte auf der Haut entdeckte, schienen in diesem Frühling des Jahres 1795 besonders reichlich den Sümpfen und Morästen des wilden Landes zu entquellen und zeigten sich hartnäckiger und angriffslustiger, als sich Paul und der Indianer je erlebt zu haben erinnerten. Gegen Moskitos konnte man sich zur Not vermummen, hörte sie auch summen. Auch sind Moskitos keine besonders geschickten, schnellen Flieger und lassen sich leicht mit der flachen Hand erschlagen. Schwarzfliegen aber, winzig wie sie sind, finden immer noch eine Lücke, etwa zwischen dem Ärmelende und dem Handschuh, zwischen dem Kragenrand und einem den Kopf und Hals verhüllenden Tuch; man merkt sie nicht, wenn sie sich auf der Haut festbeißen und zu saugen beginnen. Erst wenn sich ein schier unerträglicher Juckreiz bemerkbar macht, weiß man, daß sie wieder einmal Sieger geblieben sind über alle Tricks, die der hilflose Mensch aufgewendet haben mag, sich vor ihnen zu schützen.

Paul Soldat, Mes Coh Thoutin und seine Frau, der einige Monate alte Säugling namens Namay, das Söhnchen der beiden, und schließlich die nun zehn Jahre zählende Nagamoun, die stark ins Wachsen geraten war, schmal und mager aufschoß, hatten die lange Reise vom Peace den Wabasca und dann den Athabasca aufwärts nur während der Stunden freier Wasserfahrt wirklich ein wenig genossen und auch nur dann, wenn ein Wind über die wandernden blitzenden Flächen der Flüsse blies, der zwar das Rudern zuweilen erschwerte, dafür aber das beißende, juckende Geschmeiß der Wälder an die Ufer fesselte. Losseh Theigah hatte kaum beim Paddeln helfen können. Sie war unausgesetzt damit beschäftigt, ihrem winzigen Söhnchen die quälenden Insekten fernzuhalten. Und weder ihr Mann noch Paul Soldat hatten Einspruch dagegen erhoben. Sie spürten es an sich selbst, was am Abend und während der Nacht die Plagegeister anrichteten. Ihre Handgelenke, der Hals, die Ohren waren dick angeschwollen nach den vielen Mückenstichen, besonders aber unter den heimtückischen Angriffen der Schwarzfliegen.

Doch nun war das vergessen. Die Plage der Insekten hatte in den vergangenen Tagen merklich nachgelassen. Die Schwüle und die vielen Regengüsse des Frühlings waren endgültig vergangen. Schon wehte über den Fluß und die Wälder am Ufer die Luft trokkener und wärmer als in den Frühlingstagen. Der Sommer setzte sich durch; die schreckliche Plage der Insekten verkroch sich vor ihm in die tiefen Schatten der waldigen Gründe.

Paul Soldat, der an diesem Tage hinten im Boot aufrecht stehend das Paddel durchs Wasser stemmte, rief: »In einer Viertelstunde, glaube ich, können wir in den La Biche einbiegen. Ich erkenne die Mündung an dem Knick im Hochufer.«

Das Kanu mit seinen fünf Insassen zog den La Biche hinauf. Bald mußten auf dem Südufer über der steilen Böschung die Palisaden des Handelspostens Leblois auftauchen. Und bald auch die zugehörige Bootslände unten am Fluß.

Die Augen der Rudernden glitten suchend das Ufer des Flusses entlang. In der Tat, sie ließen nicht lange auf sich warten, die wettergrauen zugespitzten Pfähle, die in dicht geschlossener Front das winzige Inselchen des Handelspostens gegen die unermeßlichen Einöden ringsum abschirmten.

Aber – Mes Coh Thoutin erkannte es als erster – an der Bootslände unterhalb des Handelspostens lag kein einziges Kanu im Sand, schwenkte auch keines fahrbereit an langer Leine im Wasser. Was hatte das zu bedeuten?

Mes Coh Thoutin stieg ins flache Wasser, ehe das Kanu den Boden berührte, und hob dann den Bug des Fahrzeugs vorsichtig auf den Sand. So konnten die anderen Insassen trockenen Fußes über den Bug aussteigen.

Paul Soldat mochte seinen Augen nicht trauen, doch blieb ihm nichts übrig, als schließlich festzustellen: »Es ist keiner mehr hier. Der Posten ist verlassen. Wo ist Anna Leblois? Wo sind Claas Forke und die Voyageurs? Die Schuppen sind leer.«

Aber zugleich wußte er, daß die Wohnungen, die der weiße Mann sich bisher im Pays d'en haut geschaffen hatte, niemals für die Dauer bestimmt waren. Ein Blockhaus aus den Stämmen des Urwalds ist in wenigen Wochen fix und fertig. Wenn man es nicht mehr braucht, so läßt man es stehen und baut sich hundert oder fünfhundert Meilen entfernt ein neues. Und schon begann Paul in seinem Kopf die Möglichkeiten Revue passieren zu lassen, die Anna Leblois veranlaßt haben mochten, den Posten aufzugeben und sich anderswohin auf den Weg zu machen. Es mochte eine Anweisung der Company aus Montréal in den fernen Westen gelangt sein, das Unternehmen am La Biche abzublasen, da die Company mit der Ausbeute an Pelzen nicht mehr zufrieden war oder die steigenden Kosten der Transporte jeden Profit unmöglich machten. Vielleicht auch hatte es Streit mit den Indianern gegeben, und Anna hatte es vorgezogen zu weichen, ehe aus dem Zwist Feindschaft und aus der Feindschaft Gewalt und Kampf geworden waren.

Oder sollte eine Krankheit plötzlich die Bewohner des Postens befallen haben, so daß sie es vorgezogen hatten, den vielleicht verseuchten Ort mit einem anderen weit entfernten, aber gesünderen zu vertauschen? Doch so gründlich auch Paul Soldat und Mes Coh Thoutin die nähere Umgebung des Postens absuchten, sie fanden keine Gräber.

Was also mochte sich ereignet haben?

Es war nicht viel gesprochen worden während des einfachen Abendessens. Jeder schien auf seine Weise daran herumzurätseln, was Anna Leblois und ihre Leute veranlaßt haben mochte, den Handelsposten aufzugeben, der doch schon seit Jahren wohletabliert gewesen war, wo sich die indianische Welt und die der Weißen berührten, sogar schon miteinander verwachsen waren. Nach dem Essen aber faßte Mes Coh Thoutin zusammen:

»Wenn wir wissen wollen, wohin die Postenchefin und ihre Leute gezogen sind, so bleibt uns nichts anderes übrig, als hier am La Biche und am Athabasca so lange Wache zu halten, bis von irgendwoher ein indianisches Kanu vorbeikommt, von dessen Führer vielleicht zu erfahren ist, wohin der Posten verlegt worden ist. Es sei denn, du gibst es auf, den Leuten, die hier gewohnt haben, nachzuspüren. Es würde mir nicht allzu schwer fallen, die Reste meiner Sippe am Lac la Biche oder am Lac la Ronge aufzufinden. Vielleicht haben sich Reste der von der Seuche zu einem großen Teil vernichteten Sippen zu einem neuen Stamm zusammengetan. Ich wäre mit Losseh Thiegah sehr willkommen, das weiß ich, und du erst recht. Am Lac la Ronge gibt es zur Zeit keinen weißen Händler. Sicherlich wären meine Stammesgenossen froh, wieder einen Handelsposten in ihrer Mitte zu haben. Wir könnten aber auch, und das wäre das einfachste, uns auf den weiten Weg zum Winnipeg-See machen und jenseits der Grand Rapids am Ausfluß des Saskatchewan in den See wieder Kanus bauen. Einen günstigeren Ort dafür, als den, den Walther Corssen seinerzeit ausgewählt hat und an dem wir ja auch saßen, bevor wir nach Westen zogen, könnten wir kaum finden.«

Sich einem Stamm der einstmals großen, dann aber von der Seuche dezimierten Cree anzuschließen – nein, daran war nicht zu denken. Nagamoun, das wußte Paul Soldat, würde sehr unglücklich sein, wenn man ihr zumutete, ihr Leben fortab nur unter Indianern zu verbringen. War es ihm nicht immer vorgekommen, als stände Nagamoun wie unter einem Zwang, sich stets auf die Seite der »weißen« Welt zu schlagen, mochte sie auch in vieler Hinsicht auf indianische Art denken und handeln?

Wieder Kanus bauen am Winnipeg-See? Ein verführerischer Vorschlag! Das wäre einfach, es machte Freude, und man brauchte sich auf viele Jahre hinaus keine Sorgen zu machen. Nagamoun könnte ich vielleicht nach Grand Portage geben oder sogar nach Montréal, um sie auf europäische Art erziehen zu lassen. Sie würde damit fertig werden; aber ich müßte sie dann entbehren und würde sie vielleicht nicht wiedersehen.

Sei ehrlich, Paul Soldat, dir bleibt bei Licht besehen gar keine andere Wahl: Du hast dich bereits entschlossen, nach Armand zu suchen, denn nach ihm strebt deine Nagamoun mit aller Kraft ihres jungen Herzens. Aber das ist nicht die ganze Wahrheit. Du willst wissen, was aus Anna Leblois geworden ist. Du hast noch immer nicht die Hoffnung aufgegeben, Walther Corssens Tochter irgendwann und irgendwie zu gewinnen.

Laut sagte Paul Soldat:

»Ich denke, Mes Coh Thoutin, es bleibt uns nichts anderes übrig, als hier an der Mündung des La Biche in den Athabasca Wache zu halten, bis ein indianisches Kanu einen der Flüsse hinauf- oder hinunterkommt. Unter den Indianern hat sich sicherlich herumgesprochen, wohin der Posten verlegt worden ist und vielleicht auch, weshalb.«

Der Indianer schien keine andere Antwort erwartet zu haben. Er beschloß das Gespräch: »Das beste wird sein, wir verlegen unser Lager dicht an den Zusammenfluß von La Biche und Athabasca, so daß wir gleichzeitig beide Flüsse beobachten können.«

16

Draußen fegte ein neuer Regensturm heran und schleuderte ganze Schwälle von kaltem Wasser gegen die Wände des Blockhauses. Obgleich die Wand gegen Westen aus kräftigen, sorgfältig behauenen Fichtenstämmen dicht gefügt war, ließ sich im Innern des Hauses deutlich vernehmen, wie der Regen seine Myriaden von waagerecht jagenden Tropfen an die Außenseite prasseln ließ. Den drei Menschen in dem niedrigen langgestreckten Raum brauchte nicht gesagt zu werden, daß die wilde Oktobernacht draußen völlig lichtlos um das Haus wogte; die niedrig hängenden meilenhohen Regenwolken waren vom Licht der Sterne nicht zu durchdringen.

Anna Leblois strich ihr dunkles Haar aus der Stirn; noch war kein Weiß oder Grau darin zu entdecken. Die bräunliche Haut, die noch kaum eine Falte aufwies, der kräftig gezeichnete Mund, die dunklen, leicht geschwungenen Augenbrauen und die klare, hohe Stirn ließen das Antlitz jünger erscheinen, als es war. Ihre Stimme klang, als hätte sie mit einer unbestimmten Heiserkeit zu kämpfen. Sie war erregt. Und die Erregung war auf die Zuhörer übergesprungen.

Paul hockte auf dem Schemel an der Schmalseite des Tisches vor dem Herdfeuer. »Wir hören zu, Anna. Wie ging es dann weiter?«

Er ließ den Blick auf ihrem Gesicht ruhen und begriff, daß sie sich fürchtete, daß sie innerlich zitterte, wie er es bei ihr nie für möglich gehalten hätte. Die Erkenntnis erschütterte ihn. Gewiß ahnte Anna nicht, was Pauls Gedanken in dieser Sturmnacht ungewiß bewegte. Sie berichtete weiter: »Ja, und dann kam im vorigen Herbst mit der Kanubrigade die Nachricht von der Company, daß vieles dafür spräche, den Posten am La Biche viel weiter den Athabasca aufwärts zu verlegen, möglichst in eine Gegend, die dem Gebirge so nahe läge, daß man mit den Gebirgsindianern Handelsbeziehungen anknüpfen könnte. Vielleicht ließen sich, so hieß es, neue Pelzgebiete jenseits der Berge erschließen: vor allem aber sollte man aus den Indianern herausfragen, ob, wie und wo ein brauchbarer Weg oder eine Kanuroute zum Pazifischen Ozean zu finden wäre. Weiterhin gab mir die Company zu bedenken, daß ich als Frau dem Posten schwerlich auf die Dauer vorstehen könnte. Ich sollte mir unter meinen Leuten einen erfahrenen und respektgebietenden Mann aussuchen, der nach außen hin geeignet wäre, als Hauptagent eine gute Figur zu machen. An der Tatsache, daß ich selber Anteilseignerin und deshalb nicht auszuschalten bin, kam die Company nicht vorbei. Allerdings hatte ich den Eindruck, daß man solches liebend gern getan hätte. – Wenn ich aber unter meinen Leuten niemand wüßte, den ich für den Posten eines Hauptagenten geeignet hielt, so wollte man einen brauchbaren Mann unverzüglich von Montréal oder von Grand Portage aus in Marsch setzen. – Ich glaube, daß man nach dem Tode meines Mannes weniger glimpflich mit mir verfahren wäre, wenn nicht mein Bruder William ebenfalls Anteilseigner wäre und in Montréal in der Leitung der Company sicherlich eine wichtige Rolle spielte.

Und schließlich schlug man mir vor, Paul, meinen Sohn Armand nach Grand Portage am Lac Supérieur zu schicken, um dort einigen Seniorpartnern der Company aus erster Hand über die Verhältnisse hier draußen zu berichten. Obendrein aber würde man Armand gründlich ins Gebet nehmen. Vielleicht wäre er trotz seiner Jugend erfahren und besonnen genug, unter meiner Anleitung als Hauptagent der Company zu fungieren. Armand hat sich das natürlich nicht zweimal sagen lassen. Er ist im vergangenen Frühling mit unserer Kanubrigade und einer sehr ansehnlichen Ladung von Pelzen vom La Biche nach Grand Portage abgefahren; er mußte sich ohnehin seine Sporen als vollgültiger Voyageur verdienen. Ja, Paul, und als Armand dann fort war, beging ich die größte Dummheit meines Lebens!«

Sie schwieg. Sie mußte sich offenbar erst an das Geständnis herantasten, das sie abzulegen gewillt schien. Die dritte in diesem Nachtgespräch war Nagamoun, fast ein Kind noch, das aber nach ständigem und ausschließlichem Zusammensein mit Erwachsenen dachte und urteilte wie sie. Mochte also das über sein Alter hinaus verständige Kind von Anfang an mit eingeweiht werden, wie die Verhältnisse im neuen Fort Contreforts der Anna Leblois zu beurteilen waren. (Fort Contreforts, »Posten in den Vorbergen«, so hatte Anna ihre neue Niederlassung benannt.)

Nagamoun hatte bis dahin stumm und regungslos auf ihrem Schemel gesessen und zugehört, was ihre liebe und unvergessene »Tante« Anna zu berichten gehabt hatte. Anna war die Mutter Armands, und sie, Nagamoun, gehörte zu Armand und damit zu Anna. Da Anna schwieg und auch der Vater anscheinend nichts zu sagen gedachte, meinte das Kind, es könnte etwas anbringen, was ihm schon seit einer halben Stunde im Sinne lag. Die helle Kinderstimme klang unerwartet laut:

»Ich wollte dich schon eine ganze Weile danach fragen, Tante Anna. Ich glaube, ich weiß, was du meinst, wenn du Dummheit sagst. Was ist aus dem bösen Mann geworden, den du damals behalten hast, weil du einen Zimmermann gebrauchen konntest? Und wir mußten dich allein lassen am La Biche. Dort waren keine Kanus zu verkaufen, die Vater und unser Indianer hätten bauen können. Ist der böse Mann nicht mehr hier?«

Anna Leblois wandte sich an das Mädchen, als wäre sie mit ihm allein: »Ja, meine liebe Nagamoun, Claas Forke habe ich damals behalten, weil ein Zimmermann in der Wildnis gut zu gebrauchen ist. Die Voyageurs verstehen sich nicht besonders gut auf die Arbeit mit Axt, Beil und Säge. Sie wollen mit Kanus, mit Pelzen, Paddeln und Portagen zu tun haben. Ich hätte damals Claas Forke nicht behalten und euch beide vom La Biche mit eurem guten Indianer und seiner Frau nicht fortgehen lassen sollen. Aber...« – nun bezog Anna den Dritten am Tisch wieder in das Gespräch ein – »mein Mann war mir gerade erst genommen worden, ich durfte bei mir selber und auch vor den anderen Männern nicht zugeben, daß er durch irgendwen zu ersetzen wäre. Forke konnte ich behalten, denn der kam ja nie und nimmer dafür in Frage. Aber dein Vater, Nagamoun, über den ich von meinem Vater niemals etwas anderes als Gutes gehört hatte – deines Vaters Name, Nagamoun, stand auf einem anderen Blatt. Aber dann wart ihr fort; daran hatte ich selbst schuld; ich wußte nicht, wo ich euch suchen sollte. Ich weiß längst, daß es ein großer Fehler war, euch beide damals ziehen zu lassen und auch euren Indianer mit dem pockennarbigen Gesicht. Nun habt ihr mich wiedergefunden. Es ist vielleicht noch nicht zu spät.«

Der Mann und das Kind saßen sehr still an dem großen, groben Tisch. Das Feuer im Kamin war zusammengesunken. Paul Soldat erhob sich und schichtete von neuem ein halbes Dutzend grober Fichtenscheite über die Glut; das Holz flammte schon nach wenigen Sekunden auf. Von neuem strahlte Wärme in den Raum. Eine wirre Folge von Gedanken strömte durch das Hirn des Mannes. Vor wenigen Stunden erst war er mit seinen Leuten vor dem neuen Handelsposten Anna Leblois' eingetroffen. Fast einen ganzen Monat lang hatte Paul mit Mes Coh Thoutin am Ort des früheren Postens am La Biche verwartet, ehe endlich ein indianisches Kanu den Athabasca abwärts aufgetaucht und von seinem Anführer über den Verbleib Annas und ihrer Leute Zuverlässiges zu erfahren gewesen war. So war Paul Soldat erst gegen Ende August vom La Biche fortgefahren, hatte obendrein unterwegs zweimal Unglück mit dem Kanu gehabt und wiederum einige Tage verloren; das Boot hatte gründlich repariert werden müssen. Erst als der Herbst schon fast vergangen war, hatte Paul Soldat mit seinen Leuten endlich die Reihe der hell schimmernden Palisaden aus entrindeten Fichtenstämmen über dem rastlos heranwallenden Strom zu Gesicht bekommen, hinter denen sich der neue Handelsposten Anna Leblois' verbergen mußte.

Claas Forke war im neuen Fort Contreforts am Tage der Ankunft Paul Soldats und seiner Leute nicht anwesend. Er hatte sich mit einem Trupp von Voyageurs nach Süden auf den Weg gemacht, um von den Prärie-Indianern soviel getrocknetes Büffelfleisch wie möglich für den kommenden Winter einzuhandeln. Am oberen Athabasca war man nicht mehr allzuweit von der offenen Prärie entfernt.

Paul Soldat hatte zuerst nicht glauben wollen, dann aber begriffen, daß und warum er von Anna Leblois offenbar als ein Retter in der Not willkommen geheißen wurde. Schon in dieser ersten Nacht hatte Anna für ihre Ängste und Besorgnisse Worte gefunden und breitete sie mit bestürzender Offenheit vor Paul Soldat und seiner Tochter aus. Eine andere Anna war dies als jene, von der er sich vor wenigen Jahren getrennt hatte. Paul hatte seinerzeit den unerwünschten Claas Forke nicht ernst genommen, wenn der mehr als einmal auftrumpfend festgestellt hatte, daß eine Frau allein im fernen Indianerland einem Handelsposten nicht vorzustehen vermochte. Aber er, Claas Forke, hielt sich durchaus dafür geeignet. Er brauchte die Anteilseignerin nur zu heiraten und würde damit beinahe von selber an die Stelle ihres verstorbenen Gatten Justin rücken, also Hauptagent eines Postens der Company werden. Daß er obendrein eine ansehnliche Frau dabei einhandelte, machte die Rechnung nur noch verlockender.

Nachdem also Paul Soldat und Mes Coh Thoutin außer Sicht geraten waren, hatte sich Claas Forke nach und nach angemaßt, den Posten zu regieren, auch immer deutlicher und schließlich nur allzu deutlich klarzumachen gewußt, daß er doch wohl der einzige wäre, mit dem Anna noch einmal ins Bett steigen könnte.

Anna bekannte in jener Nacht vor dem Kamin, in den zuweilen der wilde Wind hineinstieß und den drei Menschen einen Funkenschwall vor die Füße schüttete, daß sie auf die Dauer keine andere Wahl hatte als dem Drängen Claas Forkes nachzugeben. Lediglich Armand hatte ihr zur Seite gestanden, noch kaum ein Mann, vor dem sie sich als ihrem Sohn auch scheute, die Dinge beim rechten Namen zu nennen. Dann hatte man auf Weisung der Company den Posten den Athabasca aufwärts verlegen müssen, ein nicht ganz einfaches Unternehmen, dem sie und Armand allein kaum gewachsen gewesen wären.

Claas Forke, begabt mit brutaler Tatkraft, hatte sich der Aufgabe bemächtigt und sowohl den Voyageurs wie den Beistand leistenden Indianern beizubringen gewußt, wer auf dem Posten das Sagen hatte – gewiß im Auftrag der Anteilseignerin, der »Patronne«, in ihrem Namen zwar, aber doch bald als der einzige unbestrittene Befehlshaber. Armand hatte sich in einen solchen Haß gegenüber den die Mutter heimlich bedrängenden, die Befehlsgewalt sich aber durchaus nicht heimlich anmaßenden Claas Forke hineingesteigert, daß Anna fürchten mußte, er würde sich mit der heißen Leidenschaftlichkeit, deren er fähig war, auf eine gewaltsame Auseinandersetzung mit dem grobschlächtigen Manne einlassen. Anna hatte keinen anderen Ausweg mehr gesehen, als den Sohn im Frühling des Jahres 1795 mit der Kanubrigade nach Osten abzuordnen, mit welcher sie die im letzten Winter eingehandelten Pelze auf den Weg brachte. Sie war sich darüber im klaren, daß Armand frühestens im Herbst 1796 zum oberen Athabasca zurückkehren konnte, denn die Kanus würden ihre Pelzpacks wahrscheinlich schon am Rainy Lake (oder früher noch bei Bas de la Rivière am Südende des Winnipeg-Sees) gegen die nach Westen zu verfrachtenden Tauschgüter umschlagen, während Armand auf alle Fälle noch im gleichen Sommer und Herbst nach Grand Portage am Oberen See weiterreisen mußte. Ehestens dort konnte er einen oder mehrere der Seniorpartner der Company treffen und darstellen, wie sich die Verhältnisse am oberen Athabasca entwikkelt hatten, würde vielleicht – aber das wagte Anna kaum zu hoffen – sogar schon zum Nachfolger seines Vaters am oberen Athabasca bestellt werden. Auf alle Fälle aber würde er zu verhindern wissen, daß Claas Forke als Agent der Company bestätigt wurde. Er würde statt dessen darauf dringen, daß ein im Dienst der Company bewährter Mann mit ihm zum Athabasca zurückkehrte, um seine Mutter zu entlasten und den Posten wieder unter die Kontrolle der Company zu bringen.

Ja, Anna ließ schon in jener ersten Nacht Paul Soldat nicht im Zweifel darüber, daß sie eingesehen hatte, sich zuviel zugemutet zu haben.

Sie blickte den wortlos an ihrem Tisch hockenden Mann aus übermüdeten Augen an. »Paul, ich glaube, ich habe endlich einmal wieder ein wenig Glück: Ich konnte meine Umstände auseinandersetzen, ohne daß Claas Forke zugehört und sich eingemischt hätte. Paul, du darfst vorläufig nicht wieder fortreisen. Ihr müßt so lange bleiben, bis Armand wieder da ist. Mein Vater hat mich nie im Zweifel darüber gelassen, mehr als einmal hat er es mir gesagt, daß auf dich ebensoviel Verlaß wäre wie auf ihn selber. Das sollte ich mir merken. Paul, es ist so, ich hätte früher daran denken müssen.«

Die drei Menschen vor dem Kamin schwiegen. Was war noch zu sagen! Die Herzen der Menschen sind sehr stark, wenn sie nicht allein zu sein brauchen. Diese drei waren nicht allein. Sie waren beieinander.

Nach unwägbarer Weile geschah etwas Unerwartetes: Nagamoun sprang plötzlich auf, lief um den Tisch, umarmte die alternde, von Ängsten gequälte Frau und flüsterte ihr zu, mit der Selbstgewißheit der Jugend, der Ahnungslosigkeit der Kindheit:

»Wir bleiben hier, Tante Anna, wir gehen nicht weg. Wir warten auf Armand. Und der böse Mann – den jagen wir fort! Er kann dich nicht mehr ärgern, denn jetzt ist Vater hier und Mes Coh Thoutin – und ich auch, Tante Anna!«

17

Zehn Tage vergingen nach der Ankunft Pauls und seiner Leute im Fort Contreforts, ehe Claas Forke mit den sechs Voyageurs, die er als Träger nach Süden mitgenommen hatte, vom Rande der großen Ebenen, der Prärien, zurückkehrte.

Eine eisige Nacht hatte ihre Herrschaft angetreten.

Anna meinte bei Dunkelwerden: »Claas müßte mit den Voyageurs eigentlich gestern zurückgekehrt sein. Das schlechte Wetter muß ihn aufgehalten haben. Auch heute wird nicht mehr mit seiner Rückkehr zu rechnen sein.«

Sie hatte im Haupthaus mit Paul Soldat, Mes Coh Thoutin und den beiden im Lager verbliebenen älteren Voyageurs besprochen, daß am nächsten Tag auf dem Fluß noch einmal mit dem Netz gefischt werden sollte; man würde im kommenden Winter vier oder fünf Personen mehr im Lager zu ernähren haben, als vorauszusehen gewesen war. Ein letzter guter Fischfang würde sehr willkommen sein. Es war mit dauerndem Frost zu rechnen, und selbst ohne oder bei nur schwacher Sonne würde der Überfluß an Fischen in der Kälte schnell zu trocknen sein.

Mes Coh Thoutin und die Voyageurs waren gegangen. Gerade wollten sich Paul Soldat und Nagamoun verabschieden, um die Hütte an der Innenwand der Palisaden aufzusuchen, die Anna den beiden als Wohnung zugewiesen hatte, als es hart an die Tür des Haupthauses klopfte. Ehe Anna noch »herein« rufen konnte, wurde die Tür des Hauses aufgestoßen.

Der breitschultrige Mann mit einer struppigen Pelzkappe über dem von rötlichem Bart umwucherten Gesicht – er steckte in einem bis fast zu den Knien reichenden, an mehr als einer Stelle zerfetzten Pelzrock –, der Mann, der bei sinkender Nacht ohne viel Federlesens zu Anna vordrang, als brauchte er nicht um Einlaß zu fragen, war Claas Forke.

Er blieb in der Tür stehen und achtete nicht darauf, daß die Kälte der Nacht sofort wie eine Faust in den großen Wohnraum des Haupthauses hineinprallte. Forkes Augenbrauen zogen sich zusammen. Er ließ einen finsteren Blick von Nagamoun zu Anna und von dort zu Paul Soldat schweifen. An ihm blieben seine Augen hängen. Er warf die Tür mit hartem Krach hinter sich ins Schloß und trat einen Schritt auf Paul Soldat zu. Er herrschte den Mann, der ihm fast zum Greifen nahe gegenüber stand, an: »Zum Teufel, was willst du hier, Paul Soldat?«

Die Frage war wie ein grober Stoß vor die Brust. Aber Paul Soldat hatte zehn Tage Zeit gehabt, sich auf solche Fragen vorzubereiten. »Ich wüßte nicht, warum ich gerade dir darüber Rechenschaft schuldig bin, Claas Forke!«

Claas Forke stand breitbeinig da. Man mochte meinen, er wollte sich im nächsten Augenblick auf den Gegner stürzen. In diesen wenigen Sekunden erfaßte Paul Soldat, daß dieser Mann sich des Postens einschließlich der Frau schon so gut wie sicher gefühlt hatte. Er hatte schwer gearbeitet, dieser Claas Forke, listig und schonungslos mit den Indianern gehandelt. Er hatte im vergangenen Frühling eine gewaltige Ladung von wertvollen Pelzen stromab in Marsch gesetzt, den Voyageurs seinen Willen aufgezwungen und das Äußerste aus ihnen herausgeholt, auch da, wo Anna sie geschont und als Gefährten in der Einöde behandelt hätte. Mit einem Wort, er hatte diesen neuen Posten zu dem gemacht, was er war, einem sich großartig rentierenden Bollwerk der das Pays d'en haut um seinen Reichtum prellenden Company. Er hatte sich dicht vor dem Ziel gewähnt. Und nun stand plötzlich wie aus dem Nichts der Mann vor ihm, von dem er wohl wußte, daß er ohne ihn nie nach Fort Contreforts gelangt wäre. Von dem er wahrscheinlich auch wußte, daß Anna Leblois damals ihn, den Paul Soldat, hatte abweisen wollen, indem sie nicht ihn, sondern den ihr im Grunde gleichgültigen Claas Forke in ihre Leute einreihte.

Claas Forke war sich fast im gleichen Augenblick, in dem er das Zimmer betreten hatte, bewußt geworden, daß Paul Soldat nicht aus der Welt war, wie er gedacht und gehofft hatte, sondern daß das Schicksal wieder einmal gegen ihn, Claas Forke, entschieden hatte, wie schon so oft in seinem früheren harten Leben.

Er hatte verloren, aber er gab nicht nach! Er schrie: »Rechenschaft –! Aber ganz gewiß! Du bist mir Rechenschaft schuldig. Was willst du hier? Ich habe dich nicht eingeladen! Du bist hier überflüssig, Paul Soldat! Seit du damals sang- und klanglos verschwunden bist, vor zwei Jahren, vor drei Jahren, ich weiß es nicht mehr genau, habe ich den Posten aufgebaut, erst am La Biche und dann hier. Ohne mich wäre Anna verloren gewesen. Sie hat auch nicht versucht, mich zu hindern, hier zu arbeiten wie ein Stier. Anfangs vielleicht, aber als sie erst merkte, daß ich aus dem Posten mehr herausholte, als sie jemals vermocht hätte, hat sie mich gewähren lassen. Daß du es nur gleich weißt, Paul Soldat! Aber Anna hat es dir sicher schon erzählt! Ich habe mich nicht nur wegen der Gewinne der Company abgeschuftet, sondern weil ich Anna beweisen wollte, daß ich der einzige Mann bin, den zu heiraten sich lohnt, nachdem sie ihren ersten Mann verloren hat – und der sie auch noch haben will, obgleich sie nicht mehr jung ist. Es ist eine beschlossene Sache, Paul Soldat. Ich heirate Anna Leblois! Und dir und deinen Leuten rate ich – du wirst ja wohl deinen Indianer bei dir haben –, noch morgen stromabwärts zu verschwinden. Der Strom ist offen und wird es voraussichtlich noch einige Tage bleiben. Ihr kommt noch bis zum La Biche, und wenn nicht, soll's mir auch gleichgültig sein!«

Claas Forke hatte seine Karten auf den Tisch gelegt. Er konnte nur noch alles verlieren oder alles gewinnen. Er verlor alles. Verlor es im Handumdrehen, in einem Augenblick.

Anna hatte sich bis dahin nicht geregt. Das plötzliche Auftauchen des gefürchteten Mannes hatte ihr die Sprache verschlagen. Sie wurde sich noch einmal des fürchterlichen Zwanges bewußt, unter dem sie gestanden hatte, und es hallte ihr dröhnend durchs Gehirn: An diesem Abend hätte ich mich ergeben; ich hätte gar keine andere Wahl gehabt, denn er hat mich und den Posten längst in die Hand genommen.

Aber nun war Paul da, stand vor ihr, nicht so breit und massig wie Claas, aber sicherlich gewandter, zähe und schnell. Paul hatte nie versucht, sie zu zwingen, immer nur danach getrachtet, ihr ergeben und dienstbar zu sein. Und jetzt war er gekommen, im letzten Augenblick, um sie vor Unheil zu bewahren – und vor einer Knechtschaft, die einer Marter gleichgekommen wäre. Wenn sie schon zu wählen hatte, dann – um alles in der Welt – nur Paul.

Anna war nicht schwach und erst recht nicht feige, wenn es darauf ankam. Sie erfaßte nach einigen schwebenden Sekunden: Jetzt bin ich an der Reihe. Ihre Stimme klang fest. Sie trat einen Schritt vor und stand nun neben Paul Soldat vor Claas Forke.

»Claas, ich habe nie ja zu dir gesagt. Ich habe dich nur gewähren lassen, denn du verstandest dich auf alles, was am La Biche und hier zu geschehen hatte. Zum Heiraten gehören zwei, Claas. Ich für mein Teil habe beschlossen, Paul Soldat zu heiraten, wenn er mich haben will.«

Paul Soldat war es, als wäre er wie mit einem Zauberschlage mit Anna allein im Raum. Er wandte sich ihr zu und flüsterte mit rauher Stimme, doch allen so deutlich vernehmbar, als hätte er es laut gerufen: »Ich will dich haben, Anna, seit ich denken kann!«

Claas Forke gab auf. Er schien in sich zusammenzusinken. Es war im Grunde zu erwarten gewesen. Er hatte es vor sich zuzugeben: Das Glück und der Erfolg würden sich auch diesmal nicht zwingen lassen. In seinem ganzen Leben hatte er nie eine andere Erfahrung gemacht. Ja, glücklos, das war er, Claas Forke!

Anna sagte ruhig und sachlich wie zuvor: »Du brauchst nicht fortzugehen, Claas. Du kannst auch hierbleiben und weiter arbeiten wie bisher.«

Jetzt hob Claas Forke den Kopf. Seine Stimme klang hart. Ein Unterton von Drohung war unüberhörbar: »Was du dir so denkst, Anna! Nein, das geht nicht! Ich habe keine Lust, die zweite Geige zu spielen, nachdem ich dir lange genug die erste abverlangt habe – und du hast dich wenig gewehrt, daß ich sie spielte. Sieh zu, wie du weiter fertig wirst ohne mich! Wenn es zu machen ist, steige ich schon morgen ins Kanu, nehme drei von deinen Männern mit, die auf mich eingeschworen sind, da sie wissen, daß ich mehr kann als andere. Ich werde mich beeilen. Der Athabasca wird nicht mehr lange offen sein, aber ihr sollt mich loswerden, so schnell es irgend geht.«

Paul Soldat konnte sich des Gedankens nicht erwehren: Da spricht einer, dem eine gefährlich tiefe Wunde zugefügt worden ist. Entweder geht er daran ein, oder er wird sich irgendwann versucht fühlen, zurückzuschlagen.

Claas Forke stand an der Tür, hatte die Hand schon am Griff, zögerte, wandte sich noch einmal zurück: »Denke nicht, daß ich dir dies alles je vergesse, Paul Soldat! Und du, Anna, wirst es bereuen, daß du mich weggeschickt hast. Es ist noch nicht aller Tage Abend.«

Daß Claas Forke diese Sätze auf deutsch gesprochen hatte, kam den drei Menschen erst zu Bewußtsein, als der nächtliche Besucher die Tür geöffnet und wieder zugestoßen hatte. Ein Schwall eisiger Luft war dabei in den Raum gedrungen. Er war fort.

Nun ließ Nagamoun sich zum erstenmal vernehmen. Sie stieß einen tiefen Seufzer aus; offenbar war eine Last von ihren schmalen Schultern genommen. Leise sagte sie: »Er ist nicht nur böse, er ist auch traurig. Er wird nicht wiederkommen. Aber wenn er wiederkommt, dann wird er uns etwas antun.«

Paul Soldat war nicht willens, diese Spur weiter zu verfolgen. Er beruhigte: »Ach, Tochter, wer will das wissen! Wir werden auf der Hut sein und sind Manns genug, uns zu schützen.«

Etwas anderes war ihm in diesem Augenblick wichtiger; er wandte sich an Anna: »War es dein Ernst, Anna, was du vorhin gesagt hast? Oder tatest du es nur, um Claas fortzuschicken?«

Anna hatte die Augen auf den Fragenden gerichtet und den Kopf gehoben. Ein sonderbar befreites Lächeln spielte um ihre Augen und Mundwinkel und ließ ihr Gesicht so jung erscheinen, wie es in Wahrheit gar nicht mehr war. »Es war mein voller Ernst, Paul! Aber heute wollen wir nicht mehr darüber reden. Wir wollen jetzt schlafen gehen. Jeder von uns hat genug, worüber er nachdenken muß. Aber lege den Innenbalken vor deine Tür, Paul. Ich werde es hier auch tun.«

Sie trennten sich voneinander, beinahe befangen.

Als Paul mit Nagamoun in die gläsern klare, eisige Nacht hinaustrat, waberte über den Nordhimmel geistergrün ein Nordlicht, ließ seine fahlen Pfeile zucken, die Falten seiner ungeheuren Vorhänge in Weltallswinden wallen, um dann den ganzen grünlichgelblich lodernden Zauber urplötzlich wieder hinwegzuwischen.

Von Claas Forke war in der kurzen Lagergasse nichts zu sehen. Unangefochten erreichten Paul Soldat und Nagamoun ihre Hütte.

18

Es kostete Anna Leblois fast eine ganze Woche, mit Claas Forke auseinanderzurechnen. Der grimmige Mann verlor kein weiteres Wort über das, was sich am Abend nach seiner Ankunft im Haupthaus vor Annas großem Kamin ereignet hatte. Er hatte nach langem schwierigen Anlauf verloren, worauf er ausgewesen war. Zu verlieren, was man mit allen Kräften erstrebt hatte, ach, das war ihm in seinem harten Dasein oft genug passiert. Es war dann sinnlos zu jammern. Statt dessen mußte man zusehen zu retten, was zu retten war.

Hier nun, nach mißglücktem Haupteinsatz, dem wahrscheinlich letzten großen seiner Existenz, hier war eine ganze Menge zu retten. Wenn er schon gehen mußte, so wollte er von den Gewinnen und Erfolgen der letzten Jahre so viel mitnehmen, wie sich nur irgend erpressen ließ.

Anna Leblois hatte – was sie selbst heimlich erstaunte – ihre alte Sicherheit und Tatkraft wiedergewonnen. Sie feilschte nicht. Sie hatte die beiden ältesten und bewährtesten ihrer Voyageurs gebeten, nein, hatte ihnen zum erstenmal seit langer Zeit wieder befohlen, bei jedem ihrer Gespräche mit Claas Forke anwesend zu sein. Er hatte gefragt: »Was soll das, Anna? Jules Pradier und Basil Caron brauchen uns nicht zuzuhören. Schicke sie weg! Jules, Basil, macht, daß ihr rauskommt!«

Anna jedoch hatte mit ruhiger Stimme erklärt: »Ihr bleibt beide hier, Jules und Basil! Und werdet immer hier sein, wenn ich mit Claas Forke zu reden habe.«

So saßen die beiden also während der letzten Tage Claas Forkes im Fort Contreforts Stunde um Stunde in zwei einander gegenüberliegenden Ecken des großen Hauptraums des Haupthauses, während Anna Leblois und Claas Forke sich über die Konten, Lagerlisten und Abrechnungen des Pelzhandels während der letzten drei Jahre beugten.

Claas Forke lernte in diesen Tagen eine Anna kennen, die er bis dahin nicht gekannt hatte. Eine selbstgewisse, ruhige Frau, die sich fest in der Hand hatte. Er mußte in diesen letzten Tagen begreifen, daß die vom Tode ihres Mannes und ihres Söhnchens

Walther beinahe tödlich verwundete Frau, die er bei seiner ersten Ankunft am La Biche kennengelernt hatte, nicht die eigentliche Anna gewesen war. Jetzt sagte sie zum Leben wieder ja und hatte sich zu einem neuen Anfang mit Paul Soldat entschlossen, nicht aus übergroßer Liebe, sondern um des Friedens, der Sicherheit und der Verläßlichkeit willen, die sie in ihrem Alter im herren- und gesetzlosen Pays d'en haut als die wesentlichsten Voraussetzungen für ein menschenwürdiges Dasein brauchte.

Claas Forke bestand auf jedem Schilling, auf jedem Penny, von dem er auch nur mit dem Schatten eines Anrechts behaupten konnte, er dürfte ihm nicht vorenthalten werden. Anna gab in beinahe allen Fällen nach. Sie merkte bald, daß Claas Forke entschlossen war, nicht als armer Mann von ihr und dem Posten zu scheiden. Sie fand zu der großzügigen Fairneß zurück, die sie von ihrem Vater und dann von ihrem Mann gelernt hatte. Claas Forke hat schwer gearbeitet, sagte sich Anna. Er hat den Posten mit List, Gewalt und hartem Fleiß vorangebracht. Jetzt schicke ich ihn fort, da ich endlich der Angst vor ihm nicht mehr nachzugeben brauche. Aber um die Frucht seiner Arbeit soll er nicht geprellt werden. Er hat durchblicken lassen, daß er als unabhängiger Händler zu den Stämmen im Süden gehen will, wo er der Company kaum in die Quere kommen wird. Gut, er mag sich so reichlich versorgen und mit Tauschgütern ausstatten, wie ich es irgend vor der Company verantworten kann. Anna machte auch keinen Versuch, die wenigen Voyageurs zurückzuhalten, die sich Claas Forke bei seinem Auszug anschließen wollten. An einem kalten, stillen Tage waren er und seine Männer fort – im allerersten Grau des wolkenverhangenen Morgens ohne Abschied verschwunden.

Anna vermochte es noch kaum zu glauben: Jetzt erst hatte sie den Schock des Todes ihres Mannes und ihres jüngeren Sohnes völlig überwunden, war wieder zu sich selbst zurückgekehrt, hatte sich dem Anfang eines neuen Lebens zugewandt, das den Namen Paul Soldat tragen würde. Wenn Anna dies bedachte, so mußte sie jedesmal lächeln, ein wenig traurig, ein wenig spöttisch und schließlich hoffnungsvoll. Paul Soldat also! Er würde sie nicht begeistern, aber auch nicht enttäuschen.

Claas Forke war fort, und Anna sagte: »Paul, du solltest jetzt mit Nagamoun in das Haus neben dem Haupthaus umziehen, und Mes Coh Thoutin kann sich mit Frau und Kind gleich daneben einrichten. Und dann, Paul« – sie lächelte ihn an –, »müssen wir uns gelegentlich darüber unterhalten, wie wir unsere Ehe, der du inzwischen hoffentlich nicht abgeschworen hast, sozusagen amtlich verbriefen.«

Mit einem an Ehrfurcht grenzenden Erstaunen erlebte Paul Soldat in den ersten Wochen des schließlich mit unerbittlicher Härte hereinbrechenden Winters, wie Anna unermüdlich nach Formen suchte, ihre zweite Ehe in würdiger Weise zu weihen. Paul dachte nicht daran, ungeduldig zu werden. Er hatte lange gewartet. Nun kam es auf ein paar Wochen nicht an. Sie allein sollte darüber befinden, wie das Band zu knüpfen wäre, das sie bis zu ihrem Tod aneinander binden sollte.

Anna hatte den Abend des 24. Dezember zum Hochzeitstag bestimmt. Sie schmückte den großen Raum im Haupthaus, den gewaltigen Kamin aus Felsbrocken mit dunkelgrünen Fichtenreisern. Nagamoun ging ihr dabei zur Hand, sonderbar still, beinahe bedrückt, kaum ein Wort verlierend, das nicht zur Arbeit gehörte. Anna hatte nicht darauf geachtet. Sie war in Gedanken allzu stark mit dem beschäftigt, was nun auf sie zukam.

Als längst die Dunkelheit hereingebrochen war an diesem kürzesten Tag des Jahres, stellte Anna auf dem großen Tisch in der Mitte des Raums vor dem im Kamin lodernden Feuer vier der kostbaren Wachskerzen auf, von denen sie nur einen sehr kleinen und streng gehüteten Vorrat besaß.

Vor vier Zeugen wollte Anna sich ehelich mit Paul Soldat verbinden. Die beiden nicht mehr jungen Brautleute standen sich an den Längsseiten des Tisches gegenüber. An der einen Schmalseite hatten sich die vertrauten und längst grauhaarigen Voyageurs Jules Pradier und Basil Caron aufgebaut, an der anderen standen Mes Coh Thoutin und Losseh Thiegah, die ihr Söhnchen Namay auf den Rücken gebunden trug. Zwischen den beiden Indianern aber, schmal, mit todernstem Gesicht, Nagamoun!

Die Brautleute hatten den Ablauf der selbsterdachten Zeremonie genau überlegt. Jetzt war es an Paul Soldat, das »Vaterunser« zu sprechen.

Nach dem Gebet entstand eine kleine Pause, während welcher die Menschen, bewegungslos verharrend, das Knistern des Feuers im Kamin und das leise Flackern der vier Wachslichter vernahmen.

Schließlich räusperte sich Paul und nahm ein Papier vom Tisch auf, ein hartes, knatterndes Blatt, das die letzte Seite des Hauptbuchs der Station gewesen und von Anna herausgeschnitten war. Paul hob das Blatt und begann mit rauher Stimme vorzulesen. Es war ihm anzumerken, wie ergriffen er war, und eine gleiche Bewegung bemächtigte sich aller anderen Menschen im Raum.

Paul und Anna hatten das Dokument, das Paul ungeschickt und offenbar nur mit höchster Anstrengung zu verlesen anfing, in langen, sonderbar scheu geführten Nachtgesprächen aufgesetzt. Die endgültige Fassung war das Werk Annas. Paul hatte aus schon verschüttet geglaubten Schächten seiner Erinnerung Formeln hervorgegraben, die ihm zu einer Eheschließung zu gehören schienen, und auch Anna war manches wieder eingefallen, was sie in ihrer Kindheit von Vater und Mutter gehört hatte. So lautete also dies sonderbare Dokument:

Beschluß und Bezeugung unserer Heirat.
Wir, erstens die verwitwete Anna Leblois, geborene Corssen, und zweitens Paul Luders, genannt Paul Soldat, gehen heute, am 24. Dezember 1795, nach ihrem gemeinsamen Wunsch und Willen die Ehe miteinander ein. Da sie sich nach indianischem Ritus weder verbinden wollen noch können, andererseits auf tausend Meilen im Umkreis weder ein katholischer noch ein lutherischer Priester zu finden ist, so bekennen die beiden vorgenannten Brautleute, daß sie sich vom heutigen Tage an vor Gott und der Welt als Eheleute betrachten und als solche leben werden, daß sie beieinander stehen werden in dunklen und in hellen Tagen, daß jeder des anderen Freude und Last mittragen wird, bis daß der Tod sie scheide. Die Brautleute verpflichten sich, ihre heutige Eheschließung kirchlich einsegnen und bestätigen zu lassen, sobald die

Umstände dies erlauben. Unabhängig davon bleibt vom heutigen Tage ab bestehen, daß die Güter des einen auch dem anderen gehören und von ihm benutzt oder fortentwickelt werden können.
Die Brautleute haben ihre Kinder, Annas Sohn Armand und Pauls Tochter Nagamoun, nicht um ihre Zustimmung zu dieser hier bezeugten Eheschließung gebeten. Die beiden Kinder haben mit dieser Eheschließung nichts zu tun. Sie sind nicht miteinander verwandt. Wir hoffen, daß sie beide verstehen und bejahen, wenn die Mutter Armands und der Vater Nagamouns von heute ab als Eheleute miteinander leben.
Als Zeugen und zur Beurkundung dieser Eheschließung haben wir aufgerufen erstens unsere treuen Helfer, die Voyageurs Basil Caron und Jules Pradier, und zweitens die getreuen Gefährten, den Cree Mes Coh Thoutin und seine Frau Losseh Thiegah. Da keiner von diesen vier schreiben kann, bestätigen sie diese Zeugenschaft durch ein Kreuz. Diese Handzeichen wiederum werden bestätigt durch die Brautleute selbst und weiter durch Nagamoun Soldat/Luders.
Fort Contreforts am Flusse Athabasca im westlichen Pays d'en haut auf dem nordamerikanischen Kontinent, am 24. Dezember 1795.

Paul hatte gelesen, ließ das Blatt sinken, stand stocksteif und blickte in Annas Augen, die nicht ein einziges Mal von seinem Gesicht gewichen waren.

Wieder wurde das Knistern des Herdfeuers und das Flackern der Kerzenflammen für einige unwägbare Sekunden allen Ohren im Raum hörbar. Dann richtete Anna sich auf, räusperte sich ein wenig und nahm das Wort so leise, daß sie kaum zu verstehen war: »Nun will ich unseren Ehebeschluß auch noch einmal vorlesen, damit jeder hört und sieht, daß auch ich mich an ihn binde.«

Paul Soldat reichte ihr das Blatt hinüber. Anna las den Text noch einmal vor, damit er sich den fünf Zeugen einprägte. Dann tauchte sie den Federkiel in ein Tintenfaß und unterschrieb mit festen, schnellen Zügen. Paul Soldat nahm das Blatt wieder an sich und tat das gleiche.

Danach löste sich die immer noch wie von einem schweren

Ernst beschattete Nagamoun von ihrem Platz zwischen den beiden Indianern, ließ sich von ihrem Vater das Dokument und den Federhalter reichen, schritt damit lautlos zu Basil Caron und zeigte ihm mit dem Finger, wo er sein Kreuz hinzusetzen hatte, desgleichen bei Jules Pradier, Mes Coh Thoutin und Losseh Thiegah. Am Schluß und als letzte schrieb sie mit steifer Kinderschrift an den unteren Rand des Dokuments: »Diese vier Handzeichen werden bestätigt als Unterschriften der vier genannten Personen durch Nagamoun Luders, genannt wie ihr Vater Soldat.«

Nachdem Nagamoun dies mit großer Sorgfalt verrichtet hatte, gab sie das Blatt ihrem Vater zurück und trat wieder zwischen die beiden Indianer am Schmalende des Tisches. Noch einmal nahm Paul Soldat das Wort, wie er es mit Anna verabredet hatte: »Gott der Allmächtige hat mitangesehen, daß ich hier mit Anna die Ehe geschlossen habe. Sie wird fortab meinen Namen führen. Und um dies alles noch einmal zu besiegeln, wollen wir in der Stille jeder für sich und in seiner Sprache beten. Mes Coh Thoutin und Losseh Thiegah sollen den großen Geist anrufen, Manitou, damit auch er uns beistehe bis an unser Lebensende.«

Zum drittenmal wurde es vollkommen still im Raum. Als erste regte sich Anna. Mit heller, heiterer Stimme verkündete sie: »So, ihr lieben Leute, nun ist es geschehen! Jetzt stellen wir die Kerzen auf das Kaminsims. Die Männer werden Rum-Punsch trinken, und wir drei weiblichen Wesen werden das Festmahl bereiten. Es ist für alles vorgesorgt.«

Es gab eine kräftig duftende Fischsuppe, die nebenan im Kochkamin schon seit längerer Zeit vor sich hin gebrodelt hatte. Als Hauptgang wurde eine große Hirschkeule aufgetragen, die am Spieß gebraten war und die Anna mit langen Streifen Bärenfett gespickt hatte. Zu der Hirschkeule gab es ein kräftiges Mus aus Saskatoon- und Kronsbeeren, gesüßt mit Honig, der den bitterherben Geschmack der Beeren angenehm milderte. Paul hatte den Männern einen kräftigen Rum-Punsch angesetzt, dessen Duft sich bald über der Tafel, die noch vor kurzem als Traualtar gedient hatte, mit den starken Düften der übrigen Speisen zu einem höchst nahrhaften, Hunger und Durst fördernden Brodem vermischte. Den Frauen wurde der Punsch mit heißem Wasser verdünnt und mit Honig gesüßt.

Nach dem Essen wurde der große Tisch beiseite geschoben; die kleine Festgesellschaft nahm im Halbkreis vor dem Feuer Platz, um die Schüssel mit dem Punsch leerzutrinken und Zeit und Umstände zu beschwatzen.

Anna erinnerte daran, daß der Hochzeitstag zugleich die Christnacht wäre, hatte sich darauf vorbereitet und vor Tagen bereits von Mes Coh Thoutin im Wald einen Mistelzweig suchen und finden lassen. Den hängte sie nun mit seinen dunkelgrünen lederartigen Blättern und den milchweißen Beeren an den hölzernen Halter für den Kienspan neben dem Kamin, und alle wußten, auch die Voyageurs, die dergleichen sonst vergaßen, auch Mes Coh Thoutin und Losseh Thiegah, die von der Christnacht ein weniges gehört hatten – lebten sie doch lange genug mit Europäern zusammen –, daß nicht nur Hochzeit gefeiert wurde, sondern auch Weihnachten angebrochen war, daß also am nächsten Tag außer dem Notwendigsten keine Arbeit verrichtet werden würde.

Es kam Paul Soldat so vor, als wäre er jetzt erst in seiner Existenz als Mann bestätigt. Er hatte nicht geahnt, was es bedeutete, mit einer Frau wie Anna verbunden zu sein. Sie gewährte sich ihm durstig und gern und kargte nie. Und sein Glück kannte keine Grenzen mehr, als ihm Anna im Februar des Jahres 1796 gestand, daß sie empfangen hatte, so spät noch, ein Geschenk des Himmels für ihn und sie!

Viel regelmäßiger als früher ging Nagamoun nun bei Anna in die Schule. Sie erlernte mit Eifer und überaus schnell, was Anna an Schulwissen weiterzugeben hatte.

Als im späten Sommer Anna stark zu werden begann, als sich nicht mehr verbergen ließ, daß sie ein Kind erwartete, wurde Nagamoun von ihr eingeweiht. Anna war sehr erstaunt, als Nagamoun ihr erklärte, sie hätte seit längerer Zeit schon begriffen, daß sie bald nicht mehr das einzige Kind ihres Vaters sein würde. Sie fügte hinzu: »Ich helfe dir, Tante Anna. Ich muß das alles lernen. Ich habe dann eine Schwester oder einen Bruder.«

Leben und Arbeit spielten sich im Sommer des Jahres 1796 so vollkommen ein, als hätte es Claas Forke nie gegeben. Es stellte sich heraus, daß er viele der indianischen Jäger durch seine Härte und Unerbittlichkeit im Handel, mehr noch durch seine hochfahrende und stets leise verächtliche Art im persönlichen Umgang verprellt hatte. Es fiel auch Mes Coh Thoutin nicht schwer, aus seinen Stammesgenossen herauszufragen, daß schon mehr als einer der Jäger entschlossen gewesen war, seine Pelze nicht mehr im Fort Contreforts an den Mann zu bringen, sondern lieber die weite Reise zum Lake Athabasca anzutreten, um seine Jagdbeute dort im Fort Chipewyan anzubieten. Die geschäftlichen Erfolge also, die Claas Forke während seiner anmaßenden Herrschaft im Fort Contreforts aufzuweisen gehabt hatte, würden sich kaum wiederholt haben.

Zum erstenmal in seinem Leben hatte Paul Soldat eine Aufgabe übernommen, deren Erfolg oder Mißerfolg in vollem Umfang er allein zu verantworten hatte. Noch nie war er so mit sich einig gewesen, brauchte er doch bald nicht mehr daran zu zweifeln, daß er der Aufgabe, dem Fort Contreforts vorzustehen, von Woche zu Woche müheloser gewachsen war. Er wurde um so sicherer und zuversichtlicher in allem, was die Tage ihm an kleinen und großen Entscheidungen abverlangten, als die geliebte Anna aus dem Hintergrund mit ruhiger Zustimmung zuschaute; sie redete ihm nie dazwischen, versuchte höchstens, gelegentlich einen Rat anzubringen, den Paul Soldat dann stets berücksichtigte.

In der Tat, Anna hatte sich in den Hintergrund zurückgezogen. Der einfache, geradlinige, nach einem langen, harten Leben kaum noch irrezuführende Mann, dem sie sich anheimgegeben hatte, wenn auch zunächst nur als einer Zuflucht, erfüllte ihr Dasein mit einer Ruhe und Sicherheit, die sie seit Jahren nicht mehr gekannt hatte.

Und schließlich hatte der bestimmt und ruhig ihr zur Seite stehende Paul Soldat sie noch einmal zur Mutter gemacht, als sie das längst nicht mehr für möglich gehalten. Anna hatte den jähen Tod ihres jüngeren Kindes, des kleinen Walther, unter den Pranken des Bären nie völlig verwunden.

Paul nahm sich der Menschen und der Geschäfte des Handelspostens geschickt und gewissenhaft an, seit Anna ihm bereits in den ersten Tagen klargemacht hatte, daß sie solches von ihm erwartete.

So gern hätte Anna der kleinen Nagamoun vergolten, was sie eigentlich ihrem Vater zu danken hatte. Doch wollte es Anna nicht gelingen, die Freundlichkeit, die zwischen ihr und dem Kinde von jeher gewaltet hatte, zu vollkommenem Vertrauen zu vertiefen. Es war, als lebte Nagamoun in einer eigenen, abgeschlossenen Welt, zu der sie anderen Menschen keinen Einlaß gewährte, auch dem Vater nicht und nicht der »Tante« Anna. Nur noch ein einziger Mensch besaß in dieser abgeschlossenen Welt außer ihr selber Heimatrecht, das war Armand. Immer wieder und zumeist ganz unerwartet wurde diese merkwürdig selbstgewisse, sozusagen besitzerische Bindung Nagamouns an Armand deutlich. Zunächst hatte Anna darüber gelächelt wie über ein kindliches Spiel der Phantasie. Doch mit der Zeit überkam sie Unruhe. Denn wo war Armand?

Im Frühjahr 1795 war Armand mit der Kanubrigade ostwärts abgefahren, um im Auftrag der Mutter in Grand Portage den einen oder den anderen der Seniorpartner der Company zu treffen, sich nach dem Schicksal seines Onkels William in Montréal zu erkundigen und den Rat und die Weisung der Seniorpartner für die weitere Führung der Geschäfte im fernsten Pays d'en haut einzuholen.

»Armand«, hatte die Mutter dem Sohn vor der Abreise im Frühjahr 1795 am Athabasca bedeutet, »du bist noch jung, aber doch schon alt genug, um dich als Voyageur zu bewähren und darüber hinaus zu begreifen, daß du mein einziger Erbe bist. Du bist also wohl oder übel an die Company gebunden und mußt in ihr aufsteigen, wenn du etwas werden willst. Nimm dir genügend Zeit, dich mit allen Umständen vertraut zu machen, die jetzt und später für dein Leben bestimmend sind.«

Annas Schätzungen verloren sich ins Ungewisse. Sie konnte kaum damit rechnen, daß Armand vor dem Jahre 1799 oder 1800 wieder bei ihr in den Vorbergen, das heißt im Fort Contreforts, den »Vorbergen des felsigen Gebirges«, wie die Indianer sagten, auftauchen würde.

Würde er bis dahin die kleine Nagamoun, die am Athabasca verblieben war, nicht vergessen haben? Armand würde dann dreiundzwanzig oder vierundzwanzig Jahre alt geworden sein, Nagamoun erst vierzehn oder fünfzehn. Gewiß, ihr sollte es nicht schwerfallen, bis dahin auf ihren Armand zu warten; aber er würde bis dahin vielen anderen Mädchen begegnet sein, hätte vielleicht die anmutige Gespielin, den Schützling aus seiner Knabenzeit, längst aus dem Sinn verloren.

An einem schönen, hellen Junitage des Jahres, in dem das nicht mehr jugendliche Paar den noch sehr jungen Garten ihrer Ehe einrichtete und zum ersten Blühen brachte, gestand Mes Coh Thoutin seinem Gefährten, daß auch seine Frau Losseh Thiegah wieder ein Kind erwartete und sie sich beide ein Mädchen erhofften. Paul Soldat und Mes Coh Thoutin waren am Ufer des Flusses an einer Stelle, wo die hohe Kante des Landes zurücktrat und eine mit reinem Sand ausgelegte Einbuchtung freigab, mit dem Bau eines kräftigen Frachtkanus beschäftigt. Der für einen Voyageur schon einigermaßen bejahrte Basil Caron half ihnen dabei. Er war der einzige unter den Voyageurs, die im Fort Contreforts überwinterten, der sich erboten hatte, beim Bootsbau zur Hand zu gehen.

Basil Caron hatte das Geständnis Mes Coh Thoutins mit angehört und meinte: »Dann werden wir also zwei kleine Kinder im Lager haben oder genauer, Mes Coh Thoutin, mit deinem Söhnchen Namay, diesem übermütigen Bürschlein, sogar drei. Das habe ich noch nicht erlebt. Und wenn ihr's wissen wollt: ich bin bereit, den Großvater zu spielen, wo auch immer dies erwünscht sein sollte.«

Paul Soldat und Basil Caron lachten sich an, und auch über Mes Coh Thoutins Gesicht huschte der Versuch eines Lächelns. Paul erwiderte: »Ich bin ja selbst im Alter eines Großvaters, habe mich aber jetzt erst als Vater probiert – mit Erfolg! Also gut, Basil, wenn die Frauen einverstanden sind, werden wir deinem Großvaterspielen kein Hindernis in den Weg legen.«

Die drei Männer stellten, jeder auf seine Weise, während sie wortlos weiterarbeiteten, fest: Eigentlich geht's uns gut – jetzt und hier! Verdient haben wir's ja nicht. Aber man muß die Feste feiern, wie sie fallen!

Am 30. September 1796 gebar Anna Soldat, verwitwete Leblois, geborene Corssen, ihr spätes drittes Kind, einen Sohn, den der Vater schon am Tage nach seiner Geburt auf den Namen Charles taufte, sehr ungeschickt übrigens mit ein wenig gewärmtem Wasser neben Annas Bett, und zwar auf deutsch mit den Worten »Im Namen Gottes des Vaters, des Sohnes und des Heiligen Geistes taufe ich dieses unser Kind auf den Namen ›Charles Soldat/Luders‹. Amen!«

Die Taufe mußte sein, wenn es sich um seinen leiblichen Sohn handelte. Paul Soldat wollte nichts versäumen. Das Kind gehörte in seine und Annas Welt, und ohne Taufe war in dieser Welt kein Heimatrecht zu erwerben. Tief steckte in beiden das Erbe aus dem alten Lande Europa.

Paul wußte seinem Gott, zu dem ihn die Ehe, seine Frau und die endliche Begradigung seines Lebens zurückgeführt hatten, nicht genug Dank dafür zu sagen, daß die Geburt des Nachkömmlings seiner Anna keine besonderen Schwierigkeiten bereitet hatte. Schon am dritten Tage nach der Geburt war die Mutter nicht mehr auf ihrem Lager zu halten, sondern fühlte sich bereits stark genug, aufzustehen und wenigstens einen Teil ihrer Pflichten im Haushalt zu übernehmen. Anna hatte viel Milch. Der kleine Charles brauchte nicht zu hungern, gedieh prächtig und schlief während jeder Mahlzeit ein, mit geballten Fäustchen und einem selig entspannten Gesichtchen. Und wenn Paul des Abends Anna zuschaute, wie sie zum letztenmal ihr Kind nährte, dann sagte sich der mit Worten nicht besonders geschickte grauhaarige Mann: Die Anna, mein Gott, Walther Corssens Tochter, und mein und ihr Sohn Charles, und ich hier auf dem Posten weit im Pays d'en haut an Annas Statt, und alles geht gut, sie ist mit mir zufrieden, mehr, sie ist glücklich. Ich habe sie glücklich gemacht. Das hätte ich nie geglaubt, nie in meinem ganzen Leben, daß ich das vermag. Wenn nur meine kleine Nagamoun sich nicht so absonderte und mir Sorgen machte, weil sie immer mit den Gedanken irgendwo anders ist, in der Zukunft und bei Armand. O mein Gott, bewahre sie vor Enttäuschungen, meine kleine Nagamoun! Sie wächst schon leise von mir fort. Aber sie liebt ihr Brüderchen Charles, dafür bin ich Gott dankbar, denn dann wird sie sich von Anna nicht abwenden und wohl auch nicht von mir.

Ende Oktober erst, als die rotbunt-goldene Pracht des Indianersommers längst vergangen war, erreichte die Brigade der Frachtkanus vom fernen Osten des Pays d'en haut her das Fort Contreforts am oberen Athabasca.

Die Kanus hatten aus dem Osten einen Brief Armands an seine Mutter, geschrieben in Grand Portage, ein halbes Jahr zuvor, mitgebracht. Armand wußte nichts davon, daß Anna Leblois inzwischen zu einer Anna Soldat/Luders geworden war. Er teilte seiner Mutter mit, daß er den großen Umschlagsplatz im Westen des Lac Supérieur ohne Zwischenfall erreicht, aber dort nur einen der Seniorpartner der Company getroffen, sich also gezwungen gesehen hätte, in diesem Jahr 1796 nach Montréal weiterzureisen und dort über den Winter 96/97 bei seiner Mutter Bruder, William, zu bleiben, mit seiner Hilfe sich in die Verhältnisse der Company einzuarbeiten, den Seniorpartnern der Company Bericht zu erstatten, ihre weiteren Pläne kennenzulernen, sich mit dem Geschäft der Company im großen vertraut zu machen und vor allem auch seine eigene Stellung und Zukunft innerhalb der Company zu klären. Armands Brief bedeutete für Anna nicht viel mehr als ein Ruf aus sehr weiter Ferne. Man hört ihn, weiß ihn kaum zu deuten und bleibt sich bewußt, daß man ihn nicht beantworten kann. Wie hätte auch Anna auf den Sohn einwirken können? Gewiß würde sie ihm antworten und ihn davon in Kenntnis setzen, was sich inzwischen in Fort Contreforts ereignet hatte. Aber dieser Brief würde ihn in Montréal frühestens im späten Herbst 1797 erreichen, gut anderthalb Jahre nach der Absendung seines eigenen Briefes. In anderthalb Jahren aber mochten sich die Verhältnisse, von denen Armand in Montréal bestimmt wurde, schon wieder vollkommen verändert haben. Es blieb nur übrig, dem Schicksal seinen Lauf zu lassen und sich lediglich um das zu kümmern, was der Alltag brachte. Das war wichtig genug, und daran allein konnte man sich das Herz wärmen.

Und doch hatte der Brief eine Zeile enthalten, eine einzige kurze Zeile, von der Anna in der Tiefe berührt wurde. Armand hatte seinem Brief auf der letzten Seite ein kleines Postscriptum beigefügt. Es lautete: »Solltest du etwas von Nagamoun gehört haben, Mama, und von ihrem Vater Paul Soldat, so teile es mir, bitte, in deinem nächsten Brief mit, auch wenn der mich erst Ende nächsten Jahres hier in Montréal erreichen sollte, oder wo ich mich dann sonst aufhalte. Armand.«

Er hatte nicht geschrieben »Paul Soldat und Nagamoun«, sondern »Nagamoun und Paul Soldat«, hatte den Vater wohl nur deswegen mit angeführt, um die Frage nach Nagamoun nicht allzu auffällig zu machen. Was war es, was diese beiden blutjungen Menschenkinder miteinander verband? Das Wort »Kinderfreundschaft« genügte offenbar nicht. Auf alle Fälle hatte Armand die Tochter Paul Soldats, die doch noch ganz und gar ein Kind gewesen war, als er sie zum letztenmal gesehen hatte, nicht vergessen.

Losseh Thiegah erwartete ihr drittes Kind gegen Ende des Jahres. Der Indianerin hatte die Schwangerschaft ganz im Gegensatz zu Anna viele Beschwerden bereitet. Für indianische Frauen war das ungewöhnlich. Meistenteils trugen sie ihre Kinder aus und gebaren sie so leicht und selbstverständlich wie die Tiere des Waldes. Mes Coh Thoutin sorgte sich sehr um seine Frau und war Anna überaus dankbar, daß sie sich, nachdem der kleine Charles erst einmal aus dem Ärgsten heraus war, im November und Dezember des Jahres täglich und auch nächtlich um die von vielen Schmerzen und schweren Übelkeiten geplagte Losseh Thiegah kümmerte.

Am letzten Tag des Jahres setzten die Wehen ein. In der Nacht zum ersten Januar 1797 warf sich Losseh Thiegah so wild und unter wütenden Schmerzen und Schreien auf ihrem Lager hin und her, daß Anna und Mes Coh Thoutin sie gewaltsam festhalten mußten, sonst wäre sie zu Boden gestürzt. Gegen Morgen endlich, so wollte es Anna erscheinen, bahnte sich das Kind aus dem Leibe der Mutter mit Gewalt einen Weg in die Welt, wurde von einem

Schwall dunklen Blutes ins Leben geschwemmt. Weder Mes Coh Thoutin noch Anna wußten, wie die fürchterliche Blutung aus dem Leibe der gequälten Mutter zu stillen wäre. Anna hatte das Neugeborene aus dem erstickenden Schwall gerettet, hatte es gewaschen und erkannt: ein Mädchen, ein wohlgestaltetes kleines Wesen mit einem schwarzen Flaum auf dem Kopf und glatter, lichtbrauner Haut.

Die Mutter blutete sich zu Tode und war schon nicht mehr am Leben, als der erste Januar graute.

Das Neugeborene aber hatte ungerührt von dem, was es angerichtet hatte, fordernd sein Stimmchen erhoben und verlangte nach Nahrung. Anna zögerte nicht. Sie achtete nicht auf Mes Coh Thoutin, der im Schein eines über dem Kamin lodernden Kienspans vor der blutbesudelten Leiche seines Weibes saß und darauf niederstarrte, als hätte sein Blick die Macht, sie wieder zum Leben zu erwecken. Anna entblößte ihre Brust und reichte dem Neugeborenen den Quell des Lebens. Sie schickte die Indianerin, die im Hintergrund als Helferin bereitgestanden hatte, mit einem leisen Wort zu ihrem Mann. Paul sollte kommen und sich Mes Coh Thoutins annehmen. Paul war in wenigen Minuten zur Stelle. Als erstes deckte er eine große Hirschhaut über den toten Leib der Mutter und drückte ihr vorsichtig die offenstehenden Augen zu, schloß ihr auch sachte den Mund, der noch aufklaffte nach dem letzten Schmerzensschrei, verwandelte so das erstarrte Antlitz in die Maske des Schlafs.

Er sagte zu dem Indianer: »Geh hinaus, Mes Coh Thoutin, ich werde das hier in Ordnung bringen. Später rufe ich dich. Wir werden sie bald bestatten, und vergiß nicht, Mes Coh Thoutin: das Kind lebt. Ein schönes Kind, ein Mädchen! Meine Frau hat es an sich genommen und in unser Haus gebracht.«

Ja, Anna hatte das Kind, das ihr an der Brust eingeschlafen war, nachdem es sich gesättigt hatte, in ihr großes Umschlagtuch gehüllt, in ihre und Pauls Schlafkammer hinübergetragen und zu dem kleinen Charles in die Wiege gebettet, die Paul so geräumig gezimmert hatte, daß sogar drei der winzigen Wesen darin Platz gefunden hätten.

Mes Coh Thoutin hatte dem Kinde, das seine Mutter mit ihrem Leben bezahlt hatte, den Namen Othea gegeben, was in der Cree-Sprache »Herz« bedeutete. Nach der Weise der Indianer gab der Name wieder, was dem Vater das Neugeborene zu kennzeichnen schien. Das Kind hatte das Herz der Mutter zum Stillstand gebracht, während sein eigenes Herz zu schlagen begann, und dem Herzen des Vaters großen Schmerz bereitet, indem es ihm die Frau raubte. Das Kind hatte das Herz des Vaters zugleich bei allem Jammer mit Freude erfüllt, denn eine Tochter hatte sich der alternde Indianer schon lange gewünscht.

In seinem Herzen sollte das kleine Herz gut aufgehoben sein, das ohne Mutter aufwachsen würde. Ich nenne sie Othea, Herz, hatte Mes Coh Thoutin beschlossen. Damit werde ich stets an alles erinnert, was sie mir getan hat.

Anna war nichts weiter übriggeblieben, als die verwaisten Kinder des langjährigen treuen Gefährten ihres Mannes zu sich zu nehmen, den zweijährigen Namay und die winzige Othea zu ihrem schon die Umwelt ein wenig zur Kenntnis nehmenden Charles. Sie hatte alle Hände voll zu tun, die drei Kinder zu versorgen. Glücklicherweise gaben ihre Brüste so viel Milch, daß weder Charles noch Othea Hunger zu leiden brauchten. Sie entwickelten sich gesund und munter in der Pflege der gleichen Mutter, als wären sie Zwillinge.

Mes Coh Thoutin konnte sich nicht entschließen, sich unter den Indianerinnen, die mit den Jägern gewöhnlich vor dem Fort erschienen und manchmal für Wochen in seiner nächsten Nähe mit den Männern ein Lager aufschlugen, eine zweite Frau zu wählen, wobei er wohl auf wenig Widerstand gestoßen wäre. Er hatte bereits zu lange und zu eng in der Gesellschaft von weißen Leuten gelebt und gearbeitet, als daß ihm jetzt eine Indianerin, die nur nach indianischer Weise zu reden und zu denken wußte, als neue Gefährtin oder auch nur als Dienerin erstrebenswert erschien.

Es kam ihm ganz so vor, als würde er für den Tod seiner Losseh Thiegah dadurch entschädigt, daß seine Kinder nun in der Obhut einer weißen Mutter aufwuchsen und damit sicherlich von klein auf in die Künste des weißen Mannes eingeweiht wurden, die er,

Mes Coh Thoutin, sich als Erwachsener nur sehr unvollkommen oder gar nicht mehr hatte aneignen können.

Konnte er sich etwas Besseres wünschen, nachdem ihm Losseh Thiegah genommen war, als daß die im Lager allgemein verehrte Anna ihm Sohn und Tochter versorgte und großzog? Nein, gewiß nicht! Der große Geist hatte es doch nicht ganz schlecht mit ihm gemeint.

Die Jahre gingen hin, wanderten vorüber wie der große Fluß Athabasca zu Füßen des Fort Contreforts, bald drängender und schneller, bald langsamer und nachdenklicher. Doch strömten sie wie das gewaltige Gewässer immer in die gleiche Richtung, blieben als Vergangenheit zurück, wanden sich durch die Dickichte und wilden Wälder des Geschehens, als wüßten sie nicht, wohin sie sich wenden sollten, und fanden doch – wie der Athabasca seinen Weg nach Nordosten – die ihnen unverbrüchlich zudiktierte Richtung in die Zukunft.

So wie die erste Brigade das Fort im Frühling verließ und stets einen Brief Annas an ihren Sohn nach Osten mitnahm, so brachten die im späten Herbst zurückkehrenden Brigaden der Mutter jedes Jahr einen Brief und Bericht Armands. Die Briefe enthielten so gut wie ausschließlich sachliche Nachrichten und bezogen sich auf die Erfahrungen Armands mit den Seniorpartnern der Company, vor allem auch mit seinem Onkel William in Montréal. William Corssen, Annas Bruder, spielte in der schnell wachsenden Stadt Montréal eine offenbar längst anerkannte, wichtige Rolle – wie aus Armands Briefen hervorging – und nahm sich des jungen Neffen aus dem Pays d'en haut vielleicht auch deshalb mit besonderer Sorgfalt an, weil ihm seine kluge und aus dem Hintergrund sicherlich sehr intensiv mitwirkende Frau Martine, geborene Leblois (die Schwester von Annas erstem Mann), keine Kinder geschenkt hatte.

Sowohl Anna wie auch Paul glaubten den Briefen Armands entnehmen zu können, daß der junge Armand von den Erkenntnissen und Erfahrungen, die sich ihm in der Welt des weißen Mannes, seiner eigenen, wie er nicht abstreiten konnte, aufdrängten, nicht sonderlich angetan oder gar überzeugt war. Er hatte von des Vaters Seite französisches, von der Mutter her deutsches Blut in den Adern. War also unverfälschter Europäer. Aber sein Wesen war nicht in den Siedlungen der Weißen, sondern in der für Europa unerhörten Weite, in der urwilden Einsamkeit und der Leere des Indianerlandes im fernsten Westen und Nordwesten der neuen Welt geformt worden.

Wie war es doch im fernsten Nordwesten? Wenn ein Indianer dem Agenten der Company eine Zusage gemacht hatte, oft nur mit einem Wort oder Kopfnicken, fühlte er sich noch nach einem oder zwei Jahren, dann fühlte sich sein Sohn, wenn der Vater darüber weggestorben sein sollte, noch nach fünf oder zehn Jahren so fest an diese Zusage gebunden, als wäre sie verbrieft und versiegelt worden – und bezahlte die Schuld. Dort in den ungebändigten Ödnissen unter den »schmutzigen Wilden« wurden den Voyageurs für tausend und mehr gefahrvolle Meilen Ladungen von kostbaren Pelzen anvertraut, die in Montréal und erst recht in London ein Vermögen darstellten. Daß diese Werte von den meist bettelarmen Voyageurs veruntreut werden könnten, das hatten weder sein Großvater noch sein Vater und nun ebensowenig seine Mutter überhaupt in ihre Berechnungen mit einbezogen. Im herrenlosen Pays d'en haut gab es keine Schlösser an den Türen, und es gab keine Herren und keine Knechte, wenn auch die Unterschiede im Besitz der einzelnen Personen bedeutend waren.

Man beneidete sich nicht, denn man stand mit immer nur wenigen Gefährten der ungebändigten Wildnis gegenüber; die aber mochte jederzeit aus dem Hinterhalt in lautlosem Ansprung einem jeden nach dem Leben trachten.

Paul sagte in der Neujahrsnacht, der Wende vom achtzehnten zum neunzehnten Jahrhundert, also von 1799 zu 1800, zu Anna und hob ihr den Becher mit warmem Rumpunsch entgegen: »Anna, da haben wir also deines Armands Brief noch einmal gelesen, den letzten. Er ist zwar schon anderthalb Jahre alt, aber Armand wird sich in der Zwischenzeit nicht wesentlich verändert haben, sonst hätte er sich schon früher gewandelt. Er schreibt, er wüßte nun, was es mit dem Pelzhandel auf sich hat; aber wenn er nun daran dächte, zu uns ins allerfernste Pays d'en haut zurückzukehren, dann wäre er zwar um einen Berg von Einsichten und Kenntnissen reicher geworden, doch hätte er, außer vielleicht einigen Männern in Montréal, inzwischen niemand kennengelernt, der ihm höhere Achtung abverlangt hätte als etwa sein Vater oder die alten, bewährten Voyageurs Jules Pradier und Basil Caron oder auch der pockennarbige Indianer Mes Coh Thoutin, der Freund und Helfer seines Großvaters Paul Soldat. Ja, und er schreibt auch, Anna, er wäre sehr froh, daß wir geheiratet hätten; er brauchte sich nun nicht mehr Sorgen um dich zu machen, aber wir sollten vor Claas Forke auf der Hut bleiben. Ich glaube nicht, daß ich mich täusche, Anna: er spürt, daß er am Ende seiner Lehr- und Wanderjahre angekommen ist; er drängt nach Hause, um hier, wo er hingehört, eine Aufgabe zu übernehmen, die ihm nach seiner Meinung besser ansteht als das Sitzen und Reden und Rechnen in irgendeinem Kontor. Anna, ob er es schafft, noch in diesem Jahr zu uns zurückzukehren oder erst im nächsten, das weiß ich nicht. Aber im nächsten ist er bestimmt wieder da! Und dann wird er begreifen, daß ich auf dem Platze sitze, auf den eigentlich er gehört. Wird es dann nicht Schwierigkeiten geben?«

Paul und Anna, Nagamoun und Basil Caron hatten sich dem lauten Freudenfest entzogen, das die Voyageurs zur Feier des neugeborenen Jahres 1800 bei klirrender Kälte auf dem großen Platz in der Mitte des Handelspostens veranstalteten. Paul und Anna wußten, wann es sich empfahl, die Voyageurs sich selbst und ihrer überbordenden Feuchtfröhlichkeit zu überlassen. Gewiß, es erschien ihnen als etwas unvergleichlich Herrliches, eine weiße Frau heiter und voller Zustimmung in ihrer Mitte zu wissen, und dazu solch eine Frau, reif und schön und mächtig, denn sie war ja Inhaberin eines Anteils der großen Company, von der sie alle mit ihrem Wohl und Wehe abhingen. Aber dann war es auch wieder gut, wenn die Frau sie allein ließ, so daß sie ihren Scherzen und Geschichten keinen Zwang mehr anzulegen brauchten.

Anna hatte vorgeschützt, daß sie sich um ihre Kinder kümmern müßte, und sich in ihr Haus zurückgezogen, die Tür hinter sich geschlossen. Daß ihr Ehemann, Nagamoun und auch der allmählich zum getreuen Ekkehard von Frau und Kindern aufgerückte

Basil Caron ihr folgten, hatte keiner der zu einer wilden Sanges- und Saufnacht entschlossenen Voyageurs übelgenommen oder überhaupt recht bemerkt. Paul hatte das Feuer im großen Raum des Haupthauses neu entfacht, einen Punsch nach seinem Geschmack gebraut und sich dann mit den Seinen im Halbkreis vor den Flammen niedergelassen. Nicht nur ein neues Jahr, ein neues Jahrhundert hatte begonnen. Ein neues Jahrhundert, was würde es bringen? Anna hatte darum gebeten, daß er den letzten Brief Armands noch einmal vorläse. Ein dankbarer Blick Nagamouns hatte sie erwärmt und zugleich auf leise Weise beunruhigt wie stets, wenn sie die Namen Armand und Nagamoun nebeneinander dachte.

Armand hatte geschrieben:
»Daß Du Dich und den Handelsposten einem so guten Manne wie Paul Soldat anvertraut hast, liebe Mutter, erleichtert mich sehr. Und beinahe noch mehr erleichtert es mich, daß Du den gierigen Claas Forke losgeworden bist. Mit einem anderen Wort als ›gierig‹ kann ich ihn nicht kennzeichnen; ich gestehe heute, daß er mir damals – ich war ja noch nicht recht aus den Kinderschuhen heraus – dauernd Angst eingejagt hat, so als ob man jederzeit des Schlimmsten von ihm gewärtig sein müßte. Was Paul Soldat erreicht hat, nämlich Claas Forke zu vertreiben, das hätte ich nie zuwege gebracht; heute vielleicht, aber damals nicht. Du hast mich ständig beschworen, ruhig zu bleiben; denn Claas Forke, so sagtest Du stets, hätte das Geschäft des Postens ganz außerordentlich gefördert. Nein, liebe Mutter, wie sollte ich Dir verübeln, daß Du noch einmal geheiratet hast! Du bist noch nicht alt; Du hast Deinen Mann verloren und meinen Bruder Walther. Dann hast Du auch mich noch wegschicken müssen, denn im Fort Contreforts konnte ich nur die eine Seite des Pelzhandels kennenlernen. Was es wirklich damit auf sich hat, das habe ich mir jetzt angeeignet. Also, liebe Mutter, bleibt mir nur übrig, Dich nachträglich zu Deinem Entschluß zu beglückwünschen. Paul Soldat, davon bin ich überzeugt, wird das Seine tun, Dir auf unserem entlegenen Handelsposten das Dasein so leicht wie möglich zu machen. Was mich ein wenig beunruhigt ist nur dies: Wo ist Claas Forke geblieben?

Ihr müßt euch vor ihm vorsehen, denn ich glaube, daß er sich mit einer Niederlage niemals abfindet.«

Es hätte dieser Mahnung Armands übrigens nicht bedurft. Denn wenn auch Claas Forke sich am oberen Athabasca weder blicken noch hören ließ, so sagten sich Paul und Anna doch, daß er noch am Leben wäre und auch das Pays d'en haut nicht verlassen haben konnte. Denn sowohl das eine wie das andere wäre ihnen von durchreisenden Indianern oder von den Voyageurs der im Herbst aus dem Osten eintreffenden Kanus wenigstens gerüchteweise zugetragen worden. Trotz der großen Entfernungen und Verspätungen wußten die wenigen weißen Männer und ihre Voyageurs, aber auch die Indianer übereinander stets recht gut Bescheid – blieb es doch unter Umständen für manchen von ihnen sogar lebenswichtig, stets unterrichtet zu bleiben, wer, wo, wann und was in den Wäldern hinter den Wäldern im Gange war.

Nachdem Anna erst einmal in vollem Umfang erfaßt hatte, was Armand ihr in seinem Brief geschrieben hatte, meinte sie: »Er muß sehr viel verständiger geworden sein, Paul, seit er von hier Abschied genommen hat. Es wird ihm nicht leichtgefallen sein, sich mit den vielen Menschen und den für ihn ganz und gar ungewohnten Verhältnissen vertraut zu machen; sicherlich ist er oft genug durch all das Neue verwirrt worden. Aber vielleicht sieht er seitdem die Heimat, ich meine unser Pays d'en haut, in einem rosigen Licht, wie sie es gar nicht verdient. Sein Brief sagt mir, daß er sich danach sehnt, zurückzukehren. Darüber bin ich froh, Paul.«

Paul hatte nur geantwortet: »Ja, Anna!«

Dann las er aus dem Brief nochmals die Absätze vor, in denen Armand von der politischen Unruhe im fernen Europa berichtete, von den Greueln der Französischen Revolution, die aber beinahe vergessen wären und nun in den Namen Bonaparte mündeten, Napoleon, der sich offenbar anschickte, mit seinen Armeen die Schrecken des Krieges auch noch in andere europäische Länder zu tragen.

Am Schluß hatte Armand einen Satz hinzugefügt, den Paul mit erhobener Stimme vorlas:

»Wenn ich dies alles bedenke, so kommt es mir vor, als lebten wir in unserem entlegenen Pays d'en haut in einem wahren Paradies. In unser wildes Indianerland reicht keines Kaisers oder Königs Macht; durch die Wildnis ziehen keine Armeen fremder Mächte, und kein Marschall hat uns etwas zu sagen. Die Gesetze geben wir uns selber und richten uns dabei nach unseren und der Indianer Vorstellungen von Anstand, Ehrlichkeit und Hilfsbereitschaft. Natürlich müssen wir verdienen, sonst können wir uns nicht halten. Aber die Indianer sind's zufrieden; denn die Werkzeuge und Güter, die wir ihnen liefern, auch der Brandy, sind ihnen hoch willkommen und erleichtern ihr Dasein auf eine ihnen früher gar nicht vorstellbare Weise. Und es wird dabei nicht geschossen und gemordet, nicht gebrannt und nicht geköpft. Die meisten wissen gar nicht, wie gut es ihnen geht im Pays d'en haut. Aber ich weiß es jetzt!«

Paul Soldat versuchte zu erklären, was Revolution bedeuten mochte. Er kam damit nicht recht vom Fleck; er lebte schon viel zu lange im freien Indianerland, als daß ihm Erscheinungen wie Napoleon Bonaparte noch irgendwie verständlich, notwendig oder gar bewundernswert erschienen.

Basil Caron räusperte sich schließlich und gab mit rauher Stimme, als würde er nur schwer Herr seines Grolls, einen Satz zum Besten: »Bei uns ist alles einfach und klar. Die da draußen, wo Armand jetzt ist, sind allesamt verrückt. Ich danke meinem Schöpfer und der Heiligen Mutter Gottes, daß wir hier am Athabasca unseren Frieden haben und niemandem untertan sind als uns selber.«

Danach sagte keiner mehr etwas.

Nach einigen stillen Minuten erst machte Anna den Beschluß: »Nun gut, wir wissen, was wir haben, und sind damit zufrieden. Das neue Jahrhundert kann gar nicht besser anfangen. Aber jetzt ist es höchste Zeit, schlafen zu gehen. Wir können hier so beruhigt schlafen, wie draußen in der von Streit und Geschrei erfüllten Welt sicherlich nur wenige andere Menschen.«

19

Der Indianersommer des Jahres 1801 war schon so gut wie vergangen.

Den Strom herauf mußten irgendwann in diesen Tagen die Kanus auftauchen, welche die Tauschgüter für den kommenden Winter heranfrachten würden. Anna hatte sich gesagt, in diesem Jahr muß Armand mit den Kanus bei uns eintreffen, wenn er überhaupt kommen will. Doch schob sie die Möglichkeit, daß Armand überhaupt nicht wiederkehren könnte, stets von neuem über sich selbst erzürnt, abermals beiseite. Er kommt, mein Ältester, er gehört hierher ins Niemandsland der großen Wälder und nicht in die künstlichen Städte des Ostens!

Nagamoun verrichtete alles, was der Alltag ihr abverlangte, schon seit Wochen wie im Traum. Sie nahm die Menschen und Dinge ihrer Umgebung nur noch wahr wie durch einen Schleier oder Nebel, der ihre Umrisse unscharf werden ließ. Immer voller und reicher tönte in ihr der immer gleiche Akkord; die zwei Silben des Namens Armand ließen ihn unablässig erklingen. Bald wird er dasein, sang es im Herzen Nagamouns. Sie erinnerte sich daran, daß ihr Name in der Cree-Sprache »Gesang« bedeutete und lachte in sich hinein.

Sie wußte auch, daß sie zu einem ungewöhnlich schönen Mädchen herangewachsen war. Sie hatte sich im vergangenen Sommer manchmal lange in dem klaren Spiegel des kleinen, stillen Waldsees betrachtet, in welchem sie abseits vom Lager während der heißen Zeit zu baden pflegte. Weder Anna noch ihr Vater sahen es gern, wenn sie dort in der Wildnis allein badete. Aber sie hatte sich nie auch nur für eine Sekunde unsicher gefühlt. Die Wildnis war nicht ihr Feind. Sie, Nagamoun, war ein Teil von ihr.

Nagamoun war eigentlich der einzige Mensch im Lager, der nicht von Spannungen beunruhigt wurde. Mit heiterer Gelassenheit bestätigte sie sich jeden Abend: heute ist er also nicht gekommen, mein Armand. Nun, dann wird er morgen kommen oder übermorgen oder in zwei Wochen; aber er kommt, ich weiß es. Ich brauche nicht mehr lange zu warten.

So rannen die Tage dieses makellosen Herbstes ruhig fort, hielten sich immer noch in goldenem Gleichgewicht zwischen sonniger Helle und frostiger Mitternacht. Das Wetter schien sich jeden Tag erneut darauf einzurichten, daß die Brigaden den Strom herauf endlich in Sicht kämen und angemessen empfangen werden müßten.

Endlich geschah es! Paul Soldat hatte bereits ernsthaft hinter verschlossener Tür mit Anna erwogen, was noch vor dem Winter in aller Eile zu verrichten wäre, wenn die Kanus – Gott allein weiß, aus welchem bösen Grunde – in diesem Jahr nicht rechtzeitig vor dem Eis den Handelsposten erreichten.

Basil Caron, der grimmige Voyageur, der ebenso wie sein Gefährte Jules Pradier endgültig in den innersten Kern der Mannschaft von Fort Contreforts aufgenommen war, auch er heimlich von Zweifeln und Ängsten gequält, war es, der eines Abends, als er mit allen anderen beim Essen saß, plötzlich aufsprang; er stürzte ins Freie auf die Kante des Hochufers. Er als einziger hatte mit scharfem Ohr die Laute unterschieden, die sich nicht in den Lärm und die sonstigen Geräusche des abendlichen Lagers einordnen ließen: eine Ahnung von Gesang war in Carons Ohr gedrungen. So singen die Voyageurs, wenn sie sich nach langer Reise zum letzten Einsatz der Kräfte anfeuern, um mit Bravour ins Ziel zu schießen und den Leuten an Land zu beweisen, daß sie mit ihrer Courage noch längst nicht am Ende sind.

»Die Brigaden!« schrie Basil Caron. Wenige Minuten später waren die Männer des Forts, der Postenchef voran, aber auch Anna mit den Kindern an der Bootslänge unterhalb des Hochufers versammelt. Daß Nagamoun sich erst als letzte aufgemacht hatte und sehr langsam und wie zögernd den Pfad zum Flußufer hinunterging, war niemand aufgefallen. Das aufgeregt laute Gerede der Voyageurs schien sie zu stören. Sie wanderte hinter der am Ufer den Kanus entgegenfiebernden Schar zwei, drei Dutzend Schritte weiter und blieb abseits mit hängenden Armen stehen. Wer sie in diesem Augenblick gesehen hätte, der wäre erschrocken, so weit aufgerissen starrten ihre Augen über das sich schon umdunkelnde Wasser den Booten entgegen.

Der erste, der den Fuß auf den feuchten Sand des Ufers setzte, war ein junger, hochgewachsener Mann mit breiten Schultern und schmalen Hüften. Schon vom Wasser her hatte dieser Bursche im Lederhemd und engen Kniehosen, die aber nicht mit einer bunten Schärpe gegürtet waren wie die der Voyageurs, sondern nur mit einem schmalen ledernen Riemen, die Gruppe der Menschen gemustert, die zum Empfang der Kanus bereitstanden. An Anna war sein Blick hängengeblieben, und auf sie stürmte er zu, umarmte sie. »Mutter, ich bin wieder da, Gott sei Dank, ich bin wieder hier!«

Anna wußte nicht, ob sie lachen oder weinen sollte. Die starken jungen Arme um ihre Schultern, die ihr fast die Luft abpreßten, waren die Arme ihres Sohnes! Mein Ältester, mein Armand! Er ist noch größer geworden. Und die ganze Flottille hört auf sein Kommando. Er sieht seinem Großvater ähnlicher als seinem Vater!

Sie wollte sich auf die Zehenspitzen erheben, um ihn zu küssen, fühlte sich aber plötzlich durch junge, starke Arme aufgehoben und geküßt. Sie stöhnte: »Armand, laß mich zu Boden, du erdrückst mich, mein Junge.«

Sie fühlte wieder Boden unter den Füßen und blickte sich um: lauter lachende Männergesichter um sie her, bekannte und fremde; ihr nächster Gedanke: wo ist Paul?

Paul Soldat stand einige Schritte abseits unter den Männern. Auf seinem Gesicht, als dem einzigen, war das Lächeln nur wie ein Versuch.

Anna hatte sich aus der Umarmung gelöst. Sie griff den Sohn unter den Arm. »Komm, Armand, du mußt meinen Mann begrüßen!«

Einen Augenblick war es, als zögerte Armand, doch hatte er sich sofort in der Gewalt. »Ja, Mutter, natürlich, wo ist Paul Soldat?«

Da war er! Armand streckte dem zweiten Mann seiner Mutter die Hand entgegen. Der Ältere mit dem schweren grauhaarigen Schädel, untersetzt und breit, mit wuchtigen Schultern, löste sich aus dem Ring der Voyageurs, trat einen Schritt auf den jüngeren Mann zu und schlug kräftig in seine Hand ein. Seine Stimme klang rauh, aber er hatte sie voll in der Gewalt: »Sei willkommen, Armand! Wir haben auf dich gewartet. Deine Mutter vor allem! Wir sind heilfroh, daß ihr da seid. Habt ihr eine gute Reise gehabt?«

Armand ließ die Hand des Älteren noch immer nicht aus der seinen. Alle sollten erkennen, daß er diesem Mann wohlgesonnen war, daß es an ihm nicht liegen würde, wenn es galt, mit dem zweiten Mann seiner Mutter gütlich auszukommen.

»Ja, Paul Soldat, wir haben eine nicht allzu schlechte Reise gehabt, haben keinen Mann, kein Kanu und kein Pack verloren. Schlechtes Wetter hat uns lange aufgehalten am Anfang der Reise, auf dem Winnipeg-See schon und dann besonders auf dem Lac Ile-à-la-Crosse. Zuletzt den Athabasca aufwärts haben wir das beste Wetter gehabt, das sich denken läßt. Ich freue mich, daß ich endlich wieder hier bin, wo ich hingehöre, und daß ich soviel Tauschgut mitbringe. Wir werden den Handel erweitern können.«

Paul Soldat erwiderte: »Ja, wir sind gut vorangekommen in den letzten Jahren, und es sieht so aus, als ob es dabei bleibt. Du wirst alle Hände voll zu tun haben. Davon später mehr, Armand. Jetzt sieh dir deine Mutter an, sie will dir ihren Jüngsten vorstellen, dein Brüderchen Charles.«

In Annas Gesicht zitterte es ein wenig, als bäte sie um Vergebung und wüßte nicht, ob sie gewährt werden würde. Doch Armand beugte sich mit strahlendem Lächeln zu dem Bürschlein mit dem roten Pompon auf der Mütze nieder, faßte es bei den Schultern und schüttelte es freundschaftlich.

»Charles, kleines Bruderherz, das ist ja prächtig! Wir werden gute Freundschaft halten, oder meinst du nicht?«

Der Kleine zeigte sich sehr angetan von so freundlicher Begrüßung durch seinen großen Bruder. Er entschloß sich, den hochgewachsenen jungen Mann erfreulich zu finden und krähte: »Du bist der Armand! Mutter hat mir schon erzählt, daß du mein Bruder bist. Du bringst so viele Kanus, wie ich noch nie auf einem Haufen gesehen habe.«

Der Kleine hätte das Gespräch sicherlich gern fortgesetzt, aber nun drängten Basil Caron und Jules Pradier heran und andere der

Voyageurs, den so erfreulich umgänglichen Ältesten von »Madame« zu begrüßen. Der nicht ganz ausgebackene Bursch von damals war als ein fertiger Mann zurückgekehrt, hatte bereits mehr gesehen, gelernt und erlebt, als die Voyageurs allesamt in ihrem ganzen Leben erleben würden.

Armand schien plötzlich von einer merkwürdigen Unruhe ergriffen zu werden. Er wandte sich unvermittelt an seine Mutter, die sich bereits anschickte, mit den Kleinen über den Fußweg zum Hochufer hinaufzusteigen, um im Haupthaus das Abendessen zu richten, und hielt sie zurück: »Mutter, du schriebst mir in deinem letzten Brief, den ich in Grand Portage vorgefunden habe, daß Nagamoun noch bei euch lebt. Wo ist sie?«

Anna hatte in ihrer Aufregung nicht beachtet, daß Nagamoun nicht neben ihr oder ihrem Vater gestanden hatte, als Armand an Land gesprungen war und dann reihum mit vielen guten Worten begrüßt wurde.

Anna blickte sich um. Wo war das seltsame Kind, das immer seine eigenen Wege ging? Warum hatte sie nicht wie alle anderen zum Empfang bereitgestanden? Noch war es hell genug zu erkennen, daß hundert Schritt flußauf eine einzelne Gestalt reglos zu warten schien. Das konnte niemand anders sein als Nagamoun. Anna wies das Ufer entlang:

»Das da wird sie sein, Armand! Du wirst sie nicht wiedererkennen. Sie ist kein Kind mehr. Sie hat mehr auf dich gewartet als wir alle. Vielleicht sogar mehr als ich. Sie ist eigenwillig; wenn du sie begrüßen willst, so mußt du zu ihr gehen. Sie wird dich hier vor so vielen Zeugen nicht begrüßen wollen.«

Der junge Mann gab keine Antwort, ließ sich nicht einmal Zeit, die letzten Worte der Mutter anzuhören. Mit weit ausholenden Schritten wanderte er den Strand entlang. Doch wurden seine Schritte zögernder, als er sich der reglos wartenden Gestalt näherte. Immer hatte ihm das Kind vor Augen gestanden, in das er auf eine zwar knabenhafte, aber seltsam leidenschaftliche Weise vernarrt gewesen war. Ganz gewiß, die Mutter hatte recht: Dies war kein Kind mehr. Er hielt inne vor dem jungen, schlanken Mädchen, unter dessen schlichtem Ledergewand sich zwei sanfte

Hügel zärtlich wölbten. Nagamoun stand mit hängenden Armen, ohne sich zu regen. Aber so unerhört voller Leben flammten ihm zwei große, dunkle Augen entgegen, daß sein Puls plötzlich zu jagen begann. Sie leuchteten ihn an, diese Augen! Sie wollten ihn bezwingen und bezwangen ihn! Für ein paar Herzschläge lang riß er seine Augen von den ihren los und umfaßte mit einem einzigen schnellen Blick das Wesen, das vor ihm stand, reglos und doch unmerklich bebend, von den leicht gewellten, dunkel glänzenden Haaren über der hohen Stirn bis hinunter zu den schmalen Füßen in leichten, dicht anliegenden Mokassins, geschmückt mit Stachelschweinsborsten.

Der halboffene Mund formte ein Wort, ohne daß Nagamoun sich dessen bewußt zu werden schien: »Armand!«

Ein tiefer Seufzer entrang sich der Brust des jungen Mannes! »Nagamoun, kleine Nagamoun! Was ist aus dir geworden! Fast hätte ich dich nicht wiedererkannt! Dabei habe ich dich nie vergessen! Nagamoun, du bist das schönste Mädchen, das ich je gesehen habe.« Ohne daß er es wollte, wiederholte er: »Nagamoun, wie schön du geworden bist!«

Die wenigen Augenblicke, die vergangen waren, hatten genügt, dem Mädchen die volle Sicherheit wiederzugeben. Der Schatz, den sie aus der Kindheit in die Jahre der Reife hinübergetragen hatte, hätte sich als echt erwiesen. Der Kindertraum hatte sich bestätigt, stand vor ihr als ein junger Mann mit klarem, hartgeschnittenem Gesicht, im Abendwind wehenden Braunhaar, mit kräftigen Schultern; er war beinahe um einen halben Kopf größer als sie selbst. Sie lachte ihn an: »Ach, Armand, ich habe es gewußt, nun bist du da, und jetzt fängt es an!«

Armand fragte zurück, ängstlich beinahe und zögernd: »Was fängt an, Nagamoun?«

Sie flüsterte zurück, noch leiser, aber voll grenzenloser Zuversicht – und die Freude, die das Mädchen durchbebte, sprang auf den Mann über: »Das Leben, Armand, das Leben!«

Eigentlich war schon alles entschieden.

20 Die Voyageurs im Fort Contreforts und auch die Cree-Familien, die, wie es um diese Jahreszeit üblich war, sich in der weiten Lichtung um die Palisaden des Forts für einige Wochen niedergelassen hatten, nahmen die letzten goldenen Tage des sinkenden Jahres hin als ein kostbares Geschenk. Man konnte die Vorbereitungen für den Winter treffen, ohne von Wind, Regen und nassem Schnee behindert zu werden. Denn früher oder später mußte das schlechte Wetter ja einsetzen und damit die übelsten und am schwersten zu ertragenden Wochen des ganzen Jahres.

Armand Leblois hatte sich vom ersten Tag an der Geschäfte im Lager angenommen, als hätten sie längst in seiner Hand gelegen und wären ihm vollkommen vertraut. In der Tat war ihm von Kind auf in Fleisch und Blut übergegangen, was jeweils auf den einsamen Pelzhandelsposten in der Wildnis zu versehen war, außerdem hatte er in der Ferne zu begreifen gelernt, wie im Getriebe des über Tausende von Meilen weit sich dehnenden Pelzhandels der North West Company, der Hudson Bay Company, anderer kleiner Gesellschaften und der wagemutigen Einzelhändler die Räder ineinander griffen und wie keines von ihnen stillstehen durfte, wenn nicht das Ganze zum Erliegen kommen sollte. Doch wußte Armand es so einzurichten, daß die Autorität Paul Soldats und auch die seiner Mutter niemals angetastet wurde. Und wenn er schon in seiner jugendlichen Frische und Unbekümmertheit Anordnungen gab, so tat er dies stets im Auftrag des alten Lagerleiters.

Für das Persönliche blieb in diesen schönen letzten Tagen vor Anbruch des Winters wenig oder gar keine Zeit. Auch empfanden Nagamoun ebenso wie Armand, daß sie sich an die räumliche Nähe des Menschen, auf den nun die Kompaßnadel ihres Innern unbeirrbar hinwies, erst gewöhnen mußten. Nach jener sonderbaren ersten Stunde des Wiedersehens und Erkennens wurden beide von einer wortlosen Scheu beherrscht, miteinander allein zu sein oder sich gar zu berühren. Nur aus der Ferne, wenn sie glaubten, daß niemand sonst es bemerkte, lächelten sie sich manchmal an, als wären sie ein Bündnis eingegangen, das noch geheimgehalten werden mußte. Nach jedem solchen Lächeln bemächtigte sich ihres ganzen Wesens eine wunderbare Wärme, ein solches Wohlbefinden, als wandelten sie auf Wolken und nicht auf der harten Erde.

Paul Soldat hatte sich vor der Ankunft der Kanubrigaden im geheimen mancherlei Sorgen gemacht. Jetzt bekannte er seiner Frau: »Anna, ich finde, daß sich Armand großartig entwickelt hat. Er wird es weit bringen, wenn er will. Es erstaunt mich, wie selbstverständlich die Voyageurs auf ihn eingehen und seine Anordnungen befolgen, obgleich die allermeisten älter sind als er und in mancher Hinsicht sicherlich auch erfahrener.«

Bis weit in den November hinein hielt sich das makellose Herbstwetter. Dann entdeckte Paul Soldat eines frühen Morgens, als er vor Sonnenaufgang ins Freie trat, daß sich über den schon milchig-blau erhellten klaren Himmel feine langgedehnte Wolkenstriche von Nordosten her in großer Höhe schnurgerade nach Südwesten dehnten. Sofort begriff er: Das Wetter war im Begriff umzuschlagen; der Anbruch des Winters würde höchstens noch einen oder zwei Tage auf sich warten lassen. An diesem Tag der ersten Vorzeichen schlechten Wetters stellten sich im Fort Contreforts einige Besucher ein, die weder geladen waren noch erwartet wurden.

Der Zufall wollte es, daß niemand im Lager die drei Männer in ihrem hoch aus dem Wasser ragenden, also kaum mit Fracht beladenen Kanu hatte ankommen sehen. Paul Soldat und Armand hatten um diese frühe Nachmittagsstunde die gesamte Mannschaft des Postens, also etwa dreißig Voyageurs, in dem großen Hauptraum des Haupthauses versammelt, um möglichst mit der Zustimmung der Mehrheit etwa die Hälfte seiner Leute auf die fünfzig oder hundert Meilen ins Umfeld des Postens vorgeschobenen Außenstationen abzuordnen. Je zwei oder drei Mann, die miteinander harmonieren mußten, hatten sich, klug verteilt, ins Vorgelände zu setzen. Jeder dieser Außenposten war mit einem kleinen Vorrat an Tauschgütern versehen, um die indianischen Jäger anzulocken. Es gab Indianer genug, die sich scheuten, das unruhige und zuweilen lärmende Fort aufzusuchen, die sich hinter den hohen Palisaden unsicher und wie gefangen fühlten und lieber draußen in der freien Wildnis ihre Geschäfte abwickelten.

Eine Anzahl von Voyageurs hatte auf alle Fälle im Hauptlager zu bleiben, um die dort angelieferten Pelze zu registrieren, zu sortieren und für den Abtransport im kommenden Frühling zu bearbeiten und zu verpacken. Paul Soldat ließ es sich besonders angelegen sein – wie es ihm auch von Anna empfohlen war –, den Männern die Winterarbeit nicht zuzudiktieren, sondern ihnen die Möglichkeit zu geben, sich aus eigenem Antrieb für die einsamen und nicht immer ungefährlichen Außenposten oder die einfachere und weniger Geschick erfordernde, aber nie abreißende Arbeit im Hauptlager zu entscheiden.

Anna benutzte das große Palaver der Voyageurs mit dem Postenchef, das sicherlich einige Stunden andauern würde, um in einem kleinen, sehr fest gebauten Nebenhaus des Haupthauses die Lieferlisten für besonders wertvolle Tauschgüter, die mit den Kanubrigaden eingetroffen waren, mit den Warenbeständen zu vergleichen.

Anna hatte die drei Kinder, die sie wie Geschwister großzog, mit in dieses Lagerhaus genommen, um die vergnügte und abenteuerlustige Gesellschaft im Auge zu behalten. Die Tür nach draußen hatte sie geschlossen. Abseits an der Schmalseite der Blockhütte spielten die drei Kinder »Pelzhandel« mit einigen Fellstückchen, die sie aufgelesen hatten, und Holzscheiten, die das Tauschgut darstellen sollten.

Anna hockte vor dem Kamin auf einem Schemel, hatte auf den Knien das schwere, in Schweinsleder gebundene große Hauptbuch des Postens aufgeschlagen und verglich, Posten für Posten, ob die Eintragungen einer zerknitterten Lieferliste richtig in das Hauptbuch übertragen waren.

Anna vernahm, daß hinter ihrem Rücken die Tür der Hütte geöffnet wurde; das Knarren war unverkennbar. Doch mochte sie sich nicht unterbrechen lassen, um nicht noch einmal nachzählen zu müssen. Es konnte sich nur um Basil Caron handeln, der den Raum betreten hatte, denn er brauchte an der Versammlung der

Männer des Lagers nicht unbedingt teilzunehmen, stand doch für ihn ohnehin fest, daß er im Hauptlager bleiben und wie stets dem Postenchef zur Hand gehen würde.

Anna fühlte den Schwall kühlerer Luft, der hinter ihrem Rükken durch die geöffnete Tür ins Innere des Raumes drang, blickte sich aber nicht um. Caron sah ja, daß sie die Liste erst bis zum Ende durchkontrollieren und dann erst angesprochen sein wollte.

Es war aber nicht Carons Stimme, die sich vernehmen ließ, sondern eine andere, fremde – oder doch nicht ganz fremde –, eine knarrende, harte Stimme ohne jede Spur von Freundlichkeit: »Das trifft sich ja gut! Da bin ich ja gleich an der richtigen Adresse. Sieh dich mal um, Anna, wer hier steht!«

Anna hätte sich nicht umzudrehen brauchen. Wer es war, dem diese Stimme gehörte, das wußte sie sofort. Nie wieder hatte sie ihren Tonfall vernehmen wollen! Ein Widerwille, der ihr beinahe Übelkeit bereitete, machte ihr die Kehle eng. Langsam, als wären ihre Glieder steif geworden, drehte sie sich um; sie achtete nicht darauf, daß ihr das große Buch von den Knien glitt, die Liste dazu, und aufgeblättert liegenblieb.

Annas Widerwille verwandelte sich in Entsetzen, als sie der Gestalt ansichtig wurde, die in der Türöffnung stand und nun zwei Schritte weiter in den Raum vordrang. Auf dem Kopf saß dem breitschultrigen, untersetzten Mann eine schmierige Pelzkappe. Seine Kleider aus Wolle und Leder zeigten sich an vielen Stellen zerlumpt und zerfetzt. In der Rechten trug der Mann eine langläufige Flinte, deren Lederriemen am Boden schleifte. Überboten aber wurde dieser elende Aufzug von dem Gesicht des Mannes, das sich bis auf Augen, Nase und Mund hinter einem schwarzgrau verfilzten Bart wie hinter einer formlosen Maske verbarg. Aber die Augen unter den borstigen Brauen blickten unheimlich lebendig, hart und höhnisch.

Fast ohne es zu wissen, flüsterte Anna in den Raum: »Claas Forke, schrecklich siehst du aus!«

Der Eindringling stieß ein heiseres Lachen hervor. Er erwiderte: »Das kann wohl sein, Anna! Aber wir haben es jetzt bis hierher geschafft; hier wird uns keiner mehr was tun. Morgen oder übermorgen gibt es Eis und Schnee; dann ist es sowieso bald vorbei mit der Wasserfahrt.«

Anna begriff nur unvollkommen, was mit diesen Worten gemeint war. Sie hatte sich erhoben. »Laß mich gehen, Claas! Ich rufe meinen Mann und Armand, mit denen mußt du verhandeln, nicht mit mir!«

Der zerlumpte Besucher machte keine Anstalten, ihr den Weg freizugeben. Er hatte sich breitbeinig zwischen die Tür und Anna gepflanzt, musterte die Frau von oben bis unten, streifte mit den Blicken das übelbehandelte Hauptbuch und die drei abseits hockenden Kinder, die wie gebannt herüberstarrten. Forke knurrte, und die Bosheit in seiner Stimme wurde noch deutlicher als zuvor: »So, Armand ist auch wieder da. Der junge Mann wird erstaunt gewesen sein, daß sich seine Mama dem früheren Knecht seines Vaters an den Hals geworfen hat. Bei mir wärst du besser aufgehoben gewesen, Anna. Aber das hast du verpfuscht.«

Anna geriet außer sich und schrie: »Laß mich hinaus, Claas, oder ich schreie dir den ganzen Posten auf den Hals!«

Offenbar hatte sie den richtigen Ton getroffen. Claas Forke stellte den Kolben seiner Büchse neben sich auf den Fußboden und gab ihr den Weg zur Tür frei: »Na, dann lauf, Anna! Einer gegen zwei oder drei Dutzend, das gibt mir keine Chance!«

Anna hetzte so dicht an dem bösen Gast vorüber, daß sie seinen Arm mit dem ihren streifte. Sie spürte es wie einen elektrischen Schlag. Sie flog zum Haupthaus hinüber, drängte sich durch die erstaunten Voyageurs und stand vor Paul Soldat, der auf einen Schemel gestiegen war, um sich den Voyageurs in einem Schlußwort besser verständlich zu machen. Anna rief, allen vernehmbar: »Paul, bei mir im Kontor ist Claas Forke. Ich weiß nicht, was er von uns will. Er hat mich erschreckt. Du mußt kommen! Und auch Armand!«

»Claas Forke...?« wiederholte Paul verdutzt, faßte sich aber sofort, sprang vom Schemel und eilte durch die Gasse, die sich zwischen den versammelten Voyageurs öffnete, zur Tür und ins Freie. Armand folgte ihm auf dem Fuße, auch Jules Pradier und Basil Caron schlossen sich sofort an.

Die Tür des Kontorhauses fanden die vier bis auf einen Spalt geschlossen. Der Lauf einer Flinte blickte durch die Ritze. Vom Innern des Hauses her tönte den Männern die Stimme Claas Forkes entgegen: »Halt, Paul, stehenbleiben, drei Schritte Abstand! Anna hat die Kinder hier im Raum zurückgelassen. Ein gutes Unterpfand dafür, daß ihr euch freundlich benehmt. Paul, die Sache ist so: Ich bin mit meinen beiden Männern in Not. Die anderen zwei sind von den Indianern umgebracht worden, hinten im Westen, wo der Athabasca aus dem Gebirge tritt. Die Indianer dort sind nicht so freundlich wie die Cree und scheuen sich nicht, einen weißen Mann zu töten. Wir mußten Hals über Kopf fliehen, ohne Ausrüstung und Proviant. Der Winter steht vor der Tür, Paul, wir sind am Ende. Du mußt uns Obdach geben. Das ist das Gesetz der Wälder.«

Der Flintenlauf war auf Pauls Brust gerichtet. Alle wußten es, die den beiden gefolgt waren, sich aber in respektvollem Abstand hielten:

Der Mann im Kontorhaus ist verrückt oder völlig verzweifelt, vielleicht beides. Und außerdem hat er recht, wenn er sich auf das Gesetz der Wälder beruft; die Gastfreundschaft darf niemandem verweigert werden, auch nicht dem unerwünschten Besucher, selbst nicht dem Feind, wenn die Gewalten der Wildnis, Frost und Hunger das Leben bedrohen.

Paul brauchte nicht lange nachzudenken. Wenn es stimmte, was Claas Forke durch den Türspalt gerufen hatte, dann mußte ihm Unterschlupf und Ernährung geboten werden. Paul erwiderte so laut, daß alle es hören konnten:

»Das alles hättest du ohne Drohungen vorbringen können, Claas Forke. Es versteht sich von selbst, daß wir euch Obdach und Nahrung gewähren, wenn ihr in Not seid. Dies erkläre ich bindend, und alle meine Voyageurs sind Zeugen. Nimm die Flinte weg, komme heraus, Claas, und gib die Kinder frei.«

Die Flinte verschwand nicht gleich aus der Türritze, senkte sich aber nach einigen Sekunden zögernd und wurde schließlich zurückgezogen. Die Tür flog auf und Claas Forke trat ins Freie.

Alle erkannten es im vollen Licht des Nachmittags: Dieser

Mann ist wirklich am Ende. Seine Kleidung war zerfetzt und verkommen. Der zerlumpte Überrock schien nur noch durch den ledernen Gürtel zusammengehalten zu werden. Gesicht und Hände waren seit Tagen oder Wochen nicht mehr mit Wasser in Berührung gekommen. Der Bart wucherte wüst und verfilzt bis zu den Ohren und Augen. Trotzdem war zu erkennen, daß das Gesicht darunter eingefallen und hohl war. Claas Forke hatte seine Flinte unter den rechten Arm genommen und hielt den Finger um den Abzug gekrümmt, als traute er dem Frieden nicht.

Paul Soldat fragte:

»Claas, wo sind die zwei Männer, von denen du gesprochen hast?«

Die Antwort kam sogleich: »Sie sitzen unterhalb des Steilufers im Kanu, hundert Schritte stromab von der Bootslände. Ich wollte erst allein sehen, was hier oben bei euch los ist.«

»Gut, Claas, hole sie herauf! Ich gebe dir zwei Männer mit, so daß euer ganzes Gepäck auf einmal nach oben geschafft werden kann.«

»Nötig ist das nicht, Paul« – man merkte, daß Claas unter seinem Bart ein Grinsen versuchte –, »was wir an Gepäck zu tragen haben, ist nicht der Rede wert. Wir sind froh, daß wir es selber gerade noch bis hierher geschafft haben.«

Paul gab zwei jugendlichen Voyageurs einen Wink. Die beiden schlossen sich dem zerlumpten Manne an, der vor ihnen breitschultrig, aber mit unsicherem Schritt dem weit geöffneten unteren Tor in den Palisaden des Forts zustrebte, durch das er zwanzig Minuten zuvor ungesehen eingedrungen war.

Anna hatte ihren Mann beschworen: »Ich will nicht, Paul, daß er jemals wieder das Haupthaus betritt, erst recht nicht den Anbau, in dem wir wohnen. Auch das Kontorhaus darf er nicht wieder betreten. Paul, wenn ihr schon den Forke und seine Leute jetzt nicht wegschicken könnt, so laßt sie wenigstens nicht im Lager wohnen. Vor den Palisaden stehen zwei Hütten leer; in einer davon können sie überwintern, aber nicht innerhalb der Palisaden.«

Paul erwiderte: »Anna, deine alte Furcht vor Claas Forke spielt dir einen Streich. Der Mann mit seinen zwei halbverhungerten

Voyageurs kann uns nichts anhaben. Und im nächsten Frühling werden wir sie los.«

Anna antwortete erregt, wie Paul es sonst nicht von ihr gewohnt war: »Bis zum nächsten Frühjahr vergehen fünf oder sechs Monate, Paul. Ich bestehe darauf, daß die drei nicht im Fort, sondern außerhalb untergebracht werden. Und es wird ihnen nichts geschenkt, Paul. Alles, was sie an Nahrung, Kleidung und Ausrüstung von uns haben wollen, erhalten sie nur auf Kredit. Die Company hat nichts zu verschenken. Auf keinen Fall an diese drei!«

Paul hatte nachzugeben, er hatte Annas Wunsch zu erfüllen.

Aus Claas Forke war nicht viel herauszubekommen. Aber seine beiden elend abgetriebenen Voyageurs vermochten auf die Dauer nicht den Mund zu halten und verrieten nach und nach, was sich auf ihrem kleinen Handelsposten am obersten Athabasca abgespielt hatte. Aus ihren Berichten ging deutlich hervor, daß die Indianer, die im und jenseits des hohen Gebirges zu Hause waren, dem weißen Mann von vornherein feindlich und mißtrauisch gegenübergetreten waren. Sie schienen auch an den Flüssen und Strömen des Gebirges viel dichter zu sitzen, als es im Lande der Waldindianer üblich war; diese lebten weit verstreut in verhältnismäßig kleinen Verbänden beisammen; für größere hätten die Einöden nicht genügend Nahrung geboten. Die Ströme jenseits des Gebirges aber, die alle schon dem großen Ozean im Westen zustrebten, waren so unerhört reich an Fischen, daß die Indianer an ihren Ufern niemals Mangel litten, daher auch nicht in gleichem Maße wie die Indianer des Pays d'en haut auf die Werkzeuge und Waffen des weißen Mannes angewiesen waren.

Claas Forke hatte dies offenbar nicht schnell genug begriffen. Er hatte mit den Indianern des Gebirges ebenso harten Handel treiben wollen, wie er es von den großen Wäldern her und weiter im Süden in den Prärien gewohnt gewesen war, seit er dem Fort Contreforts hatte den Rücken kehren müssen. Seine Rechnung war nicht aufgegangen. Die Indianer hatten mit großer Übermacht seinen Posten überfallen und zwei seiner Leute, die sich nicht rechtzeitig retten konnten, gefangen fortgeführt – sicherlich waren die beiden inzwischen einen schrecklichen Tod am Marterpfahl gestorben. Claas Forke und die beiden Voyageurs, die mit ihm entkommen waren, hatten nur ihr nacktes Leben gerettet. Es war ihnen keine andere Wahl geblieben, als den Athabasca abwärts zu versuchen, noch vor dem Winter Fort Contreforts zu erreichen, das kräftig zu schädigen sie eigentlich beabsichtigt hatten.

Paul Soldat wußte: Claas Forke nimmt sich immer zuviel vor. Im Grunde glaubt er nur an die Gewalt und macht gerade dadurch seine Anstrengungen zunichte. Er wird nie etwas dazulernen. Wegjagen kann ich ihn jetzt nicht. Aber ich muß ihn uns vom Leibe halten. Mit dem Aufbruch des Eises im nächsten Frühjahr muß er fort, keinen Tag später!

21

Der Winter des Jahres 1801/02 hätte für die Menschen im Fort Contreforts eine Zeit des Friedens sein können, wenn nicht die Anwesenheit der drei abgerissenen, hohläugigen Männer, die sich unmittelbar vor dem Einbruch des Winters in die Gemeinschaft gedrängt hatten, nach und nach die Stimmung aller beeinträchtigt, um nicht zu sagen vergiftet hätte.

Claas Forke war mit seinen zwei Männern, wie Anna gefordert hatte, in einer der Blockhütten außerhalb der Palisaden untergebracht worden. Im Fort selbst wäre kaum für die drei Platz zu schaffen gewesen. Auch lehnten die Voyageurs des Postens es ab, den drei, wie sich bald herausstellte, verlausten Männern bei sich Quartier zu gewähren.

Neben den Hütten vor den Palisaden kampierten in einem halben Dutzend von ledernen spitzen Zelten, deren Wandungen gegen die Kälte mit doppelten Bären- und Hirschfellen abgesichert waren, einige Indianer-Familien mit Männern, Weibern und Kindern, die sich von dem Handelsposten im vergangenen Herbst nicht hatten trennen können; die Jäger und Trapper, die zu diesen Familien gehörten, wollten erst nach dem ersten Schnee damit beginnen, ihre Fallenstrecken auszulegen und größeren Tieren wie

Bären und Wölfen nachzuspüren. Das erste, was Claas Forke tat, nachdem er sich mit seinen beiden Voyageurs in der Hütte notdürftig eingerichtet und der erste große Schneesturm seine Kraft verströmt hatte, war, sich bei den Indianerweibern in seiner Nachbarschaft neue Pelzkleider zu bestellen. Erstaunlich schnell brachten die Weiber die plumpen Hosen und lockeren Felljacken zustande, mit denen sie ihre eigenen Männer und sich selbst im Winter vor Frost zu schützen wußten. Claas Forke hatte offenbar begriffen, daß die Leute im Fort ihn erst akzeptieren würden, wenn er sich und seine beiden Männer neu eingekleidet hatte. Als es soweit war, veranstaltete er in seiner Hütte, aber durchaus nicht heimlich, ein großes Wasch- und Scherfest, zog dann die neuen Kleidungsstücke an, warf die alten Lumpen im Freien zu einem großen Haufen zusammen, schichtete Reisig und trockenes Holz darüber und ließ den Haufen verrotteter und verschmutzter Pelze und Wollsachen in Flammen aufgehen – mitsamt all dem Ungeziefer, das sich darin eingenistet hatte.

Die Radikalkur machte Eindruck unter den Voyageurs des Postens, vor allem, seit sich unter ihnen herumgesprochen hatte, daß Claas Forke die Indianerinnen für ihre Arbeit mit einem Silberstück entlohnt hatte. Paul Soldat wollte schließlich von ihm wissen, was es damit auf sich hatte. Claas Forke erwiderte dem Postenchef mit einem breiten Grinsen im nur noch stoppelbärtigen Gesicht:

»Du brauchst es keinem weiterzuerzählen, Paul, auch meine beiden Voyageurs wissen nichts Genaues; der Anna oder dem Armand wirst du es ja wohl anvertrauen, und das ist vielleicht auch gut so. Ich kann dir verraten, daß ich, als wir ankamen, einen Gürtel mit Gold- und Silbermünzen um den Leib gebunden trug, und den habe ich nicht mit verbrannt, das kannst du mir glauben, sondern nur ausgekocht in einer stillen Stunde. Ihr braucht also nicht zu fürchten, daß ich der ehrenwerten Company zur Last fallen werde. Soweit wir unsere Ernährung nicht selbst zusammenschießen oder fischen, werde ich alles, was wir sonst noch brauchen, angemessen bezahlen. Du wirst wegen mir mit der ehrenwerten Company keinen Ärger bekommen.«

Paul hatte dergleichen vermutet und vermied es, sich überrascht zu zeigen. Er meinte nur: »Es wundert mich, daß die Indianerinnen Silbergeld von dir genommen haben. Sie wollen sonst für jede Arbeit nur Gebrauchsgüter oder Alkohohl eintauschen.«

Claas Forke grinste: »Die hier sitzen schon lange genug bei euch herum, sind ja auch in den vergangenen Wintern hier gewesen. Sie haben gelernt, daß für ein Stückchen Silber im Laden bei euch ebensogut etwas eingetauscht werden kann wie gegen Pelze.«

»So wird es sein«, entgegnete Paul voller Mißmut. »Die Jäger, die von draußen hereinkommen, wissen mit Geld nichts anzufangen. Ich lege auch keinen Wert darauf, daß sie damit vertraut werden. Das Geschäft würde erschwert. Ich möchte dir nahelegen, in Zukunft die Jäger, wenn sie mit ihren Pelzen hereinkommen, wie üblich dem Handelsposten, das heißt mir oder Armand zu überlassen.«

Damit hatte er sich umgewandt und war durch den Schnee davongestapft, übler Ahnungen voll.

Nichts wollte in diesem Winter nach gewohnter ruhiger Weise ablaufen, und wenn Paul oder Armand zum Teil sehr mühsam und auf Umwegen erforschten, worauf die Schwierigkeiten zurückzuführen waren, so bildeten stets Claas Forke oder seine beiden Leute irgendwo und irgendwie den Anlaß zu all den Mißhelligkeiten.

Armand und Anna hatten sofort erklärt, Claas Forke dürfe nur für seinen eigenen und seiner zwei Leute Unterhalt in Bargeld bezahlen. Auf keinen Fall dürften ihm Tauschwaren gegen Geld ausgefolgt werden; es bedurfte natürlich keiner allzu lebhaften Phantasie, sich auszumalen, daß Forke versuchen würde, die ankommenden Jäger vor dem Fort abzufangen und ihnen ihre Pelze gegen Brandy oder sonstige Güter abzuhandeln.

Was indessen weder Paul noch Armand verbieten konnten, war, daß sich die eigenen Voyageurs gegen den ihnen später zu zahlenden Lohn mit Tauschwaren versehen ließen, teils für den eigenen Bedarf, aber auch, um sich gelegentlich einige Pelze einzuhandeln. Solches den Voyageurs in beschränktem Umfang zu gestatten, war von jeher auf den Handelsposten üblich. Wie aber war dann zu verhindern, daß die Voyageurs hintenherum die vom Company-Laden erhandelten Güter an die Voyageurs Claas Forkes oder ihn selber weitergaben – gegen gutes Silbergeld, sogar gelegentlich gegen ein kleines Goldstück?

Auf alle Fälle war in der zweiten Hälfte des Winters nicht mehr zu übersehen, daß Claas Forke außerhalb des Forts einen schwunghaften Handel mit den indianischen Jägern betrieb, daß er sich nicht scheute, die abgemattet aus den winterlichen Wäldern anreisenden Indianer mit reichlich »Feuerwasser« in gelöste Stimmung zu versetzen und den halb oder ganz Betrunkenen ihre mühselig genug errungene Beute für ein paar weitere Gläser Rum, ein Stück roten Tuchs oder eine Axt abzunehmen, besser abzuschwindeln.

Auch mußten sich Anna, Paul und Armand schließlich eingestehen, daß es Claas Forke gelungen war, einige der Voyageurs des Postens, die mit den Leblois oder Soldat noch nicht so fest verbunden waren wie etwa Jules Pradier und Basil Caron, mit wahrscheinlich vielen vagen Versprechungen auf seine Seite zu ziehen. Wenn Paul Soldat versuchte, dem Stifter des Unfriedens Vorhaltungen zu machen, so erhielt er nur ausweichende und schließlich herausfordernde Antworten, etwa der Art:

»Paul Soldat, spiel dich nicht auf! Meine Voyageurs sind erwachsene Männer und die deinen auch. Wir sind hier im Pays d'en haut, und jeder kann machen, was er will. Was ich von dir gekauft habe, das habe ich bezahlt, und was deine Voyageurs mir gebracht haben, auch. Und im übrigen: Kannst du mir vielleicht verraten, wo geschrieben steht, daß die indianischen Jäger vom oberen oder mittleren Athabasca ausgerechnet dir allein ihre Pelze anzubieten haben? Das Land gehört hier keinem Menschen; selbst die Indianer haben keine Vorstellung davon, daß es vielleicht ihnen gehören könnte, das heißt, wenn wir ihnen diese Vorstellung nicht noch beibringen. Wenn ich mir einen Handelsposten gleich neben eurem einrichte, so kann mir das niemand verwehren. Mein Anrecht darauf gilt ebenso wie das deine oder das der Company. Ich weiß es genau, Paul: Mit dem Aufbruch des Eises wollt ihr uns loswerden. Der grüne Junge Armand meint vielleicht, er hätte mir etwas zu befehlen. Du wenigstens solltest es besser wissen. Du bist länger im Indianerland zu Hause als ich. Mein lieber Paul Soldat, es stimmt schon, daß es auch mir empfehlenswert erscheinen könnte, den Schauplatz meiner segensreichen Tätigkeit anderswohin zu verlegen. Aber dann müßten wir uns in die Kosten teilen, die das verursachen würde. Mit anderen Worten, du müßtest mir noch etwas zuzahlen, wenn ich die Pelze, die ich eingehandelt habe, einpacken und mich damit zum Lac Supérieur auf den Weg machen soll. Es sei denn, daß dir ein anderer Vorschlag einleuchtet, nämlich dieser: Du kaufst mir die Pelze ab für den gleichen Preis, den ich am Lac Supérieur erzielen würde. Dann brauche ich mir nicht Gedanken darüber zu machen, wie ich das Zeug fortschaffe, und kann im Frühling gleich anderswohin aufbrechen!«

Paul glaubte nicht recht gehört zu haben. Ein wilder Zorn wallte in ihm auf. Doch entsprach es nicht seiner Art, sich gehenzulassen. Er erwiderte lediglich: »Das könnte dir so passen!« Er wandte sich ohne Gruß um und stapfte durch den lockeren Schnee davon. Er vernahm noch, was Claas Forke hinter ihm herrief: »Allerdings! Sehr gut sogar!«

Der Hohn war unverkennbar.

Die Sonne wärmte bereits, und die Tage dehnten sich deutlich länger als die Nächte. Am Tage tropfte und gurgelte es von den Dächern. Lachen bildeten sich hier und da, und wo die Sonne hinschien, verschmolzen Schnee und Erdreich zu zähem Morast. Des Nachts aber senkte sich immer noch strenger Frost über das weite Land und ließ es abermals erstarren, mochten auch die schwarzen Fichten an den Waldrändern unter den wärmenden Strahlen des Tagesgestirns längst ihre Schneelast abgeschüttelt haben.

Es geschah an einem Abend gegen Ende April. Es hatte gerade wieder angefangen zu frieren; der über Tag aufgeweichte Boden der Lagergassen härtete sich von neuem. Diese Stunde mit noch ausreichender Helligkeit wollte Nagamoun benutzen, um einen Lagerschuppen unter der Palisadenwand aufzusuchen, wo eine Auswahl besonders vorzüglicher Pelze ihrer Obhut und Pflege anvertraut war, wo sie also in verhältnismäßig kurzen Abständen die

Pelze zu lüften und zu bürsten hatte; insbesondere durfte die nur getrocknete, aber noch nicht gegerbte Innenseite der Felle keinen Schimmel ansetzen.

Solange der Tag genügend Licht gespendet hatte, war Nagamoun bei weit geöffneter Tür in dem kleinen Lagerhaus tätig gewesen. Schließlich wurde es zu dunkel, als daß sie ihre Arbeit noch mit der erforderlichen Sorgfalt hätte fortsetzen können. Sie schaffte Ordnung in der Kammer, trat auf die schon dämmrige Lagerstraße hinaus und zog die Tür der Hütte hinter sich zu.

Als sie um die nächste Ecke biegen wollte, trat ihr plötzlich ein Mann in den Weg: Claas Forke. Er knurrte: »Habe ich dich endlich einmal erwischt, Nagamoun! Immer drehst du dich weg, wenn ich dir begegne, als wäre ich aussätzig. Was bist du anders als eine Métisse, ein dreckiger kleiner Mischling wie alle anderen! Wer fragt da lange! Zurück mit dir in die Pelzbude...«

Ehe der Mann weitersprechen konnte, unterbrach ihn ein gellender Schrei des Mädchens: »Armand, Armand! Hilfe!«

Zu mehr kam sie nicht; eine grobe, behaarte Hand preßte sich über ihren Mund und ein klobiger, muskelbewehrter Arm faßte sie um die Hüfte wie in einem Schraubstock, hob sie vom Boden und wollte sie die wenigen Schritte zurück zum Eingang der Fellhütte tragen.

Doch hatte der Schrei des Mädchens die Stille des Abends so fremd und grell zerrissen, daß viele im Lager aufhorchten. Ein Zufall wollte es, daß Armand auf dem Wege ins Haupthaus gewesen war. Der Schrei traf wie ein Pfeil sein Herz. In großen Sätzen rannte er zu der Stelle unter den Palisaden, wo sich der Schuppen an die Stämme lehnte, in dem Nagamoun am späteren Nachmittag hatte arbeiten wollen. Er erreichte den Platz gerade in dem Augenblick, als Forke mit der Schulter die Tür aufstoßen wollte. Denn seine Hände und Arme waren damit beschäftigt, die sich wild sträubende Nagamoun zu bändigen.

Armand hatte keine Waffe bei sich. Mit den bloßen Händen griff er zu, umspannte den Hals des Mannes und riß ihn mit aller Kraft zurück. Forke mußte seine Beute aus den Armen gleiten lassen und warf sich herum, um mit dem Angreifer handgemein zu werden. An Kraft war der untersetzte, stiernackige Mann dem jüngeren sicherlich überlegen, aber nicht an Gewandtheit. Armand wich den fürchterlichen Stößen aus, mit denen Forke auf ihn eindrang, riß ihm mit dem Fuß ein Bein vom Boden. Schwer schlug Forke auf das zertretene, schon wieder gefrierende Erdreich, und zwar, ohne daß er sich abzufangen vermochte, mit dem Gesicht zuunterst. Schon war Armand mit beiden Knien auf ihm, umfaßte mit den Händen seinen Hals und drückte ihm den Kehlkopf nach innen.

»Wenn du dich weiter wehrst, Lump, drücke ich dir die Luft ab und du bist erledigt!«

Claas Forke hatte stets in seinem Leben begriffen, wann er geschlagen war. Armand gewährte ihm für einen Augenblick Luft. Forke ächzte: »Ich gehe schon, laß mich los!«

Armand hielt den Mann fest, bis dem Kerl schwarz vor Augen wurde. Dann entließ er ihn aus seinem Würgegriff. Nach einer Weile erst taumelte Forke hoch, mühsam keuchend. Sah sich gar nicht um, wankte davon.

Armand hatte nicht bemerkt, daß hinter ihm Nagamoun aus der Hütte gesprungen und davongeeilt war. Sie kehrte mit Paul Soldat und Basil Caron zurück.

»Wo ist er?« rief sie.

Armand wies die kleine Nebengasse des Lagers entlang, über die Forke sich taumelnd entfernt hatte. Mit langen Sätzen hetzten Paul und Basil Caron ihm nach.

Sie erreichten ihn am Lagerausgang unter einem halben Dutzend anderer Voyageurs, die im Walde Holz geschlagen hatten und nun zurückkehrten. Es empfahl sich nicht, vor aller Augen eine Szene zu machen oder gar eine Schlägerei heraufzubeschwören; vor dem Lagertor schienen die beiden Männer Forkes auf ihn gewartet zu haben. Erst vor seinem Haus stellten Paul und Caron, dann auch Armand den immer noch nicht wieder der Sprache mächtigen Claas Forke.

Paul keuchte: »Das ist das Ende, Claas! Packt eure Sachen und verschwindet!«

Was noch nie geschehen war, das geschah jetzt: Basil Caron erhob Widerspruch: »Nein, so geht das nicht! Es muß ein Lagergericht einberufen werden, um über diesen Mann zu befinden. Er hat den Frieden des Lagers gestört, wie er noch niemals gestört worden ist. Bis zur Gerichtsverhandlung ist er im Fort sicher zu verwahren.«

Jules Pradier hatte sich eilends mit ein paar zuverlässigen Voyageurs zu der kleinen Gruppe gesellt. Claas Forke und seine beiden Helfer sahen sich umzingelt. Ja, er hatte stets gewußt, wann sein Spiel verloren war. Der stiernackige, immer noch ächzend um seinen Atem bemühte Mann ließ sich ohne Widerstand hinter die Palisaden zurückführen und in eine feste Kammer einschließen, die einzige übrigens, die von innen nicht geöffnet werden konnte.

Als Armand nach dem abscheulichen und unerhörten Zwischenfall, dem im Fort Contreforts noch nie etwas Vergleichbares vorausgegangen war, endlich eine Gelegenheit fand, mit Nagamoun für eine stille Viertelstunde zusammen zu sein, verwunderte, ja bestürzte ihn fast, wie das Mädchen die Gewalt, die ihr angetan worden war, ganz anders einordnete, als er erwartet hatte.

Er hatte berichtet, daß das Lagergericht schon am Vormittag des nächsten Tages zusammentreten würde. Der alte Basil Caron würde dem Gericht vorsitzen; als Beisitzer wären nach seinem, Armands, Vorschlag Gaston Giraud und von Forkes Leuten der Voyageur benannt worden, der allgemein nur unter seinem Spitznamen Maillet bekannt war. Es hätte keine Schwierigkeiten gegeben; das ganze Lager wäre mit solcher Zusammensetzung des Gerichts einverstanden gewesen.

Nagamoun hatte nicht zu Armand aufgesehen, während er ihr berichtete. Man hätte meinen können, sie hörte überhaupt nicht zu. Und als sie wie im Selbstgespräch nach längerer Pause mit leiser Stimme das Wort nahm, ging sie auf die Worte des jungen Mannes so wenig ein, als hätte sie nichts davon aufgenommen:

»Ach, Armand, ich habe es mir genau überlegt, wenn der böse Mann mich nicht angegriffen hätte, um mich hierher zu schleppen, dann gäbe es kein Lagergericht, und wir wären ihn vielleicht nie losgeworden. Er hat mich schon vom ersten Tage an mit seinen

Blicken verschlungen. Armand, der böse Mann wird fortgejagt werden. Er stand zwischen uns. Jetzt kann ich es dir gestehen, daß ich dir längst hätte sagen sollen: lieber Armand« – jetzt hob Nagamoun die Augen zu dem jungen Mann auf, der am Kamin lehnte, und senkte sie in die seinen –, »was wartest du noch, lieber Armand, warum nimmst du mich nicht zu dir? Vater und Mutter wundern sich schon, daß wir noch immer zögern. Aber wenn du es getan hättest, Armand, solange der böse Mann sich hier noch umhertrieb, dann hätte sich seine Wut gegen dich gerichtet. Und glaube mir, ihm ist alles zuzutrauen. Er ist sehr verschlagen; du hättest dich vielleicht gar nicht wehren können; und er hätte es so eingerichtet, daß niemand ihm die Tat hätte anhängen können. So habe ich ihn heimlich gereizt, damit er einen Fehler machte. Und nun hat er den Fehler gemacht. Ich habe ihn sogar hinter der Hausecke stehen sehen und bin doch nicht weggelaufen. Meine List hat seine Gier überkochen lassen; er packte mich. Ich wußte, daß mein Schrei gehört werden würde. Ich hoffte, daß du ihn hören würdest. Und du hast ihn gehört! So habe ich ihn also zu Fall gebracht. Die ganze Mannschaft ist gegen ihn; und auch die wenigen, die vielleicht heimlich für ihn sind, dürfen das nicht laut werden lassen. Wenn das Eis auf dem Strom bricht und wieder freies Wasser da ist, wird er mit seinen Leuten sein Kanu besteigen und sich schleunigst davonmachen müssen. Man wird hinter ihm herschießen, wie es in solchen Fällen üblich ist, um ihm zu bedeuten, daß er sein Leben verwirkt hat, wenn er sich wieder in der Umgegend zeigen sollte. Ja, Armand, so wird es kommen. Warum fragst du mich nicht schon jetzt, wann wir uns zusammentun, so wie deine Mutter und dein Vater sich verbunden haben?«

Ein Lächeln erschien auf dem Antlitz Nagamouns und war so zärtlich, daß Armand sein Blut zum Herzen strömen fühlte; erst nach einem langen, tiefen Atemzug fand er die Kraft zu den Worten: »Ach, Nagamoun, ich frage dich also: wann?«

Eine leichte Röte stieg in Nagamouns Wangen; dem sonst goldfarbenen Antlitz lieh sie den bezaubernden Schimmer einer in Gedanken schon vollzogenen Hingabe. Sie flüsterte: »Jeden Tag, jede Stunde, wann du willst, Armand, Lieber!«

Sie lächelte. – »Nein, lieber nicht! Wir wollen noch die wenigen Tage warten, bis die Bosheit aus dem Lager davongefahren ist. Und wir wollen Vater und Mutter Gelegenheit geben, einiges vorzubereiten, wie es sicherlich ihre Absicht ist. Und dann, Armand, ich will es dir jetzt gleich sagen, damit du dich in Gedanken daran gewöhnst: Wir wollen nicht hier im Fort Contreforts bleiben, neben deiner Mutter und meinem Vater. Wir wollen für uns allein sein, Armand. Du kannst deinen eigenen Posten gründen und brauchst nicht in die Fußstapfen der Eltern zu treten. Wir werden Erfolg haben, Armand, zu zweit! Wenn man uns zusammengegeben hat, dann machen wir uns auf den Weg in ein neues Land.«

Armand mußte für einige Pulsschläge lang die Augen schließen. Wie genau sie seine geheimen Wünsche und Absichten spürte! Diese dunklen, großen Augen schienen ihn bis auf den Grund zu durchschauen. Sollten sie nur; er hatte nichts zu verbergen. Für sie stand jeder Winkel offen.

»Wie du willst, Nagamoun, wie du willst!«

Sie hob ihm ihre schlanken Arme entgegen. Er griff nach den warmen Händen und zog sie an seine Brust. So standen sie lange und regungslos und spürten einer des anderen Wärme.

Vor dem Lagergericht vertrat Jules Pradier die öffentliche Anklage. Nach der Weise solcher Verfahren, mit denen die Voyageurs im Pays d'en haut mangels anderer Instanzen unter sich Ordnung und Anstand aufrechterhielten, fand die Gerichtsverhandlung am frühen Nachmittag unter freiem Himmel statt.

Das Gericht hatte sich hinter einem groben Tisch niedergelassen, der aus einem der Schlafhäuser der Voyageurs vor das Haupthaus des Lagers getragen worden war. Der Angeklagte Claas Forke stand links abseits vor dem Tisch. Seine Hände waren auf dem Rücken zusammengebunden. Der Ankläger hatte sich rechts des Tisches aufgebaut. Alle übrigen Voyageurs bildeten einen Halbkreis um die Szene, an dessen rechtem Flügel sich Paul Soldat, Anna und Nagamoun eingeordnet hatten, jedoch so, daß sie von den Voyageurs in der ersten Reihe ein wenig abgeschirmt wurden. Im weiteren Umkreis hatten sich die Indianer des Lagers und auch die indianischen Gäste, die außerhalb der Palisaden kampierten, mit ihren Frauen eingefunden und sogar ihre Kinder mitgebracht, die sich musterhaft still verhielten. Die Indianer bewiesen, daß ihnen die Würde einer Gerichtsverhandlung in hohem Maße bewußt war und daß sie ihren Kindern schon früh einschärften, Gerichte und Urteile bitter ernst zu nehmen.

Jules Pradier war wie den meisten Voyageurs aus französisch-kanadischem Geschlecht die Gabe der freien Rede mit in die Wiege gelegt worden. Er erklärte sich bereit, Zeugen dafür auftreten zu lassen, daß Claas Forke während des Winters mehr als einmal bekundet hätte, er würde sich die knusprige Métisse Nagamoun gelegentlich greifen. Dabei hätte er natürlich gewußt, daß Nagamoun aus einer nach indianischem Recht gültig geschlossenen Ehe stammte und außerdem niemand im Lager hätte bezweifeln können: der Sohn der Anteilseignerin, Armand, hätte Nagamoun als seine Braut betrachtet; auch sei ja inzwischen bekanntgeworden, daß er ihr Jawort erhalten hätte, so daß einer baldigen Hochzeit nichts mehr im Wege stünde. Claas Forke wäre dieser Sachverhalt ebenso bekannt gewesen wie allen anderen Leuten im Lager. Nach indianischem Recht brauchte Armand ihm keinen ehrlichen Zweikampf anzutragen, sondern könnte hingehen und ihn erschlagen. Außerdem wäre dem Vater ein hohes Bußgeld für die Beleidigung der Tochter zuzusprechen.

Jules Pradier hatte sich in Hitze geredet. Er legte nur eine kurze Pause ein, fuhr dann fort:

»Ich will meiner Hauptanklage sogleich noch etwas anderes beifügen, Freunde und Gefährten. Keiner von uns hat bisher öffentlich darüber gesprochen, und es wäre wohl auch dabei geblieben, wenn Claas Forke den Frieden des Lagers nicht so abscheulich verletzt und damit uns alle beleidigt hätte. Wie ist er hier angekommen? Ich sagte es schon, als ein Bettler, mit zwei ebenso zerlumpten Gefährten. Und dann hat er Silbergeld aus seinem Leibgurt hervorgezaubert, und einige von uns – ich will die Namen nicht nennen, jeder kennt sie – zu sich hinübergezogen. Er hat angefangen, kaum war er hier einigermaßen warm geworden, mit den indianischen Jägern zu handeln und dem Posten so viele Felle wie nur möglich zu entziehen. Es braucht nicht bewiesen zu werden, denn jeder von uns weiß es – nur die Leitung dieses Handelspostens hatte es lange nicht gewußt –, daß er sich Tauschgüter aus dem Bestand des Lagers angeeignet hat, um damit bei geringen oder gar keinen Unkosten einen Teil der angelieferten Felle an sich zu bringen. Dies bringe ich alles vor als eine Erweiterung der eigentlichen Anklage, unter welcher Claas Forke hier vor uns steht.«

Jules Pradier wies mit dem Finger zur anderen Seite des Gerichtstisches hinüber, von wo ihn Claas Forke aus kleinen Augen mit zusammengepreßten Lippen betrachtete. Die Anklage schien ihn wenig zu erschüttern. Pradier hob die Stimme:

»Wir wollen ihn loswerden. Zwar hat er unseren Handel, von dem auch wir, die Voyageurs, abhängig sind und der uns Prämien abwirft, wenn er günstig ausfällt, geschädigt. Aber wir sind im Pays d'en haut. Wir wissen genau genug, daß man oftmals fünf gerade sein lassen muß. Die Company verdient genug, und wir sind alle keine Engel. Paul Soldat hätte ihn wohl nicht auf Heller und Pfennig zur Kasse gebeten, wenn er nur schleunigst wieder verschwunden wäre, sobald das Eis vom Strom ist. Jetzt aber hat er sich nicht nur die Taschen gepolstert, sondern auch dem Anstand ins Gesicht geschlagen und damit die Ehre aller Voyageurs verletzt. Ich beantrage daher, daß er mit Schimpf und Schande aus dem Lager gejagt wird und daß der gesamte Vorrat der Pelze, die er im Laufe des Winters an sich gebracht hat, der Company verfallen ist. Wenn er noch Silber- oder Goldgeld besitzt, so mag er das mitnehmen. Ich möchte außerdem beantragen, daß jene Voyageurs, die geglaubt haben, bei Claas Forke besser auf ihre Kosten zu kommen als bei der Company, mit ihm das Lager verlassen, freiwillig sozusagen. Die Betreffenden wissen, wen ich meine. Es soll ihnen nichts geschehen und nichts genommen werden. Damit bin ich am Ende, und das Gericht mag sein Urteil sprechen!«

Jules Pradier trat ein wenig in den Hintergrund. Einige laute Rufe des Einverständnisses schienen die vorherrschende Stimmung bei der großen Mehrheit der Zuhörer auszudrücken.

Der Vorsitzende des Gerichts, Basil Caron, hatte sich erhoben, reckte seine Rechte in die Höhe und gebot: »Ruhe, Leute! Der Ankläger hat gesprochen. Ich gebe das Wort jetzt dem Verteidiger des Angeklagten. Es hat sich freiwillig niemand bereit gefunden, ihn zu verteidigen. Ich habe also einen von uns zum Verteidiger bestellen müssen und dachte, daß Jean Valandon am besten dazu geeignet ist. Es ist jetzt an dir, Jean, die Sache des Angeklagten zu vertreten.«

In der großen Stille auf dem weiten Platz vor dem Haupthaus war zu vernehmen, daß einige Männer im Hintergrund ein kurzes Gelächter nicht hatten unterdrücken können. Haha, Basil Caron, der alte schlaue Griesgram! Es wußte doch jeder, daß Valandon es war, der Claas Forke die Stange gehalten hatte. Der Name Valandon war bisher in diesem Zusammenhang nicht genannt worden und würde auch nicht genannt werden, wenn er die ihm zugedachte Rolle zu allgemeiner heimlicher Belustigung spielte und dann »freiwillig« dem Fort auf Nimmerwiedersehen den Rücken kehrte.

Jean Valandon, für einen Voyageur ein etwas schmächtiger Mann, trat seitlich vor den Gerichtstisch, hielt aber Abstand von dem Angeklagten. Er zog seine Kappe und zupfte mit unsicheren Händen an ihr herum. Er räusperte sich mehrmals umständlich, gab sich aber schließlich einen Ruck und begann mit lauterer Stimme, als nötig gewesen wäre:

»Leute, ihr seht hier diesen Mann, Claas Forke, einen der erfahrensten und erprobtesten Waldläufer und Voyageurs im ganzen Pays d'en haut mit gebundenen Händen vor euch stehen. Das allein schon entspricht nicht der Gerechtigkeit. Denn er hat nichts verbrochen, was Grund genug wäre, ihn der Freiheit zu berauben. Was hat er getan? Claas Forke hat sich ein bißchen mit einer Métisse amüsieren wollen, und eine Métisse, das wissen wir alle, ist doch Freiwild. Eine Métisse kann sich auf niemand berufen, und deswegen braucht man auch nicht lange zu fackeln, wenn man glaubt, man hätte es wieder einmal nötig und wollte mit ihr ein bißchen Spaß haben. Eine Métisse braucht nicht für voll genommen zu werden. Sie ist keine Indianerin, und sie ist auch keine Weiße. Daß schon ein anderer Weißer auf sie ein Auge geworfen hatte, das war Claas Forkes Pech. Dafür aber hat er bereits seinen Denkzettel weg. Armand Leblois hatte ihn am Boden, und es fehlte nicht viel, so hätte er ihm die Kehle abgedrückt und ihn erwürgt. Wozu also dieser ganze Aufwand! Wegen einer Métisse? Das ist doch fauler Zauber, und wir alle wissen es!

Schlimmer sind die Vorwürfe, die der Ankläger gegen Claas Forke wegen seines Geschäftsgebarens erhoben hat. Dabei ist er aber sehr unbestimmt geblieben. Daß Claas Forke einen Gürtel mit barem Geld mitgebracht hat, ist vom Angeklagten selber nicht bestritten worden. Der Ankläger hat angedeutet, daß Claas Forke sich Handelsgüter auf unrechtmäßigem Wege aus dem Bestand des Lagers angeeignet hätte. Beweise dafür hat er jedoch nicht geliefert. Er kann es auch nicht, denn aus der Tatsache, daß einige Voyageurs des Lagers dem Claas Freundschaft erwiesen haben, läßt sich nichts Greifbares ableiten. Es scheint mir nichts weiter festzustehen, als daß zwischen der Leitung dieses Lagers und Claas Forke von vornherein ein Gegensatz, ja eine Feindschaft bestanden hat, die aber auf viel ältere Ereignisse zurückgeht und nichts mit den jetzigen Vorfällen zu tun hat. Da dem Claas Forke nichts wirklich Strafwürdiges vorzuwerfen ist, beantrage ich, daß er auf der Stelle freigelassen wird und daß ihn niemand hindern darf, nach dem Aufbruch des Eises alle seine Vorräte einzupacken und sich mit den Männern, die sich ihm anschließen wollen, zu wenden, wohin er will. Und ich erkläre für meine Person schon an dieser Stelle, daß ich mich ihm anschließen werde, denn ich bin überzeugt, daß ich mit ihm als einem tüchtigen Einzelhändler besser fahren werde als mit der Company. Weder mir noch einem anderen Voyageur dieses Lagers ist nachzuweisen, daß wir uns eines Verbrechens schuldig gemacht haben. Also ist es das beste, Claas Forke und seine Leute trennen sich so bald wie möglich von der Company und diesem Fort, nachdem über ihre bisherigen Leistungen für die Company abgerechnet worden ist.«

Jean Valandon hatte seine Sache nicht schlecht gemacht. Er trat ohne Hast einige Schritte zurück, rührte sich nicht, wartete. Schweigen hatte sich über die ganze Versammlung gesenkt. Die Männer starrten zu Boden oder in die Luft. Was hatte der Ankläger gesagt? Engel sind wir alle nicht, weiß Gott! Eine Métisse? Aber diese Métisse heißt Nagamoun. Und wer hat Nagamoun nicht gern gehabt, wer hat angesichts dieses schönen und scheuen Geschöpfes überhaupt daran gedacht, daß er in Nagamoun tatsächlich nur eine Métisse vor sich hatte? Nein, Métisse hin und Métisse her – Claas Forke war ein widerlicher Bursche, ein dreckiger Hund, er hatte sich an dem Schönsten vergriffen, was im ganzen Lager, ja weit und breit am ganzen oberen Athabasca zu finden war. Man mußte ihm zeigen, daß man nichts mit ihm gemein haben wollte; natürlich mußte er empfindlich gestraft werden. Basil Caron, der dies Gericht herbeigeführt hatte, war wie immer auf dem richtigen Weg gewesen und würde ein gerechtes Urteil fällen.

Basil Caron brauchte nicht darüber belehrt zu werden, was er seinen Zuhörern schuldig war. Er erhob sich und ließ mit finster zusammengezogenen Brauen seine Stimme laut über die Häupter der franko-kanadischen und indianischen Männer und Frauen hinweghallen: »Wir haben den Ankläger und den Verteidiger gehört. Jeder weiß, was vorgefallen ist, und wird sich seine Meinung darüber gebildet haben. Der Vollständigkeit halber sind aber jetzt noch die Personen zu vernehmen, die als unmittelbare Zeugen die Untat des Angeklagten miterlebt haben. Ehe wir sie nicht gehört haben, kann das Gericht kein Urteil fällen. Ich fordere als ersten Armand Leblois auf, vorzutreten und mitzuteilen, was er zu dem Vorfall, der hier zur Debatte steht, zu sagen hat.«

Armand hatte dergleichen erwartet. Er richtete seine Worte nur an den Vorsitzenden des Gerichts, doch sprach er so laut, langsam und deutlich, daß selbst die Indianerfrauen, die schüchtern im Hintergrund standen, jeden seiner Sätze ohne Mühe hören konnten: »Voyageurs und Indianer dieses Handelspostens der großen Company am Athabasca! Euch allen ist bereits bekannt, daß ich auf einen Hilferuf Nagamouns, der Tochter unseres Postenchefs, zum Pelzschuppen an der Palisadenwand eilte und den Angeklagten dabei überraschte, wie er das heftig widerstrebende Mädchen in den Pelzschuppen hineintragen wollte, ganz offenbar, um ihm Gewalt anzutun. Es gelang mir, Nagamoun zu befreien und den Angeklagten zu Fall zu bringen. Ich hätte ihn wahrscheinlich erwürgt, wenn er weiter Widerstand geleistet hätte. Dazu kam es nicht, weil andere Männer hinzukamen, die den Angeklagten in Gewahrsam nahmen. Es ist wahr, daß ein Halbblut weder ganz zu der indianischen Seite noch ganz zu der weißen zu rechnen ist – es sei denn, der Vater hätte von klein auf Sorge getragen, sein Kind als ein Glied seines Volkes zu erziehen. Dies ist hier der Fall. Nagamoun hat früh ihre indianische Mutter verloren, ist immer bei ihrem Vater gewesen, und schließlich hat Anna Leblois sie angenommen, als wäre sie ihr eigenes Kind. Ich verkündige es hiermit offen und jedermann zur Kenntnis: Ich werde Nagamoun heiraten nach indianischem und auch nach weißem Recht, sobald dies möglich ist. Nagamoun ist stolz darauf, und auch ich bin es, daß sie eine Métisse ist. Der Angeklagte hat sich nach indianischem Recht ebenso vergangen wie nach europäischem. Nach beidem also ist er zu bestrafen. Er kann von Glück sagen, daß es bei dem Versuch geblieben ist, das Verbrechen zu begehen. Claas Forke hat sich die Freundschaft der Indianer verscherzt, und er ist es nicht mehr wert, ein weißer Mann zu sein. Er soll fort aus diesem Land, und wer ihn wiedertrifft, der mag ihn erschlagen. Er kann von Glück sagen, daß ich es nicht gleich getan habe!«

Es war dem Sprecher anzumerken, wie er von immer wilderer Erregung gepackt wurde. Die Zuhörer standen wie gebannt. Nicht alles war jedem verständlich, was er vorgebracht hatte. Aber daß er nicht zögern würde, diesen Claas Forke vom Leben zum Tode zu bringen, wenn er ihm zum zweitenmal im Lande der Voyageurs, der Indianer und Pelzhändler begegnete, das war der ganzen Versammlung unbezweifelbar deutlich geworden.

Armand war in die Reihe der Zuhörer zurückgetreten. Basil Caron war der erste, der die starre Benommenheit, die sich der Leute nach Armands Ansprache bemächtigt hatte, abschüttelte. Caron erhob sich.

»Ich forderte Paul Soldat auf, sich zu äußern, als Zeuge sowohl zu dem vorliegenden Fall wie auch als der Leiter des Forts Contreforts.«

Paul Soldat hielt es für richtig, sich hinter den Richtertisch zu begeben, neben dem Schemel Carons, der wieder Platz genommen hatte, aufzustellen und von dort aus das Wort an die Versammelten zu richten:

»Voyageurs! Zu dem Fall, wegen dessen Claas Forke in erster Linie angeklagt ist, habe ich nichts zu sagen, da die Tat mit allen ihren Umständen bekannt ist und von niemand bestritten wird. Ich will mich aber zu den Andeutungen äußern, daß Claas Forke sich zum Schaden der Company unrechtmäßige Vorteile verschafft hat. Wir haben im vorigen Herbst drei von Hunger und Kälte tödlich bedrohte Männer bei uns aufgenommen. So wollte es das Gesetz der Gastfreundschaft, wie es im Pays d'en haut von jeher gegolten hat. Dann aber haben die Geretteten unter uns Unfrieden verschiedener Art gestiftet. Ich verlange, daß von den Tauschgütern, die sich jetzt noch im Besitz des Angeklagten befinden, diejenigen entschädigungslos an das Lager der Company zurückgeliefert werden, von denen Forke nicht nachweisen kann, daß er sie gegen bare Münze von der Company erworben hat. Alles übrige mag er einpacken und mitnehmen und als sein Eigentum betrachten. In viel höherem Maße kommt es mir darauf an, daß er sofort nach dem Aufbruch des Eises mit all denen, die sich ihm anschließen wollen, vom oberen Athabasca verschwindet, und auch ich verlange wie Armand, daß er für vogelfrei erklärt wird für den Fall, daß er sich im Umkreis eines einzigen von uns wieder blicken lassen sollte. Mehr habe ich nicht zu sagen, als verantwortlicher Leiter dieses Handelspostens bitte ich das Gericht, wenn es ihm möglich erscheint, das Urteil in diesem Sinne zu fällen.«

Basil Caron ließ dem Schweigen, das auf diese Worte folgte, genügend Zeit, auszuschwingen. Schließlich erhob er sich und mit gedämpfter Stimme – so die gesamte Zuhörerschaft zwingend, genau hinzuhören – begann er nochmals: »Ich muß nun auch die Hauptzeugin auffordern, sich zu äußern. Ich erwarte nicht, daß sie viel zu sagen hat. Jedermann wird mir zustimmen, wenn ich meine, daß wir ihr nicht gram sein sollten, wenn sie jede Aussage verweigert. Aber ich muß dich der Vollständigkeit halber bitten, Nagamoun, hier an den Tisch zu treten und vorzubringen, was für die Entscheidung des Gerichts noch wichtig sein könnte und bisher nicht vorgebracht worden ist.«

Aller Augen richteten sich auf Nagamoun, sie rührte sich für ein paar Augenblicke lang überhaupt nicht. Doch dann trat sie vor den Richtertisch. Sie sprach laut und deutlich, um zum mindesten von der vorderen Reihe der Zuhörer gut verstanden zu werden.

»Am liebsten hätte ich nichts gesagt, Basil Caron, denn es weiß jeder, was geschehen ist. Ich wäre auch gar nicht fähig, das Vorgefallene noch einmal nachzuerzählen. Aber dies will ich sagen: Ich habe von Anfang an gewußt, daß Claas Forke ein böser Mann ist. Er ist immer böse. Ich will ihn nie wiedersehen. Er soll weggehen von hier und wissen, daß er sein Leben verwirkt hat, wenn er wieder hier angetroffen wird. Wenn aber anders entschieden wird, so sollte sich jeder von uns sagen, daß er fortan ständig um sein Leben fürchten muß.«

Was Nagamoun und wie sie es gesagt hatte, stammte aus ganz anderen Bereichen als das, was vor ihr die Männer dargestellt hatten. Ahnung und Gefühl waren angesprochen worden. Nagamoun schien mehr zu wissen als die Männer. Manchem Zuhörer flog ein leiser Schauer über die Haut, als sie ihre Warnung an jeden richtete.

Basil Caron durfte sich vagen Empfindungen nicht hingeben. Nüchtern brachte er die Versammlung auf den Boden der Tatsachen zurück: »Bevor das Gericht seine Entscheidung trifft, frage ich den Angeklagten, ob er zu dem, was bisher vorgetragen ist, noch etwas zu sagen hat.«

Claas Forke hatte während der Verhandlung wie ein Klotz dagestanden, regungslos, mit auf dem Rücken verschnürten Händen. Offenbar war er nicht darauf gefaßt, noch einmal angesprochen zu werden. Es kostete ihn einige Anstregung zu antworten. Er murrte schließlich, nur den Richtern verständlich und den Zuhörern, die ihm zunächst standen: »Es ist alles Geschwafel, was vorgebracht worden ist. Ich erkenne dieses Gericht nicht an und bin überhaupt nur hier, weil Gewalt gegen mich angewendet wird. Was ich getan habe? Einer Métisse habe ich einen Antrag gemacht, und ihr Liebhaber hat mich zu Boden geschlagen. Gut, so kommt es manchmal, wenn man sich wegen einer Métisse in die Haare gerät. Paul Soldat jedoch ist Agent der Company und verantwortlich für diesen Handelsposten. Er hat nicht mich, sondern ich habe ihn anzuklagen. Er hat es zugelassen, daß ich auf dem Boden dieses Handelspostens hinter Schloß und Riegel gesetzt und vor ein albernes Gericht gestellt wurde, das sich Befugnisse anmaßt, die ihm bestenfalls Manitou, der große Geist, übertragen haben kann. Dies sogenannte Gericht kann mich des Lagers verweisen, aber mehr auch nicht. Ob und wann ich das Pays d'en haut verlasse, bleibt in mein Belieben gestellt. Und wenn mir, falls ich nicht gehorche, der Tod angedroht wird, so möchte ich nur darauf aufmerksam machen, daß dazu zwei Leute gehören: einer, der tötet, und einer, der sich töten läßt. Welche dieser beiden Rollen im Ernstfall ich zu übernehmen gedenke, das möchte ich vorläufig nicht verraten.«

Alle spürten es: dieser Mann war nicht zu brechen. Und wenn Nagamoun vorgab, ihn zu fürchten, dann mochte sich dies auch für jeden anderen empfehlen.

Basil Caron hockte hinter seinem groben Richtertisch, hatte beide Unterarme auf den Tisch gelegt, die Hände gefaltet und blickte vor sich auf die Tischplatte aus den drei schweren, rauhen Planken, als könnte er dort lesen, was weiter von ihm erwartet wurde. Die Zuhörer standen ringsum wie eine Mauer; aller Augen waren auf Claas Forke gerichtet. Dieser Mann war durch keine Anklagen zu erschüttern. Ihm war es gegeben, nur sich selbst als oberstes Gesetz anzuerkennen. Obgleich er zur Stunde gefesselt war, ging eine unheimliche Drohung von ihm aus. Alle spürten es. In einige wankelmütige Herzen schlich sich Bewunderung: Was konnte man ihm schon vorwerfen! Bei Licht besehen nicht viel! Man war im Pays d'en haut... Wenn ich halb soviel Courage hätte wie der, wäre auch ich ein reicher Mann.

Basil Caron erhob sich und verkündete mit gleichmütig fester Stimme: »Die Verhandlung wird unterbrochen. Der Angeklagte bleibt, wo er ist. Seine Bewacher lassen ihn nicht aus den Augen. Das Gericht zieht sich zur Beratung zurück. Der Urteilsspruch wird nicht lange auf sich warten lassen.«

Basil Caron blickte seine Beisitzer auffordernd an und begab sich mit ihnen in den Hauptraum des Haupthauses, wo gewöhnlich die Geschäfte mit den indianischen Jägern abgewickelt wurden. Caron ließ die große Tür hinter sich zufallen. Der Halbkreis der Zuhörer lockerte sich. Gespräche kamen hier und da auf, doch blieben die Stimmen gedämpft. Die Indianer im Hintergrund redeten auch jetzt nicht miteinander; sie verstanden es besser als die Weißen, sich in Geduld zu üben.

Nach einer guten Viertelstunde öffnete sich die Tür des Haupthauses; Caron und seine Beisitzer nahmen ihre alten Plätze hinter dem groben Richtertisch wieder ein. Der Kreis der Zuhörer schloß sich sofort wieder; Stille herrschte.

Basil Caron verstand sich auf die Würde seines Amtes. Er wartete, bis auch der leiseste Laut im weiten Halbrund erstorben war. Dann erhob er sich und ließ seinen Blick in die Runde schweifen. Schließlich verkündete er laut und ohne zu zögern, als läse er, was er zu sagen hatte, von einem Papier ab:

»Das Gericht hat sein Urteil gefällt. Es lautet: Claas Forke wird des Lagers verwiesen. Sobald nach dem Aufbruch des Eises offenes Wasser vorhanden ist, hat Claas Forke abzureisen. Falls sich irgendein Voyageur ihm anschließen will, so steht ihm dies frei. Doch kann er dann nicht mehr in die Gemeinschaft dieses Lagers zurückkehren. Jedem Voyageur dieses Lagers, der sich Claas Forke anschließen will, wird der bis heute fällige Lohn ausgezahlt werden. Claas Forke darf an Tauschgütern nur mitnehmen, was an Wert dem der Company von ihm gezahlten Bargeld entspricht. Alles, was darüber hinausgeht, wird ihm entschädigungslos abgenommen und den Vorräten der Company wieder zugeführt. Die Pelze, die Claas Forke bisher eingehandelt hat, werden ihm belassen. Das Gericht ist sich bewußt, daß dies Urteil milde ausgefallen ist, doch knüpft es daran die Bedingung, daß Claas Forke sich am Athabasca und im ganzen Pays d'en haut für keinen von uns mehr sehen läßt. Unterwirft er sich dieser Bedingung nicht, so erkläre ich ihn hiermit für vogelfrei und zum Erzfeind eines jeden guten Voyageurs. Männer wie ihn können wir unter uns nicht gebrauchen. Die Versammlung ist geschlossen.«

22

Das Wetter zeigte sich bereit, die Geduld der Leute am oberen Athabasca nicht länger auf die Probe zu stellen. Unerwartet früh brach in diesem Jahr 1802 das Eis auf in den Strömen und Bächen. Zwei Nächte zuvor hatte der Wind plötzlich auf Süd-Ost gedreht und so warme Luft herangeführt, daß die Männer des Lagers bei ihrer Arbeit im Freien nach kurzer Zeit ins Schwitzen gerieten und sich lachend die Pelzjacken auszogen, die ihnen während des langen Winters längst leid geworden waren. Der Schnee sackte von Stunde zu Stunde merklich in sich zusammen. Unter ihm gurgelte es bereits; vielerlei Wässerchen suchten sich auf dem immer noch tiefgefrorenen Boden ihren Weg zum Hochufer oder zu den Bächen, die zum Athabasca hinunterführten. Über dem Eis des Stroms stand schon seit Tagen Schmelzwasser, schließlich fast einen Fuß tief. Dies Wasser setzte sich bereits sachte stromab in Bewegung. Endlich krachte in der dritten Nacht, in der die Lachen auf den Lagergassen nicht mehr von einer dünnen Eisschicht überzogen wurden, mit ungeheurem Getöse, donnernden Kanonenschüssen ähnlich, das Flußeis auf, wurde von der drängenden Strömung hochgehoben, brach, splitterte, schob sich übereinander, knirschend und kreischend, und versuchte, dem Druck des von unten gewaltsam aufquellenden Wassers nachgebend, sich stromab in Gang zu setzen.

Immerhin zeigten sich fünf Voyageurs willens, mit Claas Forke das Lager zu verlassen. Sie ließen keinen Zweifel daran, warum sie dies taten: unter einem Mann wie ihm würde auf die Dauer mehr Geld zu verdienen sein als mit der eintönigen Schinderei in den Diensten der Company. Niemand erhob Widerspruch. Man war im Pays d'en haut »ohne Kaiser und König«, wie die Redensart lautete, und jeder durfte tun und lassen, was er wollte, solange er nicht einem anderen in die Quere kam oder die ungeschriebenen Regeln des Anstands und der Ehre verletzte.

Auch die geschäftliche Auseinandersetzung mit Claas Forke bereitete keine ernsthaften Schwierigkeiten. Die Tauschgüter, deren rechtmäßigen Erwerb Claas Forke nicht nachweisen konnte, lagen schließlich an der Schmalwand seiner Hütte gestapelt und sollten noch einmal von Paul Soldat durchgesehen werden, denn er legte großen Wert darauf, dem Eindringling wirklich nur solche Dinge wieder abzunehmen, die unzweifelhaft nicht mit rechten Dingen in seinen Besitz gelangt waren.

Die zweite Nacht nach dem Eisgang brach an. Noch immer trieben riesige Schollen auf dem hochgehenden Wasser flußab. Noch war nicht daran zu denken, daß einem empfindlichen Rindenkanu zugemutet werden durfte, sich zwischen diesen vielfach tonnenschweren und scharfkantigen Eisbrocken einen Weg zu suchen.

Paul Soldat wollte in diesem Jahr besonders sichergehen. Die Ausbeute des Winters 1801/02 an Pelzen hatte sich am Schluß doch größer und wertvoller erwiesen, als es Paul und Anna zu hoffen gewagt hatten, obwohl Forke soviel wie nur möglich für seine Rechnung »abgezweigt« hatte. Noch lagen die Boote auf dem Hochufer des Flusses aufgereiht, denn die Bootslände wurde vorläufig durch angetriebenes Eis verbarrikadiert. Es kam auf ein paar Tage nicht an. Paul Soldat würde die Boote auf ihre große Reise nach Osten erst abfahren lassen, wenn wirklich überall freies, offenes Wasser zu erwarten war.

Paul und Anna waren übereingekommen, daß Armand so früh wie möglich Gelegenheit geboten werden müßte, sich als Begründer eines neuen Handelspostens zu beweisen. Armand würde sich also zum Peace River auf den Weg machen, am Mittellauf des Flusses die Lage erkunden müssen und sich schließlich weiter stromauf festsetzen, vielleicht an jenem Platz, von dem aus Alexander Mackenzie seine große Fahrt begonnen hatte. Es empfahl sich, daß Armand sich für den ersten Abschnitt seiner Reise zum mittleren Peace – am besten wohl über den Wabasca – den Kanubrigaden anschloß, welche die kostbare Ausbeute des vergangenen Winters nach Osten schaffen sollten. Mehr als drei Voyageurs konnte Paul Soldat jedoch nicht freigeben. Armands Kanu würde also nur über eine schwache Mannschaft verfügen, selbst wenn man Nagamoun als vollgültigen Ruderer mit einrechnete. Das Boot würde mit Proviant, vor allem aber einer möglichst vielfältigen Ladung an Tauschgütern bis zur Grenze seiner Tragfähigkeit belastet sein. Es empfahl sich also, Armands Kanu im Verband der ersten Brigade abfahren zu lassen, damit sich Boot und Mannschaft bewähren und notfalls Hilfe finden konnten.

Wieder war es Nagamoun, die einen besonderen Wunsch laut werden ließ, dem weder ihr Vater noch Armand sich schließlich widersetzten, leuchtete er ihnen doch nach einiger Überlegung ein. Nagamoun hatte darum gebeten, das Hochzeitsfest am letzten Tage vor der Abfahrt der Kanubrigaden zu feiern, damit dann auch Armands und ihr Kanu schon vor Tau und Tag des darauffolgenden Morgens auf den dunklen, hochgehenden Wassern des Athabasca nach einem letzten, schnellen Lebewohl davonglitte. Mit Armand im Kanu, auf dem Weg in die eigene neue Zukunft – das, so wollte es Nagamoun, sollte sich ohne Übergang an die Feier anschließen, die noch im Bereich der Eltern liegen würde. Über der ersten Nacht dann, die Armand und ihr allein gehören würde, sollte sich die ungeheure Stille der Wildnis wölben, abgeschirmt nur durch die dünne Wand eines Zeltes – und nicht einmal dies, wenn das Wetter es erlauben sollte. Was hätte Armand anders tun können, als sich diesen zärtlich scheuen Wünschen und Träumen der Geliebten zu unterwerfen.

Die Leute im Fort Contreforts hätten es voraussehen sollen, aber sie taten es nicht: So geschah es dann, daß schon in der dritten Nacht nach dem Eisgang Claas Forke mit den Voyageurs, die sich ihm angeschlossen hatten, ohne Abschied verschwand. Und es verstand sich beinahe von selbst, daß er den kleinen Berg von Tauschgütern, die eigentlich dem Warenlager der Company hätten zurückerstattet werden müssen, wieder an sich genommen, in sein Boot geladen hatte und ohne einen Laut, ohne daß auch nur ein einziger Indianerhund gebellt hätte, abgefahren war – niemand wußte anzugeben, ob er sich gegen oder mit der Strömung des Athabasca auf die Reise gemacht hatte und welches Ziel ihm vorschwebte.

Am dritten Tag, nachdem sich Claas Forke weggeschlichen hatte, brandete plötzlich wie aus dem Nichts in einer wahrhaft himmlischen Woge von Herrlichkeit der volle Frühling über den Einöden auf. So überwältigend strahlte an diesem Tage die Sonne vom wolkenlosen Himmel, so wunderbar weich und duftend – und warm vor allem – strömte die Luft aus Südost heran, daß überall im Lager die kleinen Fenster und Türen weit aufgerissen wurden, um so köstlichem Labsal Eingang zu verschaffen und die letzte Kälte und Muffigkeit des vergangenen Winters aus jedem Winkel zu vertreiben. Ja, mit so gewaltiger Macht hatte der Frühling seine schimmernden Banner aufgerichtet, daß die Menschen im Fort Contreforts durch die von allen Seiten auf sie eindringende Pracht und Süße wie in einen leichten Rausch versetzt wurden.

Es stand nun fest, und Paul hatte es in jedem der Schlafhäuser für die Voyageurs ansagen lassen: In drei Tagen sollte vom ganzen Lager die Hochzeit des Armand Leblois mit Nagamoun Soldat gefeiert werden. Alle Vorbereitungen für die Abreise der mit den Pelzen des Postens beladenen Kanus und des Kanus von Armand und Nagamoun und ihrer Leute wären schon am Tage vor der Hochzeit unbedingt zum Abschluß zu bringen; am Festtage selbst sollte nicht mehr gearbeitet, sondern nur noch gegessen, getrunken, getanzt und gefeiert werden. In der zweiten oder dritten Stunde nach Mitternacht sollten die an der Bootslände schon bereitliegenden und fertig gepackten zwei Dutzend Kanus der sechs Brigaden des Forts Contreforts bestiegen werden, um noch, wie es der Weise der Voyageurs entsprach, vor dem ersten Morgengrauen die Höhe des großen Stroms zu erreichen und mit den gleichmäßig durchs Wasser gestemmten Paddeln die über tausend Meilen lange Reise zu den Großen Seen anzutreten und – Paul hatte nicht versäumt, auch dies den Voyageurs noch einmal ans Herz zu legen – um dem jungen Paar mit seinen Helfern für ein paar Tage das Geleit zu geben, bis es sich an der Einmündung des La Biche in den Athabasca von den Brigaden absetzen würde, um am oberen Peace einen neuen Handelsposten für die Company, seinen eigenen ersten Posten, zu begründen, für den schon jetzt der neue Name feststand: Fort Nagamoun!

Damit hatte Paul Soldat zunächst den Voyageurs und seinen Pflichten als Postenchef und Lagerleiter Genüge getan. Doch wollte es ihm so vorkommen, als fehlte noch etwas sehr Wesentliches, als müßte er sich selbst etwas Tröstliches antun.

Er, Paul, würde in diesem Jahr 1802 63 Jahre alt werden. Nun sollte er seine kleine Nagamoun, an die er so viel Liebe gewendet hatte, die doch stets in ein seltsam eigenes, nie ganz durchschaubares Wesen eingeschlossen blieb, nun sollte er also dies Kind, dem er hatte Vater und Mutter zugleich sein müssen, an Armand verlieren. Es mochten Jahre vergehen, ehe er sie wiedersehen würde – wenn ihm solches überhaupt noch beschieden war. So nahm er also, als der Frühling mit einem leuchtenden Fanfarenstoß das allergoldenste Wetter aufgetan hatte – einen Tag vor jenem, für den die Hochzeit angesetzt war –, seine Tochter beiseite und fragte auf eine merkwürdig schüchterne Weise, von der Nagamoun unwiderstehlich zu Tränen gerührt wurde:

»Mein liebes Kind, du wirst uns bald verlassen. Für dich hat es immer festgestanden, daß Armand dein Mann sein würde. – Und ich, der arme Vater, konnte sehen, wo ich bleibe. Liebe Nagamoun, ehe du mir genommen wirst, möchte ich gern noch einmal einen ganzen Tag mit dir allein sein oder doch wenigstens einige Stunden. Wie wär's: Wir nehmen ein leichtes Kanu und fahren zwei oder drei Meilen stromauf, um in aller Ruhe zu fischen. Ein paar Dutzend guter Forellen, Weißfische oder Hechte – oder was uns sonst noch an die Angel geht – werden für den Festtag sehr willkommen sein.«

Im Gesicht des Mannes stand bei dieser Rede so viel Zärtlichkeit und Trauer, daß Nagamoun ihm die Arme um den Hals legte und ihr Gesicht an das seine drückte; sie flüsterte: »Lieber Vater, das ist wunderbar! Das machen wir! Gut, daß du daran gedacht hast! Natürlich bin ich einverstanden. Morgen in aller Frühe fahren wir stromauf, und wenn uns keine Fische an die Angel gehen, so macht das nichts aus, denn worauf es ankommt, ist nur, daß wir noch einmal zusammen sind wie in alten Zeiten, als du mich versorgtest, wie ich gar nicht besser hätte versorgt sein können.«

Sie lächelten sich an, der alte Mann, der längst wußte, was Abschied bedeutet, und die strahlende junge Frau, die ihrer Kraft und ihrer Liebe gewiß einer Zukunft voll goldener Versprechungen entgegenbebte.

Die Nacht vor dem Ausflug hatte gläsern und klar und still ihre Sternenkuppel über den Einöden kreisen lassen. Die Wärme des vergangenen Tages hatte sich bald in die Weiten des nächtlichen Raumes verflüchtigt. Es fehlte nicht viel, und es hätte gegen Morgen wieder Frost gegeben. Paul Soldat und Nagamoun hatten also noch einmal die winterlichen Pelze angelegt, bevor sie sich dem leichten Jagdkanu anvertrauten, um, solange noch die Sterne die stille Welt regierten, einige Meilen den Athabasca stromauf zu paddeln, dann in einer Bucht mit ruhigem Wasser die Angel auszuwerfen. Der Morgen und Vormittag dieses Tages sollte den beiden ganz allein gehören. Weder Anna noch Armand waren aufgestanden, um Vater und Tochter das Hochufer hinunter zur Bootslände zu begleiten, um vielleicht bei der Abfahrt behilflich zu sein. Auch sonst rührte sich nichts im Lager, als Paul und Nagamoun sich leise aufmachten, das Tor in den Palisaden zu durchschreiten und über den breit ausgetretenen, abschüssigen Pfad vom Hochufer zum leise unruhigen Wasser des Flusses hinunter zu stapfen, wo sie ihr kleines Boot schon am Abend zuvor bereitgelegt hatten.

Niemand also war Zeuge, als die beiden noch in der Dunkelheit ihr Boot bestiegen, es vom Ufer abdrückten, seine Nase stromauf wandten, um es dann mit harten, schnellen Schlägen der Paddel gegen die dicht unter dem Ufer nur sachte ziehende Strömung voranzutreiben, bis die nächste Biegung des Stroms sie den Augen der Nachschauenden entzogen hätte, hätte es sie gegeben. Es gab sie jedoch nicht.

So wußte später keiner im einzelnen zu berichten, wie Vater und Tochter in aller Herrgottsfrühe zum Fischfang aufgebrochen waren und die Wasserfahrt begonnen hatten, die ihre letzte sein sollte.

23 Absichtlich hatten weder Anna noch Armand sich bei Vater oder Tochter danach erkundigt, wann sie wohl genug gefischt haben und wieder zum Fort zurückkehren würden. Die beiden sollten an diesem Tage vor der Hochzeit allein ihrer Lust und Laune überlassen bleiben. Anna hatte gemeint, daß die beiden wohl spätestens gegen Mittag wieder heimkehren würden.

Von einer seltsamen Unruhe getrieben, begab sich Anna jedoch noch vor dem Mittag an den Rand des Hochufers außerhalb der Palisaden, um den Strom hinauf und hinunter zu blicken – vielleicht war das Kanu schon in der Ferne auszumachen.

Sie wunderte sich nicht, als sich nach wenigen Minuten Armand zu ihr gesellte. Armand richtete sich plötzlich auf und starrte angestrengt stromauf. »Ich glaube, sie kommen. Siehst du den schwarzen Punkt auf dem Wasser, Mutter? Das kann nur ein Boot sein.«

Basil Caron hatte sich eingefunden. Drei weitere Voyageurs tauchten auf und blickten ebenfalls dem sich nähernden Fahrzeug entgegen.

Schon war zu erkennen: ein Kanu war es ganz gewiß, das da herantrieb, aber es schien nicht von Ruderern besetzt zu sein, denn über seine Borde ragte keine das Paddel schwingende Gestalt hinaus. Ein leeres Kanu also? Nein, denn dann hätte ein so kleines, leichtes Kanu wie dieses wesentlich höher im Wasser liegen müssen. Die kundigen Beobachter am Land begriffen sofort: Das Boot war beschwert; die Last mußte flach auf dem Boden des Fahrzeugs lagern.

Basil Caron erfaßte es als erster; er rief: »Heilige Mutter Gottes, das ist das Jagdkanu, das sich gestern Abend Paul und Nagamoun bereitgemacht haben, um heute früh damit fischen zu fahren.«

Armand schrie: »Wir müssen das Boot einfangen. Schnell! Wir nehmen eins der großen Kanus und fangen das Jagdkanu ab.«

Die Männer stürmten zur Bootslände hinunter, hatten im Nu eines der großen Boote, die für die Pelzbrigaden bereitlagen, ins Wasser geschoben, sprangen hinein und schossen auf den Strom hinaus. Anna blieb allein auf dem Hochufer zurück. Die Füße waren ihr plötzlich schwer wie Blei. Was hatte sich da ereignet? Etwas Furchtbares mußte geschehen sein. Ich will es gar nicht wissen, dachte sie, denn es läßt sich nicht ungeschehen machen. Aber ich weiß es.

Sie wankte ins Fort zurück, begab sich ohne einen klaren Gedanken in den Anbau am Haupthaus der Niederlassung, Pauls und ihr Privatquartier, schloß die Tür hinter sich, hockte sich auf den Bettrand mit im Schoß verkrampften Händen und war zu keinem Gedanken mehr fähig. Sie wartete darauf, daß der Blitz aus dem heiter schimmernden Himmel dieses Maientages herniederfahren – und sie treffen würde.

Nur mühsam brachten die Voyageurs die beiden Leichen aus dem Kanu über den steilen Anstieg zum Hochufer hinauf und legten sie innerhalb der Palisaden auf dem großen Platz vor dem Haupthaus ins fahlgrüne Gras, das vom vergangenen Schnee noch immer an den Boden gedrückt war.

Armand war keines einzigen Wortes mehr fähig gewesen, seit er entdeckt hatte, welche Last das stromab treibende Jagdkanu zwischen seinen Wänden aus Birkenrinde verborgen hatte.

Es bedurfte keiner langen Untersuchung, um festzustellen, wie Vater und Tochter umgekommen waren. Paul war von einem Schuß von hinten zwischen den Schultern genau ins Rückgrat getroffen worden und hatte sicherlich auf der Stelle den Geist aufgegeben. Nagamoun aber war durch einen fürchterlichen Schlag auf den Hinterkopf getötet worden.

Armand raffte sich auf: Er mußte die Mutter suchen und ihr berichten, was dies mitten auf dem Strom abgefangene Kanu an blutiger Fracht getragen hatte. Er fand seine Mutter in ihrem ehelichen Schlafzimmer immer noch auf dem Bettrand hockend. Er ließ sich sachte neben ihr nieder und legte ihr den Arm um die Schulter. Anna flüsterte heiser: »Du brauchst es mir nicht zu sagen, Armand. Sie sind beide tot.«

Dann löste sich ihre Starre in einem Tränenstrom. Armand merkte gar nicht, daß auch ihm die Tränen über das Gesicht rannen, als wollten sie niemals mehr aufhören zu rinnen.

Lange saßen Mutter und Sohn beieinander und trösteten sich, indem jeder des anderen Nähe fühlte.

Armand hob den Kopf. Wurde nicht draußen sein Name gerufen? Sachte bettete er seine Mutter auf das Lager. Anna ließ es willenlos geschehen, als wäre alle Kraft aus ihren Gliedern gewichen. Sie wird jetzt einschlafen, dachte Armand, schlich leise in den großen Hauptraum des Hauses hinüber und trat vor die Tür. Die Menge der Voyageurs, die sich auf dem Vorplatz gesammelt hatten, teilte sich wie auf ein Kommando und gab Armand den Blick zu der Stelle frei, an welcher die Leichen Paul Soldats und seiner Tochter ins Gras gebettet waren.

Jetzt aber lag neben diesen beiden Körpern, wenn auch im Abstand von ein, zwei Schritten, ein weiterer regloser Leib. Armand erkannte, wer dort auf das winterlich fahle Gras gestreckt lag; er wollte seinen Augen nicht trauen und mußte es doch, als er langsam durch die Gasse, die sich ihm zwischen den Voyageurs geöffnet hatte, näher herzuschritt: Es war Claas Forke, der da lag.

Armand erlebte, wahrscheinlich zum erstenmal in seinem jungen Leben, daß Arbeit und Geschäfte weiterlaufen, daß sie vorangebracht werden müssen, auch wenn das Herz nur aus einer einzigen Wunde zu bestehen scheint. Als verstände es sich von selbst, war die Befehlsgewalt im Fort auf Armand Leblois übergegangen.

Basil Caron machte es dem jungen Manne mit wenigen Worten klar: »Armand, deine Mutter ist nicht ansprechbar. Wer weiß, wie lange noch. Ich wüßte natürlich genau, was jetzt veranlaßt werden muß. Aber in den Augen der Voyageurs bin ich nur einer der ihren und kann höchstens etwas empfehlen, weil ich älter bin. Aber ich kann nichts befehlen. Du bist von der Company ausgebildet worden. Du wirst früher oder später Hauptagent der Company werden, wie es dein Vater war, dann deine Mutter und schließlich ihr zweiter Mann. Du hast die nötigen Anweisungen zu erteilen; es wird dir jedermann gehorchen. Armand, das wichtigste ist, die Kanubrigaden mit den Pelzen auf den Weg zu bringen. Es darf kein weiterer Tag vertrödelt werden. Du mußt bekanntgeben, daß die Abfahrt auf übermorgen früh um die dritte Stunde angesetzt ist. Jedermann wird dir dankbar sein, daß damit die Dinge wieder ins Lot kommen, daß er diesen Ort des Schreckens hinter sich lassen kann und der Alltag wieder in sein Recht tritt.«

Armand raffte sich zusammen und fragte: »Du selbst bleibst hier, Basil?«

»Gewiß, Armand, das war schon ausgemacht. Auch Jules Pradier geht nicht mit auf die große Reise und vier, fünf andere ebenfalls nicht. Wenn die Brigaden erst abgefahren sind, werden wir uns überlegen müssen, was hier weiter zu geschehen hat.«

Armand wollte wissen: »Was wird aus den Voyageurs, die sich für Claas Forke entschieden hatten?«

Basil bekannte, daß er anstelle Armands die Sache bereits entschieden hatte: »Die Burschen haben sich der Company gegenüber nichts zuschulden kommen lassen, was der Rede wert wäre. Und sie haben schließlich dem Gesetz des Indianerlandes Geltung verschafft. Hätten sie das nicht getan, so würden wir uns jetzt auf die Spur des Claas Forke setzen müssen, du, ich und Jules und vor allem auch Mes Coh Thoutin. Ich habe sie und ihr Kanu in die fünfte Brigade eingereiht, die ja um ein Boot kleiner war als die übrigen Brigaden. Ich hoffe, Armand, du bist damit einverstanden.«

Armand war mit allem einverstanden. So lösten sich also gegen Ende einer schon erblassenden Sternennacht die Kanus von der Bootslände des Fort Contreforts – ohne Gesang diesmal, ohne den Lärm und die lauten Freudenrufe, die sonst den Beginn der großen Fahrt begleiteten.

Basil Caron hatte längst begriffen, wie es zu der Katastrophe gekommen war, die drei Menschenleben gefordert hatte. Doch drängte er sich Armand mit seiner Kenntnis nicht auf. Irgendwann würde Armand zu wissen begehren, was eigentlich passiert wäre. Auch Anna würde sich früher oder später wieder fassen und in allen Einzelheiten erfahren wollen, wie die Geschehnisse zusammenhingen. Im Pays d'en haut gab es keine Ausflüchte. Die Härte und Unberechenbarkeit des Schicksals in den Einöden war nur zu ertragen, wenn man sich ihrer jederzeit bewußt blieb und sich nicht davor fürchtete.

Folgendes hatte sich wenige Meilen oberhalb des Forts, jedoch von niemand vorausgesehen oder auch nur geahnt, am Südufer des glasig klaren, unermüdlich wandernden Athabasca abgespielt:

Claas Forke hatte in jener Nacht und in großer Heimlichkeit mit seinen Gefährten das Kanu bestiegen und Kurs stromauf genommen, ohne daß dies irgendwer im Fort wahrgenommen hätte. Das Kanu war bis an den Rand seiner Tragfähigkeit beladen gewesen. Die Ruderer hatten nicht gewußt, daß der größere Teil der im Kanu verladenen Tauschgüter der Company listig entwendet worden war. Dies begriffen sie erst nach der Katastrophe.

Claas Forke hatte seinen Leuten erklärt: »Sie glauben an die Wirkung ihres Befehls, nach welchem ich das Pays d'en haut so schnell wie möglich zu verlassen habe. Aber ich erkenne das Gericht nicht an, und zu befehlen haben sie uns gar nichts. Wir fahren zum oberen Peace, wohin auch Armand gehen will, wenn er seine Métisse geheiratet hat. Dort werden wir uns einen Platz aussuchen, der günstiger gelegen sein wird als der Armands. Zuvor müssen wir natürlich wissen, wo er sich ansiedeln will. Wir werden uns also nur wenige Meilen stromauf vom Fort Contreforts entfernen, dort in einer geschützten Bucht an Land gehen und das Kanu in den Busch tragen, so daß vom Wasser her keine Spur von uns zu bemerken ist. Tag für Tag wird einer von uns beobachten, wann sich die Kanubrigaden in Marsch setzen. Dann gehen wir noch in der gleichen oder der nächsten Nacht ebenfalls auf die Reise zum Peace, folgen also Armand. Doch holen wir ihn erst ein, wenn er sich von den Kanubrigaden an der Mündung des La Biche getrennt hat und allein unterwegs ist. Er kann nicht verhindern, daß wir neben seinem Nachtlager auch unser Lager aufschlagen. Wir werden ja sehen, wie er sich dann benimmt. Ist er freundlich und nachgiebig und schließt sich uns an, gut! Ist er es nicht, so werden wir andere Saiten aufziehen müssen!«

So etwa hatte Claas Forke den Voyageurs seine Absicht erklärt. Sehr wohl war seinen Leuten dabei nicht gewesen. Sie hätten es vorgezogen, einen weiten Abstand zwischen sich und Fort Contreforts zu legen und die Leute dort nie mehr zu Gesicht zu bekommen. Doch nun waren sie einmal mit Claas Forke unterwegs, hatten die

Beziehungen zur Company gelöst; es blieb ihnen nichts übrig, als seinen Weisungen zu folgen.

Und dann hatte es ein sinnloser Zufall so gefügt, daß gerade in jener Bucht, an deren Rand sich Claas Forke und seine Leute samt ihrem Kanu im Busch verborgen hielten, eines frühen Morgens Paul Soldat und Nagamoun auftauchten, ihr Boot an langer Leine am Ufer festbanden und sich dann sachte hinaustreiben ließen, um zu fischen.

Claas Forkes Männer hatten sich gesagt: Wir brauchen uns nur ruhig zu verhalten, dann bemerken uns die beiden draußen auf dem Wasser nicht. Wenn die Sonne höher steht und die Fische nicht mehr beißen, werden die beiden ihre Leine einholen und sich wieder auf den Rückweg zum Fort machen. Claas Forke hatte sich an diesen Erwägungen der Männer mit keinem Wort beteiligt, abseits auf einen gestürzten Baum gesetzt und vor sich hin gestarrt, manchmal leise Worte vor sich hin murmelnd, deren Sinn niemand verstand. Dann war er plötzlich aufgestanden, hatte seine Flinte unter den Arm genommen, erklärt, daß er jagen gehen wolle, und war verschwunden. Nicht allzu lange Zeit danach waren Forkes Voyageurs in ihrem Versteck durch einen Schuß aufgeschreckt worden und gleich darauf durch den gellenden Aufschrei einer weiblichen Stimme vom Wasser her.

Es hielt die Männer nicht länger in ihrem Versteck. Sie hasteten zum Ufer des Stroms hinunter und sahen: In dem Jagdkanu draußen in der Bucht, von dem aus Paul Soldat und Nagamoun gefischt hatten, saß nur noch das Mädchen aufrecht. Doch erkannten die erfahrenen Kanuleute sogleich, daß das Heck des Bootes nach wie vor belastet war; das konnte nur damit erklärt werden, daß der zweite Ruderer im Boot, Paul Soldat, von der schmalen Ruderbank gefallen war und am Boden des Bootes lag.

Jemand hatte sich der Leine bemächtigt, die das Boot weit draußen in der nur sachte in die Bucht eindringenden Strömung festgehalten hatte, und zog das Boot vom offenen Wasser ans Ufer. Das Mädchen hatte zum Paddel gegriffen und versuchte das Kanu gegen den Zug der Leine ins offene Wasser zu treiben. Aber dazu reichte seine Kraft nicht aus. Das Boot wurde unaufhaltsam ans

Ufer gezerrt. Als es den Ufersand berührte, hatte Nagamoun mit aller Kraft ihr nutzlos gewordenes Paddel dem längst ins Freie getretenen Claas Forke an den Kopf geworfen, war über Bord gesprungen und wollte fliehen. Doch brachte ein Hindernis sie schon nach wenigen Schritten noch im Wasser zu Fall. Claas Forke warf sich im gleichen Augenblick über das Mädchen und zerrte es ans Ufer. Sie wehrte sich mit Händen und Füßen wie ein gefangenes wildes Tier. Der Voyageur, der vor dem Gericht als Verteidiger Claas Forkes hatte auftreten müssen, erwachte als erster aus der Erstarrung. Er herrschte seine Gefährten an: »Wir dürfen das nicht zulassen, Männer. Paul Soldat liegt im Boot und ist tot oder schwer verwundet; jetzt soll Nagamoun drankommen; los, wir müssen das verhindern. Forke ist wahnsinnig!«

Die Voyageurs, die sich Forke angeschlossen hatten, aber nicht um zu stehlen, zu schänden und zu töten, sondern wenn möglich, mehr Geld zu verdienen, stürmten los. Was sie jetzt mit ansahen, ernüchterte sie entsetzlich.

Sie kamen zu spät. Auch der Bärenkraft Claas Forkes wollte es nicht gelingen, die unheimlich gewandte und kräftige Nagamoun seiner Gier gefügig zu machen. Rasend vor Zorn hob er schließlich im Ringen mit der rechten Hand einen schweren Felsbrocken auf und schlug damit dem Mädchen mit aller Gewalt gegen den Kopf. Nagamoun hatte den Schlag kommen sehen und gerade noch das Gesicht abwenden können; so traf sie der schwere Stein mit aller Wucht auf den Hinterkopf und schlug ihr den Schädel ein. Sie war sofort tot – wie ihr Vater, als ihn der Schuß aus dem Hinterhalt zwischen den Schulterblättern ins Rückgrat getroffen hatte.

Claas Forke war aufgestanden und starrte die Männer an, die keuchend vor ihm innehielten; zu spät waren sie gekommen. Sie hatten auch den zweiten Mord nicht verhindern können.

Forke stand wie ein wütender Stier mit gesenktem Nacken und blutunterlaufenen Augen. »Ich habe euch nicht gerufen. Was wollt ihr hier! Schert euch zurück, wo ihr hingehört. Dies ist meine Angelegenheit!«

Damit hatte er den Bogen überspannt. Jener Voyageur, der noch einige Tage zuvor sein Verteidiger gewesen war – Jean Valandon –, warf sich in plötzlichem Entschluß zum Sprecher der übrigen Voyageurs auf. Er schrie: »Claas, du bist wahnsinnig! Wir sind zwar deine Voyageurs oder wollten es sein. Wir wollen es nicht mehr. Beihilfe zum Mord oder Verschweigen eines Mordes, das haben wir nicht vereinbart. Claas Forke, du bist unser Gefangener. Wir bringen dich ins Fort zurück.«

Claas Forke war schneller. Ehe die anderen sich aufrafften, zuzupacken, riß er die Flinte unter den Arm, die an einem Baum gelehnt hatte, und knurrte die Männer an: »Ihr mich verhaften? Daß ich nicht lache! Wer mich angreift, ist des Todes. Ihr habt zu parieren!«

Langsam hatte er sich einige Schritte zurückbewegt. Sein Finger lag am Abzug der langläufigen Büchse. Daß er sein Wort wahrmachen würde, war nicht zu bezweifeln.

Dann befahl Claas Forke: »Legt den Leichnam Nagamouns zu dem anderen ins Boot, schneidet die Leine durch und stoßt es hinaus in die Strömung.«

Es ging eine solche Gewalt von dem untersetzten, bärenstarken Mann mit den kleinen, harten Augen unter den buschigen Augenbrauen aus, daß drei der Männer hinzutraten, die Leiche Nagamouns aufnahmen, ins Boot legten und es mit einem kräftigen Stoß in den Strom hinausstießen. Claas Forke hatte mit schußbereiter Flinte abseits gestanden. Grinsend knurrte er schließlich: »So, sehr brav gemacht, Leute! Anscheinend seid ihr wieder bei Verstand. In der nächsten Nacht gehen wir fort, werden uns stromab vom Fort nochmals auf die Lauer legen, vielleicht kann ich auch noch dem verdammten Armand die Suppe versalzen.«

Den letzten Satz hätte er nicht sagen sollen. Er machte seine Rechnung zuschanden. Da zunächst keiner seiner Leute widersprach, ließ er die Flinte sinken. Das war der Moment für die anderen. Sie warfen sich auf ihn. Es ging ums Leben! Jetzt erst zerrissen die Bande des Respekts und der Furcht vor Claas Forke, der vor Wut schäumte. Er schlug und stieß um sich wie ein Tobsüchtiger. Gerade dadurch aber stachelte er seine Voyageurs zu besinnungsloser Wut auf. Ein wüstes Handgemenge folgte. Es gab kein Pardon mehr. Claas Forke erlag der Übermacht.

Die eigenen Leute erschlugen ihn wie einen tollen Hund mit dem Paddel, das Nagamoun aus der Hand gefallen war, als Claas Forke sie an Land gezerrt hatte. Mit dem einzigen Werkzeug, das den Voyageurs gemäß ist und das von ihnen meisterhaft geführt wird.

Als die Männer wieder zur Besinnung kamen, war es Jean Valandon, der die Führung übernahm und den übrigen klarmachte: »Wir müssen zum Fort zurückkehren und den anderen berichten, was sich ereignet hat. Wir müssen bekennen, daß wir Claas Forke auf frischer Tat überrascht und dann auf der Stelle Vergeltung geübt haben. Wer tötet, muß getötet werden. Das ist unser Gesetz. Ein anderes gilt nicht im Pays d'en haut. Man wird uns wieder unter die übrigen Voyageurs der Company einreihen. Wir bringen Forkes Kanu zurück mit der Ladung an Tauschgütern, die er sich ehrlich oder unehrlich angeeignet hat. Man wird uns nicht abweisen im Fort Contreforts.«

Nein, die Voyageurs wurden nicht zurückgewiesen. Schon wenige Tage später waren sie eine Kanumannschaft wie alle anderen, mit der gesamten Ausbeute an Pelzen, die im Fort Contreforts während des Winters 1801/02 zusammengebracht worden war, auf dem Wege nach Osten zum Lac Supérieur. Die Führer der Brigaden wußten noch nicht, daß sie unterwegs erfahren würden, nicht mehr Grand Portage an der Mündung des Tauben-Flusses wäre fortab das Ziel der aus dem Pays d'en haut ostwärts strebenden Kanus der Company. Sie wußten nicht, daß inzwischen die Grenze zwischen britischem Einflußbereich und dem Gebiet der jungen Vereinigten Staaten festgelegt worden war, und zwar auf den neunundvierzigsten Grad nördlicher Breite – und Grand Portage lag südlich dieser Linie, also im Geltungsbereich der United States of America. Die schottisch-kanadische Company hatte also – vorsichtig wie immer – den Umschlagplatz für die Pelze aus dem Pays d'en haut, die am Lac Supérieur in die größeren Montréal-Kanus umgeladen werden mußten, weiter nach Norden verlegt, von der Mündung des Tauben-Flusses an die des Kaministikwia; dort war Fort William gegründet worden.

Im Fort Contreforts am oberen Athabasca herrschte Stille nach der Abreise der Überwinterer. Armand Leblois hatte nicht einmal erwogen, ob es sich für ihn empfahl, die Kanubrigaden zum Lac Supérieur zu begleiten. Paul Soldat war nicht mehr. Anna ging wie abwesend umher, wie gebannt von einem schweren, bösen Traum. Wäre der kleine Charles nicht gewesen und die beiden Kinder Mes Coh Thoutins, deren Anna sich angenommen hatte, so hätte die alternde Frau kaum ins Dasein zurückgefunden. Paul tot, Nagamoun tot, die schöne, süße Nagamoun, meinem Armand zugesprochen für ein ganzes Leben, das ihm von ihr mit Wärme und Freude erfüllt worden wäre!

Ja, leer und still war es im Fort geworden. Der alte Basil Caron sagte nicht viel, und auch Jules Pradier war ständig trüber Stimmung.

Eines Tages wußte Armand plötzlich, als wenn es ihm jemand ins Ohr geflüstert hätte: Wir sind allesamt am Ende, und keiner ist es mehr als Mutter und ich. Dabei wird sie in diesem Jahr erst einundfünfzig Jahre alt, und ich werde, wenn alles gutgeht, das glorreiche Alter von fünfundzwanzig Jahren hinter mich bringen. Doch sind wir ganz und gar am Ende, Mutter und ich!

Was soll werden?

24

Es wollte Armand so vorkommen in diesen Wochen, aus denen bald viele Monate wurden, als sei das Licht in der Welt erloschen. Auch noch die blauesten, sonnigsten Tage waren wie von grauen, schlaffen Tüchern verhüllt. Ihm war manchmal, als hätte ihm das Leben die Tür vor der Nase zugeschlagen, ehe er eingetreten war. Er hatte Nagamoun nur wenige Male in den Armen gehalten, ehe sie ihm genommen wurde. Ein Strom von Glück war ihm dabei durch die Adern gebraust; er hatte sich sehr beherrschen müssen, um das Mädchen nicht durch vorschnelles Ungestüm zu verwirren.

Wie es aber immer geschieht, so geschah es auch hier: Das Leben geht weiter; der Alltag läßt sich auf die Dauer nichts abhandeln.

Der einzelne meint manchmal, sein Kummer und sein Elend änderten den Lauf der Welt; wer von einem großen Unglück, einer erschütternden Katastrophe überwältigt wurde, hält es beinahe für selbstverständlich, daß danach nichts mehr so sein kann, wie es vorher gewesen ist.

Aber alles bleibt, wie es war, und die Welt läuft weiter, wie sie immer gelaufen ist. Das Gleichmaß der Tage zieht auch den ins Herz Getroffenen mit der Zeit unweigerlich wieder in seinen Bann, mag auch der Glanz, den das Leben bis dahin gehabt hat, erloschen sein. So erging es Armand. Er fühlte sich manchmal uralt; er tat, was getan werden mußte, aber es lag ihm nichts daran.

Erst im Herbst des Jahres 1805 trafen am oberen Athabasca die Briefe ein, mit denen die Leitung der Company in Montréal auf die gewaltsamen Ereignisse reagierte, die sich im Frühjahr 1803 dort abgespielt hatten. In Fort William am Oberen See bei der Einmündung des Kaministikwia hatten die Berichte aus Fort Contreforts niemanden erreicht, der sich zu wichtigen personellen Entscheidungen, wie sie im Fort Contreforts getroffen werden mußten, berechtigt fühlte. Außerdem hatte man sich gesagt: Am Athabasca sitzt Madame Leblois/Soldat, geborene Corssen, Anteilseignerin an der Company, beraten sehr wahrscheinlich von ihrem Sohn Armand. Sie wird gewiß fähig sein, eine Zwischenlösung zu finden. Gesunder Menschenverstand und eine genaue Kenntnis der Verhältnisse waren ihr niemals abzusprechen gewesen.

In Montréal war den hohen Herren der Company auch nichts Besseres eingefallen. Falls Madame es nach dem Tode ihres Mannes nicht vorzog, die Leitung des Postens selbst in der Hand zu behalten, sollte unter ihrer Aufsicht ihr Sohn, den man in Montréal in bester Erinnerung hatte, die Niederlassung in der bisherigen Weise weiterführen, jedoch die Fühler Athabasca aufwärts ausstrecken, um nicht im Süden den am Nord-Saskatchewan vordringenden Agenten der Company und im Norden den am Peace sich westwärts vortastenden Beauftragten in die Quere zu kommen.

Man wäre mit den Ergebnissen des Handels von Fort Contreforts durchaus zufrieden. Man sollte sich dort aus allen Rivalitäten und Streitigkeiten heraushalten, und es wäre nach allem wohl das beste, wenn Armand sich als Postenchef weiter einarbeitete und für eine Reihe von Jahren unter der Aufsicht der Mutter bewiese, daß er den Handel eines sehr wichtigen, wenn auch ebenso entlegenen Bezirks verwalten und weiter entwickeln könnte.

Armand war also in aller Form zum Agenten und Postenchef bestellt worden; das »unter Aufsicht der Mutter« bedeutete in der Praxis wenig.

Armand nahm diese Nachrichten mit einer gewissen bitteren Gleichgültigkeit zur Kenntnis. Er hatte sich in den Jahren, die vergangen waren, verhärtet. Oft genug war er versucht gewesen, brachte es aber nicht ein einziges Mal über sich, eines der verschämt willigen Indianermädchen herbeizuwinken und sich mit ihm zu vergnügen. Die Voyageurs hätten das nur natürlich gefunden; sie machten es selbst nicht anders, und manchmal ergaben sich ja auch aus diesen lockeren Beziehungen dauernde und durchaus ehegleiche Verbindungen.

Doch Armand wandte sich jedesmal ab, wenn auch die Versuchungen sich wiederholten. Das fremdartig schöne, in leiser Trauer geheimnisvoll lächelnde Antlitz der verlorenen Geliebten tauchte dann vor seinem inneren Auge auf; sie schüttelte – immer noch lächelnd, aber mit leicht zusammengezogenen Brauen – abwehrend das Haupt: Nicht, lieber Armand, nicht! Störe, zerstöre nichts!

Also wandte er sich ab; es wäre verräterisch, vielleicht sogar schändlich gewesen, den Wünschen oder der Gier eines Augenblicks nachzugeben.

Er kasteite sich und wurde dabei hart, über sein Alter hinaus ernst, oft genug schroff, dies auch Menschen gegenüber, die er eigentlich liebte wie seine Mutter oder den alten, treuen Basil Caron.

Anna verfolgte aus dem Hintergrund, ohne daß es ihrem Sohne jemals auffiel, wie dieser im Laufe der Zeit nicht nur seinem Vater, sondern mehr noch seinem Großvater, Walther Corssen, immer ähnlicher wurde: Auch Armand betrieb Arbeit und Geschäft mit Nachdruck und Sorgfalt und war niemals um schnelle Entscheidungen und kluge Einfälle verlegen. Aber er ließ sich von der Arbeit und dem Geschäft in keinem Fall mit Haut und Haar in Besitz nehmen, sondern beharrte den Geschehnissen des Alltags gegenüber, mochten sie sich noch so wichtig und gefährlich darstellen, kühl und unbeirrbar auf Distanz. Anna sagte sich zuweilen: Vielleicht ist es das Geheimnis seiner Wirkung auf Menschen und Dinge, daß er sie im Grunde mit der linken Hand abtut; es ist etwas anderes, worauf es ihm ankommt; aber was ist dies andere?

Für den Großvater Walther Corssen war die Freiheit des Pays d'en haut, die vollständige Unabhängigkeit von Kaisern, Königen, überhaupt irgendwelchen anderen Mächten als denen des Schicksals und der Natur, das eigentliche Ziel und der Sinn des Daseins gewesen; ihm war er bis zum Ende seines Lebens treu geblieben. Armand indessen konnte sich einem solchen Ziel nicht mehr verschreiben; es war gar nicht mehr denkbar. Er war längst eingespannt in ein Geflecht von Zwängen und Pflichten, das zu zerreißen oder abzustreifen der Vernunft und auch dem eigenen Vorteil widersprochen hätte. Er war Agent einer großmächtigen Company geworden, ein sehr erfolgreicher Agent, und würde früher oder später Anteilseigner dieser Company werden. Doch hatte er sich als solcher den Vorschriften und Beschlüssen einer begrenzten Anzahl von Männern in Fort William und in Montréal zu unterwerfen, die höchstens zufällig seinen eigenen Wünschen entgegenkamen. Für ihn also bestand die Freiheit nur noch darin, die Zwänge, die ihn einengten, niemals völlig ernst zu nehmen. Ja, wenn er die geliebte Frau, für die er, die für ihn geschaffen gewesen war, gewonnen und mit ihr das einzig vollkommene Dasein, das zu zweien, aufgebaut hätte, dann wären ihm Arbeit, Geschäft und Erfolg sicherlich als Mittel zum Zweck – nämlich die Zweisamkeit zu sichern – willkommen gewesen. Doch solches war ihm nicht gewährt worden. Sinnlos – und grausig dazu – war ihm der Sinn des Daseins ausgelöscht, vernichtet worden, als hätte er nichts Besseres verdient. Nun gut, man lebte weiter. Da war noch die Mutter, die man nicht im Stich lassen durfte, der jüngere Bruder Charles und seine beiden indianischen Ziehgeschwister, Namay und Othea – diesen drei hatte die Mutter ihr Herz geschenkt. Und natürlich waren da auch der Handelsposten und die Voyageurs, mußten die Geschäfte mit den Indianern fortgeführt werden. Aber wichtiger, als all dies genommen zu werden verdiente – und das war nicht viel! –, nahm er es nicht.

Mes Coh Thoutin war von jeher im Winter mit der Aufgabe betraut worden, so viel frisches Fleisch wie möglich für den Posten zusammenzuschießen, mochte es sich nun um einen Elch handeln, einen Wapiti oder ein Cariboo; auch gelang es dem Indianer immer wieder, einen Bären in seinem Winterquartier aufzustören und das verschlafen zornige Tier zur Strecke zu bringen. Doch bedurfte Mes Coh Thoutin so gut wie regelmäßig der Hilfe anderer Männer, die erjagten Tiere aus der Decke zu schlagen, solange sie noch warm und in der tiefen Kälte nicht steinhart gefroren waren, und dann die Häute und das Fleisch zum Lager zu schaffen.

Jules Pradier hatte sich von jeher danach gedrängt, mit Mes Coh Thoutin auf die Jagd zu gehen, hatte sich sogar, sosehr dies auch sonst den Voyageurs nicht liegen mochte, zu einem guten Schützen entwickelt. Auf einem dieser Jagdausflüge waren die beiden Männer auf eine Doppelspur gestoßen: zwei Rothirsche hatten sich offenbar für eine Weile zusammengetan. Doch dann erwies es sich, daß die beiden Tiere miteinander uneins geworden waren. Der Schnee zeigte sich vielfach zertrampelt auf einer Lichtung im Walde, von der aus dann zwei Spuren in verschiedenen Richtungen fortführten. Jules Pradier war sofort Feuer und Flamme, als Mes Coh Thoutin vorschlug, daß Pradier der einen und er der anderen folgen sollte; vielleicht gelänge es, gleich beider Hirsche am selben Tag habhaft zu werden.

Mes Coh Thoutin hatte sich dem Beutetier auf Schußweite nähern können und den Hirsch mit einem gutgezielten Blattschuß zu Fall gebracht. Der Indianer machte sich sofort an die schwere Arbeit, das Tier von der Bauchseite her aufzuschneiden und kunstgerecht zu enthäuten, dann auszuweiden und in große Brokken Fleisch aufzuteilen, die Knochen aus den Gelenken zu lösen, um die Beute gut auf dem Schlitten verpacken zu können. Doch der Schlitten mußte aus dem Lager erst herbeigeholt werden. Nach Möglichkeit war das Fleisch noch am gleichen Abend einzubringen, damit nicht über Nacht Wölfe oder andere Raubtiere sich an ihm gütlich taten. Mes Coh Thoutin wartete also nicht auf Jules Pradier, als er an der Stelle, an welcher sich die beiden Männer getrennt hatten, noch keine zurückführende Spur des Gefährten entdecken konnte. Pradier würde nicht so viel Glück gehabt haben wie er selber und war vielleicht dem anderen Hirsch noch immer auf der Fährte.

Aber Pradier kehrte auch am nächsten Morgen nicht ins Lager zurück. Unter Führung von Mes Coh Thoutin machten sich zwei Voyageurs, dazu Armand und Basil Caron auf den Weg, nach Jules Pradier zu suchen. Die Männer waren zwar besorgt, glaubten aber nicht an ein Unglück. Oft genug kam es vor, daß die Jäger im Walde von der Nacht überrascht wurden und irgendwo im Schutz des Wurzelwerks einer gestürzten Fichte oder unter überhängenden Felsen die Nacht im Freien verbrachten, wobei gewöhnlich ein Unterschlupf aus übereinandergeschichteten Fichtenzweigen, wenn er nur geschickt angelegt war, sie vor der schlimmsten Kälte schützte.

Sie fanden Jules Pradier tot und steifgefroren wie ein Brett. Er war in ein Sumpfloch eingebrochen, wie sie in den Wäldern vor dem hohen Gebirge nicht allzu selten zu finden sind: eine warme Quelle verhindert, daß der Boden gefriert. Die Quelle sprudelt weiter und schafft einen kleinen Sumpf um sich her. Ein Schneesturm vermag dann eine Brücke über den nicht gefrorenen sumpfigen Flecken zu breiten, die unter Umständen mehrere Tage vorhält und nach außen nicht verrät, daß sie völlig grundloses Gelände verbirgt.

In ein solches Sumpfloch war Jules Pradier eingebrochen und zwar ganz an seinem Rande, wo der aufgeweichte Grund wieder in festgefrorene Erde überging. Auf der Stelle mußte er tief eingesunken sein, vielleicht zunächst nur bis zu den Schenkeln; er hatte sich nicht befreien können und war immer tiefer in den eisigen Morast hinuntergesogen worden, der ihn schließlich bis unter die

Achselhöhlen umschloß. Wahrscheinlich hatte sich Pradier lange gemüht, aus der saugenden Umarmung herauszukommen. Er war schließlich erschlafft und an Unterkühlung gestorben.

»Noch einer!« schrie Anna, als sie des Toten ansichtig wurde, den man auf einer Bahre vor dem Haupthaus abgesetzt hatte. »Schon wieder einer!« schrie sie noch einmal, schlug die Hände vors Gesicht und taumelte in ihre Kammer zurück.

Am Abend dieses Unglückstages nahm Anna ihren Sohn beiseite, faßte ihn bei den Oberarmen, als wollte sie ihn schütteln, flüsterte aber nur: »Armand, ich kann nicht mehr! Das Pays d'en haut ist zuviel für mein Leben und für einen Menschen; es ist unmenschlich! Es hat mir zuviel geraubt. Komm, mein Sohn, laß uns fortgehen. Das Pays d'en haut geht über meine Kraft.«

25

Noch einer! Immer wieder noch einer! Dieser Ausruf Annas gellte manch einem der Voyageurs, die Zeugen der »Heimkehr« des Jules Pradier gewesen waren, lange in den Ohren. Wie eine bleischwere Decke hatte sich der Jammer über die Männer im Fort Contreforts gebreitet.

Mes Coh Thoutin, der sich vielleicht heimlich Vorwürfe machte, daß er Jules Pradier, der bei all seiner Erfahrung doch nur ein Voyageur und kein Waldläufer gewesen war, allein auf die zweite Wildfährte und damit ins Verderben geschickt hatte, Mes Coh Thoutin schien das Lachen, das niemals zu seinen starken Seiten gehört hatte, nun vollkommen verlernt zu haben. Schwer hingen ihm die Brauen über den dunklen Augen, und sein von Pokkennarben zerstörtes, tiefbraunes Gesicht schien wie aus zerknittertem alten Leder gebildet und in trostlosem Ernst wie erstarrt. Als sich im Lager herumsprach, daß Anna und ihr Sohn die Leitung des Handelspostens aufgeben und nach Osten zurückkehren wollten, war Mes Coh Thoutin der erste, der erklärte, ohne daß er darüber hatte nachdenken müssen, daß er der Mutter Anna, die ihm seine Kinder großzog, folgen würde, wohin immer sie zu gehen beschloß. Basil Caron sann seinem und dem Schicksal der Menschen, die sich dem Pays d'en haut anvertraut hatten, für einige Tage mit noch grimmigerer Miene, als er sie sonst zur Schau trug, nach, so daß niemand ihn anzusprechen wagte, der nicht durch die Umstände dazu gezwungen war. Dann trat er vor Anna hin, als er sie an einem Nachmittag in den ersten Tagen des April im Haupthaus allein wußte:

»Anna, es ist gut, daß ich dich einmal unter vier Augen sprechen kann. Ich habe seit Jahren gespart und in den Büchern der Company in Montréal genügend Geld gut, daß ich mich für den Rest meiner Tage am unteren Sankt Lorenz bei Trois Pistoles, wo ich geboren bin, niederlassen könnte. Aber nun willst du dich mit Armand aus den Geschäften zurückziehen. Wenn ich deine Absicht richtig verstehe, so wirst du dich wohl in der Nähe von Montréal, das heißt deines Bruders William, niederlassen, und Armand wird im Kontor der Company in Montréal tätig sein. Aber, Anna, wir kennen uns lange genug, und ich muß dir gestehen, daß ich nicht daran glaube, daß du wirklich das Leben im Pays d'en haut mit dem in der Stadt vertauschen kannst. Gewiß, die wege- und gesetzlosen Einöden des Pays d'en haut fordern mehr von uns weißen Menschen, als wir auf die Dauer zu leisten vermögen. Aber doch schlägt uns alle die Wildnis in ihren Bann, und wenn wir uns erst einmal an ihre erbarmungslose Freiheit gewöhnt haben, dann kommen wir nicht mehr los. Ich meine, Anna, auch du wirst das nicht schaffen und nicht darauf verzichten wollen, hundert Meilen Einöde um dich zu haben und darin ein König zu sein. Für diesen Fall aber, meine liebe Anna, kann ich dich nicht allein lassen. Armand ist ein junger Mann mit seinen dreißig oder einunddreißig Jahren und muß seinen eigenen Weg gehen. Du brauchst aber jemand, Anna, der dir beisteht. Du bist nicht mehr die Jüngste, und was du noch an Kraft besitzt, das wird deinen drei Kindern gehören. Also werde ich, wenn du es erlaubst, bei dir bleiben, bis ich weiß, daß für deine Sicherheit und dein Wohlergehen zuverlässig durch andere gesorgt wird, was ja wohl nur dein Bruder William in Montréal oder deine Söhne Armand und Charles übernehmen könnten. Anna, sprich nur ein Wort, und du kannst sicher sein, daß dir, solange ich lebe, niemand und nichts zu nahe treten wird.«

Anna hatte hinter dem großen Kontobuch der Station am Tisch gesessen und aufmerksam zugehört. Eine so lange Rede mochte der wortkarge Mann in seinem ganzen Leben nie gehalten haben. Ganz gewiß, sagte sich Anna, hat er tagelang jedes Wort überlegt, hat im stillen vor sich hin gesprochen, was er ihr mitzuteilen gedachte. Die rauhe, vor Erregung tiefer noch als sonst klingende Rede erschütterte sie. Sie erhob sich, schritt um den Tisch und legte ihm ihre Hände auf die klobigen Schultern:

»Basil, ich meine wirklich, daß es das beste für mich ist, mich in Montréal oder in der Nähe meines Bruders William niederzulassen. Aber das wird so schnell nicht zu bewerkstelligen sein, wird vielleicht Jahre in Anspruch nehmen. Und du solltest nicht vergessen, daß du eigentlich nach Trois Pistoles gehörst und dort mit dem Geld, das du dir erspart hast, sicherlich ein geachteter Mann sein würdest. Aber bis es soweit ist, mein lieber Basil, welch besseren Menschen könnte ich mir als Berater und Beschützer denken als dich! Ich danke dir, daß du bei uns bleiben willst, und auch Armand wird dir danken!«

Sie beugte sich ein wenig vor – sie war größer als Basil – und hauchte dem Manne mit dem eisengrauen Borstenhaar einen Kuß auf die wie immer von stacheligen Stoppeln eingerahmten Lippen. Dann schritt sie schnell um den Tisch zurück zu dem Platz, an dem sie gesessen hatte. Basil Caron stand eine Weile lang wie erstarrt. Er spürte, daß ihn ein Zittern ankam, und konnte es nicht beherrschen. Dann wandte er sich langsam ohne ein Wort ab und verließ den Raum. – Dieser Tag begründete ein geheimes Einverständnis zwischen Basil und Anna, das sich zwar niemals in Worten oder Taten ausdrückte, aber in der Stille lebendig blieb und sie beide trug.

Es verstand sich von selbst, daß weder Anna noch Armand den Handelsposten von heute auf morgen sich selbst überlassen durften, auch wenn ihnen die Lust vergangen war, sich weiter den Geschäften zu widmen. Nach dem Aufbruch des Flußeises im Frühjahr 1808 nahm der Führer der Kanubrigaden ein Schreiben Armands an die Leitung der Company in Fort William und in Montréal mit, in welchem Anna und Armand ihre Absicht kund taten, aus ihrem Dienst als Überwinterer auszuscheiden. Sobald ein Nachfolger bestimmt und am oberen Athabasca eingetroffen wäre, würden sich Anna und Armand allein oder mit den Kanubrigaden ostwärts auf den Weg machen, um sich in Fort William oder in Montréal zu gegebener Zeit mit den maßgebenden Eignern der Company darüber zu unterhalten, ob und wie Armand der Company weiter zur Verfügung stehen könnte. Anna hatte in dem Schreiben ausdrücklich darauf hingewiesen, daß sie auf ihrem Anteil am Vermögen der Company beharrte, auch nicht beabsichtigte, ihn zu veräußern oder an ihre Söhne Armand und Charles abzugeben, sondern daß ihr Bruder William in Montréal befugt wäre, ihren Anteil genauso wie seinen eigenen nach wie vor gewinnbringend zu verwalten.

Als dieser Brief erst einmal auf den Weg gebracht war und nach der Abreise der Brigaden Stille einkehrte, bemächtigte sich der beiden Menschen das Gefühl, es sei ihnen ein Stein vom Herzen gerollt.

Armand hatte den Ausruf der Mutter nicht vergessen, der ihr angesichts des toten Jules Pradier über die zitternden Lippen gekommen war: »Noch einer! Schon wieder einer!«

Hatte sie recht? War es das? Ging die ungebändigte Wildnis des Nordwestens in der Tat über die Kraft des weißen Mannes? War sie zuviel für ein einziges Leben?

Armand war seinem Großvater ähnlicher als seinem Vater; er dachte wie jener allzuviel nach. Er rechnete sich mehr als einmal vor, was die Mutter in ihrem Leben verloren hatte, verloren an das Pays d'en haut! Nagamouns schrecklicher Tod hatte seine Mutter ebenso tief verwundet wie ihn selber. Und daß ihr der langjährige zuverlässige Gefährte, Jules Pradier, von heute auf morgen genommen wurde, war sozusagen nur der Tropfen gewesen, der das Faß zum Überlaufen gebracht hatte. Aber immerhin: meiner

Mutter und ihrer Männer Fron hat wenigstens dazu gedient, daß sie nun, wenn sie will, unabhängig leben kann, ihr Unterhalt gesichert ist und daß sie mir und meinem Bruder Charles, wenn wir ihr dessen wert erscheinen, etwas zu vererben haben wird.

Wenn Armand solches bedachte, und er kreiste ständig um solche Vorstellungen, dann pflegte sich am Schluß stets ein sehr bitteres Lächeln auf seinem Gesicht auszubreiten. Die Leute im Fort gingen ihm dann noch eifriger aus dem Wege, als es sonst sowieso der Fall war.

Immerhin dauerte es bis zum Frühjahr des Jahres 1810, bis Anna und ihre Leute vom Fort Contreforts am oberen Athabasa Abschied nehmen konnten. Entscheidungen verzögerten sich im Pays d'en haut stets um ein bis zwei Jahre oder sogar noch länger; die im Kanu zurückzulegenden Entfernungen übertrafen im Grunde menschliches Maß. In Wahrheit hatten Anna und Armand nicht damit gerechnet, daß sich ihr weiteres Verhältnis zur Company so schnell regeln würde. Aber offenbar war man in Fort William oder in Montréal froh gewesen, den seltsamen Zustand auf einem der entlegensten Handelsposten im ganzen Pays d'en haut endlich ändern zu können: Daß dort als einzige weiße Frau Anna Leblois/Soldat zugleich als Anteilseignerin der Company, also in schwer zu beeinflussender Stellung viel zu lange schon saß und auch den Sohn, auf den man viel Mühe verwendet und gern an anderer Stelle eingesetzt hätte, mit Beschlag belegte, war den maßgebenden Leuten der Company schon seit langem nicht recht. Man hatte sich also beeilt, unverzüglich einen neuen geeigneten Postenleiter in Marsch zu setzen, damit er noch im späten Herbst des Jahres 1809 den unteren Athabasca erreichte.

Dieser, ein gewisser Pat Mackee, war als großer Herr angereist, in der Mitte des vordersten Kanus thronend, in blauem Tuchrock, Schnallenschuhen und mit dem silberbetreßten Dreispitz. Dennoch entpuppte er sich als ein umgänglicher und verständiger und geschickter Bursche, der sich sogleich mit Feuereifer in die Geschäfte des Handelspostens einarbeitete und entschlossen schien, mit Anna und Armand gute Kameradschaft zu halten.

Doch behagte es ihm nicht, daß Basil Caron und besonders Mes Coh Thoutin von den beiden maßgebenden Leuten im Lager ganz selbstverständlich als Gleichstehende behandelt wurden, sosehr ihm auch die Verdienste und Kenntnisse der beiden einleuchteten. Es gab einige Mißhelligkeiten. Anna und Armand hatten klarzumachen, daß ihnen im Zweifelsfall das gute Einvernehmen mit Pat Mackee weniger wichtig war als ihre Freundschaft mit dem Indianer und dem alten Voyageur.

Solche von allen Beteiligten mit unterdrückter Nervosität ertragenen Spannungen trugen nicht dazu bei, den letzten Winter Annas und Armands im Fort Contreforts besonders angenehm zu machen. Als endlich das Eis mit Donnergepolter auf dem Strom geborsten und knirschend, krachend und polternd auf dem hochgehenden Wasserstrom abgetrieben war, als dann ohne Zögern die schon bereiten Brigaden die Kanus zu Wasser gebracht, beladen und startklar gemacht hatten, bestiegen auch Anna und ihre Leute ohne viel Aufhebens und Abschiedsschmerz ihr Fahrzeug und schlossen sich der letzten der Brigaden an, die das Fort stromab verließ – noch vor Sonnenaufgang, nach einer kühlen, regnerischen Nacht.

Annas Boot war ausgezeichnet bemannt. Sie selbst thronte mit der kleinen Othea wohlverpackt, denn noch ließen sich die Tage des ersten Frühlings kalt und vielfach unfreundlich an, in der Mitte des Bootes. Die Voyageurs legten vom ersten Tag an ein mörderisches Tempo vor; ihre im Winter angesammelte überschüssige Kraft wollte verausgabt sein. Der Athabasca führte hohes Wasser und strömte entsprechend schnell und stark. Es war eine Lust, die Boote mit der Strömung dahinschießen zu lassen; den Männern blieb immer noch ausreichender Atem, eines der alten Kanulieder nach dem andern anzustimmen.

Anna jedoch spürte einen leisen Widerwillen in sich aufsteigen. Er verstärkte sich bald. Hatte sie nicht dies alles bereits hinter sich gelassen: die ewige Hetze und Unruhe, die den Rudertakt anfeuernden Gesänge, die ewigen Eifersüchteleien und Zänkereien, wer was im Boot falsch gemacht und welche Brigade sich unberechtigte Vorteile verschafft hätte?

Sie nahm schon am Abend des dritten Tages Armand und Basil Caron beiseite und meinte:

»Wir haben gar nicht nötig, uns mit den andern hetzen zu lassen. Die Brigaden müssen ihre Pelze so schnell wie möglich nach Osten transportieren, aber wir haben nichts mehr damit zu tun. Ich bin dafür, daß wir höchstens noch bis zum La Biche mithalten. Ich möchte sehen, was aus unserem alten Platz geworden ist. Wir machen dort ein oder zwei Tage Rast. Wir haben es nicht eilig; wir gelangen immer noch vor dem Herbst nach Fort William. Warum lassen wir uns nicht Zeit! Die Brigaden mögen ohne uns weiterfahren!«

Annas Wunsch kam einem Befehl gleich; es dachte niemand daran zu widersprechen. Sie und ihre Leute ließen, als die Einmündung des La Biche in den Athabasca erreicht war, die Brigaden davonfahren, ohne die Trennung zu bedauern.

Jetzt erst, so kam es Anna vor, war der Abschied vom Fort Contreforts endgültig vollzogen; es sank sonderbar schnell in die Vergessenheit zurück. Man war ja wieder im alten Fort Leblois an der Mündung des La Biche in den Athabasca, wo sich in vergangenen Tagen so viel ereignet hatte – all dies tauchte aus der Vergangenheit herauf und drängte sich in den Vordergrund.

Der Handelsposten war inzwischen neu besetzt. Anna dachte an die früheren Jahre zurück, die wieder lebendig wurden angesichts der flachen Giebel der Blockhäuser, deren Entstehung sie zum größten Teil mit angesehen hatte, des glasklar sich mit dem Athabasca vereinenden La Biche, seiner im leuchtenden Grün des Frühlings prangenden Ufer, angesichts der vertrauten Bootslände unterhalb der Palisaden des Platzes, schließlich auch der wenigen Indianerzelte im Vorfeld des Postens, die zwischen den gekreuzten Stangen an ihrer Spitze den Rauch der Kochfeuer in ihrem Innern in den seidenblauen Frühlingshimmel steigen ließen – Anna wußte es mit einemmal: wir brauchen nicht so schnell wieder abzufahren; die Zeit, die wir hier hatten, als Justin noch lebte – und auch mein Vater ist zwischen diesen Häusern umhergeschritten –, ach, die Zeit von damals, warum soll ich nicht für ein paar Tage, ein paar Wochen hier verweilen, jetzt im Frühling, da das frische

Grün der Birken, Espen, Weiden und Ahorne lauter helle, kühle Fackeln in den Säumen der schwarzen Fichtenwälder entzündet hat!

Am schwersten fiel es dem alten Basil Caron, sich im weiteren Verlauf dieses Sommers 1810 daran zu gewöhnen, daß nicht mehr Tag für Tag eine Mindestzahl von nassen Meilen hinter dem Kanu zurückzubleiben hatte, daß nicht mehr die nächste Portage unbedingt vor dem Abend bewältigt werden mußte und man jedem Gegenwind nachgab und am Ufer ganze oder halbe Nachmittage verschwendete, anstatt gegen den Wind anzurudern und voranzukommen. Aber allmählich begriff auch er, daß Anna auf dieser Reise nach Osten, in den Sonnenaufgang, wie in einem Buch zu lesen vorhatte, daß sie das Tagebuch der Vergangenheit aufblättern wollte. Und da er dieser Frau ergeben war, bereitete es auch ihm schließlich eine neugierige Freude, die vergangenen Stationen des Daseins der Anna Leblois/Soldat, deren Eltern Walther und Anke Corssen geheißen hatten, nach und nach kennenzulernen.

Den sieben Menschen, jungen und alten, in Annas Kanu saß auf dieser Reise der Zwang der Geschäfte, die bohrende Drohung, die rechtzeitige Begegnung mit den Ost-Kanus nicht zu verpassen, der nie nachlassende Druck, durch Schnelligkeit Kosten einzusparen, diese und manche andere Nötigung nicht mehr im Nacken. Und sie alle, auch die Kinder, begriffen es schließlich: dies Land, unsere Heimat, das Pays d'en haut, es ist unvergleichlich schön.

Als etwa von Mitte Juli ab die Plage der Insekten allmählich nachließ und schließlich versiegte, als sich der Himmel jeden Tag in tiefer Bläue über Strom und See und Wald von neuem wölbte, von silberweißen Wolkenträumen durchsegelt, die gegen Abend, wenn das Licht sich sachte mit goldenen Tönen auffüllte, lautlos und spurlos vergingen, ja, da verwandelte sich die Reise allmählich in ein lang sich dehnendes Fest, dessen sanfte Freude kein Ende zu finden schien und dessen doch niemand überdrüssig wurde.

Es gab keinen Zwischenfall auf dieser gemächlichen Reise über die großen Gewässer des Pays d'en haut nach Osten. Unmerklich milderte sich der strahlende Glanz des Sommers zu der schon zu ahnenden Melancholie des beginnenden Herbstes, als Annas Kanu aus der Mündung des Saskatchewan mit wunderbar gleichmäßig davonfiedernden Bugwellen auf den blanken Spiegel des Winnipeg-Sees hinauswanderte. Eines besonderen Beschlusses bedurfte es nicht: Man würde den Platz zu finden suchen, an dem vor vielen Jahren Walther Corssen mit Paul Soldat und Mes Coh Thoutin Kanus gebaut hatte, von dem aus schließlich Walther Corssen, der alte Meister, in einen nassen Tod auf der Höhe des Sees hinausgefahren war.

Mes Coh Thoutin entdeckte den alten Platz bald – der Urwald hatte ihn schon so gut wie zurückerobert – mit der untrüglichen Sicherheit des Indianers, der in den Umrissen der von Jahr zu Jahr um einige Spannen an Höhe und Umfang zunehmenden Bäume, in den stets unverwechselbaren Formen der bemoosten Felsen am Ufer, in den dunklen Spuren von Feuchtigkeit der in den großen See versickernden Bäche zu lesen versteht wie in einem Buch.

Die Hütten, die damals von Annas Vater errichtet worden waren, die Verschläge und Schuppen, die den werdenden Kanus Schutz geboten hatten, waren verfallen, ihre Dächer eingestürzt und die Türen zerbrochen. Und doch empfand Anna, als spräche an diesem Ort der Geist des verstorbenen Vaters deutlicher zu ihr als an den früheren Stationen seines Daseins, die dieser als der letzten vorausgegangen waren. Sie stand und blickte von dem alten Werftplatz über den See hinaus, dessen jenseitiges Ufer weit hinter dem Horizont verborgen lag. Dort irgendwo in der Ferne war ihr Vater ertrunken. Mes Coh Thoutin würde ihr die Stelle zeigen müssen, wo man ihm damals ein Kreuz errichtet hatte. Vielleicht stand es sogar noch.

Die Stille war sehr groß. Kein Laut, kein Vogelruf, nicht einmal der heisere Schrei eines Fischadlers aus der Höhe!

Hier also hat mein Vater gelebt, dachte Anna, als er sich von der Company gelöst hatte, so wie ich es jetzt getan habe. Hier hat ihn sein Tod überwältigt – im großen Wasser da draußen! An irgendeiner versteckten Stelle des Ufers ist sein Leichnam angetrieben, aber nie gefunden worden. Er hat es nicht über sich gebracht, in die Städte des Ostens zurückzukehren. Er hat das kaum zu ertragende Pays d'en haut schließlich ertragen und ist hiergeblieben. Er muß gefühlt haben, daß er nur noch hierher paßte – in dies leere, vogelfreie, herrenlose Land! Ich glaube, er hat recht gehabt, ich glaube, ich sollte seine Lehre annehmen. Es war immer gut, wenn ich es tat. Auch ich passe nicht mehr in den Osten.

Am gleichen Abend noch besprach Anna am Feuer mit Basil Caron, Armand und Mes Coh Thoutin – die Kinder hörten mit großen Augen zu –, daß das Jahr zu weit fortgeschritten wäre, als daß man noch Fort William erreichen könnte, ohne sich über Gebühr dabei abzumühen. Es würde sich empfehlen, an diesem schönen, sozusagen schon zuvor als Heimat erwählten Platz zu bleiben, jetzt, noch in der guten Jahreszeit ein festes Blockhaus für den Winter zu bauen und sich darauf einzurichten, hier die kalte Zeit zu verbringen. Im nächsten Jahr könnte man weitersehen.

Mes Coh Thoutin, der sich sonst nur selten zu den Absichten seiner weißen Gefährten äußerte, fügte Annas Worten, ohne daß er nachzudenken hatte, hinzu: »Ja, das ist gut! Und warum sollen wir hier nicht wieder Kanus bauen! Silberbirken gibt es genug, und ich weiß, wo die besten von ihnen zu finden sind. Basil braucht nicht darüber belehrt zu werden, wie ein gutes Frachtkanu auszusehen hat, und Armand weiß es auch. Ich habe nichts von dem vergessen, was ich von meinem Maître Walther Corssen gelernt habe. Wir würden über Winter so viele Kanus fertig bekommen, daß wir das ganze nächste Jahr über von ihrem Verkauf leben könnten. Wenn es nach mir ginge, so brauchten wir nicht weiter ostwärts zu fahren.«

Ein befreiendes Wort war ausgesprochen worden; die anderen merkten erst jetzt, daß sie nach solcher Befreiung heimlich Verlangen getragen hatten. Sie hatten sich im stillen gefürchtet, nach Osten zurückkehren, das furchtbare, das geliebte Pays d'en haut verlassen zu müssen. Aber es war ja gar kein Muß damit verknüpft. Mes Coh Thoutin hatte es deutlich gemacht.

Schon am nächsten Tag begannen die Männer, die Stämme für ein neues Blockhaus zu schlagen. Noch vor dem ersten Frost würde eine gute Wohnung unter Dach und Fach gebracht sein. Zwar würde man darauf angewiesen bleiben, daß der Pelzhandel seine Brigaden mit den Tauschgütern westwärts, mit den Pelzen ostwärts durch den Engpaß der Saskatchewan-Mündung schickte. Aber man wäre keiner Company mehr untertan, das Dasein wäre so oder so gesichert. Und wie ließe sich das Gesetz der indianischen Wildnis vollkommener erfüllen als mit dem Bau der wunderbar leichten, starken und schlankgeschnittenen Fahrzeuge, mit denen und in denen die unermeßlichen Weiten des Pays d'en haut allein zu bezwingen waren!

Anna, Basil Caron und Mes Coh Thoutin wußten, daß sie das Ende ihres Weges gefunden hatten, endlich den Ort des Friedens, der ihnen nach allem Vorausgegangenen zustand. Sie brauchten nur noch dem Beispiel des alten Meisters Walther Corssen nachzuleben.

Armand allerdings und die Kinder standen noch nicht am Ende. Ihr Geschick lag im Nebel der Zukunft, wie das Geschick aller Jugend stets im Ungewissen liegt.

EPILOG

Anna Leblois-Soldat, geborene Corssen, ihre Kinder und Gefolgsleute, hatten den Pelzhandel aufgegeben, ohne sich aber – dazu waren sie europäisch genug geblieben – der materiellen Früchte jahrzehntelanger Arbeit, Mühe und Gefahr zu entäußern. Anna und mit ihr auch der getreue Basil Caron hatten begriffen, daß das Pays d'en haut im Grunde zu schwer war für den weißen Mann, wenn er das bleiben wollte, was er war, und sich nicht zum Indianer verwandeln lassen wollte.

Andererseits hatte das Pays d'en haut den weißen Menschen, die sich ihm verschrieben, jene ungebundene Freiheit gewährt, jene Abwesenheit von Gesetzen, Obrigkeiten, Vorschriften, sauren Lehren und Geboten staatlicher und kirchlicher Mächte, Weltverbesserer und Revolutionäre, die sich alle im Besitz der reinen Wahrheit glauben und jeden anderen mit Gewalt dazu bekehren wollten – ja das Pays d'en haut schenkte dem weißen Manne in jenen Jahrzehnten, in welchen es erschlossen wurde, wirklich jene vollkommene Unabhängigkeit, in welcher er einzig und allein dem eigenen Gewissen verantwortlich war, nur diesen einzigen, allerdings unerbittlichen Richter über sich anzuerkennen hatte. Die Kehrseite dieser Befreiung von allen Bindungen bestand jedoch darin, daß das Pays d'en haut Gnade ebensowenig kannte wie das Gewissen. Die Gnadenlosigkeit der Wildnis geht auf die Dauer über die Kraft eines jeden weißen Mannes, es sei denn, er verroht oder stumpft ab. Anna, Caron, auch Mes Coh Thoutin, der Indianer, der sich nach Jahrzehnten des Zusammenlebens längst dem weißen Mann angeglichen hatte, waren weder das eine noch das andere. Sie hatten vorgehabt, sich dem Pays d'en haut zu entziehen. Doch der unheimliche Zauber der nordwestlichen Einöden hatte sie letztlich nicht aus seinen Wäldern und Wassern, seinen Abendröten und Nordlichtern entlassen; sie retteten sich auf eine Insel, die gleiche, auf die sich auch Walther Corssen gerettet hatte; sie lag den Routen der Pelzbrigaden zwar dicht benachbart, wurde aber nicht von ihnen berührt: die Kanuwerft unweit der Mündung des gewaltigen Saskatchewan in den Winnipeg-See. Dort blieben sie mit dem Pelzhandel und damit dem Pays d'en haut verknüpft, beraubten aber das Land nicht mehr seiner natürlichen Schätze und die Indianer ihrer alten Lebenskünste. Statt dessen schufen sie immer wieder von neuem, sie weiter und weiter verbessernd, die wunderbaren Fahrzeuge, die von den Indianern übernommen worden waren und ohne die niemals die Einöden des Nordwestens in so kurzer Zeit durch den weißen Mann erschlossen worden wären.

Aber Walther Corssen und seine Anke, Bauernkinder aus den hannoverschen Stammlanden des damaligen englischen Königshauses, waren ursprünglich nicht in die neue britische Kolonie Neu-Schottland ausgewandert, um Pelzhandel zu betreiben oder das wegelose, herrenlose Pays d'en haut über Tausende von leeren Meilen hinweg zu durchstreifen, sondern um das zu gewinnen, was sie im alten Kontinent Europa nicht hatten gewinnen können: Land, einen Acker, um Korn und Kartoffeln darauf zu pflanzen, Wiesen, um Pferde und Kühe darauf zu weiden, dazu Haus und Hof, um Kinder darin großzuziehen, die von Generation zu Generation die neue Heimat fortentwickeln, zu einer menschlichen Umwelt ausgestalten sollten.

Walther Corssen war von den Machtkämpfen der Großen aus der Bahn geworfen worden, denn die Mächtigen schützen seit jeher die Sorge um die Ohnmächtigen nur vor; in Wahrheit kommt es ihnen allein auf ihre Macht und die Sicherung der Macht, die Achtung oder die Furcht, die sie verbreiten, das Ansehen oder die Bewunderung, die sie genießen, und schließlich auch auf das persönliche Wohlleben an, das sie fordern oder sich erschleichen können.

Ehe er noch in die Mühle der neuen englischen Obrigkeit geriet, war Walther Corssen nach Westen ausgebrochen und hatte sich, das Gesetz des gesetzlosen Landes schnell begreifend, mit stets steigendem Erfolg nach Westen vorgeschoben. Aber selbst das zunächst unermeßlich scheinende Pays d'en haut war auszumessen gewesen, und der den ständigen Vormarsch des weißen Mannes betreibende Pelzhandel stieß an seine Grenzen. Es wurde immer kostspieliger und schließlich halsabschneiderisch, die Pelze aus stets entlegeneren Gebieten über unerhört schwierige Kanu-Straßen nach Osten zu verfrachten.

Beinahe zwangsläufig ergab sich, wenn auch zunächst nur als Notlösung, eine Möglichkeit, die Kosten der endlosen Transporte der Pelze aus dem fernen Westen nach Montréal und weiter nach London zu verringern. Wenn es gelang, den Reiseproviant für die Voyageurs im Pays d'en haut selbst herzustellen, wenn man die Boote aus dem Osten nicht mehr damit zu beschweren brauchte, also mehr Tauschgüter nach Westen und entsprechend mehr Pelze nach Osten frachten konnte, wenn man sich weiter von den unsicheren Lieferungen von Büffelfleisch aus den Prärien mit ihren kriegerischen Indianerstämmen unabhängig machte, dann sollten die Gesamtkosten des Pelzhandels im fernen Westen so zu verringern sein, daß sich die Profite erhalten ließen.

Es war ein schottischer Lord namens Selkirk, der auf die im Grunde längst sich anbietende Idee verfiel, etwa auf halbem Wege der weiten Reise von Montréal bis unter die Abhänge des Felsengebirges eine Kolonie von Bauern entstehen zu lassen, die dem Pelzhandel die Ernährung der Voyageurs im Sommer wie im Winter garantieren konnte, die Korn, Kohl und Kartoffeln, Schmalz, Butter, Fleisch und Speck regelmäßig zu liefern imstande war. Lord Selkirk setzte seinen Gedanken durch: Südlich des großen Winnipeg-Sees, unweit der Hauptader des Kanuverkehrs vom Rainy Lake zum Lake Winnipeg, und zwar am Red River, am »Roten Fluß«, sollten schottische Siedler eine Ackerbau-Kolonie begründen.

Es wäre jedoch unmöglich gewesen, die Siedler mit all ihrem Gerät, ihrem Vieh, Hab und Gut in Kanus von Montréal aus über den weiten Weg nach Westen zu schicken, sie den unvermutet wilden Stürmen der großen amerikanischen Seen, in diesem Fall des Huronen-Sees und des Oberen Sees, auszusetzen. Es empfahl sich statt dessen, die Siedler in der Hudson Bay anzulanden und sie auf wesentlich kürzerer und leichterer Kanustraße zum Winnipeg-See und von diesem südwärts ins dann nicht mehr allzuweit entfernte Red-River-Gebiet zu führen.

Schon die Vortrupps dieser Siedler waren an der Kanuwerft Armand Leblois' und seiner Leute, unweit der Einmündung des Saskatchewan-Stroms in den Winnipeg-See, vorübergezogen. Die Kunde davon, daß – nach den Begriffen des Pays d'en haut nicht weit von ihnen im Süden – bäuerlich gesiedelt werden sollte, traf Anna und den alten Caron, aber auch Armand wie ein unerwartet heller Anruf aus der Tiefe der Vergangenheit. Anna hatte ihren Vater und seine Vorgeschichte, auch die verborgene Bauernsiedlung, in der sich auf der Höhe und dann an der Küste Neu-Schottlands ihre Jugend abgespielt hatte, nicht vergessen.

Als Anna daher hörte, daß die ohne Übergang ins weite Indianerland versetzten schottischen Bauern zunächst einiger Männer bedurften, die das Land kannten, mit Indianern umzugehen verstanden, vor allem auch die Siedler, die aus einem Land mit zwar feuchtem, aber weichem Wetter kamen, auf die grimmige Härte der Winter, die glühende Trockenheit der Sommer im Herzen des nordamerikanischen Kontinents vorbereiteten, da zögerte Anna nicht mehr, den Sohn zu ermutigen, sich den Siedlern als landeskundiger Führer und Berater – unter anderen – zur Verfügung zu stellen.

Es hatte Armand zwar Freude bereitet, am Bau schöner und starker Kanus mitzuarbeiten, aber er vermochte nicht die gleiche Hingabe und Begeisterung dafür aufzubringen wie die wesentlich älteren Basil Caron und Mes Coh Thoutin und auch seine Mutter, die selbst gern bei den einfacheren Arbeiten mithalf und das junge Volk nicht ohne eine gewisse Strenge dazu anstellte. Armand war bereits zu weit umhergekommen, hatte zu viel erlebt und besaß einen zu regen Geist, als daß ihm die Konstruktion guter Kanus auf die Dauer genügt hätte.

Bei den Siedlern lernte er eine völlig neue Welt kennen. Er erfuhr, was für ein Glück es bedeutete, welche tief innere Befriedigung es gewährte, nach schwerer Arbeit eine reiche Ernte heranreifen zu sehen.

Ein Geschäft, wie der Pelzhandel es war, konnte das bäuerliche Werk nicht genannt werden. Aber Armand erlebte den Stolz und die Genugtuung der Siedler, wenn sie dem Boden, der bis dahin nur grobes Gras getragen hatte, Gerste und Roggen, Hafer, Klee und Kartoffeln entlockten und nicht nur sich selbst und die eigene Familie, sondern auch weitere Menschen damit ernährten.

Anfangs allerdings war von Glück und Freude nicht viel zu spüren gewesen. Denn die Indianer und die Franko-Kanadier des Pelzhandels wollten keine neue Welt; sie wollten, daß das Pays d'en haut leer blieb, Jagdgrund allein für sie, ihre Geldbeutel und ihre Wanderlust. Das große Pays d'en haut, das niemand gehört hatte, in dem niemand ein Gesetz hatte aufrichten können, es sollte weiter den Vogelfreien gehören und nicht diesen Bauern, die nur von einem einzigen Wunsch besessen zu sein schienen: sich umgrenzte Stücke der noch eigentlich herrenlosen, nur dem Großen Geist unterworfenen Erde zum Eigentum zu machen.

Aber Bauern sind stärker als Schweifende. Sie setzten sich durch.

Wer redet heute noch von Pelzhändlern oder Voyageurs? Der kanadische Westen mit seinen Farmen oder Farmern wurde zu einem Garten Eden des Weizens und vieler anderer Feldfrüchte.

Zu erzählen, wie sich Armand Leblois gleich einigen anderen, allerdings nur sehr wenigen Franko-Kanadiern in einen Siedler verwandelte, wie er ein schottisches Mädchen heiratete, wie er mit dem Geld seiner Mutter fruchtbares Land erwarb, wie es sein Bruder Charles ihm gleichtat und Othea heiratete, das indianische Mädchen, das mit ihm von seiner Mutter aufgezogen worden war, wie schließlich auch Anna, der alte Basil Caron in dies neue am Boden haftende, die Erde liebende und pflegende Dasein einbezogen wurden, dies darzustellen, das würde ein weiteres Buch oder mehrere erfordern. Und damit wäre die Geduld und die Gutwilligkeit des Lesers allzu vorwitzig auf die Probe gestellt. Doch sei dies noch kurz festgehalten:

Erst in der dritten Generation, nämlich für Armand und seine Kinder, fand der Wunsch, der den Großvater Walther Corssen und seine Frau Anke aus der alten europäischen Heimat an das Gestade der Neuen Welt getrieben hatte, seine Erfüllung. Erst in der dritten Generation war die neue Heimat wirklich gewonnen und wurde zur Pflanzstätte eines neuen Geschlechts. Andere Geschlechter schlossen sich an, nicht nur solche aus schottischem, französischem, englischem, deutschem Blut, sondern bald auch aus schwedischem, isländischem, schweizerischem, dänischem, polnischem, ukrainischem, jüdischem und vereinzelt sogar aus dem der mittelmeerischen Völker Europas.

Der Kreis war schließlich in sich selbst zurückgeschwungen: Bauern hatten nach einer neuen Erde gesucht; in der dritten Generation endlich erfüllte sich ihre Sehnsucht.

Es wird vielleicht dieser oder jener Leser wissen wollen, wieviel von dem, was auf den vorausgegangenen Seiten dieses »Berichts aus der Frühe Kanadas« erzählt wurde, in strengem Sinne historisch ist, und was nicht. Wenn man die Frühgeschichte Kanadas wirklich lebendig machen wollte, so genügte es nicht, die belegbaren, die dokumentierten Zeugnisse aus der damaligen Zeit aufmarschieren zu lassen. Sie mußten vielmehr durch erfundene Schicksale miteinander in Verbindung gebracht werden, um darzutun, daß es lebendige Menschen waren, die hier wie anderswo Geschichte machten, obgleich sie, von ihnen aus gesehen, nur höchst selten Wert darauf legten, unter die Geschichtemacher eingereiht zu werden. Die großen Eckdaten der Handlung, die Kriege und Friedensschlüsse, die Städtegründungen und Verträge sind natürlich historisch getreu eingebaut worden. Im übrigen aber, was die handelnden Personen und ihre menschlichen Schicksale anbelangt, war lediglich darauf zu achten, daß die Geschehnisse sich mit möglichst hoher Wahrscheinlichkeit so abgespielt haben *könnten*, wie sie erzählt wurden, auch wenn nicht in jedem einzelnen Fall ein historischer Beleg dafür angeführt werden kann. Tatsächlich aber sind viele, besonders die dramatischen Geschehnisse, die auf den vergangenen Seiten geschildert wurden, damals wirklich passiert und schriftlich überliefert. Dem Verfasser dieser Bücher wäre lediglich vorzuwerfen, daß er diese »echten« Ereignisse seinen Helden angedichtet hat.

Im ganzen aber, so hoffe ich, sagen zu können, ist die Öffnung Kanadas im achtzehnten Jahrhundert, soweit sie sich innerhalb des englischen Sprachraums vollzog, gewissenhaft und historisch getreu nachgezeichnet worden, soweit solches im Rahmen eines Romans überhaupt möglich ist. Denn der Roman will ja nicht nur berichten, belehren und Kenntnisse vermitteln, sondern vor allen Dingen unterhalten, sonst wird er nicht gelesen. Und wenn er nicht gelesen wird, dann nutzt der ganze Aufwand und die jahrelange Mühe nichts.

Der Verfasser dieser Zeilen ist sich der Fragwürdigkeit eines solchen Unternehmens durchaus bewußt.

Weitere faszinierende Titel aud dem Bechtermünz Verlag:

Reiner Harscher/Susanne Tschirner:
Irland
144 Seiten, Format 23,8 x 30,0 cm,
gebunden
Best.-Nr. 336 578
ISBN 3-86047-622-X
Sonderausgabe nur DM 19,95

Christian Höhn/Achim und Renate Kashzewa:
Schottland
144 Seiten, Format 23,8 x 30,0 cm,
gebunden
Best.-Nr. 337 469
ISBN 3-86047-628-9
Sonderausgabe nur DM 19,95

Petra Jäckle:
Kanada – Alaska
140 Seiten, Format 23,8 x 30,0 cm,
gebunden
Best.-Nr. 336 529
ISBN 3-86047-624-6
Sonderausgabe nur DM 19,95

Tomas Micek/Heike und Bernd Wagner:
USA – Landschaften im Südwesten
144 Seiten, Format 23,8 x 30,0 cm,
gebunden
Best.-Nr. 337 444
ISBN 3-86047-625-4
Sonderausgabe nur DM 19,95

G. Richter/F. Grube:
Amerika, Amerika
304 Seiten, Format 26,5 x 33,0 cm,
gebunden
Best.-Nr. 156 398
ISBN 3-455-08829-5
Sonderausgabe nur DM 49,80

Christel und Wolfgang Schiemann:
USA – Der Westen
144 Seiten, Format 23,8 x 30,0 cm,
gebunden
Best.-Nr. 338 228
ISBN 3-86047-626-2
Sonderausgabe nur DM 19,95

Knaur's Kulturführer:
Grossbritannien und Irland
644 Seiten, Format 11,5 x 19,0 cm,
gebunden
Best.-Nr. 392 050
ISBN 3-8289-0671-0
Sonderausgabe nur DM 20,–

Knaur's Kulturführer:
Mittelamerika
356 Seiten, Format 11,5 x 19,0 cm,
gebunden
Best.-Nr. 392 431
ISBN 3-8289-0678-8
Sonderausgabe nur DM 15,–